Wissenswertes im Kasten 7	25
Kleine Insel – große Vielfalt 8	27
	32
REISEVORBEREITUNG 9	34
Ein- und Ausreise 10	34
Botschaften und Konsulate 11	...135
Informationen 12	Cinnamon Gardens 138
Klima und Reisezeit 13	Dehiwala Zoo 139
Reiseziele 15	Sri Jayawardenepura Kotte 139
Anreise 18	Kelaniya Raja Maha Vihara 142
Gesundheit 21	
Versicherungen 28	**DIE WESTKÜSTE** 161
Gepäck 30	**Nördlich von Colombo** 163
Geld 32	Entlang der alten Negombo-Colombo-Road .163
Frauen auf Reisen 34	Negombo 164
Reisende mit Behinderungen 35	Waikkal 171
Mit Kindern unterwegs 35	Marawila 171
	Chilaw 172
PRAKTISCHE TIPPS 37	Puttalam und Umgebung 172
Übernachtung 38	Wilpattu-Nationalpark 173
Essen und Trinken 40	**Südlich von Colombo** 175
Verkehrsmittel 45	Mount Lavinia 175
Feste und Feiertage 51	Wadduwa 180
Post und Telekommunikation 54	Kalutara 181
Medien 56	Beruwela 184
Aktivitäten 57	Alutgama 185
Ayurveda 59	Bentota und Induruwa 186
Meditation 64	Ahungalla und Balapitiya 190
Einkaufen 65	Ambalangoda 191
Unterhaltung 66	Hikkaduwa 193
Verhaltenstipps 67	Dodanduwa 198
Gefahren und Risiken 69	Galle 198
Sonstiges 72	
	DER TIEFE SÜDEN 209
SRI LANKA UND	Unawatuna 212
SEINE BEWOHNER 75	Kogalla 217
Land und Geografie 76	Weligama 219
Flora und Fauna 77	Mirissa 223
Umwelt und Naturschutz 80	Matara 225
Bevölkerung 84	Umgebung von Matara 230
Geschichte 88	Dikwella 231
Regierung und Politik 102	Tangalle 234
Wirtschaft 104	Hambantota 237
Religion 105	Bundula-Nationalpark 239
Religiöse Kunst und Architektur 114	Tissamaharama 240
Literatur, Theater und Kunsthandwerk ...118	Nationalpark Yala West (Ruhuna) 244
	Kataragama 247

DAS KULTURELLE DREIECK ...251
Kurunegala ...254
Dambadeniya ...256
Padeniya ...257
Panduwasnuwara ...257
Arankele ...258
Ridi Vihara ...258
Yapahuwa ...258
Anuradhapura ...259
Sehenswertes ...262
Die Umgebung von Anuradhapura ...274
Mihintale ...274
Tantirimale ...278
Aukana ...280
Sasseruwa und Bodhigara Nillakgama ...280
Ritigala ...281
Habarana ...282
Minneriya-Nationalpark ...283
Kaudulla-Nationalpark ...283
Giritale ...283
Medirigiriya ...284
Polonnaruwa ...284
Sehenswertes ...287
Die Umgebung von Polonnaruwa ...295
Dimbulagala ...295
Sigiriya ...295
Dambulla ...299
Nalanda ...303
Matale ...304

KANDY UND UMGEBUNG ...307
Zwischen Colombo und Kandy ...308
Botanischer Garten Henaratgoda ...308
Pinnawala Elefanten-Waisenhaus ...308
Millennium Elephant Foundation ...311
Kandy ...312
Sehenswertes ...313
Die Umgebung von Kandy ...333
Kriegsgräber und Elefanten ...333
Botanischer Garten Peradeniya ...333
Die westlichen Tempel ...335
Tempel im Norden und Osten ...337
Golfsport am Victoria-Stausee ...338
Knuckles Range – Gorbett's Gap ...338
Mahiyangana ...339
Umgebung von Mahiyangana ...340

DAS HOCHLAND ...341
Adam's Peak – Sri Pada ...342
Von Kandy nach Nuwara Eliya ...346
Nuwara Eliya ...347
Umgebung von Nuwara Eliya ...353
Ans Ende der Welt:
    Horton Plains und World's End ...356
Haputale ...359
Wellawaya ...362
Umgebung von Wellawaya ...363
Bandarawela ...364
Ella ...367
Umgebung von Ella ...370
Badulla ...370
Kitulgala ...373
Ratnapura ...374
Sinharaja Forest Reserve ...380
Uda Walawe-Nationalpark ...383

DIE OSTKÜSTE ...385
Trincomalee ...387
Umgebung von Trincomalee ...391
Uppuveli ...392
Nilaveli ...394
Tiriyai ...395
Maduru Oya-Nationalpark ...396
Batticaloa ...396
Ampara ...401
Gal Oya-Nationalpark ...403
Monaragala und Umgebung ...403
Lahugala Kitulana-Nationalpark ...404
Pottuvil ...405
Arugam Bay ...406
Umgebung von Arugam Bay ...414
Yala East-Nationalpark ...414

DER NORDEN ...415
Madhu ...416
Insel Mannar ...416
Vavuniya ...418
Jaffna ...419
Jaffna-Halbinsel ...426
Die Inseln ...427

ANHANG ... 431

Bücherliste ... 432
Kleiner Sprachführer ... 434
Glossar ... 438
Index ... 440
Bildnachweis ... 446
Die Autoren ... 447
Kartenverzeichnis ... 448

Wissenswertes im Kasten

Reisen mit Respekt ... 17
Unterwegs im Dschungel der unterschiedlichen Preise und Leistungen ... 39
Gewürze ... 44
Aluth Avurudu – Neujahr in Sri Lanka ... 52
Sri Lankas „Beach Boys" und die Urlauberinnen ... 70
Welt der Palmen ... 77
Geschlossene Gesellschaft – das Kastensystem ... 86
König Ashoka ... 89
Kein Reichtum ohne Wasser – Sri Lankas Bewässerungssystem ... 90
Die Kautschuk-Story ... 95
Meister des Terrors ... 98
Politik der Betonköpfe ... 101
Parteien-ABC ... 103
Armut in Sri Lanka ... 105
Tipitaka ... 106
Die vier edlen Wahrheiten ... 107
Wiederbelebung des Nonnenordens ... 108
Herr des Dschungels ... 112
Die vier Schutzgottheiten Sri Lankas ... 113
Die großen Chroniken ... 118
Michael Ondaatje ... 119
Henry Steel Olcott ... 133
Antonius – ein Heiliger für alle ... 134
Beach Wadiya – ein Restaurant als Phänomen ... 148
Ein Garten als Märchenland ... 185
Hoffnung im Reich der Meeresschildkröten ... 188
Die Gewürzstraßen Sri Lankas ... 166
Mount Lavinia Hotel – Kolonial-Herberge mit Patina ... 178
Geoffrey Bawa, der Architekt der Sinne ... 174
Als der Tod die Königin ereilte ... 182
Hikkaduwa – Sündenbabel des Tourismus ... 196
Die kleinen Geheimnisse der großen Festung von Galle ... 202
Nobel-Nostalgie: auf Hotel-Exkursion in Galle ... 205
Rumassala – Kräuterberg des Affengotts ... 212
Stelzenfischer als Statisten ... 221
Rund um die Batik ... 226
Goldener Glanz der Götter ... 230
Einst seiner Zeit weit voraus: das Tangalle Bay Hotel ... 236
Das legendäre Ruhuna ... 240
Tragödie einer Schönheitskönigin ... 243
Göttliches Familien-Glück ... 248
Das Esala Perahera ... 249
Pinkeln aus Protest ... 270
Kandalama – Luxus in Grün ... 302
Ola-Blätter ... 305
Verehrt und verjagt – ein Symbol auf dem Rückzug ... 309
Der Eckzahn Buddhas ... 318
Ein Leben für die Weisheit – der deutsche Mönch Nyanaponika Mahathera ... 325
Allen Religionen heilig – der Adam's Peak ... 342
Der Ceylon-Tee ... 354
Schätze im Schlamm – wie die Juwelen ans Tageslicht kommen ... 376
Ruinen am Strand ... 396
Musik aus dem Meer ... 400
Reizvolle Küstenstrecke ... 401
Geheimnisvolle Armada aus Wracks ... 402
Pilgerpfad durch die Nationalparks ... 405
Die Arugam Bay – ein Paradies für Surfer ... 411
Das Siam View Beach Hotel ... 412/413
Die Jaffna Public Library – Symbol tamilischen Geistes ... 422

Kleine Insel – große Vielfalt

„Ceylon tropft auf eine Landkarte und seine Umrisse bilden die Form einer Träne". So beschreibt der srilankisch-kanadische Bestseller-Autor Michael Ondaatje in seinem wunderbaren Roman *Es liegt in der Familie* die Heimat seiner Kindheit. Eine Miniatur ist diese Insel – verglichen mit dem riesigen Koloss Indien, an dem sie wie ein Wassertropfen hängt. Trotzdem oder gerade deshalb inspirierte sie wie wenige andere Länder die Reisenden zu poetischen Vergleichen: Als Taprobane – „Insel des Kupfers" – wurde sie von dem ägyptischen Geografen Ptolemaios im zweiten Jahrhundert bezeichnet, später auch als „Insel der Gewürze", „Tee-Insel" oder „Perle des Indischen Ozeans". Als Serendib, „die Bezaubernde", besangen sie die arabischen Seefahrer, und Sri Lanka – „Ehrwürdige Schöne" – lautet ihr offizieller Name seit 1972, während sie bei der Minderheit der Tamilen Llankai – „die Wundervolle" – heißt.

In den 1970er Jahren wurde die Insel auch vom Tourismus entdeckt. Das türkisfarbene Wasser, die sich im Wind neigenden Kokospalmen, eine atemberaubende Fülle an Sehenswürdigkeiten und allerorts freundliche, liebenswürdige Menschen – eigentlich sichere Garanten für einen Traumurlaub im tropischen Paradies. Doch der 1983 eskalierende und seitdem andauernde ethnische Konflikt hat dieses Image ziemlich brüchig werden lassen. Während sich Touristen in der Sonne aalten, starben andernorts Menschen bei Kämpfen und Attentaten. Trotz der Waffenstillstands-Vereinbarung von 2002 ist dies leider noch heute der Fall, wenn nun auch etwas seltener. Schließlich brachte der Tsunami Weihnachten 2004 unvorstellbares Leid über das Land.

Doch die Menschen blicken nach vorn und die legendäre Vielfalt Sri Lankas zeigt sich heute bunter denn je. Es locken nicht nur bildschöne Strände, antike Königsstädte, duftende Gewürzgärten, tiefgrüne Berge und tierreiche Nationalparks. Das Land ist zur weltweit besten Adresse für Ayurveda-Urlauber geworden. Surfer zieht es an die Ostküste und Nostalgiker in die vielerorts liebevoll renovierten Kolonialvillen. Und das alles in einem Land, das nicht einmal so groß ist wie Bayern. So ist Sri Lanka nach wie vor anregend und aufregend – und dieses Buch will dabei helfen, die vielen Facetten zu entdecken.

Ayubowan und Vanakkam! Willkommen!

Eine schöne Reise wünschen:

Martin H. Petrich und Volker Klinkmüller

Das Buch ist all jenen gewidmet, die nach der Flutkatastrophe vom 26. Dezember 2004 am Wiederaufbau ihres Landes mitgewirkt haben.

Reisevorbereitung

Ein- und Ausreise **10**   Botschaften und Konsulate **11**   Informationen **12**
Klima- und Reisezeit **13**   Reiseziele **15**   Anreise **18**   Gesundheit **21**
Versicherungen **28**   Gepäck **30**   Geld **32**   Frauen auf Reisen **34**
Reisende mit Behinderungen **35**   Mit Kindern unterwegs **35**

Ein- und Ausreise

Die Einreise nach Sri Lanka ist recht unkompliziert. Voraussetzung ist ein **Reisepass**, der noch mindestens sechs Monate über den geplanten Ausreisetag hinaus gültig ist. EU-Bürger und Schweizer können sich bis zu **30 Tage** ohne Visum im Land aufhalten (es genügt der Einreisestempel). Bei Kindern bis zum 16. Lebensjahr reicht der Namenseintrag in den Reisepass eines Elternteils oder der Kinderausweis. Für beide ist jedoch ein Lichtbild erforderlich.

Wer länger als einen Monat bleiben möchte, kann entweder in Sri Lanka oder vorab bei der Botschaft ein **90-Tage-Visum** beantragen. Das entsprechende Formular gibt es unter 💻 www.srilanka-botschaft.de. Es werden zwei Passfotos benötigt. Die Kosten betragen zurzeit für Deutsche, Schweizer und Österreicher 33 € pro Person. Auf der Website sind auch die Visabestimmungen für Geschäftsleute, Studenten etc. einsehbar.

Tipp: Es ist sehr zu empfehlen, nach Erhalt des Einreisestempels **Kopien des Reisepasses** anzufertigen und sie getrennt vom Original aufzubewahren. Das erleichtert die Beschaffung eines Ersatzpasses bei der Botschaft. Wer auf Nummer sicher gehen möchte, kann auch *vor* der Reise die wichtigsten Dokumente einscannen und auf der eigenen Webadresse speichern.

Visumsverlängerung

Wer länger als 30 Tage im Land bleiben möchte, kann gleich zu Beginn der Reise das **Department of Immigration and Emigration** (1. Stock) in Colombo aufsuchen und ein insgesamt **drei Monate** gültiges Touristenvisum ausstellen lassen. Es gilt vom Einreisetag an, d.h. die ersten 30 Tage werden mitgerechnet. Man kann die Aufenthaltsdauer noch einmal um drei Monate verlängern, wobei zu den länderabhängigen Gebühren weitere Zuschläge fällig werden (s. Kasten). Eine dritte Verlängerung um drei Monate hängt vom Entgegenkommen der Behörde ab.

Die Antragsprozedur gibt einen guten Einblick in die srilankische Bürokratie und dauert nicht selten länger als eine Stunde. Deshalb sollte man nicht kurz vor Büroschluss eintreffen. Zuerst ist ein Formular auszufüllen, das nach Abgabe am ersten Schalter von Schreibtisch zu Schreibtisch wandert.

Visa-Gebühren

Folgende Visa-Gebühren sind zurzeit für ein **90-Tage-Visum** fällig:
Deutschland: 2455 Rs
Luxemburg: 2380 Rs
Österreich: 2475 Rs
Schweiz: 2490 Rs
USA: 17 400 Rs

Zusätzliche Gebühren bei weiteren **Verlängerungen**:
3–6 Monate: 10 000 Rs
6–9 Monate: 15 000 Rs

Bitte unbedingt Ticket, Travellerschecks und oder EC-/Kreditkarten mitbringen. Sie müssen bei Bedarf vorgezeigt werden, da die Behörde sichergehen möchte, dass man über genügend Geld (offiziell 15 US$/Tag) verfügt.

Die Einwanderungsbehörde befindet sich schräg gegenüber der Bahnstation Bambalapitiya, unweit des Shopping-Komplexes Majestic City:

Department of Immigration and Emigration
23 Station Rd.
Bambalapitiya, Colombo 4
📞 011-2503629 oder 2503631
💻 www.immigration.gov.lk
🕘 Mo–Fr 9–15.15 Uhr

Zoll

Einreise: Ausländische Touristen können laut *Sri Lanka Customs*, www.customs.gov.lk, folgende Artikel zollfrei einführen: 1,5 l Spirituosen und zwei Flaschen Wein; 200 Zigaretten oder 250 g Tabak; 250 ml Parfum und Mitbringsel im Wert von US$250. Mitgebrachte Kameras, Handys oder Computer müssen bei der Einreise angegeben werden, ebenfalls ausländische Devisen über US$5000. Auch in Sri Lanka hat man etwas gegen die Einfuhr von Waffen, Munition und Pornos.

Ausreise: Pro Person dürfen 3 kg ceylonesischer Tee mitgenommen werden und nicht mehr als 250 Rupies in bar. Die Ausfuhr von Antiquitäten, d.h. alle Gegenstände, die älter als 50 Jahre sind, ist strengstens untersagt. Sondergenehmigungen erteilt das *Department of Archeology*

…y, Sir Marcus Fernando Mawatha, Colombo 3, 011-2695255. Nicht vergessen, beim Kauf von Edelsteinen und Schmuck auf eine Quittung zu bestehen!

Grundsätzlich ist es verboten, durch das Washingtoner Artenschutzübereinkommen von 1973, www.cites.org, geschützte Tiere und Pflanzen ein- oder auszuführen. Das gilt auch für Erzeugnisse, die aus ihnen hergestellt wurden wie z. B. Krokodilleder, Elfenbeinschnitzereien oder Brillengestelle aus Schildkrötenpanzer. Fast alle Staaten der Erde, also auch die EU-Mitgliedsländer, die Schweiz und Sri Lanka, haben das Abkommen unterzeichnet.

Eine Sondergenehmigung, die sog. *CITES Permit*, erteilt auf Antrag ihn das *Department of Wildlife Conservation*, 18 Gregory's Rd., Colombo 7, 011-2694241. Der Antrag kann unter www.dwlc.lk heruntergeladen werden.

Botschaften und Konsulate

Vertretungen Sri Lankas in Europa
Deutschland / Schweiz
Embassy of Sri Lanka
Niklasstr. 19, 14163 Berlin
030-80909749, 80909757
info@srilanka-botschaft.de
www.srilanka-botschaft.de
Botschaft: Mo–Fr 8.30–16.30 Uhr
Konsularabteilung: Mo–Do 9–12.30 Uhr
Generalkonsulate:
Consulate General of Sri Lanka
Mainzer Str. 47, 53179 Bonn
0228-698946, 9636592
sl.congen.bn@knuut.de
Consulat général de Sri Lanka
Rue de Moillebeau 56, 1209 Genève
022-9191250, 7349084, 7883192
consulate.sri-lanka@ties.itu.int
Österreich
Embassy of Sri Lanka
Rainergasse 1/2/5, 1040 Wien
01-5037988, 5037993
embassy.srilanka@utanet.at
www.embassy.srilanka.at
Mo–Fr 9–17 Uhr

Vertretungen Sri Lankas in Asien
Indien
Embassy of Sri Lanka
27 Kautilya Marg
Chanakyapuri, New Delhi 110021
011-3010201 oder 3010202, 3793604
Mo–Fr 8.45–7 Uhr
Generalkonsulate:
196 T.T.K. Road, Chennai 600018
044-4987896 oder 4987612, 4987894 oder 4660353
Mo–Fr 9–17.15 Uhr
Sri Lanka House
34 Homi Modi St., Mumbai 400023
022-2045861 oder 2048303, 2876132
slconmum.slc@gems.vsnl.net.in
Mo–Fr 9–16.45 Uhr
Thailand
Embassy of Sri Lanka
Ocean Tower 11, 13th Floor, No 75/6-7
Sukhumvit Soi 19, Bangkok 10110
02-2611934 oder -35, 02-2611936
slemb@ksc.net.th
Mo–Fr 8.15–16 Uhr

Ausländische Vertretungen in Sri Lanka
Deutschland
40 Alfred House Avenue, Colombo 3
011-2580431, 2580440
info@colombo.diplo.de
www.colombo.diplo.de
Österreich
Zuständig ist die österreichische Botschaft in Indien
Ep-13, Chandergupta Marg
Chanakyapuri, New Delhi 110021
0091-11-26889049 oder -50
0091-11-26886929 oder 26886033 (nur für Konsularangelegenheiten)
new-delhi-ob@bmaa.gv.at
Mo, Di, Do, Fr 9–12 Uhr
(Mi kein Parteienverkehr)
Honorarkonsulat:
242 Carmart Building
Union Place, Colombo 2
011-2691613, 2693494
austriacon@sltnet.lk
Mo–Fr 9.30–12.30 Uhr

Schweiz
63 Gregory's Rd.
Colombo 7
☏ 011-2695117, 📠 2695176
✉ vertretung@col.rep.admin.ch
⏱ Mo–Do 8.30–11.30 Uhr, Fr 8–10.30 Uhr

Indien
High Commission of India
36-38 Galle Rd., Kollupitiya, Colombo 3
☏ 011-2422788 oder 2421605
(Visaangelegenheiten)
💻 www.indiahcsl.org
⏱ Mo–Fr 9.30–17.30 Uhr (Visabeantragung nur vormittags)
Assistant High Commission of India
31 Rajapihilla Rd., Kandy
☏ 081-2224563
✉ ahciknd@mailandnews.com
⏱ Mo–Fr 8.30–10.30 Uhr

Wer ein Visum für Indien beantragt, muss mit langen Warteschlangen und fünf Bearbeitungstagen rechnen. In Kandy ist etwas weniger Andrang.

Informationen

Offizielle Anlaufstelle für Sri-Lanka-Reisende ist das Ceylonesische Fremdenverkehrsamt in Frankfurt am Main, das auf Wunsch Broschüren zuschickt:

Ceylonesisches Fremdenverkehrsamt
Europäisches Zentralbüro
Allerheiligentor 2–4, 60311 Frankfurt am Main
☏ 069-287734, 📠 288371
✉ ctbfra@t-online.de
💻 www.srilankatourism.de

Südasienbüro Bonn e.V.
Adenauerallee 23, 53111 Bonn
☏ 0228-9125605, 📠 9125606
✉ suedasienbuero@suedasien.de
💻 www.suedasien.de
Ein gemeinnütziger Verein, der Informations- und Bildungsarbeit zu Südasien leistet. Gibt vierteljährlich die exzellente Zeitschrift *SÜDASIEN* heraus.

Wer bereits im Land ist, kann den Sri Lanka Tourist Board in Colombo aufsuchen, der neben englischsprachigen Broschüren den halbjährlich aktualisierten *Accommodation Guide* herausgibt. Als nützliche Informationsquellen vor Ort erweisen sich die örtlichen Reisebüros, Gästehaus-Besitzer, Rikscha-Fahrer, Gastwirte und Mitreisende. Hier bietet es sich an, mehrere Quellen heranzuziehen, um ein objektiveres Bild zu bekommen, denn die Informationen sind nicht selten von Interessen geleitet.

Sri Lanka Tourist Board
80 Galle Rd.
Kollupitiya, Colombo 3
☏ 011-2437055 oder -59, 📠 2440001
⏱ Mo–Fr 9–16.45 Uhr , Sa 9–12.30 Uhr
💻 www.srilankatourism.org
Er unterhält auch eine Filiale in Kandy und das rund um die Uhr geöffnete *Travel Information Centre* in der Ankunftshalle des Bandaranaike International Airport, Katunayake, ☏ 011-2252411

Im Internet

Auch für Sri Lanka ist das Internet eine schier unerschöpfliche Informationsquelle. Folgende Webadressen sind daher nur als kleine Auswahl zu verstehen. Grundinformationen mit vielen Links gibt es auf Deutsch unter
💻 www.nucleus2000.de
💻 www.srilanka-info.com
…und auf Englisch unter
💻 www.infolanka.com
💻 www.lanka.net

Die für Entwicklungshelfer konzipierten **Länderkunde-Seiten** der deutschen Gesellschaft für Internationale Weiterbildung und Entwicklung (InWent) bieten exzellente Angaben und zahlreiche Links auch zu Sri Lanka:
💻 www.inwent.org

Wer sich für den Friedensprozess zwischen LTTE und der Regierung interessiert, wird bei folgenden Internetseiten je nach Interessenslage gefärbte Informationen und Meinungen bekommen:
💻 www.peace-srilanka.org
Adresse der engagierten Friedensorganisation National Peace Council of Sri Lanka. Offeriert auch einen englischsprachigen Newsletter per E-Mail.
💻 www.cpalanka.org
Auf der Webpage des 1996 gegründeten Centre for Policy Alternatives (CPA) lassen sich einige gut fundierte Analysen finden.

🖥 **www.peaceinsrilanka.org**
Hier werden aktuelle Infos aus Sicht des von der Regierung eingesetzten Secretariat for Co-ordinating the Peace Process (SCOPP) geboten.
🖥 **www.tamilnet.com**
🖥 **www.eelamweb.com**
Diese Adressen geben die Perspektive der LTTE wieder.

Informationen zu Geschichte und Kultur gibt es unter
🖥 **www.theacademic.org**
🖥 **www.lankalibrary.com**

Die vom Südasien-Informationsnetz e.V. verantwortete Webseite
🖥 **www.suedasien.net**
bietet Informationen über Politik, Gesellschaft und Kultur Südasiens mit monatlichem Nachrichtenrückblick, Links, Adressen und Veranstaltungshinweisen.

Landkarten und Stadtpläne

In heimischen Buchläden steht am ehesten *Nelles Maps Sri Lanka* (Maßstab 1:450 000) mit Stadtplänen von Anuradhapura, Colombo, Galle und Kandy im Regal. In besser bestückten Buchläden Sri Lankas wird die vom Survey Department herausgegebene *Road Map of Sri Lanka* (Maßstab 1:500 000) angeboten. Dort finden sich auch gute Stadtpläne von Colombo, darunter das umfangreiche blaue *A to Z Colombo*. Seltener ist der ebenfalls vom Survey Department herausgegebene *Road Atlas of Sri Lanka* zu finden, der neben einer Straßenkarte Pläne der 15 wichtigsten Städte enthält. Diesen Straßenatlas wie auch etwas unhandliche Regionalkarten (Maßstab 1:50 000) bekommt man gegen Vorzeigen des Passes im *Survey Department*, Kirula Rd., Narahenpita, Colombo, ✆ 011-2585111.

Eine weniger umfassende Auswahl bietet das verstaubte Sales Centre des Survey Department, 2 Chatham St., Colombo-Fort. Beide Ausgabestellen sind Mo–Fr 9–15 Uhr geöffnet.

Klima und Reisezeit

Nicht Jahreszeiten, sondern **Monsunwinde** beeinflussen das tropische Klima von Sri Lanka: der Südwestmonsun und der Nordostmonsun. Während der Südwestmonsun von Mai bis Oktober der West- und Südküste heftige Regenfälle bringt (bis zu 5000 mm), bleibt die Ostküste dank der Berge im Landesinneren weitgehend trocken. Umgekehrt beschert der Nordostmonsun zwischen November und Februar dem Osten Regen (allerdings weit weniger), während im Süden und Westen normalerweise die Sonne scheint.

Allerdings folgt das Klima nicht immer den strikten Wetterregeln. Gerade in den **Übergangsperioden** Oktober/November und März/April können überall heftige Gewitter auftreten. Dies gilt noch mehr für die Berge, wo es ganzjährig zu Niederschlägen kommen kann (z. B. fallen in Nuwara Eliya pro Monat zwischen 80 und 250 mm Regen). Darüber hinaus gibt es Regionen, die im Regenschatten der Monsune liegen. So erhalten der Nordwesten und Südosten landesweit die geringsten Niederschlagsmengen, in manchen Jahren sind es weit weniger als 600 mm.

An den Küsten und auf dem Flachland herrschen ganzjährig im Schnitt **Tagestemperaturen** von 30 °C, in der Nacht um 22 °C. Das klingt nicht sehr hoch, doch empfindet man sie wegen der hohen Luftfeuchtigkeit als äußerst unangenehm. In den höheren Regionen um 500 m NN wie z. B. Kandy liegt die Tagestemperatur bei 30 °C, in der Nacht zeigt das Thermometer durchschnittlich weniger als 19 °C an. Hingegen muss man sich in den Bergen um Nuwara Eliya zumindest nachts warm anziehen. Im Schnitt fällt die Quecksilbersäule auf unter 15 °C, in den Monaten November bis Anfang März zum Teil sogar auf weit unter 10 °C (was bei fehlenden Heizungen und dünnen Bettdecken äußerst unangenehm sein kann). Auch tagsüber kann man bei einer Durchschnittstemperatur von 20 °C eine Jacke gut gebrauchen. Am angenehmsten ist es in den Monaten April und Mai. Zum Aufwärmen empfiehlt sich ein Sprung ins Meer, das rund um die Insel das ganze Jahr über eine konstante Temperatur von 25–27 °C aufweist.

Fazit: Sri Lanka ist ein **ganzjährig attraktives Reiseziel**, denn hier scheint immer irgendwo die Sonne. Zwischen November und März herrschen an der Süd- und Westküste optimale Reisebedingungen, wobei es am Ende der Spanne am trockensten ist. Hauptsaison für den Norden und die Ostküste ist zwischen Mai und Oktober. Die aktuel-

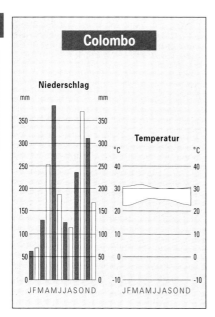
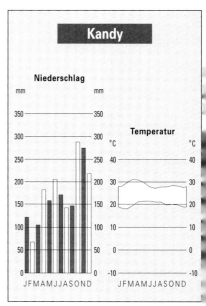
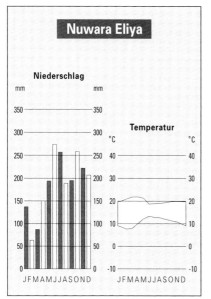
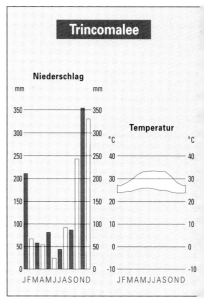

14 Klima und Reisezeit

en Wetterwerte und -vorhersagen sind unter 🖳 www.maps.wunderground.com oder 🖳 www.wetteronline.de abrufbar.

Reiseziele

Der Slogan „Sri Lanka hat alles außer Schnee" mag zwar etwas übertrieben klingen, ist aber gar nicht so falsch. Das Land – so groß wie Bayern – ist eminent vielfältig und bietet für fast alle Interessen etwas. Das ist einer der Gründe, warum Besucher immer wieder auf diese Insel zurückkehren. Ein anderer ist die Herzlichkeit der **Menschen**, ihre Neugier, Religiosität und Kultur, die sich auch in den vielen **Festen** widerspiegelt. Die allseits präsenten **Märkte** sind wie überall auf der Welt eine Bühne, auf der die Gesellschaft sich in all ihrer Vielfalt und Widersprüchlichkeit zeigt.

Bei der Reiseplanung hat sich die Regel „weniger ist mehr" bewährt, denn einerseits ist man im Urlaub und andererseits kann man sowieso nicht alles sehen. Zudem hilft die buddhistische Lehre von der Unbeständigkeit: Alles ist der Veränderung unterworfen. Geänderte Fahrpläne, Pannen, Wetterumschwünge oder Naturereignisse können die ursprünglichen Pläne zunichte machen. Flexibilität, Gelassenheit und eine zeitlich nicht all zu straffe Reiseplanung sind daher unabdingbar.

Neben dem Budget sind vor allem die persönlichen Vorlieben ausschlaggebend, wohin die Reise geht. Folgender Überblick mag bei der Entscheidungsfindung helfen:

UNESCO-Welterbe

Sri Lanka hat sieben Stätten, die von der UNESCO in die „Liste des Kultur- und Naturerbes der Menschheit" aufgenommen wurden (vgl. 🖳 www.unesco.de): **Anuradhapura**, die erste bedeutende Metropole der Insel, mit mächtigen Stupas und Resten riesiger Klosteranlagen; **Polonnaruwa**, die zweite Hauptstadt, in der neben ebenfalls sehr eindrucksvollen Klosterruinen feinste Buddha-Reliefs zu finden sind; die atemberaubende Felsenfestung **Sigiriya** und nicht weit davon entfernt der Felsentempel von **Dambulla**.

Seit 1988 trägt auch das Holländische Fort von Galle mit dem harmonischen Gebäude-Ensemble das Rautensymbol der Weltkulturorganisation. Im selben Jahr wurde **Kandy**, Sri Lankas letzte Königsresidenz und Stadt des Heiligen Zahns, als schützenswert erklärt. Das südlich von Ratnapura gelegene **Sinharaja Forest Reserve** fand wegen der letzten Reste Primärregenwaldes und des dortigen hohen Anteils an einheimischer Flora und Fauna den Weg in die UNESCO-Liste.

Archäologische Stätten

Fünf der erwähnten Welterbestätten konzentrieren sich im so genannten „Kulturellen Dreieck" Anuradhapura–Polonnaruwa–Kandy. Um weitere interessante Ausgrabungsstätten zu besuchen, braucht man ebenfalls nicht weit zu fahren. Von Anuradhapura bieten sich Ausflüge zum nur 10 km entfernten Mihintale, der „Wiege des Buddhismus", und zur abgelegenen Einsiedelei Tantirimalai an. Auf dem Weg nach Polonnaruwa kann die im Dschungel versunkene ehemalige Einsiedelei Ritigala und der in den Fels geschlagene stehende Aukana-Buddha besucht werden. Von der zweiten Hauptstadt lohnt sich ein Abstecher zu den eindrucksvollen Ruinen von Medirigiriya und den Resten einer Einsiedelei auf dem Bergzug Dimbulagala, auch Gunners Quoin genannt. Am Weg von Dambulla nach Kandy liegen der Nalanda-Tempel und das Felsenkloster Aluvihara bei Matale, wo erstmalig der buddhistische Kanon schriftlich niedergelegt wurde. Wer von Colombo über Kurunegala in Richtung Anuradhapura fährt, sollte nicht versäumen, die Bergfeste Yapahuwa unweit von Maho zu besuchen.

Lebendige Orte des Glaubens

Nirgends zeigt sich die buddhistische Frömmigkeit so intensiv wie beim Mahabodhi-Baum in Anuradhapura und im Zahntempel zu Kandy. Ein weiterer lebendiger Ort des **Buddhismus** liegt am Stadtrand von Colombo: der Kelaniya Raja Maha Vihara.

Besonders zu den täglichen Opferzeiten *(puja)* ist ein Gang in einen Hindu-Tempel *(kovil)* von Reiz. Zu den interessantesten Stätten des **Hinduismus** gehören der Maha Devale in Kataragama, der Koneswaram Kovil in Trincomalee und der Nallur Kandaswamy Kovil in Jaffna.

Der Anteil der Christen ist zwar gering, trotzdem sind die **Kirchen** nicht zu übersehen, vor allem an der Küste nördlich der Hauptstadt wie z. B.

in Negombo. In Colombos Stadtteil Kochchikade lohnt sich besonders Dienstags ein Besuch der St. Antony Church, da an diesem Tag viele Gläubige den Schrein des hochverehrten Antonius von Padua aufsuchen.

Natur

Die Natur beschränkt sich in Sri Lanka nicht nur auf Palmen und Meer. Vom tropischen Dschungel bis zum kargen Hochland, von der Lagune bis zur Savanne hat die Insel alles zu bieten. Dank der geringen Entfernungen ist es relativ unkompliziert, eines der über 77 **Schutzgebiete** zu besuchen. Nähere Hinweise sind auf S. 80 zu finden. Attraktive Wanderwege gibt es vor allem im Hochland, z. B. im Umland von Kandy, bei Nuwara Eliya, Bandarawela oder Ella (s. Hochland-Kapitel). Schließlich ist das Eiland mit 233 heimischen Vogelarten, davon 33 endemischen, ein Eldorado für Vogelkundler. Entsprechende Tipps sind auf S. 78 aufgeführt.

Strand

Hauptanziehungspunkte der Insel sind fraglos die vielen Strände. Egal wie man die Reiseroute gestaltet, es lassen sich fast überall ein paar Strandtage einbauen. Wegen seiner Nähe zum Flughafen (nur 20 Minuten Fahrzeit) bietet sich **Negombo** für den Aufenthalt nach Ankunft oder vor Abreise an. Doch auch das 120 km lange Band von Palmen und Strand zwischen Colombo und Galle ist in wenigen Stunden erreicht. Hier hat man die Qual der Wahl: Große Hotelresorts finden sich vor allem in **Beruwela** und **Bentota**, günstiger faulenzt es sich im ehemaligen Hippie-Zentrum **Hikkaduwa**.

Elefanten-Safaris

Wer wilde Elefanten sehen möchte, muss in Sri Lanka nicht weit reisen. Schon beim Besuch von Sigiriya kann man auf Dickhäuter stoßen. Allerdings ist äußerste Vorsicht geboten. Bitte niemals sich einer Herde nähern, schon gar nicht einer Elefantenmutter mit Kalb. Leichtsinn kann tödlich enden! Gute Gebiete für Elefanten-Safaris sind folgende Nationalparks: Bundula, Gal Oya, Kaudulla, Minneriya, Uda Walawe, und Yala West (auch Block I genannt).

Wem es an der Südküste in **Unawatuna** zu touristisch ist, wird sich an den noch nicht so überlaufenen Stränden von **Mirissa** und **Tangalle** wohler fühlen. Hier gibt es auch eine Reihe günstiger Unterkünfte.

Wer sich im „Kulturellen Dreieck" befindet und genug von Tempeln hat, kann von Polonnaruwa aus mit dem Zug nach **Trincomalee** fahren und dort einige Tage entspannen. Vom Hochland aus (z. B. Badulla) ist es nicht so weit bis zur **Arugam Bay**, das zwischen April und September ein beliebter Treffpunkt für Surfer ist.

Wellness

Genüsslich räkelt sich die lächelnde Schönheit im blumenbedeckten Pool, in ihrem geschmeidigen Haar steckt eine weiße Frangipani-Blüte. Das Prospekt verspricht die „ganzheitliche Kunst der Verjüngung". Die Botschaft kommt an: Immer mehr Touristen buchen Ayurveda-Kuren und Wellness-Urlaub. Die Kataloge europäischer Veranstalter sind voll mit Angeboten und auch die Hotels sind gerüstet. Kaum ein Resort kommt heute ohne Spa- und Ayurveda-Bereich aus. Doch aufgepasst: Es ist unabdingbar, sich über die Qualität der Einrichtungen und der Ärzte zu informieren (s. S. 59). Viele sind ausgezeichnet, aber leider versuchen auch schwarze Schafe auf der Gesundheitswelle mitzuschwimmen. Von daher ist es ratsam, sich schon vor der Reise mit dem Thema Ayurveda zu befassen.

Routenplanung
Zehn Tage

Nichts spricht dagegen, sich zehn Tage am Strand zu entspannen und von dort Tagesausflüge zu unternehmen. Wer so viel wie möglich sehen möchte, kann seine Reise entsprechend seinen Neigungen gestalten, z. B. als

World-Heritage-Tour: Kulturinteressierte reisen nach der Ankunft am Flughafen schnurstracks nach Kandy. Von dort geht es weiter über Matale (Aluvihara), Dambulla nach Sigiriya. Nach der Besteigung der Festung am frühen Morgen wird Polonnaruwa angesteuert. Zum Abschluss steht Anuradhapura auf dem Programm, bevor es zurück nach Colombo oder Negombo geht.

Süd-Tour: Begonnen wird in der Hauptstadt Colombo. Von dort geht es in die Edelstein-Stadt

Reisen mit Respekt

Gute Vorbereitung: Reisen Sie zuerst im Kopf! Mit guter Vorbereitung können Sie Sri Lanka besser verstehen und deshalb mehr erleben. Dieser Reiseführer hilft Ihnen dabei. Auch Gespräche mit LandeskennerInnen sind äußerst wertvoll.

Miteinander kommunizieren: Ein Lächeln kostet nichts, aber es öffnet Türen und Herzen! Versuchen Sie, stets höflich, freundlich und geduldig zu sein, auch wenn es Probleme gibt. Brüllen Sie nie. Sie verlieren nur Ihr Gesicht und erreichen nichts. Lernen Sie ein paar Brocken Singhalesisch und Tamil. Seien sie nicht durch das Hin- und Herwiegen des Kopfes Ihres Gesprächspartners irritiert. Es bedeutet keine Ablehnung – aber auch keine Zustimmung. Es drückt lediglich Aufmerksamkeit aus, ein klares Ja oder Nein wird auch in Sri Lanka mit einem Nicken oder Kopfschütteln kundgetan.

Klima und Bekleidung: Wir lieben Wärme und Sonne. Das gibt uns aber nicht das Recht, in Strandkleidern durch Städte und Heiligtümer zu bummeln. Frauen sollten auf angepasste Kleidung achten. Ein Mann, der respektiert werden will, trägt keine Shorts und läuft nicht im Unterhemd herum. Orientieren Sie sich an dem, was Einheimische tragen.

Gastfreundschaft: Sie ist überwältigend, aber nicht immer uneigennützig. Die Gastgeber versprechen sich oft etwas davon: Unterhaltung, Status, eine Adresse im Ausland oder Unterstützung. Kleine Überraschungen wie ein Bildkalender und bunte Ansichtskarten aus Ihrer Heimat oder eine Kleinigkeit für Kinder bereiten immer Freude.

Trinkgelder: Beschäftigte im Tourismus sind auf Trinkgelder angewiesen. Die Gegenleistung sollte aber stimmen. Seien Sie bei guter Leistung großzügig, aber übertreiben Sie nicht. Sonst schüren Sie falsche Erwartungen.

Sinnvoll einkaufen: Richtig ausgewählte Souvenirs sind nette Erinnerungen und können die lokale Wirtschaft stärken. Mit dem Kauf vor Ort hergestellter Souvenirs fördern Sie das Kunsthandwerk und garantieren Arbeitsplätze.

Bewusst geben: Ohne Sozialfürsorge sind viele Menschen aufs Betteln angewiesen. Doch der richtige Umgang mit Bettlern ist schwierig. Achten Sie darauf, ob Einheimische etwas geben. Das geschieht meistens vor religiösen Stätten. Geben Sie nur kleine Münzen, sonst sind Sie schnell von einem Pulk umringt. Ignorieren Sie die aggressiven „Touristen-Bettler". Spenden Sie lieber an Hilfsorganisationen, die in Sri Lanka Projekte unterstützen.

Umweltbewusst handeln: Wasser ist kostbar und sollte nicht gedankenlos verschwendet werden. Duschen Sie nur kurz und wehren Sie sich gegen tägliches Wechseln der Handtücher und Hotelbettwäsche. Das spart Wasser und Chemie. GolfspielerInnen sollten bedenken, dass ihre Spielwiesen eine besonders ausgiebige Bewässerung benötigen.

Vermeiden Sie Abfall. Nehmen Sie keine Einwegpackungen mit, sondern verteilen Sie den Inhalt in größere Behälter. Bringen Sie Batterien und Spraydosen wieder zurück in die Heimat. Gehen Sie mit gutem Beispiel voran und lehnen Sie in Geschäften Plastiktüten ab. Anstelle von Trinkwasser aus Plastikflaschen können Sie Ihre eigene Wasserflasche mit abgekochtem und gefiltertem Wasser abfüllen oder sie mit industriell gereinigtem Wasser aus 20 Liter Behältern nachfüllen lassen.

Religion respektieren: Spätestens beim Besuch von Tempeln oder Festen nehmen Sie an der Religion teil. Verdrängen Sie die Gläubigen bei Prozessionen nicht von den besten Plätzen. Ihre Schuhe müssen Sie vor vielen Heiligtümern ausziehen. Bitte fotografieren Sie keine Personen neben Buddha-Statuen – weder Einheimische noch TouristInnen.

respect – Institut für Integrativen Tourismus und Entwicklung
Diefenbachgasse 36, A-1150 Wien
✉ office@respect.at, 🖥 www.respect.at
Respect setzt sich für die Menschen in den Entwicklungsländern ein und plädiert daher für einen Tourismus, der die lokale Bevölkerung unterstützt.

Ratnapura. Der nächste Tag ist ausgefüllt mit dem Besuch des Sinharaja Forest Reserve. Über Embilipitiya wird die Reise nach Tangalle fortgesetzt. Der Weg führt nun entlang der Westküste nach Galle. Wer will kann noch einen Strandaufenthalt an der Westküste einlegen, z. B. in Hikkaduwa oder Bentota.

Hochland-Tour: Kandy ist die erste Station. Mit Zug und Bus geht es über Hatton nach Dalhousie, um von dort den Adam's Peak zu erklimmen. Von den Strapazen ausruhen kann man sich in der Sommerfrische Nuwara Eliya oder von dort aus eine der umliegenden Teeplantagen besuchen. Es bleibt noch Zeit für einen Aufenthalt in Bandarawela oder Ella, bevor es zurückgeht.

Öko-Tour: Auch hier ist Kandy eine gute Ausgangsbasis, z. B. für Wanderungen im Knuckles Range und/oder den Hunas Falls. Landschaftlich äußerst reizvoll ist die Fahrt nach Nuwara Eliya. Von dort kann man die Horton Plains bis zum „World's End" erwandern. Ratnapura ist das nächste Ziel, um von dort einen Tagesausflug in den Sinharaja Forest Reserve zu unternehmen. Dann geht es zurück nach Colombo.

Zwei Wochen

Einen guten Überblick über die Kultur und Natur Sri Lankas gibt folgender Routenverlauf: Nach einem Tag in Colombo weiter nach Anuradhapura. Nächste Ziele sind Polonnaruwa und Sigiriya, dann geht es über Dambulla nach Kandy. Im Bergland stehen Nuwara Eliya und Ella auf dem Programm, bevor der Süden angesteuert wird, zuerst Tangalle und danach Galle. Vor der Rückreise kann noch eine Nacht an der Westküste oder in Negombo eingelegt werden.

Drei Wochen und mehr

Die beschriebenen Touren können natürlich beliebig erweitert werden, z. B. lässt sich von Polonnaruwa aus mit dem Zug gut ein Abstecher nach Trincomalee einbauen. Vom Hochland, z. B. von Badulla aus, ist es nicht mehr weit bis zum Surfer-Eldorado Arugam Bay an der Ostküste.

Wer sich im Süden mehr Zeit lassen möchte, besucht die Pilgerstadt Kataragama und den Nationalpark Yala West. Anuradhapura oder Colombo sind gute Ausgangspunkte für die Fahrt in den Norden nach Jaffna, wo man gut mehrere Tage verbringen kann. Oder aber man entspannt einfach ein paar Tage am Strand und hebt sich den Rest dieser interessanten Insel für die nächste Reise auf!

Anreise

Auch wenn Sri Lanka über Jahrhunderte hinweg eine wichtige Station im europäisch-asiatischen Schiffsverkehr war – nach Eröffnung des Suezkanals 1869 brauchten die Dampfer für die Fahrt etwa einen Monat –, wird heute wohl außer den Teilnehmern von Kreuzfahrten jeder mit dem Flugzeug anreisen.

Einziger internationaler Flughafen ist der **Bandaranaike International Airport**, ✆ 011-225 2861, 🖳 www.airport.lk, der sich etwa 25 km nördlich von Colombo im Ort Katunayake befindet.

Aus Europa

Eine Reihe von Linien- und Charterfluggesellschaften verbinden Europa mit Sri Lanka. Der Preis richtet sich nach Buchungsklasse und Saison. Obwohl in der Nebensaison durchaus Last-Minute-Schnäppchen um 350–400 € zu bekommen sind, ist Sri Lanka nicht unbedingt eine Billigdestination für Flüge. Im Schnitt kostet ein Ticket in der Touristenklasse eher um die 700–900 €.

Sri Lankan Airlines, 🖳 www.srilankan.aero, fliegt 5 x wöchentl. von Frankfurt nach Colombo. Der Direktflug dauert 9–10 Stunden. Hinsichtlich Service, Sicherheit und Zuverlässigkeit kann sich Sri Lankan mittlerweile ohne weiteres mit den führenden asiatischen Fluglinien messen lassen. Zudem ist sie bei Kombinationen mit anderen Destinationen wie Bangkok, Singapur, Hongkong oder viele Städte Indiens eine interessante Option.

CSA Czech Airlines, ✆ 0180-5006737, 🖳 www.czechairlines.de, lockt immer wieder mit attraktiven Angeboten für die Strecke Prag – Dubai – Colombo, die sie mehrmals wöchentl. bedient. Ein Pluspunkt sind die Zubringerflüge von neun deutschen Flughäfen.

Das dichteste Flugnetz bieten arabische Fluglinien, da viele Sri Lanker in den Golfstaaten oder anderen arabischen Ländern als Gastarbeiter tätig sind. Unter ihnen ragt die mehrfach mit Preisen ausgezeichnete **Emirates**, 🖳 www.emirates.com

aus den Vereinigten Arabischen Emiraten heraus, deren Maschinen nahezu täglich von Düsseldorf, Frankfurt a.M., Hamburg, München, Zürich und Wien über ihren Heimatflughafen Dubai nach Colombo fliegen. Wer den über dreistündigen Aufenthalt in Dubai mitten in der Nacht vermeiden möchte, kann vom Stop-Over-Angebot Gebrauch machen. Emirates bietet auch immer wieder preislich attraktive Ticket-Kombinationen bei Flügen von Europa nach Fernost oder Australien/Neuseeland an.

Qatar Airways, 🖥 www.qatarairways.com, eine weitere Premium-Airline, fliegt mehrmals wöchentl. von Frankfurt a.M., Berlin, München, Wien und Zürich via Doha nach Colombo. Auch sie wirbt mit Stop-Over- und Billig-Angeboten. Weitere arabische Fluglinien, die Colombo ansteuern, sind u. a.: **Gulf Air**, **Kuwait Airways**, **Royal Jordanian** und **Saudi Arabian Airlines**.

Schließlich haben auch die beiden großen deutschen Charter-Carrier Sri Lanka auf ihrem Flugplan: **Condor**, ☏ 01803-888866, 🖥 www.condor.com, bedient die Route Frankfurt – Colombo zweimal wöchentl. (bitte die Special-Offer-Tarife in der Nebensaison beachten!). **LTU**, 🖥 www.ltu.de, startet ganzjährig am Sonntag von ihrem Heimatflughafen in Düsseldorf aus nach Colombo, von Berlin-Tegel, Dresden, Hamburg und München. Die zu Austrian Airlines gehörende **Lauda Air**, 🖥 www.laudaair.com, fliegt saisonabhängig 2 x wöchentl. die Strecke Wien – Colombo – Male – Wien. Zum Jodeln sind die Angebote von **Edelweiss Air**, 🖥 www.edelweissair.ch, die je nach Saison 1 x wöchentl. von Zürich-Kloten nach Colombo und Male abhebt. Aber auch die Angebote der holländischen **Martinair**, 🖥 www.martinair.com, können sich sehen lassen: Von Amsterdams Airport Schiphol fliegen ihre Maschinen 2 x wöchentl. nach Sri Lanka.

Die erwähnten Charter-Fluglinien sind vor allem im Rahmen von Pauschalreisen attraktiv, die von Reiseveranstaltern wie Kuoni, FTI, Neckermann, Thomas Cook oder TUI angeboten werden.

Aus Asien

Die Ausbreitung von Billig-Airlines macht auch vor Asien nicht halt. Das kommt gerade jenen zugute, die ein Returnticket zum **indischen Subkontinent** in der Tasche haben und nach Sri Lanka

Wichtig

Gebuchte Flüge müssen bei einigen Fluglinien spätestens drei Tage vor Abflug rückbestätigt werden, was auch telefonisch geschehen kann. Die **Flughafensteuer** beträgt bei internationalen Flügen 1500 Rs und kann nur in einheimischer Währung bezahlt werden! Fluginformationen gibt es unter ☏ 011-2252861 App. 3047.

weiterreisen wollen (oder umgekehrt). Zu den Anbietern gehören derzeit Jet Airways, 🖥 www.jetairways.com, das täglich die Strecke Chennai–Colombo bedient, und Air Sahara, 🖥 www.airsahara.net, das von Ahmedabad, Bangalore und Chennai aus Direktflüge auf die Insel anbietet. Auch Air Deccan, 🖥 www.airdeccan.net, plant, Colombo in seinen Flugplan aufzunehmen.

Unter den etablierten Fluglinien hat Sri Lankan Airlines nach Indien das dichteste Flugnetz. Es verbindet Colombo mit Chennai, Kochi, Hyderabad, Mumbai, Neu Delhi, Tiruchirapalli und Trivandrum sowie Karachi in Pakistan. Indian Airlines, 🖥 www.indian-airlines.nic.in, steuert Colombo von Bangalore, Chennai, Mumbai und Trivandrum aus an.

Leider ist die bis zum Ausbruch des Bürgerkriegs 1983 sehr populäre **Fährverbindung** über die so genannte Adam's Bridge zwischen dem südindischen **Rameswaram** und **Talaimannar** immer noch unterbrochen. Eine Wiederaufnahme der Verbindung ist seit geraumer Zeit im Gespräch.

Da die **Malediven** vor der Haustür Sri Lankas liegen, ist eine Reise dorthin problemlos mit dem Eiland zu verknüpfen. Sri Lankan, Emirates, LTU, Lauda Air und Edelweiss Air bringen Touristen in das Taucher- und Schnorchlerparadies.

Zu den südostasiatischen Destinationen **Bangkok**, **Kuala Lumpur**, **Hongkong** und **Singapur** fliegen neben Sri Lankan Airlines auch die entsprechenden nationalen Fluggesellschaften Thai Airways International, Malaysian Airlines, Cathay Pacific (über Bangkok) und Singapore Airlines.

Flugbuchung im Internet

Flug- und Reisebuchungen vom heimischen Computer aus werden immer mehr zum Standard, wo-

Zum **Preisvergleich** von Flugreisen lohnt sich ein Blick in
Billiger-Reisen.De
✉ www.billiger-reisen.de
Travel Jungle, ✆ 0180-5050155
✉ www.traveljungle.de
…oder in folgende **Flugdatenbanken**:
Billigfluege
✉ www.billigfluege.de
Flug.de
✉ www.flug.de
Flugbörse
✉ www.flugboerse.de
McFlight Flugvermittlung (✆ 01805-623544)
✉ www.mcflight.de
Opodo
✉ www.opodo.de
Travel Overland (✆ 01805-276370)
✉ www.traveloverland.de
Traveltopia (✆ 01805-155855)
✉ www.traveltopia.de
Von der Stiftung Warentest (Test 2/2004) geprüfte und für gut befundene **Last-Minute-Anbieter**:
AVIGO
✉ www.avigo.de
Expedia (✆ 01805-900560)
✉ www.expedia.de
L'TUR (✆ 01805-212121)
✉ www.ltur.com

Flughafen-Transfer

Am stressfreiesten haben es natürlich diejenigen, die ihr Hotel, Gästehaus oder gar ihre ganze Reise vorgebucht haben und vom Flughafen abgeholt werden. Wer nicht erwartet wird, fährt am bequemsten und schnellsten mit dem Taxi. Billiger, aber wesentlich unkomfortabler ist der Bus.

Taxi: Im Ausgangsbereich des Flughafens werden die Jetlag-geplagten Ankömmlinge von einer Horde Touragenten bestürmt, die eine Taxifahrt oder auch eine ganze Rundreise verkaufen wollen. Es empfiehlt sich, noch in der Ankunftshalle den Schalter des rund um die Uhr geöffneten **Travel Information Centre** des Sri Lanka Tourist Board aufzusuchen und sich nach den aktuellsten Fahrpreisen zu erkundigen. Anschließend kann man sich an einen der Schalter im Zugangsbereich zum Flughafen wenden und dort eine Taxifahrt buchen (meist wird man bereits vorher abgefangen und an einen der Schalter gelotst). Die Kosten liegen derzeit bei etwa 1200 Rs (ca. 10 €) für die bis zu 1 1/2 Stunden dauernde Fahrt nach Colombo und bei 500 Rs (ca. 4 €) für die 20-minütige Fahrt nach Negombo.

Ein **Three-Wheeler** legt die Strecke nach Negombo für ca. 350 Rs in einer 1/2 Stunde zurück. Von einer Three-Wheeler-Fahrt nach Colombo ist um der eigenen Gesundheit willen abzuraten!

Alternativ kann man sich zur etwas links vom Flughafengebäude liegenden Autoauffahrt oder dem einige hundert Meter entfernten Parkplatz wenden und nach einem Wagen Ausschau halten, der gerade Fahrgäste abgeliefert hat. Mit Glück lässt sich dort ein etwas billigerer Fahrpreis aushandeln.

Fast jedes Gästehaus in Colombo oder Negombo kann ein Taxi für etwa 1200 Rs / 600 Rs zum Flughafen arrangieren. Oder man kontaktiert:

Airport Express
65/6 Kirula Rd., Colombo 5
✆ 011-2554343
Airport Link
340/10 D.R. Wijeywardene Mawatha, Colombo 10
✆ 011-5336666
GNZC Airport Limousine Taxi Service
✆ 011-2688688 (Colombo)
✆ 011-2251688 (Airport)

Bus: Von 4.30–23 Uhr verkehren alle 30 Minuten Busse mit der **Nr. 187** zwischen dem internationalen Flughafen und dem chaotischen Bastian-Mawatha-Busbahnhof in Colombos Stadtteil Pettah. Für die Strecke braucht er je nach Verkehr über 1 1/2 Stunden. Um zur Bushaltestelle zu gelangen geht man nach Verlassen des Hauptgebäudes nach rechts und überquert eine Straße.

Wer nach Negombo fahren möchte, muss zunächst den Bus Nr. 187 bis zur etwa 1 km entfernten Colombo–Negombo-Road (A3) nehmen und dort in die tagsüber alle 15 Minuten verkehrenden Busse (wie etwa den **ac-Bus Nr. 240**) nach Negombo umsteigen. Je nach Wartezeit beträgt die Gesamtfahrzeit ca. 45 Minuten. Ein Ticket nach Colombo sollte nicht viel mehr als 30 Rs, eines nach Negombo etwa 15 Rs kosten.

Gesundheit

Das gesundheitliche Risiko ist bei einer Reise durch Sri Lanka relativ gering, und ein Großteil der Erkrankungen lässt sich durch umsichtiges Verhalten vermeiden. Trotzdem sollte man wie vor jeder Tropenreise einen Blick in den Impfpass werfen und gegebenenfalls die Schutzimpfungen gegen **Wundstarrkrampf** (Tetanus), **Kinderlähmung** (Polio) und **Diphtherie** auffrischen, falls die letzten schon zehn Jahre zurückliegen.

Für die Einreise nach Sri Lanka sind keine Impfungen vorgeschrieben, außer man kommt aus einem Land, in dem Gelbfieber verbreitet ist. Trotzdem raten Tropenmediziner zumindest zur Impfung gegen **Hepatitis A**.

Bei längeren Aufenthalten, vor allem in ländlichen Regionen, ist ein Impfschutz gegen **Hepatitis B**, **Tollwut** und **Japanische B Enzephalitis** angemessen. **Malaria** ist noch immer in manchen Regionen von Sri Lanka verbreitet, womit sich die Frage nach einer entsprechenden Prophylaxe stellt (s. S. 25). In jedem Fall empfiehlt sich sechs Wochen vor Reiseantritt die Konsultation eines Tropeninstitutes oder Facharztes. Bitte den Internationalen Impfpass nicht vergessen, in den die Impfungen mit Ortsangabe, Datum und Unterschrift des Arztes eingetragen werden, und von ihm Kopien anfertigen.

Niemand sollte sich von den im Folgenden genannten möglichen Krankheiten einschüchtern lassen. Es ist jedoch ratsam, diese Hinweise zu lesen, denn es kann lebensrettend sein, bestimmte Symptome rechtzeitig zu erkennen.

Medizinische Versorgung

Sicherlich können sich die Gesundheitseinrichtungen in Sri Lanka nicht mit westlichen messen lassen, aber dank der geringen Distanzen im Land ist ein akzeptables Krankenhaus nie allzu weit entfernt. Zudem gibt es in nahezu jedem Dorf eine Person mit medizinischen Kenntnissen, sei es ein Ayurveda-Doktor oder eine Krankenschwester. Auch Apotheken sind in nahezu jeder größeren Siedlung zu finden. Private Gesundheitseinrichtungen sind den staatlichen vorzuziehen. Diesbezüglich ist vor allem in den Städten die Auswahl groß. Entsprechende Adressen befinden sich bei den jeweiligen Ortsbeschreibungen in diesem Buch.

Allgemeine Regeln
Essen

Grundsätzlich gilt die Regel der Weltgesundheitsorganisation (WHO): kochen, braten, schälen oder vermeiden! Denn ein Großteil der Infektionen wird durch verunreinigte Nahrungsmittel übertragen. Wer kein ungeschältes Obst und keine rohen oder halbgaren Speisen (vor allem Fisch) isst, hat seiner Gesundheit schon einen großen Dienst erwiesen.

Am sichersten ist gut durchgegartes Essen, allerdings nicht, wenn es länger herumstand oder aufgewärmt wurde (wie es an Essensständen der Fall sein kann). Im Zweifelsfall die Finger davon lassen!

Wasser

Vorsicht mit Wasser! Auf keinen Fall sollte man Leitungswasser trinken. Besondere Wachsamkeit ist in ländlichen Gebieten geboten, wo Haushalte ihr Wasser in einem meist offenen Reservoir sammeln und die Leitungen aus einfachen Materialien bestehen. Wer sicher gehen will, hält sich an Trinkwasser aus abgefüllten (leider nicht sehr umweltfreundlichen) Flaschen, die überall zu haben sind. Bitte vor dem Kauf die Sicherheitsverschlüsse kontrollieren. Für Eiswürfel gilt dasselbe wie für Trinkwasser. Speiseeis sollte in Gebieten mit unregelmäßiger Stromversorgung gemieden werden, da bei angeschmolzenem Eis Salmonellengefahr besteht.

Klimatische Belastung

Sonne und Hitze machen Reisenden oft am meisten zu schaffen. Wer vom winterlichen Europa ins tropische Sri Lanka reist, hat nicht selten eine Temperaturdifferenz von 25 °C und mehr zu bewältigen. Wichtig ist, ausreichend zu trinken, denn der Körper schwitzt gerade in den ersten Tagen erheblich. Als Faustregel gilt: **drei Liter Flüssigkeit pro Tag** (Alkohol, Kaffee und Tee zählen nicht!). Es genügt nicht, sich auf das Durstgefühl zu verlassen, denn dann ist der normale Wasserhaushalt meist schon unterschritten. Kein oder nur wenig dunkeloranger Urin ist eine unmissverständliche Warnung.

Übermäßiges Schwitzen führt zu Salzverlust und kann Muskelzittern oder -krämpfe, schlimmstenfalls Herzrythmusstörungen verursachen. In diesem Fall ist es sinnvoll, neben viel Flüssigkeit ein wenig Salz zu sich zu nehmen.

Wie überall in den Tropen stellt die Sonne eine Gefahr dar, selbst wenn der Himmel bedeckt ist. Das gilt noch mehr auf dem Wasser. Je nach Typ braucht die Haut etwa fünf Tage, bis der Eigenschutz aufgebaut ist. Man sollte sich daher mit einer **Sonnencreme mit hohem Lichtschutzfaktor** (15 und höher) und einer **Kopfbedeckung** schützen. Eine **Sonnenbrille** ist nicht nur schick, sondern auch zum Schutz der Augen unerlässlich.

Gesundheitsrisiken
HIV/AIDS

Dank langjähriger einschlägiger Kampagnen sind die Übertragungswege des *Human Immunodeficiency Virus* (HIV) mittlerweile wohl jedem bekannt: ungeschützter Geschlechtsverkehr, verschmutzte Injektionsnadeln, Bluttransfusionen, kurz gesagt alle Wege, auf denen infiziertes Blut oder fremde Körperflüssigkeiten in den eigenen Blutkreislauf gelangen können.

Verglichen mit anderen asiatischen Ländern ist die Infizierungsrate in Sri Lanka relativ gering. Sie liegt nach Schätzungen von UNAIDS/WHO bei Männern und Frauen zwischen 15 und 49 Jahren bei weniger als 0,1% (zum Vergleich: Indien 0,8%, Thailand 1,8%). Im Gegensatz zum allgemeinen Vorurteil, dass nur „Randgruppen" wie Prostituierte, Homosexuelle oder Drogenabhängige gefährdet seien, haben Studien ganz klar gezeigt, dass jeder gleichermaßen betroffen ist. Deshalb ist die

Tropenstitute

Deutschland

Berlin	Impfzentrum, Spandauer Damm 130, Haus 10, 14050, ☏ 030-301166, 🖥 www.bbges.de
Dresden	Institut für Tropen- und Reisemedizin, Friedrichstr. 39, 01067, ☏ 0351-4803801
Düsseldorf	Heinrich-Heine-Universität, Moorenstr. 5, Gebäude 11.31, 40225, ☏ 0211-811703, 🖥 www.uni-duesseldorf.de
Freiburg i. Br.	Tropen- und Reisemedizinische Beratung, Häge 20, 79111, ☏ 0761-34100, 🖥 www.tropenmedizin.de
Göttingen	Tropeninstitut, Werner-von-Siemens-Str. 10, 37077, ☏ 0551-307500
Hamburg	Tropeninstitut Hamburg, Seewartenstr. 10, 20459, ☏ 040-42818800, 🖥 www.gesundes-reisen.de
	Bernhard-Nocht-Institut, Bernhard-Nocht-Str. 74, 20359, ☏ 040-428180, 🖥 www.bni.uni-hamburg.de
Heidelberg	Inst. für Tropenhygiene, Im Neuenheimer Feld 324, 69120, ☏ 06221-562925, abrufbare Informationen vom Tonband über Asien unter ☏ 06221-565633
München	Abt. für Infektion und Tropenmedizin, Leopoldstr. 5, 80802, ☏ 089-218013500, abrufbare Informationen vom Tonband über Asien unter ☏ 089-218013508, 🖥 www.fitfortravel.de
Rostock	Abt. für Tropenmedizin und Infektionskrankheiten, Ernst-Heidemann-Str. 6–8, 15055, ☏ 0381-4947583
Tübingen	Institut für Tropenmedizin, Kepplerstr. 15, 72074, ☏ 07071-2982364

Schweiz

Basel	Schweizerisches Tropeninstitut (STI), Socinstr. 57, 4051, ☏ 061-2848111, 🖥 www.sti.ch, telefonische Auskunft vom Band unter ☏ 0900-573010 (1,49 Fr./Min.)

Österreich:

Wien	Zentrum für Reisemedizin, Zimmermanngasse 1a, 1090, ☏ 01-4038343, 🖥 www.reisemed.at

Pandemie auch in Sri Lanka nicht zu unterschätzen. Sex ist nach wie vor ein Tabuthema. Safer-Sex-Kampagnen stoßen auf den Widerstand konservativer religiöser Gruppen. Zwar sind Kondome fast überall zu haben, doch werden sie nur unregelmäßig benutzt. Auch darf nicht vergessen werden, dass Sri Lanka eine beliebte Destination von Sex-Touristen ist, gerade auch aus Mitteleuropa. Nach Schätzungen der Internationalen Arbeiterorganisation (ILO) aus dem Jahre 1998 arbeiten mehr als 30 000 Kinder im Sex-Business. Eine weitere potenzielle Infektionsquelle stellen die etwa 800 000 im Ausland tätigen Sri Lanker dar.

Zwar ist der hygienische Standard in den Krankenhäusern relativ hoch, doch wer sicher gehen möchte, nimmt Einwegspritzen ins Reisegepäck.

Bilharziose (Schistosomiasis)

Bilharziose ist eine Wurmerkrankung, die man sich im Uferbereich von stehendem oder langsam fließendem Süßwasser zuziehen kann. Der erste Wirt des Parasiten ist eine Wasserschnecke. In ihr entwickeln sich die Eier zu kleinen Larven, den so genannten Zerkarien, die anschließend ins Wasser abgegeben werden. Dort machen sie sich auf die Suche nach ihrem zweiten Wirt.

Zerkarien gelangen in den menschlichen Organismus, indem sie sich durch die Haut, bevorzugt an den Fußsohlen, bohren. Von dort bahnen sie sich den Weg in den Darm oder die Blase, wo sie heranwachsen und neue Eier produzieren.

Manchmal tritt an der Stelle, an der die Larven in den Körper eingedrungen sind, eine leichte Rötung auf. Deutlichere Symptome machen sich jedoch in der Regel erst nach sechs bis zehn Wochen bemerkbar. Dann kann es zu Fieber, Durchfall und einem allgemeinen Krankheitsgefühl kommen. Im schlimmsten Fall treten nach einigen Monaten Unterleibsschmerzen und Blut im Stuhl oder Urin auf.

Cholera

Im Gegensatz zu anderen südasiatischen Staaten tritt die Cholera nur sehr selten in Sri Lanka auf. Sie wird vom Bakterium *Vibrio cholerae* verursacht und durch direkten Kontakt mit infizierten Personen, deren Ausscheidungen oder durch verunreinigte Nahrungsmittel übertragen. Die Symptome – wässrige Durchfälle und Erbrechen – treten nach ein bis fünf Tagen auf und können schnell zur Dehydrierung führen. Wer erkrankt, muss umgehend zum Arzt und die verlorene Flüssigkeit ersetzen.

Die Impfung gegen Cholera wird von der WHO nicht mehr empfohlen. Solange man auf eine saubere Umgebung und hygienische Nahrungsmittel achtet und nicht geschwächt ist, wird man kaum gefährdet sein.

Dengue-Fieber

Diese Viruserkrankung wird durch die tagaktive *Aedes-aegypti*-Mücke übertragen, die an ihren schwarz-weiß gebänderten Beinen zu erkennen ist. Nach der Inkubationszeit von bis zu einer Woche kommt es zu plötzlichen Fieberanfällen, Kopf- und Muskelschmerzen. Nach drei bis fünf Tagen kann ein Hautausschlag am ganzen Körper auftreten. Bei dieser Erstinfektion klingen die Krankheitssymptome in der Regel nach ein bis zwei Wochen ab.

Sehr gefährlich wird die Krankheit bei einer Zweitinfektion, die zu inneren und äußeren Blutungen führen kann. Wie bei der Malaria ist ein Moskitonetz und der Schutz vor Mückenstichen die beste Vorsorge. Es gibt keine Impfung oder spezielle Behandlung. Schmerztabletten, fiebersenkende Mittel und kalte Wadenwickel lindern die Symptome. Keinesfalls sollten ASS, Aspirin oder andere acetylsalicylsäurehaltige Medikamente genommen werden, da diese einen lebensgefährlichen Verlauf nehmen können.

Durchfälle und Verstopfungen

Das Hauptübel, mit dem sich Tropenreisende herumplagen, ist Durchfall (Diarrhöe). Verdorbene Lebensmittel, nicht kontinuierlich gekühlter Fisch, zu kurz gegartes Fleisch, ungeschältes, schon länger liegendes, aufgeschnittenes Obst (z. B. Wassermelonen), Salate, kalte Getränke oder schlecht gekühlte Eiscreme sind häufig die Verursacher.

Eine **Elektrolyt-Lösung** *(Elotrans;* für Kinder *Oralpädon),* die die verlorene Flüssigkeit und Salze ersetzt, reicht bei harmlosen Durchfällen völlig aus. Man kann sich auch selbst eine Lösung herstellen aus 4 gehäuften Teelöffeln Zucker oder Honig, 1/2 Teelöffel Salz und 1 l Orangensaft oder abgekochtem Wasser. Zur Not, z. B. vor langen Fahrten, kann auf *Imodium*, das die Darmtätigkeit lähmt, zurückgegriffen werden (aber nur in geringen Dosen, da die Ausscheidung von Krankheitserregern verzögert wird!). Außerdem hilft eine Bananen- oder Reis-und-Tee-Diät und Cola in Maßen, denn es enthält Zucker, Spurenelemente, Elektrolyte und ersetzt das verloren gegangene Wasser. Generell sollte man viel trinken und die Zufuhr von Salz nicht vergessen. Bei länger anhaltenden Erkrankungen empfiehlt es sich, einen Arzt aufzusuchen – es könnte sich auch um eine bakterielle Ruhr, eine Amöben-**Ruhr** (Dysentrie) oder eine Cholera handeln.

Verstopfungen können durch eine große Portion geschälter Früchte, z. B. Ananas oder eine halbe Papaya (mit Kernen essen), verhindert werden.

Erkältungen

Paradoxerweise gehören Erkältungen zu den häufigsten Erkrankungen in den feuchtheißen Tropen. Das liegt vor allem an den Ventilatoren und Klimaanlagen, die krasse Temperaturwechsel und zu viel Zugluft bescheren. Nass geschwitzt in klimatisierte Räume zu flüchten ist nicht ratsam, wenn man nicht etwas zum Überziehen dabei hat. In klimatisierten Bussen und in den Bergen ist halbwegs warme Kleidung wichtig. Daher sollte man immer ein Tuch oder eine leichte Jacke mit sich führen.

Geschlechtskrankheiten

Gonorrhoe und die gefährlichere **Syphilis** sind in Asien weit verbreitete Infektionskrankheiten, vor allem bei Prostituierten. Dass der Verkehr mit Prostituierten ohne Kondom ein großes Risiko darstellt, muss sicher nicht mehr betont werden. Bei den ersten Anzeichen einer Erkrankung (Ausfluss/Geschwüre) ist unbedingt ein Krankenhaus zum Anlegen einer Kultur und zur Blutentnahme aufzusuchen.

Hauterkrankungen

Bereits vom Schwitzen kann man sich unangenehm juckende Hautpilze holen. Gegen zu starkes Schwitzen hilft Körperpuder, *Ice Powder,* das angenehm kühlt und in Apotheken erhältlich ist. Für andere Erkrankungen sind häufig Kopf-, Kleider-, Filzläuse, Flöhe, Milben oder Wanzen verantwortlich.

Nicht selten treten an Stellen, an denen die Kleidung eng aufliegt, Hitzepickel auf. Man kann sie mit *Prickly Heat Powder* behandeln. Gegen Kopfläuse hilft *Organoderm,* oder – falls man bereits wieder in Deutschland ist – *Goldgeist forte*.

Hepatitis

Hepatitis ist eine Infektion der Leber, die von verschiedenen Virus-Typen verursacht wird (inzwischen sind die Typen A–G bekannt). Für Reisende spielen nur die ersten beiden eine Rolle:

Hepatitis A, auch Reisegelbsucht genannt, wird oral durch infiziertes Wasser und Lebensmittel übertragen. Die Symptome ähneln am Anfang denen einer Grippe mit Übelkeit, Erbrechen, gelegentlichen Durchfällen und allgemeiner Abgeschlagenheit. Später kommt es zu einer Gelbfärbung der Haut, der Stuhl wird heller und der Urin dunkler. Einen guten Schutz bietet der Impfstoff *Havrix,* der auch als Kombi-Impfung *Twinrix* für Hepatitis A und B erhältlich ist. Tropenmediziner raten dazu, sich vor einer Tropenreise gegen Hepatitis A impfen zu lassen.

Hepatitis B wird genau wie HIV vor allem durch Intimkontakte oder durch Blut (ungenügend sterilisierte Injektionsnadeln, Bluttransfusionen, Tätowierung, Piercing, Akupunktur) übertragen. Die Symptome ähneln denen einer Hepatitis A, jedoch kann eine Hepatitis B chronisch werden. Im schlimmsten Fall führt sie nach einigen Jahren zu einer schweren Leberzirrhose und zum Tod. Eine vorbeugende Impfung, z. B. mit *Gen H-B-Vax,* ist bei langen Aufenthalten zu erwägen.

Japanische B Enzephalitis

Diese Virusinfektion, die zu einer schweren Hirnentzündung führt, wird durch nachtaktive Moskitos übertragen und kann in ländlichen Regionen vor allem während der Regenzeit, vorkommen. Die Symptome entwickeln sich nach vier bis zehn Tagen und umfassen Fieber, Kopfschmerzen, Nackensteife und Erbrechen. Die Vermeidung von Mückenstichen ist die beste Vorbeugung.

In Deutschland gibt es keinen zugelassenen Impfstoff gegen die Japanische B Enzephalitis. Der Impfstoff der japanischen Firma Biken kann jedoch über Impfzentren direkt aus Japan mit Kühlkette importiert werden. Eine Impfung ist allerdings höchstens für Reisende zu erwägen, die einen langen Aufenthalt in gefährdeten Regionen oder Endemie-Gebieten planen.

Kinderlähmung (Polio)

Der Name ist irreführend, denn auch Erwachsene können an Kinderlähmung erkranken. Die Ansteckung mit dem Virus geschieht oral über infiziertes Essen und Wasser. Die Krankheit kann bleibende Lähmungen verursachen. Die Grundimmunisierung gehört in Deutschland zu den Standard-Impfempfehlungen für Kinder und sollte – unabhängig von einer Sri-Lanka-Reise – alle zehn Jahre aufgefrischt werden.

Malaria

In Sri Lanka gibt es laut WHO ein ganzjähriges Malariarisiko. Nur die Distrikte Colombo, Galle, Kalutara und Nuwara Eliya gelten als malariafrei. Am häufigsten tritt die *Malaria Tertiana* auf. In weniger als 20% der Fälle kommt die potenziell tödliche *Malaria tropica* vor. Der Erreger *Plasmodium falciparum* wird von der weiblichen Anopheles-Mücke übertragen, die vor allem zwischen Beginn der Dämmerung und Sonnenaufgang aktiv ist.

Die beste Vorbeugung besteht darin, nicht gestochen zu werden: Am Abend schützt helle Kleidung (einige Reisende schwören auch auf dunkle). Wichtig sind lange Hosen, langärmlige Hemden, engmaschige lange Socken und ein Mücken abweisendes Mittel auf der Basis von *DEET,* das auf die Haut aufgetragen wird und die Geschmacksnerven stechender Insekten lähmt. Als gutes **Mückenmittel** auf dem deutschen Markt gilt das österreichische *No Bite.* Seit kurzem wird in den Produkten der *Autan*-Reihe der Wirkstoff Bayrepel verwendet. Er ist laut Hersteller ähnlich zusammengesetzt wie DEET, soll jedoch etwas besser verträglich sein. Einige Apotheken und Bioläden bieten sanftere Mittel an, die auf Zitronella- und Nelkenöl basieren.

Nicht alle Hotelzimmer in Sri Lanka haben Mückengitter an Fenstern und Türen oder ein **Moskitonetz** über dem Bett. Wer ganz sicher gehen will, sollte deshalb ein eigenes Netz mitbringen. Löcher verschließt man am besten mit Klebeband. Bei niedrigen Temperaturen in klimatisierten Räumen sind Mücken zwar weniger aktiv, aber keineswegs ungefährlich.

Über die beste **medikamentöse Prophylaxe** ist in den vergangenen Jahren immer wieder heftig debattiert worden. Die Deutsche Gesellschaft für Tropenmedizin und Internationale Gesundheit e. V., www.dtg.mwn.de, empfiehlt Sri-Lanka-Reisenden derzeit lediglich die Mitnahme einer **Standby-Therapie** mit Medikamenten des Wirkstoffes Mefloquin *(Lariam)* oder alternativ mit den Wirkstoffen Atovaquon/Proguanil *(Malarone).*

Die Frage über die richtigen Maßnahmen sollte unbedingt mit Hilfe eines Tropenarztes individuell auf Reiseart, -dauer und gesundheitliche Verfassung abgestimmt werden, denn allen Mitteln ist gemein, dass sie unangenehme Nebenwirkungen hervorrufen können.

Wer sich in einem Gebiet ohne ärztliche Versorgung infiziert hat, kann zur Überbrückung mit einer Standby-Therapie mit Mofloquin *(Lariam)*, Atovaquon/Proguanil *(Malarone)* oder in Gebieten mit mittlerem oder geringem Malariarisiko mit Artmether/Lamefantrin *(Riamet)* beginnen. Die Dosierung ist dem Beipackzettel zu entnehmen.

Wer aus Sri Lanka zurückkehrt und an einer nicht geklärten fieberhaften Erkrankung leidet, auch wenn es sich nur um leichtes Fieber und Kopfschmerzen handelt und erst Monate nach der Rückkehr auftritt, sollte dem Arzt unbedingt vom Tropenaufenthalt berichten. Die ersten Symptome einer Malaria können denen eines banalen grippalen Infektes ähneln.

Pilzinfektionen

Frauen leiden im tropischen Klima häufiger unter Pilzinfektionen im Genitalbereich. Vor der Reise sollten sie sich entsprechende Medikamente verschreiben lassen. Eine Creme oder Kapseln sind besser als Zäpfchen, die bei der Hitze schmelzen. Ungepflegte Saunen und Schwimmbäder sind Brutstätten für Pilze aller Art.

Schlangenbisse

In Sri Lanka sind nur wenige der mehr als 80 Schlangenarten giftig: die nachtaktiven Indischer Krait (*Bungarus caeruleus*) und Ceylon Krait (*Bungarus ceylonicus*), die Königskobra, die Kettenviper (engl. Russel's Viper, *Daboia russelli*), die Sandrasselotter (engl. Saw-scaled Viper, *Echis carinatus*) und zwei Seeschlangenarten. Doch steht die weit verbreitete Angst vor einem Biss in keinem Verhältnis zum Risiko.

Besondere Vorsicht ist in der Zeit nach Sonnenuntergang und bei Regen geboten. Deshalb sollte man im Dunkeln nie ohne Taschenlampe unterwegs sein und immer darauf achten, wohin man tritt und greift. Giftschlangen greifen nur an, wenn sie selbst attackiert werden. Daher bitte nicht auf eine Schlange zugehen, auch dann nicht, wenn sie leblos wirkt! Es ist ratsam, Rucksäcke und Taschen in der Nacht zu verschließen oder in geschlossenen Schränken zu verstauen. Da Schlangen in unwegsamem Gelände relativ leicht zu übersehen sind, sollten beim Wandern knöchelhohe Schuhe und lange Hosen getragen werden. Das gilt z. B. beim Besuch der Ruinenstätten von Anuradhapura und Polonnaruwa sowie beim Trekken in den Nationalparks.

Oft ist nach einem Biss die schnelle Verabreichung des richtigen Gegenmittels wichtig. Das Krankenhaus, in das der Betroffene schnellstens gelangen sollte, muss sofort vorab informiert werden, damit ein Arzt und das Gegenmittel beim Eintreffen bereit stehen. Ideal wäre, die (getötete) Schlange mitzubringen, was allerdings angesichts der potenziellen Gefahr nicht immer möglich ist. Doch wer sich einige äußere Merkmale (Größe, Farbe, Musterung) merkt, kann dazu beitragen, die Schlange zu identifizieren.

Stiche und Bisse

Die Tropenlandschaft Sri Lankas ist reich an Insekten und anderen Tieren, die leider unangenehme Stiche und Verletzungen herbeiführen können. Dazu gehören z. B. **Sandfliegen**, die an Stränden vor allem nachmittags und abends auftreten. Ihre Bisse machen sich erst nach einiger Zeit durch juckende, extreme Hautrötungen bemerkbar. Zur Vorbeugung hilft das vorige Einreiben durch *Skin-So-Soft* von Avon. Bitte die befallenen Stellen nicht aufkratzen, sondern mit einer Salbe gegen Entzündungen einreiben. Das gilt auch für die recht schmerzhaften Bisse von **Flöhen** und **Wanzen**, die sich am wohlsten in unsauberen Betten und Decken fühlen. **Zecken** fallen auch in Sri Lanka von den Bäumen, lassen sich aber mit einer Pinzette normalerweise problemlos herausziehen (niemals mit Öl oder ähnlichem ersticken!).

Blutegel sind vor allem in den Feuchtgebieten eine Plage, allen voran im Sinharaja Forest Reserve. Ihnen fielen bei der Eroberung der Insel mehr Engländer zum Opfer als durch die Hand gegnerischer Soldaten. Sri Lanka besitzt sogar eine eigene Art, den fadendünnen, etwa 2,5 cm langen *Hirudo ceylanica*. Nachdem die Egel sich genüsslich vollgesogen haben, fallen sie von selbst ab. Wer dem zuvorkommen möchte, kann sie mit Hitze (Zigarette, Feuerzeug) oder Salz zum Loslassen zwingen. Nichtraucher können auch dem Rat des berühmten Biologen Ernst Haeckel (1834–1919) folgen: er hatte während seines Ceylon-Besuches 1881/82 beim Gang durch den Dschungel immer eine Limone in der Tasche, die er bei Bedarf über dem Egel auspresste. Auf jeden Fall sollte man einen Egel nicht mit den Fingern berühren, sondern mit einem Gegenstand, z. B. einem Zweig, wegschleudern! Zur Vorbeugung helfen wadenhohe feste Socken. Nach einer Tour durch ein Feuchtgebiet ist eine Ganzkörperkontrolle empfehlenswert.

Bienen- und andere **Insektenstiche** bitte sofort mit Eis kühlen und anschließend eine spezielle Salbe auftragen; ggf. müssen Antihistamin-Tabletten genommen werden. **Skorpionstiche** sind bei Erwachsenen generell nicht lebensbedrohlich. Tipp: den Körperteil ruhig stellen, Wasserkontakt vermeiden und einen Arzt konsultieren. Normalerweise lassen die anfangs starken Schmerzen nach einigen Tagen nach. Vor dem Anziehen empfiehlt sich ein Blick in die Schuhe, da sich Skorpione dort gern einquartieren. Im Falle einer hautnahen Begegnung mit **giftigen Meerestieren** wie Stachelrochen, Steinfischen, Feuerkorallen, Seeigeln oder **Quallen**, die zu schlimmen Ausschlägen und/oder starken Schmerzen führen können, sofort einen Arzt aufsuchen.

Tetanus (Wundstarrkrampf)

Verletzungen kann man nie ausschließen, und Wundstarrkrampf-Erreger finden sich überall auf der Erde. Die Grundimmunisierung erfolgt über zwei Impfungen im Abstand von vier Wochen, die nach einem Jahr aufgefrischt werden müssen. Danach genügt eine Impfung alle zehn Jahre. Am besten ist die Impfung mit dem Tetanus-Diphtherie-(Td-)Impfstoff (für Personen ab fünf Jahre). So erhält man gleichzeitig einen Schutz vor Diphtherie.

Thrombose

Durch das stundenlange Sitzen auf Langstreckenflügen oder in Bussen verringert sich der Blutfluss, vor allem in den Beinen. Dadurch kann es zur Bildung von Blutgerinnseln kommen, die, wenn sie sich von der Gefäßwand lösen und durch den Körper wandern, eine akute Gefahr darstellen

Vorschlag für eine Reiseapotheke

Von allen regelmäßig benötigten Medikamenten sollte man einen ausreichenden Vorrat mitnehmen. Nicht zu empfehlen sind Zäpfchen oder andere hitzeempfindliche Medikamente. Bitte bei den Medikamenten Gegenanzeigen und Wechselwirkungen beachten und sich vom Arzt oder Apotheker beraten lassen!

Verbandzeug
→ Heftpflaster, Leukoplast, Blasenpflaster, Mullbinden, elastische Binde, sterile Kompressen, Verbandpäckchen, Dreiecktuch
→ Alkoholtupfer
→ Desinfektionsmittel (Betaisodona Lösung, Kodan Tinktur)
→ Schere, Pinzette

Malaria-Prophylaxe
→ Standby-Therapie * (z. B. Malarone)
→ Mückenschutz (für Kinder: Zanzarin)

Schmerzen und Fieber
→ Fieberthermometer
→ Benuron, Dolormin
→ Buscopan (gegen krampfartige Schmerzen)
→ Antibiotika* gegen bakterielle Infektionen (in Absprache mit dem Arzt mitnehmen)

Magen- und Darmerkrankungen
→ Imodium (gegen Durchfall)
→ Elotrans (zur Rückführung von Mineralien; Kinder: Oralpädon Pulver)
→ Dulcolax Dragees, Laxoberal Tropfen (gegen Verstopfung)

Hauterkrankungen
→ Nebacetin Salbe RP (bei infizierten oder infektionsgefährdeten Wunden)
→ Soventol Gel, Azaron Stift, Fenistil Tropfen, Teldane Tabletten (bei Juckreiz nach Insektenstichen oder allergischen Erkrankungen)
→ Soventol Hydrocortison Creme, Ebenol Creme (bei starkem Juckreiz oder stärkerer Entzündung)
→ Wund- & Heilsalbe (Bepanthen)
→ Fungizid ratio, Canesten (bei Pilzinfektionen)
→ Berberil, Yxin (Augentropfen bei Bindehautentzündungen)

Erkältungskrankheiten
→ Olynth Nasenspray, Nasivin
→ Dorithricin, Dolo Dobendan (bei Halsschmerzen)
→ Silomat (Hustenstiller)
→ Acc akut (zum Schleimlösen)

Sonnenschutz
→ Ladival Milch oder Gel, Ilrido ultra Milch
→ Sonnenschutzstift für die Lippen
→ Calamine (bei Sonnenallergie)

Sonstiges
→ Einwegspritzen
→ Kondome
→ Ohrenstöpsel
→ Beipackzettel
→ Superpep Kaugummis, Vomex (Reisekrankheit)

* rezeptpflichtig in Deutschland

Lungenembolie). Zur Risikogruppe gehören Ältere, Schwangere, starke Raucher, Menschen mit Venenleiden und Frauen, die die Pille nehmen. Es genügen jedoch schon ein paar Maßnahmen, um das Risiko zu minimieren. Die beste Vorbeugung ist, sich während des Fluges oder einer Fahrt viel zu bewegen (mindestens einmal pro Stunde aufstehen) und viel zu trinken (Kaffee, Tee und Alkohol zählen nicht). Wer ganz sicher gehen will, kann zudem spezielle medizinische Stützstrümpfe tragen, die für rund 15–25 € in Apotheken erhältlich sind. Risikopatienten sollten ihren Arzt zu Rate ziehen.

Tollwut

Theoretisch können alle Säugetiere mit dem Tollwutvirus infiziert sein, in Sri Lanka geht die Gefahr in der Regel von streunenden Hunden, Katzen, Affen und Fledermäusen (deren Ausfluss und Exkremente) aus. Wo verendete Tiere zu sehen sind, ist besondere Vorsicht geboten. Das Virus wird meist durch einen Biss mit dem Speichel übertragen, aber auch Kratzen kann ausreichen. Wer von einem Hund oder einer Katze gekratzt oder gebissen wurde, muss sich sofort immunisieren lassen, da eine Infektion mit Tollwut tödlich endet.

Eine vorbeugende Impfung ist nur bei längerem Aufenthalt in ländlichen Gegenden oder bei vorhersehbarem Umgang mit Tieren notwendig.

Typhus

Typhus gehört mit Hepatitis A zu den häufigsten Tropenkrankheiten. Es wird vom Bakterium *Salmonella typhi* verursacht und oral übertragen (z. B. Nahrungsmittel). Typische Symptome sind ansteigendes Fieber einhergehend mit einem eher langsamen Puls und Benommenheit. Später folgen eventuell Hautausschlag, Verstopfung oder Durchfall und Bauchschmerzen. In schlimmen Fällen treten unter anderem Blasenentzündungen, Herzentzündungen und Darmblutungen als Komplikationen auf.

Eine Injektion des Typhus-Impfstoffs *Typhim VI* bietet drei Jahre lang Schutz ehe er wieder aufgefrischt werden muss. Tropenärzte raten in der Regel zu einer Impfung gegen Typhus.

Wurmerkrankungen

Würmer können überall lauern: in rohem oder halbgarem Fleisch und Fisch, verunreinigtem Wasser oder auf Gemüse. Sie setzen sich an den verschiedensten Organen fest und sind oft erst Wochen nach der Rückkehr festzustellen. Die meisten sind harmlos und durch eine einmalige Wurmkur zu vernichten.

Nach einer Reise in abgelegene Gebiete ist es empfehlenswert, den Stuhl auf Würmer untersuchen zu lassen. Dies ist vor allem dann notwendig, wenn über einen längeren Zeitraum hinweg Durchfälle (auch leichte!) auftreten.

Wundinfektionen

Unter unhygienischen Bedingungen können sich schon aufgekratzte Moskitostiche zu beträchtlichen Infektionen auswachsen. Wichtig ist, dass jede noch so kleine Wunde desinfiziert, sauber gehalten und eventuell mit einem Pflaster geschützt wird. Antibiotika-Salben, im feuchtwarmen Klima noch besser Antibiotika-Puder, unterstützen den Heilungsprozess.

Versicherungen

Die großen Versicherungsunternehmen bieten eine verwirrende Vielfalt von Versicherungspaketen an, die Reiserücktritt-, Unfall-, Gepäck- und Auslandskrankenversicherung einschließen können. Letztlich liegt es im Ermessen des Reisenden, was er alles versichert haben möchte. Die einzig wichtige Urlaubsversicherung ist eine **private Auslandskrankenversicherung**, die den Krankenrücktransport einschließt.

Reiserücktrittskostenversicherung

Bei pauschal gebuchten Reisen ist gelegentlich eine Reiserücktrittskostenversicherung im Preis inbegriffen (Kleingedrucktes lesen oder nachfragen!) Wer individuell plant, muss sich um die Absicherung dieses Risikos selbst kümmern. Das kann über die Reisebüros geschehen. Viele Reiserücktrittskostenversicherungen müssen kurz nach der Buchung abgeschlossen werden (in der Regel bis 14 Tage danach). Eine Reiseunfähigkeit wegen Krankheit muss ärztlich nachgewiesen werden. Auch bei Krankheit oder Tod eines Familienmitglieds oder Reisepartners ersetzt die Versicherung die Stornokosten der Reise.

Die Kosten der Versicherung richten sich nach dem Preis der Reise und der Höhe der Stornogebühren. Sie liegen in der Regel zwischen 15 und 90 € pro Person. Zum Teil gibt es eine Selbstbeteiligung.

Reisegepäckversicherung

Viele Versicherungen bieten die Absicherung des Verlustes von Gepäck an, meist als Teil eines Paketes wie etwa beim „FernFlug-Vollschutz" von *Elvia*. Allen Versicherungen ist gemein, dass die Bedingungen, unter denen das Gepäck abhanden kommen „darf", sehr eng gefasst sind. Deshalb ist es wichtig, die Bedingungen genau zu studieren und sich entsprechend zu verhalten. Bei vielen Versicherungen ist z. B. das Gepäck in unbewacht abgestellten Kraftfahrzeugen zu keinem Zeitpunkt vers chert. Kameras oder Fotoapparate dürfen wegen möglicher Mopedräuber nicht über die Schulter gehängt werden, sondern müssen am Körper befestigt sein, sonst zahlt die Versicherung nicht (so Gerichtsurteile). Ohnehin sind foto- und videotechnische Geräte meist nur bis zu einer bestimmten Höhe oder bis zu einem bestimmten Prozentsatz des Neuwertes versichert, auch Schmuck unterliegt Einschränkungen, ebenso Bargeld. Wer eine wertvolle Foto- oder Kameraausrüstung mitnimmt, sollte erwägen, eine Zusatzversicherung abzuschließen.

Entscheidet man sich für eine Reisegepäckversicherung, ist darauf zu achten, dass sie Weltgeltung hat, die gesamte Dauer der Reise umfasst und in ausreichender Höhe abgeschlossen ist.

Tritt ein Schadensfall ein, muss der Verlust sofort bei der Polizei gemeldet werden. Eine zuvor angefertigte Checkliste, auf der alle Gegenstände und ihr Wert eingetragen sind, ist dabei hilfreich. Generell sollte alles, was nicht ausreichend versichert ist, nach Möglichkeit im Handgepäck transportiert werden.

Eine Reisegepäckversicherung mit einer Deckung von rund 2000 € kostet für 24 Tage ca. 30 €, als Jahresvertrag etwa 60–70 €.

Auslandskrankenversicherung

Ohne eine Auslandskrankenversicherung mit Rücktransport abgeschlossen zu haben, sollte niemand sein Heimatland verlassen, denn bei Krankheiten und Unfällen kann sehr schnell eine erhebliche Summe zusammenkommen, die aus eigener Tasche bezahlt werden müsste. Versicherte können die Kosten hingegen nach Einreichen der Rechnungen bei der Versicherung geltend machen. Einschränkungen gibt es natürlich auch hier, besonders bezüglich Zahnbehandlungen (nur Notfallbehandlung) und chronischen Krankheiten (Bedingungen durchlesen!). Der feine Unterschied liegt im Detail: Die meisten Versicherer zahlen den Rücktransport nur, wenn er „medizinisch notwendig" ist. Beim *ADAC*, der *Europäische Reiseversicherung* und *Huk-Coburg* genügt es, dass der behandelnde Arzt den Transport in die Heimat für sinnvoll erachtet. Bei einer Schwangerschaft ist eine schriftliche Bestätigung des Versicherers ratsam, dass er für Kosten von Frühgeburten und die medizinische Versorgung des Neugeborenen aufkommt.

Die bei der Versicherung einzureichende **Rechnung** sollte folgende Angaben enthalten:

→ Name, Vorname, Geburtsdatum, Behandlungsort und -datum
→ Diagnose
→ erbrachte Leistungen in detaillierter Aufstellung (Beratung, Untersuchungen, Behandlungen, Medikamente, Injektionen, Laborkosten, Krankenhausaufenthalt)
→ Unterschrift des behandelnden Arztes
→ Stempel

Auslandskrankenversicherungen werden von nahezu allen großen Versicherern und auch von einigen Kreditkartenorganisationen angeboten. Sie sind meistens für ein Jahr gültig, decken jedoch nur Reisen von jeweils bis zu 42 Tagen, manche bis acht Wochen ab. Es empfiehlt sich der Abschluss eines **Jahresvertrages**. Folgende Angaben sind besonders für Veränderungen anfällig und sollten daher vor Abreise überprüft werden.

Mit 4,92 € pro Jahr ist die *DBV-Winterthur* am günstigsten. Den umfassendsten Schutz bietet die *Huk-Coburg*, denn sie zahlt bei Krankheit über das Vertragsende hinaus bis zur Wiederherstellung der Transportfähigkeit und übernimmt die Kosten für den Krankenrücktransport, wenn der Arzt dies für notwendig erachtet. Einzelpersonen zahlen 8 € (19 € ab dem 70. Lebensjahr), Familien 20 € im Jahr.

Die *Universa Krankenversicherung AG* versichert Reisende für ein Jahr auf allen Auslandsreisen, die jeweils nicht länger als zwei Monate dauern, zu einem Preis von 8 € p.P. bzw. 17,80 € ab Eintrittsalter 60. Der Auslandsschutzbrief des *ADAC* für Reisende bis 66 Jahre kostet für 45 Tage 11,70 €, Nichtmitglieder zahlen 13,50 €. Weitere führende Versicherer sind die *AXA*, *Debeka*, *Elvia*, *Europäische Reiseversicherung*, *Helvetia*, *Victoria* und die *Volksfürsorge*.

Wer länger als sechs Wochen verreisen möchte, sollte nach **Langzeittarifen** fragen. Am billigsten fährt man bei einem dreimonatigen Auslandsaufenthalt mit dem EVT-Tarif der *Europa*, der Reisende bis zum 64. Lebensjahr für 42 € versichert (Selbstbehalt: 50 €). Günstig ist bei einer Dreimonatstour auch *Victoria* mit ihrem AR1-Tarif für 49 € (ohne Selbstbehalt). Für den gleichen Zeitraum kommen Reisende ab dem 70. Lebensjahr mit 125 € bei der *Württembergischen* ganz gut weg. Die *AXA* bietet einen Einmal-Reise-Krankenschutz (ARE) für 365 Tage an. Dabei werden für die ersten 30 Tage 0,45 €/Tag berechnet und vom 31.–365. Tag 0,90 € – ab dem 65. Lebensjahr das Doppelte. Die *DKV* offeriert mit ihrem Tarif AS6 bis zu 99 Tage, mit dem Tarif AS 12 bis zu zwölf Monate und mit dem Tarif AVL bis zu 36 Monate Schutz. Die monatlichen Beitrage richten sich nach Alter und Geschlecht. Weitere Anbieter von Langzeittarifen sind die *Volksfürsorge* und der *ADAC*.

Gepäck

Rucksäcke, Koffer und Taschen

Die Wahl der Gepäckart hängt von der Art des Reisens ab. Wer vorwiegend mit öffentlichen Verkehrsmitteln unterwegs ist und auch schon mal längere Strecken zu Fuß geht, ist mit einem **Rucksack** gut bedient (ob dieser passt, lässt sich beim Kauf feststellen, wenn er mit etwa 15 kg bepackt ist und sich damit gut tragen lässt).

Kofferrucksäcke sind ein Kompromiss für jene, die mal mit dem Taxi und mal mit dem Bus fahren. Diese Kombination aus Koffer und Rucksack wird von der Vorderseite bepackt und hinten vom Tragegestell geschützt, so dass die Kleidung im Gegensatz zum Rucksack relativ ordentlich und knitterfrei transportiert werden kann. Ein **Koffer** eignet sich dann, wenn keine längeren Fußmärsche geplant sind, was vor allem auf Teilnehmer von Reisegruppen zutrifft. Von Vorteil ist bei Hartschalenkoffern mit Zahlenschloss, dass eingeschlossene Wertsachen nicht so leicht entwendet werden können.

Kleidung

Für die Kleidung gilt: viel Baumwolle, wenig Kunstfaser. Sie sollte lässig-bequem, aber gepflegt sein. Zur Grundausstattung gehören neben strapazierfähigen Trekkinghosen ein Paar geschlossene sportliche Schuhe und robuste Sandalen oder Trekkingsandalen.

Gummischlappen sind nicht nur beim eiligen Gang über den Flur zur Toilette unverzichtbar, sondern auch bei Zimmern mit angeschlossenem Bad. Da die Duschen selten von einer Duschwanne umgeben sind, stehen die Bäder fast immer unter Wasser und bilden einen idealen Nährboden für Pilze.

Ein **Tagesrucksack** oder eine Falltasche für Tagesausflüge und Kurztrips ist in jedem Fall sinnvoll. Er bietet zudem zusätzlichen Stauraum auf dem Heimflug.

Kameras sind am besten in einer **Fototasche** untergebracht, die von außen möglichst wertlos aussieht, aus festem Material besteht und gut verschließbar ist. Wertsachen (Geld, Pässe, Schecks, Tickets) sollten am Körper in einem **Hüftgurt** aus Baumwolle aufbewahrt werden. Diese Taschen können auf Reisen unauffällig unter der Kleidern getragen werden. Papiere, auch Geld und Flugtikkets, am besten in einer Plastikhülle vor Schweiß und Nässe schützen.

Bei Fahrten in Rikschas und offenen Bussen kann ein Tuch vor Sonne, Staub und Abgasen schützen. Gut sind auch Kapuzenjacken oder Sweatshirts mit Kapuze, die zudem den Hals vor Sonnenbrand schützen. In den Bergen Sri Lankas kann es in den Monaten November bis Februar empfindlich kalt sein, weshalb warme Pullover und Jacken unabdingbar sind.

Wie überall in der Welt werden Menschen auch in Sri Lanka zuerst nach ihrem Äußeren beurteilt. Schmutzige oder zerrissene Kleidung hinterlässt keinen guten Eindruck. Bei Frauen werden weit ausgeschnittene oder eng anliegende Kleidung als stößig empfunden. Die Röcke sollten bis zum Knie reichen und die Schultern bedeckt sein. Letzteres gilt auch bei Männern, die außer am Strand und am Pool zudem auf kurze Hosen verzichten sollten.

Shorts sind in Städten und vor allem beim Besuch religiöser Stätten unangebracht; das erinnert die Sri Lanker zudem an Schuljungen.

Für den Fall, dass man auf seiner Reise von Einheimischen eingeladen wird oder offizielle Termine (Empfänge, Gespräche mit Offiziellen, Behördengänge, etc.) wahrnehmen muss, gehört auch ein besseres, nicht allzu empfindliches Stück ins Gepäck. Krawatten können zu Hause bleiben, außer man diniert in 5-Sterne-Hotels oder im legendären Hill Club in Nuwara Eliya.

Ausrüstung

Wer sich länger in den kühleren Bergregionen aufhält, wird über den mitgebrachten **Schlafsack** dankbar sein, wenn er in billigen Unterkünften

Gepäck-Check

Die folgende Liste kann als Hilfe beim Packen dienen.

Kleidung
- → **Feste Schuhe**, für Wanderungen reichen Sportschuhe aus, evtl. Dschungelboots*
- → **Sandalen** oder **Trekkingsandalen***
- → **Gummischlappen***
- → **Hosen** bzw. **Röcke**, die locker sitzen, aus Baumwolle und leichten Materialien
- → **Kurze Hosen** für den Strand, bei Männern knielang, bei Frauen bis unters Knie
- → **Hemden*** oder **Blusen***
- → **T-Shirts***
- → **Allwetterjacke,** am besten mit Kapuze
- → **Pullover**
- → **Baumwolltuch** zum Schutz vor Straßenstaub, Zugluft und Sonne
- → **Sonnenschutz**: Hut*, Kappe*, Brille* in bruchsicherer Box, Sonnenmilch
- → **Strickmütze***, im Norden zur kalten Jahreszeit, gegen Fahrtwind etc.
- → **Socken**, für den Abend dichte, nicht allzu kurze Socken als Moskitoschutz
- → **Unterwäsche**, in der Regenzeit außer aus Baumwolle auch aus feinen, schnelltrocknenden Materialien
- → **Badeanzug** für Frauen, dazu ein Wickelrock*

Hygiene und Körperpflege
- → **Zahnbürste***
- → **Zahnpasta*** in stabiler Tube
- → **Shampoo***
- → **Nagelschere** und Nagelfeile
- → **Nassrasierer***
- → **Kosmetika**
- → **Papiertaschentücher**
- → **Feuchties**, zur Hygiene unterwegs und wenn kein Wasser in Reichweite ist
- → **Tampons**
- → **Toilettenpapier***, in einfachen Hotels und auf vielen Toiletten nicht vorhanden
- → **Nähzeug**

Für einfache Unterkünfte
- → **Seife*** im bruchsicheren Behälter
- → **Handtücher**, die schnell trocknen
- → **Waschmittel** in der Tube für alle, die Wäsche selbst waschen
- → **Plastikbürste*** zum Schrubben von Wäsche und Schuhen
- → **Kordel** als Wäscheleine oder zum Aufspannen des Moskitonetzes
- → **Klebeband***, um Löcher im Moskitonetz zu flicken
- → **kleine Nägel*** oder Reißzwecken zum Befestigen des Moskitonetzes
- → **Moskitonetz**
- → **Vorhängeschloss*** und kleine Schlösser* fürs Gepäck
- → **Leinenschlafsack** oder Bettbezug, da die Laken in billigen Hotels nicht häufig gewechselt werden
- → **Schlafsack** in billigen Herbergen und in höheren Regionen

Sonstiges
- → **Reisewecker** oder Armbanduhr mit eingebautem Wecker
- → **Taschenlampe***
- → **Taschenmesser**, z. B. Schweizer Messer
- → **Reiseapotheke**, s. S. 27
- → **Notizbuch*** und Stifte*
- → **Adressbuch** und E-Mail-Adressen
- → **Reisepass**
- → **Impfpass** oder zumindest eine Kopie für den Notfall
- → **Geld**
- → **Flugtickets**
- → **Reiseführer**, Landkarten
- → **Reiselektüre**

Tipp: Alle wichtigen Reisedokumente zu Hause einscannen und an die eigene Web-Mail-Adresse schicken, evtl. auch Telefonnummern, Reisescheknummern etc. So können diese im Notfall unterwegs abgerufen werden.

Diese Gegenstände sind in Sri Lanka billiger

übernachtet. Die dortigen Kunstfaserdecken wärmen meist nur unzureichend und eignen sich eher zum Aufpolstern der Matratzen. Daunenschlafsäcke sind nicht geeignet, da sie bei hoher Luftfeuchtigkeit nicht trocknen. Ansonsten reicht ein Leinenschlafsack oder ein **Bettbezug** aus.

Für Trekkingtouren haben sich **Dschungelboots** aus Armeebeständen bewährt. Diese leichten Schnürstiefel aus Baumwoll-Canvas sind knöchelhoch und haben ein griffiges, wenn auch dünnes Gummiprofil. **Bergwanderschuhe** eignen sich vor allem für steiniges Gelände, weniger für nasse Lehmböden. Außerdem bieten sie entgegen allen Erwartungen keinen besseren Schutz vor Blutegeln, und nach dem Durchqueren von Bächen und Pfützen sind sie buchstäblich Klötze am Bein.

Eine **Taschenlampe** ist nützlich bei Stromausfall, auch ein **Taschenmesser** ist immer praktisch und auch ein **Feuerzeug** kann vielfache Dienste leisten.

Geld

Währung

Die offizielle Währung Sri Lankas ist die **Sri Lankan Rupie** (in diesem Buch mit Rs abgekürzt), die nochmals in **100 Cent** unterteilt wird. Es gibt sie als Banknote in folgender Stückelung: 10, 20, 50, 100, 200, 500 und 1000. Münzen sind zu 25 und 50 Cents sowie zu 1, 2, 5 und 10 Rs im Umlauf.

In der Regel sind die meisten Rechnungen in Rupie zu begleichen. Größere Posten wie Flüge, Mietwagen, organisierte Touren oder Hotelzimmer sind nicht selten in US-Dollar ausgewiesen. Der Name „Rupie" kommt übrigens von *rupa*, dem Sanskrit-Wort für „Silber".

Tipp

Bereits beim Umtausch sollte man möglichst viele kleine Scheine verlangen, denn oft fehlt es an Wechselgeld. Beschädigte oder stark verschmutzte Scheine bitte wieder zurückgeben, da ihre Annahme häufig verweigert wird. Das gilt noch mehr bei Dollarnoten.

Geldwechsel

Wechselkurse

1 € = 124 Rs	100 Rs = 0,80 €
1 sFr = 79 Rs	100 Rs = 1,27 sFr
1 US$ = 100 Rs	100 Rs = 1 US$

Aktuelle Wechselkurse unter
🖥 www.oanda.com

In jedem größeren Ort gibt es staatliche und private **Banken**, in denen Bargeld und Reiseschecks gewechselt werden können. Die üblichen Öffnungszeiten sind Mo–Fr 9–15 Uhr. Manche Geldinstitute haben bis in die Abendstunden oder sogar am Wochenende geöffnet. Immer mehr Filialen verfügen zudem über **Geldautomaten** (ATM = *Automatic Teller Machine*).

In Colombos Stadtteil Fort und manchen Touristenorten gibt es private **Wechselstuben** (*Money Changer*), in denen Banknoten der führenden Währungen (Euro, US$, Schweizer Franken, Britische Pfund etc.) ohne Gebühren eingetauscht werden können. Oft sind die Kurse etwas besser als bei Banken, jedoch empfiehlt es sich, die Umtauschkurse bei mehreren Wechselstuben zu vergleichen.

Auch größere **Hotels** bieten den Geldwechsel an, allerdings zu sehr schlechten Konditionen und meist nur für Gäste, weshalb der Umtausch nur im Notfall in Frage kommt.

Es kann vorkommen, dass man von **Schwarzhändlern** angesprochen wird. Bitte die Finger davon lassen, es lohnt sich nicht! Zum einen ist der angebotene Kurs kaum besser, zum anderen wird man nicht selten übers Ohr gehauen.

Da die Rupie an den US-Dollar gebunden ist folgt sie dessen Kursschwankungen. Wer mit Reiseschecks bezahlt, bekommt einen etwas besseren Kurs, allerdings wird der Vorteil durch die nicht unerheblichen Gebühren wieder zunichte gemacht.

Reisekasse

Die Mischung machts: Man sollte sowohl Bargeld (Euro und US-Dollar) als auch Reiseschecks und Kreditkarte mitnehmen, um flexibel zu sein.

Bargeld

Größere Ausgaben können in US-Dollar, mancherorts auch in Euro, beglichen werden. Daher ist es ganz gut, etwas Bargeld mitzunehmen. Ratsam sind kleinere Stückelungen, denn das Wechseln von großen Geldscheinen bereitet nicht selten Probleme. Manchmal wird die Annahme von US$100-Scheinen aus Angst vor Falschgeld verweigert – also am besten erst gar keine mitnehmen.

Reiseschecks

Auch wenn bargeldloses Bezahlen immer üblicher wird, sind Travellers Cheques das sicherste Zahlungsmittel, da vor Ort für Ersatz gesorgt werden kann. Jede Heimatbank verkauft Reiseschecks gegen eine geringe Gebühr, allerdings sind sie gerade in der Reisezeit nicht immer in der gewünschten Zahl und Stückelung vorrätig. Eine frühzeitige Vorbestellung ist daher sinnvoll. Beim Kauf sollte man darauf achten, nur Reiseschecks international bekannter Banken zu kaufen wie etwa American Express, Thomas Cook oder Citibank. Wie bei Bargeld gilt auch hier, nicht zu große Währungseinheiten mitzunehmen (am besten zwischen 10 und 50 €/US$).

Die Banken Sri Lankas akzeptieren sowohl Travellers Cheques in Euro als auch in US-Dollar, allerdings erheben einige von ihnen für Euro-Reiseschecks teilweise sehr hohe Gebühren. Bitte vor dem Einlösen nachfragen! Am günstigsten sind die Bank of Ceylon und die People's Bank.

Wichtig ist, die Kaufabrechnung an einer anderen Stelle aufzubewahren als die eigentlichen Schecks. Außerdem sollten Nummern, Betrag und Ort der Einlösung von bereits verwendeten Schecks in einer Liste aufgeführt werden.

Kredit- und EC-Karten

Überall wo die Zeichen für American Express, Visa, Mastercard oder Diners Club angebracht sind, sind diese auch willkommen. Dies gilt gerade für Hotels, Restaurants, Souvenirgeschäfte oder Reisebüros. Bitte nach Gebühren erkundigen – manchmal werden sie auf den genannten Betrag aufgeschlagen.

Wer mit Visa und Mastercard Geld abheben möchte, kann dies in der Bank of Ceylon, Commercial Bank, People's Bank, Seylan Bank sowie in vielen Niederlassungen internationaler Banken in Colombo tun (s. S. 154).

Warnung

Die Kreditkarte sollte beim Bezahlen nicht aus den Augen gelassen werden, damit kein zweiter Kaufbeleg erstellt werden kann, auf dem später die Unterschrift gefälscht wird. Sie darf auch niemals in einem Safe, der auch anderen zugänglich ist, verwahrt werden.

Die größeren Bankfilialen verfügen über Geldautomaten (ATM), besonders jene der Commercial Bank, Seylan Bank, Sampath Bank, Union Bank und Hatton National Bank. Wo am Automaten das Cirrus/Maestro-Zeichen aufgeführt ist, kann auch mit der normalen EC-Karte Geld gezogen werden. Allerdings werden dafür von der Heimatbank saftige Gebühren erhoben. Bitte vorher erkundigen!

Adressen der Kreditkarten- und Reisescheck-Repräsentanzen sind:

American Express
104 Dharmapala Mawatha, Colombo 7
✆ 011-2681215, 2682787
⏰ Mo–Fr 9–17 Uhr

Citibank
65C Dharmapala Mawatha, Colombo 7
✆ 011-4794700, 2447316
✆ 011-4715329

Tipp: Wer ein Konto bei der Citibank hat, kann am dortigen Automaten gebührenfrei Geld abheben

Thomas Cook
15 Sir Baron Jayatilaka Mawatha, Colombo 1 (Fort)
✆ 011-2445971
⏰ Mo–Fr 8.30–17 Uhr, Sa 10–12.30 Uhr

Informationen & Notruftelefone

American Express: ✆ 069-97971000,
🖥 www.americanexpress.de.travel-guides.com
Mastercard: ✆ 069-79331910, ✆ 069-79331950,
🖥 www.mastercard.com/de
Visa Card: ✆ 001-410-5813836 (als kostenloses R-Gespräch („trunk call") anmelden),
🖥 www.visa.de

Überweisungen

Wer sich Geld nach Sri Lanka überweisen lassen möchte oder muss, hat mehrere Möglichkeiten:

Dem Money-Transfer-System von **Western Union**, ✆ 0180-3030330, 🖥 www.westernunion.com, sind landesweit viele Filialen der People's Bank und Seylan Bank angeschlossen sind. Um zu überweisen muss eine Person zu Hause Bargeld bei einem Western-Union-Vertragspartner, z. B. der Postbank oder der Reisebank, einzahlen und den Namen des Begünstigten sowie die Adresse der entsprechenden Partnerbank in Sri Lanka angeben. Anschließend teilt sie dem Begünstigten die Referenznummer *(Money Transfer Control Number)* für den Transfer mit. Gegen Vorlage des Reisepasses und der Referenznummer kann dieser sich anschließend den Betrag auszahlen lassen.

Money Gram, 🖥 www.moneygram.com, bietet einen ähnlichen Service an, hat allerdings ein weniger dichtes Netz von Vertragspartnern. In Sri Lanka sind es vorwiegend Filialen von Hatton National Bank und Pan Asia Bank. Die Gebühren richten sich nach der Summe, der gesamte Überweisungsvorgang dauert selten länger als ein paar Stunden.

Es besteht auch die Möglichkeit der normalen internationalen Überweisung (*SWIFT*) vom Privatkonto aus. Dazu muss man wissen, welches Geldinstitut in Sri Lanka mit der Heimatbank ein Kooperationsabkommen geschlossen hat (nach Möglichkeit vorher erkundigen!). Allerdings kann eine solche Überweisung 2-3 Tage in Anspruch nehmen.

Reisekosten

Low Buget: Das Motto „Geiz ist geil" zahlt sich auch in Sri Lanka aus. In einfachen Gästehäusern lässt es sich schon für 2–3 € übernachten, Curry-Gerichte gibt es bereits ab 1 €. Nicht viel mehr zahlt man für Bus und Bahn: eine Busfahrt von Colombo nach Kandy kostet nicht mal 1 €, ein Zugticket in der 2. Klasse nach Trincomalee gerade mal 2 €. Bei Three-Wheelern sind pro Kilometer 30–40 Rs zu veranschlagen. Wer billig wohnt und sich nur mit öffentlichen Verkehrsmitteln durch das Land bewegt, kommt mit einem Tagesbudget von **10–15 €** zurecht und kann sich dabei noch ein Bier (ca. 100 Rs) gönnen.

Komfortabler: Ein Hauch mehr Luxus macht sich auch im Portemonnaie bemerkbar. Für eine Übernachtung im Hotel oder Gästehaus mit gehobenerem Standard sind 20–40 € einzukalkulieren, wobei es erhebliche saisonale Unterschiede gibt.

Was kostet wie viel?

1,5 l Mineralwasser   35–50 Rs
1 Fl. Bier   80–120 Rs
1 Kanne Tee   ab 80 Rs
1 Curry-Gericht   150–250 Rs
1 Frühstück   250–400 Rs
1 km Rikschafahrt   30–40 Rs

Ein Dinner in einem gediegenen Restaurant kann man sich ab 5 € schmecken lassen. Das Mieten eines Wagens mit Fahrer kostet abhängig von Wagenqualität und Route zwischen 2000 und 3000 Rs pro Tag (ca. 18–25 €). Billiger wird es, sich einen Wagen für mehrere Tage zu nehmen. Ist man zu zweit unterwegs, dann bewegt sich das Tagesbudget von **30 €** pro Person an **aufwärts**, Single-Reisende müssen tiefer in die Tasche greifen.

Nicht vernachlässigen sollte man die teilweise üppigen Eintrittspreise für Museen, Tempel oder Nationalparks, die sich zu einem bemerkenswerten Gesamtbetrag summieren können! Mancher mag sich über die Doppelpreispolitik ärgern, die Ausländern einen weit höheren Betrag als Einheimischen abverlangt, vor allem bei Hotels und Eintritten.

Frauen auf Reisen

Sri Lanka ist eine Männergesellschaft. Das zeigt sich auch im Servicebereich, wo eindeutig Männer dominieren. Einheimische Frauen, die allein für mehrere Tage verreisen, sind eine Rarität. Auch in Gaststätten und Kneipen sind sie ohne Begleitung selten zu finden.

Dennoch kann frau unter Beachtung einiger Vorsichtsmaßnahmen den Urlaub im Großen und Ganzen ohne größere Belästigungen erleben. Dazu gehören: die Kleidung nicht zu knapp; an Strände nie oben ohne; einsame Wege und Plätze nach Einbruch der Dunkelheit meiden; bei vollen Bussen und Zügen sich nach Möglichkeit zu einheimischen Frauen gesellen, um vor Grabschern sicher zu sein (in Bahnhöfen gibt es auch Warteräume für Frauen); Kneipen, die von angeheiterten Männergruppen bevölkert sind, links liegen lassen; aufdringliche Möchtegernmachos freundlich aber bestimmt in die Schranken weisen.

Reisende mit Behinderungen

Immer mehr Behinderte bereisen mit großer Selbstverständlichkeit Fernreiseziele, darunter auch Sri Lanka. Die Insel hat zwar die im Alltag typischen Barrieren wie fehlende Lifte, steile Treppen, schlechte Gehwege, hohe Bordsteinrampen in Hülle und Fülle aufzuweisen, doch ist die touristische Infrastruktur auch für Körperbehinderte annehmbar. Kaum ein großes Hotel und Ferienresort, das nicht über behindertengerechte Einrichtungen verfügt; viele lokale Reiseagenturen haben zudem Erfahrungen mit Behinderten und schließlich reichen die gastfreundlichen Inselbewohner bei Bedarf gern eine helfende Hand.

Bei der Reisevorbereitung mag das Webportal 🖳 www.metareha.de mit einer Vielzahl von Links und Kontakten behilflich sein; oder die Nationale Koordinationsstelle **Tourismus für Alle** (NatKo), Kötherhofstr. 4, 55116 Mainz, ✆ 06131-250410, ✆ 214848, 🖳 www.natko.de. Auf der Webseite sind eine Reihe von spezialisierten Reiseveranstalter aufgeführt, darunter folgende:

Rfb-Touristik – Reisebüro Clemens
Marktstr. 5, 41236 Mönchengladbach
✆ 02166-6189020, ✆ 619046
📧 rfb-touristik@t-online.de, 🖳 www.rfb-touristik.de

Reisebüro mare nostrum
Am Schnarrenberg 12, 70376 Stuttgart
✆ 0711-2858200, ✆ 2858201
📧 info@mare-nostrum.de, 🖳 www.mare-nostrum.de
Hat auch eine Ayurveda-Kur in Sri Lanka im Angebot.

Eine weitere gute Adresse mit Informationen und Ratschlägen zum Thema „Reisen mit Behinderung":

Bundesverband Selbsthilfe Körperbehinderter e.V. (BSK)
Altkrautheimer Str. 20, 74238 Krautheim
✆ 06294-42810, ✆ 428179
🖳 www.bsk-ev.org

Mit Kindern unterwegs

Sri Lanka ist auch für Kinder eine spannende Destination. Damit der Familienurlaub für alle Beteiligten zu einem schönen Erlebnis wird, sollte er gründlich vorbereitet werden. Da heißt es beim Programm Kompromisse schließen, ein gemächlicheres Tempo einlegen, die Kinder nicht überfordern. Wichtig ist, sie bei der Reiseplanung zu Hause und der Ausflugsgestaltung vor Ort mit einzubeziehen.

Anreise: Die Anreise und die damit verbundene Zeitverschiebung sind immer beschwerlich. Um lästige Wartezeiten auf den Flughäfen zu vermeiden, sollte darauf geachtet werden, Direktflüge zu buchen, auch wenn der Ticketpreis etwas teurer sein sollte. Denn mitten in der Nacht auf den nächsten Flüge warten zu müssen, wie das häufig bei den Fluggesellschaften der Golfstaaten der Fall ist, ist kein Vergnügen.

Der Komfort im Flugzeug variiert je nach Fluggesellschaft, wobei sich Sri Lankan Airlines besonders um das Wohl der Kinder bemüht. Mit Spielen und Bastelmaterial wird den Kleinen die lange Zeit verkürzt. Bitte vor dem Buchen abklären, ob die Fluggesellschaften „schwebende" Kinderbettchen für Säuglinge bieten oder Kinder-Menüs, die vor den Mahlzeiten der Erwachsenen ausgegeben werden, damit man den Sprösslingen beim Essen behilflich sein kann.

Eine Rückentrage für die Kleinsten hat sich bewährt, man kann sie notfalls auch im Flugzeug aufstellen und dem Kind somit ein Minimum an Bewegungsfreiheit geben. Es empfiehlt sich, Windeln, Babynahrung und Wechselwäsche für drei Tage mitzunehmen. Auf diese Weise ist man auch für einen unvorhergesehenen Zwischenstopp gewappnet.

Für die ersten Nächte nach der Ankunft sollte man ein gutes, möglichst ruhiges Hotel reservieren, um nicht noch lange nach einer Unterkunft suchen zu müssen. Wegen der Nähe zum Flughafen bieten sich ein paar Strandtage in Negombo (s. S. 165) an. Ältere und reisegewohnte Kinder kommen mit der Umstellung sicherlich eher zurecht, jedoch sollte auch bei ihnen auf allzu großartige Unternehmungen gleich nach der Ankunft verzichtet werden. Für die Nacht bitte unbedingt etwas Ess- und Trinkbares griffbereit halten.

Gesundheit und Hygiene: Eltern müssen sich im Klaren darüber sein, dass die medizinische Versorgung im Land nicht westlichem Standard entspricht. Wichtig ist, das Kind vor der Reise gründlich medizinisch untersuchen zu lassen. Zur frühzeitigen Impfung – einschließlich gegen Kinderkrankheiten – und der Auswahl der Malariaprophylaxe ist der Besuch bei einem erfahrenen Tropenarzt unerlässlich. Art und Dosierung der Medikamente müssen auf das Körpergewicht des Kindes abgestimmt sein.

Vor Ort sollte noch stärker auf saubere Nahrung und eine hygienische Umgebung geachtet werden als zu Hause. Bitte die Kinder eindringlich vor dem Berühren von Haustieren warnen! Zwar lassen sich die scheuen halbwilden Hunde und Katzen nicht so schnell anfassen wie bei uns, doch ist Tollwut weit verbreitet, und die Tiere reagieren viel schreckhafter.

Babynahrung und Wegwerfwindeln sind vorwiegend in den Städten und Touristenzentren erhältlich. Während einer Fahrt sind Plastikwindeln von Vorteil, bleibt man länger an einem Ort, sollte man besser auf Baumwollwindeln zurückgreifen Feuchties im Gepäck beruhigen jeden Erwachsenen, auch wenn sie längst nicht so oft eingesetzt werden, wie vorher vermutet.

Unterkunft und Essen: Da auch srilankische Familien viel und gern reisen, ist in Gästehäusern und Hotels an geräumigen Familienzimmern mit drei und mehr Betten kein Mangel. Wer längere Tage an einem Ort bleibt, sollte auch die Umgebung berücksichtigen: ruhige Lage, nicht zu nahe an der Straße, ein kleiner Garten oder Hof zum Spielen.

In den meisten Geschäften der landesweit führenden Supermarktketten *Keells* und *Cargills* ist importierte Babynahrung erhältlich. Ansonsten bieten die Restaurants auch Gewohntes für den Kindergaumen. Über das Angebot an Süßem lässt sich auch nicht klagen: Fruchtsäfte, Eis (Stangeneis kann in den Städten und Touristenstränden als sicher gelten) oder Joghurt sind fast überall zu haben; ganz zu schweigen von der großen Auswahl an tropischen Früchten. Aber wie bei den Erwachsenen gilt auch bei Kindern: Mut zum Ausprobieren.

Verkehrsmittel: Zwar sind die Distanzen in Sri Lanka recht kurz, doch besagt die Kilometerzahl angesichts der oft schlechten Straßenverhältnisse wenig über die Fahrzeit. Es empfiehlt sich daher, keine zu großen Entfernungen auf einmal zurückzulegen.

Am bequemsten und flexibelsten lässt es sich in einem Mietwagen mit Fahrer reisen – womöglich die einzige Fortbewegungsart über Land, die mit einem Kind unter drei oder vier Jahren überhaupt in Erwägung gezogen werden sollte. Kürzere Strecken lassen sich bei älteren Kindern auch mit einer Rikscha bewältigen.

Längere Touren mit öffentlichen Bussen sind nicht zu empfehlen, denn einerseits ist kaum Platz für das Gepäck, andererseits sind sie häufig überfüllt. Um ein Vielfaches angenehmer ist eine Bahnfahrt, denn erstens sind die Wagons meist nicht so voll und zweitens können die Kinder sich bewegen. Schließlich ist bei Bedarf auch eine Toilette nicht weit (immer dem Geruch nach...). Bei einigen Strecken wie von Colombo nach Kandy sind die landschaftlichen Reize auch für Kinder spannend.

Nicht vergessen: genügend Proviant und zumindest ein T-Shirt zum Wechseln ins Handgepäck nehmen! Bei Fahrten in die Berge ist auch ein Pullover nicht verkehrt.

Nicht vergessen

- → Kinderausweis mit Lichtbild (bzw. Reisepass)
- → Impfpass
- → SOS-Anhänger mit allen wichtigen Daten
- → Kleidung – möglichst strapazierfähige, leichte Sachen, Kapuzenanorak, Mütze und leichter Schal oder Kopf-/Halstuch gegen Staub und Allwetter, Sonnenhut
- → Wegwerfwindeln und Feuchties
- → Babynahrung
- → Fläschchen für Säuglinge
- → Walkman und Kassetten
- → Spiele und Bücher
- → Fotos von wichtigen Daheimgebliebenen gegen Heimweh
- → Kuscheltier (muss gehütet werden wie ein Augapfel, denn ein verloren gegangener Liebling kann allen die Reise verderben – erfahrene Kinder beugen vor, indem sie nur das zweitliebste Kuscheltier mitnehmen)
- → Sonnencreme mit hohem Lichtschutzfaktor
- → Kopfbedeckung

Praktische Tipps

Übernachtung **38**   Essen und Trinken **40**   Verkehrsmittel **45**
Feste und Feiertage **51**   Post und Telekommunikation **54**   Medien **56**
Aktivitäten **57**   Ayurveda **59**   Meditation **64**
Einkaufen **65**   Unterhaltung **66**   Verhaltenstipps **67**
Gefahren und Risiken **69**   Sonstiges **72**

Übernachtung

An Übernachtungsmöglichkeiten besteht wahrlich kein Mangel. Sie reichen vom einfachen Gästehaus über das traditionelle Rasthaus und die Kolonialvilla bis hin zum teuren Vier- und Fünfsternehotel mit allem Komfort. Auch in Sri Lanka gilt die Regel der freien Marktwirtschaft: Konkurrenz drückt den Preis. Dies gilt besonders für Orte mit einer großen Auswahl an Unterkünften und dort vor allem in der Nebensaison.

Zu gewissen Zeiten wiederum muss teilweise das Mehrfache hingeblättert werden wie etwa in Kandy während des Perahera im Juli/August oder in Nuwara Eliya während der Wochen nach Aluth Avurudu, dem srilankischen Neujahrsfest Mitte April. Dann ist eine Reservierung unbedingt zu empfehlen. Dies gilt auch für viele Unterkünfte in den Stranddorten während der Hauptsaison. „High Season" ist an West- und Südküste von November bis Mitte März und an der Ostküste von April bis Anfang Oktober, wobei es nochmals Spitzenzeiten gibt wie etwa in den mitteleuropäischen Weihnachts- und Osterferien oder im August (an der Ostküste).

Wer ohne Reservierung anreist hat die besten Chancen vormittags. Gerade Billigunterkünfte mit wenigen Zimmern nehmen äußerst ungern oder gar keine Reservierungen an, außer man bezahlt vorab.

Wer vorher in Indien gereist ist, wird feststellen, dass die Übernachtungspreise in Sri Lanka insgesamt etwas höher liegen.

> **Vorsicht Schlepper!**
>
> Wer mit dem Three-Wheeler auf der Suche nach einer günstigen Unterkunft ist, sollte die Meinung des Fahrers mit Vorsicht genießen, etwa wenn er die vom Fahrgast gewünschte Unterkunft schlecht macht oder gar behauptet, sie sei geschlossen. Es ist auch schon vorgekommen, dass eine andere Unterkunft als die gewünschte ausgegeben wurde. Hier möchte der Fahrer nur eine Provision kassieren, die aber nicht alle Gästehausbesitzer willens sind zu bezahlen.

Gästehäuser

Im untersten Preissegment liegen die Gästehäuser. Einfache Zimmer mit Ventilator (Fan) sind in Orten mit großer Auswahl bereits für wenige Euros zu haben. Allerdings gibt es erhebliche Unterschiede im Standard, was wiederum mit der Konkurrenz zu tun hat: wo die Gästehaus-Dichte am größten ist, hat man das bessere Preis-Leistungs-Verhältnis. In jedem Fall lohnt eine vorherige Zimmerinspektion mit Matratzentest und Blick ins Badezimmer. Sauberkeit hat leider bei manchen Gästehausbesitzern nicht die oberste Priorität, auch wenn der Vorgarten noch so ordentlich gefegt sein mag.

Viele Unterkünfte sind mit Familienanschluss, also Privathäuser, in denen die Eigentümer nur wenige Zimmer vermieten. Dies ist eine schöne Möglichkeit mit Einheimischen in Kontakt zu kommen mehr über Land und Leute zu erfahren sowie darüber hinaus die lokale Küche kennen zu lernen. Denn nicht selten werden die Zimmer mit Vollpension angeboten. Wer jedoch Wert auf Privatsphäre legt, wird sich in Unterkünften mit eigenem Gästebereich wohler fühlen. Dormitories (Schlafsäle) gibt es auf der Insel selten. Wer die Übernachtungskosten mit anderen teilen möchte, kann in manchen Gästehäusern auf „Family Rooms" mit drei und mehr Betten zurückgreifen. Grundsätzlich ist gerade bei Unterkünften mit wenigen Zimmern ein vorheriger Anruf angebracht, um sicher zu gehen, ob noch etwas frei ist. Das gilt besonders für Spätankommende.

Rasthäuser (Rest Houses)

Bereits die Holländer begannen in den Hauptorten und an wichtigen Verkehrsknotenpunkten Rasthäuser für Handelsreisende und Beamte zu errichten. Dieses Netz wurde von den Engländern parallel zur Infrastruktur erheblich ausgeweitet, so dass es heute kaum einen größeren Ort ohne „Rest House" gibt. Mancherorts sind sie nach wie vor die einzige reguläre Unterkunft. Ihr Standard variiert erheblich. Diejenigen, die der Verwaltung der „Ceylon Hotels Corporation", www.ceylonhotels.lk unterstellt sind, zeichnen sich durch höhere Preise (US$25–50), aber auch durch mehr Sauberkeit und Komfort aus. Gute Beispiele dafür sind die Rasthäuser in Polonnaruwa, Kitulgala und Sigiriya. Andere sind wesentlich einfacher (gelegentlich auch etwas heruntergekommen), dafür recht billig wie etwa in Habarana oder Negombo. Auf jeden Fa

Unterwegs im Dschungel der unterschiedlichen Preise und Leistungen

Wer auf der Suche nach einer Unterkunft eine Urlauber-Herberge Sri Lankas betritt, hat zuweilen den Eindruck, in einer anderen Epoche gelandet zu sein. Das muss sich nicht unbedingt auf die neuerdings mit viel Schick und Schnickschnack aufbereiteten oder klassizistisch nachempfundenen Kolonial-Unterkünfte beziehen, sondern auf echte Patina: Im Vergleich zu Südostasien können viele Unterkünfte der tropischen Insel – sei es ein familiär geführtes Gästehaus für Rucksack-Touristen oder ein Pauschal-Hotel aus den einschlägigen Reisekatalogen der 1970er Jahre – oft schon auf eine verblüffend lange Tradition von rund drei Jahrzehnten zurück blicken. Und auch innen scheint sich manchmal nicht besonders viel verändert zu haben.

Wer zuvor beispielsweise schon in Thailand unterwegs gewesen ist, sollte seine dort gewachsenen Ansprüche an Komfort und Stilsicherheit – zu relativ günstigen Preisen – am besten gleich im Reisegepäck verschnürt lassen. Die meisten Gästehäuser der unteren und mittleren Preisklasse verfügen über lackierte Fußböden in der Einheitsfarbe rostrot, während sich gekachelte Flächen meist erst bei einem höheren Standard und Holzdielen nur in älteren Bauwerken finden lassen. Die Möblierung der Zimmer fällt – zumindest bis in die obere Mittelklasse hinein – selten durch ideenreiche Variationen auf, präsentiert sich sogar oft abgewetzt bis schäbig und für westliche Ausländer leider oft ziemlich unpraktisch. Auch die Schummerlicht-Atmosphäre ist gewöhnungsbedürftig: Eingefleischte Leseratten werden abends schnell über die unzureichenden Lichtquellen stöhnen – und sollten am besten einen kleinen Klemm-Strahler mit Verlängerungsschnur im Reisegepäck haben.

Warmwasser-Dusche, TV-Gerät, ein Kühlschrank oder gar ein Telefon gehören selbst bei den etwas teureren Unterkünften noch lange nicht zum Standard. Auch Klima-Anlagen nicht, was durchaus von Vorteil sein kann, da mit Ventilatoren ausgestattete Unterkünfte oft weniger muffig riechen als klimatisierte Zimmer. Zudem sind verblüffende Stilbrüche an der Tagesordnung: Nicht selten findet sich auf den Terrassen oder Balkons altehrwürdiger Kolonial-Villen überraschend billiges Plastik-Mobiliar. Oder aus einem ausschließlich mit landestypischen Materialien über einem See errichteten, romantischen Pfahlbau-Bungalow eines Öko-Resorts dröhnt plötzlich ein TV-Gerät.

Exotisch ist vor allem die völlig unterschiedliche Preisgestaltung der Zimmer: Während es in vielen asiatischen Ländern üblich ist, bei Walk-in-Gästen einfach nur Doppelzimmer-Preise zu verlangen, gibt es auf Sri Lanka oft eine große Ermäßigung für Einzelreisende – oder andernorts auch knallhart keinerlei Nachlass. Manchmal ist es sogar so, dass ein Hotel seine Einzelzimmer nur ohne Frühstück anbietet und die Doppelzimmer nur mit Frühstück ausweist – oder auch umgekehrt. Ganz unterschiedlich können auch die Zusatzkosten bei Benutzung vorhandener Klima-Anlagen ausfallen.

Besonders schwierig scheint jedoch, eine plausible Logik in das Wirrwarr der Preisangaben zu bringen. Denn es stellt sich nicht nur die Frage, ob ein Hotel seine Zimmer mit oder ohne Mehrwertsteuer (VAT) sowie mit oder ohne Service Charge (SC) berechnet. Manchmal wird die VAT mit 10 oder auch mit 15 Prozent berechnet und auch für die SC gibt es gelegentlich unterschiedliche Werte. Besonders spannend ist jedoch, wie sie addiert werden. Manche Hotels schaffen es sogar, beide Zuschläge zu addieren und noch einmal 10 Prozent der Summe als Endsteuer darauf zu schlagen...

Volker Klinkmüller

besitzen sie viel Charme und gäben eine exzellente Filmkulisse für einen Kolonialstreifen ab. Ein weiterer Pluspunkt ist bei vielen die traumhafte Lage. Dies gilt wiederum für die Rasthäuser in Polonnaruwa (selbst die Queen of England war bei ihrem Besuch 1954 amused) und Sigiriya sowie für Anuradhapura oder auch mehrere Ableger in der Küstenregion. Wer koloniales Ambiente mag, sollte es also nicht versäumen, zumindest einmal in einem Rest House zu nächtigen.

Hotels und Resorts

Soll es ein einfaches sauberes Minihotel zu US$20 sein? Oder ein gediegenes Ferienresort zu US$50? Oder gar eine komplette Kolonial-Villa für US$350? Unter den Hotels und Resorts gibt es fast nichts was es nicht gibt: Vom *all inclusive*-Hotel mit dem Charme der 1970er Jahre über das schottische Landhaus bis zum Resort & Spa mit schönen Bungalows unter Palmen gibt es alles zu haben. Letztlich entscheiden Geldbeutel und Geschmack.

Seit die Zahl der Touristen infolge des Waffenstillstandes von 2002 wieder zunimmt, hat sich Optimismus unter den Investoren breitgemacht. Große Hotelketten ebenso wie einfache Besitzer renovieren ihre alten Häuser oder bauen neue. Im Zuge des Wellness-Booms werden viele Resorts zudem mit einem Spa-Bereich oder Ayurveda-Behandlungszentrum ausgestattet. Auch nimmt die Zahl der „Öko-Resorts" zu. Ob alle den Namen verdienen, ist allerdings fraglich. Die Hotelkette vor *Aitken Spence*, 🖳 www.aitkenspencehotels.com will nach Vorbild ihres preisgekrönten Kandalama-Hotels auch ihre anderen Häuser gemäß den Standards des Öko-Labels „Green Globe 21", 🖳 www.greenglobe21.com, umweltgerecht ausrichten.

Tipp: Viele große Hotels und Resorts haben Verträge mit internationalen Veranstaltern (TUI, Thomas Cook, FTI, etc.) abgeschlossen, weshalb die Preise im Rahmen von Pauschalangeboten wesentlich niedriger sind als die angegebenen Listen-Preise (Walk-in prices) an der Rezeption. Wer einen längeren Aufenthalt in einem solchen Hotel plant, sollte sich auf jeden Fall über entsprechende Angebote (meist in Verbindung mit Charterflügen erkundigen. Alternativ bietet eine wachsende Zahl einschlägiger Internetportale günstige Hoteltarife an. Hier lohnt sich vorab der Blick ins Internet.

Essen und Trinken

Spätestens seit die alten Römer die aromatische Gewürze von „Taprobane" zu schätzen begannen und viele Goldmünzen dafür bezahlten, ist Sri Lanka als „Gewürzinsel" bekannt. Doch verdient sie diesen Titel nicht weniger aufgrund des fleißigen Gebrauchs der Gewürze in der srilankischen Küche, die zu den schärfsten Asiens zählt. Grund sind vor allem die raffinierten, mit Chili und Pfeffer angereicherten Curry-Mischungen, welche dem beigefügten Fisch Fleisch oder Gemüse einen eigenen unverwechselbaren Geschmack geben. Und damit jener sich im Gaumen auch entsprechend entfalten kann, wird mithilfe der Fingerspitzen der **rechten Hand** – nur diese, denn die linke gilt als unrein – der Curry mit den Beilagen wie Reis, Kartoffel oder Gemüse vermischt und anschließend zusammen gegessen. Viele Sri Lanker schwören auf diese Art der Essensaufnahme, denn ihrer Meinung nach lässt sich so die Melange am besten schmecken. Da sich die meisten Europäer weder Zunge noch Finger verbrennen wollen, wird in touristischen Restaurants das Essen wesentlich abgemildert und mit Besteck serviert.

Frühstück

Zum Morgenmahl oder abends als Snack kommen für gewöhnlich **Hoppers** *(appa)* auf den Tisch. Zu

Preiskategorien

Die Hotels und Gästehäuser werden in diesem Buch nach den unten aufgeführten Kategorien eingeteilt. Die Preise beziehen sich auf ein **Doppelzimmer** (DZ) in der Hauptsaison und schließen Zuschläge wie Service Charge (SC) und Mehrwertsteuer (VAT) mit ein. Die Preise der klimatisierten Zimmer (mit AC) liegen deutlich höher als für jene ohne AC. Dies hängt mit den sehr hohen Strompreisen in Sri Lanka zusammen.

❶ bis US$10
❷ bis US$20
❸ bis US$40
❹ bis US$60
❺ bis US$80
❻ über US$80

Hotel The Blue Waters, Wadduwa, Westküste

bereitet werden sie aus einem Mix aus Reisteig, Palmzucker und Kokosnussmilch, der über Nacht stehen gelassen wird und kurz vor dem Verzehr in einer kleinen Pfanne in der Form eines Dessertschälchens erhitzt wird. Hoppers isst man zusammen mit Curry oder Sambol, womit eine mit viel Chili angereicherte Gemüsemischung gemeint ist; gerne auch als **Egg Hoppers** *(biththara appa)* mit einem Spiegelei darauf. Was wie ein platter Wollknäuel aussieht, sind die **String Hoppers** *(indhi appa)*. Sie erhalten ihre Form, indem flüssiger Reisteig durch ein Sieb gepresst und gedämpft wird. Er kann zu verschiedenen Soßen oder Curry-Gerichten gegessen werden.

Auch in tamilischen Küchen wird der Reisteig in diversen Arten serviert: flach und gedämpft als **Idli**, in Form von Fladen als **Thosai** (sprich: *dhose*), als Reisteigfladen mit einer Gemüse-Gewürz-Mischung gefüllt, als **Masala Thosai** oder als in Öl gebackener Reispfannkuchen **Uttapam**.

Mittag- und Abendessen

Das srilankische Mittagessen ist geradezu ein Synonym für „Reis und Curry". In traditionellen, einfacheren Restaurants wird es auf einer großen Platte aus Messing gereicht. Darauf befinden sich jede Menge Reis, der gewünschte Curry, Pickle (fermentiertes und daher sehr sauer schmeckendes eingelegtes Obst, Gemüse oder Fleisch), Joghurt und verschiedenerlei Gemüse.

In etwas besseren Restaurants bekommt man eine Vielzahl von **Currys** zum Gericht serviert. Diese reichen von Fisch-Curry *(malu hodhi)*, jenen angereichert mit Tomaten *(thakkali malu)*, Krebs- *(kakul uwo)* oder Garnelen-Curry *(isso thel dhala)* über Hühner- *(kukul mas)* und Rindfleisch-Curry *(harak mas)* bis zu verschiedenen Arten von Gemüse-Curry, darunter Kürbis- *(vatakka)*, Bananenblüten- *(alu kehel)* oder Hibiskusblüten-Curry *(sapattu mal)*.

Dazu gibt es **Sambol** mit gerösteten Zwiebeln *(badhapu lunu sambol)*, mit rotem Chili und Zwiebeln *(lunu miris sambol)*, Aubergine *(brinjal sambol)* oder der sehr populären Kokosnuss *(pol sambol)*. Zur Linderung des Gaumens darf **Parripu**, ein Brei mit roten Linsen (eine Dhal-Art) nicht fehlen. Beliebte Beigaben sind **Brinjal**, gekochte und zerstoßene Aubergine, oder **Nelum Ala**, zusammen mit Tomaten, Kurkuma, Kokosmilch und Chili angebra-

tene Lotoswurzeln. Erfrischung bringen **Mallung**, kleingehackte grüne Blätter (etwa Basilikum) mit Chili, und **Gotu Kola** (Tamil: *vallaarai*). Dieser besonders gesunde Salat besteht aus klein gehacktem Tigergras (lat. *Centella asiatica*), vermischt mit Zwiebeln, Chili, getrocknetem Fisch, Kokosnussraspeln und Limonettensaft. In der ayurvedischen Küche wird er wegen seiner konzentrationsfördernden Wirkstoffe gereicht.

Der gekochte **Reis** *(bath)* stellt die Grundlage von alledem dar. Leider wird er in Sri Lanka vorwiegend in minderer Qualität serviert. Etwas besser und nahrhafter ist der ungeschälte Reis *(rathu kekulu haal)*, der sich unter der Landbevölkerung großer Beliebtheit erfreut, oder der gelbe Reis *(kaha bath)* für den meist aus Indien oder Pakistan importierte Basmatireis Verwendung findet.

Wer in Jaffna weilt, sollte es nicht versäumen, **Tool** zu probieren. Dies ist eine mit zahlreichen Zutaten wie Tapioka, Tamarindensaft und Thymian angereicherte Fischsuppe. Liebhaber von Scharfem werden auch an **Miris Malu**, gedämpftem Fisch mit Chili und anderen Gewürzen, ihre Freude haben. **Pittu** – in einem hohlen Bambusstamm gedämpfter Reisteig mit Kokosflocken – isst man mit Sambol und dem gekochten Saft der Kokosnuss *(pol hodi)*. Ein Relikt aus holländischer Zeit ist **Lamprais**: In einer Fleischbrühe gekochter Reis wird zusammen mit Gemüse und Fleisch in ein Bananenblatt eingewickelt und darin gebacken. Da das srilankische Essen sehr Gemüse-orientiert ist, kommen auch Vegetarier auf ihre Kosten. Sie brauchen im Restaurant nur nach „Elawalu", was so viel wie Gemüse bedeutet, fragen.

Zwischenmahlzeit

Der Tag wird für die Bewohner Sri Lankas kulinarisch durch die vielen Snacks auf der Straße bereichert. Was der tamilische Verkäufer aus dem brutzelnden Fett in Zeitungspapier einwickelt, ist nicht selten **Parripu Vadai** (sprich: *wade*), flache Klöpse aus roten Linsen. Gern gegessen werden auch **Thairu Vadai**, mit Joghurt gefüllte Teigtaschen und das bereits erwähnte **Masala Thosai**. Wie ein Zirkusakrobat wirbelt der Mann am Stand den Pfannkuchenteig herum und legt ihn dann auf eine heiße Platte, bevor er ihn mit Zutaten füllt, zusammenfaltet. Dies ist **Roti**. Es kann süß, etwa mit Bananen oder Kokosmilch gefüllt, oder als

„Kothu Roti" scharf mit einer Gemüse- und/oder Fleischfüllung gegessen werden.

Süßspeisen

Auch in Sri Lanka haben angesichts der zahlreichen Süßspeisen die Zahnärzte allerhand zu tun. Erfrischung bereitet **Büffelquark mit Sirup** *(kiri peni)*, der aus dem Saft der Kittulpalme gewonnen wird. Wenn dieser Saft über längere Zeit verkocht wird, entsteht Palmzucker (engl. *jaggery*), ein bräunliches Bonbon, das eine Herausforderung für die Zähne ist. Nicht viel besser geht es ihnen mit *Rasakevili*, wie die Singhalesen die verschiedenen Arten von Süßigkeiten nennen, darunter **Kavum**, **Kokis** und **Athiraha**. Palmzucker mit Cashewnüssen und Kokosmilch ergibt **Kalu Dodol**. Werden diese Beigaben noch mit Eiweiß und gelegentlich Rosinen bereichert, gewinnt man das ursprünglich aus dem malaiisch-indonesischen Raum stammende **Wataappan**. Es lässt vage Erinnerungen an einen Vanillepudding aufkommen. **Halape** basiert auf Kokosnuss und Palmzucker.

Gaumenfreuden bereiten auch die Sesambällchen **Thalaguli** und **Bibikkan**, Reiskuchen mit Palmzucker, Kokosnuss, Cashewnüssen und getrockneten Früchten. Oder das aus dem arabischen Raum stammende **Aluwa**, einer Masse aus Klebreis, Palmzucker, Cashewnüssen, Kokosmilch und verschiedenen Gewürzen. Schließlich geraten Naschkatzen auch noch bei **Puhul Dosi**, eingelegtem Kürbis, und **Kiri Bath**, dem an Festtagen geweichten Milchreis, in Versuchung.

Tropische Früchte

Wem das srilankische Essen zu scharf und die Süßspeisen zu klebrigsüß sind, braucht keine Angst vor dem Hungertod zu haben, denn die tropische Insel bietet eine Vielzahl von vitaminreichen Früchten, die einem das Wasser im Munde zusammen laufen lassen – wie etwa die vielen nahrhaften **Bananenarten**. Hier gilt das Motto „je kleiner, desto süßer", eine Besonderheit ist die schmackhafte rote Banane. Manchen schmeckt die orange **Papaya** etwas zu fade. Eine Limone über ihr ausgepresst, und schon hat sie den richtigen Pepp. Die apfelgroße grünliche **Guave** – ursprünglich aus Mittelamerika stammend – ergibt in ein Salz-Chili-Gemisch gedippt eine erfrischende Zwischenmahlzeit. Die im südasiatischen Raum beheimatete **Mango** ist während ihrer Hauptsaison zwischen April und August eine vielseitige Delikatesse: als gelbe süße Frucht jagt sie innerhalb kurzer Zeit den Zuckerspiegel im Blut in die Höhe und stellt mit ihrem hohen Vitamin A und C-Gehalt eine wahre Vitaminspritze dar. Die grüne Mango wird wie die Guave ebenfalls gerne mit einem Salz-Chili-Gemisch gegessen. In fermentiertem Zustand ist sie als Pickle eine beliebte Beigabe zum Curry. Geschält, für einige Stunden in Zucker eingelegt und anschließend zusammen mit Knoblauch, Ingwer, Senfkörner, Kardamom und anderen Gewürzen für zehn Minuten gekocht, ergibt sie das äußerst populäre *Mango Chutney*.

Leider ist in Sri Lanka touristische Nebensaison, wenn zwischen Juni und September die **Mangostane** mit ihrer markanten rotbraunen Schale – übrigens ein gutes Färbemittel – zur vollen Reife gelangt. Das innere blütenweiße Fleisch schmeckt verführerisch süß, was auch für das Fruchtfleisch der **Rambutan** (Zwillingspflaume) gilt. Diese pflaumengroße Frucht ist an den zahlreichen weichen Borsten auf der roten Schale erkennbar. Die bräunliche, einer Kartoffel ähnelnde **Sapote** wird wegen ihres klebrigsüß schmeckenden weichen Inneren auch Breiapfel genannt.

Größte aller tropischen Früchte ist die **Jackfruit**, welche teilweise über 25 kg schwer am mächtigen Stamm des gleichnamigen Baumes hängt. Essbar sind die zahlreichen daumengroßen orangegelben Schnitze im Inneren. Gerne werden die in rohem Zustand süßlich schmeckenden Stücke auch zu Curry verkocht. Kontroverseste aller Früchte ist hingegen die **Durian**. Die grüne, rugbyballgroße Frucht ist an den markanten Stacheln erkennbar. Wohl bei kaum einer anderen Sorte gehen die Meinungen dermaßen auseinander. Ruft der Geruch bei vielen unangenehme Erinnerungen an alte Socken oder Käse wach – nicht von ungefähr wird sie auch Stinkfrucht genannt –, so nimmt sie bei anderen wegen des süßlichen weichen Fleisches im Inneren nahezu religiösen Status ein. Die pflaumengroße **Emblican**, auch unter dem Sanskritwort Amalaka bekannt, wird im Ayurveda wegen ihres hohen Vitamin C- und Mineralstoffgehaltes geschätzt. Allerdings schmeckt die mit der Stachelbeere verwandte, etwa 2,5 cm große Frucht mit gelblich-grüner Schale äußerst säuerlich.

Gewürze

Chili: Kaum ein Gewürz wird so mit der asiatischen Küche in Verbindung gebracht wie der Chili. Dabei kommt er ursprünglich aus Südamerika. Columbus brachte den „Spanischen Pfeffer", wie er anfänglich fälschlich hieß, nach Europa. Durch die Portugiesen gelangte er im frühen 16. Jh. über Afrika nach Asien. Von „Chile-Pfeffer" abgeleitet, wurde das Gewürz unter dem Namen Chili bekannt. Etwa 35 Capsicum-Arten werden gezählt, wozu auch Paprika zählt. Die bohnenlangen grünen oder roten Chilis sind am schärfsten, wenn sie frisch auf den Tisch kommen. Geröstet verlieren sie etwas an Schärfe, pulverisiert werden sie in Soßen und Currys gemischt.

Curry: Der von *kari*, dem tamilischen Wort für Soße, hergeleitete Begriff bezeichnet eine Mischung vieler Gewürze, die die Basis eines Gerichtes bilden. Zu den Gewürzen, deren Kombination individuell gestaltet wird, gehören Pfeffer, Chili, das Curryblatt, Koriander, Gewürznelken, Kurkuma, Kardamom, Zimt u.v.m.

Gewürznelken: Ursprünglich auf den Molukken beheimatet, trat der bis zu 20 m große Nelkenbaum seinen Siegeszug durch viele tropische Länder an. Die Knospen werden zweimal jährlich geerntet und getrocknet, bis der knapp 2 cm lange nagelförmige Kern übrig bleibt. Für den scharfen Geruch ist das Eugenol verantwortlich, das dem Glühwein und dem Weihnachtsgebäck oder der in Indonesien gern gerauchten Kretek-Zigarette einen unverwechselbaren Geschmack gibt. Aus den jungen Sprossen und Blättern des Baumes wird das wertvolle Nelkenöl destilliert. Man setzt es als Magenmittel und Antiseptikum ein.

Ingwer: Die Knollen des in über 100 Arten im süd- und ostasiatischen Raum verbreiteten Ingwerstrauches sind wegen ihres brennend scharfen Geschmackes als Bestandteil des Curry-Gerichtes nicht wegzudenken. Sie werden frisch als ganzes Stück oder pulverisiert angeboten. Immer beliebter werden mit Ingwer angereicherte Getränke. Unbestritten ist sein medizinischer Nutzen: als Einreibemittel gegen Rheuma sowie oral eingenommen gegen fiebrige Erkältung und Schmerzen.

Kardamom: Die intensiv riechenden Samen des zur Familie der Ingwergewächse zählenden Baumes veredeln Currygerichte und Süßspeisen. In arabischen Ländern wird Kardamom dem Kaffee beigefügt.

Koriander: Sowohl Blätter als auch Samen des bis zu 80 cm hoch wachsenden Strauches sind verwendbar, letztere zum Würzen von Fisch- und Fleischgerichten.

Kurkuma: Die Wurzel der auch „Gelbwurz" genannten Staude wird wegen ihres leicht bitteren Geschmacks zum Würzen und wegen der safrangelben Farbe zum Kolorieren von Stoffen – etwa der Mönchsroben – oder von Speisen, darunter Reis, genommen.

Pfeffer: Die Schärfe liegt in den grünen Beeren der Kletterpflanze *Piper Nigrum*, die zu 20 oder 50 Stück an über 10 cm langen Fruchtstangen wachsen. Schwarzer Pfeffer entsteht nach dem Trocknen der reifen Beere, der weiße Pfeffer durch das Einlegen der Beere in Wasser und dem anschließenden Entfernen der Beerenhülle. Grün bleibt der Pfeffer, wenn er kurz vor der Reife geerntet wird und sofort in ein Salz- oder Essigbad eingelegt wird.

Vanille: Das süßliche Aroma der zur Orchideen-Familie zählenden Kletterpflanze entsteht durch Fermentieren der bis zu 30 cm langen fingerdicken Früchte. Dazu müssen sie über längere Zeit hinweg bei 70 °C entwässert werden. Dadurch verfärben sie sich braun und geben das wertvolle Vanillin frei. Dieses findet von der Parfum- über die Likör- bis zur Speiseeisindustrie vielseitige Verwendung.

Zimt: Der bis zu 12 m hohe Ceylon-Zimtbaum wächst v. a. entlang der Südwestküste. Er begründete neben dem Kardamom Sri Lankas Ruhm als „Gewürzinsel". Während der Regenzeit wird die Rinde von Asttrieben oder jungen Bäumen abgeschält und von ihrer Außenseite befreit. Bei der anschließenden Lufttrocknung rollt sie sich etwas ein. In Asien sind weitere Zimtarten verbreitet, etwa der aromatischere Chinesische Zimt *(Cinnamonum aromaticum)*, der Burma-Zimt *(Cinnamonum burmanii)* und der in Indochina verbreitete Vietnamesische Zimt *(Cinnamonum loureiri)*.

Aus dem tropischen Amerika haben eine Reihe von Früchten ihren Weg nach Sri Lanka gefunden, darunter die tennisballgroße **Passionsfrucht** (Granadilla), deren säuerlich schmeckender Saft gerne für Cocktails verwendet wird, die birnengroße **Avocado**, wegen ihres extrem hohen Protein- und Ölgehaltes gefragt, und natürlich die **Ananas**. Aus dem östlichen Mittelmeerraum hat sich der **Granatapfel** eingebürgert. Ihn schätzt man vor allem wegen seines Saftes, der zu Limonade verarbeitet wird oder zusammen mit der Kokosnussmilch einen herrlichen erfrischenden Pudding ergibt.

Getränke

In vielen Restaurants wird obligatorisch zum Essen **Wasser** gereicht. Hier sollte man sich versichern, dass es aus sicherer Quelle stammt, also entweder in einer abgepackten Flasche gebracht wird oder vorher abgekocht war. Da die besten Blätter des **Tees** als Exportware ins Ausland gelangen, wird in Sri Lanka zumeist nur zweite Wahl angeboten, weshalb die Insel für passionierte Teetrinker nicht unbedingt ein Eldorado ist. Die Einheimischen trinken den Tee gerne zusammen mit viel Milch und Zucker. Diese Variante ist allerdings nicht jedermanns Sache, was auch für den **Kaffee** gilt, der diesen Namen oft nicht verdient. Ausnahme sind die zunehmend auch bei Sri Lankern populären Café-Bars, welche eine von Espresso bis Macchiato reichende Auswahl bieten. **Softdrinks** sind in lokalen und internationalen Marken vertreten. Gesund und vitaminreich ist die Milch der orangen Königs-Kokosnuss, **Thambili** genannt, welche für 15–20 Rs an vielen Straßenständen zu bekommen ist. Von geringerer Geschmacksqualität ist **Kurumba**, der Saft aus der grünen Kokosnuss.

Nicht von ungefähr herrscht an den Vollmondtagen, Poya, und den Wahltagen Alkoholverbot, erfreuen sich doch die alkoholischen Getränke unter den srilankischen Männern – Frauen trinken selten Alkohol – übergroßer Beliebtheit. Unter den **Biersorten** dominieren die lokalen Marken *Lion Lager* und *Three Coins*. Auch die große dänische Brauerei *Carlsberg* lässt ihren Gerstensaft in Sri Lanka brauen. Für srilankische Verhältnisse ist das Gebräu wegen der Steuern allerdings nicht billig: pro 620 ml-Flasche werden in durchschnittlichen Restaurants und Bars zwischen 100–150 Rs verlangt. Weinliebhaber müssen in Sri Lanka auf die Hotels und besseren Restaurants ausweichen, wo importierter **Wein** angeboten wird, was sich auch im Geldbeutel bemerkbar macht.

Traditionell ist das saftige Innere der Kokos-, Palmyra- oder Kittulpalme Basis für diverse Alkoholika. In den palmreichen Gegenden sieht man die Zapfer auf Seilen, die zwischen die Palmen gespannt sind, umhergehen, um die unter der Palmkrone hängenden Gefäße zu leeren und den Blütenstil neu anzuschneiden. Etwas angegoren kommt der gesammelte süße Saft als **Toddy** auf den Tisch. Wie beim Suser bzw. Federweißen verursacht er bei übermäßigem Genuss Durchfall und Beschwipstheit mit nachfolgendem Kopfweh. Viel beliebter ist jedoch der daraus gebrannte **Arrack**, welcher je nach Destillationsgrad einen Alkoholgehalt zwischen 30–40% erreicht. Der Name „Arrack" ist ein vom arabischen *araq* abgeleitetes Lehnwort und heißt im engeren Sinne „süßer Saft". Das in arabischen Staaten praktizierte Brennen von Palmsaft führten Anfang des 16. Jhs. die Portugiesen ein, und so hat sich auch der Name eingebürgert. Eines der großen Zentren der Arrack-Herstellung ist der Küstenort Kalutara, etwa 40 km südlich von Colombo. Dort wird der Hochprozentige vorwiegend aus dem klebrigen Saft der Kokospalme gebrannt.

Verkehrsmittel

Dank massiver staatlicher Subventionen sind Fahrten mit Bussen und Bahnen äußerst günstig – nur selten übersteigen die Fahrtkosten den Preis eines günstigen Essens. Doch ist der Komfort nicht gerade der Beste. Oft sind öffentliche Verkehrsmittel überfüllt und kommen nur langsam vorwärts. Die Bahn rattert mit durchschnittlich 30 km/h Höchstgeschwindigkeit durch die Lande, die Busse mit 40–50 km/h. Bei längeren Fahrten ist die Bahn den Bussen vorzuziehen: zum einen sind die Züge nicht gar so überfüllt, zum anderen ist mehr Bewegungsfreiheit gegeben, selbst wenn man stehen muss. Und nicht zuletzt sind sie angesichts der aggressiven Fahrweise mancher Busfahrer etwas sicherer. Wer die Chance auf einen freien Sitzplatz in einem voll scheinenden Bus oder Zug erhöhen will, kann den Einheimischen nacheifern, die bereits bei dessen Einfahrt ein Tuch oder eine kleine Tasche durchs Fenster auf einen frei werdenden Platz werfen.

Flüge

Die geringen Entfernungen machen es kaum notwendig, mit dem Flugzeug zu fliegen. Reguläre Flugverbindungen gibt es derzeit nur zwischen Colombo, Jaffna und Trincomalee. Sie werden gegenwärtig von zwei kleineren Inlandsfluggesellschaften bedient: **Aero Lanka** und **Expo Air**. Aero Lanka verfügt neben einer Boing über mehrere Propellermaschinen, darunter eine 48-sitzige Avro HS-748 und eine 9-sitzige Cessna. Nimmt die Zahl der Touristen weiter zu, will Aero Lanka auch Flugverbindungen nach Indien und auf die Malediven aufnehmen.

Sri Lankan Airways setzt bis zu zehn Plätze bietende Wasserflugzeuge des Typs Cessna Caravan als **Air Taxis** ein und fliegt derzeit 14 Destinationen an, darunter Anuradhapura, Dikwella, Galle, Weerawila, das Victoria-Reservoir bei Kandy, Nuwara Eliya und Trincomalee. Die Passagiere schätzen neben der Zeitersparnis vor allem die praktischen Umsteigemöglichkeiten auf dem Bandaranaike-Flughafen von Colombo – und natürlich auch die atemberaubenden Ausblicke aus den Kabinenfenstern, die sich aus der geringen Flughöhe ergeben. Allerdings ist der Spaß nicht billig. Ein Flug kostet zwischen US$150 und US$425. Der Service wird gewöhnlich nur auf Anfrage zur Verfügung gestellt, doch gibt es entsprechend der Nachfrage tägliche Verbindungen nach Bentota und Koggala. Minimum sind vier Passagiere.

Der Inlandsflughafen von Colombo liegt in Ratmalana (RAT), südlich von Mount Lavinia, der Palai Airport 17 km nördlich von Jaffna (JAF) und der Airport in Trincomalee (TRR) am Rand der Koddiyar Bay. Die Airports werden auch vom Militär genützt, weshalb wegen der ausführlichen Sicherheits-Checks bereits gute zwei Stunden vor Abflug eingecheckt werden sollte.

Busse

Ein „Monster" nannte einmal ein Finanzminister den 1958 als Staatsunternehmen gegründeten „Sri Lanka Central Transport Board" (SLCTB), meist nur kurz CTB genannt. Heute in neun Regionaldepartements unterteilt, ist diese Mammutbehörde für knapp 17 000 Busse zuständig. Die vorwiegend gelb gestrichenen Fahrzeuge steuern fast jedes Dorf auf der Insel an. Doch sind die CTB-Busse von schlechter Qualität und häufig überfüllt. Stauraum für Gepäck gibt es kaum. In den 50-Sitzern drängen sich nicht selten mehr als 100 Passagiere, Trauben von Menschen hängen an den Eingängen. Die Komfortarmut wird jedoch durch jede Menge Unterhaltung aufgewogen: die immer wieder ein- und aussteigenden Händler mit ihren fantasiereichen Angeboten, die sie in rekordverdächtiger Zungenakrobatik anbieten; der blinde Bettler, der sich mit schrägem Gesang durch den engen Gang tastet; schließlich der Passagier nebenan, der gerne wissen möchte, wie alt man ist, wie es um die Familie steht, was man von Sri Lanka hält... Während für manche Traveller Fahrten in vollen CTB-Bussen das höchste der Gefühle sind, mögen Passagiere mit viel Gepäck und wenig Lust auf zudringliche Körperkontakte nicht glücklich werden.

Sie können auf **private Busunternehmen** ausweichen, welche die Hauptstrecken mit neuerer klimatisierten Intercity-Bussen (IC) – meist japanischer Bauart – und die Nebenstrecken mit Minibussen befahren. Da die Ticketpreise für CTB-Busse ohnehin spottbillig sind, schmerzt es auch nicht im Geldbeutel, für die privaten das Doppelte hinzublättern. So kostet eine Fahrt von Colombo nach Kandy in CTB-Bussen nur 67 Rs, in privaten IC Bussen 135 Rs. Weitere Preishinweise gibt es in der jeweiligen Regionalkapiteln.

Tipp: Es empfiehlt sich, nach Möglichkeit die hinterste Sitzreihe zu meiden, denn hier spürt man den teilweise kriminellen Fahrstil des Fahrers am schmerzhaftesten. Die beiden vordersten Sitze neben dem Eingang sind für buddhistische Mönche reserviert. Meist lohnt es sich, früh an der Haltestelle zu sein.

Adressen der Airlines

Aero Lanka, 500 Galle Rd., Wellawatta, Colombo 6, ☎ 011-2505632, 🖥 www.aerolanka.com

Expo Air, 464 Galle Rd., Kollupitiya, Colombo 3, ☎ 011-2372952, 4512666, 📠 2372954, ✉ reservations@expoavi.com

Sri Lankan Airlines, in Deutschland: ☎ 069-90439010, ✉ fra.reservations@srilankan.aero; in Sri Lanka: ☎ 019-7333355, 📠 7335615, ✉ airtaxi@srilankan.aero, 🖥 www.srilankan.aero

Three Wheeler: aus dem Straßenbild nicht wegzudenken

Eisenbahn

Am 27. Dezember 1864 schnaufte die erste Dampflok von Colombo ins 54 km entfernte Ambepussa, drei Jahre später fuhr die Bahn bis Kandy. 1885 wurde die „Main Line" bis Nanu Oya fortgeführt, 1924 erreichte sie schließlich Badulla.

Bis 1895 konnten Gleisarbeiter die „Coast Line" nach Matara fertig stellen und bis 1905 auch die „Northern Line" nach Jaffna (heute nur noch bis Vavuniya in Betrieb). 1928 schließlich waren auch die an der Ostküste liegenden Hafenstädte Batticaloa und Trincomalee ans Bahnnetz angebunden. Damit kontrollierte die koloniale „Ceylon Government Railways" über 1500 km Bahnkilometer.

Seit den Pionierjahren der Eisenbahn scheint sich nicht viel geändert zu haben. Zwar sind die meisten Dampfloks durch Dieseltriebwagen ersetzt, doch immer noch tuckern die Züge gemächlich durch die Lande und ächzen im Hochland die steilen Trassen hinauf. Aber gerade dies macht den Reiz einer Bahnfahrt durch die Insel aus, weshalb nicht nur Eisenbahnfreunde auf ihre Kosten kommen. Da macht es auch nichts, dass der Zug nicht selten weit über eine Stunde Verspätung hat. Dafür sind die noch handgestempelten Papp-Billetts supergünstig: in der 2. Klasse kostet eine Fahrt von Colombo nach Trincomalee 272 Rs, also gerade mal 2 €. Selbst im „Observation Saloon" wird für die Fahrt unabhängig von der Entfernung nur 580 Rs, knapp 5 €, verlangt.

Die Bahn ist eine **Drei-Klassen-Gesellschaft**. Die billigste und unbequemste ist die 3. Klasse, deren Holzbänke oder hartgepolsterten Sitzbänke wegen des günstigen Tarifes (z. B. Colombo-Kandy nur 61 Rs) zumeist überbelegt sind. Doppelt so teuer ist die bequemere 2. Klasse. Hier handelt es sich um Großraumwagen mit jeweils zwei gepolsterten Sitzen an den Seiten. Etwas Kühlung verschaffen – falls funktionierend – die klappernden Ventilatoren an der Decke. Die zumeist klimati-

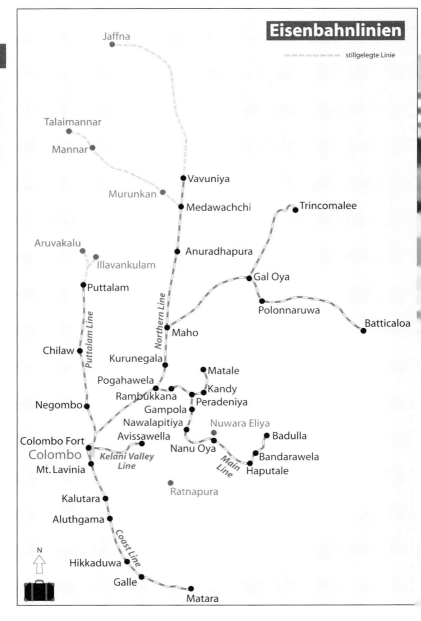

sierte 1. Klasse gibt es bei Nachtzügen mit Schlafwagenabteilen, ansonsten mit normalen Abteilen und bei Zügen ins Hochland als Aussichtswagen (s. u.). Allerdings wird die 1. Klasse bei manchen Hauptstrecken wie etwa Colombo–Vavuniya oder Colombo–Trincomalee nicht mitgeführt.

Außer bei Nacht- und Intercity-Zügen können **Reservierungen** nur in der 1. Klasse vorgenommen werden – bis zu 10 Tagen vor Abreise. Dies empfiehlt sich vor allem am Wochenende oder an Feiertagen. Fahrtunterbrechungen bis zu 24 Stunden sind erst nach 80 km möglich. Informationen gibt es an jedem größeren Bahnhof. In Colombos Fort Station befindet sich im Hauptgebäude das **Eisenbahn Tourist Informationsbüro** (Railway Tourist Information Office), ☏ 011-2440048, 2435838, ⏱ Mo–Fr 9–17, Sa 9–13.30 Uhr. Seine freundlichen Mitarbeiter sind sehr auskunftsfreudig. Auch wenn sie keinen Fahrplan herbeizaubern können, haben sie viele Tipps zur Hand.

„A Journey of Romance", eine romantische Nostalgiefahrt, bietet *JF Tours* mit dem Dampfzug **Viceroy Special** an. Angetrieben von der „Sentinel Camel"-Dampflok, Baujahr 1928, können sich bis zu 64 Gäste in den beiden klimatisierten Aussichtswaggons von Colombo nach Kandy oder je nach Vorreservierung auch anderswohin schaukeln lassen. Buchung und Informationen bei: **JF Tours (Cey) Ltd.**, 189 Bauddhaloka Mw., Bambalapitiya, Colombo 4, ☏ 011-2587996, 2589402, ✆ 2580507, ✉ jft@slt.lk, 🖥 www.jftours.com.

Mietwagen
Für Selbstfahrer

Wer mit **Linksverkehr** und dem eigenwilligen lokalen Fahrstil keine Probleme hat, kann selbst ein Auto mieten. Doch ist dies nicht selten teurer als die Fahrzeugmiete mit Fahrer, wenn man Versicherungen und Zuschläge einberechnet. Abhängig von Mietdauer, Kilometerzahl und Qualität des Fahrzeugs werden pro Tag ab 20 € verlangt. Toyota Corollas kosten bei gängigen Autovermietern ab etwa 130 € pro Woche. Für die Fahrerlaubnis genügt ein **internationaler Führerschein**.

Um eine drei Monate gültige temporäre Fahrerlaubnis zu erlangen, sollte der internationale Führerschein bei folgender Organisation vorgelegt werden: *Automobile Association of Ceylon,* 40 Sri Macan Markar Mawatha, Kollupitiya, Colombo,

Observation Saloon

Die IC-Züge zwischen Colombo und Kandy sowie die Hochlandzüge zwischen Colombo und Badulla führen als Schlusswaggon einen „Observation Saloon" mit sich. Dieser Aussichtswaggon wird mit einer großen Scheibenfront abgeschlossen. Unabhängig von der Entfernung kostet ein Sitzplatz einschließlich Reservierung 580 Rs zwischen Colombo und Badulla bzw. 250 Rs zwischen Colombo und Kandy. Die Aussichtswaggons gibt es mit 24 oder 44 Plätzen. Bei ersteren befinden sich die Sitznummern 11, 12 und 23, 24 an der abschließenden Fensterfront und bei den 44-Sitzern die Sitznummern 21, 22 und 43, 44. Wer also die schönste Aussicht genießen möchte, sollte diese Plätze frühzeitig reservieren.

☏ 011-2421528. Für ihre Verlängerung ist das *Department of Motor Traffic,* Elvitigala Mawatha, Narahenpita, Colombo, ☏ 011-2694331, zuständig. Neben dem internationalen Führerschein werden dort zwei Passfotos benötigt. Autovermietungen gibt es in den großen Städten und Touristenzentren. Adressen werden in den jeweiligen Regionalkapiteln aufgeführt.

Auch wer es nicht für möglich halten sollte, es gibt gewisse Verkehrsregeln auf der Insel – selbst Geschwindigkeitskontrollen werden gelegentlich durchgeführt. Zugelassene Höchstgeschwindigkeit innerhalb geschlossener Ortschaften ist 56 km/h und außerhalb 72 km/h.

Mit Chauffeur

Weitaus üblicher und einfach zu arrangieren ist die Miete eines Wagens mit Fahrer. Bereits kurz nach Ankunft am internationalen Flughafen versuchen Agenturen, mehrtägige Fahrten mit Fahrzeug und Chauffeur zu verkaufen. Auch warten vielerorts unweit von Bahnhöfen und zentralen Plätzen die Fahrer mit ihren Wagen auf Kundschaft. Schließlich gibt es auch kaum ein Gästehaus oder Hotel, das nicht willens wäre, ein Fahrzeug zu vermitteln. Doch hier ist zu beachten, dass die Vermittlung mit einer Provision verbunden ist, was die Kosten etwas in die Höhe treibt.

Der Preis kann unterschiedlich festgesetzt werden: abhängig von Kilometern oder pauschal. Je nach Unternehmen und Fahrzeugart wird eine Kilometerpauschale zwischen 30 und 50 Rs erhoben. Nicht selten sind die ersten 100 km als Minimum festgesetzt. Bei mehrtägigen Reisen ist es angebracht, einen Pauschalpreis auszuhandeln. Dabei sollten Reiseverlauf und Konditionen vorher genau festgelegt werden – und zwar mit dem Fahrer und nicht mit irgend einem Vermittler, damit keine Missverständnisse auftreten. Überhaupt ist es sinnvoll, zumindest bei mehrtägigen Reisen, den Fahrer und Wagen vor Reiseantritt kennen zu lernen. Vielleicht ergibt sich ja die Möglichkeit, mit ihm eine eintägige „Testfahrt" zu einer nahe gelegenen Sehenswürdigkeit zu machen. Üblich sind bei einigermaßen guten Fahrzeugen mit AC, 3000–3500 Rs, also etwa 25–30 € am Tag. Ausschlaggebend ist die Qualität des Fahrzeugs. Weitere Faktoren sind die Entfernungen und Straßenverhältnisse. Bei mehrtägigen Fahrten fällt der Preis niedriger aus.

Wichtig zu beachten

Vor einer Fahrt mit einem Mietwagen sind folgende Dinge zu beachten: ist mit dem Preis alles abgedeckt, oder erwartet der Fahrer ein „bata", also einen Betrag für Kost und Logis? Wer kommt für den Sprit auf? Im Allgemeinen ist es besser, einen Fixbetrag auszumachen und bei Zufriedenheit mit der Leistung ein Trinkgeld von ca. 10 % zu bezahlen.
Konflikte tauchen bei mehrtägigen Fahrten immer wieder hinsichtlich der Unterkunft auf. Da möchte der Fahrgast in einem bestimmten Gästehaus absteigen, doch der Fahrer macht dieses schlecht oder behauptet gar, es wäre geschlossen. Schnell verdächtigt der Gast den Fahrer, er habe es auf Provisionen abgesehen. Angesichts der miesen Bezahlung der Chauffeure kann dies durchaus der Fall sein. Doch weitaus öfters mag der Grund für seine Behauptung darin liegen, dass dieses Gästehaus keine spezielle Unterkunft für Fahrer hat, weil es zu klein ist, oder aber ihnen keine Vergünstigungen gewährt wie kostenlose oder billige Übernachtung, Essen, usw. Manche Unterkünfte haben zwar schöne Zimmer für die Gäste, jedoch nur Löcher für die Fahrer. Gerade Hotels haben diesbezüglich einen schlechten Ruf. Hier ist es sinnvoll, die Unterkunftsfrage relativ rechtzeitig anzusprechen – also nicht erst dann, wenn man den Ort für die Übernachtung bereits erreicht hat – und auch offen zu fragen, wie die Übernachtungsmöglichkeiten für die Fahrer sind. Schließlich hat man mehr davon, wenn der Chauffeur gut gelaunt und ausgeschlafen ist.

Zweiräder

Motorräder können in den meisten größeren Touristenorten gemietet werden und sind für Tagesausflüge ideal. Sri Lankas Straßen bieten viele Gelegenheiten, die Landschaft zu genießen. Pro Tag werden abhängig von der Größe des Fahrzeugs ab 800 Rs verlangt. Meist ist eine Unfall- und Diebstahlversicherung eingeschlossen. Als Sicherheit muss man den Pass oder das Flugticket hinterlegen.

Wer ein Motorrad mietet, sollte darauf achten, dass er einen Helm bekommt, denn auf der Insel herrscht Helmpflicht. Zwar ist es bei den hohen Temperaturen verlockend, ohne Kopfschutz zu fahren, doch kann ein Helm lebensrettend sein. Zudem ist eine penible Kontrolle der auszuleihenden Maschine unerlässlich: Wie steht es um das Reifenprofil, die Fußpedalen, den Ölstand, und besonders wichtig: funktionieren die Bremsen? Für den Fall einer Polizeikontrolle ist es wichtig, internationalen Führerschein, Passkopie und die Zulassung dabeizuhaben. Abends und nachts unterwegs zu sein kann wegen der teilweise spärlichen Beleuchtung entgegenkommender Fahrzeuge, der fehlenden Beleuchtung von Kühen und Fahrrädern sowie der Schlaglöcher nicht ungefährlich sein.

Die landschaftlichen Reize und geringen Entfernungen zwischen den Orten verführen geradezu zur Inselrundfahrt mit dem **Fahrrad**. Wer längere Überlandfahrten mit dem Fahrrad vorhat, nimmt am besten sein eigenes mit, denn gute Fahrräder mit Gangschaltung sind rar gesät. Erst langsam breiten sich auf der Insel Mountainbikes aus. Dabei sollte man nicht vergessen, wichtige Ersatzteile, Zweitschläuche und ein gutes Schloss einzupacken.

In jedem größeren Touristenort gibt es einen Fahrradverleih. Auch Gästehäuser stellen nicht selten Drahtesel zur Verfügung. Pro Tag werden ab 100 Rs aufwärts verlangt. Nicht versäumen sollte man eine Testfahrt mit dem ausgeliehenen Fahrrad, das seit seiner Herstellung in chinesischen und indischen Fabriken selten eine regelmäßige Wartung erfahren hat. Ist genügend Luft in den Reifen, funktioniert eine Klingel (falls vorhanden), wie sieht es mit den Bremsen aus (falls vorhanden), ist der Sattel richtig eingestellt, wackeln und streifen irgendwelche Teil usw.?

Trampen

Trampen ist in Sri Lanka gemeinhin nicht üblich und angesichts der günstigen Fortbewegungsmittel auch nicht notwendig. Doch kann es vorkommen, dass man in irgendeinem gottverlassenen Ort strandet und nicht weiterkommt. Am besten fragt man dann im nächsten Laden oder Restaurant nach Weiterfahrtsmöglichkeiten. Ein Three-Wheeler ist relativ schnell aufgetrieben. Wer sich trotzdem zum Trampen an den Straßenrand stellt, sollte angesichts der damit verbundenen potenziellen Risiken die üblichen Vorsichtsmaßnahmen beachten: nach Möglichkeit nicht alleine trampen (vor allem Frauen) und nicht nach Einbruch der Dunkelheit.

Nahverkehrsmittel
Stadtbusse

Stadtbusse sind nur in den größeren Orten wie Colombo und Kandy zu finden. Allerdings sind die Busse meist nicht in Englisch beschriftet, weshalb man sich durchfragen muss. Aber meistens ist jemand aufzutreiben, der etwas Englisch spricht. Die Preise bewegen sich bei 6 Rs pro Kilometer. Bei vollen Bussen gilt erhöhte Vorsicht vor Taschendieben.

Three-Wheeler

Wegen ihres Fahrstils gefürchtet und häufiger Grund zum Streit, sind sie aus dem Straßenbild nicht wegzudenken – die Three-Wheeler, Bajajs, Trishaws oder Tuktuks. Viele Namen gibt es für diese offenen Dreiräder mit den Zweitaktmotoren, deren markante Geräusche ebenso zu Sri Lanka gehören wie der Geschmack des Curry oder der Duft des Jasmins. Ohne eine Verkehrsregel zu beachten, wuseln sie wie Ameisen durch den Straßenverkehr, begleitet von dem Quacken ihrer Hupe und dem Schimpfen der Passanten. Die Three-Wheeler sind die dominierenden Fahrzeuge im individuellen Nahverkehr. Wohl kaum ein Tourist, der nicht einmal damit fährt – und entweder süchtig danach wird oder diese Gefährte hasst.

Da Taxameter fehlen, ist das Feilschen um den Fahrpreis vor Fahrtantritt ein Muss. Als Richtwert sind pro Kilometer 30–40 Rs zu veranschlagen, auf dem Land etwas weniger. Bei Touristen neigen die Fahrer zu überhöhten Forderungen. Dies gilt besonders bei jenen, die in Gruppen vor Hotels oder Sehenswürdigkeiten warten. Besser ist es daher, man winkt einen vorbeifahrenden Three-Wheeler heran und macht dem Fahrer einen Preisvorschlag. Falls auch er sich als wenig verhandlungsfreudig zeigt, lässt man ihn weiterfahren und wartet auf den nächsten. Meist ist die Konkurrenz recht groß. Schlechtere Karten hat man bei einem Sturzregen oder nachts.

Taxis

Reguläre Ruftaxen (Radio Cab) mit Taxameter gibt es nur in Colombo und Kandy (Adressen siehe dort). Ansonsten ist in nahezu jedem Ort ein Fahrzeug aufzutreiben – meist gebrauchte japanische Modelle. Die Preise sind wie üblich vorher auszuhandeln. Als Orientierungswert gelten auch hier 30–40 Rs pro Kilometer.

Feste und Feiertage

Eine „Insel der Feste" könnte man Sri Lanka nennen, denn hier wird gern und viel gefeiert. Neben den staatlichen Feiertagen bestimmen vor allem die Festtagszyklen der großen Religionsgemeinschaften den Kalender. Die Daten der meisten Feste – auch private wie etwa Hochzeiten – werden vom **Mondkalender** bestimmt. Das gilt auch für die wichtigsten Feiertage der Muslime: `Id al-Fitr, das Ende des Ramadan, der Geburtstag des Propheten Mohammed, *Maulid un-Nabi,* und `Id al-Adha, das Ende der jährlichen Haj-Pilgerfahrt nach Mekka.

Jeder **Vollmondtag** (Poya) ist Feiertag, d. h. Banken, öffentliche Einrichtungen sowie viele Geschäfte bleiben geschlossen. In dem buddhistisch geprägten Land erinnern die **Poya-Tage** an historische oder legendäre Ereignisse aus dem Leben des Erleuchteten oder wichtige Ereignisse im srilankischen Buddhismus. Die Sittenregeln werden besonders streng befolgt, vor allem die fünfte (keine berauschenden Mittel zu sich nehmen), weshalb an diesem Tag kein Alkohol ausgeschenkt wird. Die aktuellen Poya-Daten und andere Feiertagstermine können unter 🖥 www.srilankatourism.org erfahren werden.

Dezember/Januar

An **Duruthu Poya**, dem Vollmondtag im Dezember/Januar, erinnern sich die Gläubigen an Buddhas Besuch auf Sri Lanka. Der Legende zufolge betrat er neun Monate nach seiner Erleuchtung erstmalig die Insel. In Kelaniya bei Colombo wird dieses Fest mit einem prächtigen Perahera (Prozession) gefeiert.

Mitte Januar feiern die Hindu mit dem mehrtägigen **Thai Pongal** ihr Erntedankfest zu Ehren des Sonnengottes Surya. Als Symbol des Überflusses wird Milchreis zum Überkochen gebracht (*pongal* heißt „überkochen") und Kühe werden festlich dekoriert.

Januar/Februar

Der **Unabhängigkeitstag** am 4. Februar erinnert mit Festakten und Paraden an die zurückgewonnene Souveränität Sri Lankas im Jahr 1948.

Der **Navam Poya** wird seit 1979 besonders feierlich in Colombo begangen. Dort findet rund um den Gangaramaya-Tempel ein Perahera statt. Die Buddhisten erinnern sich an diesem Vollmondtag an die Verkündung der Mönchsregeln (Vinaya) durch den Erleuchteten und an das erste buddhistische Konzil.

Aluth Avurudu – Neujahr in Sri Lanka

Wenn die Sonne aus dem Sternzeichen des Fisches in jenes des Widders übertritt – der Zeitpunkt fällt zwischen den 13. und 14. April – beginnt wie in Indien und einigen südostasiatischen Ländern auch in Sri Lanka ein neues Jahr. Im Geiste der Erneuerung und der Versöhnung werden zuvor neue Kleider gekauft, Haus oder Wohnung gereinigt, Schulden beglichen und Streitigkeiten nach Möglichkeit beendet. Damit das neue Jahr auch gut gelingt, veröffentlichen die Astrologen in den Medien die Glück und Unglück verheißenden Augenblicke während des Jahreswechsels. So gilt die Phase kurz vor dem Eintritt der Sonne in das Sternzeichen des Widders als Unglück bringend, weshalb alle Tätigkeiten unterlassen werden sollten.

Ihren Übertritt begrüßen die Sri Lanker mit dem Schlagen der Trommeln, dem Läuten der Tempelglocken und dem Entzünden von Feuerwerkskörpern (leider nicht selten mit entsprechenden Verletzungen). Im zuvor gereinigten heimischen Herd entzündet die Hausfrau ein neues Feuer und lässt in einem Topf als Zeichen des Überflusses Milch überkochen. Dann wird Milchreis *(kiri bath)* serviert, gefolgt von einem an Curry und Süßigkeiten reichen Festmahl. Es ist der Höhepunkt an Neujahr, bei welchem nach Möglichkeit alle Familienmitglieder versammelt sind. Geschenke werden ausgetauscht und als Geste des Respekts und der Verbundenheit ein Bund mit Blättern des Betelpfeffers *(bulath hurulla)* überreicht – diese Geste ist auch bei anderen Anlässen wie Geburt oder Hochzeit üblich. Kinder bitten damit ihre Eltern um Vergebung für die Verfehlungen im vergangenen Jahr. Auch Nachbarn und Freunde werden mit Milchreis und Betelblättern bedacht.

In den ersten Neujahrstagen müssen weitere astrologisch vorbestimmte Zeitpunkte beachtet werden, etwa der Zeitpunkt des neuen Arbeitsbeginns oder des „Telgana Avurudda". Bei dieser Zeremonie reibt das Familienoberhaupt die Stirn der Angehörigen mit einem eigens zubereiteten Öl ein, um sie damit zu segnen. Trotz aller Verwestlichung vieler Familien sind die Zeremonien zu Aluth Avurudu noch lebendig, vor allem jedoch auf dem Land.

Februar/März

Zum Neumond des in den Februar und März fallenden Mondmonats feiern die Hindus eines ihrer wichtigsten Feste, **Maha Shivarathri**. Anlässlich der Vereinigung Shivas mit seiner Gemahlin Parvati halten sie Nachtwachen ab und bringen in den Tempeln zahlreiche Opfergaben dar.

Etwa zwei Wochen später, am Vollmond **Medin Poya**, rufen sich die Buddhisten die Predigt Buddhas vor 1250 Erleuchteten (Arahats) im indischen Rajagaha ins Gedächtnis.

März/April

Zum **Bak Poya**, dem Vollmond im März/April, wird Buddhas zweitem legendären Besuch in Sri Lanka fünf Jahre nach seiner Erleuchtung gedacht. Die Christen feiern die **Kar- und Ostertage** (Karfreitag ist Feiertag) vor allem in Negombo und Umgebung mit Passionsspielen.

Höhepunkt dieses heißen Monats ist sowohl bei den Tamilen als auch bei den Singhalesen Mitte April **Aluth Avurudu**, das Neujahrsfest (s. Kasten). Obwohl nur zwei Tage gesetzlich frei sind, nehmen viele Sri Lanker eine ganze Woche Urlaub, um ihre Familien zu besuchen und sich zu erholen. Viele reisen ins Hochland – mit Vorliebe nach Nuwara Eliya – oder an den Strand. Wer in den beiden Wochen um den 13./14. April unterwegs ist, muss daher mit ausgebuchten, manchmal aber auch mit geschlossenen Unterkünften rechnen. Zudem sind viele Restaurants und Geschäfte nicht geöffnet.

April/Mai

Wie fast überall auf der Welt wird auch in Sri Lanka am 1. Mai der **Tag der Arbeit** begangen.

Wichtigstes Ereignis im buddhistischen Festkalender ist **Vesak Poya**, der Vollmond im April/Mai. Dieser „dreifach gesegnete Tag" mahnt an die wichtigsten Begebenheiten im Leben Buddhas: seine Geburt, seine Erleuchtung und sein vollkommenes Erlöschen. Da sowohl der Vollmondtag als auch der Tag danach Feiertage sind, werden diese gern für Familienbesuche genutzt. Öffentliche Verkehrsmittel, Straßen und auch Unterkünfte können dann besonders voll sein, was bei Reisen während dieser Zeit beachtet werden sollte. Im Zentrum der Feierlichkeiten stehen die geschmückten Klöster und Tempel, zu denen die weiß gekleideten Gläubigen ziehen. In der Vollmondnacht brennen dort zahlreiche Öllampen und Laternen. Mit dem Vesak-Fest endet die Pilgersaison auf den Adam's Peak.

Mai/Juni

Der **Poson Poya** im Mai/Juni ist für die Singhalesen von großer Bedeutung, denn in diesem Mondmonat soll der indische Mönch Mahinda Thera den Buddhismus nach Sri Lanka gebracht haben. Daher pilgern tausende Gläubige zu dem Ort, an welchem Mahinda im 3. Jh. v. Chr. die Lehre des Buddha an König Devanampiya Tissa weitergegeben hat: Mihintale bei Anuradhapura.

Juni/Juli

Esala Poya, der Vollmond im Juni/Juli, markiert den Beginn der dreimonatigen buddhistischen Fastenzeit Vas (Pali: Vassa) und erinnert an die erste Predigt Buddhas im indischen Sarnath bei Varanasi. Diese Periode bedeutet nicht wie im muslimischen Ramadan oder in der christlichen Fastenzeit den Verzicht auf Nahrung, sondern ist eine Zeit der Besinnung und Mäßigung. Die Mönche ziehen sich in ihre Klöster zurück und widmen sich der Lehre und der Meditation.

Juli/August

Die großartigsten Feste Sri Lankas fallen in den Mondmonat um Juli/August. Die Hindus zelebrieren an **Vel** mit feierlichen Prozessionen die Vereinigung ihres Kriegsgottes Skanda (Murugan) mit seiner Gemahlin Valli. Auf großen Wagen wird die Statue von Skanda durch die Straßen gezogen. Nicht fehlen darf der Namensgeber des Festes, der Dreizack (Tamil: vel).

Besonders festlich wird Vel in Colombos Stadtteil Pettah und in Jaffna begangen. In der tamilischen Hochburg im Norden der Insel findet auch um diese Zeit im Nallur Kandaswamy Kovil ein fast vierwöchiges Tempelfest statt. Ganz strenge Hindus unternehmen von dort aus den „Kataragama Pada Yatra", eine Wallfahrt in Richtung Süden nach **Kataragama**, wo das berühmte gleichnamige Fest stattfindet (s. S. 246).

Alle Feiern werden jedoch vom **Kandy Esala Perahera** überstrahlt. Zu Ehren der heiligen Zahnreliquie veranstaltet die alte Königsstadt vom Juli-Neumond über 10 Tage hinweg zahlreiche Peraheras (s. S. 314), die an Buntheit und Lebendigkeit ihresgleichen suchen.

Der Vollmond im Juli/August, **Nikini Poya**, ist vor allem für die Mönche von Relevanz. An diesem Tag rufen sie sich durch die Rezitation des Vinaya die von Buddha erlassenen Ordensregeln in Erinnerung.

August–November

Eher stille Wochen folgen den festreichen Monaten Juli und August. **Binara Poya** im August/September ist wiederum in erster Linie für die Mönche von Belang.

Mit dem **Vap Poya** im September/Oktober endet die dreimonatige Fastenzeit. Der Vollmond wird mit der Rückkehr Buddhas aus dem Tavatimsa-Himmel in Verbindung gebracht. Dort predigte er über eine Vas-Periode hinweg den Göttern und seiner Mutter Maya, welche in diesem Himmel wiedergeboren worden war. Seinen Weg zurück begleiteten zahlreiche Himmelswesen mit ihren Lichtern, weshalb Öllampen die buddhistischen Tempel erleuchten. In den folgenden Wochen werden Kathina-Zeremonien abgehalten, an denen Mönche neue Roben erhalten.

Lichter spielen auch an **Deepavali** eine wichtige Rolle. Die Hindus feiern im Oktober/November die Rückkehr des Gottes Rama in seine Geburtsstadt Ayodhya nach dem Sieg gegen Ravana und damit den Sieg des Guten über das Böse. Diesmal erstrahlen die Hindu-Tempel im Licht der Öllampe (*deepavali* heißt „Lichterreihe").

Schließlich können sich die Sri Lanker auf einen weiteren freien Tag um Oktober/November freuen, zum Vollmond **Il Poya**.

November/Dezember

Im letzten Monat des Sonnenjahres beginnt die Pilgersaison auf den Adam's Peak. Zudem gedenken die Buddhisten am Vollmondtag **Unduvap Poya** der Überbringung des jungen Bodhi-Baumes nach Anuradhapura durch die Nonne Sanghamitta, weshalb die alte Königsstadt Zentrum der Feier ist.

Auch wenn Schnee und echte Tannenbäume fehlen, sehnen sich vor allem die Kinder in den christlichen Familien Sri Lankas das **Weihnachtsfest** am 25. Dezember herbei.

Post und Telekommunikation

Post

Auf die srilankische Post ist für gewöhnlich Verlass. Eine **Luftpostsendung** von/nach Europa braucht selten länger als 10 Tage. Postkarten kosten 17 Rs, Briefe bis 10 g 30 Rs, jede zusätzlichen 10 g kosten jeweils 12 Rs mehr. Für Inlandssendungen müssen bei Postkarten Briefmarken im Wert von 2,5 Rs und bei Briefen für 5 Rs gekauft werden.

Päckchen und Pakete benötigen als Seefracht etwa 2–3 Monate und als Luftpost etwa 14 Tage. Ein Luftpost-Paket bis 500 g kostet nach Deutschland derzeit 1230 Rs, alle weiteren 500 g jeweils 375 Rs. Kurioserweise werden für Schweiz und Österreich andere, etwas günstigere Gebühren verlangt. Schneller, aber teurer sind EMS-Sendungen (Express Mail Service), die von jedem größeren Postamt entgegen genommen werden. Für Postsendungen empfiehlt es sich, die Briefe und Postkarten direkt im Postamt abzugeben und darauf zu achten, dass die Briefmarken gleich abgestempelt werden.

Alternativ können die Dienste internationaler **Kurierdienste** wie DHL, FedEx, TNT oder UPS in Anspruch genommen werden. Sie sind deutlich teurer, dafür aber schneller und zuverlässiger. Dies empfiehlt sich gerade bei wertvollen oder eiligen Sendungen.

Postlagernde Sendungen (Poste restante) werden von allen Hauptpostämtern in Empfang genommen und für bis zu 2 Monaten aufbewahrt. Die Adresse sollte wie folgt geschrieben sein:
- Vorname & Name (am besten unterstrichen und/oder mit Blockbuchstaben)
- General Post Office
- Poste restante
- Stadt
- Sri Lanka

Bei der Abholung muss man sich in der Regel ausweisen. Manchmal wird eine kleine Gebühr verlangt. Es ist keine schlechte Idee, auch unter dem Vornamen suchen zu lassen.

Telefon

Viel hat sich in der Kommunikation verändert, seit 1858 in Colombo und Galle die ersten Telegrafenstationen errichtet wurden. Dem globalen

Wichtige regionale Vorwahlen

Ort	Vorwahl	Ort	Vorwahl
Alutgama	.034	Kalutara	.034
Ampara	.063	Kandy	.081
Anuradhapura	.025	Kegalle	.035
Avissawella	.036	Kataragama	.047
Badulla	.055	Kurunegala	.037
Bandarawela	.057	Mannar	.023
Batticaloa	.065	Matale	.066
Bentota	.034	Matara	.041
Beruwela	.034	Nawalapitiya	.054
Chilaw	.032	Negombo	.031
Colombo	.011	Nuwara Eliya	.052
Ella	.057	Polonnaruwa	.027
Galle	.091	Ratnapura	.045
Gampaha	.033	Tangalle	.047
Giritale	.027	Tissamaharama	.047
Habarana	.066	Trincomalee	.026
Hambantota	.047	Unawatuna	.091
Haputale	.057	Vavuniya	.024
Hatton	.051	Weligama	.041
Jaffna	.021	Wellawaya	.055
Kalmune	.067		

Trend nacheifernd wurde auch in Sri Lanka der Telekommunikationsbereich liberalisiert. 1997 erfolgte die Privatisierung der staatseigenen Sri Lanka Telecom. Ergebnis: eine wachsende Zahl miteinander konkurrierender Anbieter mit sinkenden Preisen und verbessertem Service. Doch ist der Tarifdschungel oft schwer durchschaubar und besonders veränderungsanfällig, weshalb die folgenden Informationen schnell veraltet sein mögen.

Zwar kann man von fast jedem Hotel aus direkt ins Ausland telefonieren (IDD = International Direct Dialling), doch ist dies wegen der erhobenen Servicegebühren sehr teuer. Praktisch und preiswerter sind die in jeder Stadt vorhandenen **Communication Centres**, die bevorzugt von Einheimischen genützt werden – nicht selten bieten sie Fax- und Internet-Service an. Dort sind auch **Telefonkarten** (Pre-paid Cards) erhältlich, die für die zumindest in größeren Orten weitverbreiteten Kartentelefone (Payphones) verwendet werden können. Zu den Anbietern gehören Lanka Payphone, Metro Card, Tritel und Super Card, die alle ihr eigenes Telefonnetz betreiben. Die Pre-paid Cards von Sri Lanka Telecom gibt es zu 250, 500, 750, 1000 und 3000 Rs.

Normale Festnetzgespräche mit Sri Lanka Telecom kosten nach Deutschland und in die Schweiz derzeit von Mo–Sa 8–18 Uhr knapp 70 Rs/Min., von 6–8 Uhr und 18–22 Uhr 62 Rs/Min. und von 22–6 Uhr sowie So 55 Rs/Min. Nach Österreich liegen die Kosten etwas höher.

Mobiltelefone

Alle großen Mobilfunkanbieter im deutschsprachigen Raum wie T-Mobile, Vodafone, O_2 haben Abkommen mit **Roaming-Partnern** in Sri Lanka abgeschlossen, entsprechende Hinweise bieten die Unternehmen. Diese Telefonate sind allerdings nicht ganz billig! Preisbeispiel Vodafone bei Roaming-Partner Celltel Lanka: Anruf innerhalb Sri Lankas 0,40 €/Min. (0–24 Uhr); ankommende Verbindungen aus Sri Lanka und dem Ausland 1,50 €/ Min. (0–24 Uhr); von Sri Lanka nach Europa 4,50 €/Min. (Mo–Sa 8–18 Uhr), 3,70 €/Min. (Mo–Sa 18–22 und 6–8 Uhr), ansonsten 3,10 €/Min; SMS-Versand bis zu 0,13 € pro Nachricht. Genannte Preise sind Orientierungswerte, da sie vom Wechselkurs abhängig sind!

Internationale Vorwahlen

Von Deutschland, Österreich und der Schweiz
nach Sri Lanka   **0094**
Von Sri Lanka nach
Deutschland   **0049**
Österreich   **0043**
Schweiz   **0041**

Eine wesentliche günstigere Variante, mit dem eigenen Handy zu telefonieren, ist der Kauf einer aufladbaren **lokalen SIM-Karte** von *Celltel*, 🖥 www.celltel.lk, *Dialog gsm,* 🖥 www.dialog.lk, oder *Mobitel,* 🖥 www.mobitellanka.com. Bei letzterem kann in die deutschsprachigen Länder bereits ab 20 Rs/Min. telefoniert werden, in das nationale Festnetz ab 7 Rs. SMS können schon ab 2 Rs verschickt werden. Die Gesprächsguthaben der SIM-Karten können jederzeit zu einem bestimmten Betrag aufgeladen werden, wie z. B. die Karten von Mobitel zu 350, 500, 700, 1000, 2000 und 5000 Rs.

Schließlich gibt es auch noch die Möglichkeit, ein Handy zu **leihen**. So unterhält *Celltel* einen Handy-Verleih in der Ankunftshalle des Bandaranaike International Airport.

Auskunft und Vermittlung

Die **Inlandsauskunft** der Sri Lanka Telecom, 🖥 www.slt.lk, ist rund um die Uhr unter ✆ 161 zu erreichen, die Auslandsauskunft unter ✆ 134. Für die **Vermittlung** von Inlandsgesprächen wähle man die ✆ 101, für Auslandsgespräche die ✆ 100.

Internet

Auch in Sri Lanka hat das Internet seit seiner Einführung 1996 einen Siegeszug angetreten. Kaum ein größerer Ort, der nicht über ein Internet-Café verfügt. Mit der wachsenden Zahl fallen die Preise, so kann in Colombo und Kandy bereits ab 55 Rs/Std. gesurft werden. Wo die Konkurrenz gering ist, werden pro Minute ab 4 Rs verlangt, in den Business Centers der großen Hotels noch um ein Vielfaches mehr. Während der „Rushhour" zwischen 17 und 20 Uhr sind vielerorts – etwa in Anuradhapura oder Polonnaruwa – die Server überlastet, weshalb die Übertragungsgeschwindigkeit extrem abnehmen kann. Hier empfiehlt es sich, diese Zeit zu meiden.

Medien

Ein Blätterwald an Zeitungen, Magazinen und anderen Printmedien überschwemmt die Kioske und Zeitschriftenstände der Insel. Zwar garantiert die Verfassung in Kap. 3, Art. 14, Abs. 1, die Presse- und Meinungsfreiheit, doch kam es in der Vergangenheit vor allem im Zusammenhang mit der Bürgerkriegs-Berichterstattung immer wieder zur Zensur – wegen der „nationalen Sicherheit", so die favorisierte Begründung der Regierung. Derzeit genießen die Medien im Zuge der Entspannungspolitik im ethnischen Konflikt mehr Freiheiten. Unter den englischsprachigen **Zeitungen** gilt die *Daily News,* 🖥 www.dailynews.lk, als Sprachrohr der jeweiligen Regierung, da sie zum staatseigenen Lake House-Unternehmen gehört. Kritisch Gesinnte bevorzugen *The Island,* 🖥 www.island.lk, und den *Daily Mirror,* 🖥 www.dailymirror.lk, sowie den Mittwochs erscheinenden *Midweek Mirror*. Einige Zeitungsverlage bringen am Wochenende eigene Sonntagsblätter heraus wie *The Sunday Leader,* 🖥 www.thesundayleader.lk, *Sunday Observer,* 🖥 www.sundayobserver.lk, *The Sunday Island* und *The Sunday Times,* 🖥 www.sundaytimes.lk.

Auf Wirtschaftsnachrichten haben ihren Schwerpunkt die Magazine *Business Today* und das monatlich erscheinende, sehr zu empfehlende *LMD* (Lanka Monthly Digest), 🖥 www.lmd.lk, gelegt. *Serendipity, Explore Sri Lanka* und *Travel Sri Lanka,* 🖥 www.travelsrilanka.com, sind mit ihren Reisereportagen und Unterhaltungstipps gerade für Touristen interessant. Das gilt auch für das kostenlose, monatlich erscheinende *Travel Lanka*.

Ausländische Printmedien wie die *Time* oder der renommierte britische *Economist* sind vorwiegend in den großen Hotels und besser bestückten Buchläden zu finden.

Radio und Fernsehen

Sieben **Fernsehkanäle** – die meisten davon privat – beglücken die einheimischen Zuschauer mit Seifenopern, Ratespielen und Sport. Straßenfeger ersten Ranges sind die Übertragungen der Kricketspiele, gefolgt von indischen Endlosserien. In Hotels mit Satellitenempfang können auch internationale Sender wie CNN, BBC World, MTV und einige indische Kanäle empfangen werden. Nicht immer ha man das Glück, dass auch DW TV, das 24-stündige Fernsehprogramm der Deutsche Welle, in das hoteleigene Netz eingespeist wird.

Radiohörer mit einem guten Weltempfänger können die Deutsche Welle über Kurzwelle empfangen. Die aktuellen Frequenzen sind unter 🖥 www.dw-world.de oder bei der Deutschen Welle, Abt. Hochfrequenztechnik, 50588 Köln, ✆ 0221-3893208, ✉ 3893220, zu erfahren. Das gleiche gilt für die britische BBC World, 🖥 www.bbc.co.uk/worldservice.

Aktivitäten

Obwohl Sri Lanka kein typisches Ziel für einen Aktiv-Urlaub darstellt, finden sich auf der Insel eine Menge ungeahnter Möglichkeiten, den Urlaub mit körperlichen Aktivitäten anzureichern. Dazu zählen nicht nur diverse Wassersportarten in den Küstengebieten, sondern auch ausgedehnte Wanderungen, Trekking- oder Fahrrad-Touren im Inselinneren. Weitaus weniger Muskelkater ist gewiss bei Kricket, Golf oder Tennis zu erwarten und erst recht nicht bei eher stillen, musischen Aktivitäten wie Meditations- und Yoga- (vor allem in der Region Kandy) wie auch bei Batik-Kursen – die mancherorts ebenfalls angeboten werden. Wer sich im Land auf besondere Weise nützlich machen möchte, sollte sich bei einer der internationalen Hilfsorganisationen, 🖥 www.workingabroad.com, nach offenen Stellen für Volontäre erkundigen.

Surfen und Segeln

Als bekanntester und bester Ort für **Windsurfing** gilt Bentota an der Westküste, wo die großen Strandhotels mit der entsprechenden Ausrüstung und auch Unterrichtsstunden aufwarten können.

Für klassisches **Wellenreiten** indes bieten sich vor allem der beliebte Badeort Hikkaduwa oder inzwischen auch die noch tiefer im Süden gelegenen Buchten von Mirissa und Medigama an, wo von November bis April gesurft wird. Vielerorts kann Surf-Ausrüstung – wie *Boogie Boards* oder *Wetties* – in Strandnähe günstig gemietet oder auch gebraucht gekauft werden. Das gilt natürlich erst recht für die legendäre Arugam-Bucht an der Ostküste, die mit ihren drei Spots *Arugam Point*, *Pottuvil Point* und *Crocodile Rock* jedes Jahr zwischen April und September zu den zehn besten Surf-Revieren der Welt gezählt wird! So scheint es auch nicht verwunderlich, dass an diesem entlegenen Ort jedes Jahr eine bunte, begeisterte Surfer-Schar aus aller Welt internationale Meisterschaften austrägt.

Obwohl **Segeln** aufgrund der an vielen Stellen gefährlichen Strömungen und Korallenriffe nicht so sehr verbreitet ist, wird es mit Jollen gelegentlich vom Strand aus angeboten. Nähere Auskünfte können der *Colombo Rowling Club*, ✆ 011-2433758, oder der *Otter Aquatic Club*, ✆ 011-2692308, erteilen. Fischer bieten zuweilen Fahrten mit *Oruwa*-Auslegerbooten zu vorgelagerten Inseln oder über die Lagunen an. Wer sich mit maritimen Globetrottern zusammen schließen will, um auf Yachten von Weltumseglern mit dem Monsunwind nach Thailand zu gelangen, sollte sich im Hafen von Galle umsehen.

Wasserski im Schlepptau von Motorbooten lockt vor allem auf dem Bentota-Fluss.

Schnorcheln und Tauchen

Mit ihrem feinen Sand, Schatten spendenden Palmen und tiefblauen Meeresfluten zählen die Badestrände von Sri Lanka zu den schönsten der Welt – und verführen entsprechend zu Badefreuden und Wassersport. Oft schon in unmittelbarer Strandnähe laden die ersten Korallenriffe zum Schnorcheln ein. Tauchgänge in die Tiefen der Unterwasserwelt, die durch den Tsunami erfreulicher Weise kaum Schaden genommen hat, lohnen sich vor allem

---

Veranstalter für Adventure-Tourismus

Adventure Sports Lanka, 366/3 Rendapola Horagahakanda Lane, Talangama, Koswatta, ✆/✉ 011-2791584, 🖥 www.actionlanka.com. Das Programmangebot reicht von Rafting über Fahrradtouren bis Trekking.
Eco Team Sri Lanka, 14 1st Lane, Gothami Rd., Kolonnawa, Colombo 8, ✆ 011-5533330, 🖥 www.srilankaecotourism.com. Offeriert maßgeschneiderte Touren aller Art.
Jetwing Eco Holidays, Jetwing House, 46/26 Navam Mw., Colombo 2, ✆ 011-2381201, 🖥 www.jetwingeco.com. Sri Lankas führender Spezialist für Wildlife- und Vogelbeobachtungstouren.

wegen des eindrucksvollen **Fisch-Reichtums**, der oft mit dem der Malediven verglichen wird. Statt mit üppigem Korallenbewuchs kann der Indische Ozean hier vor allem mit **Schluchten- und Felslandschaften** aufwarten – wie sie auch im Mittelmeer zu finden sind.

Entlang der West- und Südküste bieten – vor allem in Beruwela, Hikkaduwa, Unawatuna, Mirissa, Weligama und Tangalle – zahlreiche, von Ausländern und Einheimischen geführte Tauchunternehmen ihre Ausrüstung und Ausflüge an. Darunter auch Exkursionen zu einigen der insgesamt über 300 **Schiffswracks**, die hier auf dem Meeresboden liegen. Das mit Abstand interessanteste, aber wegen der örtlichen Infrastruktur noch schwer zugängliche Tauchziel ist der 1942 von den Japanern vor Batticaloa (Ostküste) versenkte britische Flugzeugträger *Hermes*.

Wandern, Trekking und Mountainbiking

Als Paradies für Wanderer entpuppt sich vor allem das Hochland rund um Kandy und Nuwara Eliya, wo zwischen Dezember und März besonders viele sonnige, trockene Tage mit Temperaturen um die 20 Grad zu **Erkundungstouren** locken. Entsprechende Routenbeschreibungen und Kartenmaterialien sind in den Buchläden Colombos oder den Hotels vor Ort erhältlich.

Obwohl die meisten Ausflüge durchaus auf eigene Faust unternommen werden können, vermitteln einschlägige Reiseagenturen oder das *Tourist Guide Lectures Association* in Colombo, ✆ 011-2595212, bei Bedarf versierte Wanderführer. Die meisten Nationalparks Sri Lankas werden mit Jeeps erkundet, doch im Schutzgebiet von Sinharaja zum Beispiel können Naturfreunde zwischen mehreren, erlebnisreichen **Wander- und Trekkingtouren** wählen. Wer sich im **Klettern** üben will, was am ehesten im Bereich von Adam's Peak möglich ist, muss sich bisher zumeist noch auf seine Eigeninitiative verlassen.

Wer sich im Hügelland zwischen Kandy, Nuwara Eliya und Ratnapura auf ein **Mountainbike** schwingt, wird aufgrund der schönen, landschaftlichen Eindrücke ebenfalls schnell begeistert sein. Das Sportgerät muss jedoch im Flieger mitgebracht oder ggf. bei einem Spezialveranstalter wie *Lanka Sportsreizen*, 🖳 www.lsr-srilanka.com, im Rahmen einer Pauschaltour angemietet werden. Als Tour mit einem ganz normalen Drahtesel bietet sich zum Beispiel die Erkundung der Ruinen von Anuradhapura und Polonnaruwa an (s. o. unter: Zweiräder).

Canoeing und Rafting

Die an großen Lagunen gelegenen Resorts bieten zuweilen **Kanus** oder **Kayaks** zur umweltschonenden, lautlosen Erkundung der Natur an. Stromschnellen bis zum vierten Schwierigkeitsgrad indes erwarten den Kanuten auf dem *Kelani Ganga* bei Kitulgala (s. S. 373), worauf sich einige Veranstalter wie *Adventure Sports Lanka* (s. o.) spezialisiert haben. Eine weitere Adresse für feuchten Naturlaub auf Sri Lanka, wo Urlauber auch gleich in stilechten Baumhäusern übernachten können, ist der vom WWF unterstützte *Ella Adventure Park*, 🖳 www.wildernesslanka.com.

Kricket, Golf und Tennis

Kricket – oder auf Englisch: Cricket – ist Sri Lankas Nationalsport Nr. 1. Es gibt keine größere **Schule** ohne eigene Kricket-Mannschaft und kaum einen **Dorfplatz**, auf dem sich Jugendliche nicht bei diesem Sport vergnügen. In Colombo und Galle finden sich sogar eigens für Meisterschaften errichtete **Stadien**. Beim *Singhalese Sports Club*, ✉ singsc@sltnet.lk, oder der offiziellen Kricket-Organisation, ✉ bcccsl@lanka.net, können sich Urlauber nach Mitspielmöglichkeiten, Regeln und Turnierdaten erkundigen.

Golf indes ist auf Sri Lanka noch nicht zum Volkssport geworden, sondern eher mit dem elitären Dünkel der Kolonialzeit behaftet: Die Insel verfügt lediglich über drei Anlagen mit internationalem 18-Loch-Standard – und zwar den feinen *Royal Golf Club* in Colombo, 🖳 www.royalcolombogolf.lk, das international renommierte *Victoria Golf & Country Resort* bei Kandy mit dem wunderbaren Blick auf den Victoria-Stausee, 🖳 www.srilankagolf.com, sowie den 1889 gegründeten *Nuwara Eliya Golf Club*, ✆ 052-2222835, der durch seine landschaftlich besonders reizvolle Einbettung erfreut.

Tennisplätze, die zum Teil sogar mit Flutlicht ausgestattet sind, finden sich vor allem in den Hotelanlagen der oberen Kategorien – werden jedoch aufgrund des tropischen Klimas nur relativ selten genutzt.

Ayurveda

Das „Wissen vom gesunden, langen Leben" ist mehr als Wellness – es ist Medizin für Leib und Seele

Altes Wissen, neues Leben

Das Gleichgewicht des Lebens zu erreichen, wird im hektischen Alltag immer schwieriger. Doch auf der Suche nach Harmonie und einem gesünderen Leben gibt es Hilfe: Sie stammt aus Südasien und wird Ayurveda genannt – das Wissen vom gesunden Leben (*ayur* = gesundes, langes Leben, *veda* = Wissen). Der Legende nach einst von Schöpfergott Brahma den Menschen geschenkt, gilt sie als eine der ältesten Gesundheitslehren der Welt. Als irdischer Begründer wird der königliche Leibarzt Charaka vermutet, der um das 1. Jh. im pakistanischen Peshawar praktiziert und die grundlegende Abhandlung Charaka Samhita verfasst haben soll. Seitdem wurde die ganzheitliche Naturmedizin parallel zur Erforschung des Menschen und der Natur ständig weiter entwickelt – und erst durch den Import westlicher Medizin während der britischen Kolonialzeit in den Hintergrund gedrängt. Ihre Renaissance erfuhr sie durch die staatliche Unabhängigkeit.

Heute gewinnt diese Kunst, in Harmonie mit den Gesetzen der Natur zu leben, auch in Deutschland immer mehr Anhänger. Die anerkannten Erfolge reichen von der Stärkung des Immunsystems bis zu oft verblüffenden Heilungen von Stoffwechsel-Problemen, Hautkrankheiten, Rheuma, Bluthochdruck, Knochenbrüchen, Gelenkschmerzen oder Gewichtsproblemen!

Kompliziertes Gleichgewicht aus drei Bio-Energien

Im Gegensatz zur westlichen Medizin wird allerdings nicht nur die Krankheit behandelt, sondern der ganze Mensch als ein komplexes Wesen. Nach der Ayurveda-Lehre regulieren drei Grundkräfte – als Doshas bezeichnete Bio-Energien – die Wechselwirkungen zwischen Körper, Seele und Geist. **Vata** (Luft) kontrolliert Bewegungsabläufe und Sinnesorgane, **Pitta** (Feuer) steuert die Energie aus Verdauung und Stoffwechsel und sorgt für Intelligenz und strahlendes Aussehen, während **Kapha** (Erde und Wasser) Zusammenhalt, Struktur und Widerstandskraft des Körpers fördert. Geraten diese energetischen Urkräfte durch eine falsche Lebensweise oder andere Faktoren aus dem ursprünglichen Gleichgewicht, kommt es unweigerlich zu Erkrankungen.

Die Mixtur der Doshas gestaltet sich bei jedem Menschen unterschiedlich, so dass auch jeweils – nach einer gründlichen Untersuchung, bei der die aktuelle Befindlichkeit unter anderem mithilfe einer Puls-Diagnose ermittelt wird – ein ganz individueller Behandlungsplan entworfen werden muss. Der kann dann sogar die Empfehlung einer ganz bestimmten Shampoo-Sorte umfassen, zielt aber vor allem au

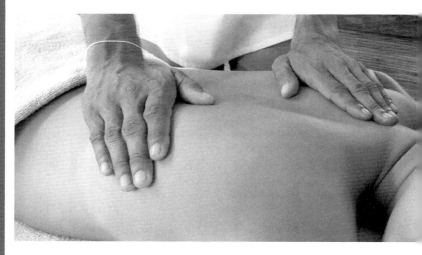

den Stoffwechsel. So fungiert der Speisezettel zugleich als Therapie-Faktor: Während einer klassischen Ayurveda-Kur bekommt jeder Patient je nach Konstitution und Lebensweise eine exakt auf ihn abgestimmte Ernährung, um die Ausscheidung abgelagerter Giftstoffe zu erzielen.

Der Verzicht auf Alkohol und Nikotin ist selbstverständlich, doch auch Fleisch ist untersagt: Tierisches Eiweiß beschäftigt den Körper zu lange, so dass die Reinigung von Giftstoffen – als Grundlage der Heilung – behindert wird. Irgendwann erwischt es die Patienten auch mit jenem Glas schlammig-braunen Inhalts: Das ist ein Abführmittel und dann auch schon der unangenehmste Teil einer Ayurveda-Kur. Denn bei den meisten Anwendungen wie Gesichts- oder Ganzkörper-Massagen – nicht selten zwischen flackernden Öllampen und dampfenden Räucherstäbchen zelebriert – können durchaus paradiesische Gefühle aufkeimen.

Heilkunst als Wellness-Komponente und Kassenschlager

Noch stärker als in Indien hat Ayurveda auf Sri Lanka boomartig zu neuen Urlaubsformen mit vielen Hotel-Gründungen geführt. Ob am rauschenden Meer oder in den kühleren Bergen, in einem gediegenen Strand-Resort oder einer familiär betriebenen Kolonial-Villa verabreicht – in der Verknüpfung mit Luxus-Tourismus ist die exotische Heilkunst zu einer wichtigen Wellness-Komponente und zum Kassenschlager geworden. Doch das schnelle Geld lockt auch Trittbrettfahrer. Oft werden nur einige Elemente – wie Massage oder Stirngüsse – angewendet, um Abwechslung und kurzfristiges Wohlgefühl in den Alltag von Urlaubern zu zaubern. Andere Einrichtungen wiederum schmücken sich mit werbewirksamen Krautergärten und verkaufen ihre ominösen Erzeugnisse daraus als hochwertige Ayurveda-Produkte.

In vielen renommierten Einrichtungen indes werden Ayurveda-Produkte teilweise sogar noch nach mittelalterlich anmutenden Methoden hergestellt. Dort werden Kräuter und Blätter in mächtigen Mörsern gestampft, köcheln Extrakte und Tinkturen über offenem Feuer in Kupferkesseln, während ringsherum in bauchigen Tontöpfen bereits gemixte Elixiere und Pasten heranreifen. Insgesamt soll es allein über 1500 verschiedene Öle geben, deren Wahl sich nach den persönlichen Doshas, der aktuellen Konstitution und sogar den Jahreszeiten richtet. Professionelle Ayurveda-Ärzte müssen eine sechsjährige Ausbildung an einer der beiden etablierten Heilkunst-Schulen Sri Lankas absolvieren, während ein eigenes Ministerium für Naturmedizin über die perfekte Ausführung der hohen Kunst wacht – nicht nur in Einrichtungen für betuchte Ausländer, sondern auch in einfachen Ayurveda-Krankenhäusern für Einheimische, die es heute in jedem größeren Ort oder Bezirk gibt.

Wohlgefühl durch warme Öltropfen und duftende Blütenbäder

Mit ihren „fünf Handlungen" gelten die zwei- bis dreiwöchigen Panchakarma-Kuren als intensivste Art der Anwendung. Sie umfassen unter anderem Meditations-Stunden und Yoga-Sitzungen. Sogar das Balancieren auf bestimmten Baumstämmen gehört zum Programm, denn deren Rinde soll Knochen stärken können. Alle Therapien tragen uralte Sanskrit-Namen – wie das S(ch)irodhara, bei dem aus einem „Kalebasse" genannten, aufgehängten Tongefäß stetig ein feiner, warmer Ölfaden auf die Stirn rinnt. Das soll Kopfschmerzen, Nervosität oder Stirnhöhlen-Beschwerden lindern, kann aber auch ganz hervorragend aus Europa mitgebrachten Stress wegspülen. Typisch für den Abschluss einer nachhaltigen Ayurveda-Behandlung auf Sri Lanka ist ein wohltuendes Blütenbad, das – mit warmem Wasser und betörend duftenden Blumenkelchen – oft in einer aus einem einzigen Granitblock gestemmten Badewanne genommen wird.

Einen besonders guten Ruf für Ayurveda-Anwendungen genießt zum Beispiel das *Siddhalepa Health Resort* in Wadduwa, wo die Kuren von Pionieren der ayurvedischen Heilmethode verabreicht werden. Alle verwendeten Salben, Öle und Arzneimittel stammen aus der eigenen Fabrik. Dort wird auch der gleichnamige, legendäre Balsam angerührt, der auf der gesamten Insel zu haben ist. Die Einheimischen schwören darauf, dass er bei Rheuma-Beschwerden, Bauchweh, Bronchitis oder Schnupfen helfen soll. Der Großvater von Firmensenior Victor Hettigoda hatte die Mischung einst erfunden und die Rezeptur – unter der Bedingung, dass stets auch die Ärmsten sich diese leisten können – in Sanskrit auf ein Blatt der Talipot-Palme geritzt: Dieses ist innerhalb der Familie von Generation zu Generation weitergereicht worden.

Volker Klinkmüller

Ayurveda Resorts

Die Aufstellung umfasst einige der besten und bekanntesten Ayurveda Resorts, aber auch ganz kleine Einrichtungen, die noch einen gewissen Geheimtipp-Charakter haben

Aida / Bentota und Induruwa ⑦
💻 www.aidaayurveda.com
Renommiertes, großes Resort mit luxuriösem Ambiente. Hübsche Lage am Bentota-Fluss und in der Nähe zu einem der landesweit bekanntesten Strände. Intime Dependance im Nachbarort Induruwala. S. 189.

Ayurveda Pavilions / Negombo ①
💻 www.ayurvedapavilions.com
Erstklassiges Ayurveda-Hotel mit 12 Bungalows und schönem Ambiente. Ernährung und Behandlungen sind dank des gut ausgebildeten Personals exzellent aufeinander abgestimmt. S. 169.

Barberyn Beach Ayurveda Resort / Weligama & Beruwela ④
💻 www.barberyn.com
Das 2003 mit 45 Zimmern eröffnete, authentische Ayurveda-Resort hat den Charme eines Designer-Hotels. Keine Strandlage, aber Meerwasser-Schwimmbad. Ein weiterer, Ableger findet sich in Beruwela. S. 185.

Centauria Ayurveda Lake Resort / Embilipitiya ⑥
Entfaltet durch seine landschaftlich schöne Lage an einem See und mitten in der Provinz einen besonderen Reiz. Zehntägige Ayurveda-Programme mit Kräuter-Schwerpunkt oder auch nur einwöchige Wellness-Kuren. S. 384.

Eva Lanka Hotel / Tangalle ⑯
💻 www.eva.lk
Schönes, von einem tropischen Garten umgebenes Resort in Hanglage mit phantastischem Meeresblick. Die Hälfte der 29 Cabanas sind nur für Ayurveda-Gäste reserviert. Bewährtes Ärzte- und Therapeuten-Team. S. 236.

Greystones Villa / Diyatalawa ②
💻 www.greystones-villa.de
Von einem deutschen Heilpraktiker 1992 gegründet, zählt es zu den ersten Anbietern von ayurvedischen Panchakarma-Kuren. Kolonialvilla mit 17 Zimmern und familiärer Atmosphäre auf 1400 Metern Höhe. S. 366.

Hotel Paragon / Unawatuna-Talpe ⑬
💻 www.vitavision.de
Gehört als dreistöckige Anlage mit 65 Zimmern zu den größten des Landes und ist spätestens durch Alt-Bundeskanzler Helmut Kohl bekannt geworden, der hier während des Tsunamis logiert hatte. Buchung nur über *Vita Vision*. S. 216.

Lanka Princess / Beruwela-Kaluwamodara ⑤
💻 www.lankaprincess.com
Ende 1997 als Ayurveda-Resort von einem Deutschen gegründetes Strand-Resort mit insgesamt 110 Zimmern. Trotz der Größe herrscht eine angenehme Atmosphäre mit empfehlenswerten Anwendungen. S. 186.

Lawrence Hill Paradise Resort / Hikkaduwa ⑫
💻 www.ayurvedakurlaub.de
Kleines, naturnah begrüntes Resort mit 17 Zimmern sowie intensiver, persönlicher und professioneller, medizinischer Betreuung. Der berühmte Badeort ist in nur wenigen Minuten zu Fuß erreichbar. S. 194.

Lotus Villa / Ahungalla ⑩
💻 www.lotus-villa.com
Hoch qualifiziertes, auch auf schwere Krankheiten spezialisiertes Ayurveda in einem etablierten, von einem Österreicher gegründeten Resort. 19 Zimmer, funktionelle Atmosphäre, hübsche Strandlage. S. 190.

Shunyata Villa / Bentota-Induruwa ⑨
💻 www.shunyata-villa.com
Von einem engagierten deutschen Ehepaar Ende 2004 eröffnete, sehr kleine Anlage mit vier

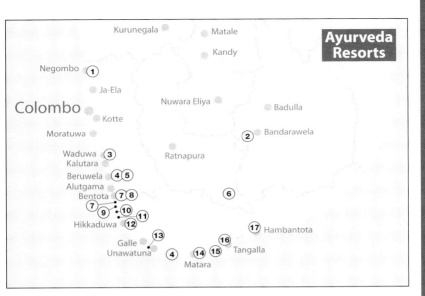

hübschen, extravagant eingerichteten Zimmern und einem Beach-Bungalow. Verlockend schöner Strandabschnitt. S. 189.

Siddhalepa Hotel / Wadduwa ③
🖳 www.ayurvedaresort.com
Besonders authentisch, weil zu einem großen, singhalesischen Ayurveda-Familienbetrieb gehörig, der auch Heilmittel produziert und ein eigenes Krankenhaus bei Colombo betreibt. Attraktive Lage direkt am Meer. S. 181.

Sri Budhasa / Bentota-Walauwa ⑧
🖳 www.sribudhasa.com
Geschmackvoll gestaltete Anlage mit stilvollem, kolonialem Ambiente. Elegante Kolonialvilla mit 20 Zimmern in Nebentrakten und schöner Gartenanlage. Schweizer Management mit hoch qualifiziertem Team.

Sri Lanka Ayurveda Garden / Ambalangoda ⑪
🖳 www.ayurveda-garden.de
Hochkarätige Behandlungen durch zwei Ärzte und ein kompetentes Therapeuten-Team. Familiär geführte, direkt am Strand liegende Kolonialvilla mit acht Zimmern und hübschem Garten.

Surya Lanka / Matara-Tallalla ⑭
🖳 www.ayurveda-team.ch
Hohes, medizinisches Niveau mit intensiver Betreuung. Hübsches, im Kolonialstil erbautes Haus mit 34 geschmackvoll eingerichteten Zimmern. Ruhige Atmosphäre direkt an einem herrlichen Sandstrand.

The Oasis / Hambantota ⑰
🖳 www.oasis-ayurveda.de
Gilt als professionellstes Ayurveda-Resort im Bereich der Südostküste. 52 Komfort-Zimmer in reizvoller Küstenlage. Hervorragender Ausgangspunkt für die Erkundung der umliegenden Nationalparks. S. 238.

Vattersgarden / Matara-Kottegoda ⑮
🖳 www.vattersgarden.de
Von einer deutschen Familie geführtes, idyllisch auf Hügeln direkt am Meer liegendes Resort mit zehn auf Bungalows und Chalets verteilten Zimmern. Authentisches, medizinisch intensiv betreutes Ayurveda. S. 232.

Meditation

Nicht wenige Besucher Sri Lankas möchten den Buddhismus näher kennen lernen und suchen nach Orten, um dort eine Zeit lang zu leben und zu meditieren. Wer noch keine Meditationserfahrung hat, sollte unbedingt vorher in seiner Heimat Einführungskurse besuchen, denn es wird leicht unterschätzt, wie körperlich und psychisch anspruchsvoll Meditation ist. Zudem herrscht in den Klöstern eine strikte Disziplin. Der Tag beginnt nicht selten bereits um 4 Uhr in der Frühe und endet gegen 21 oder 22 Uhr. Es wechseln sich Sitz- und Gehmeditationsübungen mit kleinen Pausen ab, nach 12 Uhr wird nichts mehr gegessen. Alkohol, Sex und Rauchen sind untersagt, dafür darf man schweigen. Am besten trägt man bequeme weiße Kleidung. In vielen Zentren wird eine Variante der **Vipassana-Meditation** gelehrt. Ein Aufenthalt lohnt sich aber nur über einen längeren Zeitraum hinweg (mindestens eine Woche), denn es dauert einige Zeit, bis man sich in den neuen Lebensrhythmus eingefunden hat.

Eine gute Einführung in die Praxis der Vipassana-Meditation gibt das Buch von Joseph Goldstein: Vipassana-Meditation – Die Praxis der Freiheit (Arbor Verlag 1999).

Auch in Europa gibt es zahlreiche Gruppen, die diese Meditationstechnik üben. Allgemeine Informationen über Buddhismus und relevante Themen oder Adressen gibt die *Deutsche Buddhistische Union e. V.*, Amalienstr. 71, 80799 München, ☏ 0700-28334233, 🖳 www.dharma.de. Hilfreich mögen auch die Websites 🖳 www.buddhanetz.de und in englischer Sprache 🖳 www.buddhanet.net sein. Nähere Infos über die meisten der unten aufgeführten Zentren findet man unter 🖳 www.metta.lk/temples und 🖳 www.retreat-infos.de. Unter letzterer Website kann auch die Broschüre „Meditation in Südostasien" als PDF-Datei heruntergeladen werden.

Meditationszentren

Dhammakuta Vipassana Meditation Centre, Mowbray Galaha Rd., Hindagala, Peradeniya, ☏ 081-2234649. Liegt in wunderschöner Berglandschaft in der Umgebung von Kandy. Mit dem Bus fährt man von Kandy bis nach Mahakanda. Von dort führt ein ca. 2 km langer Weg über Steilhänge zum Zentrum. Alternativ kann man einen Three-Wheeler für ca. 150 Rs nehmen. Von Kandy kostet die Fahrt mit dem Three-Wheeler etwa 350 Rs. Das Zentrum bietet regelmäßig zehntägige Vipassana-Kurse an. Für die Teilnahme ist eine Vorreservierung notwendig.

International Vipassana Meditation Centre, 108 Vijerama Mw., Colombo, ☏ 011-2694100. Das „Lanka Vipassana Bhavana Centre" ist eine gute Anlaufstelle für den Erstkontakt.

Island Hermitage, Polgasduwa, Dodanduwa, Galle District, ☏ 075-2452453, ✉ ih@col7.metta.lk, 🖳 www.metta.lk/temples/ih. Polgasduwa liegt etwa 5 km südlich von Hikkaduwa. Die Island Hermitage ist eine Mönchseinsiedelei in der Theravada-Waldtradition und wurde 1911 vom ersten deutschen buddhistischen Mönch Nyanatiloka Mahathera (1878–1957) gegründet. Für ernsthaft interessierte Männer ist es auf der im Rathgama-See gelegenen Insel möglich, buddhistische Studien zu betreiben oder Meditationstechniken aus der Theravada-Tradition zu praktizieren. Eine mindestens 6 Wochen vorausgehende Anmeldung richtet man an: Monk-in-Charge, Polgasduwa Island Hermitage, Dodanduwa 80250. Nur wer ein Einladungsschreiben in der Hand hat, kann die Insel betreten!

Lewella Meditation Centre, 160 Dharmashoka Mw., Kandy, ☏/✆ 081-2240937, ✉ sujith28@hotmail.com, 🖳 www.buddhanet-de.net. Das Meditationszentrum liegt am Stadtrand von Kandy an der Ostseite des Udawattakele-Reservats und ist für jene gedacht, die ihre Meditationspraxis vertiefen wollen. Nur Männer können hier wohnen, Frauen jedoch tagsüber die Einrichtungen nutzen. Ein Lehrer bietet mehrmals wöchentlich Yoga-Sessions an. Als Spende werden 3 €/Tag erwartet.

Nilambe Meditation Centre, Galaha Rd., Kandy, ☏ 081-2225471, ✉ upulnilambe@yahoo.com. Das wohl populärste Meditationszentrum Sri Lankas liegt ca. 20 km südlich von Kandy inmitten eines schönen Teeanbaugebietes. Mit dem Bus fährt man von Kandy in Richtung Galaha zur Nilambe Office Junction (Km 18). Von dort muss man dem Hauptweg zum Berggipfel folgen.

Nach etwa 3 km ist das Zentrum erreicht. Ein Three-Wheeler von Kandy kostet etwa 800 Rs.
Paramita International Buddhist Centre, Kadugannawa, ℅ 081-2570732, ✉ parami@sltnet.lk oder paramita@eureka.lk, 🖥 www.metta.lk/temples/paramita. Das Zentrum liegt außerhalb des Ortes Kadugannawa an der A 1 (Colombo–Kandy) und ist für seine gute Einführung in die Vipassana-Meditation bekannt.
Rockhill Hermitage, Wegirikanda, Hondiadeniya, via Gampola, ℅ 060-2801871, 081-2316448. ✉ kassapab@ids.lk oder mail@rockhillsrilanka.net, 🖥 www.rockhillsrilanka.net. Von Kandy mit dem Bus nach Wegiriya fahren, dort dem Schild „Rockhill Hermitage" folgen. Nach 10 Min. Berganstieg ist das Zentrum erreicht. Alternativ kann man den Bus nach Gampola nehmen und von Gelioya mit dem Three-Wheeler bis nach Werigikanda fahren (ca. 100 Rs). Vom 1.–11. des Monats findet ein Einführungskurs in die Vipassana-Meditation statt. Eine Voranmeldung ist erwünscht, ebenso eine Spende von mindestens US$5 pro Tag.
University Forest Solitude, 77 Bowalawatta, Hantana, Kandy. Das auch als „Bowalawatta Aranya" bekannte Zentrum liegt oberhalb der Peradeniya University unweit des Resorthotels *Amaya Hills*. Bei angenehmen Temperaturen wohnt Mann in einem der 15 sauberen Kutis. Frauen ist der Aufenthalt nicht gestattet. Die Meditation richtet sich nach der birmanischen Vipassana-Tradition. Von der Bushaltestelle am Uhrturm den Bus in Richtung Bowalawatta nehmen und dort bis zum Hotel Amaya Hills fahren. Von dort sind es zu Fuß noch 15 Min. durch eine Teeplantage.
Vipassana Meditation Centre Kanduboda, Kanduboda, Delgoda, ℅ 011-2570306, ✉ kanduboda@sltnet.lk, 🖥 www.metta.lk/temples/kandubodha. Das Zentrum liegt in Kanduboda, etwa 26 km östlich von Colombo und kann mit Bus Nr. 224 (Colombo–Pugoda) in 1–1 1/2 Std. erreicht werden. Die Besucher sollten mindestens zwei Wochen im Zentrum ausharren. Ihnen wird eines der 70 Einzelzimmer zugewiesen. Der Aufenthalt ist kostenlos, wobei Spenden gerne angenommen werden.

Einkaufen

Wenn sich Sri Lanka auch nicht mit Thailand oder Hongkong vergleichen lässt, so präsentiert sich die Insel doch als erfreulich vielfältiges, preiswertes Einkaufsparadies. Die besten Möglichkeiten zu Shopping und Schnäppchenjagd eröffnen sich in der Hauptstadt Colombo. Hier wie auch im ganzen Land sind die meisten Geschäfte zwischen Montag und Freitag von 9 bis 19 Uhr, zuweilen auch samstags bis 13 Uhr geöffnet. In den Touristenzentren wird oft erst am späten Abend geschlossen. Märkte und Basare (zum Beispiel in der Pettah) haben in der Regel ebenfalls länger und auch täglich geöffnet.

Vor allem auf Märkten gehört Handeln zum Einkaufserlebnis, wobei als Faustregel meist nicht mehr als zwei Drittel des ursprünglich geforderten Preises bezahlt werden sollten. In Colombo bietet sich neben dem Liberty und dem Unity Plaza vor allem das Majestic City als drittes und feinstes, großes Einkaufszentrum der Metropole an – oder auch das alte Kolonial-Kaufhaus Cargills. Neben günstigen Textilien in der Hauptstadt lockt vor allem in der Provinz der Erwerb von Sri Lankas vielfältigem, mitunter etwas bieder wirkendem Kunsthandwerk, Edelsteinen, Ayurveda-Produkten, Tee und Gewürzen.

Textilien

Die Insel verfügt über eine dynamische Textilindustrie – wie allein schon die gute, preisgünstige Kleidung beweist, die vielerorts feilgeboten wird. Viele **Markenhersteller**, die auf Sri Lanka produzieren lassen, verkaufen einen Teil ihrer Ware in Outlet-Centern. Ebenfalls von recht guter Qualität sind **Lederwaren**, die sich in Form von Jacken, Taschen oder Koffern erwerben lassen. Entlang der Straße von Colombo nach Galle entstehen in zahlreichen, kleinen Betrieben mit aufwendiger Handarbeit zumeist kunstvoll-bunte **Batiken**, die ihren indonesischen Vorbildern weder in Qualität noch in Wirkung nachstehen.

Seide wird vor allem zu Kleidung oder auch Wandbildern verarbeitet. Vor allem in der Gegend von Galle hat sich die einst von den Portugiesen in das Land gebrachte **Spitzenklöppelei** erhalten, die Tischdecken oder Taschentücher für den Souvenirverkauf entstehen lässt.

Kunsthandwerk

Ein breites Sortiment an kunsthandwerklichen Souvenirs bieten in jeder größeren Stadt die Arts and Craft Center oder auch die staatlich geführten Laksala-Läden an. Srilankische **Schnitzer** können aus Teak-, Satin- und Ebenholz herrliche Buddha-Figuren, Tiere, Lampen, Kerzenhalter, Schalen oder Vasen schnitzen. Zu den beliebtesten Souvenirs zählen furchterregende, bunte **Masken** und traditionelle **Marionetten**. Ihr Kauf bietet sich vor allem in Ambalangoda an der Südwestküste an, wo sich viele Werkstätten und auch ein entsprechendes Museum befinden.

Mancherorts ist es sogar möglich, gewichtige Souvenirs in Form von kompletten **Möbel-Garnituren** zu erwerben, für die das Geschäft auch gleich den Schiffstransport organisiert. **Messingwaren** werden mit religiösen oder auch profanen Motiven verziert, Bronze und Kupfer weden zu Wand- und Tischdekorationen verarbeitet. Bestecke und Schmuck aus Silber, Korbwaren und Bastmatten, Keramik- und Kokosprodukte sowie eine Fülle von filigranen **Lackarbeiten** runden das Angebot ab.

Edelsteine

Hier kann der Kauf zum kostspieligen Erlebnis werden, wenn man sich in unseriösen Geschäften oder gar von fliegenden Händlern am Strand Saphire, Topase, Rubine, Mondsteine oder andere glitzernde Preziosen aufschwatzen lässt. Wer garantiert hochwertige und echte, zumeist aus der Gegend von Ratnapura stammende Edelsteine erwerben will, sollte zuallererst Vorsicht walten lassen. Es ist ratsam, sich an das Sri Lanka Tourist Board zu wenden oder an die *State Gem Corporation*, ✆ 011-2576144-46, wo Adressenlisten seriöser Händler erhältlich sind oder die kleinen Kostbarkeiten gleich mitsamt **Quittung** (kann bei Ausreise wichtig werden) und **Echtheits-Zertifikat** erworben werden können. Ebenfalls attraktiv – wenn auch nicht immer perfekt verarbeitet, kann das **Schmuckangebot** der Juwelierläden sein.

Heilmittel, Gewürze und Tee

Öle und **Kräuter** der traditionellen, landestypischen Ayurveda-Heilkunst können auch daheim wahre Wunder wirken. Ein ebenfalls beliebtes Mitbringsel aus Sri Lanka sind **Gewürze** wie Muskatnuss, Vanille, Kardamom oder Zimt, die sich in der Gewürzgärten frisch und preisgünstig direkt vom Erzeuger oder auch in reichhaltiger Auswahl auf den Märkten erwerben lassen. Die Preise für selbst die allerbesten **Tee**-Sorten, die sich natürlich am originellsten in einer der zahlreichen Tee-Fabriken rund um Nuwara Eliya erwerben lassen, sind vergleichsweise gering. Die zollfreie Ausfuhr ist jedoch auf drei Kilogramm beschränkt, während in Deutschland Mengen im Wert bis zu 180 € eingeführt werden dürfen.

Unterhaltung

Das abendliche Unterhaltungsangebot auf Sri Lanka hält sich nicht zuletzt aufgrund der kriegerischen Vergangenheit in engen Grenzen – zumindest außerhalb der Hauptstadt, wo sich inzwischen immerhin das Entstehen einer neuen Szene abzuzeichnen beginnt. Vielerorts bleibt einem am Abend nichts anderes übrig, als am Strand den nächtlichen Sternenhimmel zu genießen, eine rechtzeitig organisierte Flasche Bier oder Wein zu trinken oder sich in aller Gemütlichkeit hinter mitgebrachter Lektüre zu vergraben.

Kino, Musik und Tanz

Hollywood-Filme werden zumeist nur in Colombo gezeigt, während in den Kinos der Provinz vorwiegend die einschlägig bekannten Musik-Tanz-Streifen aus einheimischer bzw. indischer Produktion über die Leinwand flimmern. Auch die Möglichkeiten zu **Musik- und Tanzgenuss** finden sich fas-

---

> **Edelstein-Test**
>
> Die staatliche **Sri Lanka Gem & Jewellery Exchange** bietet Ausländern eine Überprüfung von erworbenen Glitzersteinchen an. Man kann sich an folgende Adressen wenden:
> → 27 A/2, Level 4 & 5, East Low Block, World Trade Center, Colombo 1
> → 310 Galle Rd., Kollupitiya, Colombo 6
> Den gleichen Service bietet die **National Gem & Jewellery Authority**, 25 Galle Face Terrace, Colombo 3.

ausschließlich in der Hauptstadt, bei entsprechenden Preisen in den Nachclubs der größeren Urlauber-Resorts von Bentota oder in Form von eher rar gesäten **Diskotheken** in den Badeorten Negombo, Hikkaduwa und Unawatuna. Obwohl die Voraussetzungen dafür ideal wären, haben sich feucht-fröhliche **Strand-Parties** ebenfalls noch nicht so recht durchgesetzt. In Kandy können Urlauber Tanz vor allem in Form von abendlicher, traditioneller **Bühnenkunst** genießen.

Gastronomische Facetten

Wer die perfekte Vollendung eines Tages eher bei **Schlemmereien** sucht, sollte sich aufgrund relativ früher Schließzeiten der Restaurants lieber rechtzeitig auf den Weg machen. Besonders lauschig kann es auf den urgemütlichen Veranden oder in den Innenhöfen der zahlreichen Herbergen aus der Kolonialzeit zugehen. Überdurchschnittlich durstige Touristenkehlen jedoch sollten sich rechtzeitig darauf einstellen, dass **Alkohol** außerhalb der Restaurants und Kneipen zumeist nur in modernen Supermärkten oder speziell dafür eingerichteten Geschäften erhältlich ist, während an den etlichen Feier- und Vollmondtagen der Ausschank von Bier, Wein, Schnaps oder Likören überall – mitunter sogar in den großen Hotels – verboten ist.

Alternativen

Entlang der Küste verbindet sich das auf Sri Lanka stets ausgeprägte Meeresrauschen mit dem von Sternen gespickten Himmel vielerorts zu einem überaus romantischen Strandgenuss. Prinzipiell empfiehlt es sich, außer dem Reiseführer auch genügend **Romane** oder andere Lieblings-Lektüre mitzuführen, um lange Abende ausfüllen zu können. In den größeren Urlauber-Hotels ist neben englischsprachigen Nachrichtensendern zumeist auch das **TV-Programm** der *Deutschen Welle* zu empfangen.

Verhaltenstipps

Niemand in Sri Lanka erwartet, dass ein ausländischer Tourist alle Verhaltensweisen und religiösen Sitten kennt. Wer unsicher ist, braucht keine Hemmungen zu haben, einen Einheimischen zu fragen. Dieser wird meist gerne Auskunft geben, denn die

Kleine Selbstverständlichkeiten

Wie im Washingtoner Artenschutzabkommen (vgl. www.cites.org) festgelegt, stehen bestimmte **Pflanzen- und Tierarten** unter strengem Schutz. Sie dürfen nicht – auch nicht in einzelnen Bestandteilen – aus Sri Lanka ausgeführt werden. Dazu zählen zum Beispiel bestimmte Orchideen- und Farnarten, aber auch Schildkrötenpanzer sowie Krokodil-, Waran- und Schlangenhäute, Felle und Krallen von Raubtieren, Vogelfedern oder Elfenbein. Obwohl die Herstellung derartiger Souvenirs längst verboten ist, setzen sich manche Einheimische darüber hinweg. Es liegt in der Verantwortung jedes Besuchers, auf derart zweifelhafte Mitbringsel, die zuweilen schon in einem einfachen Schmuckanhänger mit einem Korallensplitter bestehen können, zu verzichten. Ganz abgesehen davon, dass bei etwaigen Verstößen daheim bis zu 50 000 € Strafe oder sogar Gefängnis drohen können. Zudem sollten Touristen freiwillig auf den Erwerb von Schnitzereien aus selten gewordenen Edelhölzern verzichten.

Wer mehr als 50 Jahre alte **Antiquitäten** wie Bücher, Palmenblatt-Manuskripte oder Buddha-Statuen ausführen möchte, bedarf einer Sondergenehmigung des *Archeological Commissioners*, 011-2694727.

Bewohner Sri Lankas gelten als mitteilungsfreudig und aufgeschlossen. Zudem honorieren sie jedes Bemühen, die Traditionen und Konventionen zu verstehen. Wer auf die Freundlichkeit und Höflichkeit der Einheimischen auf gleiche Weise antwortet und es auch noch schafft, bei Problemen und Komplikationen sein **Lächeln** zu bewahren, fährt am besten.

Körperkontakt ist normal und selbstverständlich. Es ist ein Zeichen enger Freundschaft, wenn zwei Männer oder zwei Frauen Hand in Hand durch die Straßen bummeln. Körperkontakte zwischen Männern und Frauen sind dagegen in der Öffentlichkeit tabu. Strenge Verhaltensmuster regeln das Verhältnis der Geschlechter und es gilt als äußerst unschicklich, Gefühle zwischen Mann und Frau zu zeigen. Das gilt auch für homosexuelle Paare, die ansonsten keine Diskriminierung zu befürchten haben.

Begrüßung

Ein Handschlag zur Begrüßung ist eher in Geschäftskreisen und bei Sri Lankern mit vielen westlichen Kontakten üblich. Bei der Begrüßung von Höherstehenden, etwa einem Direktor oder Professor, werden die Handflächen auf Brusthöhe zusammengelegt. Ansonsten reicht ein Lächeln. Wer unsicher ist, wartet am besten auf das, was die einheimische Gegenseite tut.

Körpersprache

Mehr als im westlichen Kulturkreis „spricht" der Körper eines Sri Lankers mit. Dies ist vor allem beim **Kopf** sichtbar, der im lebhaften Gespräch permanent zu wackeln scheint. Man ist versucht, dies als Kopfschütteln und damit als ablehnende Geste zu interpretieren. Das ist es aber nicht, sondern im Gegenteil: Das Gesagte oder Gehörte soll positiv unterstrichen werden. Bei Fragen bedeutet es ein „Ja!". Grundsätzlich gilt der Kopf als heilig und sollte nie, auch nicht in europäisch-freundschaftlicher Geste, berührt werden. Wer zwischen hockenden oder sitzenden Menschen, etwa im Tempel oder bei Versammlungen, hindurchgehen muss, beugt den Oberkörper etwas nach vorn und hält den rechten Arm schräg nach unten gestreckt.

Geschenke

Es kommt gar nicht so selten vor, dass man von Einheimischen eingeladen wird. In so einem Fall ist es ganz gut, eine Kleinigkeit als Geschenk in der Tasche zu haben. Gern gesehen sind Kalender mit Motiven aus der Heimat oder andere kleine Souvenirs von zuhause. Für Kinder eignen sich kleine Spielsachen oder Stifte (ihren Zähnen zuliebe bitte keine Süßigkeiten!). Blumen sind eher unüblich und Alkohol in religiös strengen Familien – nicht nur bei Muslimen – verpönt.

Niemals sollte man aber wahllos Geschenke austeilen, denn das fördert eine Bettelkultur wie sie leider weltweit an vielen touristischen Orten entstanden ist. Schenken sollte immer einen Anlass haben und nicht das eigene Gewissen beruhigen. Kinder kann man indes auch dadurch erfreuen, dass man mit ihnen Zeit verbringt und einfache Spiele spielt.

Die **linke Hand** gilt als unrein. Deshalb benutzt man die rechte Hand, um zu essen, etwas zu geben oder in Empfang zu nehmen. Der **Fuß** ist der unedelste Körperteil und darf deshalb nie einem anderen Menschen oder gar einer Buddha-Statue entgegengestreckt werden.

Respekt und Hierarchie

Die Familie ist der Kern der Gesellschaft. Sie bietet Sicherheit und Geborgenheit. Jüngere Mitglieder werden dazu angehalten, die ältere Generation zu ehren und zu unterstützen. Wer dies nicht tun, verstößt gegen die traditionellen Regeln und wird im Ernstfall sogar aus der Gemeinschaft ausgeschlossen. Das gilt auch für die äußerst hierarchisch geprägten Strukturen in einem Unternehmen oder in der Verwaltung. Wer damit in Berührung kommt – etwa in einer Behörde – sollte sie respektieren, auch wenn es schwer fällt.

Kleidung

Ein Blick in die Straßen und Gassen zeigt, dass die Bewohner Sri Lankas eher konservativ gekleidet sind und Frauen die meisten Körperteile bedeckt halten. Zu knappe, schmutzige oder schlampige Kleidung ruft Naserümpfen hervor, auch wenn dies nicht offen ausgesprochen wird. Außerhalb der Strände und Hotelpools sollten deshalb sowohl Männer als auch Frauen Schultern und Knie bedecken, auch wenn die Sonne noch so gnadenlos brennt und der Schweiß den Nacken hinunterläuft. Ärmellose Hemden oder nabelfrei Tops, Shorts und Miniröcke oder kein BH unterm T-Shirt sind auch dann nicht angebracht, wenn der eigene Körper jenen von Brad Pitt oder Angelina Jolie in den Schatten stellen sollte. Anzüge mit Hemd und Krawatte gehören ins Reisegepäck von Geschäftsleuten. Man benötigt sie bei offiziellen Empfängen, ansonsten nicht.

An Stränden und Pools gilt bei Frauen immer oben mit und nicht ganz so knapp bemessene Badekleidung. Ansonsten ist die ganze Palette der Bikini- und Badehosenkollektionen akzeptiert. Hier muss man nicht den Einheimischen nacheifern, die mit der kompletten Kleidung ins Wasser steigen, was manchmal auch ganz neckisch aussehen kann.

Vor dem Betreten eines Hauses – häufig auch in Gästehäusern – zieht man die Schuhe aus. Gleiches gilt für buddhistische und hinduistische Tempel (s. Kasten „Religion und Tourismus").

Helfende Hände

Wer die Augen offen hält, dem wird die Armut vieler Menschen nicht verschlossen bleiben. Gerade im Norden und Nordosten hat der Jahrzehnte lange Bürgerkrieg zu Vertreibungen der Zivilbevölkerung geführt. Aber auch in anderen Landesteilen litten die Menschen unter dem Konflikt. Wiederaufbau und Rückkehr von Vertriebenen und Flüchtlingen an ihre Heimatorte sowie die Demobilisierung von Soldaten (darunter auch Kinder) und nicht zuletzt die aufwändige und gefährliche Entfernung der Landminen erfordern über Jahre hinweg große Anstrengungen. Zudem kommt es immer wieder zu Überschwemmungen und langanhaltenden Dürreperioden. Schließlich hat auch die Flutkatastrophe von 2004 unzählige Menschen in den Küstenregionen in die Armut gestürzt. Auch wenn niemand in Sri Lanka verhungert, leben viele am Existenzminimum.

Eine Reihe von Hilfsorganisationen und privaten Initiativen versuchen den Menschen vor Ort zu helfen. Sie in ihrer Arbeit zu unterstützen ist sinnvoller als einem Bettler aus schlechtem Gewissen heraus ein paar Rupies in die Hand zu drücken. Wer etwas spenden möchte, kann zuhause beispielsweise mit folgenden Organisationen Kontakt aufnehmen:

UNHCR Deutschland
Wallstr. 9-13, 10179 Berlin, ✆ 030-2022020, 🖥 www.unhcr.de

UNHCR Österreich
Postfach 550, 1400 Wien, ✆ 01-260604048, 🖥 www.unhcr.at
Das Flüchtlingshilfswerk der Vereinten Nationen führt Rückführungs- und Aufbauprogramme für die vom Bürgerkrieg Vertriebenen durch.

Deutsche Welthungerhilfe e. V.
Friedrich Ebert Str. 1, 53173 Bonn, ✆ 0228-2880, 🖥 www.welthungerhilfe.de
Hilft zusammen mit ihrer einheimischen Partnerorganisation im Norden des Landes Rückkehrerfamilien bei der Wiederansiedlung in den zumeist stark zerstörten Dörfern und bei der Eingliederung in die Dorfgemeinschaften.

Religion und Tourismus

→ Eine religiöse Stätte nur ordentlich und ausreichend bekleidet betreten und die Schuhe (außer in Kirchen) ausziehen.
→ Im Tempel keine hinduistischen oder buddhistischen Statuen berühren und schon gar nicht für Erinnerungsfotos darauf oder davor posieren.
→ Es ist üblich, dass Besucher eines Tempels eine Spende für den Erhalt der Anlage hinterlassen (deshalb immer genügend Kleingeld bereithalten).
→ Buddhistischen Mönchen besonderen Respekt entgegenbringen. Zur Begrüßung faltet man die Handflächen unter dem Kinn zusammen. Man lässt ihnen den Vortritt und geht am besten einen Schritt hinter ihnen. Auch sollte man nie so stehen oder sitzen, dass der eigene Kopf den eines sitzenden Mönches überragt.
→ Frauen sollten Mönchen gegenüber zurückhaltend sein, sie nicht berühren, sich nicht neben sie setzen oder sich nur auf Wunsch hin mit ihnen fotografieren lassen.

Stiftung Terre des hommes Lausanne
En Budron C 8, CH-1052 Le Mont-sur-Lausanne, ✆ 021-6546666, 🖥 www.tdh.ch
Leistet ebenfalls Aufbauhilfe in den vom Bürgerkrieg betroffenen Regionen und arbeitet u. a. mit kriegstraumatisierten Kindern und Müttern.

Auch die großen kirchlichen Hilfswerke **Misereor**, 🖥 www.misereor.de, und **Brot für die Welt**, 🖥 www.brot-fuer-die-welt.de, sind in Sri Lanka an mehreren Projektpartnerschaften beteiligt.

Gefahren und Risiken

Sicherheit

Sri Lanka gilt als erfreulich sicheres Reiseland. Wer bestohlen oder beraubt wird, hat durch sein provokatives Verhalten oft selbst dazu beigetragen. Auch Raubüberfälle und politische Übergriffe oder gar Handgreiflichkeiten gegenüber Touristen sind in keiner Weise üblich, wohl aber unter den Einheimischen selbst, da sie ihre spontanen Temperamentsausbrüche – ob im Verlust von Ehrgefühl, einem Geschäfts-Disput, Eifersucht, Neid oder Missgunst begründet – manchmal nur schwerlich kontrollieren können. Gelegentlich gerechnet werden muss allerdings mit Taschendieben und kleinen Gaunereien.

Hüten sollte man sich auf jeden Fall vor dem Umgang mit **Drogen**, denn der Konsum, Besitz oder gar Handel sind gesetzlich streng verboten. Nicht zuletzt deshalb sollte man sich keinesfalls dazu verführen lassen, sich durch den unbedarften Transport von mysteriösen Päckchen unfreiwillig zum Drogenkurier zu machen!

Diebstahl

Obwohl der Diebstahl an Touristen auf Sri Lanka nicht an der Tagesordnung ist, gilt die bekannte Formel: Gelegenheit macht Diebe! Deshalb sollten Wertsachen oder Reiseunterlagen nicht offen im Zimmer herumliegen, sondern im **Hotelsafe** oder unter **Verschluss** im eigenen Gepäck aufbewahrt werden. Zudem tragen westliche Urlauber oft mehr Geld mit sich herum, als ein Einheimischer das ganze Jahr über verdient. Auch wenn sich die inflationäre Rupie-Währung dazu anbietet, sollte nicht ständig mit Bündeln voller Geldscheine gewedelt werden.

Auf **Märkten** und bei größeren **Menschen-Ansammlungen** – vor allem aber in den voll besetzten **Bussen** entlang der Galle Road in Colombo –

Sri Lankas „Beach Boys" und die Urlauberinnen

Physiotherapeutin Monika hatte eine Liebelei in Beruwela an der Westküste: „Jung, nett, naiv", schildert sie ihn. „Er hatte ansonsten nie etwas mit Touristinnen zu tun". Krankenschwester Anita war „verliebt" im weiter südlich gelegenen Hikkaduwa: „Wahnsinnig lieber Typ. Schöner Körper. Echt aufregend". Und Lehrerin Elisabeth lässt ihren srilankischen Freund – einen Kellner im Hotel – gerade nachkommen: „Wir wollen heiraten". Frauen, die man so kennt. Urlaubsaffären, die sich gegen die Bezeichnung der „Prostitution" verwahren.

Reist eine Frau allein, so kann es sein, dass sie es nicht lange bleibt. Beispielsweise auf Sri Lanka, wo nur allzu viele bereit stehen. Wärme aus der Ferne. Aber ist das „Prostitution"? Gleichzusetzen mit den berühmt-berüchtigen „Bumsbombern" nach Bangkok? Die wenigen Studien zum Thema Sex-Tourismus sind sich einig: Auch Frauen sind Sex-Touristinnen. Denn: „Sextouristen sind alle Reisenden, die in den Zielländern (der Dritten Welt) materiell belohnte, sexuelle Kontakte mit einheimischen Partnern haben", definiert eine empirische Studie zum Thema „Aids, Sex, Tourismus – Ergebnisse einer Befragung deutscher Urlauber und Sex-Touristen" (Band 33, Schriftenreihe des Bundesministeriums für Gesundheit, Nomos Verlagsgesellschaft, Baden-Baden).

Sexuelle Kontakte, bei denen sich das südliche Objekt der Begierde aus ökonomischen Gründen prostituiert. Vom Papagallo der 60er Jahre bis zum srilankischen „Beach Boy" – das Reservoir der männlichen Gespielen kam und kommt in der Mehrzahl aus unteren Schichten – wie beispielsweise auch bei den weiblichen Prostituierten in Thailand. Die „Beach Boys" sind Einzelunternehmen in Sachen Sex. Ihr Kapital ist der eigene Körper und Charme. Beides setzen sie spielerisch ein. Ihr Bordell ist der ganze Strand. Sie treten mit viel Einfühlungsvermögen auf – abgestimmt auf den sozialen Status und die Persönlichkeit der Touristin. Doch diese schlichten Anbieter haben wenig gemein mit einer durchorganisierten, aggressiven Prostitutions-Industrie wie auf den Philippinen oder in Thailand mit all ihren kriminellen Methoden zur Sicherung der „Frischfleischzufuhr" für die männlichen Freier.

Bumsschuppen für Frauen stünden den weiblichen Freierbedürfnissen konträr entgegen: Ihre funktionale Eindeutigkeit zerstört die Lust der Vorlust und alle Liebesillusion von vornherein. Die so genannten weiblichen Sextouristen bewegen sich in einer Grauzone von Anmache und Anziehung, von materiellem Nutzen, sexueller Ausbeutung und manchmal vielleicht auch Liebe... Weiblichem Sexist erhöhte Vorsicht vor Taschendieben geboten. Auch bei flüchtigen **Bekanntschaften** sollte der gesunde Menschenverstand gewahrt und angebotene Snacks oder Getränke auch mal abgelehnt werden: Die trompetenartigen Blüten des einheimischen Nachtschatten-Gewächses „Kalu Attane" enthalten Alkaloide und sind mitunter schon dazu verwendet worden, bewusstlos gewordene Opfer bis auf den letzten Knopf auszurauben.

Schlepper und Betrüger

Wie in fast allen Urlaubsländern, finden sich auch auf Sri Lanka Geschäftemacher, Schlepper oder Trickbetrüger. Die Vorsicht sollte vielleicht schon bei unerklärlich günstiger Sonnenmilch beginnen – falls diese in Plastikflaschen namhafter Hersteller angeboten wird. Auch Ayurveda-Produkte können **Fälschungen** sein oder ein angeblich aus teurem Edelholz geschnitztes Souvenir durchaus auch nur aus entsprechend angemaltem Billigholz bestehen. Besondere Vorsicht ist beim Kauf von Edelsteinen geboten (s. o. unter: Einkaufen).

Schnell lästig kann in den stark frequentierten Touristenzentren das Problem der **Schlepper** und **Schnorrer** werden: Sie sprechen Ausländer freundlich auf der Straße an, um sie in Gespräche zu verwickeln und dann ihre mehr oder weniger kostenpflichtige „Hilfe" anzubieten. Das gilt in besonderem Maße für Fahrer von **Three-Wheelern**, denen meist vor allem an Provisionszahlungen von

---

Tourismus fehlt die organisierte Eindeutigkeit und triebhafte Eindimensionalität männlicher Sexausflüge nach Bangkok.

Die Frau freit, indem sie sich freien lässt. Sie wählt unter einem Überangebot an Männern aus. „Frauen", so Kleiber/Soellner/Wilke in ihrer Untersuchung zum Sex-Tourismus, „fühlen sich viel häufiger als Männer einem romantischen Liebesideal verpflichtet. Verliebtheit, Liebe und eine romantische Verklärung der sexuellen Interaktion liefern oftmals erst die Basis für „legitime" sexuelle Kontakte und dienen als Rechtfertigung für die Herstellung sexueller Intimität". Denn die Frauen selbst zählen ihre Affäre nicht zur Kategorie Sex-Tourismus.

Auch der sich anbietende Mann definiert sich selten als Prostituierter, selbst wenn er hauptsächlich davon lebt. Und die Frau zahlt kaum in barer Münze. Sie macht Geschenke, lädt ein, nimmt ihn für eine paar Tage mit auf die Reise oder finanziert ihm den Flug in den saturierten Norden. Die Bezahlung der Urlaubsliebe – auch wenn sie erwartet wird, ist nicht wie bei der weiblichen Prostituierten klar geregelt. Sie spielt sich verschämt in traditionellen Rollenmustern ab, sie kommt oft als Liebesdienst daher. Die Frau hilft, unterstützt, leidet mit.

Die sexuelle Lust der Frauen segelt unter romantischer Flagge. Es ist daher nur logisch, wenn alle in der Studie befragten Frauen lediglich mit einem einheimischen Partner sexuelle Kontakte hatten. Dies steht in eindeutigem Gegensatz zum Verhalten männlicher Sextouristen, die innerhalb von 24 Tagen durchschnittlich fünf Partnerinnen hatten.

Die Frau dagegen hält die Illusion der „Urlaubsliebe" aufrecht. Vom professionellen Liebhaber will sie nichts wissen. Deshalb nehmen viele in der Studie befragte Frauen zwar die Prostitution der Männer wahr, ihre eigene Urlaubsliebe fällt aber nur selten in diese Kategorie. Dass dieser nach ihrem Abschied gleich die nächste anfliegt, sieht Frau nicht. „Liebe" macht ohnehin blind. Die Frau also letztendlich doch als Opfer patriarchaler Selbstherrlichkeit: hereingelegt und ausgebeutet von polygamen männlichen Strand-Schönheiten? Mitnichten. Sie ist auch romantisch verbrämte Lusttäterin, die sich holt, was sie braucht – und wie sie es braucht.

Edith Kresta

Edith Kresta arbeitet als Redakteurin für Reise und Interkulturelles bei der „Tageszeitung" (taz). Gemeinsam mit Christel Burghoff ist sie Autorin von „Schöne Ferien, Tourismus zwischen Biotop und künstlichen Paradiesen" (Beck-Verlag) sowie Herausgeberin der „Strandgeschichten – Sonne, Sand und Sex" (Erzählband aus Schreibwettbewerben der taz).

Unterkünften, Restaurants oder Geschäften gelegen ist. Zudem hat der Tsunami die ohnehin schon verbreitete Unart beflügelt, für fadenscheinige Zwecke **Spendengelder** zu sammeln.

Andernorts wiederum kommt es vor, dass sich Einheimische vor Sehenswürdigkeiten aufbauen, um mit gestrenger Miene und **gefälschten Ticket** unberechtigte Eintrittsgelder zu kassieren. Ebenfalls nicht unbedarft akzeptiert werden sollten die zuweilen gewaltig übertriebenen Preise von Three-Wheeler-Fahrern.

Baden und Schwimmen

Oft weist allein schon die tosende Brandung unüberhörbar darauf hin, dass die Gefahr der **Wellen** und **(Unter-)Strömungen** an den Küsten Sri Lankas keinesfalls unterschätzt werden darf. Das gilt besonders für die Zeit des Sommer-Monsuns zwischen Ende März und Mitte Oktober, wenn das Baden an der West- und Südküste zum lebensgefährlichen Vergnügen werden kann, während die Risiken an der Ostküste von Oktober bis März am größten sind. Ungeübte Schwimmer sollten dann höchstens so tief ins Wasser vordringen, dass sie Kontakt zum Meeresboden halten können – zumal es **Warneinrichtungen** (Beflaggung) und **Rettungskräfte** prinzipiell nur vereinzelt an Strandabschnitten größerer Hotelanlagen gibt. Auch verfügt Sri Lanka bisher noch über kein landesweites **Frühwarn-System** für Naturkatastrophen, doch sind Gefahren-Bewusstsein und Wachsamkeit dafür inzwischen erheblich gewachsen. Viele Hotels üben sich zudem in privater Tsunami-Prävention, indem sie sich über Computer und Mobiltelefone zum effektiven Datentransfer mit internationalen Messstationen vernetzt haben.

Sexuelle Belästigungen

Obwohl die srilankische Gesellschaft allgemein als eher konservativ bis prüde gilt, sind vereinzelte, sexuelle Übergriffe einheimischer Männer auf europäische Frauen nie ganz auszuschließen. Deshalb sollten Frauen allzu **freizügige Kleidung** und **Sprüche** ebenso vermeiden wie nächtliche Spaziergänge an einsamen Stränden oder in dubiosen Gegenden – wie zum Beispiel der Malay Street in Colombo. Etwaige **Grabscher** sollten durch lautes Beschimpfen oder zur Not auch eine Ohrfeige in die Flucht getrieben werden.

Besonders hüten sollten sich ausländische Urlauberinnen vor dem Charme der so genannten „**Beach Boys**", die – von den bekannten, gesundheitlichen Risiken einmal abgesehen – schon so manche Frau um ihr Herz und/oder Vermögen gebracht haben. Besonders Sri Lanka-Neulinge fallen oft auf die selbstbewussten, stets lächelnden, professionellen Dampfplauderer herein, fühlen sich von ihren durchtrainierten, bronzefarbenen Körpern angezogen und/oder haben Mitleid mit den anschaulich geschilderten, ärmlichen Familienverhältnissen.

Übergriffe und Anschläge

Nach dem 2002 zwischen den „Liberation Tigers of Tamil Eelam" (LTTE) und der Regierung geschlossenen Waffenstillstand haben sich die politischen Spannungen wieder verschärft, was aber vorwiegend den Norden und nur bestimmte Regionen der Ostküste betrifft. Akute **Krisengebiete** werden sowieso umgehend vom Militär abgeriegelt. In keinem Teil der Insel ist es bisher zu politisch motivierten **Übergriffen** auf ausländische Touristen gekommen, wohl aber zu allgemeinen **Anschlägen** bei Massenveranstaltungen – wie im Dezember 2004 bei einer Show indischer Bollywood-Stars in Colombo. Aktuelle Sicherheits-Hinweise sind über die Internet-Portale der Auswärtigen Ämter – 🖳 www.auswaetiges-amt.de (D), 🖳 www.bmaa.gv.at (A), www.eda.admin.ch (CH) – oder über die deutsche Botschaft in Colombo, 🖳 www.colombo.diplo.de abrufbar.

Sonstiges

Elektrizität

Die übliche Wechselstromspannung beträgt 230 Volt und die Frequenz 50 Hertz. Auf jeden Fall sollte ein Adapter für die Steckdosen mitgenommen werden, da vor Ort allerlei Variationen vorkommen. Häufig sind die englischen Steckdosen mit drei flachen Stiften anzutreffen. Auch sollte man sich auf Stromausfall einstellen, der gerade zum Ende der Trockenzeit hin, aber auch in der Regenzeit nach einem Gewitter vorkommen kann.

Fotografieren

Vielerorts besteht in Foto-Geschäften oder Internet-Cafés die Möglichkeit, sich seine Digitalfotos auf CDs oder sogar DVDs brennen zu lassen. Auch der Ausdruck einzelner Fotos ist fast überall möglich. Man sollte daran denken, das eigene Verbindungskabel für den USB-Anschluss und gegebenenfalls einen zweiten Speicherchip mitzunehmen. In jedem größeren Ort sind Negativfilme der großen Marken problemlos und günstig zu bekommen, etwa in den Filialen der Cargills-Supermärkte. Es ist besser, die Filme in klimatisierten Fotogeschäften zu kaufen, da bei Verkauf an Straßenständen ihre Qualität unter Hitze und Sonneneinstrahlung leidet. Zudem sollte ein Blick auf das Verfallsdatum geworfen werden. Lichtempfindliche Filme sowie Dia-Filmrollen gibt es nur in guten Geschäften zu meist höheren Preisen als in Europa und sollten daher von zuhause mitgenommen werden.

Aufgrund der hohen Luftfeuchtigkeit oxidieren sehr schnell die Kontakte für die Batterien und es kann zu einem Totalausfall der Stromversorgung kommen. In so einem Fall genügt es zumeist, die Batterie herauszunehmen und die Kontakte mit einem trockenen Tuch abzureiben. Die Röntgengeräte an den Flughäfen sind auf dem neuesten Stand. Wer jedoch auf Nummer Sicher gehen möchte, sollte die Filme ins Handgepäck nehmen oder in strahlungssicheren Behältern aufbewahren.

Die beste Zeit zum Fotografieren ist bei Sonnenaufgang und am späten Nachmittag. Dann sind die Schatten länger, das Licht weicher und die Kontraste weniger stark. Tagsüber genügen weniger empfindliche Filme (100 oder 200 ASA). In der Dämmerung, bei Aufnahmen von sich schnell bewegenden Objekten (z. B. Tiere bei einer Safari) oder aus einem fahrenden Fahrzeug heraus sind lichtempfindliche Filme (400 oder 800 ASA) notwendig. Ein Blitzlicht eignet sich zum Aufhellen von Schatten, etwa bei Aufnahmen im Gegenlicht. Filter für besondere Effekte:

UV-Filter (Schwarzweiß- und Farbfilm) – verringert Dunst, verbessert die Wiedergabe von Farben und Tonwerten, besonders im Hochland sinnvoll

Skylightfilter (für Farbfilme) – sehr schwach rosa getönt, um Farbfotos wärmer erscheinen zu lassen

Sensibilitäten

Sri Lanka ist ein Eldorado für Fotografen, doch bevor man die Kamera auf alles richtet, sollten ein paar Dinge vergegenwärtigt werden:
→ Es ist verboten, Staudämme, Flughäfen, Straßensperren, militärische Einrichtungen und uniformierte Personen zu fotografieren.
→ Wer Menschen fotografiert, bitte ihre Zustimmung einholen! Meist genügt ein kurzer Blickkontakt, ein Lächeln oder Kopfnicken. Wenn jemand nicht fotografiert werden möchte, ist dies zu respektieren.
→ Bei religiösen Zeremonien und in Tempeln empfiehlt sich Zurückhaltung.
→ Nie Personen neben Buddha-Bildnissen fotografieren, auch wenn es andere Touristen oder gar Einheimische vormachen sollten!

Polfilter (Schwarzweiß- und Farbfilm) – verdunkelt den Himmel ein wenig, sodass sich Wolken besser davon abheben, reduziert oder entfernt Reflexe und Spiegelungen, nützlich bei Aufnahmen mit viel Himmel oder Wasser

Gelbfilter (für Schwarzweißfilme) – verbessert den Kontrast zwischen Himmel und Wolken

Orangefilter (für Schwarzweißfilme) – macht den Himmel dunkel und dramatisch

Maße und Gewichte

Im Großen und Ganzen hat sich das metrische System durchgesetzt. Trotzdem stößt man immer wieder auf das Messsystem der alten Kolonialmacht oder gar auf alte srilankische. Ist etwa von „one lakh" die Rede, dann ist damit die Zahl 100 000 gemeint. Lakh ist ein Hindi-Wort und bedeutet eigentlich „unzählige". Für 10 Mio. hört man gelegentlich den Begriff „crore".

Längenmaße
1 inch = 2,54 cm
1 cm = 0,3937 inch
1 foot = 30,4803 cm
1 m = 3,2808 feet
1 yard = 91,44 cm
1 m = 1,0936 yard
1 mile = 1,609 km
1 km = 0,621 miles

Flächenmaße

1 acre = 40,47 Ar
1 acre = 0,40 ha
1 ha = 2,4711 acre
1 km^2 = 247,11 acre

Hohlmaße

1 imperial gallon = 4,546 l
1 l = 0,2201 imperial gallon

Gewichtsmaße

1 ounce = 28,35 Gramm
1 Gramm = 0,0035 ounce
1 pound = 0,4536 kg
1 kg = 2,2046 pound

Öffnungszeiten

Behörden haben normalerweise Mo–Fr von 9–16.30 Uhr ihre Schalter geöffnet, manche schließen eher. Es ist ratsam, nicht zwischen 11.30 und 14 Uhr aufzutauchen, da während der Mittagszeit meist zwar offen ist, aber viele Beamte gerade beim Mittagessen sind.

Banken haben Mo–Fr von 9–15 Uhr geöffnet, manche auch am Samstag. In Touristenzentren und den Städten ist der Wechselschalter teilweise sogar noch länger geöffnet.

Postämter sind für gewöhnlich Mo–Fr von 8.30–17 Uhr geöffnet, Samstag 8.30–13 Uhr.

Das Ladenschlussgesetz gibt es in Sri Lanka nicht, weshalb **Geschäfte** je nach Gutdünken des Besitzers Kunden empfangen. Die meisten öffnen gegen 10 Uhr und schließen zwischen 18 und 20 Uhr, manche noch später. Viele Geschäfte sind am Sonntag zu.

Steuern

Für gewöhnlich addieren Restaurants und Unterkünfte 10% Service Charge auf den Rechnungsbetrag. Vier- bis Fünfsternehotels und teure Restaurants schlagen darauf noch zusätzlich eine Mehrwertsteuer (VAT = Value Added Tax) von 16,5%.

Trinkgeld

Angesichts der niedrigen Löhne im Servicebereich (oft nur 20–30 € im Monat) wird Trinkgeld gern angenommen. In Restaurants ist es angebracht, 5–10% des Rechnungsbetrages auf dem Tisch oder in der Rechnungsmappe liegen zu lassen. Manche Touristenrestaurants schlagen 10% Service Charge auf den Rechnungsbetrag auf. Auch da wird von der Bedienung gerne ein Obolus genommen, da sie von diesen 10% kaum etwas sehen.

Das ebenfalls unterbezahlte Hotelpersonal freut sich nicht weniger für die Anerkennung seiner Dienste. Wird das Gepäck auf das Zimmer getragen, dann sind 50 Rs. durchaus angebracht. Wer mit Fahrer und Guide unterwegs ist, kann seine Zufriedenheit ebenfalls mit einem Trinkgeld ausdrücken. Da sind US$1 pro Person und Tag o. k.

Wäsche waschen

Je billiger die Unterkunft, desto günstiger ist auch der Wäscheservice (Laundry), allerdings ist das Bügeln fast nie eingeschlossen. Da mit kaltem Wasser und viel Pulver gewaschen wird, kommt das bunte T-Shirt nicht selten etwas bleicher zurück. Abgerechnet wird meist pro Stück. Wer auf ein steifes Hemd wert legt oder etwas chemisch reinigen muss, sollte sich an eine Wäscherei wenden, die es in jeder größeren Stadt gibt. Allerdings werden dafür meist mehrere Tage benötigt.

Der Wäscheservice in den großen Hotels und Resorts rechnet pro Wäschestück ab. Die Preise sind in einer Liste aufgeführt, wobei die Größe des Kleidungsstücks ausschlaggebend ist.

Zeitunterschied

Sri Lanka ist der Mitteleuropäischen Zeit 5 Stunden voraus, während der europäischen Sommerzeit 4 Stunden. Wer aus Indien einreist, muss die Uhr um eine 1/2 Stunde vor stellen. Wer von Thailand kommt, muss sie dagegen 1 Stunde zurück stellen und von Singapur 2 Stunden.

Sri Lanka und seine Bewohner

Land und Geografie **76**   Flora und Fauna **77**   Umwelt und Naturschutz **80**
Bevölkerung **84**   Geschichte **88**   Regierung und Politik **102**
Wirtschaft **104**   Religion **105**   Religiöse Kunst und Architektur **114**
Literatur, Theater und Kunsthandwerk **118**

Land und Geografie

> **Geografie im Überblick**
> Fläche: 65 525 km² (Bayern: 70 548 km²)
> Nord-Süd-Ausdehnung: 435 km
> West-Ost-Ausdehnung: 225 km
> Entfernung zum Äquator: ca. 600 km
> Hauptstadt: Sri Jayawardenepura Kotte (bei Colombo)
> Längster Fluss: Mahaweli Ganga (335 km)
> Höchster Berg: Pidurutalagala (2524 m)

„Perle des Indischen Ozeans" oder „Träne im Meer" – beide Vergleiche passen sehr gut zu Sri Lanka, denn sie veranschaulichen nicht nur die Form der Insel, sondern fassen auch ihre paradiesische Natur und tragische Geschichte in ein Bild. Als „Landkarte" wird gern die Fläche der linken Hand herangezogen: An der Spitze des Mittelfingers liegt Jaffna, an der des kleinen Fingers Trincomalee, am Daumengelenk befindet sich Colombo und ganz unten Galle. In der Mitte der Handfläche wird Kandy lokalisiert.

Mit einer Nord-Süd-Ausdehnung von 435 km und einer West-Ost-Ausdehnung von 225 km erreicht die 65 525 km² große Insel nicht einmal die Fläche des weißblauen Freistaates Bayern. Dafür erfreuen 1330 km blauweiße Küste die Strandliebhaber. Zwischen dem südlichsten Punkt der Insel unweit von Matara, **Dondra Head**, und dem Äquator liegen etwa 600 km Meer. Die Palk Straits trennt Sri Lanka vom indischen Subkontinent. Diese Meerenge ist zwischen dem nördlichsten Punkt der Insel, **Point Pedro**, und der südindischen Küste 48 km breit. Sandbänke, Riffs und kleine Inseln formen die 32 km lange **Adam's Bridge** zwischen Talaimannar und dem südindischen Pilgerort Rameshwaram. Die christliche Tradition sieht in ihr den Weg des ersten Menschen Adam nach seiner Vertreibung aus dem Paradies (wo blieb Eva?). Das Ramayana lokalisiert hier den Übertritt des weißen Affengenerals Hanuman auf die Insel vor der großen „Schlacht von Lanka" zur Befreiung der gefangenen Sita. Prosaischer ist die geologische Erklärung, die darin Reste einer Landverbindung mit dem Subkontinent vor vielleicht 45 Millionen Jahren vermutet, als die Insel Teil der riesigen Indischen Platte war (deren Kollision mit der asiatischen Platte ließ den Himalaya entstehen). Sie war jedoch vor gut 20 Millionen Jahren, während des so genannten Miozäns, wie fast das gesamte Tiefland der Insel von Wasser bedeckt. Darauf weisen in Kalkstein eingeschlossene Korallenreste auf der Halbinsel Jaffna und an der Nordwestküste hin.

Ein Großteil der insgesamt **103 Flüsse** entspringt im zentralen Bergland. Nicht wenige bilden im Mündungsbereich Lagunen, die heute einmalige Biotope sind. Die großen Ströme werden *Ganga* genannt, saisonale heißen auf Singhalesisch *Oya* und in Tamil *Aru*. Ihre mitgeführten Erdpartikel lagern sich in den Mündungsbereichen als fruchtbares Alluvial ab. Das wird bereits im Namen von Sri Lankas längstem Fluss deutlich, dem Mahaweli Ganga, was „Großer sandiger Fluss" bedeutet. Dieser für die Wasser- und Energieversorgung der Insel nicht wegzudenkende Strom schlängelt sich auf 335 km von seinem Quellgebiet östlich des Adam's Peak vorbei an Kandy und dem Osten Polonnaruwas bis zu seiner Mündung am Koddiyar Bay, südlich von Trincomalee. Der Malwathu Oya (Tamil: Aruvi Aru), mit 164 km zweitlängster Strom, verläuft von der Gegend bei Matale in Richtung Nordwesten, füllt die Reservoirs von Anuradhapura und mündet südlich von Mannar ins Meer. Während der Kolonialzeit war der Kalu Ganga („Schwarze Fluss") für die Verschiffung von Kaffee und Tee von Bedeutung. Er speist sich aus Quellen in den Bergen östlich von Ratnapura und fließt gen Westen, um nach 129 km bei Kalutara das Meer zu erreichen.

Landschafts- und Klimazonen

Hinsichtlich der Höhenlagen lässt sich Sri Lanka in drei Zonen einteilen: die Tiefebene, die mittlere Hochebene und das zentrale Hochland. Die **Tiefebene** erreicht selten mehr als 100 m über dem Meeresspiegel. Unterbrochen wird sie von felsigen Erhebungen wie Sigiriya und Kandalama oder Höhenzügen wie Ritigala. Die Landschaft im Kandy ist typisch für die **mittlere Hochebene** zwischen 500 m und 1800 m: Sanfte Ebenen wechseln sich mit Bergzügen ab. Das **zentrale Hochland**, mit dem Pidurutalagala (2524 m) bei Nuwara Eliya höchste Erhebung, zeichnet sich durch eine ausgeprägte Berglandschaft aus.

Diese unterschiedlichen Höhenlagen haben auch Auswirkungen auf das Klima. So führen die in

Welt der Palmen

Besuchern der Insel kommt vor allem eine Palmart in den Sinn: die **Kokospalme** *(Cocos nucifera)*. Neben dem blauen Meer und einem weißen Sandstrand ist sie *das* Symbol des Tropenparadieses. Für Sri Lanka ist sie ein wichtiges Exportprodukt, und ihr Nutzwert scheint keine Grenzen zu kennen: Das Holz findet als Bau- und Brennmaterial Verwendung, Milch und Fleisch der Nuss als Nahrung und die Nussschale als Behälter und Dünger. Ihr Öl wird zum Kochen genutzt und ihr Baumsaft zu Schnaps gebrannt. Besonders wegen des reichhaltigen Fruchtwassers ist die gelbe Königs-Kokosnuss beliebt.

Weniger bekannt, aber genauso nützlich ist die vorwiegend in der niederen Trockenzone wachsende **Palmyrapalme** *(Borassus flabellifer)* – die altindische Schrift Tala Vilâsa führt 801 Verwendungsmöglichkeiten auf! Aus dem Saft der bis zu 30 m hohen Fächerpalme wird Palmzucker, Palmwein oder -schnaps produziert und ihre faustgroßen Früchte werden gegessen. Der Stamm eignet sich vorzüglich als Baustoff, die Palmblätter zur Herstellung von Verpackungen und Abdeckungen.

In vielen einheimischen Gärten steht die wie eine Nadel aufragende **Arecapalme** *(Arcea catechu)*. Die unter der Krone wachsenden grünen und gelblichen Früchte enthalten die wichtige Betelnuss, die zusammen mit dem Betelpfeffer ein beliebtes Genussmittel ergibt. Sri Lankas Literaturgeschichte ist mit einer weiteren Palmart verbunden: der **Talipotpalme** *(Corypha umbraculifera)*. Aus ihren festen fasrigen Blättern wurden die Palmblattmanuskripte hergestellt, welche teilweise viele Jahrhunderte überstehen konnten.

Die stacheligen festen Stämme der fünf heimischen **Rotangpalmarten** *(Calamus)* enden nach dem Schälen, Trocknen und Formen als Rattanmöbelstück im Wohnzimmer. Entlang der Kanäle und Flüsse sind sehr oft die im Wasser stehenden **Nipapalmen** *(Nypa fruticans)* zu sehen, deren Wedel zur Abdeckung von Häusern verwendet werden. Kulinarische Genüsse bieten die an der **Salakpalme** *(Salacca zalacca)* wachsende Schlangenfrucht und der gegorene (Toddy) oder gebrannte Saft (Arrak) der **Ostindischen Brennpalme** *(Caryota urens)*, auch Kittulpalme genannt. Der Eingerollte **Palmfarn** *(Cycas circinalis)* ist zwar keine Palmart, sieht aber so aus und wird wegen der gleichmäßigen Wedel gerne zur Zierde gepflanzt.

---

südlichen Kernland liegenden Berge dazu, dass der Süden und Südwesten der Insel vom Südwestmonsun am meisten abbekommt (bis über 5000 mm Niederschlag zwischen Mai und Oktober). Man spricht daher auch von der „niederen Feuchtzone". Das zentrale Hochland erhält ganzjährig gleichmäßig viel Regen, z. B. Nuwara Eliya im Schnitt 80–250 mm pro Monat. Hier kann das Quecksilber zwischen November und Januar auf den Gefrierpunkt fallen. Ausnahme ist die an der Ostseite des Hochlandes liegende Provinz Uva, die im Regenschatten der Berge kaum vom Südwestmonsun berührt wird. Drei Viertel der Landesfläche liegen in der so genannten „niederen Trockenzone", das sind die nördlichen, südöstlichen und östlichen Niederungen. Diese Gebiete müssen mit 600–2000 mm jährlicher Niederschlagsmenge auskommen. Der meiste Regen fällt während des Nordwestmonsuns zwischen November und Februar. Manche Regionen im Südosten (z. B. bei Hambantota) und im Nordwesten liegen im Regenschatten beider Monsune und erhalten teilweise weniger als 600 mm im Jahr. Ihre kargen Savannenlandschaften werden nochmals als „Aride Zonen" zusammengefasst.

Flora und Fauna

Flora

Die Landschaft Sri Lankas ist von folgenden Ökozonen bestimmt: **Wälder**; **Grassteppen** *(Patana)* in den Trockengebieten; **Feuchtgebieten** entlang der Flüsse, rund um die Wasserreservoirs *(Wewa)* und in den saisonalen Überschwemmungsgebieten; **Küste** mit Mangrovenwäldern, Stränden und Sanddünen sowie dem **Meer**.

Für die Größe der Insel gibt es eine ungemeine Pflanzenvielfalt. Bislang konnten um die 6800 Pflanzenarten identifiziert werden, wovon die meisten in der niederen Feuchtzone vorkommen. Dazu zählen 2900 Blütenpflanzen (30 % endemisch) und 314 Farnarten (20 % endemisch). Insgesamt sind 172 Orchideenspezies erfasst worden, wovon 73 ausschließlich auf der Insel beheimatet sind, darunter eine im Sinharaja Forest Reserve entdeckte endemische Orchideenart, die 1997 den botanischen Namen *Bromheadia srilankensis* erhielt.

Zur Nationalblume wurde 1986 die Blaue Wasserlilie *(Nymphea stellata*, singh. *Nil Manel)* erhoben, die, wie auch die Lotosblume und die duftenden weißen Blüten des Jasmin, kaum aus dem religiösen Leben wegzudenken ist.

Tipps für Vogelkundler

Beste **Zeit** für Vogelbeobachtungen sind November bis April, wobei sich März und April besonders gut eignen. Zum einen ist es in diesen Monaten am trockensten, zum anderen sind die Zugvögel noch im Land – wie etwa die bei Vogelliebhabern geschätzten Neunfarbenpitta (engl. *Indian Pitta,* lat. *Pitta brachyura*) und Elsterdrossel (engl. *Pied Thrush,* lat. *Zoothera wardii*).

Um eine gute Auswahl an endemischen Vogelarten zu sehen, sollte man einen Besuch der **niederen Feuchtzone**, z. B. im Sinharaja Forest Reserve (die meisten der 33 einheimischen Vogelarten sind dort vertreten), Kitulgala oder Bodhinagala Forest Reserve mit jenem des Hochlands, etwa in den Horton Plains oder Hakgala, kombinieren. Die meisten Vogelkundler machen auf dem Weg von Colombo nach Sinharaja im Bodhinagala Forest Reserve bei Ingiriya Halt, weil dort die Wahrscheinlichkeit am größten ist, den äußerst seltenen endemischen Ceylonkuckuck (engl. *Green-billed Coucal,* lat. *Centropus chlororhynchus*) zu sehen. Um eine Vielzahl von Vögeln und Säugetieren des indischen Subkontinents zu beobachten, sind folgende drei **Nationalparks** empfehlenswert: Uda Walawe, Yala und Bundula. Letzterer ist für Meeresvögel-Enthusiasten ein Muss! Im Umkreis von Colombo sind das Bellanwila-Attidiya Marschland sowie Talangama Wewa vorzügliche Orte für die Beobachtung von Wasservögeln.

Den Besuch der **untergegangenen Städte** Sri Lankas kann man ebenfalls gut mit Vogelbeobachtungen verbinden: Das Sigiriya-Schutzgebiet am Fuß der gleichnamigen Felsenfestung ist ein bekannter Ort für die Blaumerle (engl. *Blue Rock-Thrush,* lat. *Monticola solitarius)*, die Damadrossel (engl. *Orange-headed Thrush,* lat. *Zoothera citrina*) und eine einheimische Unterart des Wanderfalken, des *Falco peregrinus peregrinator* (engl. *Black Shaheen Falcon*). Rund um die archäologischen Stätten Anuradhapura und Polonnaruwa gibt es genügend Büsche und Dickicht, in denen Vögel nisten. Im **Botanischen Garten** von Peradeniya sind folgende endemischen Spezies anzutreffen: Goldstirn-Bartvogel (engl. *Yellow-fronted Barbet,* lat. *Megalaima flavifrons*), Blauschwanzsittich (engl. *Layard's Parakeet,* lat. *Psittacula Calthropae*) und das Blumenpapageichen (engl. *Sri Lanka Hanging Parrot,* lat. *Loriculus beryllinus*).

Eine zweiwöchige Vogelbeobachtungstour könnte in etwa so aussehen: Colombo – Bodhinagala Forest Reserve – Sinharaja Forest Reserve – Udawalawe-Nationalpark – Bundula-Nationalpark – en Route nach Tissamaharama Halt in den Feuchtgebieten von Debarawewa, Weerawila und Pannegamuwa – Yala (West)-Nationalpark – Fahrt ins Hochland nach Nuwara Eliya, von dort Abstecher zum Victoria Garden – Horton Plains – Kitulgala Forest Reserve – Kandy und Hunas Falls – Dambulla und Sigiriya samt Sigiriya Sanctuary – zurück nach Colombo/Negombo.

Gehan de Silva Wijeyeratne

Gehan de Silva Wijeyeratne ist Direktor von *Jetwing Eco Holidays,* www.jetwingeco.com, und Autor des empfehlenswerten *Photographic Guide to Birds of Sri Lanka.* Er publiziert regelmäßig in Zeitschriften und Magazinen über Themen wie Wildlife und Ökotourismus.

Flora und Fauna

Wälder

Gegenwärtig sind noch etwa 15 000 km² bewaldet. Das ist etwas mehr als ein Fünftel der Gesamtfläche Sri Lankas. Vor 100 Jahren waren es zwei Drittel. Reste von Primärwald gibt es nur noch an wenigen Orten, u. a. in Ritigala, Sinharaja und Udawattakele bei Kandy. Neben kleineren Gebieten **tropischer Regenwälder** und **montaner Nebelwälder** (ab 1500 m) dominieren Laub abwerfende und immergrüne **Monsunregenwälder** mit vorwiegend zur Familie der Flügelfruchtbaumgewächse zählenden Shorea-, Hopea- und Dipterocarpus-Baumarten. Dort gedeiht zudem eine Vielzahl wertvoller Nutz- und Zierbäume wie Teak *(Tectona grandis)*, Asiatisches Ebenholz *(Diospyros ebenum)*, das äußerst seltene Coromandel Ebenholz (engl. *Calamander*, lat. *Diospyros quaesita)*, Ceylonesisches (Ostindisches) Satinholz *(Chloroxylon swietenia)*, der mit dem Kapokbaum verwandte Indische Seidenwollbaum *(Bombax ceiba)* und der Nationalbaum von Sri Lanka, das Ceylonesische Eisenholz (lat. *Mesua ferra*, singh. *Na)*.

Der wegen seiner ausladenden Krone gern als Schattenspender in Dörfern und an Straßenrändern gepflanzte Regenbaum *(Albizia saman)* ist nicht einheimisch. Er wurde 1851 von den Briten aus Südamerika eingeführt. Eine Reihe der weltweit über 1000 **Feigenbaumarten** *(Ficus)* sind auch in Sri Lanka anzutreffen, darunter der Indische Banyanbaum *(Ficus benghalensis)*, der Gummibaum *(Ficus elastica)*, die Würgefeige *(Ficus sp.)* und natürlich der hoch verehrte Bodhi-Baum *(Ficus religiosa)*, dessen ältestes Exemplar seit über 2300 Jahren in Anuradhapura steht.

Viele einheimische Bäume sind von enormem **medizinischen Nutzen**, was auch die Ayurveda-Medizin erkannt hat. Dazu zählen der **Niembaum** *(Azadirachta indica)*, der **Ditabaum** *(Alstonia scholaris)*, der **Plossobaum** *(Butea monosperma)* die wegen ihrer zartvioletten bzw. orangegelben Blüten gern zur Zierde gepflanzten Indischen Zedrach- *(Melia azedarach)* und Ashokabäume *(Saraca indica)*. Nicht zuviel sollte vom Samen des Brechnussbaumes *(Strychnox nux-vomica)* eingenommen werden: Das darin enthaltene Strychnin führt zu heftigen Krämpfen und evtl. zum Tode.

In den etwas höheren Lagen (z. B. bei Matale) wachsen jene Bäume und Sträucher, die den Ruf Sri Lankas als Gewürzinsel begründeten: Ceylon-Zimt *(Cinnamomum zeylanicum)* und die zu den Ingwergewächsen zählende Staude des Kardamom *(Elettaria cardamomum)*.

Ab 1500 m sind montane Nebelwälder zu finden, die sich durch einen starken Epiphytenbewuchs an Baumstämmen und Ästen wie Moos, Farne und Orchideen auszeichnen. Dort gedeihen auch viele Rhododendron- und Bambusarten sowie Baumfarne, die „zierlichsten und anmutigsten Produkte der Tropenflora" wie der deutsche Biologe Ernst Haeckel (1834–1919) einst meinte. An den Küsten überwiegen die anspruchslosen und daher zur Wiederaufforstung geeigneten Kasuarinen *(Casuarina equisetifolia)* sowie Mangrovenwälder, deren typische Stelzwurzeln Heimat vieler Wassertiere sind.

Fauna

Insgesamt sind 89 Säugetierarten auf der Insel beheimatet, davon 14 endemische. Das beeindrucksendste Tier ist fraglos der asiatische **Elefant**, welcher auf der Insel in zwei Subspezies vorkommt: dem Ceylonesischen Elefant *(Elephas maximus maximus)* und dem Ceylonesischen Marschelefant *(Elephas maximus vilaliya)*. Die Zahl der wild lebenden Dickhäuter hat sich seit Beginn des 20. Jhs. um 70 % reduziert und wird vom Department of Wildlife Conservation auf gegenwärtig 3100–4400 Exemplare geschätzt. Dazu kommen noch etwa 400–600 domestizierte Elefanten (s. S. 308).

Unter den **Affenarten** toben am häufigsten Ceylon Hut-Affen *(Macaca sinica)*, eine von drei heimischen Makakenarten, und der Hanumanoder Graue Langur *(Presbytis entellus)* in Wald und Tempelgelände herum. Seltener ist der endemische Weißbartlangur (engl. *Purple-faced Langur*, lat. *Presbytis senex)* anzutreffen. Fast vollständig ausgestorben sind die nur ein Fuß großen endemischen Schlanklori-Arten. **Wildschweine**, **Leoparden** und **Lippenbären** *(Melursus ursinus)* halten sich vorwiegend in den Wäldern der Schutzgebiete auf, **Sambarhirsche** *(Cervus unicolor)*, **Ceylonesische Axishirsche** (Axis axis ceylonensis), **Büffel** und die scheuen **Schakale** sind auch in den offenen Steppen anzutreffen. Die einzelgängerischen nachtaktiven Leoparden kommen in Sri Lanka als Unterart vor *(Panthera pardus kotiya)* und sind fast ausschließlich in den Schutzgebieten verbreitet.

Die *World Conservation Union*, 🖳 www.iucn.org, schätzt ihre Zahl auf 500.

Gegebenenfalls huscht ein bis zu 2 m langer **Waran** am Straßenrand vorbei. Diesem grauen Ungetüm wird man immer wieder begegnen, denn obwohl es recht scheu ist, hält es sich gern in Höhlen und Nischen unweit menschlicher Besiedlungen auf. Freunde von **Schmetterlingen** können sich auf 242 Arten, 61 davon endemisch, freuen.

Meerestiere und Amphibien

Beim Besuch einer Aufzuchtstation begegnen Strandurlauber einer der fünf im Meer rund um Sri Lanka vertretenen Arten von **Meeresschildkröten**. Alle stehen auf der roten Liste bedrohter Tiere: Echte Karettschildkröte (engl. *Hawksbill turtle*, lat. *Eretmochelys imbricata*), Unechte Karettschildkröte (engl. *Loggerhead turtle*, lat. *Caretta caretta*), Bastardschildkröte (engl. *Olive ridley turtle*, lat. *Lepidochelys olivacea*), Grüne Meeres- oder Suppenschildkröte (engl. *Green turtle*, lat. *Chelonia mydas*) und die Lederschildkröte (engl. *Leatherback turtle*, lat. *Dermochelys coriacea*). Die mächtige Lederschildkröte kann eine Panzerlänge von bis zu 2 m erreichen und ernährt sich in tieferen Gewässern hauptsächlich von Algen. Suppen- und Echte Karettschildkröte sind Allesfresser und vorwiegend in Küstennähe zu finden.

Auch viele der in den Gewässern Sri Lankas lebenden knapp 60 **Süßwasserfischarten** sind bedroht. Dass einige nahezu ausgestorben sind, liegt nicht nur an der zunehmenden Wasserverschmutzung, sondern auch an der Gefräßigkeit fremder Fischarten wie etwa dem ostafrikanischen Buntbarsch oder der in den 80er Jahren des 19. Jh. ausgesetzten Regenbogenforelle. Letztere ist heute selbst vom Aussterben bedroht, so dass sie im einzigen Gewässer, in dem sie noch vorkommt, dem Belihul Oya im Horton Plains-Nationalpark, streng geschützt ist.

Gefürchtet und gefährdet zugleich sind nicht zuletzt die mehr als 80 **Schlangenarten**, davon weniger als ein Zehntel giftig (s. S.25), die in den verschiedenen Ökozonen der Insel leben und für das biologische Gleichgewicht äußerst bedeutsam sind. Am meisten Respekt flößt sicherlich die hochgiftige Königskobra ein, die sich vorwiegend von Kleintieren wie Mäusen und Kröten ernährt, sich manchmal aber auch in ebenerdige Gästezimmer verirrt.

Taucher treffen im Meer auf unzählige **Fischspezies** und mit Glück auf eine von sechs **Delphinarten** – wenn diese nicht bereits im Schleppnetz verendet oder als Delikatesse in ostasiatischen Spezialitätenrestaurants gelandet sind.

Vogelwelt

In Sri Lanka sind 198 Zugvogel- und 233 heimische Vogelarten gezählt worden. 33 davon sind vom Ceylon Bird Club als endemisch, d. h. nur auf der Insel vorkommend anerkannt worden. Eine Vogelart wurde 1986 zum Nationaltier erhoben: das Lafayette-Huhn (singh. *Wali kukula*, lat. *Gallus lafayettii*). Leicht an der gelbroten Färbung an der oberen Körperhälfte erkennbar, ist dieses Federvieh gelegentlich im offenen Gelände der Trockenzone anzutreffen. Das gilt auch für den Pfau *(Pavo cristatus)*, der öfters auf Feldern herumstolziert oder auf Stromleitungen sitzt, sowie den treuen Begleiter von Kühen und Wasserbüffeln, den Kuhreiher *(Bubulcus ibis)*.

Die vielen Reservoirs und Kanäle auf der Insel sind gute Möglichkeiten, die Vogelwelt zu beobachten. Neben Reihern und Störchen halten sich dort auch Falken und Adler auf, z. B. der Weißbauch-Seeadler (engl. *White-bellied Sea Eagle*, lat. *Haliaeetus leucogaste*). Wer die historischen Kulturdenkmäler besucht, wird mit Glück auf einige interessante Spezies treffen, darunter ein halbes Dutzend Eisvogel- und einige Sitticharten wie der hellgrüne Halsbandsittich (engl. *Rose-ringed Parakeet,* lat. *Psittacula krameri)* und der an den roten Stellen an Nacken und oberem Flügelteil erkennbare Alexandersittich (engl. *Alexandrine Parakeet,* lat. *Psittacula eupatria)*. Für besonders Interessierte mögen die Tipps des Vogelexperten Gehan de Silva Wijeyeratne hilfreich sein (s. Kasten).

Umwelt und Naturschutz

Sri Lanker weisen gerne darauf hin, dass bereits im 3. Jh. v. Chr. auf Anraten des Mönchs Mahinda der König Devanampiya Tissa „als Beschützer von Mensch und Tier" das Gebiet um Mihintale zum Schutzgebiet erklärt hat und damit das erste Sanktuarium der Welt begründete. Viele Jahrhundert später verbot Nissanka Malla (reg. 1187–96) das Töten von Tieren in einem Umkreis von ca. 25 km rund um seine Metropole Polonnaruwa. Beide Regenten bezogen sich dabei auf das buddhistische Ideal des Nichttötens *(ahimsa)*. Doch diese Regel konnte nicht verhindern, dass die Kolonialmächte durch Großjagden und Abholzung den Tier- und Baumbestand der Insel dermaßen dezimierten, dass sich 1889 der britische Waldschützer Colonel Clark gezwungen sah, bei der Regierung zu intervenieren. Doch erst um die Jahrhundertwende erklärte diese mit Yala und Wilpattu erstmals zwei größere unbewohnte Gebiete für schützenswert.

Heute sind dem 1949 etablierten *Department of Wildlife Conservation* insgesamt **77 Schutzgebiete** unterstellt. Sie nehmen etwa 10 % der Landesfläche ein und werden in vier Kategorien untergliedert: 1. Strikte Naturreservate (3), in denen keinerlei menschliche Aktivitäten, also auch keine Besuche erlaubt sind; 2. Nationalparks (14), die begrenzt besucht werden können; 3. Naturreservate (4), in denen traditionelle Aktivitäten gestattet sind, nicht jedoch Safaris; und 4. Sanktuarien (56), in denen menschliche Aktivitäten in beschränktem Maße möglich sind. Um viele Schutzgebiete wurde eine Pufferzone errichtet, um das nach wie vor große Problem der Wilderei und illegalen Abholzung wenigstens etwas in den Griff zu bekommen. Der Ökotourismus soll die enormen Kosten für Schutz, Überwachung und Verwaltung zumindest teilweise abdecken. Die Eintrittspreise in die Nationalparks sind daher recht hoch.

Insgesamt ist das **Umweltbewusstsein** in der Bevölkerung nicht sehr ausgeprägt, was ein Blick auf Straßen, entlang der Bahnlinien und leider auch auf viele Strandabschnitte zeigt: Abfälle überall. Zudem fordert die zunehmende Urbanisierung und Industrialisierung ihren Tribut. Wachsende Müllberge, ungeklärte Abwässer, ungefilterte Emissionen aus Fabrikschloten und Auspuffrohren… die Liste der Umweltprobleme ist lang. Immerhin nimmt die Zahl der lokalen Umweltverbände und Tierschutzgruppen zu. Auch im Tourismus ist diesbezüglich ein langsamer Prozess des Umdenkens im Gange.

Schutzgebiete

Die aufgeführte Auswahl von Reservaten ist sicherlich nicht erschöpfend, vor allem im Norden sind einige Nationalparks aufgrund des jahrzehntelangen

Umweltverträglich reisen

Hier einige Tipps, wie Touristen ihr Reiseverhalten umweltverträglich gestalten können:
→ bei einer Trekking- oder Bootstour die einheimischen Guides und Bootsleute darum bitten, nicht kompostierbaren Müll von einer Tour wieder mit nach Hause zu nehmen und dort sachgerecht zu entsorgen.
→ in Nationalparks auf den angelegten Wegen bleiben, sich leise verhalten und die Tiere nicht stören.
→ keine Souvenirs kaufen, die aus bedrohten Pflanzen- oder Tierarten hergestellt sind. Das Washingtoner Artenschutzübereinkommen von 1973 verbietet deren Aus- und Einfuhr, s. 🖳 www.cites.org.
→ beim Tauchen und Schnorcheln keine Korallen berühren und nicht abbrechen.
→ auf Plastiktüten und überflüssige Verpackungen verzichten.
→ Pfandflaschen kaufen.
→ sparsam mit dem kostbaren Nass umgehen. Touristen gelten in den Tropen als die größten Wasserverschwender!
→ Besitzer und Betreiber von Resorts und Restaurants danach fragen, wie das Abwasser entsorgt wird.

Bürgerkriegs nicht oder nur beschränkt zugänglich. Trotzdem geben die erwähnten einen guten Einblick in die Flora und Fauna Sri Lankas. Diese erschließt sich jedoch nur dann, wenn man mit Geduld, gutem Fernglas und einer kompetenten Führung unterwegs ist. Besonders Interessierte können sich für weitere Informationen auch an folgende Organisationen wenden:

Ceylon Bird Club
39 Chatham Street, Colombo 1, ✆ 011-2328627, 2573758, ✉ birdclub@sltnet.lk
Field Ornithology Group of Sri Lanka (FOGSL)
Department of Zoology, University of Colombo, Colombo 3, ✆ 011-5342609, ✆ 5337644, ✉ fogsl@slt.lk
Wildlife and Nature Protection Society (WNPS)
86 Rajamalwatta Rd., Battaramulla, Colombo, ✆ 011-2887390

The Young Zoologists' Association of Sri Lanka
National Zoological Gardens, Dehiwala, Colombo, ℡ 011-2712751

Bodhinagala Forest Reserve

Das 1841 ha große Sanktuarium liegt etwa 2–3 Autostunden von Colombo entfernt in der Nähe der A 8 bei Ingiriya und kann auf dem Weg nach Ratnapura und/oder Sinharaja besucht werden. Wegen des hohen Anteils an endemischen Vögeln ist es in erster Linie für Vogelkundler interessant.

Bundula-Nationalpark

1993 wurde ein 6216 ha großer Küstenstreifen im Osten Hambatotas vom Schutzgebiet zum Nationalpark aufgewertet. Rund um die Lagunen tummeln sich Tausende von Wasservögeln, u. a. Flamingos und der bedrohte Graupelikan *(Pelecanus philippensis)*. Zwischen August und April halten sich hier zudem zahlreiche Zugvögel auf. Am Strand legen Meeresschildkröten ihre Eier ab.

Gal Oya-Nationalpark

Der 259 km^2 große, etwas abgelegene Nationalpark ist am besten von Arugam Bay an der Ostküste aus zu erreichen. Herzstück ist der Senanayake Samudra, ein fast 90 km^2 großer Stausee, der Heimat zahlreicher Wasservögel ist. Dort oder in der umgebenden Grassteppe können zudem Elefanten und Sambarhirsche beobachtet werden. Gelegentlich kreuzen auch Leoparden den Weg.

Eintritt in die Nationalparks

Für fast alle Schutzgebiete ist das *Department of Wildlife Conservation*, 18 Gregory's Rd., Colombo 7, ℡ 011-2694241, 🖥 www.dwlc.lk, zuständig. In einigen Nationalparks, wie z. B. in Yala West und Wilpattu, unterhält es auch Bungalows für die Übernachtung. In den Verantwortungsbereich des *Forest Department*, 82 Rajamalwatte Rd., Battaramulla, Colombo, ℡ 011-2866616, fällt das berühmte Sinharaja Forest Reserve. Für den Besuch werden Eintrittspreise verlangt, die einschließlich Steuern teilweise bei über US$20 liegen. Hinzu kommen noch Fahrzeuggebühren, so dass sich ein stolzer Preis summiert.

Horton Plains-Nationalpark

Auf einem Hochplateau von durchschnittlich 2100 m Höhe gelegen, ist dieses 2160 ha große Gebiet im Süden Nuwara Eliyas vor allem für Vogelkundler und Naturfreunde interessant. Highlights sind fraglos die Baker's Falls und World's End. Neben Sambarhirschen und Leoparden ist hier der endemische Weißbartlangur anzutreffen.

Kitulgala Forest Reserve

Im Einzugsgebiet des Kelani Ganga im Norden des Adam's Peak gelegen, weist das Kitulgala Forest Reserve einen hohen Anteil an endemischer Flora und Fauna auf. Cineasten kennen das attraktive Waldgebiet vor allem aus dem 50er-Jahre-Film *Die Brücke am Kwai*, Vogelfreunde wegen der Vielzahl einheimischer Vögel. Beliebt ist das Gebiet auch für Rafting auf dem Kelani Ganga.

Peak Wilderness Sanctuary (Samanala)

Das 224 km^2 Schutzgebiet rund um den Adam's Peak ist wegen seiner verschiedenen Vegetationszonen von enormer ökologischer Bedeutung. Dort sind u. a. Java-Muntjaks, Hirsche, Zibetkatzen und Leoparden anzutreffen.

Sinharaja Forest Reserve

Star unter den Schutzgebieten Sri Lankas ist fraglos der 189 km² große Sinharaja Forest Reserve im Süden Ratnapuras. 1988 nahm ihn die UNESCO wegen der dortigen Reste Primärregenwaldes und des hohen Anteils an einheimischen Flora und Fauna in ihre Welterbe-Liste auf. Eindrucksvolle 64 % der vorkommenden Baumarten sind endemisch, fast alle einheimischen Vogelarten sind dort verbreitet und die Hälfte aller endemischen Säugetier- und Schmetterlingsarten – leider auch viele Blutegel.

Uda Walawe-Nationalpark

Die Popularität des 308 km² großen Nationalparks liegt in der großen Zahl wilder Elefanten und der relativen Nähe zu Colombo (ca. 190 km südöstlich). Die Parklandschaft ist von einer Mischung aus aufgegebenen Teakholz-Plantagen, Grasland, Dschungel und Feuchtgebieten gekennzeichnet.

Wilpattu-Nationalpark

Mit 1317 km² ist dies der größte Nationalpark von Sri Lanka. Etwa 190 km nördlich von Colombo an

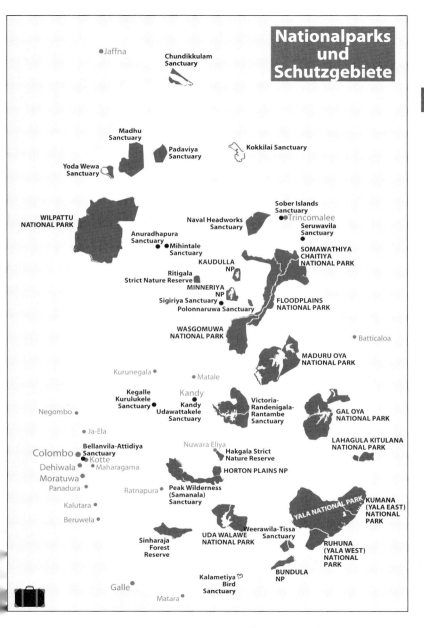

der Westküste gelegen, kann er entweder von Puttalam oder Anuradhapura aus angesteuert werden. Landschaftlich dominieren die zahlreichen Seen, *villus* genannt, Grasland und niederes Gestrüpp. Daher ist der Nationalpark gut geeignet, Leoparden zu beobachten. Darüber hinaus sind u. a. Muntjaks, Lippenbären und Elefanten beheimatet.

Yala-Nationalpark

Das sich an der Südostküste erstreckende Schutzgebiet ist eines der ältesten (seit 1938) und mit Abstand das populärste. Nicht zu unrecht, lassen sich hier doch bequem vom Fahrzeug aus eine Vielzahl von Wildarten beobachten. Hauptattraktion sind Elefantenherden und die große Zahl von Sambar- und ceylonesischen Axishirschen. Zudem soll hier eine der höchsten Leopardendichten der Welt herrschen. Des Weiteren sind hier Lippenbären, verschiedene Affenarten und nicht zuletzt Sumpfkrokodile *(Crocodylus palustris)* heimisch. Die Tiere finden im Park eine Vielzahl an Lebensräumen vor: Dschungel, Steppen, Reservoirs, Lagunen, Mangroven, Küste. Im Nordosten wird der Park vom Kumbukkan Oya durchflossen, im Südwesten vom Menik Ganga.

Der Yala-Nationalpark ist in fünf Blöcke unterteilt, wobei nur zwei für Besucher zugänglich sind: Yala West und Yala Ost. Der 979 km² große Block 1, bekannt als **Yala West (Ruhuna)** ist am besten von Tissamaharama zu erreichen, zum 181,5 km² großen **Yala Ost (Kumana)** hat man nur von Norden Zugang. Guter Ausgangspunkt ist die 25 km entfernte Arugam Bay. Wegen der vielen Wasserstellen eignet sich Yala Ost gut für die Vogelbeobachtung.

Bevölkerung

Bevölkerung in Zahlen
Einwohner: ca. 20 Mill. (1981: 14,8 Mill.;
1871: 2,4 Mill.), davon 25 % jünger als 15 Jahre
Bevölkerungswachstum: 1 %
Lebenserwartung: 76,8 J. bei Frauen,
71,5 J. bei Männern (1922: 32 J.)
Säuglingssterblichkeit: 17 pro Tausend
(1970: 65)
Alphabetisierungsrate: 88,6 % bei Frauen,
92,2 % bei Männern
Stadtbevölkerung: 22 %

Bei einem Streifzug durch Colombos Stadtteil Pettah oder einer Fahrt in den Norden der Insel wird es augenscheinlich: Sri Lanka ist mit seinen mehr als 20 Millionen Einwohnern ein multikulturelles Land. Die Singhalesen als größte Gruppe stellen 74 % der Gesamtbevölkerung, die srilankischen Tamilen mit 12 % die zweitgrößte Gruppe. Die muslimischen Moors, mit 8 % an dritter Stelle, leben vorwiegend im Osten. An vierter Stelle stehen die Hochland- oder indischen Tamilen mit 5 %. Eine verschwindend geringe Minderheit von wenigen Tausend oder gar nur Hundert stellen die indigenen Veddas dar.

Singhalesen

Die dominierende Volksgruppe, die Singhalesen („Löwenhaften"), konzentriert sich im Süden, Westen und in den zentralen Gebieten. Der Großteil ist buddhistisch, nur eine kleine Minderheit christlich. Ihre fernen, zu den Ariern zählenden Vorwahren gelangten in den vorchristlichen Jahrhunderten von Nordindien kommend auf die Insel. Säulen ihrer kulturellen Identität sind der Theravada-Buddhismus, als dessen Bewahrer sie sich sehen, und ihre Sprache, die zwar indische Wurzeln hat, aber heute eigenständig ist. Eine wichtige ideologische Basis für das singhalesische Nationalgefühl bildet die „Legende vom Prinzen Vijaya" (s. S. 88).

Tamilen

Hier werden zwei Gruppen unterschieden. Die **srilankischen Tamilen** wanderten etwa zeitgleich mit den Singhalesen nach Sri Lanka ein und siedelten vorwiegend auf der Halbinsel von Jaffna und entlang der Ostküste. Phasenweise hatten sie ihr eigenständiges Tamilenreich (Tamil Eelam), was nationalistische Gruppen wie die LTTE teilweise wieder einfordern. Der Großteil der Tamilen ist hinduistisch, etwa ein Fünftel christlich.

Die zweite Gruppe, die **indischen Tamilen**, kam während der britischen Kolonialherrschaft aus dem südindischen Bundesstaat Tamil Nadu ins Land und lebt vorwiegend im zentralen Hochland (daher auch die gelegentliche Bezeichnung „Hochland-Tamilen"). Nach wie vor arbeiten die meisten von ihnen in den Teeplantagen. Als Angehörige der niederen Kasten haben sie mit den srilankischen Tamilen wenige Gemeinsamkeiten, auch spielen sie keine Rolle in der separatistischen Bewegung.

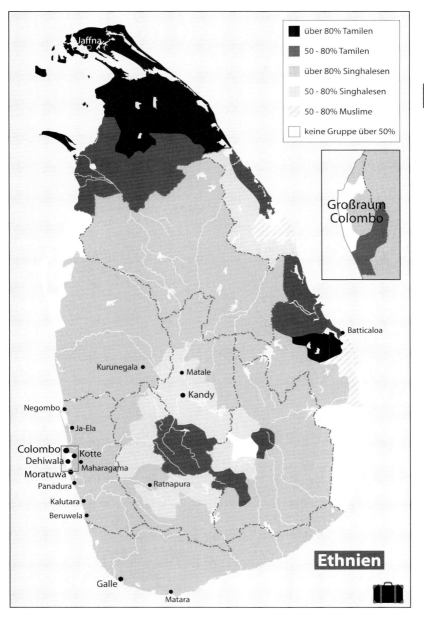

Moors

Unter diesem holländischen Begriff für „Mauren" werden alle Muslime zusammengefasst, obwohl ihre Vorfahren aus verschiedenen Regionen stammen: aus der arabischen Welt, West- und Südasien sowie aus dem malaiisch-indonesischen Raum. Auch wenn ein Großteil der Moors Tamil spricht, ist die Sprache kein Faktor für ihre kulturelle Identität. Ein Grund liegt sicherlich darin, dass sie sich im Laufe der Zeit mit anderen Volksgruppen gemischt und an die örtlichen Gepflogenheiten angepasst haben. Sie definieren sich heute vorwiegend über die islamische Religion. Eine Ausnahme bilden die aus dem malaiisch-indonesischen Raum vorwiegend während der holländischen Kolonialherrschaft (1658–1796) eingewanderten Muslime. Je nach Herkunft nennen sie sich „Orang Java" (Javaner) oder „Orang Melayu" (Malaiien), von den Singhalesen werden sie manchmal „Ja-minissu" (Javaner) genannt. Sie sprechen Bahasa in abgewandelter Form und bewahren bestimmte Eigenheiten aus dem Kulturkreis ihrer Ahnen. Eine große Gemeinde südostasiatischer Muslime lebt in Hambantota.

Als kleine Minderheit von nur 8 % und vorwiegend im Handel Beschäftigte sind die Moors im Allgemeinen an einer friedlichen Koexistenz mit den anderen Volksgruppen interessiert.

Geschlossene Gesellschaft – das Kastensystem

Als wäre die ethnische Vielfalt nicht kompliziert genug, bestimmt auch noch ein Kastensystem das gesellschaftliche Leben. Dabei haben die Tamilen wie auch die Singhalesen ihre eigene Hierarchie, die sich von jener in Indien gravierend unterscheidet, obwohl das Kastensystem von dort ursprünglich übernommen wurde. Doch wie im benachbarten Subkontinent wird auch in Sri Lanka das Zusammenleben dadurch zementiert. Das gilt vor allem in ländlichen Gebieten, wo Straßenzüge bestimmten Kasten zugeordnet sind und zu manchen Haushalten höherer Kasten noch ein niederer Stuhl *(kolamba)* gehört, der für Angehörige unterer Kasten reserviert ist. Selbst in modernen Familien ist es verpönt, außerhalb der eigenen Kaste zu heiraten.

Die srilankische Ausprägung der Kasten erfolgte im Rahmen des feudalen Systems Rajakariya („Dienst für den König"), das bestimmte Arbeiten für den Königshof (aber auch für Klöster) einer Kaste zuteilte. Daher sind fast alle Kastennamen traditionellen Berufsgruppen zugeordnet, auch wenn deren Mitglieder heute ganz anderen Tätigkeiten nachgehen.

An oberster Stelle stehen bei den **Singhalesen** die Goyigama. Die Mitglieder dieser ursprünglichen Bauernkaste – etwa die Hälfte der singhalesischen Bevölkerung – dominieren bis heute das politische und gesellschaftliche Geschehen. An Prestige gewinnen konnten während der Kolonialzeit Angehörige von folgenden niederen Kasten, die anfänglich vorwiegend entlang der Westküste angesiedelt waren: die Karava (Fischer), die Salagama (Zimtschäler) und die Durava (Palmzapfer). Einige Kasten beschränken sich auf bestimmte Regionen wie die Batgam oder Padu (Landarbeiter) und die Kinnara (Arbeiter) auf die Gegend von Kandy. Andere sind im ganzen Land verstreut und dominieren bis heute ihr traditionelles Tätigkeitsfeld, darunter die Hena (Wäscher), die Berava (Tempeltrommler) und die Navandanna bzw. Acari (Kunsthandwerker). Auf unterster Stufe fristen die Rodi, die Unberührbaren, ihr Dasein, jedoch gehören ihnen nur wenige Tausend an.

Unter den hinduistischen **Tamilen** bilden die Brahmanen die Elite. Doch dominieren zahlenmäßig wie gesellschaftlich die Vellala, die Landbesitzer und Bauern, die etwa die Hälfte der tamilischen Bevölkerung ausmachen. Nur wenig unterhalb sind die Karaiya (Fischer) und Chetti (Händler) angesiedelt, deren Angehörige heute das Wirtschaftsleben bestimmen. Es folgt die Kastengruppe der Handwerker und daran anschließend jene der Arbeiter (Palla). Ganz unten stehen die Kastenlosen, die Paraiyar (aus diesem Wort leitet sich der Begriff „Pariah" ab).

Burghers

Nicht selten begegnet man Nachnamen wie Fernando, de Silva, Mendis, Perera oder Rodrigo. Dabei handelt es sich größtenteils um Eurasier mit holländischen oder portugiesischen Vorfahren. Sie werden unter dem niederländischen Begriff für „Bürger", Burgher, zusammengefasst. Unter diese Bezeichnung fallen manchmal auch Sri Lanker mit britischem Blut, zumeist werden sie jedoch „Eurasier" benannt. Der Großteil von ihnen lebt in den Städten und ist christlich. In der Kolonialzeit fühlten sie sich den Europäern naturgemäß näher und waren überdurchschnittlich in Führungspositionen vertreten. Nach der Unabhängigkeit und vor allem infolge des singhalesischen Nationalismus in den 50er Jahren erfuhren sie eine zunehmende Marginalisierung, was viele zur Auswanderung nach Nordamerika und Europa bewog. Heute leben weniger als 40 000 in Sri Lanka.

Veddas

Der Name „Vedda" leitet sich vom Sanskritwort *vyadha* ab und bedeutet „Jäger". Damit bezeichneten die Singhalesen die Ureinwohner der Insel und beschrieben zugleich deren Hauptaktivität. Sie selber nennen sich **Wanniya-laeto**, Waldbewohner. Sie unterteilen sich in „Kele Weddo" (Dschungel-Veddas) und „Can Weddo" (Dorf-Veddas) und sind matrilinear organisiert, d. h. ihre Herkunft leiten sie von der mütterlichen Linie ab. Als mythologische Urahnin gilt die Yaka-Prinzessin Kuveni. Ihre Gesamtzahl ist schwer zu schätzen und variiert zwischen einigen Hundert und mehreren Tausend.

Das Schicksal der Veddas ähnelt jenem vieler Ureinwohner. Jahrhunderte lange Diskriminierung – teilweise wurden sie als Sklaven gehalten – und die Dezimierung ihres natürlichen Lebensraumes haben sie an den Rand des Verschwindens gebracht. Während sich der Großteil assimiliert hat, versuchen einige wenige Gruppen ihre Eigenständigkeit zu wahren (s. 🖥 www.vedda.org). Noch während der niederländischen Kolonialherrschaft (1658–1796) waren Veddas im Raum Jaffna zu finden, heute siedeln die meisten zwischen Badulla und Batticaloa. Doch auch dort gibt es immer wieder Probleme wie das Beispiel des Maduru Oya Nationalparkes zeigt. Als das 588,5 km² große Gebiet zwischen Kandy und Batticaloa 1983 zum Schutzgebiet erklärt wurde, sahen sich die dort sesshaften Vedda ihrer Lebensgrundlage beraubt, weil Jagd und Landwirtschaft nun verboten waren. Anfänglich an den Rand des Parks umgesiedelt, gestand die Regierung 1990 vier Vedda-Dörfern in einem 600 ha großen Teil des Nationalparks Siedlungsrecht zu. Dies genügt den Bewohnern jedoch nicht, so dass der Konflikt weiterschwelt.

Bildung und Soziales

Von einer Alphabetisierungsrate von 90,4 % können Länder wie Indien (61 %), Pakistan (48,7 %) oder Bangladesh (41,1 %) nur träumen. **Bildung** spielt in Sri Lanka eine wichtige Rolle und das nicht erst seit der Kolonialzeit. Seit der Einführung des Buddhismus wurden die Klöster auch Orte des Lernens. Wer ins Kloster eintrat, musste dort lernen, Pali zu lesen und zu schreiben. Die Mönche gaben es dann an Laien weiter, so dass auch außerhalb der Metropolen ein gewisses Basiswissen vorhanden war. Neben Studien religiöser Texte aus dem Pali-Kanon stand Logik, Mathematik, Medizin und Geschichte auf dem Lehrplan. Orte höherer Bildung waren die großen Klöster in den Metropolen wie der Mahavihara in Anuradhapura oder auf dem Land der Tissamaha Vihara im südöstlichen Magama.

Mit den Kolonialherren kam auch das europäische Bildungssystem ins Land, denn die Einheimischen sollten der christlichen Zivilisation zugeführt werden. Zumeist waren es Konfessionsschulen. Bis 1930 war ihre Zahl auf 2122 angewachsen, der im gleichen Jahr 1490 staatliche Schulen gegenüberstanden. Die einheimische Elite wurde auch in den ersten 20 Jahren nach der Unabhängigkeit vorwiegend in den Konfessionsschulen ausgebildet, was nicht im Sinne der nationalistisch gesinnten Sirimavo Bandaranaike war, die bald nach Übernahme des Premieramtes 1960 alle Schulen in religiöser Trägerschaft verstaatlichte. Heute sind fast alle der landesweit knapp 10 000 Schulen staatlich (nur 80 sind in der Hand privater Träger), die überwiegend kostenlos besucht werden können.

Das **Schulsystem** ist dem britischen nachempfunden und besteht aus vier Stufen: Primary School (1.–5. Klasse), Junior Secondary School (6.–8. Klasse), Senior Secondary School (9.–11. Klasse) und College (12.–13. Klasse). Letzteres besuchen etwa 7 % aller Schüler, bis zur Senior Secondary School schaffen es knapp ein Viertel aller Schüler. Mitglieder des buddhistischen Sangha folgen einem eigenen Curriculum in einer der insgesamt 599 Mönchsschulen, *Pirivenas* genannt.

Die höhere Bildung im westlichen Sinne musste im kolonialen Ceylon lange auf sich warten. 1894 wurde in Colombo ein Technical College eröffnet. Erst nach vehementem Druck der so genannten „Universitätsbewegung" öffnete 1942 in Peradeniya bei Kandy die University of Ceylon ihre Pforten. Heute besuchen knapp 50 000 Studenten eine von zwölf staatlichen Universitäten. Darüber hinaus gibt es 37 Technical Colleges. Doch Sprösslinge betuchter Familien werden nach Möglichkeit zum Studium ins westliche Ausland geschickt, bevorzugt in den angelsächsischen Raum.

Im **Gesundheitsbereich** stehen die Sri Lanker ebenfalls nicht so schlecht dar, was die recht hohe Lebenserwartung von 74 Jahre zeigt. Zum Vergleich: Indien 63,3; Pakistan 63; Bangladesch 62,8; Thailand 70 Jahre. Nur 3 % aller Schwangeren müssen bei ihrer Niederkunft auf qualifiziertes Personal (Hebamme, Krankenschwester, Arzt) verzichten. Die Müttersterblichkeit liegt bei 92 pro 100 000 Geburten. Von 1000 Kindern sterben 13 kurz nach ihrer Geburt (Indien 63, Pakistan 81, Bangladesch 46), und 15 von 1000 erleben ihren fünften Geburtstag nicht. 1970 war es noch jedes zehnte Kind. Natürlich überdecken diese Zahlen das Stadt-Land-Gefälle, aber dank der geringen Entfernungen ist im Krankheitsfall medizinisches Personal nicht weit. Auf 100 000 Bewohner kommen 43 Ärzte. Neben westlichen Gesundheitseinrichtungen gibt es zudem vielerorts Ayurveda-Praxen.

Lag in den 60er und 70er Jahren das **Bevölkerungswachstum** bei weit über 2 %, so hat es sich nun auf 1 % eingependelt. Zwei Kinder sind in Durchschnittsfamilien die Regel, auf dem Land ab drei. Folglich wird auch in Sri Lanka die Überalterung in den kommenden Jahrzehnten zum Problem werden. 2015 schätzt die UNDP den Anteil der über 65-jährigen auf fast 10 % (in Deutschland: mehr als 20 %).

Geschichte

Frühgeschichte

Fa Xian (Fa Hsien), ein im 5. Jh. in Anuradhapura lebender chinesischer Reisender, schrieb in seinem Bericht, dass die Insel ursprünglich nur von Geistern und Nagas bewohnt gewesen sei. Das glauben die rational denkenden Forscher über 1500 Jahre später zwar nicht mehr, doch hat auch ihre Arbeit nur wenige neue Erkenntnisse zur Frühgeschichte Sri Lankas gebracht.

Vergleiche mit Indien lassen eine erste Besiedlung um 500 000 v. Chr. vermuten, obwohl Beweise dafür fehlen. Aus der mittleren Steinzeit, dem Mesolithikum (ca. 50 000–28 000 v. Chr.), datieren Knochen- und Steinwerkzeugfunde in Höhlen. Nach dem Hauptfundort östlich von Ratnapura wird diese Kultur **Balangoda-Kultur** genannt. Die für die Neusteinzeit (Neolithikum) typischen Aktivitäten des sesshaft gewordenen *Homo Sapiens* wie Landwirtschaft, Keramikherstellung, Tierzucht und die Verwendung ausgefeilter Steinwerkzeuge lassen sich ab dem 6. Jahrtausend v. Chr. auch beim so genannten *Homo Sapiens Balangodensis* nachweisen. Ihm werden Keramikfunde in Höhlen, dem Domizil dieses frühen Inselbewohners, zugeschrieben. Möglicherweise ist er ein entfernter Vorfahre der Veddas. Eisen war spätestens ab dem 6. Jh. v. Chr. verbreitet.

Erste Staatenbildung

Etwa ab dem 5. Jh. v. Chr. setzte eine verstärkte Migration arischer Siedler aus Nordindien ein. Die Chronik Mahavamsa kleidet diese Entwicklung in die **Legende vom Prinzen Vijaya**, die für die kulturelle Identität der Singhalesen von großer Bedeutung ist: Die Tochter des Königs von Vanga wurde eines Tages von einem Löwen entführt. Sie lebte mit ihm in einer Höhle und gebar einen Sohn und eine Tochter, Sinhabahu und Sinhasivali. Beide heirateten einander später, nachdem Sinhabahu ihren Löwenvater umgebracht hatte. Aus ihrer Verbindung ging Vijaya hervor, den sie jedoch wegen seiner Aufmüpfigkeit aus ihrem Königreich Lala verbannten und mit 700 Gefolgsleuten auf ein Schiff brachten. An jenem Tag, als Buddha ins Parinirvana einging, landete Vijaya auf der Insel Lanka und errichtete dort sein erstes Königreich. Auf dem Sterbebett sprach Buddha zum obersten Gott Shakka: „Vijaya, Sohn des Königs Sinhabahu, ist mit 700 Getreuen auf Lanka gelandet (…). Auf Lanka wird meine Religion erblühen. Herr der Götter, schütze daher ihn und Lanka!" Die Geschichte ist eine Art Gründungsmythos für die Singhalesen, in dem die Einheit von Land, Volk und Buddhismus beschworen wird. Daraus leiten sie die Bezeichnung Sinhala, die „Löwenhaften", ab und ihre „Pflicht", Beschützer des Buddhismus zu sein.

Die ersten Singhalesen ließen sich entlang der Flussniederungen in den Ebenen der Insel nieder und verdrängten die einheimischen Veddas in die Bergregionen oder vermischten sich mit ihnen. Sie kultivierten Nassreis und legten den Grundstein für das ausgefeilte Bewässerungssystem. Mit dem indischen Subkontinent betrieben sie Handel, allen voran mit Edelsteinen und Gewürzen. Die ersten dravidischen Migranten, Vorfahren der Tamilen, wanderten wohl zeitgleich mit den Singhalesen aus Südindien in den Norden der Insel ein.

Aus dem Dunkel der Geschichten und Legenden tritt als erster historisch nachweisbarer Herrscher **Devanampiya Tissa** (reg. ca. 250–210 v. Chr.) hervor, ein Zeitgenosse des großen indischen Königs Ashoka. Über seine Konversion zum Buddhismus nach der Begegnung mit Ashokas Sohn Mahinda berichtet ausführlich der Mahavamsa, eine im 6. Jh. von einem Mönch verfasste Chronik. Devanampiya Tissa wurde wie sein indisches Vorbild zu einem Förderer der Religion des Erleuchteten und gründete zahlreiche Klöster und Heiligtümer. Pali dominiere als religiöse Sprache, es begann sich ein einheitliches Schriftsystem durchzusetzen. Seine Königsresidenz Anuradhapura entwickelte sich zu einem bedeutenden Zentrum des Buddhismus, besonders nachdem wichtige Reliquien Buddhas und ein Ableger des Mahabodhi-Baumes in die Königsstadt gelangten. Doch bis ins 2. Jh. v. Chr. war Anuradhapura nur eines von mehreren Machtzentren auf der Insel. Neben kleineren Fürstentümern gab es größere im südöstlichen Rohana und an der Westküste mit Fürstensitz in Kelaniya bei Colombo.

1000 Jahre Anuradhapura

Unter Dutthagamani (reg. 161–137 v. Chr.) stieg die Metropole erstmals zum Mittelpunkt eines geeinten Reiches auf, nachdem der König seinen tamilischen Rivalen Elara besiegen konnte. Doch diese Einheit war in der Folgezeit immer wieder bedroht: Zum einen weil zwei mächtige Clans, die Lambakanna und die Moriya, stetig um die Macht stritten; zum anderen, weil sich die rivalisierenden südindischen Dynastien der Pandya, Pallava und Chola ab dem 5./6. Jh. immer wieder in die Angelegenheiten

König Ashoka (reg. ca. 268–232 v. Chr.)

Der Enkel von Chandragupta Maurya, Begründer der großen indischen Maurya-Dynastie, ist zum Inbegriff eines rechtschaffenen buddhistischen Königs geworden. Nach dem Sieg über die Kalingas um 262 v. Chr. herrschte er über ein Gebiet, das vom heutigen Afghanistan im Westen und dem Himalaya im Norden bis an die Grenzen der Reiche der Cholas und Pandyas in Südindien ging. Doch dieser letzte große Vernichtungskrieg ließ Ashoka angesichts der vielen Opfer (im Felsen-Edikt XIII ist von 100 000 Getöteten die Rede) zu einem glühenden Anhänger Buddhas und Verfechter der Gewaltlosigkeit werden. Er begann sein Imperium zu einem „buddhistischen Wohlfahrtstaat" umzugestalten, den er in vielen Edikten erläuterte.

Säulen seiner Politik waren Friedfertigkeit, soziale Gerechtigkeit und religiöse Toleranz. Von weit reichenden Folgen sollte seine Entscheidung sein, im Anschluss an das Dritte Buddhistische Konzil in Pataliputra (um 235 v. Chr.) Missionare in neun nahe gelegene Länder zu senden. Das führte dazu, dass sich die Religion des Buddha im ganzen asiatischen Raum auszubreiten begann. In das befreundete Sri Lanka entsandte er seinen eigenen Sohn Mahinda, der Mönch geworden war.

Sri Lankas einmischten und zeitweise dort die Herrschaft ausübten, wie z. B. im 5. Jh. fast 25 Jahre lang, bis Dhatusena (reg. 455–473) das Land wieder zurückerobern und einen konnte.

Südindien spielte als Machtfaktor auch bei einer der größten innenpolitischen Krisen im ersten Millennium eine wichtige Rolle – der wir übrigens eine der schönsten Felsenfestungen Asiens zu verdanken haben: Sigiriya. Als Kassapa nach der Ermordung seines Vaters Dhatusena 473 den Thron an sich riss, floh sein Halbbruder Moggallana I. ins Reich der Pandya. Bis 491 konnte Kassapa das Land von seiner Bergfeste Sigiriya aus kontrollieren, dann vermochte Moggallana I. (reg. 491–508) mit Unterstützung indischer Söldner die Herrschaft zu übernehmen. Spätere Könige wie Aggabodho III. (reg. 628–639) griffen ebenfalls auf den militärischen Beistand aus dem Subkontinent zurück, was sie in dessen zeitweilige Abhängigkeit führte.

Schon vor der Zeitenwende spielte Sri Lanka im **Seehandel** zwischen Ostasien und Europa eine nicht unbedeutende Rolle. Bereits dem römischen Gelehrten Gaius Plinius Secundus (23–79 n.Chr.) war die Insel bekannt. Er erwähnte sie in seiner berühmten *Naturalis historia* unter dem Namen *Taprobana*. Im 2. Jh. fertigte in Alexandria der römische Geograf und Astrologe Claudius Ptolemaeus eine Karte an, in der die Insel in überdimensionierter Größe unter gleichem Namen auftauchte. Zu jener Zeit unterhielten die Römer unweit des heutigen südindischen Pondicherry (südlich von Chennai) eine Handelsstation, wo auch Sri Lankas begehrte Produkte wie Perlen, Elfenbein, Edelsteine und Gewürze umgeschlagen wurden. Ab dem 5./6. Jh. begannen neben Indern persische Kaufleute den Warenaustausch zu dominieren, einige von ihnen ließen sich auch in Anuradhapura nieder.

Obwohl der Schwerpunkt von Rajarata, wie das Reich genannt wurde, inmitten der Trockenzone lag – Niederschlag gab es nur zwischen Oktober und Februar –, konnte die Versorgung einer wachsenden Bevölkerung dank eines ausgefeilten Bewässerungssystems sicher gestellt werden. Viele Jahrhunderte später pries ein britischer Kolonialbeamter angesichts der tausenden Wasserreservoirs auf der Insel: „Wohl in keinem anderen Teil der Welt gibt es auf gleichem Gebiet so viele Bewässerungsanlagen, weder in solcher Altertümlichkeit noch in solcher Größe, wie auf dieser Insel!"

Kein Reichtum ohne Wasser – Sir Lankas Bewässerungssystem

Eine Zivilisation wie sie sich im Sri Lanka des ersten Jahrtausends herausgebildet hat, wäre ohne die schätzungsweise mehr als 100 000 Wasserreservoirs (**Wewa**) und Kanäle nicht möglich gewesen. Denn der Schwerpunkt des Siedlungsraumes der Singhalesen lag bis zum 14. Jh. in der Trockenzone (120–200 mm Niederschlag im Jahr).

Um die Versorgung sicher zu stellen, war von Anfang an ein umfassendes Bewässerungssystem notwendig. So besaß fast jedes Dorf sein eigenes Reservoir. Um weite Anbauflächen bewässern zu können, waren jedoch große Reservoirs nötig, was die Mobilisierung vieler Arbeitskräfte bedeutete. Das erforderte wiederum ein komplexes Organisationssystem mit dem Herrscher an der Spitze, denn die Wasserzuteilung musste genau festgelegt sein, die Anlagen kontrolliert und Schäden behoben werden. Kriege und die Zunahme der Bevölkerung machten immer wieder Instandsetzung, Erweiterung und das Neuanlegen von Wewa und Wasserkanälen notwendig. So ließ König Mahasena (reg. 274–301) 16 Wewa, darunter den 1868 ha großen Minneriya Wewa, graben. Kaum hatte Vijayabahu I. (reg. 1055–1110) die Chola vertrieben, ließ er das zerstörte Bewässerungssystem restaurieren. Von Parakramabahu I. (reg. 1153–1186) wird berichtet, er habe 3910 Kanäle, 163 große und 2376 kleinere Wewa restauriert oder neu errichtet. Sein Motto war: „Kein noch so kleiner Regentropfen soll ins Meer fließen, ohne zuvor den Menschen zugute gekommen zu sein!"

Eine entscheidende Innovation stellte im 1. Jh. die Einführung von quadratischen Schleusenschächten *(bisokotuva)* dar, denn dadurch konnte der Wasserfluss durch Druckabminderung genau reguliert werden. Somit war die gleichmäßige Bewässerung auch bei großen Stauseen gewährleistet. In weiten Teilen der Trockenzone waren nun bis zu drei Reisernten im Jahr möglich.

Mit dem Niedergang der großen Königreiche ab dem 13. Jh. verfiel auch das Bewässerungssystem. Tausende Wewa blieben jedoch über die Jahrhunderte hinweg intakt oder wurden in den vergangenen Jahren wieder restauriert und sind nach wie vor wichtiger Bestandteil der Wasserversorgung. In nicht unerheblichem Maße prägen diese Reservoirs – die zudem Heimat vieler seltener Wasservögel sind – die Kulturlandschaft der Trockenzone Sri Lankas.

Chola-Besatzung – Aufstieg Polonnaruwas

Das ausgefeilte Bewässerungssystem war jedoch anfällig. Unter schwachen Herrschern wurde es zum Teil vernachlässigt, in Kriegszeiten war es ein empfindliches Ziel – wie etwa bei den verheerenden Angriffen der Chola, die am Ende des ersten Jahrtausends zur führenden Macht Südasiens aufgestiegen waren. Eine erste große Invasion erfolgte Mitte des 10. Jhs., eine zweite unter dem Chola-König Rajaraja I. (reg. 985–1014) im Jahr 993. Die dritte große Invasion unter dessen Sohn Rajendra I. (reg. 1014–42) im Jahre 1017 hatte den Untergang Anuradhapuras und eine langjährige Besatzungszeit zur Folge. Der letzte Herrscher, Mahinda V. (reg. 982–1017) musste in die südindische Verbannung gehen. Nur das im Südosten der Insel gelegene Rohana konnte seine Unabhängigkeit wahren.

Die neuen Herren verlegten ihren Sitz ins strategisch günstiger gelegene **Polonnaruwa**, das sie Jananatha Mangalam nannten, und begannen als glühende Hindus den Buddhismus zu unterdrücken. Das änderte sich erst, als sie ihre Macht einigermaßen gesichert hatten. Die ganze Insel litt unter der enormen wirtschaftlichen Ausbeutung. Ein Großteil der Abgaben und Schätze wurde in die südindische Chola-Metropole Tanjore abgeführt. Unter Führung Vijayabahus I. (reg. 1055–1110) gelang es singhalesischen Widerstandsgruppen von ihrem zeitweiligen Herrschersitz in Kataragama aus die Chola nach zähen Kämpfen zu vertreiben. 1070 war Polonnaruwa nach langer Belagerung wieder frei.

Interne Machtkämpfe und der Wiederaufbau der Infrastruktur ließen die Konsolidierung des Reiches jedoch nur schleppend vorankommen. Noch Parakramabahu I. (reg. 1153–86), der fünfte in Polonnaruwa residierende König, hatte mit zahlreichen Widersachern zu kämpfen. Als es ihm schließlich gelang, Rajarata zu einen, begann er ein beispielloses Bauprogramm. Im Zuge einer Verwaltungsreform wurde das Land in 48 Provinzen eingeteilt, angeführt von königstreuen Statthaltern, den *samantas*. Schon Parakramabahus Nachfolger Nissanka Malla (reg. 1187–96) konnte sich bei seiner Thronbesteigung nur mit Mühen gegen seine Opponenten durchsetzen. Nach einer letzten Periode der Stabilität während seiner Regentschaft erebte das Königreich Polonnaruwa einen rapiden Niedergang. Seinem Tod folgte Chaos, bis 1215 wechselte die Krone zwölf Mal den Besitzer. Deshalb war es dem Despoten Magha aus dem südindischen Kalingha ein leichtes, das zerrissene Rajarata einzunehmen. Als seine Tyrannenherrschaft mit seinem gewaltsamen Tod 1255 endete, war das Land ökonomisch ausgeblutet und politisch zerrissen. Parakramabahu II. (reg. 1236–70) versuchte noch einmal, Polonnaruwa zum Mittelpunkt eines geeinten Sri Lanka zu machen, doch das war vergebens. Im Raum **Jaffna** hatte sich bereits ein kleines, aber starkes Tamilenreich etabliert und im südlich anschließenden **Vanni** mehrere Fürstentümer.

Geteilte Insel: 13. Jh.–15. Jh.

Zum Schutz vor möglichen Überfällen südindischer Aggressoren verlegten die singhalesischen Könige mehrmals ihre Residenz: zuerst nach Dambadeniya, dann Ende des 13. Jhs. für kurze Zeit in die Felsenfestung Yapahuwa und nach Kurunegala. Mit der Erhebung Gampolas unweit des heutigen Kandy zum Königssitz 1341 gewann erstmalig das zuvor bedeutungslose Hochland an Gewicht. Ein weiteres Reich etablierte sich entlang der Westküste mit Zentrum in Kotte (Colombo), das aufgrund seiner Lage wirtschaftlich von allem vom Seehandel profitierte. Dominierende Akteure waren muslimische Zwischenhändler, die sich seit dem 10. Jh. verstärkt in den Küstenorten wie Beruwela, Bentota und „Kalanbu" (Colombo) niederließen und über exzellente Kontakte im ganzen asiatischen Raum verfügten. Zu den lukrativsten Produkten von „Serendib", wie zeitgenössische arabische Quellen die Insel nannten, zählten Zimt und Edelsteine.

Parakramabahu VI. (reg. 1411–66) gelang es in seiner langen Regentschaft von Kotte aus die Insel letztmalig zu einen, doch nach seinem Tod zerfiel sie wieder in mehrere Herrschaftsgebiete. Jaffna machte sich abermals unabhängig, im Norden und entlang der Ostküste erblühten kleine Fürstentümer, die *vanniyars*, und im Bergland herrschte von Kandy aus Senasammata Vikramabahu (reg. 1469–1511) über das Königreich Udarata. Derart zerrissen präsentierte sich die kleine Insel (wie übrigens auch viele andere asiatische Länder, z. B. Birma und Kambodscha), als in Asien ein neuer Machtfaktor ins Spiel kam, der die geopolitische Lage dieses riesigen Kontinentes nachhaltig verändern sollte: die Europäer.

Die Portugiesen: Ende 1505–1658

Als Vasco da Gama im Auftrag der portugiesischen Krone am 8. Juli 1497 von Rastello aus mit vier Karavellen in See stach, um den Seeweg nach Indien zu erkunden, hatte er vorwiegend ein Ziel: das arabische Monopol über den lukrativen Handel mit Gewürzen und anderen edlen Gütern zu brechen. Mit seiner Landung am 20. Mai 1498 im indischen Calicut war das Ziel erreicht. Innerhalb weniger Jahre brachte Portugal mit seiner damals unschlagbaren Flotte die Seerouten im ganzen asiatischen Raum unter seine Kontrolle. Nach der Eroberung von Goa (1509) und dem malaiischen Melaka (1511) durch den rücksichtslosen Dom Alfonso de Albuquerque waren die wichtigsten Hafenstützpunkte in ihrer Hand. Es war unvermeidlich, dass auch „Ceilão", wie die Insel den Portugiesen bekannt war, in ihr Blickfeld geriet. Bereits bei der ersten Reise da Gamas 1497–99 notierte sein Schreiber, dass es auf Ceilão den feinsten Zimt und die edelsten Rubine gäbe.

Als erster Portugiese landete **Dom Lourenço de Almeida** am 15. November 1505 in Colombo. Eine gute Dekade später, 1517, errichtete die südeuropäische Seemacht dort ein Fort. Es war nicht in Portugals Interesse, Kolonien zu gründen, dazu fehlten die menschlichen Ressourcen. Es genügte, über befestigte Handelsstützpunkte zu verfügen, mit einer modernen Flotte die Seewege zu kontrollieren und die lokalen Herrscher gefügig zu machen. In vielen Regionen Asiens wurde es den Portugiesen leicht gemacht, denn Erbfolgestreitigkeiten, die die Regime schwächten, gab es zuhauf – auch in Sri Lanka. Im dortigen Königshaus Kotte kam es 1521 zu einem Machtkampf zwischen drei Söhnen des von ihnen gemeuchelten Vijayabahu VI. (reg. 1513–21). Indem sie sie gegeneinander ausspielten, rangen die Portugiesen ihnen das Monopol im Zimthandel ab und übernahmen Ende des 16. Jhs. in deren Herrschaftsgebieten die direkte Kontrolle. Auch das Königreich Jaffna fiel ihnen leicht in die Hände: Nachdem der dortige König katholische Missionare hatte hinrichten lassen, eroberten die Portugiesen 1591 nach einem erfolglosen ersten Versuch Jaffna, entmachteten den Monarchen und setzten einen Vasallen ein. Nur das von Bergen geschützte Kandy vermochte halbwegs seine Unabhängigkeit wahren.

In der ersten Hälfte des 17. Jhs. konnten die Portugiesen ihre Herrschaft festigen. Die Ländereien in Ceilão waren profitabel. Neben Zimt und Pfeffer dominierten die Portugiesen nun auch den Handel mit Elefanten und Betelnuss. Zahlreiche katholische Orden wie die Franziskaner und Jesuiten etablierten auf der Insel Missionsstationen und Schulen. Am erfolgreichsten waren sie in Jaffna, Mannar und den Fischerdörfern nördlich von Colombo. Mit der Konversion von Dharmapala (reg. 1551–97), dem zweiten Nachfolger von Vijayabahu, fanden auch immer mehr Adlige die neue Religion opportun.

Doch der Stern Portugals sollte so schnell sinken wie er aufgestiegen war. Verantwortlich dafür war neben Problemen im Mutterland eine zweite europäische Seemacht: die Niederlande.

In der Hand der VOC: Ende 1658–1796

Um am lukrativen Fernhandel teilzuhaben, gründeten die Niederländer am 20. März 1602 die **Vereenigde Oostindische Compagnie** (VOC) – übrigens die erste moderne Aktiengesellschaft – und etablierten 1619 in Batavia (heute Jakarta) deren Hauptsitz. Gern kamen sie der Bitte des Königs von Kandy, Vimala Dharma Surya I. (reg. 1591–1604), nach, ihn im Kampf gegen die Portugiesen zu unterstützen. Aber erst unter dessen Enkel Rajasimha II. (reg. 1635–87) kam es 1638 zu einem Vertrag, der der VOC im Gegenzug zu militärischer Hilfe das Monopol im Zimthandel zugestand. Bald kam es zu massiven Zusammenstößen zwischen den europäischen Rivalen. In den folgenden beiden Jahren verloren die Portugiesen die wichtigen Hafenstädte Trincomalee, Batticaloa, Negombo und Galle. 1656 fiel Colombo, zwei Jahre später Jaffna in die Hände der Niederländer. Die Portugiesen mussten die Insel verlassen.

Doch die neuen Herren von „Ceylan", wie sie die Insel nannten, dachten nicht daran, die Macht an Kandy zu übergeben, wie Rajasimha erhofft hatte. „Ich gab Pfeffer und erhielt Ingwer", zitierte er ein Sprichwort, um die unglückselige Abmachung zu beklagen. Im Gegenteil, die Niederländer weiteter das von Portugal kontrollierte Territorium aus. Nach der Besetzung der Ostküste 1668 war nahezu die gesamte Küstenlinie in ihrer Hand. Alle Schiffe die Häfen in Sri Lanka anliefen, mussten Abgaben an die VOC zahlen. Die damals weltgrößte Handelsgesellschaft weitete ihr Monopol auch auf Betelnuss, Perlen und Elefanten aus. Sie legte größere Plantagen an und pflanzte dort auch neu eingeführte Nutzpflanzen wie Kaffee, Zucker und Baumwolle an. Ferner unterlagen Importgüter ihrer Kontrolle, was zu enormen Preissteigerungen führte. Durch den Bau von Kanälen und Forts in den Hafenstädten wurde die Infrastruktur erheblich verbessert.

Verschiedene Versuche Rajasimha II., seinen Einfluss auszuweiten und verlorenes Terrain zurückgewinnen, blieben erfolglos, wie z. B. die nur kurz währende Einnahme des Hafens von Trincomalee mit Hilfe französischer Truppen 1671/72. Auch seine Nachfolger konnten nicht viel ausrichten. Das Verhältnis zu den aggressiven Niederlanden blieb auch während des ganzen 18. Jh. gespannt. Immer wieder kam es zu Guerillaattacken, die der europäischen Macht erhebliche Probleme bereiteten. 1761 brach unter dem Regenten von Kandy, Kirti Sri Rajasimha (reg. 1747–82), ein offener Krieg mit den Niederländern aus, der im Februar 1765 mit der zeitweiligen Einnahme der Königsstadt einen Höhepunkt erreichte. Ein Jahr später wurde ein demütigender Vertrag die völlige Abhängigkeit des kleinen und vom Meer abgeschnittenen Königreiches Kandy fest.

Die Niederlande teilten die Küstenregionen in die drei Jurisdiktionsbezirke Colombo, Jaffna und Galle auf. Mit Ausnahme der Führungspositionen besetzten sie die Posten in Regierung und Wirtschaft mit Einheimischen, die zumeist eine westliche Erziehung in den christlichen Schulen genossen hatten. Das führte zu einer lokalen Elite, bei der religiöse Schranken und Kastenbarrieren eine eher geringe Rolle spielten. Während der Buddhismus in den niederländisch besetzten Teilen im Niedergang begriffen war, erlebte er im bedrängten Königreich Kandy eine Renaissance.

Doch angesichts der veränderten Machtverhältnisse in der Region und Europa ereilte die Niederlande ein ähnliches Schicksal wie zuvor die Portugiesen: Im benachbarten Subkontinent stritt die britische East India Company mit Frankreich vehement um die Vorherrschaft. Der Konflikt verschärfte sich, als infolge der französischen Revolution 1789 die Niederlande in die Abhängigkeit Frankreichs geraten waren. London befürchtete nun, dass die holländischen Besitzungen der Grande Nation zufallen würden und nahm dies zum Anlass, Sri Lanka anzugreifen. Vom Juli 1795 bis Februar 1796 dauerte der von Trincomalee ausgehende Eroberungsfeldzug. Dann hatte mit dem britischen Empire eine dritte europäische Kolonialmacht auf der Insel das Sagen.

Teil des Empire: 1796–1948

In den ersten Jahren wurden die eroberten Besitzungen von Madras (heute Chennai) aus durch die East India Company verwaltet. Doch nach einer Rebellion und zunehmenden administrativen Problemen erhoben die neuen Herren die Insel am 1. Januar 1802 zur **British Crown Colony of Ceylon** mit Gouverneurssitz in Colombo.

Von Anfang an war das Königreich Kandy dem Empire ein Dorn im Auge. Ein militärischer Vorstoß 1803 endete für die Briten in einem Desaster. Doch sahen sie ihre Zeit gekommen, als der herrschsüchtige König Sri Vikrama Rajasimha (reg. 1798–1815) mit der mächtigen Aristokratie von Kandy in Konflikt geriet. Mit Einverständnis vieler Adeliger rüsteten sie zu einer zweiten Invasion, die nach nur 40 Tagen mit der Festnahme des Königs am 18. Februar 1815 endete. Mit dem Vertrag von Kandy ging am **2. März 1815** um 15.30 Uhr „der Herrschaftsbereich der Provinz von Kandy" in die Hand der britischen Krone über. Zwar war die Insel nach über einem halben Jahrtausend erstmals wieder geeint, doch verlor sie den letzten Rest an Unabhängigkeit.

Rebellionen blieben nicht aus, denn viele Angehörige der singhalesischen Oberschicht verloren nach dem Untergang der letzten Monarchie ihre Privilegien. Am gravierendsten war die so genannte **Uva-Rebellion**, benannt nach der Hauptprovinz des Widerstandes, die 1817 ausbrach und sich zu einem landesweiten Aufstand ausweitete. Erst unter massivem Militäreinsatz konnte die Kolonialmacht im folgenden Jahr den Aufstand unterdrücken – dabei verlor sie über ein Viertel ihrer Streitkräfte.

Kolonialwirtschaft

Nachdem es den Briten gelungen war, das Land einigermaßen zu befrieden, begannen sie mit dem systematischen Ausbau der Kolonialwirtschaft. Dazu gehörte eine entsprechende Infrastruktur. Unter Einsatz von Zwangsarbeit ließen sie das Straßen-

und später das Eisenbahnnetz massiv erweitern. 1825 feierte die Kolonialmacht die Eröffnung der Straße von Colombo nach Kandy, am 26. April 1867 die Fertigstellung der Bahnlinie in die letzte Königsstadt.

Um die Kolonie für die zunehmende internationale Konkurrenz fit zu machen, begann ab 1832 unter dem Gouverneur Sir Robert W. Horton (nach ihm sind die Horton Plains benannt) die Umsetzung der **Colebrooke-Cameron-Reformen**, benannt nach zwei hohen Kolonialbeamten: Alte Privilegien und Handelsmonopole wie z. B. auf Zimt wurden abgeschafft, Grundbesitz- und Eigentumsrechte erleichtert, was vor allem den Plantagenbesitzern zugute kam. Schließlich gehörte auch die Leibeigenschaft zumindest juristisch der Vergangenheit an.

Die Reformen hatten eine enorme Ausweitung der Plantagenwirtschaft zur Folge. An die Stelle des einst dominierenden Zimtanbaus trat vor allem Kaffee, der sich in Europa wachsender Beliebtheit erfreute. Mitte der 40er Jahre des 19 Jh. gab es weit mehr als 500 Kaffeeplantagen. Ab den 60er Jahren nahm auch der Anbau von **Kokosnüssen** zu, vor allem im „Kokosnuss-Dreieck" Colombo-Kurunegala-Chilaw. Daneben spielten die aus den Nebelwäldern Südamerikas eingeführten Chinarindenbäume *(Cinchona)* zur Gewinnung von Chinin eine gewisse wirtschaftliche Rolle.

Eine 1869 erstmals auftretende Blattkrankheit (hervorgerufen durch den Pilz *Hemileia vastratric*) führte jedoch innerhalb von zehn Jahren zum rasanten Niedergang des Kaffeeanbaus. Erstaunlich schnell hatten die Plantagenbesitzer sich von der Katastrophe erholt und eine Alternative zur schwarzen Bohne gefunden: **Tee**. In kurzer Zeit überzogen die grünen Teesträucher wie Teppiche die Berge Ceylons. 1890 war das feine Gebräu zum Agrarprodukt Nr. 1 avanciert. Einen ähnlichen steilen Aufstieg erlebte Naturgummi, **Kautschuk**, der nach seiner Einführung 1876 und der erfolgreichen Kultivierung bereits um die Jahrhundertwende zum zweitwichtigsten Exportgut aufgerückt war.

Die koloniale Wirtschaft erlebte im ausgehenden 19. Jh. eine goldene Ära, was auch Auswirkungen auf die Gesellschaftsstruktur hatte. Der Bedarf an Arbeitskräften infolge der rasanten Ausweitung der Plantagen führte zu einer massiven Einwanderung **indischer Tamilen**, die billige und willige Arbeitskräfte für die harte Arbeit waren. Bis zur Jahrhundertwende stieg ihre Zahl auf fast 300 000 – mehr als 8 % der Gesamtbevölkerung von 3,56 Millionen. Zehn Jahre später machten sie bereits knapp 13 % aus.

Nationales Erwachen

Doch die einträgliche „Lieblingskolonie" des Empires hatte ihre Schattenseiten. Wirtschaftlich profitierten neben den etwa 7000 Europäern überwiegend Angehörige höherer Kasten und die Burghers, während ein Großteil der Bevölkerung am Existenzminimum lebte. Reis musste teuer importiert werden, da sein Anbau aufgrund seines geringen Profits vernachlässigt wurde. Es kam wiederholt zu Hungersnöten. Sri Lanker waren von allen höheren Posten ausgeschlossen. Unter Anwendung ihrer bewährten Methode *Divide et Impera* (Teile und Herrsche) spielten die Briten die ethnischen Gruppen und Kasten gegeneinander aus – so dass sie eine geschlossene Opposition nicht zu befürchten hatten.

In der zweiten Hälfte des 19. Jh. begann sich eine **buddhistische Erneuerungsbewegung** zu formieren. Die Religion des Erleuchteten hatte mit der Abdankung des letzten Königs von Kandy ihren traditionellen Fürsprecher verloren und war gegen die im Schutz der Kolonialmacht offensiv agierenden christlichen Missionare ins Hintertreffen geraten. Reformorientierte Mönche stellten sich gegen diesen Trend und begannen in Debatten die Christen offen herauszufordern. Mit der Gründung der „Gesellschaft zur Verbreitung des Buddhismus" und eines Druckhauses in Galle 1862 sollte die buddhistische Lehre mit modernen Mitteln verbreitet werden. Die Bemühungen hatten Erfolg und führten zu einem wachsenden Selbstbewusstsein unter den singhalesischen Buddhisten. 1881 verkündete der damalige Gouverneur Sir James R. Longden die Trennung von Staat und Kirche – was vor allem auf Kosten der anglikanischen Kirche ging. Mit der Gründung buddhistischer Schulen versuchten die Buddhisten, das Monopol der straff organisierten und finanziell gut bestückten christlichen Missionsschulen zu durchbrechen, was ihnen jedoch nur mäßig gelang.

In den ersten Jahren des 20. Jh. fand ein langsames Erwachen des **Nationalbewusstseins** statt, das sich in einer wachsenden Zahl nationalistisch gesinnter Organisationen widerspiegelte. Während

Die Kautschuk-Story

Die Karriere des Kautschuks vom altertümlichen Naturprodukt Mittel- und Südamerikas zu einem der lukrativsten Exportgüter in der Kolonialzeit liest sich wie ein spannender Wirtschaftskrimi. Die spanischen Eroberer waren die ersten Europäer, die mit der klebrigen Masse Bekanntschaft machten. So berichtet der Spanier Pedro Matir de Anghiera 1521 von elastischen Bällen, mit denen die Bewohner Haitis spielten. Tatsächlich wurden in Zentral- und Südamerika bereits seit dem 6. Jh. v. Chr. Gummibäume angeritzt, um aus dem hervortretenden weißen Pflanzensaft Latex zu gewinnen. Die Mayas nannten sie „weinende Bäume", caa-o-chu, wovon die Spanier ihr Wort für Kautschuk, caucho, herleiteten. Deren Extrakt verbrannten sie anlässlich religiöser Zeremonien oder benutzten ihn zum Abdichten von Schuhen und Kleidern.

Von den mehr als 1000 Arten der Wolfsmilchgewächse, aus denen Latex gewonnen werden kann, machte der im südamerikanischen Amazonasgebiet wachsende **Kautschukbaum** (Hevea brasiliensis) die bedeutendste Karriere. Von ihm brachte 1736 der Franzose Charles Marie de la Condamine Proben nach Paris. Einige Jahrzehnte später entdeckte der Engländer Edward Nairne per Zufall die Eignung von Kautschuk als Radiergummi. Fortan hieß der Baum bei den Briten **Rubber Tree** (von rub off). Wieder war der Zufall im Spiel, als dem US-Amerikaner **Charles Goodyear** im Winter 1839 ein Kautschuk-Schwefel-Gemisch auf einen heißen Ofen fiel. Die abgekratzte Masse entsprach dem, wonach er lange forschte: ein Gummi, der unabhängig von der Temperatur seine Elastizität beibehielt. Der Prozess der Vulkanisierung war geboren. Goodyear sollte jedoch die Früchte seiner Entdeckung niemals ernten, denn er starb 1860 hoch verschuldet (wenigstens hat ein Reifenhersteller seinen Namen verewigt).

Zu jener Zeit begann bereits der Siegeszug des Kautschuk, dessen vielseitige Verwendbarkeit keine Grenzen zu kennen schien. Von der wachsenden Nachfrage profitierten vor allem die „Gummibarone" im Amazonasgebiet Brasiliens, die aus dem verschlafenen Manaus an der Mündung des Rio Negro in den Amazonas eine glanzvolle Metropole machten. Mit Argusaugen (und großer Brutalität) wachten sie über das Monopol der Latexgewinnung aus wilden Kautschukbäumen. Während ihr Reichtum sich täglich mehrte, kämpften die sklavenhaft gehaltenen Gummizapfer (seringeiros) ums Überleben.

Doch die goldenen Tage von Manaus sollten bald gezählt sein: 1876 gelang es dem Engländer **Henry Wickham**, 70 000 Samen des Hevea brasiliensis nach England zu schmuggeln – ob in einem Sarg oder in zwei ausgestopften Krokodilen, darüber wird fantasiereich spekuliert. Nach einer Zwischenstation in den Royal Botanic Gardens im englischen Kew kamen insgesamt 2700 keimfähige Kautschuksamen nach Indonesien, Singapur und Ceylon. Im **Henaratgoda Botanic Garden** (s. S. 308) gelang es erstmalig außerhalb Amerikas, 1700 der insgesamt 1919 Samen zum Keimen zu bringen. Ceylon lief Brasilien als Kautschukzentrum den Rang ab. Als 1881 die ersten Kautschukbäume zum Blühen kamen, brachte man deren Samen auch nach Südindien und Malaysia. Dort und in anderen asiatischen Kolonien des Empires entstanden innerhalb kurzer Zeit große Plantagen. Die Nachfrage nach Naturgummi wuchs rasant. Dafür war vor allem der 1887 von John Boyd Dunlop erfundene Gummireifen verantwortlich, der in der aufkommenden Automobilindustrie Verwendung fand. Die Antwort darauf war die Gründung noch heute bekannter Reifenkonzerne: Michelin (1889), Goodyear (1898) und Firestone (1899). Wegen einer effektiveren und billigeren Plantagenwirtschaft etablierte sich Asien auf Kosten Südamerikas als das Hauptanbaugebiet für Kautschuk. Dort wird heute mehr als 95 % des Naturkautschuks gewonnen.

Martin H. Petrich

es buddhistisch inspirierten Gruppierungen wie der Theosophischen Gesellschaft oder der zeitweise sehr starken „Abstinenz-Bewegung" vorwiegend um die Erneuerung der kulturellen Identität ging, forderten radikalere Einzelstimmen wie Anagarika Dharmapala, „swaraj", die Unabhängigkeit. Im März 1915 kam es zur 100. Wiederkehr des Falls von Kandy zu landesweiten Unruhen, die sich aber eher gegen muslimische Händler richteten – ein Ausdruck der Frustration vieler Singhalesen über ihre schlechte wirtschaftliche Lage. Prominente Vertreter der involvierten Abstinenz-Bewegung wurden daraufhin inhaftiert, darunter Mitglieder des einflussreichen Senanayake-Clans.

Eine breite politische Bewegung wie im benachbarten Indien gab es im Ceylon jener Zeit nicht. Zwar wurde nach Vorbild des indischen Nationalkongresses 1919 der Ceylon National Congress gegründet, eine Kasten und Nationalitäten übergreifende Interessensvertretung, doch sollte er nie dessen Bedeutung erlangen. Das lag vor allem daran, dass die führenden Mitglieder von Beginn an zutiefst gespalten waren, nicht zuletzt auf ethnischer Basis. Nirgends wurde das so deutlich wie bei den erstmals abgehaltenen Wahlen zum Legislative Council 1921, als sich die Vertreter der jeweiligen Volksgruppen nicht auf eine Sitzverteilung verständigen konnten. Erstmalig wurde den Tamilen bewusst, dass sie eine Minderheit darstellten. Um ihre Interessen besser vertreten zu können, gründeten sie im gleichen Jahr den „Rat der Tamilen" (Thamilar Mahajana Sabhai).

Transfer der Macht

Die Stagnation der Wirtschaft und eine rasant steigende Bevölkerungszahl (von 1921–31 um über 18 % auf 5,31 Millionen) ließen in den 20er Jahren die Unzufriedenheit der Sri Lanker wachsen. Dadurch erhöhte sich der Druck auf die Kolonialmacht, mehr Selbstbestimmung zuzulassen. Aus diesem Grund beauftragte sie 1927 die **Donoughmore-Kommission** (benannt nach dem Vorsitzenden Earl of Donoughmore), entsprechende Änderungsvorschläge zu unterbreiten. Die Kommission empfahl in ihrem Bericht, die „Kluft zwischen Macht und Zuständigkeit" durch eine „halbverantwortliche Regierung" zu schließen.

Der Vorschlag wurde umgesetzt: Erstmals in einer britischen Kolonie kam es im Mai 1931 zur allgemeinen Wahl eines **Staatsrates**, an der alle Männer und Frauen über 21 Jahre teilnehmen durften. Dieses Gremium mit 61 Abgeordneten ersetzte den bisherigen Legislative Council, hatte aber weit reichendere Befugnisse. Als Mitglied des gleichzeitig bestimmten Ministerrates nahm der spätere erste Premier, D. S. Senanayake, zum ersten Mal eine Führungsposition ein.

Die Folgen der Weltwirtschaftskrise und einer Malaria-Epidemie führten zu einer enormen Verelendung breiter Bevölkerungsmassen. Das verstärkte bei den Parteien noch mehr den Hang, aus populistischen Gründen die „ethnische Karte" auszuspielen, vor allem im Vorfeld der zweiten Staatsratswahlen im Januar 1936. Die im darauf folgenden Jahr von S. W. R. D. Bandaranaike, ebenfalls ein späterer Premier, gegründete singhalesisch-chauvinistische Partei Sinhala Maha Sabha, erlebte einen enormen Aufschwung.

Alles lief darauf hinaus, dass nach Verhandlungen unter Führung von Senanayake die Insel bald ihre Souveränität zurückerhalten würde, doch die Katastrophe des Zweiten Weltkriegs ließ den Prozess ins Stocken geraten. Der rasante Eroberungsfeldzug Japans ab 1940 setzte das Empire massiv unter Druck. Innerhalb kurzer Zeit hatten die Truppen des Tenno alle südostasiatischen Kolonien besetzt. 1942 griffen japanische Flugzeuge die wichtigen Versorgungshäfen Colombo und Trincomalee an, wurden aber nach verlustreichen Kämpfen erfolgreich zurückgeschlagen. Aus strategischen Gründen verlegte Großbritannien 1944 das Südostasien-Oberkommando unter Lord Louis Mountbatten nach Kandy. Von dort wurde die erfolgreiche Rückeroberung der verlorenen Kolonien geleitet, für deren Nachschub die Insel eine wichtige Rolle spielte. Zum Ende des Krieges konnten die Unabhängigkeitsverhandlungen fortgesetzt werden. 1947 fanden Wahlen statt, die Senanayake gewann, und am **4. Februar 1948** war es soweit: Der Union Jack wurde eingezogen, Sri Lanka war wieder ein souveräner Staat.

Unabhängiges Ceylon bis 1956

Nach einer der friedlichsten Machtübernahmen in der Geschichte der britischen Kolonien wurde **D. S. Senanayake** erster Premierminister. Seine Idee eines geeinten, aber pluralistischen Ceylons wollte er in der neu gegründeten United National Party

Westküste, alter Fischer

Colombo, altes Parlamentsgebäude von 1930; Colombo, Hotel Nippon

Galle, Fort, Flag Rock; Galle, Fort, Meera-Moschee

Negombo, Oruwa (Auslegerkanu)

Sigiriya, singhalesisches Mädchen; Nilaweli, Tamilenkind; Kogalle, Schulmädchen

Unawatuna, Spenden der Stadt Salzburg nach dem Tsunami

Polonnaruwa, Kiri Vihara; Anuradhapura, Kuttam Pokuna

(UNP) verwirklichen, doch opferte er sie bald dem politischen Opportunismus: Aus Angst vor Sympathieverlust bei singhalesischen Wählern und einer tamilischen Dominanz versagte er einem Großteil der indischen Tamilen mit dem Staatsbürgerschaftsgesetz von 1948 die Bürgerrechte. Wirtschaftlich ging es mit dem Land in den Anfangsjahren bergauf, die drei Exportschlager Tee, Kautschuk und Kokosnuss spülten wichtige Devisen ins Land.

Von der Popularität des charismatischen Senanayake konnte nach dessen plötzlichem Tod am 22. März 1952 auch sein Sohn Dudley profitieren. Er gewann die Wahlen vom Juli haushoch, trat jedoch bereits im folgenden Jahr nach massiven Protesten zurück, nachdem er auf Anraten der Weltbank die Preise für subventionierte Lebensmittel um ein Mehrfaches erhöht hatte. Sein Onkel Sir John Kotelawala übernahm die Regierungsgeschäfte, doch als typischer Vertreter der anglisierten singhalesischen Oberschicht war er der falsche Mann zur falschen Zeit. Angesichts der 2500. Wiederkehr des Parinirvana Buddhas 1956 schwamm die Insel auf der Welle eines singhalesisch-buddhistischen Nationalismus. Dieser drückte sich vor allem in der Forderung aus, Singhalesisch zur Nationalsprache zu erheben. Der glücklose Premier musste nach den verlorenen Wahlen 1956 seinen Stuhl räumen. An seine Stelle trat **S. W. R. D. Bandaranaike** mit seiner Sri Lanka Freedom Party (SLFP).

Singhalesischer Nationalismus: 1956–1972

Der singhalesische Historiker K. M. de Silva hat in seinem exzellenten Buch *Reaping the Whirlwind* den komplizierten singhalesisch-tamilische Konflikt sehr gut auf den Punkt gebracht:

Es ist mehr als ein Konflikt zwischen einer Mehrheit und einer Minderheit. (...) Es ist ein Konflikt zwischen einer Mehrheit mit Minderwertigkeitskomplex und einer Minderheit mit Verlangen nach mehr Gewicht, einer Minderheit mit einem Mehrwertigkeitskomplex.

Kaum an der Macht, erhob Bandaranaike mit seiner populistischen „Sinhala only"-Politik Singhalesisch zur alleinigen offiziellen Sprache. Es folgten ethnische Unruhen und Angriffe gegen Tamilen. Die Tamil Federal Party (FP) wehrte sich gegen diese Bestimmung und forderte für die vorwiegend von Tamilen bewohnten Gebiete im Norden und Osten Autonomie in einem föderalen Staat. Diesen Forderungen kam der Premier insoweit entgegen, als er ihre Sprache als offizielle Verwaltungssprache zuließ. Seine Kompromissbereitschaft musste er mit dem Leben bezahlen: Am 26. September 1959 wurde er von einem radikalen Mönch erschossen. Bis heute wird er von vielen Singhalesen verehrt, so ist nach ihm der internationale Flughafen benannt.

Nach Monaten der Interimsregierung, u. a. unter Dudley Senanayake, wurde bei der Wahl im Juli 1960 Bandaranaikes Witwe Sirimavo von einer überwältigenden Mehrheit zur Premierministerin gewählt. Als weltweit erste Frau an der Spitze einer Regierung schrieb sie damit Geschichte. Sirimavo radikalisierte die Verstaatlichungspolitik, die ihr Mann eingeleitet hatte. Da dieser Politik auch fast alle Konfessionsschulen zum Opfer fielen, zog sich die Feindschaft der katholischen Minderheit zu. Am 27. Januar 1962 unternahmen vorwiegend katholische Generäle einen Coup d'État, der jedoch mangels breiterer Unterstützung scheiterte.

Sirimavos innenpolitisches Ziel war es, das Problem mit den indischen Tamilen zu lösen. Seit 1948 waren die Tamilen zwar ihrer Bürgerrechte beraubt, doch befanden sie sich noch immer im Land. 1964 einigte sich Sirimavo Bandaranaike mit dem indischen Premier darauf, dass die Hälfte der etwa 1 Mill. indischen Tamilen im Zeitraum von 15 Jahren repatriiert werden sollten, während 300 000 die srilankische Staatsbürgerschaft erhielten. Über den Rest könne man zu einem späteren Zeitpunkt verhandeln. Zum Missfallen der tamilischen Minderheit vervielfachte sich der Anteil der Singhalesen in den von ihnen dominierten Gebieten im Norden und Osten.

Sirimavos radikale Politik ließ ihre Popularität sinken. Bei den Wahlen 1965 kam die UNP mit Dudley Senanayake an der Spitze wieder an die Macht. In Koalition mit der Tamil Federal Party schlug die UNP gegenüber den Tamilen einen versöhnlicheren Ton an, führte aber die Verstaatlichungspolitik fort, was eine zunehmende singhalesische Dominanz in den staatlichen Betrieben zufolge hatte.

Nach einem hohen Wahlsieg der Parteienallianz United Front (UF) hatte fünf Jahre später wieder Sirimavo Bandaranaike das Zepter in der Hand. Unter Beteiligung der Kommunistischen Partei rückte ihre Regierung weiter nach links, verschlimmerte aber mit ihrer Verstaatlichungspolitik die ohnehin enormen wirtschaftlichen Probleme. Im April 1971 sah sie sich dem groß angelegten Aufstand einer radikalisierten marxistischen Bewegung gegenüber: der Janatha Vimukthi Peramuna (JVP). Von der Bewegung fühlten sich vor allem frustrierte arbeitslose Jugendliche aus der städtischen Bildungsschicht angezogen, die für sich keine Perspektive sahen. Erst nach einigen Monaten konnte die Revolte eingedämmt werden.

Meister des Terrors

Interpol, 🖵 www.interpol.net, sucht ihn wegen „Mordes, organisierten Verbrechens und Terrorismus", die indische Regierung wegen seiner Beteiligung am Attentat auf Rajiv Gandhi am 21. Mai 1991. Ein singhalesisches Gericht hat ihn zu mehr 200 Jahren Gefängnis verurteilt, die New York Times verglich in einmal mit Kambodschas Pol Pot: **Velupillai Prabhakaran** ist einer der meistgefürchteten Männer der Insel – und einer der höchstverehrten.

Am 26. November 1954 in eine Fischerfamilie in Valvettiturai nördlich von Jaffna geboren, musste er als Kind mit ansehen, wie sein Onkel bei lebendigem Leib verbrannt wurde. Im College traf er auf Gleichgesinnte und gründete mit ihnen 1972 als 18-jähriger die *Tamil New Tigers* (TNT), aus denen am 5. Mai 1976 die *Liberation Tigers of Tamil Eelam* (LTTE) hervorgingen. Ein Jahr zuvor beging er seinen ersten Mord am gemäßigten tamilischen Bürgermeister von Jaffna. Innerhalb weniger Jahre formte er aus den LTTE eine der „tödlichsten, bestorganisierten und diszipliniertesten Terrororganisationen der Welt", wie manche Experten meinen. In den 80er Jahren ließ Prabhakaran rivalisierende Tamilen-Gruppen, vor allem aber gemäßigte Tamilen-Führer, ermorden, um seinen Anspruch auf Alleinherrschaft durchzusetzen. Seit 1986 hat die LTTE die Führungsrolle unter den Tamilen inne. Ihren Kampf finanziert sie mit Schutz- und Drogengeldern, viele Tamilen im Ausland unterstützen sie. Auf ihr Konto gehen zahllose Attentate und Überfälle: auf einen Pilgerbus in Anuradhapura (1985), den Zahn-Tempel in Kandy (1998), den Mord an Präsident Premadasa (1993). 2001 sprengten sie die halbe Flotte der damaligen Air Lanka in die Luft.

Die LTTE besteht aus einem militärischen und einem untergeordneten politischen Flügel, die dem Zentralen Führungskomitee unterstellt sind. Der militärische Arm gliedert sich in die Sea Tigers, Air Tigers und die gefürchteten Black Tigers, dem Suizid-Kommando. Letzteren gehören viele Jugendliche an, deren „Leben als Waffe" *(uyirayutham)* dienen. In religiöser Überhöhung werden die Selbstmordattentäter als Martyrer verehrt und wie Hindu-Asketen *(sannyasis)* bestattet. Der LTTE-Kader wird auf 7000 geschätzt, manche gehen von mehr als 16 000 aus. Davon sind ein Drittel weiblich und vermutlich bis zu 40 % minderjährig. Der LTTE wird vorgeworfen, Kinder immer noch unter Zwang zu rekrutieren. Prabhakaran ist der unbestrittene Führer (Thesia Thalivar), jeder LTTE-Soldat muss einen Eid auf ihn schwören, sein Bild prangt in vielen Privathäusern. Selbst viele unpolitische und gemäßigte Tamilen hegen Sympathien für ihn, weil sie glauben, dass er ihrem Volk das Selbstbewusstsein zurückgegeben hat.

Doch nach dem Waffenstillstand von 2002 und der Aufgabe der Forderung nach einem eigenen Tamilenstaat stellt sich die Frage, ob und wie aus einer straff geführten militärischen Organisation mit dem Anspruch auf Alleinvertretung eine politische Organisation werden soll, die nicht Sprengstoff, sondern den Dialog als Mittel zur Lösung von Konflikten ansieht und innerhalb der Tamilengemeinde Meinungs- und Organisationsfreiheit zulässt.

Martin H. Petrich

Demokratie in der Krise: 1972–83

Arbeitslosigkeit, hohe Inflation und Nahrungsmittelverteuerung, mit denen die mittlerweile 13 Millionen Sri Lanker zu kämpfen hatten, führten zu wachsendem Unmut der Bevölkerung gegenüber der UF-Regierung. Um Sympathien zurückzugewinnen, spielte Sirimavo Bandaranaike wieder mit dem singhalesischen Nationalgefühl und änderte im Zuge einer Verfassungsreform im Mai 1972 den Landesnamen: Die Insel hieß nun offiziell **Demokratische Sozialistische Republik Sri Lanka**. „Ceylon", der Name aus der Kolonialzeit, wurde endgültig getilgt. Die neue Verfassung gab dem Buddhismus Vorrangstellung und stellte ihn unter den besonderen Schutz des Staates. Der Regierung wurden mehr Machtbefugnisse eingeräumt.

Durch die Festschreibung der singhalesischen Dominanz und eine neue Aufnahmeverordnung für Universitäten, die tamilische Studenten benachteiligte, sahen sich die Tamilen weiter marginalisiert. Es kam zu neuen Unruhen. Führende Parteien wie FP und Tamil Congress schlossen sich in der Tamil United Front (TUF) zusammen, seit 1975 Tamil United Liberation Front (TULF). Die TULF schrieb in der so genannten Vaddukodai-Resolution 1976 die Forderung nach *Tamil Eelam*, einem eigenen Staat, fest. Im gleichen Jahr gründeten radikale tamilische Jugendliche unter Führung des nur 21-jährigen Velupillai Prabhakaran die militante Liberation Tigers of Tamil Eelam (LTTE), die bald durch Attentate auf gemäßigte Tamilenführer von sich reden machte.

Im Jahr 1977 gewann die UNP mit J. R. Jayewardene an der Spitze überraschend hoch die Wahl. Die TULF wurde stärkste Oppositionspartei. Durch die am 7. September 1978 in Kraft getretene neue Verfassung wurde dem Präsidenten nach US-amerikanischem und französischem Vorbild Exekutivvollmacht gegeben. Den Tamilen kam Jayewardene entgegen, indem er Tamil zur „Nationalen Sprache" (Kap. 4 Art. 19) erhob. Zwar änderte er die von der Vorgängerregierung abgeschlossene Verstaatlichung der Plantagen nicht, doch ging es wegen der Stärkung des Privatsektors und auf dem Weltmarkt gestiegener Tee- und Kautschukpreise wirtschaftlich wieder bergauf. Im ausgehenden Jahrzehnt konnte das Land ein Wirtschaftswachstum zwischen 5 und 8 % verzeichnen. 1982, dem Jahr von J. R. Jayewardenes Wiederwahl, hatte sich die Zahl der Arbeitslosen halbiert. Doch die Zahl der Angriffe durch LTTE und andere militante Gruppen nahm rapide zu.

Land im Bürgerkrieg: 1983–92

In eine durch mehrere Wahlen aufgeheizte politische Stimmung fiel am **24. Juli 1983** ein Angriff der LTTE auf einen Militärposten in Jaffna, bei dem 13 Soldaten getötet wurden. Wie eine Lawine brach daraufhin in den Städten, allen voran Colombo, eine vorher nicht gekannte Welle der Gewalt gegen Tamilen los. Die Sicherheitskräfte schauten zumeist tatenlos zu, wie Häuser niedergebrannt und Geschäfte geplündert wurden – am Schluss waren über 600 tote Tamilen zu beklagen. Colombos Stadtteil Pettah, Heimat vieler Tamilen, lag in Schutt und Asche. Zehntausende fühlten sich nicht mehr sicher und flüchteten in den Norden oder ins Ausland.

Mit diesem „schwarzen Juli" begann ein Bürgerkrieg, der Sri Lanka in die wirtschaftliche Krise führen und Zehntausenden, meist unschuldigen Menschen, das Leben kosten sollte. Die LTTE erschütterte das Land durch Attentate und zahlreiche Überfälle, das srilankische Militär antwortete mit ebenso großer Brutalität. Auch moderate Tamilen verschwanden spurlos oder wurden Opfer von Folter und Mord. Da viele Tamilen ins südindische Tamil Nadu flohen, wurde auch der große Nachbar immer stärker in den Konflikt hineingezogen. Während sich die indische Premierministerin Indira Gandhi noch vorwiegend auf humanitäre Hilfe und eine Vermittlerrolle beschränkte, nahm ihr Sohn Rajiv Gandhi, der das Amt des Premierministers nach dem Attentat auf seine Mutter durch militante Sikhs 1984 übernommen hatte, eine aktivere Rolle ein. Der indische Geheimdienst Research and Analysis Wing (RAW) rekrutierte bereits seit Anfang der 80er Jahre radikale Tamilen und bildete sie in Tamil Nadu militärisch aus. Die „Operation Befreiung", eine groß angelegte Invasion durch das srilankische Militär 1987, die die Einkesselung der LTTE in Jaffna zum Ziel hatte, unterminierte die indische Regierung durch offene und verdeckte Unterstützung der LTTE.

Indische Einmischung

Um den bilateralen Konflikt zu entschärfen, unterzeichneten Gandhi und Präsident J.R. Jayewardene am 29. Juli 1987 ein Abkommen, das die Entsendung indischer Truppen nach Sri Lanka und die Repatriierung tamilischer Flüchtlinge aus Tamil Nadu vorsah. Die 50 000 Mann starke **Indian Peace-Keeping Force** (IPKF) sollte den verwaltungstechnisch nun zusammengefassten Norden und Osten befrieden, doch ihre Präsenz hatte das Gegenteil zur Folge: Viele Singhalesen fühlten sich an die Invasionen der Vergangenheit erinnert. Aus Protest gingen daher viele auf die Straße, angeführt von buddhistischen Mönchen und politischen Oppositionellen. Die in die Bedeutungslosigkeit versunkene marxistische JVP erlebte eine Renaissance.

Der erfolglose Versuch der IPKF, die LTTE zu entwaffnen, führte vor allem zu zivilen Opfern. Als immer mehr Gräueltaten bekannt wurden, nahmen die anti-indischen Ressentiments rapide zu. Die JVP erschütterte das Land mit einer Serie von Attentaten auf Politiker der regierenden UNP. Die im Dezember 1988 abgehaltene Wahl war die gewalttätigste seit langem und führte zum Sieg des neuen UNP-Führers Ranasinghe Premadasa (reg. 1988–93).

Der neue Präsident versuchte die Lage zu entspannen, doch sah er sich immer mehr in einen Zweifrontenkrieg verwickelt: Die JVP unter Führung von Rohana Wijeweera überrollte das Land mit einer Terrorwelle, die bis zu ihrer brutalen Niederschlagung Ende 1989 über 60 000 Menschenleben kostete. Andererseits trieben die ungeliebten IPKF-Truppen mit ihren Übergriffen immer noch mehr Sympathisanten in die Arme der LTTE. Schließlich zog die indische Regierung im Mai 1990 ihre zuletzt 100 000 Mann starke Truppe ab. Sie hatte nicht nur ihr Ziel verfehlt, sondern das Gegenteil erreicht: Die LTTE war gestärkt und das Land anstatt befriedet weiter militarisiert. Rajiv Gandhi sollte für dieses desaströse Engagement bitter bezahlen: Am 21. Mai 1991 riss ihn eine junge LTTE-Anhängerin bei einem Selbstmordattentat mit in den Tod. Ein fehlgeschlagener Großangriff gegen die Tamil Tigers und eine Serie von LTTE-Attentaten und -Massakern ließen trotz Wirtschaftswachstum die Popularität des Präsidenten Premadasa sinken.

Frieden durch Krieg: 1993–2001

Attentate auf den Oppositionsführer Lalith Athulathmudali am 23. April 1993 und Präsident Premadasa am 1. Mai sowie militärische Misserfolge der srilankischen Armee ließen die Kriegsmüdigkeit in der Bevölkerung anwachsen. Als im folgenden Jahr die bisherige oppositionelle People's Alliance (PA) mit einem Friedensversprechen in den Wahlkampf zog, ging sie mit Chandrika Kumaratunga an der Spitze als haushohe Siegerin hervor.

Die Tochter Sirimavo Bandaranaikes übernahm im Oktober 1994 das Präsidentenamt, ihre 78-jährige Mutter das Amt des Premierministers. Ein mit der LTTE ausgehandelter Waffenstillstand hielt nur kurz und führte 1995 zur „Operation Sonnenschein", die mit der Einnahme Jaffnas durch die srilankische Armee zuerst erfolgreich schien. Doch der folgende, sich jahrelang hinziehende zermürbende Krieg forderte zahlreiche Opfer auf beiden Seiten. Bis zum Beginn des dritten Jahrtausends sollten es weit mehr als 70 000 sein, darunter viele Kindersoldaten, die von der LTTE verstärkt rekrutiert wurden. Kumaratunga verlor Ende 1999 im Vorfeld der vorgezogenen Präsidentschaftswahl bei einem Anschlag ein Auge. Als im Juli 2001 LTTE-Truppen den hoch gesicherten internationalen Flughafen in Katunayake angriffen und dabei mehrere Flugzeuge der heimischen Fluglinie zerstörten, wurde vielen Sri Lankern bewusst, dass dieser Krieg trotz jährlicher Militärausgaben von über 600 Mill. Euro (täglich über 1,5 Mill. €!) nie zu gewinnen sein würde.

Hoffnung auf Frieden

Wieder sollte ein Versprechen, das Land zu befrieden, wahlentscheidend sein. Im Dezember 2001 ging UNP-Anführer Ranil Wickremesinghe, ein Neffe Jayewardenes, als Sieger der Parlamentswahl hervor. Unter dem neuen Premier gelang es, die Ende 2000 von Norwegen initiierten Friedensverhandlungen zum vorläufigen Erfolg zu führen. Am 22. Februar 2002 unterzeichneten der Regierungschef und Velupillai Prabhakaran von der LTTE ein **Waffenstillstandsabkommen**. Der LTTE-Gründer zeigte sich kompromissbereiter als in früheren Verhandlungen. Seine ehemals vehemente Forderung eines eigenen Staates, der er über 20 000 LTTE-Kader geopfert hatte, hatte er aufgegeben. Indirekt führten die Terroranschläge vom 11. September 2001 in der USA zu seinem Einlenken, drohten doch der von den endlosen Kämpfen geschwächten LTTE die internationalen Geldhähne zugedreht zu werden.

Politik der Betonköpfe

Während sich internationale Medien in der Vergangenheit meist nur dann für Sri Lanka interessierten, wenn sich der ethnische Konflikt wieder mal gewalttätig entlud, richtete sich jüngst ihr Augenmerk auf den Friedensprozess. Dass es die beiden Konfliktparteien, die Regierung und die Liberation Tigers of Tamil Eelam (LTTE), ernst meinen, haben sie durch das unter norwegischer Vermittlung zustande gekommene Waffenstillstandsabkommen vom 22. Februar 2002 bewiesen.

Die Schwierigkeiten eines Friedensabkommens liegen vor allem darin, dass es die politischen Repräsentanten der ethnischen Gruppen in den vergangenen 50 Jahren nicht fertig gebracht haben, in solch einer ethnisch und religiös komplexen Gesellschaft eine Regelung für die Machtteilung zu finden. Der demokratische Grundsatz „eine Person – eine Stimme" hat dazu geführt, dass die zahlenmäßig stärkeren Singhalesen über die kleinere Gruppe der Tamilen dominieren. Während die Singhalesen die Mehrheit im ganzen Land stellen, überwiegt im Norden und Osten die Zahl der Tamilen.

Leider muss die Demokratie ihre Rolle als Instrument der Lösung von Interessenskonflikten immer noch finden, damit eine politische Lösung auf dem Verhandlungsweg erreicht werden kann. Und das, obwohl Sri Lanka eine relativ lange demokratische Tradition besitzt, die bis in die Kolonialzeit zurückreicht. Doch die politischen Repräsentanten der ethnischen Gruppen zeigten sich bisher unfähig, die Macht untereinander gerecht zu verteilen. Folge war eine Serie gebrochener Vereinbarungen und schließlich der massive Vertrauensverlust zwischen den ethnischen Gruppen. Die Schwierigkeit, Interessen der Minderheiten in einem von Mehrheitsverhältnissen geprägten Parlamentssystem zu schützen, ist am Beispiel der jüngeren Geschichte Sri Lankas gut zu studieren.

Ironischerweise kann die Insel in Sachen Wahlen einige Rekorde aufweisen: 1931 war sie die erste britische Kolonie, die das allgemeine Wahlrecht für Männer und für Frauen einführte – noch vor vielen lang etablierten Demokratien. Als erstes Land wählte es 1960 mit Sirimavo Bandaranaike eine Frau zum Premierminister. Eine Leidenschaft für Wahlen, Hierarchie-Ergebenheit und der Missbrauch von Mehrheitsverhältnissen gehören fatalerweise zu den dominierenden Eigenschaften der politischen Kultur Sri Lankas.

Das Problem ist daher, dass Sri Lanka nicht nur die Gesetze und die äußere Gestalt der Demokratie reformieren muss, sondern auch die entsprechende politische Kultur. Wahlen sind immer heiß umkämpft und um sie zu gewinnen, ist jedes Mittel recht, einschließlich Stimmenkauf und Wahlmanipulation. Hinzu kommt, dass die Wahlgewinner ihre Macht allein ausüben und alle Vergünstigungen, die mit einem Mandat verbunden sind, für sich einstreichen wollen. Ihre Neigung, die Macht mit den unterlegenen Parteien zu teilen und deren Unterstützer nicht zu diskriminieren, ist sehr gering.

Die Wurzeln des ethnischen Konfliktes liegen somit letztlich im Unwillen, Macht zu teilen und Anwalt aller zu sein. Regierende Politiker, die der Mehrheit der Singhalesen angehörten, waren nicht gewillt, die Macht mit tamilischen Kollegen zu teilen. Sie fällten Entscheidungen zugunsten der Singhalesen auf Kosten der Tamilen, wie z. B. 1956, als sie Singhalesisch zur einzig offiziell anerkannten Sprache machten. Obwohl seit 1991 auch Tamil als offizielle Sprache anerkannt ist, wurde das entsprechende Gesetz immer noch nicht hinreichend umgesetzt, was viele tamilische Vertreter frustriert. Egal wer in der politischen Opposition sitzt, er fühlt sich von der Regierung in Entscheidungen übergangen. Was also Sri Lanka unbedingt braucht, ist eine politische Kultur der Konsultation, des Entgegenkommens und Einvernehmens.

Jehan Perera

Jehan Perera, Director Media & Research des National Peace Council of Sri Lanka, www.peace-srilanka.org.

Das Abkommen verhalf Premier Wickremesinghe zu weltweitem Ansehen. Die internationale Gemeinschaft versprach beim Wiederaufbau des Nordens Milliardenhilfe. Das zog die Missgunst der bei den Friedensgesprächen nicht eingebundenen Präsidentin nach sich. Aus Angst vor Machtverlust entließ Chandrika Kumaratunga einige Minister und ordnete im Februar 2004 Neuwahlen an, die die United People's Freedom Alliance (UPFA) am 2. April 2004 knapp gewann. Zwar hatte sich die fragile UPFA-Regierung mit Premier Mahinda Rajapakse an der Spitze grundsätzlich für das Fortbestehen des Waffenstillstandes ausgesprochen, doch bemühte sie sich weder um vertrauensbildende Maßnahmen noch um die Wiederaufnahme der bereits 2003 auf Eis gelegten Gespräche mit der LTTE. Eine wachsende Zahl politisch motivierter Attentate, für die niemand die Verantwortung übernahm, vergiftete das politische Klima. Hinzu kam eine Abspaltung innerhalb der LTTE. Dann erlebte die kleine Insel die größte Naturkatastrophe ihrer jüngeren Geschichte.

Die Flutkatastrophe

Am Morgen des 26. Dezember 2004 gegen 9.30 Uhr – etwa 2 1/2 Stunden nach einem gewaltigen Seebeben vor der indonesischen Insel Sumatra – erreichten die ersten **Flutwellen** die Küste Sri Lankas. Innerhalb weniger Minuten drangen die Wassermassen teilweise über mehrere hundert Meter ins Landesinnere vor und verursachten immense Zerstörungen. Über 1100 km des 1330 km langen Küstenstreifens waren betroffen. Etwa 35 000 Menschen verloren ihr Leben, mehr als 800 000 ihr Obdach. Besonders verheerend waren die Zerstörungen für die Fischer. Vier Fünftel aller Boote waren beschädigt oder zerstört.

Der Flut folgte eine beispiellose Hilfsaktion. Hunderte Millionen Euro flossen in eine schier unüberschaubare Zahl von Initiativen. Wie nie zuvor stand Sri Lanka im Rampenlicht der Weltöffentlichkeit. Doch die Hilfe kam nicht immer an. Besonders die Behörden waren überfordert, aber auch die großen Hilfsorganisationen ließen es oft an Koordination missen. Fatale Folgen hatte das Verbot der Regierung, den Uferrand im Abstand von unter 100 m bzw. 200 m an der Ostküste zu bebauen. Das führte zu chaotischen Verhältnissen, da ganze Gemeinden umgesiedelt werden mussten. Hingegen konnten die meisten Gästehaus- und Hotelbesitzer ihre Gebäude auch innerhalb dieser Bannzone wieder aufbauen.

Die anfängliche Hoffnung, dass die Katastrophe auch Regierung und LTTE zusammenbringen würde, erwies sich als trügerisch. Über ein halbes Jahr dauerte es, bis sich die Konfliktparteien auf einen *modus operandi* bezüglich der Tsunami-Hilfe in den von der LTTE kontrollierten Gebieten einigen konnten. Belastet wurden die Beziehungen durch das Attentat auf den Außenminister Lakshman Kadirgamar am 12. August 2005. Obwohl sich niemand zur Tat bekannte, fiel der Verdacht sofort auf die LTTE. Die EU ordnete ein Einreiseverbot von LTTE-Mitgliedern in ihre Mitgliedsstaaten an.

Wiederaufbau und der stockende Friedensprozess waren die Themen im erstaunlich friedlichen Präsidentenwahlkampf. Am 17. November wurde mit etwas mehr als 50% der bisherige Premier Mahinda Rajapakse zum neuen Präsidenten gewählt. Auch wenn er sich rhetorisch zum Friedensprozess bekennt: Bislang konnte Rajapakse die Befürchtung im In- und Ausland nicht zerstreuen, dass Sri Lanka wieder zurück in den Bürgerkrieg schlittert. Attentate auf Soldaten und Politiker geben selbst Optimisten wenig Anlass zur Hoffnung.

Regierung und Politik

Die am 22. Mai 1972 verabschiedete Verfassung der **Demokratischen Sozialistischen Republik Sri Lanka** – die erste nach der Unabhängigkeit – ersetzte das koloniale Amt des Generalgouverneurs durch das Präsidentenamt, wie bisher übte der Premierminister die Exekutivmacht aus. Das wurde mit der zweiten, heute gültigen Verfassung vom 7. September 1978 geändert. Seitdem liegt die Exekutivmacht in der Hand des Präsidenten, der alle sechs Jahre direkt vom Volk gewählt wird (eine Wiederwahl ist nur einmal möglich).

Der **Präsident** ist nach Kap. 7, Art. 30 Abs. 1 das „Oberhaupt des Staates, das Oberhaupt der Exekutive und des Parlamentes, und Oberkommandeur der Streitkräfte". Er kann Krieg erklären (Kap. 7, Art. 33 e), den Premier und seine Minister ernennen oder entlassen (Kap. 8, Art. 44), das Parlament auflösen (Kap. 11, Art. 70) und die Richter des Obersten Gerichtshofes ernennen (Kap. 15

Parteien-ABC

Folgende Parteien haben bei den Parlamentswahlen vom 2. April 2004 die meisten Stimmen erhalten (Zahlen und Sitzverteilung von 2004 in Klammern), s. 🖥 www.slelections.gov.lk. Da die politischen Allianzen kommen und gehen, kann die srilankische Parteienlandschaft nach den nächsten Wahlen wieder ganz anders aussehen.

United People's Freedom Alliance (UPFA) – (45,6 %, 105 Sitze); gegenwärtige Regierungsallianz zwischen der **People's Alliance** (PA), der **Janatha Vimukthi Peramuna** (JVP) und kleiner Splitterparteien. Die „Einheitsfront für die Volksbefreiung", so die Bedeutung von JVP, hat sich aus einer Gruppe militanter Marxisten in eine linksextreme Partei gewandelt und mischt nationalistisch-singhalesische Töne mit sozialistischen Idealen. Sie ist einer der heftigsten Gegner des Friedensprozesses. Die UPFA steht dem Friedensprozess insgesamt kritisch gegenüber. Wirtschaftspolitisch verfolgt sie eine Art soziale Marktwirtschaft mit größerem Gewicht auf dem Agrarsektor.

United National Party (UNP) – (37,83 %, 82 Sitze); die 1947 gegründete Partei stellte mit D.S. Senanayake den ersten Premier und hat ihren Rückhalt vor allem in der urbanen Bildungsschicht. Sie forcierte in ihrer letzten Zeit als Regierungspartei (2001–04) die freie Marktwirtschaft und verschrieb sich dem Friedensprozess.

Illankai Tamil Arasu Kachchi (ITAK) – (6,84 %, 22 Sitze); die hohen Stimmenanteile in den Wahlbezirken Jaffna (90,6 %), Vanni (64,7 %) und Batticaloa (66,7 %) zeigen deutlich, wo die Basis der „Tamilischen Staatspartei Lanka" ist: in den Gebieten mit dem höchsten Tamilen-Anteil. Als verlängerter politischer Arm der LTTE nimmt sie die Parlamentsarbeit wahr.

Jathika Hela Urumaya (JHU) – (5,97 %, 9 Sitze); in dieser neuen „Partei des nationalen Erbes" sind buddhistische Mönche vertreten, die einen Staat nach dem Vorbild des Ashoka-Reiches (s. S. 89) anstreben, jedoch vor allem durch nationalistische, anti-tamilische Propaganda auffallen.

Sri Lanka Muslim Congress (SLMC) – (2,02 %, 5 Sitze); versucht als größte muslimische Partei dieser religiösen Minderheit eine Stimme zu geben.

Art. 107). Eine derart gebündelte Macht findet innerhalb der Zivilgesellschaft zahlreiche Kritiker. Auch die jeweiligen Oppositionsparteien haben sich seit der Einführung für eine Änderung ausgesprochen.

Das gegenwärtige **Parlament** besteht aus 225 Abgeordneten und wird alle sechs Jahre neu gewählt. Seit April 2004 regiert die United People's Freedom Alliance, ein Zusammenschluss der People's Alliance (PA) und der JVP. Angesichts der Dominanz des Präsidentenamtes ist die Macht der Regierung stark eingeschränkt. Das hat sich besonders vor der letzten Wahl gezeigt, als die UNP-Regierung wegen ihrer Wirtschafts- und Friedenspolitik in Konflikt mit der Präsidentin geriet und vorzeitig entlassen wurde (s. S. 102).

Verwaltung

Verwaltungstechnisch ist die Insel in **25 Distrikte** und **neun Provinzen** unterteilt: die westliche Provinz, die Sabaragamuwa- und Uva-Provinz, die östliche, nordwestliche und nördliche Provinz, die Zentralprovinz sowie die nördliche Zentralprovinz. Diese Einteilung ist allerdings meilenweit von jeglicher regionalen Autonomie entfernt, wie sie Teile der Tamilen fordern. Zwar können Teile des 1987 eingeführten Provinzrates (Province Council) vom Volk gewählt werden, doch wird der vorsitzende Provinzgouverneur direkt vom Präsidenten ernannt. Dem Gouverneur obliegt in der Provinz die Exekutive. Zudem bestimmt er Generalsekretär und Minister.

Nationalflagge

Seit 1951 weht die markante Löwenflagge als offizielles Staatssymbol von den öffentlichen Gebäuden. Der von einem goldenen Rahmen eingegrenzte Löwe mit Säbel in der erhobenen rechten Pfote auf karmesinrotem Grund wurde von der Standarte des letzten Königs von Kandy, Sri Vikrama

Rajasimha (reg. 1798–1815), übernommen. Die vier Blätter des Bodhi-Baumes an den Ecken symbolisieren die vier buddhistischen Tugenden: liebevolle Zuwendung *(maitri)*, Mitgefühl *(karuna)*, Mitfreude *(mudita)* und Gelassenheit *(upeksha)*. Die beiden vertikalen Streifen auf der linken Seite repräsentieren die hinduistischen Tamilen (orange) und die Muslime (grün).

Wirtschaft

> **Wirtschaft in Zahlen**
> Wachstum: 5,4 %
> Inflation: 8,8 %
> BIP pro Kopf: ca. 1000 US$
> Anteil der Armen: 24 %
> Agrarsektor: 17,8 %
> Industriesektor: 26,8 %
> Dienstleistungen: 55,4 %
> Export: 5,7 Mrd. US$
> Import: 8,0 Mrd. US$

Dem „Bericht zur Menschlichen Entwicklung" des Entwicklungsprogramms der Vereinten Nationen, www.undp.org, zufolge rangierte Sri Lanka im Jahr 2005 an 93. Stelle von insgesamt 177 Ländern. Der große Nachbar Indien lag weit abgeschlagen auf Rang 127. Die Insel gehört also sicherlich nicht zu den ärmsten Ländern der Welt, doch wäre die ökonomische Lage weit besser, hätten neben weltwirtschaftlichen Faktoren wie extreme Preisschwankungen im Agrarbereich nicht eine Reihe hausgemachter Probleme die Wirtschaftskraft der Insel ausgebremst: Die Verstaatlichungspolitik der 60er und 70er Jahre ließ den Privatsektor verkümmern und vertrieb viele qualifizierte Arbeitskräfte ins Ausland. In den 80er und 90er Jahren zerstörte der Bürgerkrieg die Infrastruktur im Norden und Osten und verhinderte wichtige inländische und ausländische Investitionen. In den ersten Jahren des dritten Jahrtausends hat sich die Situation etwas verbessert. Mit Ausnahme von 2001 war ein kräftiges Wirtschaftswachstum von 4–5 % pro Jahr zu verzeichnen. Vor allem das Waffenstillstandsabkommen von 2002 hat die Unternehmer optimistischer gestimmt und auch wieder verstärkt ausländisches Kapital angezogen.

Dominierte mit den Exportschlagern Tee, Kautschuk und Kokosnuss-Erzeugnissen während der Kolonialzeit und der ersten Jahrzehnte der Unabhängigkeit die Plantagenökonomie, so spielt heute der gesamte **Agrarsektor** eine untergeordnete Rolle. Im Jahr 2004 trug er zum Bruttoinlandsprodukt (BIP) nur noch 17,8% bei. Tee führt den Export von Agrarerzeugnissen mit etwa 14% an, gefolgt von Kokosnuss (2%) und Kautschuk (knapp 1%). Außerdem kommt dem Export von Reis und Meeresfrüchten eine nicht unwesentliche Bedeutung zu.

Allein die Edelsteinindustrie ist bei den **Bodenschätzen** von wirtschaftlicher Relevanz. Saphire, Rubine, Topase und andere Klunker aus den Minen Ratnapuras spülen etwa 1,5 % des Gesamterlöses aus dem Export auf die Insel. Darüber hinaus werden importierte Diamanten weiterverarbeitet und wieder exportiert, was über 4 % der Gesamtdevisen ausmacht.

Der **Industriesektor**, der fast ein Drittel des Bruttoinlandsproduktes erwirtschaftet, wird seit Anfang der 90er Jahre von der Textilindustrie dominiert. Damals wurden in den seit 1978 eingerichteten Freihandelszonen 300 Fabriken aus dem Boden gestampft, in denen etwa 150 000, vorwiegend junge Frauen für einen Hungerlohn arbeiten (ca. 1 €/Tag). Mit mehr als 2,5 Milliarden US-Dollar Exportwert entfallen auf Textilien derzeit mehr als 50% der Deviseneinnahmen. Sie sind damit einsamer Spitzenreiter. Da Sri Lanka jedoch nicht das einzige Textil verarbeitende Land ist (halb Asien hängt davon ab) und diese Industrie äußerst abhängig von ausländischen Investoren ist, bleibt dieser Bereich auch sehr anfällig für weltwirtschaftliche Veränderungen. Gerade die Aufgabe der Textilquote Anfang 2005 setzte die Textilindustrie enorm unter Druck. Weit abgeschlagen liegen die Exporterlöse aus der Petroleumproduktion, der Elektro- und der Keramikindustrie.

Diese Zahlen spiegeln jedoch nur bedingt Wirklichkeit wider, da die hohe Arbeitslosenquote – offiziell fast 7 % bei den Männern und mehr als 12% bei den Frauen, wahrscheinlich jedoch bei beiden um ein Vielfaches höher – viele Familien dazu zwingt, im so genannten **informellen Sektor** Alternativen zum regulären Arbeitsmarkt zu suchen. Vom kleinen Straßenstand bis zu zahllosen Dienstleistungen, gerade auch im touristischen Bereich reicht diese „Schattenwirtschaft", die in keine volkswirtschaftlichen Statistik auftaucht. Schließlich suchen auch viele Sri Lanker als **Gastarbeiter** im Ausland ihr Glück. Im Schnitt verlassen pro Jahr 200 000 Arbeitswillige die Insel. Zwei Drittel der Ausreisenden sind Frauen, die vorwiegend als Hausangestellte arbeiten. Die größten Chancen bieten die Golfstaaten und ostasiatische Länder wie Taiwan, Singapur und Korea.

Zudem zwingt die fehlende Berufsperspektive und der geringe Verdienst (durchschnittlich 150–200 € monatlich) auch qualifizierte Fachkräfte und Akademiker zur **Auswanderung**. Bevorzugte Ziele sind Nordamerika, Westeuropa und Australien. Dem neuen Leben im Ausland ist nicht selten Erfolg beschieden. Im Vergleich zu anderen zeichnen sich die srilankischen Migranten durch ein überdurchschnittliches Bildungsniveau aus, was ihre Chancen auf dem Arbeitsmarkt erheblich erhöht. Ihre Transferleistungen – sie werden auf 500 Mill. Euro pro Jahr geschätzt – stellen die meisten Devisenbringer Sri Lankas in den Schatten.

Armut in Sri Lanka

Eine im Jahr 2002 durchgeführte Untersuchung ergab, dass landesweit 23,9 % aller Haushalte unterhalb der Armutsgrenze liegen. Das ist immerhin ein Rückgang von 6,5 Prozentpunkten seit der Untersuchung von 1990/91, als 30,4 % registriert wurden. Ein Großteil der armen Haushalte ist auf dem Land (26,4 %) und den Plantagen (22,1 %) zu finden. Die wenigsten Armen leben im Großraum Colombo (5,9 %). Schlusslicht bilden die Distrikte Badulla (37,7 %) und Hambantota (37,8 %). Im Schnitt kann eine arme, durchschnittlich fünfköpfige Familie monatlich nur mit einem Einkommen von 50–60 € rechnen. Davon wird mehr als die Hälfte für Lebensmittel ausgegeben, um die täglich 2028 Kilokalorien pro Kopf zu decken (Landesschnitt: 2592 Kilokalorien pro Kopf).

Tourismus

„Die mageren Jahre sind vorbei!". So lauteten optimistische Stimmen aus der Tourismusindustrie bis zur Flutkatastrophe am 26.12.2004. Der jahrelange Bürgerkrieg hatte manche Regionen der Trauminsel in Orte des Grauens verwandelt und viele Erholung Suchende abgeschreckt. Ein letzter Tiefpunkt war der Angriff auf den Bandaranaike International Airport im Juli 2001, als die LTTE mehrere, glücklicherweise leere Flugzeuge der damaligen Air Lanka zerstörte. Nur 336 794 ausländische Besucher wagten sich in jenem Jahr auf die Insel. Doch nachdem die Waffen mehr oder weniger ruhten, hatte sich Zuversicht breit gemacht. Angesichts steigender Besucherzahlen wurde die Infrastruktur kontinuierlich ausgebaut, viele Hotels erfuhren ein Lifting.

Doch zum Ende des Rekordjahres 2004 – 566 202 Ankünfte, davon 58 258 aus Deutschland – brach die größte Naturkatastrophe der jüngeren srilankischen Geschichte ein. Ein herber Rückschlag für die Tourismusindustrie, die für die Wirtschaft der Insel von großer Bedeutung ist. Mit 416 Millionen US-Dollar Einnahmen im Jahr 2004 rangiert das Gastgewerbe an vierter Stelle der Devisenbringer und bietet mehr als 125 000 Sri Lankern einen Broterwerb. Der schnelle Wiederaufbau konnte nicht verhindern, dass die Besucherzahlen einbrachen. Zu hoffen ist, dass sich die Situation schnell wieder verbessert. Das hängt jedoch auch davon ab, ob der Waffenstillstand eingehalten wird. Dem internationalen Trend folgend versuchen die Tourismusplaner die Bereiche Wellness und Ökotourismus auszubauen. Auch Golfspieler sollen vermehrt in angenehmem Ambiente ihrer Passion nachgehen können (und viel Geld im Land lassen). Zweifellos hat das Land noch immenses Potenzial.

Religion

Religionszugehörigkeit:
Buddhisten: 69 %
Hindus: 15 %
Muslime: 8–9 %
Christen: 7–8 %

Sri Lanka ist ein Schmelztiegel der vier großen Weltreligionen, auch wenn der Buddhismus fraglos am intensivsten die Kultur der Insel durchdrungen hat. In der Vergangenheit kam es immer wieder zu blutigen Konflikten zwischen den Religionen, doch ist die Insel weit von einem „Kampf der Kulturen" entfernt. In ihrem Alltag leben die Gläubigen der verschiedenen Religionen meist friedlich Tür an Tür. Christen meditieren in buddhistischen Klöstern, Hindus legen vor einer Madonnen- oder Antoniusstatue Blumengebinde nieder, Muslime pilgern zusammen mit Buddhisten auf den Adam's Peak. Fast jeder buddhistische Tempel hat auf seinem Grundstück einen hinduistischen Devale (Schrein).

Buddhismus

Nicht nur für Singhalesen, sondern auch für Buddhisten anderer asiatischer Länder ist Sri Lanka Hort des traditionellen Buddhismus, seit Mahinda, Ashokas Sohn, im 3. Jh. v. Chr. den König Anuradhapuras von der Lehre des Erleuchteten überzeugte. Die Insel zog schon sehr früh Pilger aus der ganzen Region an, wie etwa im 5. Jh. den Chinesen Fa Xian. Mit dem Eckzahn Buddhas besitzt sie die bedeutendste buddhistische Reliquie der Welt.

Befreundete Königreiche wie Siam oder Birma entsandten Mönche, um sie in den renommierten Klöstern die orthodoxe Lehre studieren zu lassen oder dem in die Krise geratenen srilankischen Buddhismus neue Impulse zu geben.

Tipitaka

Nur kurze Zeit nach Buddhas Tod hielten seine Schüler in Rajagaha die Erste Buddhistische Synode ab, um die Lehre verbindlich festzulegen. Die damalige regionale Verkehrssprache war Pali, deshalb nennt man die als ursprüngliche Lehre anerkannten Texte auch Pali-Kanon. Nach mehreren Jahrhunderten mündlicher Überlieferung schrieben im 1. Jh. v. Chr. Mönche im Höhlenkloster Aluvihara (s. S. 304) den Pali-Kanon erstmalig auf Blättern *(ola)* der Talipotpalme nieder. Er wird in drei Textgruppen eingeteilt: die Ordensregeln *(vinaya pitaka)*, die Lehrreden Buddhas *(suta pitaka)* und die erst später hinzugefügte systematisierte Lehre *(abhidhamma pitaka)*. Da die Palmblattmanuskripte in drei Körben aufbewahrt wurden, nennt man den Pali-Kanon auch auf Pali „Tipitaka" (skt. *tripitaka*). Der Text füllt etwa 38 Bücher mit jeweils 400 Seiten.

Im 19. Jh. ging von der Insel eine buddhistische Erneuerung aus, die ihre Auswirkungen bis nach Europa hatte. Der Engländer Rhys-Davids machte mit einer englischen Übersetzung den Pali-Kanon auch westlichen Lesern zugänglich, so dass sich am Buddhismus Interessierte anfänglich bevorzugt in den Klöstern Sri Lankas niederließen. Darunter waren auch die beiden Deutschen Anton Walter Güth (1878–1957) und Siegmund Feniger (1901–94), die als Nyanatiloka und Nyanaponika zu hochgeachteten Mönchen wurden.

Mit der Wiedereinführung des im Theravada-Buddhismus mehr als 1000 Jahre lang verschwundenen Nonnenordens Ende des 20. Jhs. hat die Insel wieder Maßstäbe gesetzt. Das gilt leider auch in negativer Hinsicht: In keinem anderen buddhistischen Land gibt es so viele nationalistisch gesinnte Mönche, die sich nicht scheuen, durch gewalttätige Demonstrationen Hass zwischen den Religionen und Volksgruppen zu schüren.

Ursprung

Die „Lehre *(vada)* der Älteren *(thera)*" stützt sich weitestgehend auf die überlieferte Lehre Siddharta Gautamas. Der spätere Buddha wurde in das nordindische Adelsgeschlecht der Shakya hineingeboren, weshalb ihm auch der Titel Shakyamuni, „der Weise (aus dem Stamm) der Shakya", verliehen wurde.

Am Hof seines Vaters, dem König von Kapilavashtu, führte der Prinz ein bequemes Leben. Alles deutete darauf hin, dass Gautama in die Fußstapfen seines Vaters treten würde, doch im Alter von 29 Jahren verließ er seine Frau Gopa und ihren gemeinsamen Sohn Rahula. Da er erkannt hatte, dass alles Leben mit Leiden behaftet ist, wollte er den Weg eines Hauslosen gehen und zog als Wanderasket in der Region umher. Er besuchte berühmte *gurus* (Lehrmeister), um von ihrer Weisheit zu lernen, jedoch wurde er immer wieder enttäuscht. Eine Zeit lang übte er mit fünf Gleichgesinnten extreme Hungeraskese, doch dem Tode nah verwarf er diesen für ihn falschen Weg.

Endlich, nach fast sieben Jahren harter Übung wurde der mittlerweile 35-jährige unter einem *Ficus religiosa* im heutigen Bodhgaya im indischen Bundesstaat Bihar zum Erwachten, zum Buddha (von *bodhi* = „erwachen"). Er hatte die Ursachen

Die vier edlen Wahrheiten

In seiner ersten Predigt im Ishipatana-Park („Gazellenhain") von Sarnath legte Buddha die Lehre von den „Vier edlen Wahrheiten" dar. Damit zeigt er einen klar strukturierten „therapeutischen" Weg aus dem Leiden. Er erläutert, was Leiden ist, was dessen Ursachen sind, welches Ziel anzustreben ist und wie der Weg dorthin aussieht:

1. Alles Dasein ist leidvoll.
2. Ursache allen Leidens ist Begierde *(tanha)* und Anhaftung *(upadana)*.
3. Nur durch das Vernichten von Gier *(lobha)* und Hass *(dosa)* kann Leiden überwunden werden.
4. Der Weg dorthin ist der Edle Achtfache Pfad, der sich wiederum in drei Bereiche untergliedert: sittliches Verhalten *(sila)*, wissende Einsichtigkeit *(pañña)* und Konzentration *(samadhi)*. Ihnen sind folgende acht Teile zugeordnet:

1. rechtes **Verstehen** der vier Edlen Wahrheiten.
2. rechte **Absicht** hinsichtlich des Verzichts, des Wohlwollens, der Friedfertigkeit.
3. rechte **Rede**: nicht lügen, nicht verletzend reden, keine harte Worte benutzen, nicht einfältig reden.
4. rechtes **Handeln**: nicht töten, nicht stehlen, keine sexuellen Verfehlungen.
5. rechter **Lebenserwerb**: kein Handel mit Waffen, Sklaven, Fleisch, berauschenden Mitteln und Giften.
6. rechtes **Bemühen**, eine positive Geisteshaltung zu kultivieren.
7. rechte **Achtsamkeit** gegenüber dem Körper, den Empfindungen, den Geisteszuständen und den Geistesinhalten.
8. rechte **Konzentration**.

Pañña wird durch die Punkte 1 und 2 gefördert, *sila* durch 3 bis 5 und *samadhi* durch 6 bis 8.

---

allen Leidens und den Weg zu deren Überwindung erkannt. Seine neue Lehre von den „Vier edlen Wahrheiten" und dem „Achtfachen Pfad" legte er erstmalig in Sarnath bei Varanasi (Benares) seinen damaligen fünf Mitstreitern dar. Immer mehr Anhänger schlossen sich ihm an, so dass er einen Orden für Mönche *(bhikkhu sangha)* und später auch einen Orden für die Frauen *(bhikkhuni sangha)* gründete.

Buddhas Lehre *(dharma)* verbreitete sich sehr schnell und gewann auch unter Königen und Fürsten Anhänger, die seine Asketenbewegung – sie war seinerzeit nur eine unter vielen – unterstützten und ihn immer wieder in ihr Herrschaftsgebiet einluden. Mehr als 40 Jahre lang zog er mit seinen Gefährten von Ort zu Ort, um den *dharma* darzulegen. Im hohen Alter von 80 Jahren starb er in Kushinara an einer Lebensmittelvergiftung. Sein Todesjahr ist umstritten. Die buddhistische Zeitrechnung beginnt mit dem Jahr 544/543 v. Chr., andere Traditionen datieren seinen Tod um 484/483 v. Chr. Anhand nordindischer Quellen gehen neuere Forschungen davon aus, dass er um etwa 370 v. Chr. gestorben sein muss.

Lehre

Einer der Grundpfeiler der buddhistischen Lehre ist die Vorstellung, dass alle Erscheinungen dem ständigen Prozess des Werdens und Vergehens unterworfen und daher unbeständig *(anicca)* sind. Sie existieren nicht isoliert, sondern entstehen und bestehen in bedingter Abhängigkeit *(paticca samuppada)* zueinander. Damit verwirft Buddha die hinduistische Auffassung, dass der Welt ein ewiges göttliches Sein *(brahman)* und den Lebewesen ein unveränderbares Selbst *(atman)* zugrunde liegt. Für ihn ist das nur ein Versuch des Menschen, sich und der Welt Dauerhaftigkeit zu verleihen. Doch das ist eine Illusion *(avijja)*, die Leiden *(dukkha)* verursacht. Dieses Leiden kann als permanente Frustration verstanden werden, die aufgrund der Anhaftung des Menschen an diesem Wunschbild entsteht.

Auch das Ich, also die menschliche Person, besitzt keinen ewigen Kern, sondern ist ein sich unentwegt wandelndes Zusammenspiel der fünf Daseinsgruppen *(khandhas)*: Körper, Sinnesempfindungen, Sinneswahrnehmung, Geistesregung und Bewusstsein.

Die Reinkarnation im Sinne von Wiederfleischwerdung des Selbst, also eine Art Seelenwanderung, gibt es nicht. Was wiedergeboren wird, ist die im Laufe eines Lebens angesammelte karmische Energie. Sie entsteht, wenn Denken und Tun *(karma)* von Gier, Hass und Verblendung motiviert sind. Erst wenn beides vollkommen frei davon ist, kann der Wiedergeburtenkreislauf *(samsara)* beendet werden. Dieser schwer zu definierende Zustand der vollendeten Freiheit wird Nirvana genannt (Pali *nibbana*). In einem Text aus dem Pali-Kanon, dem Sutta Nipata, wird es folgendermaßen beschrieben: „Wie die Flamme, die von der Kraft des Windes ausgelöscht wird, an ihr Ende kommt und erlangt, was keiner beschreiben kann – so gelangt der schweigende Weise, befreit von Name und Form, ans Ziel und erreicht einen Zustand, den keiner beschreiben kann (...). Sind alle Bedingungen beseitigt, dann sind auch alle Wege der Sprache beseitigt." Mit dem Tod nach der letzten Wiedergeburt, in der man zur höchsten Stufe der Vollkommenheit gelangt ist, wird Parinirvana, das komplette Verlöschen, erreicht.

Ein zentraler Gedanke des Buddhismus ist der **Mittlere Weg** *(majjhima patipada)*, demzufolge der Mensch Extreme vermeiden soll. Sowohl radikale Askese als auch ausschweifender Lebenswandel schaden ihm und verhindern seine spirituelle Entwicklung. Es ist der Pfad der goldenen Mitte, der „sehend macht, Wissen erzeugt, zu Beruhigung der Leidenschaften, zu höherer Erkenntnis, Erleuchtung und Verlöschen führt" (Samyutta Nikaya).

Das Verhalten des Menschen wird von **Sittenregeln** *(sikkhapada)* bestimmt. Folgende fünf gelten für alle Buddhisten: nicht töten, nicht stehlen, keine sexuellen Verfehlungen begehen, nicht lügen und keine berauschenden Mittel zu sich nehmen. Mönche, Nonnen und Novizen dürfen überhaupt keinen sexuellen Verkehr haben. Darüber hinaus gelten für sie weitere fünf Regeln, die manchmal auch zu drei

---

Wiederbelebung des Nonnenordens

Sri Lanka ist das einzige theravada-buddhistische Land, in dem der Nonnenorden fest etabliert war. Als Gründerin des singhalesischen Bhikkhuni Sangha gilt laut Mahavamsa-Chronik **Sanghamitta**, eine Tochter des Königs Ashoka, die zusammen mit ihrem Bruder Mahinda im 3. Jh. v. Chr. auf die Insel kam und in Anuradhapura das Nonnenkloster Hatthalhaka gründete. Doch nach über einem Jahrtausend verschwand der weibliche Ordenszweig infolge der Chola-Invasion 1017 (s. S. 91). Erst 900 Jahre später gab es Anzeichen der Wiederbelebung.

Einen ersten Versuch startete der buddhistische Reformer Anagarika Dharmapala in Colombo, doch nach zwei Jahren war das Experiment beendet. Deshalb gebührt **Catherine de Alwis Gunatilaka** (1885–1937) das Verdienst der Wiederbelebung. Die in eine katholische Familie in Bentota hineingeborene de Alwis fühlte sich von der Religion des Buddha angezogen und ging nach Birma, um dort von Daw Nichari unter dem Namen Sudhammachari die niedere Ordinationsstufe als *samaneri* zu empfangen. Nach ihrer Rückkehr gründete sie 1903 in Katukelle bei Kandy eine Nonnengemeinschaft. Doch deren Mitglieder waren nicht als vollwertige Nonnen *(bhikkhunis)* anerkannt, sondern nur als „Folgerinnen der zehn Regeln", **Dasa Sil Mata**. Trotz dieser Diskriminierung wuchs die Zahl weiblicher Klostergemeinschaften in Sri Lanka und fand in der Bevölkerung weitgehende Akzeptanz – nur nicht bei den obersten Mönchen. Erst nach zähen Kämpfen und mit ausländischer Unterstützung empfingen auf Initiative der Sakyadhita International Organisation of Buddhist Women, www.sakyadhita.org, am 8. Dezember 1996 im indischen Sarnath die ersten elf Dasa Sil Matas die vollwertige Nonnenordination *(upasampada)*. Zwei Jahre später wurden von der Bhikkhuni Sasanodaya Society in Dambulla die ersten 23 Nonnen auf srilankischem Boden ordiniert. Nach anfänglichen Widerständen werden die Bhikkhunis von immer mehr führenden Mönchen anerkannt, mittlerweile ist ihre Zahl auf weit über 300 gestiegen.

zusammengefasst werden: Essen nach 12 Uhr ist untersagt. Sie müssen sich von Vergnügungen fern halten, jede Art von Schmuck und Pomp vermeiden, dürfen nicht auf hohen üppigen Betten schlafen und kein Gold und Silber annehmen.

Die **Freigiebigkeit** (dana) bringt den Gläubigen laut buddhistischer Lehre gleich „fünffachen Segen" ein: sie macht sie beliebt, bringt sie mit guten Menschen zusammen, führt zu einem guten Ruf und stärkt das Selbstbewusstsein. Vor allem garantiert dana eine himmlische Wiedergeburt, vorausgesetzt, das Geben geschieht aus Uneigennutz. Die Buddhisten sollen sich allen Wesen liebevoll zuwenden (maitri), ihnen sowohl Mitgefühl (karuna) als auch Mitfreude (mudita) erweisen und dabei gleichzeitig gelassen (upeksha) bleiben, um sich nicht in positive oder negative Gefühle zu verstricken.

Sangha – die Mönchsgemeinschaft

Um seiner radikalen Asketenbewegung eine Form zu geben, gründete Buddha den Mönchs- (bhikkhu sangha) und etwas später den Nonnenorden (bhikkhuni sangha). Der „Hauslose" (bhikkhu) gibt jegliche Bindung an Haus und Familie auf. Als Ausdruck dieser Lebensweise dienen die geschorenen Haare und schlichten Gewänder (ursprünglich Leichentücher).

Die zunehmende Zahl der Mönche und Nonnen erforderte entsprechende Reglementierungen für das Zusammenleben. Für den Bhikkhu Sangha erließ Buddha insgesamt **227 Regeln** (pathimokkha), für den Bhikkhuni Sangha **311 Regeln**, die im Vinaya Pitaka gesammelt sind. Beim Eintritt in die Mönchsgemeinschaft empfängt der Buddhist zuerst die niedere Ordination als Samanera, um als Novize das Leben im Sangha kennen zu lernen. Durch die höhere Ordination (upasampada), für die er das 20. Lebensjahr erreicht haben muss, wird er zum vollwertigen Mönch und hat nun alle Regeln des Vinaya einzuhalten. Im Gegensatz zu den theravada-buddhistischen Ländern Südostasiens wie Birma oder Thailand bleiben die Mönche Sri Lankas ein Leben lang im Kloster. Hier hat das Mönchtum auf Zeit keine Tradition.

Alle zwei Wochen, an den Voll- und Neumondtagen, tritt der gesamte Sangha zur Abhaltung der so genannten **Uposatha-Zeremonie** zusammen. Hier werden Verfehlungen bekannt und die Mönchsregeln rezitiert. In den drei Monaten zwischen Juli- und Oktobervollmond müssen sich die Mönche zur **Regenzeit-Periode** (vas, von Pali vassa) ins Kloster zurückziehen und dürfen es nicht für längere Zeit verlassen. Zu verschiedenen Anlässen, sei es zur Hauseinweihung, zu Hochzeit oder Beerdigung, bei Unglücksfällen und schweren Krankheiten, werden Bhikkhus eingeladen, um **Pirit** (Pali paritta = „Schutz, Sicherheit") durchzuführen, eine Zeremonie, die Schaden fern halten soll. Dazu halten die Gläubigen oft Fäden in der Hand, die mit den Mönchen verbunden sind, während Letztere Texte aus dem Pali-Kanon rezitieren.

Staat und Sangha

Das Verhältnis zwischen Staat und Sangha ist seit der Zeit Ashokas (s. S. 89) von gegenseitiger Abhängigkeit geprägt. Das ist in Sri Lanka bis heute der Fall. Der Sangha soll die Regierenden wie alle Anhänger Buddhas anhalten, sich an die buddhistischen Prinzipien zu halten. Vor allem nationalistisch gesinnte Mönche sehen darin eine Legitimation ihres Auftritts als politische Agitatoren. Begnügten sie sich früher mit der Beraterrolle des Königs, so sind Bhikkhus heute als Parteimitglieder sogar im Parlament vertreten. Dem Staat wiederum obliegt es traditionell, die Reinheit des Sanghas zu gewährleisten und darauf zu achten, dass sich keine Missstände einschleichen – der Grund, weshalb Könige immer wieder Klöster entmachteten.

Im Laufe der Zeit etablierten sich auf der Insel drei Mönchsorden (nikaya), die bis heute das religiöse Leben dominieren:

Der älteste Orden, der **Siyam Nikaya**, entstand 1753 in Kandy zu einer Zeit, als der Sangha auszusterben drohte. Der Name leitet sich vom alten thailändischen Landesnamen „Siam" her. Von dort lud König Kirti Sri Rajasimha (reg. 1747–82) hoch stehende Mönche ein, um Einheimische zu ordinieren. Doch er gestattete diese Ordination nur Angehörigen der beiden höchsten Kasten, Goyigama und Vellala. Zudem erhielten die beiden Hauptklöster Kandys, Asgiriya und Malwatta Vihara, die Exklusivrechte für diese Zeremonie. Alle Mönche, die nicht diesen Kasten angehörten, wurden verbannt.

Aus Protest gegen diese Diskriminierung reiste der Mönch Nanavimala Tissa in die damalige birmanische Hauptstadt Amarapura (bei Mandalay) und empfing dort die höhere Ordination. Nach

Religion

seiner Rückkehr gründete er 1803 den **Amarapura Nikaya**, der allen offen steht. Vom Amarapura Nikaya spaltete sich 1865 der reformorientierte **Ramañña Nikaya** ab, der die Mönchsregeln strenger interpretiert und Fremdeinflüsse wie die des Hinduismus ablehnt. Obwohl der kleinste Nikaya, verfügt er über enormen Einfluss.

Im Gegensatz zu den Mönchen des Siyam Nikaya bedecken Bhikkhus der anderen beiden Schulen beide Schultern mit ihrer Mönchsrobe. Alle drei Nikayas verfügen über eine eigene Organisationsstruktur.

Hinduismus

Um die vielfältigen religiösen Strömungen Indiens zusammenzufassen, prägten britische Gelehrte 1830 den Begriff „Hinduismus". Er umfasst widersprüchliche Vorstellungen, die jedoch alle in der ausgeprägten Toleranz indischer Religiosität ihren Platz haben: die Idee vom All-Einen *(brahman)* und dem menschlichen Selbst *(atman)*; ein Heer von sehr menschlich wirkenden Dämonen und Gottheiten; extreme Selbstkasteiung, aber auch euphorische Ausgelassenheit; meditative Versenkung und ekstatische Tänze, Tieropfer neben konsequenter Gewaltlosigkeit *(ahimsa)*.

Diese Auffassungen und Praktiken haben sich in einer bis ins dritte Jahrtausend v. Chr. zurückreichenden Geschichte entwickelt. Für gewöhnlich unterscheidet man folgende Entwicklungsphasen:

Kultur des Indus-Tals (2500–1500 v. Chr.): Berge, Sonne, Mond, Wind und andere Naturphänomene werden mit Gottheiten assoziiert. Der Lingam ist als Symbol der Fruchtbarkeit schon bekannt.

Vedische Periode (1500–800 v. Chr.): Die aus Westasien in das Herz des Subkontinents einwandernden arischen Stämme verdrängen die Draviden nach Südindien. Es entstehen die vedischen Schriften (skt. *veda* = „Wissen") mit rituellen Texten. Im Zentrum der Verehrung stehen Natur- und Fruchtbarkeitsgottheiten wie Indra, Agni oder Surya sowie Dämonen und Erdgeister wie Yakshas, Rakshasas und Nagas. Hauptakteure der Opferrituale sind Priester (Brahmanen), die im Laufe der Zeit in einer eigenen Kaste zusammengefasst werden.

Jüngere vedische Periode (800–500 v. Chr.): In Abgrenzung zur starren Ritualisierung und elitären Brahmanenkaste entstehen Reformbewegungen, deren Focus auf spirituellen Praktiken wie Yoga und Meditation liegt. In den Upanishaden ist der hinduistische Reinkarnationsgedanke voll entfaltet: Jede Tat *(karma)* hat Folgen für die nächste Wiedergeburt. Durch religiöse Übungen wie Yoga, Meditation oder Selbstkasteiung ist Befreiung *(moksha)* aus dem Wiedergeburtskreislauf *(samsara)* möglich.

Zeit der Epen und Puranas (500 v. Chr.–500 n. Chr.): Die großen Hindu-Gottheiten Shiva und Vishnu rücken immer stärker in den Mittelpunkt der Verehrung. Ihre Geschichten werden in den ersten Jahrhunderten nach Christus in den Puranas („Götterlegenden") niedergeschrieben. Die in den vorchristlichen Jahrhunderten nach Sri Lanka eingewanderten Tamilen bringen auch den Hinduismus auf die Insel, wo die bedeutenden Epen Mahabharata und Ramayana an Popularität gewinnen. Letzteres Epos wird teilweise in Sri Lanka lokalisiert.

Mittelalter (500–1500): Die religiöse Hingabe an Gottheiten *(bhakti)*, vor allem an Shiva und Vishnu, entfaltet sich immer weiter und findet auch unter singhalesischen Buddhisten Anklang. Vishnu und Skanda avancieren zu Schutzgottheiten Sri Lankas. Daher befinden sich auf dem Gelände vieler buddhistischer Klöster Schreine *(devales)* zu ihrer Verehrung.

Shiva

Keine andere Hindu-Gottheit ist so vielseitig und widersprüchlich wie Shiva. In ihm vereinen sich alle Gegensätze. Neben dem Schöpfergott Brahma und dem Bewahrer Vishnu ist er der Gott der Zerstörung. Doch tritt er auch als „König des Tanzes" *(Nataraj)* und „großer Asket" *(Mahayogin)* auf. In den heiligen Schriften ist er unter 1008 Namen bekannt, als Schrecken erregender „Heuler" *(Rudra)* ebenso wie als der „Sanfte" *(Shiva)* und „Wohltätige" *(Shankara)*. Das wohl wichtigste Shiva-Symbol ist der Lingam (skt. „Zeichen"), der Shivas schöpferische Energie repräsentiert. Sein Sitz ist der Berg, deshalb ist für die Hindus in Sri Lanka der Adam's Peak ein wichtiges Pilgerziel. Tamilen nennen ihn Shivanolipatham, den „Bergpfad zum Licht Shivas". Zu seinen Hauptattributen zählen der Dreizack, der Halbmond und das senkrechte Weisheitsauge. Erkennbar ist er auch an seinem Begleittier, dem weißen Bullen Nandi.

Elefantengott Ganesha

Vishnu

„Der Eintretende" (skt. *vish* – „eintreten, durchdringen") wird als einer der vier Schutzgottheiten Sri Lankas (s. u.) auch von Buddhisten verehrt. Als Erhalter nimmt er immer wieder irdische Formen an, um in die Welt einzutreten (daher sein Name) und zu retten. Bisher ist er in neun Inkarnationen erschienen, u. a. als Rama, Krishna und Buddha. Die zehnte als Pferd Kalki steht noch aus. Meist wird er vierarmig dargestellt. Seine Attribute sind: Kauryamuschel (Zeichen der Lebensquelle), Diskus (Zeichen der ewigen Erneuerung), Lotus (Symbol der Reinheit) und Keule (Symbol der Kraft). Sein Begleittier ist der Vogel Garuda. In Sri Lanka ist er auch unter dem Namen **Upulvan** (Blauer Lotos) bekannt.

Kataragama (Skanda)

Als Gott des Krieges wird der jüngere Sohn Shivas und Parvatis wie Vishnu als eine der vier Schutzgottheiten Sri Lankas auch von Buddhisten verehrt. In seinen zwölf Händen hält der sechsköpfige Gott Waffen, sein Begleittier ist der Pfau. Die bekannter ist er in Sri Lanka unter dem Namen Tamilen kennen ihn unter dem Namen **Murugan**, **Kataragama**. Um ihn ranken sich verschiedene Legenden und Traditionen, so soll er in Kataragama (s. S. 246) mit einem Vedda-Mädchen namens Valli zusammengelebt haben.

Die Erzählung *Kanda Mala* berichtet von einem Wettstreit zwischen Ganesha und Skanda, den beiden Söhnen Shivas. Wer als erster dreimal die Welt umrunde, erhalte eine Mango, versprach Shiva. Während Skanda auf seinem Pfau lospurtete, umkreiste Ganesha dreimal Shiva in der Ansicht, sein Vater vereine die Welt in sich. Das schmeichelte Shiva so sehr, dass er ihm die Mango gab. Aus Wut stieß Skanda nach seiner Rückkehr seinen Bruder um, dem daraufhin ein Stoßzahn abbrach. Zur Strafe verbannte ihn sein Vater in die Welt des Vergänglichen, wo er sich in Kataragama niederließ.

Weibliche Gottheiten

Ohne ihre Partnerinnen sind die männlichen Hindu-Gottheiten tot, meint der britische Indologe Gavin Flood. Die Göttinnen verkörpern die weibliche Energie *(shakti)*. Als solche können sie sich mütterlich fürsorglich, aber auch dämonisch und zerstörerisch zeigen.

Das Zerstörerische offenbart sich vor allem in **Kali** („die Schwarze"), deren Kult in Nordindien entstanden ist. Bilder und Figuren zeigen sie mit herausgestreckter Zunge, langen Eckzähnen und flammendem Haar. **Mariamman**, die „Mutter der Pocken", ist das südindische Pendant zu Kali. Einer Legende zufolge wurde sie in die Brahmanen-Kaste geboren und von einem sich als Brahmanen ausgebenden Unberührbaren in die Ehe gelockt. Daraufhin beging das Mädchen Selbstmord und wurde zu einer rachsüchtigen Gottheit. Ihr zu Ehren fügen sich Gläubige oft Selbstkasteiungen zu.

Parvati, die Tochter des Berggottes Himavan ist als treue Ehefrau Shivas und gute Mutter Ganeshas und Skandas gerade das Gegenteil. Zu ihrer Attributen zählen Gebetskranz, Spiegel und Krone. Eine weitere Partnerin Shivas ist **Durga**, die „schwer Zugängliche", die sowohl das Fürsorgliche als auch das Zerstörerische in sich birgt. **Lakshmi** auch Shri genannt, die Partnerin Vishnus, findet als Göttin der Schönheit, des Reichtums und Glücks Verehrung.

Herr des Dschungels

An Straßenrändern und in Dörfern finden sich vielerorts Schreine mit dem dickbäuchigen Elefantengott Ganesha. Der Sohn Shivas und Parvatis wird mit menschlichem Körper und Elefantenkopf dargestellt, wofür es eine Reihe von Erklärungen gibt. Einer Geschichte zufolge soll Parvati ihn anlässlich einer längeren Abwesenheit Shivas aus Salben und Schlamm geformt haben, damit er sie während ihres alltäglichen Bades bewacht. Als ihr Gatte zurückkehrt und von Ganesha, der Shiva nicht erkennt, am Zutritt gehindert wird, schlägt er ihm wütend den Kopf ab. Nach Protesten Parvatis ersetzt Shiva den Kopf mit dem eines unglückseligen Elefanten, der gerade des Weges kommt.

Ganesha wird in vielen Alltagsdingen angerufen. In seiner Verbindung mit den „Herren des Dschungels", den Elefanten, soll er Reisende vor Gefahren schützen. Sein Begleittier ist die Ratte.

Geister und Dämonen

Die Chronik Mahavamsa berichtet, dass die Insel vor der Ankunft der Singhalesen nur von Geistern, Yakshas und Nagas bewohnt gewesen sei. Dies ist ein Hinweis darauf, dass die ursprünglichen Bewohner, die Vedda, verschiedenen Formen des Geisterglaubens anhingen. Mit dem Aufkommen des Hinduismus verschmolzen ihre Geister und Dämonen mit Gestalten aus dem Subkontinent. In dieser Form sind sie sowohl unter Hindus als auch unter Buddhisten lebendig.

Zu den bekanntesten Dämonen zählen die **Yakshas** (singh. *yaka*), die die Naturkräfte verkörpern und in unterschiedlichen Formen, u. a. als Tiere und Menschen, auftreten. Sie können sowohl gutartig als auch bösartig sein. Als Freunde der Nacht und einsamer Plätze flößen sie Menschen Furcht ein und stören Einsiedler in ihrer Meditation. In der schwarzen Magie spielt der Huniyam Yaka eine führende Rolle, da er den Betroffenen Unglück und Tod bringen kann. Tätowierungen, Amulette und Zeremonien sollen vor ihm schützen.

Rakshasas (singh. *raksha*) sind wie die Yakshas eine Verkörperung der Naturkräfte, doch von bösartiger Natur. Selbst mächtige Gottheiten leiden unter ihnen. So muss dem Ramayana zufolge Vishnu auf Wunsch der Götter als Rama in die Welt hinabsteigen, um sie von dem Rakshasa Ravana zu befreien, der von Lanka aus sein Unwesen treibt. Gebieter über sämtliche Dämonengestalten ist der Gott Kubera.

Zu den ältesten Kulten Süd- und Südostasiens gehört die Verehrung von **Nagas** in Form einer Kobra. Sie symbolisieren die kosmische Energie. Naga-Schlangen tauchen in vielen hinduistischen Mythen auf. Auch im Buddhismus haben sie ihren Platz. Dort umschlingt der siebenköpfige Naga-König Mucalinda den meditierenden Buddha mit seinem Körper und schützt ihn so vor einem Gewittersturm.

Christentum

Mit den Portugiesen (1505–1658) kamen die ersten Missionare ins Land, um die Insel auch „spirituell zu erobern". Dazu gehörte die Zerstörung von Hindu-Tempeln und buddhistischen Klöstern und die gesellschaftliche Bevorzugung von Konvertiten. Die katholischen Missionsorden wie Augustiner, Franziskaner, Dominikaner und Jesuiten waren vor allem unter den Fischern der Westküste erfolgreich, die als Angehörige der niederen Karava-Kaste in der traditionellen Kastenhierarchie diskriminiert waren und sich von der neuen Religion einen höheren Status erhofften.

Als die Holländer (1658–1796) die Kolonialherrschaft übernahmen, warfen sie die Missionare hinaus, bannten die katholische Kirche und etablierten die kalvinistische Holländische Reformierte Kirche. In der Bevölkerung konnte sie jedoch kaum Fuß fassen. Unter den Briten (1796–1948) wiederum begann die Anglikanische Kirche zu dominieren und genoss die koloniale Unterstützung. Doch das Empire erlaubte auch anderen Konfessionen, aktiv zu sein. Im 19. Jh. nahm die Zahl von christlichen Schulen sprunghaft zu. Man erhoffte

---

Die vier Schutzgottheiten Sri Lankas

Wie sehr sich hinduistische und buddhistische Vorstellungen vermischen, zeigt sich vor allem bei den vier Schutzgottheiten (Satara Varan Devas) der Insel: Natha, Upulvan, Kataragama und Pattini. Hinter **Natha** (skt. „beschützen") verbirgt sich der zukünftige Buddha Maitreya. Gelegentlich wird in ihm auch der Bodhisattva des Mitgefühls, Avalokiteshvara, verehrt. Beide Gestalten sind vor allem im Mahayana-Buddhismus von Bedeutung. Der Natha-Kult wurde vor allem ab dem 14. Jh. populär, lässt sich jedoch bereits im 9. Jh. nachweisen. **Upulvan** wird mit Vishnu identifiziert, um ihn ranken sich jedoch auch eigenständige Legenden. Auch bei **Kataragama** vermischen sich hinduistische und lokale Traditionen. Der Ursprung der Göttin **Pattini** geht auf eine Erzählung aus dem tamilischen Epos Silappadikaram zurück, wo der Aufstieg des Mädchens Kannakai zur „Göttin der Reinheit", Pattini, geschildert wird (s. S. 319). Sie ist der Inbegriff von treuer Ergebenheit und weiblicher Tugendhaftigkeit. Als die „perfekte Ehefrau" hat sie das srilankische Frauenbild entscheidend geprägt. Tempel zu ihrer Verehrung lassen sich bereits im 2. Jh. nachweisen, als sich unter König Gajabahu dieser Kult massiv ausbreitete.

sich damit zweierlei: das Bildungsniveau nach westlichem Muster zu verbessern und die Einheimischen im christlichen Sinne zu erziehen. Mit diesem kolonialen Hintergrund wird das Christentum unter vielen Sri Lankern noch heute als Fremdkörper betrachtet.

Zur Zeit der Unabhängigkeit gehörten wie heute etwa 7 % einer der christlichen Kirchen an. Um deren Einfluss zu beschneiden, ließ Premier Sirimavo Bandaranaike 1960 die Konfessionsschulen verstaatlichen. Das zwang die Kirchen zu einer Neuorientierung. So bemühte sich die katholische Kirche, mit knapp 1,3 Mill. Mitgliedern die größte christliche Gruppierung, – vor allem im Anschluss an das Zweite Vatikanische Konzil (1962–65) – um eine stärkere Integration der lokalen Kultur in ihre Lehre und den Dialog mit dem Buddhismus. Zudem wandte sie sich verstärkt sozialen Belangen zu. Eine ähnliche Entwicklung erlebte die seit 1796 auf der Insel präsente Anglikanische Kirche. Sie machte sich 1970 mit ihren zwei Diözesen Colombo und Kurunegala als „Church of Ceylon" unabhängig. Wie in anderen Teilen Asiens nimmt die Zahl der aggressiv missionierenden evangelikalen Gruppen zu, die mit ihrer dogmatischen Haltung die interreligiöse Atmosphäre vergiften.

Islam

Lange vor dem Christentum gelangte der Islam nach Sri Lanka. Vermutlich im 9./10. Jh. ließen sich die ersten arabischen Händler in den Küstenorten nieder und brachten die im 6. Jh. gegründete Religion des Propheten Mohammad mit. Im heutigen Colombo und in Mannar wurden Grabsteine aus dieser Zeit gefunden. In den späteren Jahrhunderten wanderte der Großteil der Muslime aus Südasien – während der niederländischen Herrschaft (17./18. Jh.) auch aus dem malaiisch-indonesischen Raum – ein.

Obgleich sie sich mit der einheimischen Bevölkerung vermischten, bilden die *Moors* (s. S. 86) eine eigene ethnische Gruppe. Zwar sind sie weitgehend in die Gesellschaft Sri Lankas integriert, doch kam es in der Vergangenheit gelegentlich zu anti-muslimischen Übergriffen wie etwa bei den Unruhen 1915 (s. S. 96). Der rigiden Missionierung unter den Portugiesen fielen fast alle ihre Moscheen zum Opfer. Die LTTE verfolgte in den von ihr kontrollierten Gebieten Ende der 80er,

Anfang der 90er Jahre ein Programm der ethnischen Säuberung, dem vor allem die dortigen muslimischen Gemeinden zum Opfer fiel. So wurden im August 1990 mehr als 300 Muslime im Großraum Batticaloa niedergemetzelt. Bei diesen wie auch anderen Übergriffen war jedoch weniger ihre Religion Ursache des Konfliktes, sondern die Tatsache, dass die meisten Muslime Händler sind und somit überproportional in der Wirtschaftselite vertreten sind.

Religigiöse Kunst und Architektur

Buddhistische Ikonografie

In den ersten Jahrhunderten nach Buddhas Tod vermied man seine bildhafte Darstellung und wies nur durch Symbole auf ihn hin, z. B. durch einen Stupa, ein Rad, einen Fußabdruck oder einen Bodhi-Baum. Etwa zu Beginn des 2. Jhs. entstanden in Mathura (südlich von Delhi) und Gandhara (heute Pakistan und Afghanistan), den beiden Zentren des Kushan-Reiches, die ersten Bildnisse. Schon damals übertrugen die Künstler die „32 Kennzeichen eines Großen Wesens" *(Mahapurusha lakshana)* auf die Gestalt Buddhas. Viele von ihnen beziehen sich auf das Aussehen eines wohlproportionierten Körpers: gerade Gliedmaßen, lange Finger und bis über die Knie reichende Arme, Beine einer Antilope, Kinn und Oberkörper eines Löwen, dunkelblaue Augen mit den Wimpern einer Kuh, 40 gleichmäßige, strahlend weiße Zähne usw. Einige von ihnen sind zum Charakteristikum einer jeden Buddha-Darstellung geworden, dazu gehören ein Schädelauswuchs *(ushnisha),* kurz gelockte Haare, eine als Punkt angedeutete Haarlocke zwischen den Augenbrauen *(urna),* drei Halsfalten, lange Ohren und eine Radabbildung an den Fußsohlen.

Mudras und Asanas

Handhaltung *(mudra)* und Körperposition *(asana)* einer Buddha-Abbildung sind in der buddhistischen Ikonografie genau festgelegt und lassen von Seiten des Künstlers kaum Spielraum zu. Sie beziehen sich auf Lebensereignisse des Erleuchteten oder Aspekte seiner Lehre. Eine **liegende Buddha-Figur** erinnert an den Tod und Eingang ins Parinirvana, eine **stehende Figur** an seine Rückkehr aus dem „Himmel der 33 Götter" (Tavatimsa), wo er der Legende nach eine Regenzeit lang lehrte. Am häufigsten ist die Darstellung des Buddha im **Meditationssitz**, wobei seine beiden Beine gekreuzt sein können oder nur ein Bein auf dem anderen ruht. Seltener finden sich Positionen im „**Europäischen Sitz**" mit nach unten ausgestreckten Beinen.

Die sechs klassischen Handhaltungen sind:

Abhaya-Mudra: In dieser Geste der Furchtlosigkeit und Ermutigung sind ein oder zwei Hände nach vorn ausgestreckt. Die Handflächen weisen nach außen, die Finger nach oben. Dieses Mudra kommt fast ausschließlich bei stehenden Figuren vor. In Sri Lanka finden sich viele stehende Figuren, bei welcher die rechte Hand im Abhaya-mudra nach vorne weist und die linke an der Schulter ruht und das Mönchsgewand berührt.

Bhumisparsha-Mudra (Erdberührung) oder **Maravijaya-Mudra** (Sieg über Mara): Diese populäre Handhaltung erinnert an die Versuchung des Buddha durch Mara kurz vor seiner Erleuchtung. Mara (wörtlich „Tod" oder „Mörder") ist die Verkörperung der Leidenschaften und des Begehrens. Als Zeugin seiner Standhaftigkeit ruft Buddha durch Berührung mit seiner rechten Hand die Erde auf. Malereien oder Reliefs stellen gern die daraufhin erscheinende Erdgöttin dar. Sie wringt ihr langes Haar aus und schwemmt mit dem heraus fließenden Wasser die Armee des Mara weg. Das Wasser ist Symbol für die vielen guten Taten der früheren Inkarnationen Buddhas.

Dharmachakra-(pravartana)-Mudra: Daumen und Zeigefinger beider Hände, die sich auf der Höhe der Brust befinden, bilden jeweils einen Kreis, wobei die Fingerspitzen sich berühren. Die übrigen Finger sind ausgestreckt. Diese Geste des Andrehens des Rades (chakra) der Lehre (dharma) gedenkt Buddhas ersten Predigt, in der er in Sarnath (bei Varanasi) die Vier edlen Wahrheiten darlegte.

Dhyana- oder Samadhi-Mudra: Beide Hände liegen flach ineinander und ruhen im Schoß. Dies ist die Haltung der Meditation (dhyana, samadhi).

Varada-Mudra: Die Finger der nach außen hin geöffneten Hand weisen in Richtung Erde. Damit erinnert man an Buddhas Güte und Großherzigkeit.

Virtarka-Mudra: Ähnlich wie beim Dharmachakra-Mudra, allerdings nur mit einer erhobenen Hand, formen Daumen und Zeigefinger einen Kreis. Die restlichen Finger sind wieder gespreizt. Diese Handhaltung stellt die argumentative Kraft des lehrenden Buddha dar.

Neben diesen klassischen Handhaltungen gibt es noch einige weitere, z. B. das **Vajrapradama-Mudra**, bei dem der stehende Buddha seine beiden Hände auf Brusthöhe ineinander gelegt hat, was auf sein wie ein Diamant (vajra) unzerstörbares Selbstbewusstsein (pradama) hinweist.

Abhaya-Mudras   Samadhi-Mudra   Bhumisparsha-Mudra

Buddhistische Architektur

Der **Stupa** gilt als das älteste und wichtigste Symbol des Buddhismus. Lange bevor die ersten Buddha-Bildnisse aufkamen, war der Stupa-Kult verbreitet. Um Streit unter seinen Anhängern zu vermeiden, wurden kurz nach dem Tod des Erleuchteten die verbrannten Überreste des Leichnams an acht nordindische Fürsten verteilt und in halbrunden mit Steinen befestigten Grabhügeln beigesetzt wie sie Königen vorbehalten waren. In Anlehnung an die ursprünglichen Begräbnisstätten hatten die ersten Stupas die Form einer Halbkugel. Die ältesten Beispiele im zentralindischen Sanchi (bei Bophal) und in Patan (Nepal) stammen aus der Zeit des Königs Ashoka (reg. ca. 268–232 v. Chr.), etwa zeitgleich entstand in Anuradhapura der Thuparama.

In Sri Lanka folgen die meisten Dagobas dem traditionellen Aufbau: Wichtigster Bestandteil ist der auf einer quadratischen Plattform ruhende halbkugelförmige **Anda** aus Ziegelstein und Stuck. Ihm schließt sich der quadratische **Harmika** an, gefolgt von runden, sich verjüngenden Scheiben, den **Chattravali**. Den Abschluss bildet meist der **Kalasha**, eine Vase, die die Fülle des erleuchteten Geistes symbolisiert, und darauf eine Kugel, das „Wunschjuwel" **Chintamani**. Einige Dagobas wie der Thuparama in Anuradhapura oder in Medirigiriya waren mit einem Zirkuszelt ähnelnden Dach bedeckt. Sie werden **Vatadage**, „rundes Reliquienhaus", genannt.

Der Dagoban kann vieles sein: eine Grabstätte für eine verstorbene Person, ein Reliquienschrein oder, an exponierter Stelle wie auf einem Berg, Ausdruck für die Präsenz Buddhas. In Miniaturform hat er die Funktion einer Votivgabe. Als Reliquienschrein erinnert er an Buddhas vollkommenes Erlöschen und enthält daher in seinem Inneren eine Kammer mit Reliquien des Erleuchteten (meist Kopien), buddhistischen Schriften, Miniatur-Stupas oder Buddha-Figuren. Der Stupa fordert die Gläubigen auf, dem Erleuchtungsweg

Stupa, Thupa oder Dagoba?

Alle drei Begriffe meinen dasselbe. *Stupa* ist ein Wort aus dem Sanskrit und bezeichnete anfänglich einen Erdhügel. Der Wortstamm *stup* bedeutet „aufrichten", „erhöhen". Das Pali-Äquivalent ist *thupa*. *Dagoba* führt seinen Ursprung auf das Sanskritwort *dhatugarbha,* „Reliquienkammer", zurück. Um die Verwirrung komplett zu machen, wird gelegentlich der Begriff *Ceta* verwendet. Dieses singhalesische Wort leitet sich von *Cetiya* (skt. *caitya*), dem Palinamen für „Heiligtum", her.

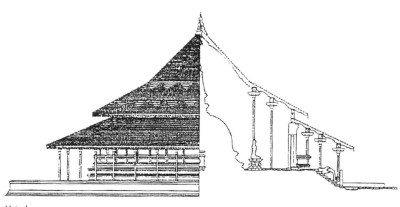

Vatadage

Buddhas vom Samsara zum Nirvana zu folgen. Die Anhänger umschreiten ihn im Uhrzeigersinn dreimal und nehmen damit Zuflucht zur Person Buddha, seiner Lehre *(dharma)* und Gemeinschaft *(sangha)*.

Schließlich ist der Stupa auch ein kosmisches Symbol. Der Anda (skt. „Ei") drückt die indische Vorstellung vom Weltei aus, das den Kosmos hervorbringt. In der Mitte des Kosmos steht der Berg Meru, der durch die Zentralachse symbolisiert wird. Sie gilt auch als Verbindung zwischen dem Irdischen, dargestellt durch die quadratische Plattform, und dem Himmlischen, vom runden Anda versinnbildlicht.

In Sri Lanka werden insgesamt sechs Dagoba-Formen unterschieden: 1. **Glockenform** (Ghantakara); 2. **Topfform** (Ghatakara); 3. **Blasenform** (Bubbulakara); 4. **Reishaufenform** (Dhanyakara), 5. **Lotosform** (Padmakara) und 6. **Form einer Emblican** (Amalaka). Letztere ist eine pflaumengroße grüngelbe Frucht (*Phyllanthus emblica*, skt. *amalaki*), mit der Stachelbeere verwandt, die für das Ayurveda von großer Bedeutung ist. Die Ersteren vier kommen am häufigsten vor (s. Abbildung).

Die Dagobas können vereinzelt stehen oder in ein Kloster (Vihara oder Vehera) eingebunden sein. War ursprünglich mit **Vihara** nur eine Versammlungshalle gemeint, so schließt der Begriff heute den ganzen Klosterkomplex ein. Dazu gehören auch folgende Einrichtungen: der Wohnraum der Mönche, **Sangha Vasaya**, und ihr Speisesaal, auch Almosenhalle, **Dana Sala**, genannt, die Halle zur Verehrung des Buddha, **Viharage**, eventuell eine eigene Ordinationshalle, **Uposathaghara**, ein abgegrenzter Bereich für den Bodhi-Baum, **Bodhighara**, und der Schrein zur Verehrung der Schutzgötter des Buddhismus (meist Hindu-Gottheiten), der **Devale**. Im **Pansala** wird der Pali-Kanon, früher in Form von Palmblattmanuskripten aufbewahrt.

Große und bedeutende Klöster führen häufig die Bezeichnung Raja Maha Vihara, „Königliches Großes Kloster", im Namen. Hier handelt es sich um alte königliche Stiftungen. Sie können sehr reich sein und große Ländereien besitzen, weshalb die dort lebenden Mönche nicht gerade dem buddhistischen Armutsideal folgen. Dies gilt besonders für viele Klöster in und um Kandy.

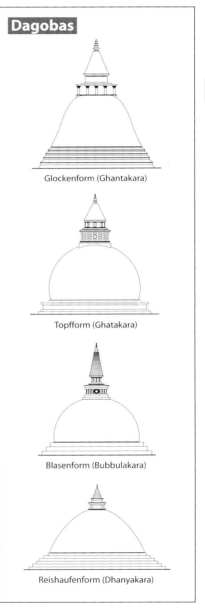

Dagobas

Glockenform (Ghantakara)

Topfform (Ghatakara)

Blasenform (Bubbulakara)

Reishaufenform (Dhanyakara)

Hindu-Architektur

Die Architektur der srilankischen Hindu-Tempel (Tamil: Kovil) ist stark von den südindischen Sakralbauten beeinflusst. Wie dort folgt der Aufbau den traditionellen Vorgaben. Der Kovil repräsentiert den Berg Meru, die Heimstatt der Götter und Mitte des Kosmos. Als solcher ist er Vermittlungsraum zwischen Götterwelt und der Welt der Menschen.

Das drückt sich auch in der Architektur aus: Im Zentrum steht das rechteckige **Zentralheiligtum** (Garbha Griha) mit dem Kultobjekt, einem Lingam oder einer Statue. Der Zutritt ist den Brahmanen-Priestern vorbehalten. Nach außen verziert und von einem reichlich dekorierten Turm (Shikhara) gekrönt, ist das Garbha Griha (skt. „Haus des Mutterschoßes") im Inneren schlicht gestaltet, um alle Konzentration auf das Kultobjekt zu lenken. Ihm schließt sich (meist östlich) ein **Zwischenraum** (Antarala) zur Vorbereitung der Zeremonien und die **Vorhalle** (Mandapa) an. Je nach Größe des Tempels halten sich dort die Gläubigen auf, um zur Opferzeit (Puja) den Zeremonien beizuwohnen. Von den dravidischen Kovil Südindiens, wie etwa in Madurai, wurde der markante vierseitige **Eingangspavillon**, Gopuram, übernommen. Wie bei einer Pyramide laufen die Seiten nach oben hin spitz zu und sind über und über mit Götter- und Dämonenfiguren verziert. Abhängig von der Bedeutung des Kovil gibt es seitlich des Mandapa eine Reihe von kleineren Schreinen zur Verehrung weniger bedeutender Hindu-Gottheiten.

Die großen Chroniken

Die ältere Geschichte Sri Lankas wäre heute nicht in dem Maße beleuchtet, gäbe es nicht zahlreiche Inschriften und Chroniken. Bereits aus dem 3. Jh. v. Chr. sind Inschriften auf Steintafeln und Säulen erhalten geblieben. Meist behandeln sie religiöse Schenkungen und Klosterregeln. Die älteste in Pali verfasste Chronik, der **Dipavamsa** („Insel-Chronik"), wird in das 5. Jh. datiert. Wahrscheinlich von mehreren Autoren kontinuierlich fortgeschrieben, beginnt sie mit Buddhas Leben, seinem angeblichen Besuch in Sri Lanka und endet mit der Regierungszeit des Königs Mahasena (reg. 274–301). Darauf baut die bedeutendste Geschichtsschreibung auf, der **Mahavamsa** („Große Chronik"). Von Mönchen um das 6. Jh. herum verfasst, ist der Mahavamsa im engeren Sinne eine religiöse Historie des srilankischen Buddhismus. In diesem Sinne muss er gelesen und interpretiert werden, was besonders für die Legende des Vijaya (s. S. 88) gilt, mit der das in Pali verfasste Werk beginnt. Nichtsdestotrotz bieten die Chronologien und Ereignisbeschreibungen (darunter manche mit regionalem Bezug) einen wichtigen Fundus für die Historiker. Dies gilt auch für die Fortsetzung des Mahavamsa aus dem 13. Jh., dem **Culavamsa** („Kleine Chronik"), der mit der Regentschaft Parakramabahu I. (reg. 1153–86) endet.

Literatur, Theater und Kunsthandwerk

Die Kunst Sri Lankas, ob Literatur, Musik oder Tanz, ist überwiegend religiöser Natur. Das kommt nicht von ungefähr, denn Religion und Gesellschaft waren in der Vergangenheit nicht getrennt. Aller Globalisierung und Verwestlichung zum Trotz sind sie auch heute noch eng miteinander verwoben. Auch wenn der große Nachbar Indien zweifellos über enormen kulturellen Einfluss verfügt, hat sich Sri Lanka in vielem seine Eigenständigkeit bewahrt. Ein Grund liegt sicherlich darin, dass der Buddhismus im Gegensatz zum Subkontinent gesellschaftsbestimmend war und ist.

Literatur

Parallel mit dem Aufstieg der ersten srilankischen Königreiche entstand eine in Pali oder Sanskrit abgefasste Literatur. Neben den geschichtlichen **Chroniken** (Vamsa) waren es vor allem religiöse Texte, vermischt mit Volksdichtkunst, die auf den Ola-Blättern der Talipotpalme niedergeschrieben wurden. Als eindrücklichste Zeugnisse der frühen säkularen Dichtkunst gelten die **Graffiti** an der so genannten Spiegelwand in Sigiriya (s. S. 295). Sie werden ins 7. und die nachfolgenden Jahrhunderte datiert und beziehen sich vor allem auf die gemalten Wolkenmädchen, deren „güldene Haut die Gedanken und Augen verführen" und „deren Brüste mich an Schwäne, trunken mit Nektar" erinnern, wie ein erregter Verehrer vermerkte.

Eine schier unerschöpfliche Inspirationsquelle boten die 547 Geburtsgeschichten Buddhas, die **Jatakas**. Sie schildern die abenteuerlichen Erlebnisse und Taten des Buddha in seinen früheren Existenzen – sei es als Tier oder als Prinz – und porträtieren ihn als selbstloses und kluges Wesen. Der volkstümliche Charakter der Jatakas animierte die Autoren, meistens Mönche, die Geschichten mit Lokalkolorit auszuschmücken. Daraus entstand eine eigene literarische Gattung, die **Mahakavyas**. Eines der bekanntesten Beispiele ist das von König Parakramabahu II. (reg. 1236–70) geschaffene, 770 Verse umfassende Werk *Kavsilumina* („Diademedelstein der Dichtung"), das auf dem Kusa Jataka basiert, in dem der spätere Buddha als hässlicher Prinz Kusa wiedergeboren wird und sich in die schöne Prinzessin Pabhavati verliebt.

Etwa zeitgleich entstand nach dem Vorbild der nordindischem „Wolkenboten" (Meghaduta) – Wolken sollten die Gedichte zu den Adressaten, Geliebte oder Götter, bringen – eine eigenständige säkulare Literatur, die **Sandeshas** („Botschaften"). Dabei handelt es sich überwiegend um Natur- und Liebesgedichte, Heldenpreisungen oder kurze Erzählungen. Vögel waren die Boten der Gedichte, darum sind viele Sandeshas nach ihnen benannt, z. B. das *Mayura Sandeshaya* („Botschaft des Pfaus") aus dem 13. Jh. oder der im 14. Jh. verfasste *Thisara Sandeshaya* („Botschaft des Schwans"). Als größter Sandesha-Dichter gilt der Mönch Sri Rahula, der zur Zeit des in Kotte regierenden Königs Parakramabahu VI. (reg. 1411–66) lebte und vor allem mit seinen Werken *Paravi Sandeshaya* („Botschaft der Taube") und *Salalihini Sandeshaya* („Botschaft des Stars") herausragt. Mit ihm erreichte die säkulare Dichtkunst ihren Zenit. Sie gibt dem heutigen Leser einen guten Einblick in das Denken der damaligen Zeit. Eine eigenständige Literatur etablierte sich ebenfalls in der tamilischen Gemeinde, vielfach auf der Basis hinduistischer Geschichten. Die erotischen Abenteuer von Krishna erregten auch die Fantasie der Singhalesen, so dass sie ebenfalls Eingang in ihre Volksdichtkunst fanden.

Als Pioniere der **neueren srilankischen Literatur** gelten Aluthgamage Simon de Silva mit seinem 1905 erschienenen Erstlingswerk *Meena* und

Michael Ondaatje

In neuerer Zeit hat sich der in Toronto lebende Michael Ondaatje von holländisch-tamilisch-singhalesischer Abstammung einen Namen gemacht. 1943 in Colombo geboren, folgte er als Elfjähriger seiner Mutter nach Großbritannien und zog später zum Studium der Englischen Literatur nach Kanada, um dort ab 1971 an der York University in Toronto zu lehren. Sein berühmtestes Werk, *The English Patient* (dt. „Der englische Patient"), erhielt 1992 den renommierten Booker-Preis und strich als Verfilmung 1997 neun Oskars ein. Eine „Entdeckungsreise ins Land seiner Vorfahren" unternimmt er im 1982 erschienenen *Running in the Family* (dt. „Es liegt in der Familie") und führt in *Anil's Ghost* (dt. „Anils Geist") aus dem Jahr 2000 die Leser in die Zeit des Bürgerkriegs von Sri Lanka. Alle drei Werke sind auch ins Deutsche übersetzt worden. Besonders letztere beide eignen sich hervorragend als Einstimmung für die Reise nach Sri Lanka.

der Tamile Arumuga Navalar. Letzterer war ein Generalist mit weit reichenden Interessen. So beteiligte er sich an der Übersetzung der Bibel ins Tamil und gab die hinduistischen Klassiker wie den Ramayana in modernem Tamil heraus. Über ein halbes Jahrhundert hinweg war Martin Wickremesinghe (1891–1976) in Literatenzirkeln eine Art Institution. Mit seinen Romanen und Kritiken beeinflusste er die moderne Literatur wesentlich. Manche Autoren schrieben überwiegend in der Kolonialsprache Englisch wie etwa der Journalist J. Vijayatunga, dessen 1933 in London veröffentlichter Roman *Grass for my Feet* ihm Ruhm einbrachte. Ein weiterer bekannter Schriftsteller ist Leonard Woolff. Sein 1913 publizierter Roman *A Village in the Jungle* gibt eine düstere Beschreibung des kolonialen Ceylons.

Tanz und Theater

Die Tanztradition der Insel reicht weit in die vorbuddhistische Zeit zurück. Nachdem der Tanz gerade während der Kolonialzeit vernachlässigt wurde, hat er in den vergangenen Jahrzehnten wieder an Stellenwert gewonnen. Das zeigt sich auch in den vielen Lehrangeboten an Schulen und Universitäten. Nicht nur für Touristen, sondern zu vielen Anlässen werden Tänze vorgeführt, allen voran bei religiösen Zeremonien und zu den Peraheras. Traditionelles Theater ist in Sri Lanka immer Tanztheater, das seinen Stoff aus den zahllosen hinduistischen und buddhistischen Epen und Erzählungen bezieht. Insgesamt dominieren folgende Strömungen:

Kandy-Tänze

In den Kandy-Tänzen haben sich noch Tanztraditionen aus der Zeit der letzten Könige von Kandy erhalten, was sich einerseits in der prächtigen Kostümierung zeigt und andererseits in den teils akrobatisch anmutenden Bewegungsabläufen. Sie untergliedern sich in vier Typen: 1. Pantheru, 2. Naiyandi, 3. Udekki, 4. Ves.

Der **Pantheru** ist der Göttin Pattini (s. S. 113) gewidmet und bezieht seinen Namen vom Instrument (einer Tamburine ähnlich), das der Tänzer verwendet. Der **Naiyandi**, ein Initiationstanz, wird zu Beginn einer Zeremonie aufgeführt, z. B. beim Anzünden der Öllampen oder dem Zubereiten von Speisen für Dämonen und Götter. Auch der **Udekki** ist nach einem vom Tänzer verwendeten Instrument benannt: eine knapp 20 cm lange Trommel in der Form einer vergrößerten Sanduhr. Er hat Gemeinsamkeiten mit dem indischen Bharata Natyam, zu dem die Udekki-Trommel ebenfalls verwendet werden kann. Wohl am prächtigsten ist der **Ves**, bei dem die Tänzer eine von Ornamenten verzierte Tracht tragen. Dieser Tanz hat seinen Ursprung in einem Reinigungsritual zu Ehren des Gottes Kohomba (eine auf Kandy beschränkte Lokalgottheit) und darf nur von Männern aufgeführt werden.

Im **Vannama**, einer weiteren Kandy-Tanzart, stellen die Tänzer in 18 eigenständigen Sequenzen Tiere dar, darunter einen Pfau im Mayura Vannama, einen Elefanten im Gayaga Vannama, die Naga-Schlange im Naga Vannama oder den Affengott Hanuman im Hanuman Vannama. Der Tanz wird von einem Sologesang (Kavi) begleitet, der Themen aus bekannten Geschichten aufgreift wie etwa aus dem Ramayana, um ein bestimmtes Gefühl (Schmerz, Freude, Sehnsucht etc.) auszudrücken.

Kolam, Sokari und Nadagama

Mehr volkstümlicher Art sind die Tanztheater Kolam, Sokari und Nadagama. Am bekanntesten ist der entlang der Südwestküste verbreitete Maskentanz **Kolam**, bei dem Szenen aus Volkslegenden zur Aufführung kommen, wie z. B. aus dem *Sandakinduru Katawa,* einer in ganz Asien beliebten Liebesgeschichte zwischen einem Prinzen und Manora, einem Vogel-Mensch-Wesen, das sich in die Welt der Menschen begibt und sich darin verliert, bis es auf einen Prinzen stößt, sich in ihn verliebt und nach vielen Abenteuern heiratet. Vielfach wird auch Aktuelles in das Spiel eingeflochten und Personen des öffentlichen Lebens mit Spott bedacht.

Der Ursprung des Kolam ist mit einer Legende verbunden, die zu Beginn der Aufführung erzählt wird: Eine hochschwangere Königin hatte das eindringliche Verlangen, eine Maskentanzaufführung zu sehen und wurde darüber krank. Der König war verzweifelt, denn so etwas hatte es in seinem Reich noch nie gegeben. Auch seine Minister wussten keinen Rat und so flehte er Sakka, den obersten Gott um Hilfe an. Dieser ordnete den vier Schutzgottheiten der Insel an, Masken aus Sandelholz zu schnitzen. Sie lagen am nächsten Morgen verstreut im Palastgarten. Und so kam es zum ersten Kolam.

Bei der Aufführung können mehrere Dutzend Charaktere zum Zuge kommen, dabei ist weniger die Geschichte als das Spektakel von Bedeutung. Von großer Popularität ist etwa der schwarzgesichtige Dämon Yamma Raksha mit seinen langen Eckzähnen, der Schlangenkönig Naga Raksha oder der hässliche zweigesichtige Dämon Nanda Gere. Wegen des großen Aufwands wird ein Kolam eher selten aufgeführt, am ehesten noch zu Aurudu (Neujahr) Mitte April. Auf Touristen abgestimmte, verkürzte Vorführungen gibt es vor allem in Ambalangoda.

Der **Sokari**, eine der ältesten Tanzformen, richtet sich an die Schutzgottheit Pattini. Dabei geht es in erster Linie um Angelegenheiten der Fruchtbarkeit (Schwangerschaft, Ernte). Vor allem in ländlichen Gebieten des zentralen Hochlands ist dieser Ausdruckstanz verbreitet. Die Darsteller setzen bei der allnächtlichen Vorstellung – meist auf einem freien Gelände inmitten der Zuschauer – sehr viel Mimik und Improvisation ein. Nur wenige tragen dabei eine Maske.

Kali Kovil, Trincomalee

Im **Nadagama** wird dem melodischen Gesang größere Bedeutung beigemessen. Seine Wurzeln liegen im südindischen Bundesstaat Karnataka, von wo er sich zuerst innerhalb der srilankischen Tamilengemeinde ausbreitete. Katholische Missionare sahen darin ein gutes Instrument, den Glauben zu vermitteln, und machten den Nadagama als religiöses Theater auch bei Singhalesen der West- und Südküste populär. Ab dem späten 19. Jh. experimentierten Nadagama-Regisseure mit westlichen Ausdrucksmitteln, wie z. B. Ediriweera Sarachchandra in seinem Stück *Maname*, das auf einer Jataka-Geschichte basiert.

Magische Tänze

Eine Reihe von Tänzen dient der Erhaltung oder Wiederherstellung der kosmischen Harmonie. Sie werden unter dem Begriff „Bali-Tovil" zusammengefasst. Beim **Bali** („Aufopferung") sollen negative Einflüsse der neun Planeten *(grahas)* abgewiesen werden. Bei einer ernsthaften Erkrankung mag der Astrologe zu solch einer Zeremonie raten, wenn er die Gestirne für das Unglück verantwortlich hält. Der Betroffene sitzt während der Zeremonie neben einer lebensgroßen Darstellung der Gottheit aus Ton, welche einen der neun Planeten repräsentiert: Sonne (Ravi), Vollmond (Chandra), Mars (Kuja), Merkur (Budha), Jupiter (Guru), Venus (Sukra), Saturn (Sani), zunehmender (Rahu) und abnehmender Mond (Ketu). Sie sind in der südasiatischen Astrologie von elementarer Bedeutung.

Beim **Tovil** versucht ein Schamane (Kattadiya) durch Tanz und Riten eine besessene oder kranke Person zu heilen. Grundidee ist, dass die physische oder psychische Krankheit durch einen oder gar mehrere Dämonen (Yakas) – es können auch die bösen Geister Verstorbener sein – verursacht wurde. Je nach Krankheitsfall werden unterschiedliche Rituale durchgeführt, wie z. B. das *Suniyama*, *Rata Yakuma* oder *Sanni Yakuma*. Bei Letzterem sind 18 Dämonen identifiziert, die bestimmte Krankheitsbilder, *sanniya* genannt, verursachen. Während der Zeremonie trägt der Kattadiya die Maske des für die Krankheit verantwortlichen Yaka (s. „Masken"). Der Ablauf ist ähnlich: Durch ekstatischen Tanz zieht der Kattadiya den Patienten in Bann, bis er in Trance und Ekstase verfällt. Indem der Kattadiya in die Rolle des oder der Dämonen schlüpft, wird dieser provoziert und erscheint. Daraufhin erinnert der Kattadiya ihn an seine Pflichten, aber auch an seine Macht im kosmischen Ordnungsgefüge. Zum Höhepunkt hin kann ein lebendiger Hahn geopfert werden, um den Dämonen mit einem Ersatz zufrieden zu stellen. Zum Abschluss wird ein Fackeltanz getanzt, um das Haus des Patienten zu rituell reinigen. Sowohl Bali- als auch Tovil-Zeremonien werden in der Nacht durchgeführt, weil man glaubt, dass dann die Macht der Dämonen am stärksten ist.

Masken

Abhängig von der Verwendung unterscheidet man in Sri Lanka drei Typen: Kolam-, Raksha- und Sanni-Masken. Bei allen drei Arten werden die dargestellten Wesen künstlerisch karikiert und ihre Charaktermerkmale ins Groteske gezogen.

Der größte Variationsreichtum findet sich bei den **Kolam-Masken**, da während einer Kolam-Aufführung sehr viele Charaktere zum Einsatz kommen können, darunter Menschen, Tiere, Dämonen und Gottheiten.

Auf Prozessionen und bei Zeremonien sind oftmals **Raksha-Masken** gebräuchlich. Der Name leitet sich vom Sanskrit-Begriff *rakshasa* (s. S. 113) ab und bezieht sich auf verschiedene Dämonenwesen, wie z. B. den *Naga Raksha* (Naga-Schlange) oder *Garuda Raksha* (Garuda-Vogel).

Die **Sanni-Masken** werden für Tovil-Zeremonien verwendet, um einen erkrankten Menschen zu heilen. Dabei repräsentieren 18 Masken jeweils einen für die Krankheit *(sanniya)* verantwortlichen Dämonen *(yaka)*: 1. Kana Sanni Yaka (Blindheit), 2. Kora Sanni Yaka (Lähmung), 3. Gini Jala Sanni Yaka (Malaria), 4. Vedda Sanni Yaka (Beulenpest), 5. Demala Sanni Yaka (Albträume), 6. Kapala Sanni Yaka (Geisteskrankheit), 7. Golu Sanni Yaka (Taubstummheit), 8. Bihiri Sanni Yaka (Taubheit), 9. Maru Sanni Yaka (Wahnsinn), 10. Amuku Sanni Yaka (Erbrechen), 11. Gulma Sanni Yaka (Würmer), 12. Deva Sanni Yaka (ansteckende Krankheiten wie Typhus oder Cholera), 13. Naga Sanni Yaka (Albträume, vor allem von Schlangen), 14. Murta Sanni Yaka (Ohnmächtigkeit), 15. Kala Sanni Yaka (Pest), 16. Pita Sanni Yaka (Galle- und Blasenkranken), 17. Vata Sanni Yaka (Schüttelfrost und Gliederschmerzen) und 18. Slasma Sanni Yaka (Epilepsie). Eine weitere

Maske, die Kola Sanni, stellt den obersten Dämonen Maha Kola Yaka dar.

Eine gute Maskensammlung findet sich im Colombo National Museum und in Ambalangoda, wo die meisten Masken geschnitzt werden – und übrigens auch im Berliner Völkerkundemuseum. Bevorzugtes Material ist das wegen seiner Langlebigkeit geschätzte Holz des Brechnussbaumes *(Strychnox nux-vomica)*, in Sri Lanka Kaduru genannt. Daneben wird das weichere Holz des *Erythrina indica*, einer Korallenbaumart, oder des Ditabaumes *(Alstonia scholaris)* verwendet. Letzterer Baum ist von vielerlei Nutzen: Aus seiner Rinde wurde früher Pergament hergestellt und im Ayurveda wird sie zu Tee verarbeitet. Sein Samen gilt als exzellentes Aphrodisiakum. Nach mehrfachem Schmirgeln trägt der Künstler die Grundierung auf, eine Mischung aus pulverisiertem Lack und Öl. Dann wird die Maske bunt angemalt, wobei heute künstlich hergestellte Farben die Naturfarben ersetzt haben, so dass sie greller erscheint als ursprünglich. In der Vergangenheit war der Maskenträger – meist ein einfacher Bauer oder Fischer – selbst für das Schnitzen „seiner" Maske zuständig, um zur repräsentierten Gestalt eine intensivere Beziehung herzustellen.

Kunsthandwerk

Der kulturelle Reichtum der Insel hat sich auch im Kunsthandwerk niedergeschlagen. Vielerorts ist es noch lebendig, auch wenn die Qualität infolge der Massenherstellung leidet. War es früher der Adel, der den Kunsthandwerkern ein Einkommen sicherte, so sind es heute die kauffreudigen Urlauber.

Batik und Spitze

Die **Batikherstellung** hat sich seit den 70er Jahren zu einer wahren Industrie entwickelt und ist in erster Linie auf Touristen eingestellt. Folglich kann man unweit vieler Sehenswürdigkeiten eine der Verkaufswerkstätten besuchen und den aus Indonesien übernommenen Herstellungsprozess verfolgen: Bevor der Färbevorgang beginnt, wird das Muster auf den Baumwollstoff aufgetragen. Diejenigen Bereiche, die nicht eingefärbt werden sollen, werden mit Wachs beschichtet. Dann folgt das Färbebad. Dieser Prozess wird mehrfach wiederholt, um die Stoffelder entsprechend verschieden einfärben zu können. Dadurch entsteht das typische, etwas verschwommene Batik-Design auf Hemden, Röcken und Wandbehängen.

Im südlichen Galle hat sich seit der Einführung durch die Portugiesen im 16. Jh. das Klöppeln von **Spitzen** (Lace) erhalten. Beliebt sind Deckchen in allen Größen.

Lackmalerei und Metallarbeiten

Aus der Zeit der letzten Monarchie haben sich in und um Kandy herum noch einige Handwerkskünste erhalten, darunter die **Lackmalerei**. Dabei werden vor allem Holzschachteln, Aschenbecher oder Bucheinbände verziert. Der von bestimmten Baumarten gewonnene Naturlack wird eingefärbt und mit dem Fingernagel (Niyapotuwada-Technik) oder einem Stab (Biraluwada-Technik) auf den Gegenstand aufgetragen.

Auch **Metallarbeiten** hatten im alten Kandy-Reich eine lange Tradition. Werkstätten gibt es noch heute im Westen von Kandy, z. B. in der Nähe von Gadaladeniya. Bei den Gegenständen handelt es sich überwiegend um dekorative Gefäße oder Zeremonialleuchter. Sie sind zumeist aus Bronze und werden im Wachsausschmelzverfahren hergestellt. Dazu wird die gewünschte Form zunächst aus Wachs modelliert und vollständig mit einer Tonschicht überzogen. Beim folgenden Brennen schmilzt das Wachs und läuft über eigens vorbereitete Kanäle ab. Dann wird die entstandene „verlorene Form" mit verflüssigtem Metallgemisch aus Kupfer und Zinn gefüllt und nach dem Erkalten vom Ton befreit. Doch der Bronzegegenstand ist noch nicht fertig: Um die feinen Muster und Verzierungen zu erhalten, wird das Metall mit Meißeln unterschiedlicher Größe bearbeitet. Um Schwingungen beim Schlagen zu vermeiden, werden die Hohlräume und Einbuchtungen mit Wachs ausgefüllt.

Korbflechterei und Holzschnitzerei

Leider werden die **Flechtarbeiten** auch in Sri Lanka immer mehr vom Plastik verdrängt. Immerhin ist mancherorts diese schöne Tradition noch lebendig, wie z. B. in Kalutara südlich von Colombo. Dort werden aus den äußerst fasrigen Blättern der Hanfpalme *(Trachycarpus fortunei)* Matten, Körbe und anderes geschaffen. Größere Gegenstände oder Sitzmöbel sind meistens aus Bambus oder Rattan gearbeitet. Hanf und Binse findet im Bergland für die

Herstellung von Matten Verwendung. Meist sind es Frauen, die die Fasern auf Webstühlen verarbeiten.

Neben den oben erwähnten Masken produzieren die geschickten Hände der **Holzschnitzer** auch Figuren, Schalen und Wandbilder. Bevorzugtes Material ist das Holz vom Teak-, Tamarinden, Ebenholz- oder Jackfruchtbaum sowie mancher Palmart wie Kokosnuss mit dem typischen gefleckten Muster oder Palmyra.

Kino

Das srilankische Kino hat es im Schatten seines indischen Nachbarn schwer. Die in Mumbai, dem südasiatischen „Bollywood" entstehenden Dreistundenstreifen mit üppigen Schönheiten und Hüften schwingenden Helden erfreuen sich auch auf der Insel großer Beliebtheit. Die einheimische Produktion folgt größtenteils diesem Genre: viel Emotion, viel angedeutete Erotik, viel Gesang – wenig Inhalt. Filme mit anspruchsvollen Themen führen eher ein Schattendasein, auch wenn sie bei internationalen Festivals teilweise mit respektablem Erfolg laufen. Doch die Masse will sich in die Traumwelt der Schönen und Reichen entführen lassen. Wieso sollte auch ein armer srilankischer Bauer im Film dem Schicksal eines anderen armen srilankischen Bauern zuschauen…

Die Geburtsstunde des Kinos in Sri Lanka schlug 1925 mit dem Film *Rajakeeya Wickramaya* („Königliche Abenteuer"). Doch der verschollene Streifen wurde in Indien produziert wie auch *Kadawunu Poronduwa* („Falsches Versprechen"), der 1947 gedrehte erste Film in singhalesischer Sprache. Mit seinen Werken *Rekawa* („Schicksalslinie"), *Gamperaliya* („Dorf im Wandel") und *Nidhanaya* („Schatz") machte sich in den 50er und 60er Jahren der Regisseur Lester James Peiris auch im Ausland einen Namen. Bekannte Filmemacher der jüngeren Generation sind Dharmasena Pathiraja und Vasantha Obeysekera. Neuere Produktionen thematisieren auch den Bürgerkrieg, wie z. B. der vierte Film des 1962 geborenen Prasanna Vithanage, *Purahanda Kaluwara* („Tod an einem Vollmondtag"). Dieser 1997 gedrehte Film beschreibt die Geschichte eines Vaters, der den Tod seines gefallenen Sohnes nicht wahrhaben will. Die srilankische Regierung war vom Stoff nicht begeistert, so dass sie ihn anfänglich verbot. Auch Vithanages fünfter Film *Ira Madiyama* („Sonne im August"), thematisiert den ethnischen Konflikt anhand dreier parallel verlaufender realer Geschichten, bei denen die jeweiligen Protagonisten ungewollt in die kriegerischen Ereignisse hineingezogen werden, s. auch 🖥 www.vithanage.com.

Colombo

Die Pettah – durch quirlige Bazare zum Schnuppern und Shoppen   S. 125
National Museum – in Sri Lankas Geschichte eintauchen   S. 138
Galle Face Hotel – im „Checkerboard" den Sonnenuntergang genießen   S. 134
Galle Face Green – bei Meeresbrise über Colombos grüne Meile flanieren   S. 134
Kelaniya – auf Buddhas Spuren wandeln   S. 142
Beach Wadiya – Seafood schlemmen bei Meeresrauschen   S. 148

Wer wenig Zeit hat und sich nur auf die Hauptsehenswürdigkeiten Sri Lankas konzentrieren möchte, kann Colombo ohne schlechtes Gewissen links liegen lassen. Die Stadt ist kein „Muss" im Reiseplan, denn weder besitzt sie große Sehenswürdigkeiten, noch glänzt sie durch futuristische Fassaden wie andere asiatische Metropolen. Im Gegenteil: Wer sich übermüdet von der langen Anreise auf dem Weg vom Flughafen in die Stadt durch verstopfte Straßen quälen muss, den wird sie schwerlich zu Begeisterungstürmen hinreißen.

Die Metropole mit über zwei Millionen Bewohnern erschließt sich nur jenen, die sich auf sie einlassen. Dann zeigt sie durchaus spannende, ja sogar überraschende Seiten: mondän und modern am World Trade Center; kulturell und kolonial in Cinnamon Gardens; bunt und belebt in den Gassen von Fort und der Pettah; gemütlich und gelassen entlang der Galle Face Green; cool und trendy beim Besuch der Einkaufszentren und Bars; oder kulinarisch vielfältig in den zahlreichen Restaurants. Als politisches und wirtschaftliches Zentrum ist die Stadt zudem hervorragend geeignet, um Besorgungen aller Art zu erledigen: sei es Visa verlängern, Einkäufe besorgen oder Informationen einholen.

Geschichte

Zwar hatte Buddha bereits vor über 2500 Jahren höchstpersönlich seinen Fuß ans Ufer des Kelani Ganga gesetzt – so zumindest weiß es die Legende. Doch gab es rund um Sri Lankas viertlängsten Fluss außer ein paar Siedlungen nur Sumpf und Krokodile. Möglicherweise ab dem 10. Jh. ließen sich hier muslimische Kaufleute aus Westasien nieder. **Kalanbu** (Hafen), wie sie den Ort nannten, avancierte zu einem von vielen Warenumschlagplätzen im asiatischen Raum, von denen aus sie den regionalen Seehandel betrieben und immer mehr zu kontrollieren begannen.

Als nach dem Niedergang Polonnaruwas die Insel in verschiedene Königreiche zerfiel, etablierte sich Ende des 14. Jhs. nur 10 km landeinwärts von Kalanbu das Zentrum des Königreichs **Kotte**. Von dort aus lenkte König Parakramabahu VI. (reg. 1411–66) zwar für einige Jahrzehnte ein inselweit geeintes Reich, doch bald nach Ankunft der **Portugiesen** 1505 schwand der Einfluss der Könige Kottes rapide. Die südeuropäische Seemacht errichtete 1517 in Colombo ein Fort, um von dort den lukrativen Zimt- und Edelsteinhandel zu kontrollieren. 1597 zerstörten sie Kotte, vertrieben den König und übten von da an entlang der Küste Direktherrschaft aus.

Doch bereits nach wenigen Jahrzehnten begann ihr Stern zu sinken. Die **Holländer** begannen sich auf der Insel festzusetzen. Unterstützt vom König von Kandy, eroberten sie entlang der Küste eine portugiesische Festung nach der anderen. Am 12. Mai 1656 konnten sie auch das Fort von Colombo einnehmen. Nach fast siebenmonatiger Belagerung gaben die ausgehungerten Portugiesen auf.

Ähnliches erblühte wiederum den Holländern nach 140 Jahren selbst, als 1796 die **Briten** die Macht übernahmen und nun also der Union Jack von den Dächern wehte. Unter dem Empire erhielt Colombo das heutige Stadtbild: Viktorianische Prachtbauten und breite Boulevards, eine Eisenbahn und die an Fanatismus grenzende Vorliebe für Kricket, das heute auf jedem freien Platz gespielt wird.

Mit der Unabhängigkeit 1948 wurde Colombo Hauptstadt Sri Lankas, und als sich nach dem schwarzen Juli 1983 der ethnische Konflikt immer mehr verschärfte, hatte dies auch fatale Folgen für Colombo. Besonders der Stadtteil Fort wurde zum Ziel mehrerer verheerender Anschläge. Erst seit dem Waffenstillstand 2002 hat sich die Lage normalisiert. Die Bewohner schauen optimistisch in die Zukunft, und es ist eine gewisse wirtschaftliche Aufbruchstimmung zu spüren.

Orientierung

Die für srilankische Verhältnisse überdimensionierte Metropole scheint sich endlos am Meer entlang zu ziehen. Im Herzen liegen **Fort** und im östlichen

---

Sicherheit

Bis in die jüngste Vergangenheit kam es in Colombo immer wieder zu **Bombenanschlägen** und **Attentaten**. Vor allem die Stadtteile Fort und Pettah waren betroffen. Man sollte sich daher immer über die aktuelle Sicherheitslage informieren und gegebenenfalls größere Menschenansammlungen meiden. Auch ist es ratsam, mehr als sonst auf **Langfinger** zu achten, Wertsachen im Hotel zu lassen und Taschen gut verschlossen zu halten.

Anschluss **Pettah**, in deren Straßen und Gassen sich das ohnehin schon chaotische Leben Colombos noch bunter und quirliger zeigt. Wie Magnete wirken der Hauptbahnhof Colombo-Fort und die Busbahnhöfe, wo ununterbrochen die Menschenmassen strömen. In Pettah sind auch die ältesten und interessantesten Sehenswürdigkeiten zu finden.

Nördlich davon locken in **Kotahena** einige historisch bemerkenswerte Kirchen zur Besichtigung. Weiter südlich schließt sich zwischen den beiden Beira Lakes der Business-Distrikt **Slave Island** mit den großen Hotels an. Dann folgen die Stadtteile **Kollupitiya** und **Bambalapitiya**. Durchzogen von der Bahnlinie parallel zur Küste und der ewig verstopften Galle Road, befinden sich hier viele Büro- und Geschäftsgebäude. Wer in der Galle Road eine Adresse sucht, sollte neben dem Stadtteil auch unbedingt den Namen der nächsten Querstraße wissen, denn die Häuser sind nur innerhalb eines Distriktes fortlaufend nummeriert.

Landeinwärts zeigt sich in **Cinnamon Gardens** und – etwas abgeschwächt – in **Borella** Colombo mit vielen Stadtvillen von seiner feineren Seite. Je weiter man auf der Galle Road nach Süden fährt, desto gesichtsloser werden die Viertel – mit Ausnahme von **Mount Lavinia**, wo schon die erste Strände zum Baden locken.

Offiziell wird die Stadt in 15 nummerierte Distrikte eingeteilt (s. Kasten). Verwirrung stiftet nicht selten die Verwendung unterschiedlicher Straßennamen, denn 1988 wurden einige wichtige Straßen umbenannt wie etwa ein Abschnitt der Duplication Road in R. A. de Mel Mawatha oder die New Bullers Road in Bauddhaloka Mawatha. Gegebenenfalls wird nochmals darauf hingewiesen.

Distriktnummern für Colombo

Col 1 – Fort
Col 2 – Slave Island
Col 3 – Kollupitiya
Col 4 – Bambalapitiya
Col 5 – Havelock Town
Col 6 – Wellawatta
Col 7 – Cinnamon Gardens
Col 8 – Borella
Col 9 – Dematagoda
Col 10 – Maradana
Col 11 – Die Pettah
Col 12 – Hulftsdorf
Col 13 – Kotahena
Col 14 – Grandpass
Col 15 – Mutwal

Fort

Es ist schon lange her, dass an dieser exponierten Stelle am Meer wirklich mal ein Fort lag. Bereits 1872 hatten die Briten die gewaltige sternförmige Befestigungsanlage der Holländer abgerissen, weil die massiven Mauern verteidigungstechnisch nicht mehr notwendig waren. Vor allem jedoch um mehr Platz für die Bewohner zu schaffen. Das Fort lag zwischen dem Meer und dem Kanal, der den Hafen mit dem größeren Beira Lake verbindet.

Heute zeichnet sich dieser Stadtteil durch einen eigentümlichen Mix aus alt und neu aus. Hier die engen Gassen und oft heruntergekommenen Kolonialgebäude, dort die modernen Hochhausklötze, allen voran das World Trade Center und die Zentrale der Bank of Ceylon. Infolge der zahlreichen Bombenanschläge in den 1990er Jahren – insbesondere die verheerende Explosion im Januar 1996 vor der Central Bank mit 91 Toten und hunderten Verletzten – sind noch vielerorts Absperrungen und Militärposten zu finden. Dies hat viel von der ursprünglichen Lebendigkeit genommen. Möglicherweise kehrt sie wieder zurück, wenn der Waffenstillstand halten sollte.

Uhrturm und President's House

Im nördlichen Teil von Fort sind die Straßenzüge zwischen Marine Drive und Janadhipathi Mawatha ganz gesperrt. Daher steht der massige **Uhrturm** an der Kreuzung Chatham Street/Janadhipathi Mawatha etwas verloren da. 1857 wurde er von Lady Ward, der engagierten Frau des Gouverneurs Henry G. Ward (1855–60), entworfen und zehn Jahre später in einen Leuchtturm umgewandelt, bis er zwischen den Häusern verschwand und vom Meer aus nicht mehr zu sehen war. Die Uhr wurde erst 1914 hinzugefügt, obwohl sie schon 1872 angeschafft worden war. Weil niemand die Kosten für das Anbringen aufbringen wollte, blieb sie über vier Jahrzehnte eingemottet. Vermisst hatten sie möglicherweise nur die Briten, denn was bedeutet in Sri Lanka schon Zeit…

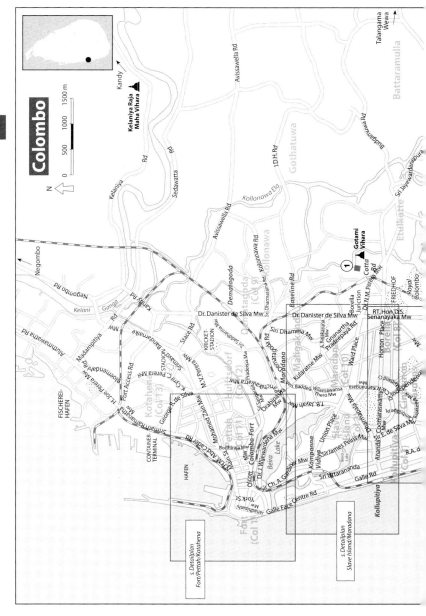

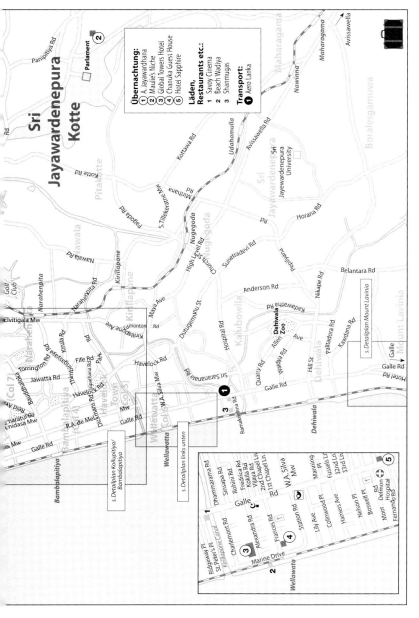

Eingebettet in einen üppig-tropischen Garten liegt innerhalb dieser Absperrungen auch das nicht zugängliche **President's House** (Janadhipathi Mandiraya). Das attraktive neo-klassizistische Gebäude wurde 1856 fertiggestellt und ersetzte die von den Holländern errichtete Residenz ihres Statthalters. Die britischen Kolonialherren nutzten es als offiziellen Stadtsitz ihrer Gouverneure. Heute wird der mächtige Bau vom srilankischen Präsidenten für offizielle Empfänge verwendet. In der Einfahrt steht noch die Statue von Sir Edward Barnes, Gouverneur Ceylons von 1824 bis 1831, der u. a. für den Bau der Colombo-Kandy-Road verantwortlich war.

In einem repräsentativen Kolonialbau gegenüber war bis 2000 das **Hauptpostamt** untergebracht. 1895 wurde es nach vierjähriger Bauzeit vollendet. Es ist ebenfalls derzeit nicht zugänglich, weshalb man von dort aus auch nicht die Wachen in ihren schicken rotblauen Uniformen vor dem gegenüber liegenden Eingangstor zum President's House – bis 1972 noch als „Queen's House" bekannt – bewundern kann.

An der Ecke Flagstaff Street/Church Street liegen die ebenfalls derzeit im Sperrgebiet befindlichen **Gordon Gardens** mit einer üppigen Flora und einer Statue der ebenso üppigen Queen Victoria (reg. 1837–1901), zu deren goldenem Thronjubiläum der Garten von dem namensgebenden Gouverneur Sir Arthur H. Gordon gestiftet wurde.

York Street

So still es in den Straßen rund um das President's House zugeht, so quirlig ist das Leben weiter östlich. Wie etwa in der **Chatham Street** und der **Hospital Street**, in denen die Geschäftsleute und Angestellten zum Mittagsmahl eilen, die „Money Changer" lautstark ihre Rupies loszuwerden versuchen und die Passanten mit den fliegenden Händlern feilschen. Während in diesen schmalen Gassen viele Kolonialbauten verfallen oder bereits durch unansehnliche Neubauten ersetzt wurden, geht es in der zum Hafen führenden **York Street** etwas mondäner zu.

Zum Beispiel im ehrwürdigen **Grand Oriental Hotel** an der Ecke zur Church Street. Seitdem es am 5. November 1875 seine Pforten öffnete, hat es wahrlich viele Gäste kommen und gehen sehen. Wegen seiner Hafennähe stiegen hier Durchreisende gerne auf ihrem Weg zwischen Asien und Europa ab, wenn sie in Colombo Zwischenstation machten. Dazu zählten der philippinische Freiheitskämpfer Jose Rizal ebenso wie Karl May. Der Winnetou-Erfinder hatte hier auf seiner 16-monatigen Orientreise Station gemacht. Nachdem er mit der „Preußen" am 4. April 1899 von Genua aus gestartet war, lief er mit der „Bayern" am 6. Oktober im Hafen von Colombo ein. Drei Wochen residierte er im Grand Oriental, bevor er nach Indonesien weiterreiste. Möglicherweise startete von hier aus auch Hermann Hesse am 11.11.1911 seinen nächtlichen Bordellbesuch – vielleicht um auf diese Weise das originelle Datum zu feiern.

Etwas weiter südlich der York Street, kurz vor der Mudalige Mawatha, dominiert eine rot-weiße Fassade das Straßenbild. Sie gehört zum berühmten **Cargills Department Store**. Als Saim Cargill, der Gründer der heutigen Supermarktkette, 1844 an dieser Stelle seinen ersten Laden eröffnete, verkaufte er die Waren noch in einer holländischen Villa. 1906 wurde das heutige Gebäude als „Cargills & Millers Deparment Stores" eingeweiht und mit dem Spruch beworben „das beste seiner Art diesseits des Suez" zu sein. Doch diese Zeiten sind längst vorbei, das Geschäft ist ziemlich heruntergekommen. Ebenso vernachlässigt wirkt die noch etwas weiter südlich liegende staatliche Verkaufsstelle **Laksala** mit einem großen Angebot an srilankischer Handwerkskunst.

Marine Drive

Die Galle Face Centre Road geht nach einem Rondell unweit des Ceylon Continental Hotels in die Marina Drive über. Wegen des **Sambodhi Chaitya** (auch: Cetiya) wird sie auch Chaitya Road genannt Der auf Betonstelzen stehende buddhistische „Stupa *(chaitya)* der Erleuchtung *(sambodhi)*" liegt an der Einmündung zur derzeit gesperrten Church Street und wurde 1956 zum Gedenken an den 2500. Todestag des Buddha gestiftet.

Nicht weit daneben können sich Freunde von Schiffsmodellen im 2003 eröffneten **Maritime Museum** umsehen. Dort wurden die Boote prominenter Inselbesucher in Miniaturform nachgebaut, wie etwa des chinesischen Pilgers des 5. Jhs., Fa Xian (Fa Hsien) oder des arabischen Seefahrers aus dem 14. Jh., Abu Abdullah Mohammed ibn Battuta. Zwar weiß man nicht, ob der legendäre Prinz Vijaya (s. S. 88) wirklich existiert hat, aber man weiß wie sein Schiff ausgesehen hat – es ist ebenfalls als Modell ausgestellt. ⊙ tgl. 15–17 Uhr, Eintritt frei.

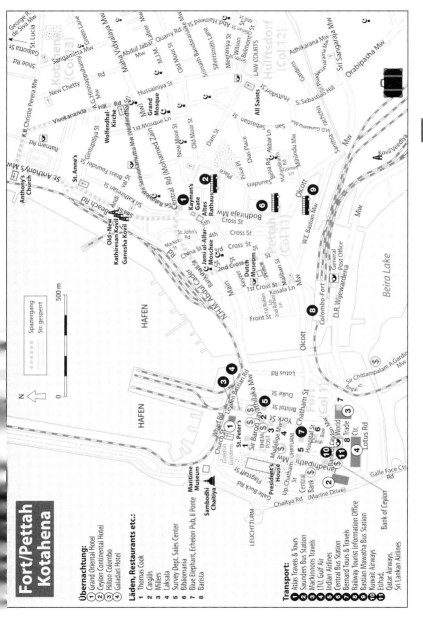

Die Pettah

Die von den Eingeborenen bewohnten Stadtteile haben schmale Straßen; die Häuser und Häuschen stehen eng beisammen. Man sieht Laden an Laden, und wer sich vor gewissen Gerüchen scheut, der tut wohl, sich in eine der stets und überall vorhandenen Rickschahs zu setzen und dahin zu fahren, wo es nicht mehr riecht.

Karl May in: „Und Friede auf Erden!"

Ähnliches könnte der fantasiereiche Bestseller-Autor und Colombo-Besucher über die Pettah auch heute noch schreiben. Die Gassen und Straßen sind

Spaziergang von Pettah nach Kotahena

Von der Olcott Mawatha kann man auf der Höhe des Hauptbahnhofs Colombo-Fort in die 1st Cross Street abbiegen und von dort in die Prince Street gehen, um das **Dutch Period Museum** zu besuchen. Folgt man der 2nd Cross Street in Richtung Norden, so ergibt sich bald ein wunderbares Fotomotiv: die äußerst dekorative **Jami ul-Alfar-Moschee** an der Ecke Bankshall Street. 1909 erbaut, wäre sie mit ihrem rot-weißen Muster in jedem Legoland der Star.

Die Bankshall Street führt zu einem Kreisel mit dem **Alten Rathaus** in der Nähe. Von dort die Sea Street entlang vorbei an den beiden **Kathiresan Kovil** geht es am Ende der Sea Street links und dann weiter auf der St. Anthony's Mawatha. Bald hat man die Wallfahrtskirche **St. Anthony** erreicht. Über die Vivekananda Hill Road geht es zur **Wolfendhal Kirche**. Von ihr führt die Sri Ratnajothi Saravanamuttu Mawatha (ehemals Wolfendhal Street) wieder zurück ins Zentrum von Pettah.

Tipp: Wem das alles zu anstrengend ist, kann Karl Mays Rat folgen, mit einem Three-Wheeler zu einem Ort „angenehmerer" Gerüche fahren, etwa einem netten Café, und dort Bernd Schillers schönes Buch „Zum Tee am Teich der roten Lotusblüten" mit Streifzügen durch Sri Lanka, u. a. durch die Pettah lesen.

voller Menschen, geruchsintensiv und vorwiegend einem Thema gewidmet – dem Kauf und Verkauf von Waren: bunte Saris, dunkle Anzüge, glitzernder Schmuck. Dazu kommen der Duft von Parfüm, der Geruch von Schweiß und vor allem der Gestank der Autos.

Pettah ist ein Brennpunkt der ethnischen Vielfalt wie nirgendwo sonst in Sri Lanka. Die vielen Kirchen, Moscheen und Hindu-Tempel geben Zeugnis davon. Muslime, Tamilen und Singhalesen leben hier eigentlich recht friedlich nebeneinander. Dies taten sie bereits, als die Niederländer hier das Sagen hatten. Während die Kolonialherren sich hinter den Mauern des Forts verschanzten, lebten die Einheimischen vorwiegend in diesem Stadtteil. „Pettai", Siedlung, nannten die Tamilen schlicht ihr Wohngebiet, woraus später der anglisierte Name **The Pettah** abgeleitet wurde.

Typisch für asiatische Einkaufsviertel ist auch hier die Konzentration von Geschäften mit ähnlichem Warenangebot in bestimmten Straßen. So werden in der Front Street vorwiegend Lederwaren verkauft, in der parallel verlaufenden 1st Cross Street sind Elektroartikel zu finden und in der 3rd Cross Street Stoffe.

Dutch Period Museum

An die Zeit der holländischen Kolonialherrschaft (1658–1796) erinnert das **Dutch Period Museum** in der Prince Street Nr. 96. Im ausgehenden 17. Jh. als Residenz des Gouverneurs Thomas van Rhee (1693–97) erbaut, diente das schmucke Gebäude dann bis 1796 als Internat. Danach wurde es unterschiedlich genutzt, zuletzt als Postamt. Seit 1982 ist es ein Museum mit zahlreichen Memorabilien aus jener Zeit.

So finden sich im Erdgeschoss Grabsteine, Waffen, eine 1768 gegossene Glocke der *Vereenigden Oost-Indischen Compagnie* (VOC) und Kleidungsstücke. Ein Portrait erinnert an den holländischen Kommandeur Gerard Hulft, der am 10. April 1656 bei der Belagerung des portugiesischen Forts ums Leben gekommen war – einen Monat, bevor die Südeuropäer kapitulierten. Ihm zu Ehren wurde ein ganzes Stadtviertel östlich von Pettah benannt: Hulftsdorf (Col 12). Im Obergeschoss kann man edles Mobiliar bewundern und im Innenhof die Stille und entspannte Atmosphäre des wenig besuchten Museums genießen.

⏰ tgl. außer Di, Fr und Feiertag 9–17 Uhr, Eintritt 65 Rs.

Entlang der Sea Street

Am östlichen Ende der Main Street gelangt man zu einer Straßenkreuzung mit dem kuriosen Namen **Kayman's Gate**. Möglicherweise ist der Name des heute verschwundenen Tores ein Bezug auf die Kaimane, welche in den Sümpfen Colombos herumschwammen.

Auf der Südseite der Kreuzung liegt das heute geschlossene **Alte Rathaus**. Schade, dass dieses schöne Kolonialgebäude mit den geschwungenen Arkaden derzeit nicht öffentlich zugänglich ist. Sonst könnte man alte Schreib- und Straßenbaugeräte besichtigen und über die knarrende Treppe zum ersten Stock gehen. Im dortigen Ratssaal sitzen á la Madame Tussaud rund um einen wuchtigen Mahagoni-Tisch zehn lebensgroße Figuren (allerdings aus Holz) bei eine Ratssitzung. Seit 1906 „tagen" die Herren schon hier: Der dunkle Tamile neben dem hellen Burgher, der bärtige Moor neben dem singhalesischen Edelmann – unter Vorsitz von W. Shakespeare (nein, nicht der von Romeo und Julia). Der Name des britischen Sitzungsleiters ist einem alten Foto zu entnehmen.

Nach seiner Eröffnung 1873 diente der Bau bis 1928 als Rathaus. Dann zog hier der nach einem britischen Gouverneur benannte „Manning Market" ein. Nach dessen Schließung und der folgenden Restaurierung wurde der Bau 1984 als Museum eröffnet, gammelt aber nunmehr vor sich hin. Aber vielleicht findet sich ja jemand, der das meist verschlossene Gebäude für ein paar Rupies öffnet, um bei Mr. Shakespeare vorbei zu schauen. Wenn nicht, dann kann man auf der Westseite des Museums über den fotogenen Obst- und Gemüsemarkt schlendern.

Vom Verkehrskreisel führt die **Sea Street** in Richtung Norden. Einige hundert Meter weiter reihen sich drei Hindu-Tempel hintereinander: der **Ganesha Kovil**, der **New Kathiresan Kovil** und der **Old Kathiresan Kovil**. Die letzten beiden sind dem Kriegsgott Skanda (Tamil: Murugan) geweiht, ersterer dem populären Elefantengott. Von hier startet alljährlich im Juli/August anlässlich des Vel-Festes eine riesige Prozession, bei der auf einem großen Wagen die Statue von Skanda durch die Straßen Pettahs entlang der Galle Road zu Hindu-Tempeln in Bambalapitiya und Wellawatta gezogen wird, wo sich der Kriegsgott mit seiner Gattin Valli vereinigt. Vor allem Frauen wenden sich jedoch bevorzugt anderen Orten entlang der Sea Streat zu: den zahlreichen Goldgeschäften.

Henry Steel Olcott (1832–1907)

Vor dem Bahnhofsgebäude Colombo-Fort erinnert die Statue eines Vollbärtigen an einen Mann, dessen Bedeutung für die Erneuerungsbewegung des Buddhismus nicht hoch genug eingeschätzt werden kann: Henry Steel Olcott. Auch die Bahnhofsstraße, die Olcott Mawatha, ist nach ihm benannt. Geboren in New Jersey, gründete der Oberst zusammen mit der deutsch-russischen Spiritistin **Helena Petrovna Blavatsky** 1875 die Theosophische Gesellschaft.

Fünf Jahre später kamen die beiden erstmals nach Ceylon und traten dort zum Buddhismus über. Dies sollte eine wichtige Impulswirkung für die srilankischen Buddhisten haben, zeigte es doch, dass die Lehre des Erleuchteten auch Nicht-Srilankern wichtig schien. Mit ihrer **Buddhistischen Theosophischen Gesellschaft** wollten sie zeitgemäße Mittel nutzen, um die 2500 Jahre alte Religion zu fördern. Als Antwort auf die christlichen Missionsschulen gründeten sie im ganzen Land buddhistische Schulen. Zur Verbreitung der Lehre diente auch Olcotts 1881 erstmals erschienener Buddhistischer Katechismus, weil er fand, „dass unter der singhalesischen Bevölkerung eine gar zu große allgemeine Unwissenheit über ihre Religion herrsche".

Als einendes Symbol gestaltete er zusammen mit Reformmönchen die heute offizielle **buddhistische Flagge** mit den Farbstreifen Blau, Gelb, Rot, Weiß, Orange und die fünf Farben zusammen als Symbol der Aura des Erleuchteten. Sie wurde erstmals zum Vesakh-Fest am 28. April 1885 im Kloster Dipaduttamarama Vihara in Kotahena (unweit der St. Lucia-Kathedrale) gehisst.

Olcott starb hochangesehen 1907 im indischen Adyar südlich von Chennai.

Kotahena

Das Gebiet nordöstlich von Pettah wird Kotahena genannt. Hier finden sich einige bemerkenswerte christliche Kirchen wie etwa im Bezirk Kochchikade die an der St. Anthony's Mawatha gelegene **St. Anthony Kirche**. Sie ist dem berühmten Antonius von Padua geweiht und ein bedeutender Wallfahrtsort nicht nur für Christen. Die neobarocke Kirche wurde nach zweijähriger Bauzeit 1940 eingeweiht. Unter den vielen Heiligenfiguren wird vor allem eine Antoniusstatue im vorderen Teil der Kirche verehrt. Sie stammt aus dem südindischen Goa und wurde 1822 nach Sri Lanka gebracht. Viele Gläubige nähern sich ihr auf Knien, fallen vor ihr nieder und berühren sie. Ein englischsprachiger Gottesdienst findet dienstags um 11.55 Uhr statt.

Historisch interessanter ist die **Wolfendhal Kirche** (Wolfendaal Kerk). 1749 wurde der Grundstein des im Grundriss einem griechischen Kreuz nachempfundenen Gebäudes gelegt. Nachdem sie nach sieben Jahren fertig gestellt war, traf sich hier die reformierte Kirchengemeinde zum sonntäglichen Gebet. Ihr Name leitet sich von dem altenholländischen Gebietsnamen (deutsch: Wolfstal) ab. Er stammt noch aus einer Zeit, als in dieser Gegend nicht Automotoren sondern wilde Tiere heulten und irrtümlich für Wölfe gehalten wurden.

Innerhalb der massiven Außenmauern gruppieren sich vier Bankreihen um den mittleren Predigtstuhl. Doch nicht jeder war vor Gott gleich, wie man an den schön geschnitzten Sitzen des Gouverneurs und der Kirchenminister sehen kann. Unter den beschrifteten Bodenplatten ruhen berühmte Gestalten, darunter auch fünf Gouverneure. Sie wurden 1819 hierher umgebettet. Jeden Sonntag ist um 9.30 Uhr ein englischsprachiger Gottesdienst. ⓘ Di–So 8–17 Uhr, Spende ab 100 Rs.

Colombos gewaltigster Kirchenbau erhebt sich weiter östlich an der St. Lucia Street: **St. Lucia**, die katholische Kathedrale und Sitz des Bischofs. Zwischen 1873 und 1910 in neoromanischem Stil errichtet, kann das dreischiffige Gotteshaus unter seiner Kuppel über 5000 Menschen fassen. Mit zwei benachbarten Konventen, darunter einem Benediktinerkloster, bildet St. Lucia in der ansonsten unspektakulären Wohngegend ein interessantes architektonisches Ensemble. Englischsprachige Gottesdienste: Sa 18 Uhr, So 5.30, 6.30, 18 Uhr.

Antonius – ein Heiliger für Alle

Als am 13. Juni 1231 in Padua der wortgewaltige Franziskanerpater **Antonius** im Alter von nur 36 Jahren starb, begann die beispiellose Karriere eines Heiligen weit über die italienischen Grenzen hinaus. „Suchst du Wundertaten, gehe zu Antonius", so hieß es bald in aller Munde. Bereits nach elf Monaten wurde er heilig gesprochen und ist seitdem für vieles zuständig: gegen Unfruchtbarkeit ebenso wie gegen das Altwerden, gegen Fieber, Pest und Viehkrankheiten, auch im Falle von Schiffbruch und Krieg kann man ihn anrufen. Aber vor allem hilft er jenen, die etwas verloren haben – sei es die Brille oder den Verstand.

Kein Wunder, dass sich auch viele srilankische Nichtchristen zu ihm hingezogen fühlen. Ob Hindus, Buddhisten oder eben Christen, sie alle pilgern bevorzugt am Dienstag (dem Tag seiner Bestattung) zu seiner Statue in die **St. Anthony Kirche**. Oder sie verneigen sich vor einem Reliquiar, in dem ein kleiner Partikel seiner Zunge aufbewahrt wird. Schaffte sie es doch, dass sogar die Fische vor der Küste Riminis seiner Predigt lauschten.

Galle Face Green

„Commenced by Sir Henry Ward 1856. Completed and recommended 1859 to his successors in the interest of the Ladies and Children of Colombo". So heißt es auf der unscheinbaren Stiftungsplakette der langgezogenen **Uferpromenade**, die sich von Fort bis zum Galle Face Hotel zieht. Seitdem Ceylons Gouverneur von 1855 bis 1860 diesen Grünstreifen der Öffentlichkeit übergab, spazieren nicht nur Damen und Kinder entlang des Küstenstreifens, sondern auch Touristen – und dazwischen Bettler, Nepper und andere weniger angenehme Gesellen.

Lange ist es her, als sich die feine Gesellschaft an Pferderennen vergnügte, doch nach wie vor werden Konzerte gegeben und private Kricketmeisterschaften ausgetragen. Vor allem ist die Galle Face Green jedoch ein Treffpunkt für Jung und Alt, die sich bevorzugt nachmittags und am Wochenende zum Flanieren einfinden. Eine schöne Gelegenheit, mit den Einheimischen ins Gespräch zu kommen. Zum Abschluss bietet sich ein Sundowner oder eine Tasse Kaffee auf der Terrasse des „Checkerboard" im benachbarten **Galle Face Hotel** an.

Am nördlichen Ende der Flaniermeile liegt auf der anderen Straßenseite das **alte Parlamentsgebäude**, ein enormes neoklassizistisches Bauwerk, das unter dem Gouverneur Sir Herbert Stanley 1930 seiner Bestimmung übergeben wurde. Zuerst tagte der 50-köpfige „Legislative Council" in seinen Räumen, nach der Unabhängigkeit 1948 das Parlament. Seit 1982 finden die politischen Debatten im bemerkenswerten Neubau in Kotte statt, und das alte Gebäude wird vom Sekretariat des Präsidenten genutzt. Im ausladenden Vorplatz sind fünf Statuen aufgestellt: die ersten drei Premierminister und zwei Minister.

Slave Island

Ein eigentümlicher Name für ein Gebiet, das sich südlich von Colombo-Fort zwischen den beiden **Beira Lakes** erstreckt. Die Seen waren ursprünglich miteinander verbunden und Teil eines riesigen Schwemmgebietes, welches als natürliches Rückhaltebecken des Kelani Ganga fungierte. Um 1700 integrierte es der holländische Wasseringenieur Johan De Beer in ein ausgefeiltes Kanalsystem, das zum Warentransport und zur Absicherung des Forts diente. Dazu legte er weite Teile des Marschlandes trocken (s. S. 166). Ob der Name der Seen sich von De Beer ableitet, ist nicht ganz geklärt.

Die Vorgeschichte von „Slave Island" beginnt im frühen 17. Jh., als die Portugiesen ostafrikanische Sklaven, von ihnen *cafrinha* genannt, über Goa nach Sri Lanka brachten. Später standen die Afrikaner in Diensten der Holländer – nun unter der Bezeichnung *kaffir* bekannt – und als sie an Zahl zunahmen und es zu sozialen Spannungen kam, wurden sie auf einer Insel inmitten des damals größeren Beira Lakes angesiedelt.

Das verslumte Eiland nannten sie „Kaffir Veldt", woraus die englische Bezeichnung „Slave Island" abgeleitet wurde. Heute leben noch einige ihrer Nachkommen in der Umgebung von Puttalam. Im 17. Jh. entstand auf der Insel eine Garnison für malaiische und indonesische Soldaten, die in Diensten der holländischen Armee standen. Heute ist die Insel aufgrund der Aufschüttungen verschwunden. Die Nachfahren der Südostasiaten leben jedoch noch hier, vor allem rund um die geschäftige **Malay Street**, deren Name an die Herkunft der Bewohner erinnert. Die vielen Halal-Geschäfte und Moscheen zeugen zudem von ihrem Glauben.

Galle Face

Der Name „Galle Face" leitet sich von dem mittelenglischen Begriff **fosse** (lat. *fossa*) für (Festungs-)Graben iab und bezieht sich auf den ehemaligen Wassergraben, der das Fort umgab.

Gangaramaya und Seema Malaka

Südöstlich des kleineren Beira Lakes liegt an der Sri Jinaratana Road Colombos ältestes buddhistische Kloster, das **Gangaramaya**. 1885 von dem reformorientierten Mönch Hikkaduwe Sri Sumangala Nayaka Thera (1827–1911) gegründet – er arbeitete eng mit Olcott zusammen (s. Pettah) –, avancierte es sehr schnell zu einem bedeutenden religiösen Zentrum. Allerdings birgt es nicht viel Interessantes, es ist eher ein Ort zum Verweilen, um der Hektik Colombos zu entfliehen.

Auf dem Gelände stehen ein weißer Dagoba, ein Bodhi-Baum und ein Museum. In dem Museum, das eher einer Rumpelkammer ähnelt, kann man alte Schallplatten, Uhren, Devotionalien und Schreibmaschinen bestaunen. Unter einem offenen Anbau rosten vier Oldtimer vor sich hin. Zudem ist noch eine alte Druckmaschine aus der Kolonialzeit der Firma „Imperial Press" ausgestellt. Sehenswerter ist die Sammlung von Buddha-Figuren, darunter Kopien bekannter Statuen aus Polonnaruwa und Schenkungen aus Birma und Thailand. ⏲ tgl. 8–22 Uhr, Eintritt 200 Rs.

Architektonisch um einiges bemerkenswerter ist das mitten in den kleinen Beira Lake gebaute **Seema Malaka** aufgrund seiner schlichten und klaren Formen. Die Ordinationshalle, so die Bedeutung des Namens, ist auf einer dreiteiligen Plattform komplett aus Holz errichtet und besteht aus einem Hauptpavillon und zwei flankierenden Seitenpavillons. Mit dem Festland ist sie über einen Steg verbunden.

Als 1976 der agile Abt des Gangaramaya den Bau für die Ordination der Mönche aus seinem Kloster

Übernachtung:
1. Cinnamon Lakeside Colombo
2. Nippon Hotel
3. Taj Samudra
4. Chitrangi de Fonseka
5. Holiday Inn
6. Galle Face Hotel, The Regency
7. YWCA International Guest House
8. Cinnamon Grand
9. YWCA National Centre
10. Delini Peiris
11. Lake Lodge
12. A Wayfarer's Inn
13. Parisare

Transport:
1. Walkers Tours, Condor
2. British Airways
3. Jet Airways
4. Cathay Pacific
5. Aitken Spence Travels
6. Singapore Airlines
7. Jetwing Travels, Jetwing Eco Holidays, Czech Airlines
8. Thai Airways
9. Hemtours, Emirates

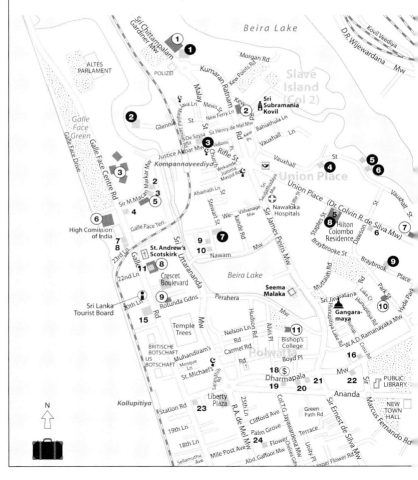

Läden, Restaurants etc.:
1. Fashion Café, Arena
2. Automobile Association Building, Glow Bar
3. Koluu's, Zanziba
4. German R.
5. Union Bar & Grill
6. H2O
7. Barista
8. The Ritz Club
9. White Horse
10. Molly's Irish Pub
11. Cheers Pub
12. Elephant Walk, Mahout Café
13. Paradise Road
14. Odel Unlimited
15. Seylan Towers, Raja Bojun
16. Lakmedura
17. Alliance Française
18. Citibank
19. The Commons, Pier 56
20. MONDY Seven Eight
21. The Mango Tree
22. American Express
23. Bally's Casino
24. Siam House
25. La Palace
26. Dept. of Wildlife Conservation

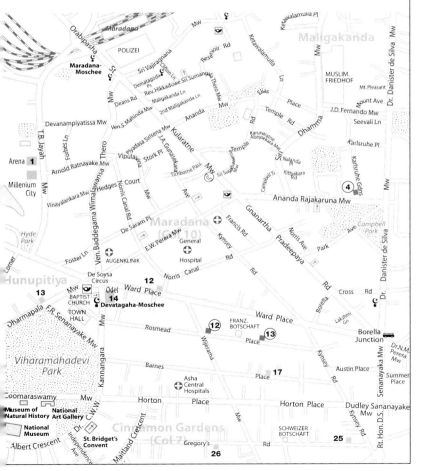

> **Navam Perahera**
>
> Seit 1979 findet alljährlich zum Vollmondfest im Februar, dem **Navam Poya**, rund um den **Gangaramaya** eine riesige Prozession mit über 50 Elefanten statt. An diesem Tag erinnern sich die Gläubigen an Buddhas Verkündung der Mönchsregeln. Obwohl das Perahera noch ziemlich jung ist, avancierte es sehr schnell zum wichtigsten religiösen Ereignis von Colombo.

in Auftrag gab, konnte er dafür Geoffrey Bawa, Sri Lankas renommiertesten Architekten, gewinnen. Dieser ließ sich dabei von den alten buddhistischen Einsiedeleien aus der Anuradhapura-Periode inspirieren. Zwei Jahre später wurde es eingeweiht, nachdem ironischerweise ein muslimischer Geschäftsmann die Finanzierung gesichert hatte.

Cinnamon Gardens

Zimtgärten gibt es in diesem vornehmen Stadtteil schon lange nicht mehr, doch ist er durch die Parkanlagen und vielen hinter hohen Bäumen verborgenen Villen noch immer recht grün. Daher ist er ein bevorzugtes Wohngebiet für betuchte Sri Lanker, auch mehrere Botschaften und wichtige Institutionen wie etwa das Goethe-Institut sind hier zu finden.

Als grüne Lunge Colombos gilt der sich zwischen Dharmapala Mawatha und Horton Place erstreckende **Viharamahadevi Park**. Unter den Engländern als „Victoria Park" angelegt, wurde die herrliche Parkanlage 1951 nach der legendären Mutter des großen Königs Dutthagamani benannt (s. S. 240). Eine Statue erinnert an sie. Zudem steht hier möglicherweise der einzige Zimtbaum des gesamten Stadtteils. Jacaranda, Cassia und andere Baumarten sind ebenfalls zu sehen; Fliegende Hunde hängen von den Wipfeln und Elefanten schlendern gelegentlich umher. Doch den vielen jungen Pärchen ist dies ziemlich egal. Hinter Schirmen oder Baumriesen verborgen, genießen sie das Zusammensein – etwas, was ihnen in ihrem beengten Zuhause meist verwehrt bleibt.

Den nördlichen Abschluss des Parks bildet am Ende eines Wasserbeckens eine sitzende Buddha-Statue. Ihr Blick ist auf das gleißend weiße **Rathaus** auf der gegenüberliegenden Straßenseite gerichtet. Wegen seiner Farbe wird es auch „White House" genannt. An das Gegenstück in Washington erinnert der neo-klassizistische Bau zwar nicht, wohl aber an das dortige Kongressgebäude in Capitol Hill. Nach dreijähriger Bauzeit wurde die „Town Hall" 1927 fertig gestellt. Ein Jahr später zog die Stadtverwaltung dort ein.

Hinter dem Rathaus ist die ebenso komplett weiß gestrichene **Devatagaha-Moschee** zu finden. Wie Streichhölzer ragen die vielen Minarette des 1905 errichteten Baus gen Himmel. Die Moschee birgt das über hundert Jahre zuvor entdeckte Grab eines aus Saudi Arabien stammenden Heiligen mit dem schönen langen Namen Seyyadina As-sheik Usman Ibn Abdur Rahaman al-Siddique.

Im südöstlichen Teil von Cinnamon Gardens liegt am Ende der Independence Avenue die **Independence Memorial Hall**. In der offenen Halle – der königlichen Audienzhalle in Kandy nachempfunden – entließ die Kolonialmacht in einer feierlichen Zeremonie am 4. Februar 1948 Sri Lanka in die Unabhängigkeit.

Nicht weit davon entfernt, an der Bauddhaloka Mawatha, wird seit 1973 die gewaltige **Bandaranaike Memorial International Conference Hall** (BMICH) für Versammlungen, Ausstellungen und kulturelle Veranstaltungen genutzt. Der Name erinnert an S. W. R. D. Bandaranaike, Premier zwischen 1956 und 1959, dem ein kleines Museum gewidmet ist. Acht Jahre wurde an der Halle gebaut.

National Museum

Sri Lankas bedeutendstes Museum ist am Sir Marcus Fernando Mawatha in einem zweistöckigen neoklassizistischen Bau untergebracht. Inmitten einer großen Parkanlage gelegen, zählt er zu den schönsten Kolonialgebäuden Colombos. Der kunstbeflissene Gouverneur Sir William H. Gregory ließ ihn am Ende seiner fünfjährigen Regierungszeit zum Neujahrstag 1877 einweihen – und sich im Garten mit einer Statue verewigen. Eindrucksvoller als sein Abbild ist jedoch der riesige Banyanbaum im Eingangsbereich. Seit einiger Zeit wird das Museum restauriert, Teile der Ausstellungen zeigen sich bereits in neuem Gesicht.

① tgl. außer Feiertags 9–17 Uhr, Eintritt 500 Rs (ermäßigt 300 Rs), Fotogebühr 150 Rs.

Erdgeschoss

Im Erdgeschoss stehen Kultur und Geschichte Sri Lankas während der **Anuradhapura-** und **Polonnaruwa-Periode** im Vordergrund. Anhand einer audiovisuellen Präsentation können Besucher mehr über die Bedeutung von Sri Lankas erster Hauptstadt erfahren. Wand- und Schaubilder gehen auf die sozialen und wirtschaftlichen Aspekte ein.

Eine weitere Sammlung von **Skulpturen** zeugt von der künstlerischen Schaffenskraft jener Epoche, beispielsweise mit einem Kalkstein-Buddha in Meditationshaltung, der aus dem Toluwila-Komplex in Anuradhapura (300–500 n. Chr.) stammt. Mit seinem ovalen Kopf und den feinen Gesichtszügen sowie der körperlichen Ausgeglichenheit wirkt er äußerst harmonisch. Dies ist auch am Torso eines stehenden Buddhas aus Marmor (6./7. Jh.) zu erkennen. Zu den weiteren Exponaten zählen Darstellungen von hinduistischen Gottheiten, darunter einem Surya und einer Durga aus dem 10. Jh. Hinzu kommen Schmuck und Kopien von Wandmalereien.

Während sich ein Raum den baulichen Elementen von Klöstern widmet – dazu zählen Dagoba-Typen, Mondsteine, Versammlungshallen und Einsiedeleien –, stehen in einem anderen Raum hervorragend gearbeitete **Bronzefiguren** aus Polonnaruwa (12. Jh.) im Vordergrund. Viele von ihnen stammen aus dem Shiva Devale Nr. 1, wie etwa der tanzende Shiva Nataraja, ein tanzender Krishna und mehrere Darstellungen von Shivas Gemahlin Parvati. Auch Shiva in Eintracht mit seiner Gattin ist in sitzender und stehender Pose zu bewundern.

In weiteren Sälen werden antike Münzen (u. a. aus Rom und Westasien), chinesische Keramik und königliche Regalia des letzten Monarchen von Kandy präsentiert. Auch ein **Königsthron** ist ausgestellt – Geschenk eines holländischen Gouverneurs an den Kandy-Regenten Vimala Dharma Surya II. (reg. 1687–1707).

Obergeschoss

Im oberen Stockwerk nimmt die Qualität der Ausstellung rapide ab. Informativ ist jedoch die hervorragende Sammlung von **Kolam-Masken**. Zwar etwas angestaubt, stellen sie in teilweise grotesken Formen Könige, Prinzen, Dämonen und Damen dar. Auch die 18 Sanni-Masken – sie repräsentieren je eine Krankheit – sind ausgestellt. Näheres dazu auf S. 122. Unter den weiteren weniger erbaulichen Exponaten, darunter Möbel und Trachten, sind die **Aquarelle** mit vorwiegend Landschaftsmotiven von Andrew Nicholl (1804–86) sehenswert. Der irische Künstler hatte einige Jahre am Royal College Colombo unterrichtet.

Dehiwala Zoo

Im 10 km südlich von Colombo-Fort gelegenen Dehiwala, das mit Mount Lavinia eine eigenständige administrative Einheit bildet, liegt der familienfreundliche Zoo. Verglichen mit manch anderen Tiergehegen Asiens erfahren hier die Kreaturen noch eine relativ artgerechte Haltung. Obwohl die **Primaten**, von denen einige einheimische Arten wie der Weißbartlangur und der Graue Langur vertreten sind, sich in der Wildnis sicherlich wohler fühlen würden. Das gilt gewiss auch für die Löwen, Tiger und Jaguare. Aus Afrika wurden Elefanten und Giraffen importiert, aus den Anden Südamerikas die mit den Lamas verwandten Guanakos und aus Australien Kängurus.

Sehenswert sind das **Aquarium** und das **Vogelgehege**. Täglich um 17.15 Uhr wird eine **Elefanten-Show** präsentiert, an denen nicht nur Kinder ihre Freude haben.

Transport: Bus-Nr. 100 und 101 fahren von Pettah die Galle Road entlang nach Dehiwala. An der Kreuzung Station Rd. bzw. Hill Street aussteigen und dort Bus Nr. 118 oder einen Three-Wheeler zum Zoo nehmen. Alternativ fährt man von Pettah mit Bus Nr. 115 entlang der Kotte Rd. zur Endstation in Pittakotte und dort mit Bus Nr. 118 weiter zum Zoo. G tgl. 8.30–18 Uhr, Eintritt 500 Rs, Videokamera 500 Rs.

Sri Jayawardenepura Kotte

Genau genommen heißt Sri Lankas Hauptstadt seit dem 29. April 1982 nicht mehr Colombo, sondern Sri Jayawardenepura Kotte (Ehrwürdige befestige Stadt des zunehmenden Sieges). So benannte im frühen 15 Jh. der Fürst Nissanka Alagakkonara seine Festung, die er etwa 10 km von der Meeresküste entfernt zur Verteidigung gegen die Invasoren aus dem tamilischen Königreich Jaffna anlegte. Geschützt von Wassergräben und einer durch den nahen Diyawanna Oya gespeisten Sumpflandschaft war „Kotte" (Festung), so die

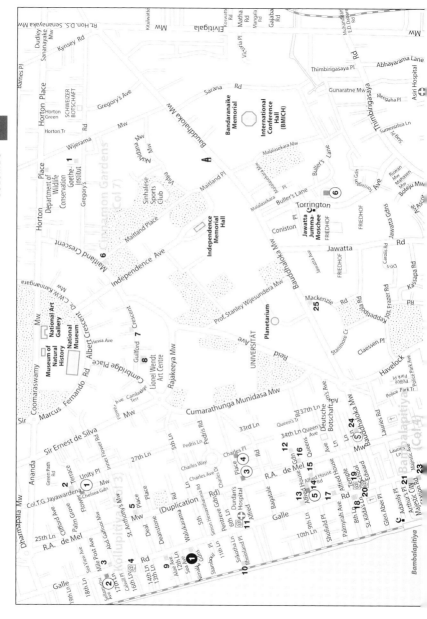

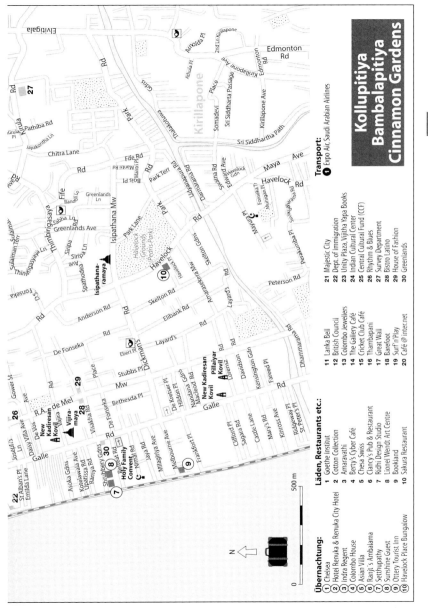

verkürzte Bezeichnung, bis ins ausgehende 16. Jh. Zentrum eines Königreiches. Als die Portugiesen die Macht übernahmen, etablierten sie im nahen Colombo ihren Herrschaftssitz und Kotte verfiel.

Erst als 1978 der damalige Präsident J. R. Jayewardene entschied, ein neues **Regierungsviertel** zu errichten, erlebte Kotte eine Wiederbelebung – allerdings war es schon längst mit Colombo zusammengewachsen. Durch Trockenlegung des Sumpfgebietes entlang des Diyawana Oya schuf man einen großen See samt einer 5 ha großen Insel in der Mitte. Auf ihr wurde nach Plänen von Geoffrey Bawa das neue **Parlamentsgebäude** errichtet. Seitdem tagen die Abgeordneten in diesem attraktiven Komplex, dessen Dachkonstruktion von den alten Kandy-Bauten inspiriert ist. Besuchern ist das Parlament nur in Ausnahmefällen zugänglich, man kann es daher nur von der Ferne betrachten.

Vogelbeobachtung am Talangama Wewa

Wenige Kilometer östlich des Stadtteils Battaramulla, nahe Kotte, liegt der künstlich aufgestaute **Talangama Wewa**, eine grüne Oase am Rande der Großstadt. Nur 30–40 Min. vom Stadtzentrum entfernt, kann man an diesem stillen Gewässer über 100 Vogelarten beobachten, darunter Kormorane, Purpurreiher, Wasserfasane und den seltenen Braunliest (engl. White-throated Kingfisher, lat. *Halcyon smyrnensis*). Mit Glück ist in den Büschen der endemische Weißbartlangur zu entdecken.
Bus Nr. 186 fährt von der belebten Borella Junction bis zur Endstation Jayavadanagama. Von dort kann man mit dem Three-Wheeler bis zum Reservoir fahren (ca. 1 km) oder zu Fuß entlang der Wewahena Road gehen und links einem Schild in Richtung „Brighthill Buddhist Centre" folgen. Weiter durch eine kleine Kautschukanlage bis zu einer Abzweigung gehen. Dort rechts abbiegen und 100 m weiter ist der Wewa bereits zu sehen. Übernachten kann man in der feudalen **Villa Talangama** ⑥, mit tollem Blick auf das Gewässer. Buchung über **Jetwing Eco Holidays**, ☏ 011-2381201, 🖥 www.jetwingeco.com. Die Agentur arrangiert auch eine Vogelbeobachtungstour mit professionellem Guide.

Kelaniya Raja Maha Vihara

Gut 10 km östlich von Colombo-Fort liegt in einer Schleife des Kelani Ganga das bedeutendste buddhistische Heiligtum der Westküste. Hier war der Legende nach das Ziel von Buddhas dritter Sri Lanka-Reise. Die Chronik Mahavamsa berichtet: „Im achten Jahr nach seinem Erwachen, als der Eroberer in Jetavana weilte (…), stand er am zweiten Tag des schönen Monats Vesakha, es war Vollmond, auf, nahm den Almosentopf und ging, umgeben von 500 Mönchen, ins Kalyaniland, dem Wohnort des Maniakkhika. Dort betrat er zusammen mit den Mönchen einen Pavillon aus Edelsteinen, der errichtet worden war, wo heute der Kalyani Cetiya steht, und nahm Platz auf einem wertvollen Thron."

Immer wieder zerstört – von den Cholas im 10./11. Jh. genauso wie von den Portugiesen 1510 – wurde er umso prächtiger aufgebaut. Die Holländer gestatteten dem in Kandy residierenden König Kirti Sri Rajasimha, die Anlage 1767 umfassend neu zu gestalten.

Eingebettet in eine 4 ha große Anlage zählt der Kelaniya Raja Maha Vihara heute zu den größten Heiligtümern Sri Lankas. Auf einer erhöhten Ebene liegen umgeben von einer Mauer die wichtigsten Gebäude. Allen voran ein **weißer Stupa** in Reishaufenform (Dhanyakara), der den Ort von Buddhas Besuch markiert. Im Zentrum erstreckt sich der ausgeschmückte **Vihara** (45 x 27 m) mit feinsten Wandmalereien, die teilweise noch aus dem 18. Jh. stammen. Die Themen der Illustrationen reichen von Jataka-Erzählungen über die Vita Buddhas bis zur Entwicklungsgeschichte des srilankischen Buddhismus und Episoden aus der Historie des Tempels.

Links vom Vihara wird ein prächtiger **Bodhi-Baum** verehrt. Ein seitlich der Anlage liegender **Devale** dient der Verehrung Vishnus und Kataragamas (Skanda).

Bus **Nr. 235** fährt von der Außenseite des Bastian Mawatha-Busbahnhofs direkt zum Tempel in Kelaniya.

Übernachtung

Während es eine ganze Reihe von Top-Hotels gibt, ist die Zahl der Budget-Unterkünfte ziemlich dürftig. Dies hat damit zu tun, dass die meisten Traveller Colombo links liegen lassen oder sich dort nur kurz aufhalten. Bei nicht wenigen der günstigen Bleiben handelt es sich um Privathäuser, in denen nur wenige Zimmer vermietet werden. Wer dort wohnen möchte, sollte unbedingt vorab anrufen, da sie schnell ausgebucht sind. Es ist keine gute Idee, unangekündigt aufzutauchen, da nicht selten die Eigentümer nicht da sind oder eben die Zimmer bereits besetzt sind.

Es gibt keine Traveller-Zentren wie in anderen asiatischen Metropolen, weshalb sich die Touristen in der weitläufigen Stadt ziemlich verlieren. Wer es ruhig haben möchte, ist sicherlich in **Cinnamon Gardens** gut aufgehoben; eine etwas größere Auswahl hat man in **Kollupitiya** und **Bambalapitiya**. Die großen Hotels liegen zumeist in **Slave Island**. Wer schön wohnen und trotzdem nicht weit von der Stadt sein möchte, hat auch gute Optionen in **Mount Lavinia** (s. S. 175).

Duruthu Perahera

An **Duruthu Poya**, dem Vollmondtag im Dezember/Januar, erinnern sich die Gläubigen an Buddhas ersten Besuch auf der Insel. Kein Wunder, dass dies besonders in Kelaniya feierlich begangen wird. An den beiden Tagen vor dem Vollmond finden insgesamt drei feierliche Prozessionen mit zahlreichen festlich geschmückten Elefanten statt. Höhepunkt ist der „Randoli Perahera", benannt nach den am Prozessionsende mitgetragenen Sänften (randoli) mit Insignien der Schutzgötter. Der prächtigste Elefant trägt eine Reliquie, andere verschiedene Flaggen. Stoisch marschieren sie, umringt von wilden Tänzern, feurigen Flammenwerfern und ohrenbetäubenden Trommlern.

FORT UND SLAVE ISLAND (Col 1 und 2) –
Untere Preisklasse: *YWCA International Guest House*, 393 Union Place, Col 2, ✆ 011-2324181, 2324694. Ein ruhiger Ort inmitten des Stadtzentrums, der vor allem von seinem Ambiente lebt. Insgesamt 20 Zi mit Bad in einem fast 150 Jahre alten Kolonialbau und einem neueren Seitenbau, teilweise recht groß und mit altem Mobiliar. Das Anwesen wirkt etwas vernachlässigt, doch nicht zuletzt die freundlichen Mitarbeiter und ein schöner großer Garten mit altem Baumbestand sorgen für eine angenehme Atmosphäre. ❷
Delini Peiris, 62/2 Park St., Col 2, ✆ 011-2328350. Zentral und doch ruhig gelegen. Frau Peiris vermietet in ihrem Haus 2 simple, aber saubere Zi mit Bad. Frühstück inklusive. ❶
Nippon Hotel, 123 Kumaran Ratnam Rd., Col 2, ✆ 011-2363306, ✆ 2360455. Trotz des Namens verfügt dieses 1883 eröffnete Hotel über eine eindrucksvolle Backstein-Fassade mit Kolonnaden, hinter der sich ein in die Jahre gekommenes Mittelklassehotel mit Charakter verbirgt. Die 32 Zi mit Bad sind unterschiedlichen Standards, man sollte jene auf der Frontseite wegen des Straßenlärms meiden. ❷–❸

Gehobene Preisklasse: *Grand Oriental Hotel*, 2 York St., Col 1, ✆ 011-2320391, ✆ 2447640, ✉ goh@sltnet.lk, 🖥 www.grandorientalhotel.

com. Seit seiner Gründung 1875 hat das ehrwürdige Grand Oriental wahrlich viele Gäste kommen und gehen sehen. Wegen seiner Hafennähe stiegen hier die Durchreisenden auf ihrem Weg von oder nach Europa ab, wenn sie in Colombo Zwischenstation machten. Also der richtige Ort für Nostalgiker, auch wenn das vierstöckige Hotel etwas Patina angesetzt hat und der koloniale Charme teilweise verloren ging. Seine 63 Zi, einschließlich der 5 Suiten, sind jedoch sauber und atmosphärisch, teilweise sogar noch mit Baldachin-Betten ausgestattet. Tipp: ein Dinner mit Hafenblick im „Harbour Room"-Restaurant (frühzeitig reservieren!). ❹–❺
Cinnamon Lakeside Colombo, 115 Sir Chittampalam A. Gardiner Mw., Col 2, ✆ 011-2491000, ✆ 2449184, 🖥 www.transasiahotel.com. 1985 als Trans Asia Hotel eröffnet, liegt es heute unter neuem Namen mit 359 Zi als Stadthotel am Rand des größeren Beira-Sees. Außen geprägt vom Zeitgeist der 70er, glänzt es jedoch in seinem Inneren. Guter Service und eine Auswahl an hervorragenden Restaurants wie „Royal Thai" und „Saffron" mit indischer und srilankischer Küche machen es zu einem der führenden Hotels. ❺–❻
Galadari Hotel, 64 Lotus Rd., Col 1, ✆ 011-2544 544, ✆ 2449875, ✉ info@galadarihotel.com, 🖥 www.galadarihotel.com. Mit 408 Komfort-Zi

und einer Fülle von Restaurants eines der größten Hotels in der Hauptstadt. ❻

Ceylon Continental Hotel, 48 Janadhipathi Mw., ☏ 011-2421221, ℻ 2447326, ✉ hotel@ceylon continental.com, 🖥 www.colombocontinental. com. Bereits 1972 eröffnet und das erste Fünf-Sterne-Hotel Sri Lankas. 9 Stockwerke mit 250 Komfort-Zi und Suiten. ❻

Hilton Colombo, 2 Sir Chittampalam A. Gardiner Mw., Col 2, ☏ 011-2544644, ℻ 2544657, 🖥 www. hilton.com. Mit seinen auf 19 Stockwerken verteilten 384 Zi ist es eine der ersten Adressen Colombos. Auch Nicht-Hausgäste wissen die 6 Restaurants, Bars und den populären Nachtclub „Blue Elephant" zu schätzen, müssen allerdings beim Benützen des Swimming Pools mit US$8 tief in die Tasche greifen. ❻

KOLLUPITIYA (Col 3) –
Untere und mittlere Preisklasse: *YWCA National Centre*, 7 Rotunda Gardens, Col 3, ☏ 011-2328589, 2323498, ✉ natywca@sltnet.lk. Etwas Internatscharakter, aber durchaus akzeptabel. Nur für Frauen oder Paare. Männliche Singles müssen draußen bleiben. 2 DZ mit Bad, 3 EZ mit Gemeinschaftsbad, alle schlicht und sauber. Die beiden 4-Bett-Zi sind gut für Familien geeignet. Günstige Cafeteria. ❶–❸

Chelsea, 20 Chelsea Gardens, Col 3, ☏/℻ 011-2573095. Wie die Eignerin Padmini Nanayakkara strahlt auch das Haus mit nettem Garten eine unaufdringliche Eleganz aus. Vielleicht liegt es auch an der Frankophilie der Grande Dame, die fließend französisch spricht und schon über 25 Jahre Homestay-Erfahrungen mit Touristen verfügt. Das mit Antiquitäten möblierte Wohnzimmer fungiert als Lobby. Es gibt 3 freundliche Zi, Frühstück ist inklusive. ❷

Lake Lodge, 20 Alvis Terrace, Col 3, ☏ 011-2326443, ℻ 2434997, ✉ lakelodge@eureka.lk, 🖥 www.homestead.com/lakelodge. Seit 1974; 16 einfache, aber saubere AC-Zi direkt hinter dem Bishop's College, südlich des kleinen Beira Lakes. Im Obergeschoss zwei einladende Terrassen, ansprechend dekoriert mit Blumen und einer Schaukel. ❷

Asian Villa, 46 Alfred House Gardens, Col 3, ☏ 011-2595514, ℻ 2595513, ✉ asianvilla@sltnet. lk, 🖥 www.asianvillas.lk. Frau Balalle vermietet in ihrem grünen Haus 6 gemütliche AC-Zi mit Bad. Die gute Lage (zentral und trotzdem ruhig) und der akzeptable Preis machen das Privathaus zu einer guten Wahl. ❸

Indra Regent, 383 R. A. de Mel Mw., Ecke Alfred Place, Col 3, ☏ 011-2574930, 2577405, ℻ 2574931, ✉ reservation@indraregent.net, 🖥 www.indra regent.net. Stilvolles Mittelklasse-Hotel, 29 AC-Zi mit Bad und TV, rund die Hälfte mit Fenstern. Eine gute Wahl für Nachtschwärmer und Shopper, denn viele nette Geschäfte, Restaurants und Kneipen liegen in der Umgebung. Im Haus ist zudem das angesagte „Tulips by Koluu" (s. u.) und die „Hot Rock Lounge" mit täglicher Musik. ❸–❹

Gehobene Preisklasse: *Hotel Renuka & Renuka City Hotel*, 328 Galle Rd., Col 3, ☏ 011-2573598, ℻ 2574137, 🖥 www.lanka.net/renuka. Zwei miteinander verbundene Stadthotels mit gutem Preis-Leistungs-Verhältnis. 81 wohnliche Zi mit Bad, Pool, Business Center und das stadtbekannte Restaurant *Palmyra* machen es zu einer beliebten Adresse. ❹–❺

Holiday Inn, 30 Sir Mohamed Macan Markar Mw., Col 3, ☏ 011-2422001, ℻ 2447977, 🖥 www. lanka.net/holiday. In einer ruhigen Seitenstraße der Galle Face Road gelegenes, effektiv geführtes Business-Hotel. Das Ambiente wird auch durch die Fassade – eine 70er Jahre-Interpretation der indischen Mogul-Architektur – nicht unbedingt besser. Doch die rund 100 AC-Zi mit Bad und teils schöner Aussicht sind komfortabel. Zu den Annehmlichkeiten gehören Pool (für Nichtgäste 200 Rs), Fitnessraum und mehrere Restaurants. ❺

Taj Samudra, 25 Galle Face Centre Rd., Col 3, ☏ 011-2446622, ℻ 2446348, ✉ samudra.colombo@tajhotels.com, 🖥 www.tajhotels.com. Das kolossale Hotel mit seinem großzügigen, angenehmen Ambiente gehört zur renommierten indischen Taj-Gruppe. Es ist zwar etwas in die Jahre gekommen, doch die 300 Zi werden schrittweise renoviert. Ansonsten verfügt es über alle Annehmlichkeiten, die man von einem Fünfsterne-Hotel erwartet – samt schöne Ausblicke auf das Meer bzw. die Stadtkulisse. ❻

Cinnamon Grand, 77 Galle Rd., Col 3, ☏ 011-2437 437, 🖥 www.cinnamonhotels.com. Eine der ersten Adressen für Geschäftsreisende mit zahlreichen Annehmlichkeiten, die vom Spa über einen Pool bis zu mehreren Bars und Restaurants reichen. 310 Zi und 23 Suiten. Im London Grill kann man sich an Steaks und 12 Kartoffelsorten satt essen, im Tao sich von einer euro-asiatischen Melange inspirieren lassen oder Seafood im The Lagoon schlemmen. ❻

Galle Face Hotel, 2 Galle Rd., Col 3, ✆ 011-2541 010, ✆ 2541072, 🖥 www.gallefacehotel.com. Die „Grand Dame" der Stadt direkt am Meer, die 2005 durch einen großen, klassizistisch aufgemachten Flügel erweitert worden ist. Schon seit 1864 können hier Besucher dem Rauschen des Meeres lauschen. Die Gästeliste reicht von Jawaharlal Neru bis zur James Bond-Legende Roger Moore. Bei 9 Restaurants und 4 Bars wird die Wahl zur Qual. Zum Standardprogramm vieler Colombo-Besucher gehört ein Drink im „Checkerboard", derweil die glühendrote Sonne im Indischen Ozean versinkt. Szenisch ist nicht zuletzt auch eine Fahrt mit dem alten Lift, der noch über eine Handkurbel gesteuert wird. Wer es ganz exquisit möchte, kann in einem der 82 Zimmer des Südflügels, *The Regency*, logieren und sich dort im Spa verwöhnen lassen. ❻

BAMBALAPITIYA UND HAVELOCK TOWN (Col 4 und 5) –

Ottery Tourist Inn, 29 Melbourne Avenue, Col 4, ✆ 011-2583727. Aus der Lage unweit des Indischen Ozeans und den geräumigen, hellen 8 Zi (das beste ist Nr. 5) mit Bad könnte die freundliche Betreiberin Mary wirklich etwas mehr machen. Dafür ist es billig und verfügt über einen Billardtisch. ❶

Setthupathy, 23/2 Shrubbery Gardens, Col 4, ✆ 011-2587964, ✆ 2502080, ✉ jbs@slt.lk. Nähe Galle Rd., unweit des Holy Family Convents. Die geschäftstüchtige Eignerin Frau Setthupathy vermietet in ihrem Wohnhaus 6 Zi mit Bad, eines davon mit AC. Frühstück und nach Vorbestellung Abendessen gibt es im Gemeinschaftsraum. Eine gute Adresse. ❷

Sunshine Guest, 5 A Shrubbery Gardens, Col 4, ✆ 011-2503187. Ein bei südasiatischen Geschäftsleuten beliebtes Gästehaus in ruhiger Gegend; 14 gepflegte Zi, zumeist mit Bad, 2 mit AC. Gutes Preis-Leistungs-Verhältnis, aber häufig ausgebucht. ❶–❷

Colombo House, 26 Charles Place, Col 5, ✆ 011-2574900, ✉ colombohse@eureka.lk. In einer schönen, ruhigen Wohngegend zentral gelegene, rund 150 Jahre alte Villa, deren beste Zeiten vorbei sind. Die 5 sauberen Zi, davon 2 mit AC (Nr. 1 ist das größte und schönste), wirken trotz des teilweise antiken Mobiliars etwas charakterlos. Besitzer Desmond Fernando ist ein renommierter Anwalt und interessanter Gesprächspartner. ❸

Havelock Place Bungalow, 6 Havelock Place, Col 5, ✆ 011-2585191, 2506153, 🖥 www.bungalow.lk. Traumhaftes Ambiente in zwei kolonialen Villen machen den Ort zu einer Oase in der Großstadt. 6 Zi mit Bad und viel Atmosphäre. Gutes Restaurant, kleiner Pool, netter Garten. ❻

WELLAWATTA (Col 6) –

Chanuka Guest House, 29 Frances Rd., ✆ 011-2585883. In Meeresnähe unweit der Bahnstation Wellawatta gelegenes Gästehaus; 5 Zi mit Bad und abgewetztem Mobiliar. Ziemlich bescheiden und mäßig sauber, aber billig. ❶

Hotel Sapphire, 328 Galle Rd., Col 6, ✆ 011-2363306, ✆ 2360455, ✉ sapphire@slt.lk. Mittelklasse-Hotel, fast 7 km außerhalb des Zentrums; 43 große Komfort-Zi mit Bad, TV und Kühlschrank. Insgesamt etwas charakterlos und überteuert. ❹

Global Towers Hotel, Marine Drive, Col 6, ✆ 011-2591000, ✆ 2591003, 🖥 www.globallanka.com. 2004 eröffnet und als 10stöckiges Apartment-Hochhaus mit 84 Wohneinheiten konzipiert, aber durchaus auch für kürzere Aufenthalte geeignet. Mit 1–3 Schlafzimmern plus Kochgelegenheit ist es zudem familienfreundlich. Die Preise sind angesichts des Komforts – Pool, Shops, Restaurants, darunter das originelle „Trainspotter" – ganz passabel. Toller Meeresblick, insgesamt recht ruhig gelegen. ❹–❻

CINNAMON GARDENS (Col 7) –

A Wayfarer's Inn, 77 Rosmead Place, Col 7, ✆ 011-2693936, ✆ 2686288, ✉ wayfarer@slt.lk. Kein Namensschild, nur Hausnummer 77 angegeben. In seinem Wohnhaus vermietet das freundliche Ehepaar Fonseka 4 einfache aber

Maulie's Niche

Wohnen der besonderen Art: Die Künstlerin Maulie de Saram vermietet ihr originell gebautes Haus, eine luftige grüne Oase mit verschachtelten Etagen und kleinem Innenhof. Es liegt 6 km östlich der Galle Road in einer ruhigen Wohngegend unweit des Parlaments. Einige der 4 Zimmer sind ziemlich offen und teilweise ohne Trennwände. Nette Sitzgelegenheit und Küche. Wegen der offenen Konstruktion sehr gut für Kleingruppen und Familien geeignet, weniger für jene, die viel Wert auf Privatsphäre legen. Da es schwierig zu finden ist, kontaktiert man am besten Mr. Samarasinghe vom Ranjit´s Ambalama.
Maulie's Niche, 50 Pahalawela Rd., Pelawatta, Battaramulla, ☎ 011-2784877. Reservierung über Mr. Ranjit Samarasinghe, ☎/℡ 011- 2502403, ✉ ranjitksam@hotmail.com. ❸

---

geräumige Zi, teilweise mit AC (Aufschlag). Die ruhige Lage macht es zu einer angenehmen Adresse. ❷–❸
Parisare, 97/1 Rosmead Place, Col 7, ☎ 011-2694749. Kein Namensschild, die Klingel ist auf der rechten Seite des Eisentores. Modernes Wohnhaus in einem schönen Garten, sehr ruhig gelegen. 3 schlichte aber wohnliche Zi. Nette Veranda zum Sitzen. Sehr heimelige Atmosphäre, deshalb häufig voll. Man sollte reservieren. ❷
Ranjit´s Ambalama, 53/19 Torrington Ave., Col 7, ☎/℡ 011-2502403, 2582389, ✉ ranjitksam@hotmail.com. Liegt in einer Seitenstraße, die auf Höhe einer Moschee links von der Torrington Ave. abgeht. Komfortables Stadthaus, in dem der engagierte und hilfsbereite Eigner Mr. Ranjit Samarasinghe 8 schöne Zi, teilweise mit Bad, vermietet. Der AC-Aufschlag beträgt US$11. Im Garten oder im Wohnzimmer wird vorzügliche Hausmannskost aufgetischt, wahrlich ein „Ruheplatz für Reisende", singh. *ambalana*. Mr. Samarasinghe arrangiert auch die Übernachtung im *Maulie's Niche*, dem Haus seiner Tochter (s. Kasten), zudem besitzt er 16 km außerhalb von Colombo in Kotelawella, Kaduwella, *The Ketha*, ein Landhaus mit 4 Zi. Unbedingt reservieren! Airport-Transfer für US$22. ❸

BORELLA UND MARADANA (Col 8 und 10) –
A. Jayawardhana, 42 Kuruppu Rd., Col 8, ☎ 011-2693820, ✉ samera@sri.lanka.net. In einer kleinen Nebenstraße nahe der Bahnstation „Cotta Road", unweit der Dr. N. M. Perera Mawatha. Schwer zu finden, daher am besten sich abholen lassen. Die Eignerin vermietet in ihrem Privathaus 2 schlichte Zi mit Gemeinschaftsbad und 1 Zi mit Bad, die ihr Geld wert sind. ❶
Chitrangi de Fonseka, 7 Karlsruhe Gardens, Col 10, ☎ 011-2697919, ✉ chitru@sltnet.lk. Frau Fonseka offeriert in ihrem geräumigen Haus 3 große komfortable Zi mit Warmwasser-Bad und TV. Küchenmitbenutzung, netter Garten, gut für Familien geeignet. ❸–❹

KATUNAYAKE – Wer früh zum Flughafen muss oder spät nachts ankommt, hat in der Nähe gute, allerdings nicht billige Übernachtungsmöglichkeiten. Günstigere Übernachtungsoptionen in Flughafennähe gibt es im nur 20 Min. entfernten Negombo:
The Tamarind Tree, Muwangoda, Katunayake, ☎ 011-2253802, ℡ 2254298, ✉ gmtamarind@sltnet.lk, 🖥 www.johnkeellshotels.com. Nur 5 Min. vom Airport entfernt. Eine ruhige grüne Anlage mit 30 Bungalows, 16 Deluxe-Rooms, Restaurant, einem großen Pool und zahlreichen Sportmöglichkeiten. ❺
Taj Airport Garden, 234-238 Colombo-Negombo Rd., Seeduwa, ☎ 011-2252950, ℡ 2252953, 🖥 www.tajairportgardensrilanka.com. Großes Business-Hotel der indischen Taj-Gruppe mit 120 Zi und 14 Suiten. Liegt inmitten einer großen Anlage an der Negombo Lagune. Business Center, Konferenzräume, Restaurants und Pool. Zum Bier geht es in die Bar „Cricketers Arms". ❻

Essen

Verglichen mit dem Rest des Landes ist die Restaurantlandschaft Colombos ziemlich kosmopolitisch. Hier findet man etablierte **indische** und **chinesische** Lokale ebenso wie feine **Hotelrestaurants** – etwa im Taj Samudra oder Hilton, wo angeblich mit der besten Küche der Hauptstadt aufgewartet wird, oder im Grand Oriental Hotel, wo es sich besonders stimmungsvoll schlemmen lässt. Auch die **europäischen** Küchen sind hier gut vertreten, sei es die deutsche, französische oder italienische.

Wer nach dem vielen „Rice and Curry" mal richtig Heißhunger auf Hamburger und Pizza bekommen hat, kommt ebenfalls auf seine Kosten; in der Galle Road gibt es **McDonald's** und **Pizza Hut**. Eine erfreuliche Bereicherung ist jedoch die zunehmende Zahl von Cafés und Restaurants, die durch ein interessantes Interieur und vielseitige Menüangebote Aufmerksamkeit erregen.

FORT UND SLAVE ISLAND (Col 1 und 2):
Il Ponte, Hilton Colombo, 2 Sir Chittampalam A. Gardiner Mw., Col 2, ✆ 011-2544644. Die beste Adresse für italienische Küche mit schöner Sitzgelegenheit am Pool. Insgesamt eine lockere Atmosphäre. ⏰ tgl. 11.30–14.30, 19–23 Uhr.
Rohan's, 199 Union Place, Col 2, ✆ 011-2302679. Hier gibt es hervorragende nordindische Küche in gepflegtem Ambiente. Beliebt bei Geschäftsleuten. ⏰ tgl. 11.30–15, 18.30–23.30 Uhr.
Union Bar & Grill, Hilton Colombo Residence, 200 Union Place, Col 2, ✆ 011-5344659. Das UBG, wie es auch genannt wird, bedient vor allem die Bedürfnisse der Geschäftsleute. Mittags gibt es Lunch-Buffet, abends öffnet die Bar, dann gibt es auch solide internationale Küche, die vom Steak über Pizza bis zum Curry reicht. ⏰ tgl. 12–15, 18.30–24 Uhr.

KOLLUPITIYA (Col 3) –
Amaravathi, 2 Mile Post Avenue, Col 3, ✆ 011-2577418. Gegenüber dem Hotel Renuka gelegenes südindisches Restaurant mit guten vegetarischen Gerichten. Aber auch die Freunde von Chicken Biryani und Masalas kommen auf ihre Kosten. Recht preisgünstig. ⏰ tgl. 11–15, 19–23 Uhr.
Chesa Swiss, 3 Deal Place, Col 3, ✆ 011-4712716. ⏰ tgl. außer Mo und Poya-Tage 19–23 Uhr. Nicht nur für Schweizer eine gute Adresse. Schlichtes Ambiente, aber gutes Essen und netter Service und alles zu ganz passablen Preisen.
German Restaurant, 11 Galle Face Court, Col 3, ✆ 011-2421577. Gegenüber dem Galle Face Hotel. Alles was das germanische Herz begehrt,

The Gallery Café

Hinsichtlich der Atmosphäre das Bemerkenswerteste, was es derzeit in „Cool-ombo" gibt. In der ehemaligen Arbeitsstätte des Architekten Geoffrey Bawa kann man zur Chill out-Musik hervorragend essen, Kaffee trinken oder einfach nur den Tag beim Drink ausklingen lassen. Die Speisekarte präsentiert fein zubereitete Gerichte mit euro-asiatischem Touch. Im Eingangsbereich werden wechselnde Ausstellungen gezeigt. Auf schweren Eisenstühlen kann man unterm Dach oder im länglichen Innenhof sitzen.
The Gallery Café, 2 Alfred House Rd., Seitenstraße von Alfred House Gardens, Col 2, ✆ 011-2582162, 🖥 www.paradiseroadsl.com.

dazu gutes Bier vom Fass. ⏰ tgl. 12–15, 19–24 Uhr, So nur abends.
Great Wall, 491 Galle Rd., Col 3, ✆ 011-4521907. Üppige Speisekarte und effektiver Service; sehr populäres China-Restaurant. ⏰ tgl. 18–23 Uhr.
Koluu's, 32 B Sir Mohamed Macan Markar Mw., Col. 3, ✆ 011-2446589. Hinter dem Holiday Inn gelegen. Hippes Design und eine Küche, die von Frankreich bis Indonesien reicht, machen das Restaurant zur beliebten Adresse für Expats und Geschäftsleute.
Palmyrah, Hotel Renuka, 328 Galles Rd., Col 3, ✆ 011-2573598. Wegen der vorzüglichen srilankischen Küche stadtbekannt, wird auch von vielen Bewohnern Colombos aufgesucht.
Raja Bojun, Seylan Towers, Galle Rd., Col 3, ✆ 011-4716171. Hier werden wunderbare srilankische Gerichte gezaubert. Häufig voll, daher reservieren. ⏰ tgl. 11–23.30 Uhr.
Sakura Restaurant, 14 Rheinland Place, Co 3, ✆ 011-2573877. Eines der ältesten japanischen Restaurants Colombos mit recht soliden Sushi & Co.-Angeboten. ⏰ tgl. 11.30–15, 18.30–23 Uhr.
Siam House, 55 Abdul Gaffoor Mw., Col 3, ✆ 011-2576993. In einer Villa in einer Seitenstraße der R. A. de Mel Mw. Einfaches Ambiente, doch sehr schmackhafte Thai-Gerichte. ⏰ tgl. 10.30–24 Uhr.
Thambapani, 496/1 R. A. de Mel Mw., Col 3, ✆ 011-2500615. Hier kann man die internationale Küche sowohl im klimatisierten Raum als auch

im Garten genießen. Von Seafood bis Pasta reicht die Karte.
The 1864 Restaurant, The Regency, 2 Galle Rd., Col 3. Das ultimative „Fine Dining" zu erlesenen Weinen und ausgewählten Gerichten. Entsprechend teuer.

BAMBALAPITIYA UND HAVELOCK TOWN – (Col 4 und 5):
Chinese Dragon, 11 Milagiriya Avenue, Col 4, ✆ 011-2502733. ⏱ tgl. 18–23 Uhr. Beliebtes chinesisches Restaurant mit großer Auswahl ab 250 Rs. Schon eine Institution in einer Seitenstraße unweit der Galle Rd.

Mathura, 185 Havelock Rd., Col 5, ✆ 011-2582 909. Sehr gute tamilische Küche mit hervorragenden vegetarischen Gerichten. Üppiges Mittagsbuffet.
Shanti Vihar, 3 Havelock Rd., Col 5, ✆ 011-2580 224. Ein hervorragendes indisches Lokal mit einer guten Auswahl an vegetarischen Gerichten. Schlichtes Ambiente, dafür sind die Preise völlig o. k. Hat auch Lieferservice.
Greenlands, 3 A Shrubbery Gardens, Col 4, ✆ 011-2585592. Seit 1965 als gutes, ausgesprochen preisgünstiges Vegetarier-Restaurant mit vorwiegend indischer Küche. Wer sich hier gleich einquartieren möchte, sollte sich mal die

Beach Wadiya – ein Restaurant als Phänomen

Diese einsame, dunkle Ecke von Colombo wirkt nicht unbedingt einladend. Über Bahngleise geht es in eine schummrig beleuchtete Hütte mit schilfgedecktem Dach, abgewetztem Zement-Fußboden und spartanischem Holz-Mobiliar. Kaum zu glauben, dass hier schon prominente Politiker, hochnäsige Prinzessinnen, mächtige Konzernbosse und berühmte Filmemacher gespeist haben. Doch das „Beach Wadiya" an der Station Avenue ist mehr als nur ein Restaurant: Es ist ein Phänomen! Und dieses lebt nicht nur von seiner eigenen Legende, der Lage direkt am Meer und der hervorragenden, günstigen Speisekarte, sondern vor allem von Olwyn Weerasekera, der es 1974 eröffnet hat.

Seitdem hat sich hier so gut wie nichts verändert. Und auch nach drei Jahrzehnten lässt es sich der 70-jährige nicht nehmen, in seinem Restaurant jeden Tag nach dem Rechten zu schauen und sich auch gern mal an den Tisch zu gesellen. „Ich bemühe mich um jeden einzelnen Gast, als wenn es der erste wäre", meint Olwyn, der sich am liebsten mit persönlichem Handschlag verabschiedet.

Zu den wichtigsten Fotos, die als imposante Collage die Wände des Beach Wadiyas zieren, gehört eine vergilbte, größere Aufnahme. Sie zeigt eine dralle, blonde Münchnerin mit einem kleinen Leoparden im Arm. „Die gehörte damals zu meinen allerersten Gästen", erinnert sich Olwyn – und sogar noch daran, dass sie „Evelyn" geheißen hat. Auch sonst hat der kultverdächtige Gastronom ein grandioses Gedächtnis: In seinen jeweils mindestens 7 cm dicken Gästebüchern findet er zum Beispiel auf Anhieb den Eintrag der legendären Film-Regisseurin Leni Riefenstahl, die sich hier im Februar 1980 mit den Worten „Ein wundervoller Platz, ausgezeichnetes Essen – wir werden es nie vergessen" verewigt hatte. Wer sich durch die dicken Wälzer arbeitet – während die Erde erbebt, weil in wenigen Metern Entfernung mal wieder ein schwerer Güterzug vorbei donnert –, blättert auch stets ein bisschen durch die Weltgeschichte. Denn darin finden sich nicht nur Widmungen, Gedichte, originelle Zeichnungen oder jede Menge Visitenkarten, sondern auch Briefmarken, Münzen, Geldscheine, Kreditkarten und Bier-Etiketten. Indische Filmstars, arabische Scheichs, amerikanische Models, japanische Autobosse oder internationale Cricket-Teams sind schon hier gewesen, komplette Flugzeug-Besatzungen und ganze Dynastien ausländischen Botschaftspersonals. Geraldine Chaplin hat sich in dieses einfache Restaurant und die Nachbarschaft von Slum-Hütten genau so locken lassen wie der Chef der Fast-Food-Kette McDonald's und – von Olwyn gern an erster Stelle genannt – die britische Prinzessin Anne. Der mit Abstand jüngste Gast indes war

16 recht akzeptablen Zi im Obergeschoss ansehen. ⊙ tgl. 8–22 Uhr.

WELLAWATTA (Col 6) –
Beach Wadiya, 2 Station Avenue, Col 6, ☏ 011-2588568. Unweit des *Global Towers Hotel* direkt am Meer. Wem es abends zu voll ist, kann hier auch schon tagsüber schlemmen – zumal der Strand in diesem Bezirk Colombos sogar zum Baden einlädt. ⊙ tgl. 11–22 Uhr (s. Kasten).
Curry Leaves, 68 W. A. Silva Mw., Col 6, ☏ 011-2593364. Ein populäres nordindisches Lokal, leider etwas abseits. Doch hervorragende Biryani-Gerichte. ⊙ tgl. 11.30–15.30, 18.30–24 Uhr.

Shanmugas, 53/3 Ramakrishna Rd., Col 6, ☏ 011-2361384. In einer von der Galle Road Richtung Meer abgehenden Seitenstraße, gegenüber der Ramakrishna Hall. Vegetarische Köstlichkeiten aus Nord- und Südindien. Mittagsküche und Lieferservice. ⊙ tgl. 7–22 Uhr.

CINNAMON GARDENS (Col 7) –
Number 18, 18 Cambridge Place, Col 7, ☏ 011-2694000. Eine der schicksten Restaurantadressen Colombos. Euroasiatische Küche, klare Linie im Raumdesign und auf dem Teller attraktive Arrangements. Allerdings nicht billig, die meisten

---

gerade mal zwölf Stunden alt: ein frisch geborenes Baby. Die renommierte US-Zeitschrift Newsweek hat sich erlaubt, das Restaurant unter den „World`s best bars" zu listen, und der Financial Times war es unter der Überschrift „Olwyn and the giant lobsters" sogar eine ganze Seite wert.
Insgesamt 20 Angestellte sind es, die sich im Beach Wadiya um das Wohl der Gäste kümmern. Unter anderem bringen sie „die Fänge des Tages" – als vielversprechende Tellergerichte arrangiert, aber zunächst noch roh – an den Tisch, um die Entscheidung zu erleichtern. Der Profit seines Restaurants jedoch, dessen Charme sich nur durch die Tischdecken von einem typischen Traveller-Treffpunkt unterscheidet, interessiert Olwyn nur am Rande. Der Vater zweier, mittlerweile erwachsener Kinder scheint sich eher ein bisschen als Botschafter seines Landes zu verstehen – mitsamt philosophischer Ansätze. „Essen ist die wichtigste Angelegenheit eines jeden Lebewesens", weiß er, „und die beste Kost ist das, was Dir Deine Mutter kocht!". Während sich seine Gäste – mit *Baked Crabs*, *Prawn Mayonnaise* oder einem *Lobster Thermidor* – oft durch die ganze Speisekarte futtern, so dass sich ihre Tische nur so unter fangfrischem Fisch und tropischen Meeresfrüchten biegen, ist Olwyn seiner eigenen einfachen Lieblingsspeise treu geblieben: „Fisch mit Curry und Reis". Bescheidenheit und Zufriedenheit, aber auch Kontinuität führt der überzeugte Buddhist als gute Gründe an, warum ihm das Glück im Leben, zu dem nicht einmal ein Handy gehört, so hold geblieben ist.
Über den Tsunami indes spricht er nur mit Wehmut. Zwar hat es hier im gesamten Küstenbereich keine Todesopfer gegeben – und schon nach sechs Wochen hatte er wieder eröffnet. Doch die Flutwellen haben das Restaurant zerstört – und fünf seiner bis dahin insgesamt neun Gästebücher davon getragen. Die erste kam um 9.30 Uhr, die zweite um 10.30 Uhr und die dritte um 11 Uhr. Und wen mag es verwundern, dass Olwyn schon auf den ersten Bildern zu sehen war, die von der Tsunami-Katastrophe in Sri Lanka um die Welt gingen? Bereits gegen 10 Uhr war ein Team des internationalen Nachrichtensenders CNN angerückt, um die Überreste des Beach Wadiyas in Colombos Ortsteil Wellawatte zu filmen. Heute indes sind die Wände schon wieder verblüffend üppig mit Fotos tapeziert – und eines Tages vielleicht könnte Olwyn sogar wieder so viele Gästebücher wie einst haben. Denn immerhin ist sein Strand-Restaurant ja in genau der gleichen, spartanischen und erfolgreichen Form wieder aufgebaut worden – und dürfte wohl nicht zuletzt deshalb auch in der Zukunft großen Zulauf haben…

Volker Klinkmüller

Hauptgerichte kosten von 600 Rs aufwärts. ⊕ tgl. 19–23 Uhr.
Pier 56, 74 A Dharmapala Mw., Col 7. Im oberen Stockwerk des Cafés The Commons. Das moderne Design führt zu einer entspannten Atmosphäre. Gute Seafood-Gerichte mit japanischem Touch. ⊕ tgl. 19–23 Uhr.
The Mango Tree, 82 Dharmapala Mw., Col 7, ✆ 011-5379790. *Die* Adresse für nordindische Speisen. Tolle Atmosphäre, die 106 Gerichte sind von den beiden indischen Köchen ansprechend zubereitet. ⊕ tgl. 12–15, 19–23 Uhr.
Orient Hong Kong Seafood, 1 A Race Course Avenue, Col 7, ✆ 011-2699007. Beliebt sind in diesem typischen kantonesischen Restaurant die Seafood-Gerichte. ⊕ tgl. 11.30–15, 18.30–23 Uhr.

CAFÉS – In den coolen ***Barista Espresso Bars*** treffen sich Colombos Schöne und Erfolgreiche zu Latte Macchiatto, Cappuccino und Espresso:
- 3rd Fl., World Trade Centre, Col 1, ✆ 011-2501 384, ⊕ Mo–Sa 8–18 Uhr;
- Galle Face Court, Col 3, ⊕ tgl. 8–1 Uhr, neben dem Galle Face Hotel;
- 31 Horton Place, Col 7.
Deli France, Crescat Boulevard, Col 3, ✆ 011-5553354, ⊕ tgl. 7.30–23 Uhr. Seine Lage in einem der populärsten Einkaufszentren macht das Café für Geschäftsleute und Shopper zu einer beliebten Adresse. Gute Croissants.
Barefoot Garden Café, 704 Galle Rd., Col 3, ✆ 011-2589305. Lauschiges Gartencafé unter Frangipanis und Kokospalmen im hinteren Bereich des beliebten Geschäftes. Weit weg vom Lärm der verstopften Galle Road. Sandwiches, Waffeln und Kuchen um 300 Rs. ⊕ Mo–Sa 10–19 Uhr, So 10–16 Uhr.
Fashion Café, 338 T. B. Jayah Mw., Col 10. Kleines schickes Café in der Boutique Arena mit guten Shakes und Eiscreme.
Hotshot, 4th Fl., Majestic City, Galle Rd., Col 4, ⊕ tgl. 10–2 Uhr. Eine gute Auswahl an Kaffees, „man" schlürft hier gerne den „Mocha Chocolate Marathon".
Mahout Café, 61 Ward Place, Col 7. Nettes Café im Innenhof des „Elephant Walk" (s. u.).
The Commons, 74 A Dharmapala Mw., Col 7. Schräg gegenüber der Citibank. Schönes Ambiente mit Sitzgelegenheiten drinnen und draußen. Spezialität des Hauses: „Commons Valencia", Café Latte mit Orangen-Schokoladen-Geschmack. ⊕ Mo–Fr 10–18, Sa–So 11–18 Uhr.

Unterhaltung

Es hat sich doch wirklich was getan in Colombos Nachtleben. Die Zeiten, als sich nur in den Hotelclubs die Nachteulen vergnügen konnten, sind vorbei. In den vergangenen Jahren ist die Zahl der Bars sprunghaft gestiegen. Ob urige Pubs, coole Lounges oder heiße Discos, es ist für jeden Geschmack etwas dabei. Und am Wochenende ist vielerorts Live-Musik angesagt.

BARS – ***Bistro Latino***, R. A. de Mel Mw., Col 5, ✆ 011-2580063. Auch Colombo blieb nicht vom globalen Salsa-Hype verschont. Und wer es schon immer mal lernen wollte, kann es am Wochenende hier tun. Dann ist zum mexikanischen Essen „Salsa Night" angesagt.
Cheers Pub, Cinnamon Grand, 77 Galle Rd., Col 3, ⊕ tgl. 11–2 Uhr. Familienfreundliche Bar mit britischem Flair. Während die Eltern sich ihr Bier gönnen, können die Kinder in der Spielecke toben.
Clancy's Pub & Restaurant, 29 Maitland Crescent, Col 7, ✆ 011-2682945. Der Pub mit dem „Irish Touch" liegt im Geschäftsviertel und ist für das „Business Lunch" genauso geeignet wie für einen „After Work"-Drink. Fast jeden Abend gibt es ab 21.30 Uhr Live-Musik.
Cricket Club Café, 34 Queens Rd., Col 3. Hier floss schon viel Bier durch die Kehlen, während Besucher die Kricket-Memorabilien an den Wänden bestaunten. Die Traditionskneipe garantiert wegen der lockeren und entspannten Atmosphäre nach wie vor vergnügliche Stunden.
Echelon Pub, Hilton Colombo, 2 Sir Chittampalam A. Gardiner Mw., Col 2. In der Lobby des Hilton Hotels, ziemlich groß und an jeder Ecke steht ein Fernseher für die Sportübertragungen. Regelmäßige Live-Musik.
Gatsby's Jazz & Blues Club, Galadari Hotel, 64 Lotus Rd., Col 1. Einer der wenigen Orte in Colombo, wo auch mal Jazz-Töne erklingen.

Glow Bar, 3rd Fl., Automobile Association Building, 42 A Sir Mohamed Macan Markar Mw., Col 3, ☏ 011-4714666, ⏰ ab 18 Uhr. Einer der populärsten Pubs der Stadt, vor allem am Wochenende ziemlich voll. Das Design ist minimalistisch cool, die Drinkliste ziemlich hot. Wie wäre es mit einem „Glow Job"?

Hippos Cafe & Bar, 112 Bauddhaloka Mw., Col 4. Hier kann man beim Drink in die tiefen Sessel versinken oder vom Hocker auf den riesigen Bildschirm starren. Gelegentlich Live-Musik.

Rhythm & Blues, 19/1 Daisy Villa Avenue, Ecke R. A. de Mel Mw., Col 4. Ein beliebter Treff für Colombos Musikerszene, die auch häufig selbst in die Saiten schlägt.

The Library and Nightclub, Cinnamon Lakeside Colombo, 115 Sir Chittampalam A. Gardiner Mw., Col 2. Eigentlich nur für Hotelgäste und Clubmitglieder, hat es eher Lounge-Characker. Etwas versnobte Atmosphäre. Freitags ab 21 Uhr spielt eine Band.

The Mix Bar, Taj Samudra Hotel, 25 Galle Face Centre Rd., Col 3. Ein altbewährter Ort zum Bier und Cocktail schlürfen.

Tulips by Koluu, Indra-Regent Hotel, 383 R. A. de Mel Mw., Ecke Alfred Place, Col 3, ☏ 011-5522 111. Restaurant-cum-Bar. Hier sind die Leute so cool, dass man eigentlich die Klimaanlage ausschalten könnte. So lang wie die Cocktail-Liste ist auch die Bar. Aber vor dem Drink sollte man einen Blick in die Speisekarte werfen, denn hier zaubert der vielleicht hippste Koch Koluu seine euroasiatischen Fusionen. Von Do–Sa legt ein DJ Scheiben auf.

White Horse, 2 Nawam Mw., Col 2, ⏰ tgl. 10–14 und ab 16 Uhr. Das Angebot reicht vom Mittagstisch bis zum Feierabenddrink. Hier stimmt man sich gerne am Freitagabend ins Wochenende ein.

Wine Lounge, The Regency, 2 Galle Rd., Col 3. In Colombos ehrwürdigster Bleibe kann man in edlem Ambiente ebenso edle Tropfen genießen.

Zanziba, 1st & 2nd Fl., Huejay Court 32 B, 1/1 Sir Mohamed Macan Markar Mw., Col 3. Neben dem Holiday Inn. Ziemlich jazzige Atmosphäre, vor allem wenn am Wochenende Live-Musik gespielt wird. Hier trinkt man gerne, bevor es zum Tanzen in die Discos geht. ⏰ Mo–Fr 19–1 Uhr, Sa/So 19–3 Uhr.

Tipps zum Tanzen

H2O, 447 Union Place, Col 2. Neben dem Handy-Laden „Dialog GSM", gegenüber einem Autogeschäft mit Verkaufsraum von Peugeots and VWs. Derzeit angesagteste Disco und am Wochenende geht hier der Punk ab. Eintritt 1000 Rs (inkl. 1 Drink); für Frauen freier Eintritt.

Blue Elephant, Hilton Colombo, 2 Sir Chittampalam A. Gardiner Mw., Col 2. Am Wochenende ab 23 Uhr sehr voll, immer noch eine der beliebtesten Discos der Stadt. ⏰ tgl. 19–3 Uhr, Eintritt 500 Rs.

The Margarita Blue, Galadari Hotel, 64 Lotus Rd., Col 1. Beliebte Bar mit Live-Musik am Fr und Sa. ⏰ tgl. 11–24 Uhr.

Anjalo Mendis & Iresh Perera
von Bernard Tours

CASINOS – Die bunt beleuchteten Spielbanken passen zu Colombos Straßen wie Las Vegas in die Wüste Nevada. Eher von bescheidener Größe sind sie teilweise rund um die Uhr geöffnet und vor allem auf asiatisches Publikum eingerichtet. Hübsche Hostessen und fein gekleidete Croupiers sorgen für ein entsprechend ausgebefreudiges Ambiente bei Black Jack, Poker und natürlich Roulette. Wer seine letzten Rupies verlieren oder seine nächste Reise gewinnen will, hat hier die große Chance.

Bally's Casino, 14 Dharmapala Mw., Col 3, ☏ 011-2573497.

Bellagio Casino, 430 R. A. de Mel Mw., Col 3, ☏ 011-2575271.

Continental Club, 425 Galle Rd., Col 3, ☏ 011-2595432.

M. G. M. Casino, 772 Galle Rd., Col 4, ☏ 011-2502268.

Star Dust Casino, 9 15th Lane, Galle Rd., Col 3, ☏ 011-2573493.

The Ritz Club, 5 Galle Rd., Col 3, ☏ 011-2341496.

Einkaufen

Colombo ist sicherlich kein Shoppingmekka à la Bangkok und Singapur, trotzdem werden hier Schnäppchenjäger ebenso fündig wie Modebewusste. Viele internationale Markenhersteller lassen ihre Stücke in Sri Lanka fertigen, weshalb in Colombo viele begehrte, namhafte Konsumartikel günstig zu bekommen sind.

EINKAUFSZENTREN – *Odel Unlimited*, De Soysa (Lipton) Circus, Col 7, 🖥 www.odel.lk, ⏱ tgl. 10–20 Uhr. Filialen: *Odel Warehouse* in 38 Dickmans Rd., Col 5; im Majestic City und im Bandaranaike International Airport. Colombos schickstes Einkaufszentrum mit zahlreichen Boutiquen, Cafés, Buchhandlungen und vielem mehr.
Crescat Boulevard, 75 Galle Rd., Col 3. Neben dem Cinnamon Grand Hotel. Zahlreiche Geschäfte zum Stöbern. Wer sich die Füße wund gelaufen hat, kommt im *Délifrance* mit knusprigen Baguettes oder Eiscreme wieder auf die Beine. Gutes Internet im *i-Café*.
Majestic City, 10 Station Rd./Ecke Galle Rd., Col 4. Obwohl das Einkaufszentrum durch seine niedrigen Decken, viel grauen Beton und braun gefliese Böden nicht unbedingt einladend wirkt, kann man hier nahezu alles erledigen: E-Mails checken (zum Beispiel bei Barclays Trading im 3. Stock), Klamotten kaufen, den großen und kleinen Hunger (überraschend üppiges Lakritz- und Weingummi-Angebot) stillen, CDs brennen, Leute schauen, auf die Toilette gehen…
Liberty Plaza, 512 R. A. de Mel Mw., Col 3. Zwar etwas in die Jahre gekommen, trotzdem ist der überschaubare Einkaufskomplex immer noch ein guter Ort zum Flanieren und Stöbern. Neben zahlreichen Kleiderläden gibt es auch eine gut sortierte Buchhandlung.
Unity Plaza, 2 Galle Rd., Col 4, neben dem Majestic City. Von Außen ziemlich abweisend, ist es jedoch die erste Adresse für alles rund um den Computer. Hier ist auch die größte Filiale von *Vijitha Yapa Bookshop* zu finden.
House of Fashion, 28 R. A. de Mel Mw., Ecke Visaka Rd., Col 6. Eine große Auswahl an günstigen Markenklamotten, das Schnäppchenjäger aus dem In- und Ausland anzieht.

BOUTIQUEN – *Arena*, 338 T. B. Jayah Mw., Col 10. Top-Boutique mit Schuhen, Taschen und Kleidern im höheren Preissegment. ⏱ tgl. 10.30–21 Uhr.
Barefoot, 704 Galle Rd., Col 4, 🖥 www.barefoot ceylon.com. Ein Treffpunkt für die Expat-Gemeinde: Kaffee trinken, in der Buchhandlung stöbern und die knallbunten Stoffe und Kleider kaufen. Das Design stammt zumeist von der stadtbekannten Besitzerin Barbara Sansoni.
Cotton Collection, 40 Sri Ernest de Silva Mw. (Flower Rd.), Col 7. Schöne modische Kleidung für den jungen Geschmack. Eine Filiale gibt es im Majestic City.
Eco Gallery, Horton Place, Col 7, ☎ 011-2828864. Netter alternativer Laden mit Kleidern, Stoffen und Accessoires, die von der Künstlerin Judith Bakthi Panditharatne entworfen wurden.
Hameedias, 54 Galle Rd., Col 6, ☎ 011-2505192. Etablierter Herrenausstatter mit Filialen im Majestic City, Liberty Plaza und Crescat Boulevard.
Mondy Seven Eight, 78 Dharmapala Mw., Col 3, ☎ 011-2372620. Das exklusive Angebot an Kleidern und Schuhen hat schon manche Frau schwach und manchen Mann zur Verzweiflung gebracht…

KUNSTHANDWERK UND DESIGN – *Elephant Walk*, 61 Ward Place, Col 7, ☎ 011-2691056, ⏱ tgl. 10–19 Uhr. Künstlerisch schön gearbeitete Geschenkartikel vom Papier bis zum Bett.
Laksala, 60 York St., Col 1. Eine ziemlich staubige Atmosphäre breitet sich in dieser staatlichen Verkaufshalle für traditionelles Handwerk aus, dafür sind Auswahl und Preise ganz passabel.

Shop 'til you drop

Für Juwelen sind **Mallika Hemachandra** und **Colombo Jewellers** gute Adressen. Eine reichhaltige Auswahl an Klunkern mit modernem Design hat **Agasti Jewels** im Angebot. Trendige Klamotten führen folgende Geschäfte in ihrem Sortiment: **Mondy Seven Eight, Odel Unlimited, Arena** und **Cotton Collection**. Schnäppchenjäger werden garantiert im **House of Fashion** fündig und Freunde schöner bunter Baumwollstoffe im **Barefoot**. Und wer Kunsthandwerk mit guter Qualität sucht, kann im **Lakmedura** und **Paradise Road** sein Glück versuchen.

*Chandrika Maelge
von Jetwing Eco Holidays*

Lakmedura, 113 Dharmapala Mw., Col 7, ✆ 011-2328900. Eine exzellente Auswahl an srilankischer Handwerkskunst wie Statuen und Silberarbeiten, allerdings nicht billig.
Kayala Shop, 116 Havelock Rd., Col 5. Ausgefallene Designerstücke, darunter Lampenschirme in Form des Blattes eines Bodhi-Baums.
Paradise Road, 213 Dharmapala Mw., Col 7, 🖥 www.paradiseroadsl.com. Eine der ersten Adressen für qualitativ gute Designerstücke, von der Lampe bis zur Vase, allerdings teuer.
Plâté, 580 Galle Rd., Col 3, 🖥 www.platelimited.com. Fotostudio mit einer exquisiten Sammlung an historischen Fotoaufnahmen. Zudem kann man schicke Saris kaufen.
Roux Brothers, 7 De Fonseka Rd., Col 5, ✆ 011-5339016. Verkauft in einem wunderbaren Kolonialhaus seit 1959 Antiquitäten und exquisites Kunsthandwerk.

BÜCHER UND LANDKARTEN – *Vijitha Yapa Books*, Unity Plaza (s. o.), 2 Galle Rd., Col 4. Verfügt über die beste Auswahl englischsprachiger Literatur, auch viel zu Sri Lanka. Weitere Filialen: Crescat Boulevard, Col 3 (s. o.); 32 Thurstan Rd., Col 3; 39 Horton Place, Col 7; The Corner Book Store, Level 3, World Trade Centre, Col 1. Die Auswahl in den Zweiggeschäften ist jedoch um einiges bescheidener.
Lake House Bookshop, 1st Fl., New Wing, Liberty Plaza (s. o.), Col 3. Eine weitere gute Adresse für englischsprachige Bücher von und über Sri Lanka.
Bibliomania, 32 Hospital St., Col 1. Mitten in Colombo-Fort gelegen. Etwas angestaubt, aber nett zum Stöbern. Manchmal stößt man auch auf interessantes Antiquarisches.
Bookland, 40 Galle Rd., Ecke Aloe Ave., Col 3. Relativ große Buchhandlung, allerdings nicht ganz so üppige Auswahl wie bei Vijitha Yapa.
Barefoot, 704 Galle Rd., Col 3. In der bekannten Boutique findet sich angesichts des beengten Raumes eine erstaunlich große Auswahl an Büchern, allen voran Bildbände, Natur- und Reiseführer. Im angeschlossenen Café kann man die Bücher auch gleich lesen.
Buddhist Cultural Centre, 125 Anderson Rd., Nedimala, Dehiwala, 🖥 www.buddhistcc.com. Sehr engagiert geführtes spirituelles Zentrum

Landkarten und Stadtpläne...

sind am besten direkt beim *Survey Department*, Kirula Rd., Narahenpita, Col 5, ✆ 011-2585111, zu beziehen. Eine weniger umfassende Auswahl bietet dessen Sales Centre in Colombo-Fort, 62 Chatham St., Col 1. 🕒 Mo–Fr 9–15 Uhr.

mit einer exzellent bestückten Buchhandlung zu buddhistischer Literatur.

FOTO UND FILM – *Photo Technica*, 288 Galle Rd., Col 3, ✆ 011-2577877. Kompetentes Photo-Geschäft mit insgesamt 7 Filialen im Stadtgebiet. Recht gut sortiert und hilfreich auch bei Problemen mit Digital-Kameras. 🕒 tgl. außer So 9–18 Uhr.

SCHMUCK UND EDELSTEINE – „Eigentlich wollte ich überhaupt nichts kaufen", klagen viele beim Verlassen eines Schmuckgeschäftes. Der dortige Besuch kann zum kostspieligen Vergnügen werden, denn die versiertesten Verkäufer sind in der Edelsteinbranche zu finden. In den etablierten Läden braucht man keinen Betrug zu befürchten. Wer sicher gehen möchte, kann sich zum Qualitätstest an den *Sri Lanka Gem & Jewellery Exchange* (Adresse s. S. 66) wenden.
Agasti Jewels, 62 Havelock Rd., Col 5. Großer Ausstellungsraum mit einer reichhaltigen Auswahl an modischem Schmuck.
Alankara, im Liberty Plaza, Col 3 (s. o.). Eine der besten Adressen für Diamanten.
Colombo Jewellers, 1 Alfred House Gardens, Col 3. Bereits seit 1922 im Schmuckgeschäft mit schönen Stücken. Eine Filiale gibt es im Crescat Boulevard.
Mallika Hemachandra, 73 Horton Place, Col 7. Etabliertes Geschäft mit Filialen im Majestic City und Liberty Plaza.
Remadasas, 75/7 Ward Place, Col 7. Seit 1956, eines der ältesten Edelstein- und Schmuckgeschäfte Colombos. Familienbetrieb mit fünf Schürfgebieten in Ratnapura.
Ridhi Design Studio, 20 D Guilford Cresent, Col 7, hat eine gute Auswahl an Silberschmuck.

TEE – Außerhalb der Teefabriken des Hochlandes ist es erstaunlich schwierig, qualitativ hochwertigen Tee zu bekommen.
Eine gute Auswahl bietet das *Mlesna Tea Centre*, www.mlesnateas.com, mit Filialen im Majestic City, Liberty Plaza, Crescat Boulevard und dem Hilton Colombo Residence, 200 Union Place, Col 2.
Eine gute Adresse für Tee ist zudem auch das *House of Tea Tang*, 16 Galle Face Court 11, Col 3, www.teatang.com, mit Ablegern im Liberty Plaza, im World Trade Center und am Flughafen.
Schließlich wird man auch in den Supermarktfilialen von Keells und Cargills fündig.

Sonstiges

AUTOVERMIETUNGEN – Selbstfahrer und jene, die ein Auto mit Chauffeur mieten wollen, können sich an eine die Reiseagenturen (s. u.) oder an folgende Adressen wenden:
Avis Car Rent, c/o Keels Tours, 429 Ferguson Rd., Col 15, 011-2529239, www.avis.de.
Kings Rent a Car, 50 Ramya Mw., Subuthipura, Battaramulla, 011-2889860, 2875063, www.kingsrentacar.com.
Mackinnons Travels, 4 Leyden Bastian Rd., Col 1, 011-2329887.
Malkey Rent-A-Car, 58 Pamankada Rd., Col 6, 011-2502008, www.malkey.lk.
US Rent-a-Car, 215 Galle Rd., Mount Lavinia, 011-2727205.
Besonders praktisch ist es, sich schon mit einem vorgebuchten Taxi vom Flughafen abholen zu lassen, das dann vielleicht auch gleich für eine Rundreise zur Verfügung steht. Dafür besonders bewährt hat sich zum Beispiel der sympathische, aufgeschlossene *Mr. W. T. D. Perera*, 077-3059 496, 033-2262071. Er verfügt über eine 30-jährige Erfahrung als Chauffeur und Guide, kennt sich auf der Insel bestens aus und kann auf Wunsch auch günstige Gästehäuser oder Hotels vorbuchen. Neben bestem Englisch spricht „Nimal" – wie ihn seine Freunde nennen – Tamil und eignet sich deshalb auch besonders für das Bereisen der Ostküste. Ein Tag mit seinem Toyota Corolla Kombi liegt bei US$45 inkl. 100 km (zusätzliche Kilometer werden mit 30 Rs berechnet).

Transfers und Rundreisen zu ähnlichen Konditionen arrangiert auch der freundliche, erfahrene *Mr. W. R. Siriwardana*, 011-2962629, wrsrihouse@travelsntour.com, www.travelsntour.com, mit seinem Toyota Carina.

GELD – Wer am Flughafen ankommt, wechselt am besten gleich dort einige seiner Reiseschecks oder Banknoten in Sri Lankan Rupies. Ansonsten gibt es in Colombo zahlreiche Filialen der großen srilankischen Banken. Die meisten verfügen auch über Geldautomaten (ATM), die ausländische Kredit- und EC-Karten akzeptieren. Für Bargeldumtausch eignen sich zudem die vielen Wechselstuben (Money Changer) in der **Hospital Street** in Colombo-Fort.
American Express Bank, 104 Dharmapala Mw., Col 7, 011-2682787, 2681215 Mo–Fr 9–17 Uhr. Zuständig auch für die American Express-Reiseschecks.
Bank of Ceylon, Bank of Ceylon Mw., Col 1, 011-2446790. Wechselschalter in der Bank of Ceylon-Filiale „Fifth City", 85 York St., Col 1, 011-2449646, Mo–Fr 8.30–18 Uhr, Sa–So 8.30–16 Uhr.
Citibank, 65 C Dharmapala Mw., Col 7, 011-4794700, 2447316. Wer ein Konto bei der Citibank hat, kann am dortigen Automaten gebührenfrei Geld abheben.
Commercial Bank, 21 Bristol St., Col 1, 011-2430420.
Hatton National Bank, 149-151 Main St., Col 11, 011-2343800.
HSBC, 24 Sir Baron Jayatilaka Mw., Col 1, 011-2325435, 2511611 (Hotline). Neben dem Cargills.
People's Bank, 75 Sir Chittampalam A. Gardiner Mw., Col 2, 011-2327841 bis 6. Filialen u. a. im Majestic City und Liberty Plaza.
Seylan Bank, Landmark Building, 385 Galle Rd., Col 3, 011-2573363, Info- 5544000 (tgl. 7–19 Uhr). Ist Partner von Western Union bei internationalen Geldüberweisungen.
Standard Chartered Bank, 37 York St., Col 1, 011-2480000.
Thomas Cook, 15 Sir Baron Jayatilaka Mw., Col 1, 011-2445971, Mo–Fr 8.30–17 Uhr, Sa 10–12.30 Uhr. Zuständig für die Thomas Cook-Reiseschecks.

GOLF – Den Schläger schwingen kann man im ehrwürdigen ***Royal Colombo Golf Club*** von 1879 in Borella, Model Farm Rd., Col 8, ☏ 011-2695431, 2675952, 🖥 www.royalcolombogolf.lk. Nach Kolkata der zweitälteste Golfplatz Asiens, ist er etwas in die Jahre gekommen, genießt jedoch in der Golfwelt einen recht guten Ruf. Mit 18 Löchern und 5570 m Länge ist er angesichts der vielen Wasserstellen recht anspruchsvoll. Die Greenfee beträgt wochentags 2500 Rs, 3500 Rs/Tag am Wochenende. Im Club House kann man bei etwas steriler Atmosphäre speisen.

INFORMATION – Die beste Anlaufstelle für Informationen zu Reisen und Unterkünften ist die Zentrale des ***Sri Lanka Tourist Board***, 80 Galle Rd., Col 3, ☏ 011-2437055 oder 59, ⊙ Mo–Fr 9–16.45, Sa 9–12.30 Uhr. Dort kann man neben vielen Broschüren auch den zweimal jährlich erscheinenden „Accommodation Guide" mit zahllosen Unterkunftsadressen erstehen. Der Tourist Board unterhält auch das rund um die Uhr geöffnete ***Travel Information Centre*** in der Ankunftshalle des Bandaranaike International Airport, Katunayake, ☏ 011-2252411. Für Zugabfahrten wende man sich an das ***Railway Tourist Information Office*** im Bahnhof Colombo-Fort (s. u.).

INTERNET – Gibt es in den großen Einkaufszentren wie Majestic City und Crescat Boulevard (hier das ***i-Café***). Entlang der Galle Rd. im Stadtteil Kollupitiya (Col 3) befinden sich mehrere gute Internetcafés: ***Berty's Cyber Café***, 380 Galle Rd./Ecke 15th Lane; ***Lanka Bell***, 419 Galle Rd. (ca. 100 m nördl. Alfred Place Rd.); ***Surf'n'Play***, 483 Galle Rd./Ecke School Lane; ***Café @ inter.net***, 491 Galle Rd. Eine gute Adresse ist auch das ***Netcafé@Tritel***, 5 R. A. de Mel Mw., Col 4. In Colombo-Fort kann man in der **Post** im World Trade Center, Echelon Square, Col 1, „surfen gehen" oder im ***Bristol Cyber Café***, 8/3/4 Bristol St., Col 1. Fast überall kann man auch CDs für etwa 250 Rs brennen.

Central Cultural Fund (CCF)

Im Hauptbüro des CCF kann man die **Rundtickets** für den Besuch des Kulturellen Dreiecks erstehen. Allerdings geht dies auch problemlos bei den Sehenswürdigkeiten vor Ort. Zudem gibt es im CCF einen Shop mit dessen Publikationen.
CCF, 212/2 Bauddhaloka Mw., Col 7, ☏ 011-2587912, 2500732.

KINOS – Von Colombos Leinwänden flimmern vorwiegend Bolly- und Hollywood-Schlager, vom srilankischen Film ist ziemlich selten etwas zu sehen. Allerdings leiden die Kinos wie anderswo auch unter der DVD-Schwemme und der TV-Endlosserien-Manie südasiatischer Prägung. Zu den besten Kinos zählen:
The Savoy Cinema, 12 Savoy Building, Galle Rd., Wellawatta, Col 6, ☏ 011-2552877;
Majestic Cinema, 4th Fl., Majestic City, Col 4, ☏ 011-2581759. Tickets kosten um 150 Rs.

KULTURZENTREN – ***Alliance Française***, 11 Barnes Place, Col 7, ☏ 011-2694162, 🖥 www.alliancefr.lk. Östlich des Viharamahadevi-Parks. Internet im Multimediaraum. Zeigt französische Filme mit englischen Untertiteln Di um 15 Uhr und Mi um 18 Uhr; ⊙ Mo–Fr 9–18, Sa 9–15 Uhr.
British Council, 49 Alfred House Gardens, Col 3, ☏ 011-2581171, 🖥 www.britishcouncil.lk. Gut bestückte Bibliothek und gelegentliche kulturelle Veranstaltungen oder Filmabende. ⊙ Di–Sa 9.30–17 Uhr.
Goethe Institut, 39 Gregory´s Rd., Col 7, ☏ 011-2694562, 4712636, 🖥 www.goethe.de. Regelmäßige Veranstaltungen, Ausstellungen und Filmvorführungen.
Indian Cultural Center, 133 Bauddhaloka Mw., Col 4, ☏ 011-2500014, 🖥 www.hcicolombo.org. Kurse in Hindi, klassischem Tanz, Musik und Yoga. Zudem regelmäßige Filme, Konzerte und kulturelle Veranstaltungen. Sehr empfehlenswert.
Lionel Wendt Art Centre, Guildford Crescent, Col 7, ☏ 011-2694562. Colombos bedeutsamstes Kulturzentrum für Ausstellungen, Konzerte und Theater, benannt nach dem seinerzeit bedeutsamen Pianisten und Fotografen Lionel Wendt (1900–44).

Elphinstone Theatre, Maradana Rd., Maradana, Col 10, ✆ 011-2433635. Lockt mit regelmäßigen Gastspielen ausländischer Theatertruppen vorwiegend die verwestlichte Elite an.

MEDIZINISCHE HILFE – Man sollte darauf achten, bei Arztbesuchen und Krankenhausaufenthalten immer genügend Bargeld oder eine Kreditkarte dabei zu haben und vorab die Kosten abzuklären, um böse Überraschungen zu vermeiden. Mit Ausnahme des General Hospitals sind die genannten Kliniken privat und werden von der deutschen Botschaft empfohlen.

Krankenhäuser:
Asiri Hospitals, 181 Kirula Rd., Col 5, ✆ 011-2500 608, 2598660.
Nawaloka Hospitals, 23 Sri Saugathodaya Mw., Col 2, ✆ 011-2544449, 2445511.
Oasis Hospital, 18 A. Muh. E. D. Dabare Mw., Col 5, ✆ 011-2599113.
Durdans Hospital, 3 Alfred Place, Col 3, ✆ 011-2575205. Besonders bei Herzproblemen.
Asha Central Hospitals, 37 Horton Place, Col 7, ✆ 011-2696411, 2684460.
Apollo Lanka Hospitals, Elvitigala Mw., Col 5, ✆ 011-4530000. Richtige Adresse im Falle eines Schlaganfalls.
General Hospital, 8 Regent St., Col 8, ✆ 011-2691111. Oft überfüllt, von daher wirklich nur im Notfall.

Privatärzte:
Mr. A. T. Navaratnam & Mrs. V. Navaratnam, 117 Inner Flower Rd., Col 3, ✆ 011-2573322, 2573577. Etablierte Praxis, wird häufig von Diplomaten aufgesucht.
Dr. A. M. Sebastiampillai, Solomon Avenue, 44/4 Pamankada Rd., Col 6, ✆ 011-2582190 (Klinik), 2366642 (zu Hause). Im *Delmond Hospital*, 258 Galle Rd., Col.6, tätig. Deutschsprachig, macht auch Hausbesuche.
Dr. T. A. Fernando, Neptune Hospital, 186 Park Rd., Col 5, ✆ 011-2590200, 2590201, ist Kinderarzt.

Zahnärzte:
Dr. Irene Ratnayake, 205 De Saram Place, Col 10, ✆ 011-2691550.
Dr. J. N. Chinniah, 84 St. Anthony's Mw., Col 3, ✆ 011-2573728, 2574494.

OPTIKER – ***Albert Edirisinghe***, Vision House, 52 Galle Rd., Col 4, ✆ 011-2583536.
Eric Rajapakse & Co Opticians, 341 Galle Rd., Col 3, ✆ 011-2575121.

POLIZEI – Die **Touristenpolizei** ist in Colombo-Fort, Lotus Rd., ✆ 011-2503629, 2433333, zu finden.

POST – Colombos Hauptpostamt, das ***General Post Office*** (GPO), befindet sich in der D. R. Wijewardena Mw. in Pettah, südlich der Gleisanlagen von Colombo-Fort. Dort gibt es auch einen *Poste Restante*-Dienst, ✆ 011-2326203, ⏱ Mo–Sa 7–18 Uhr. In der Stadt liegen weitere Postfilialen, darunter eine im *World Trade Center*, ⏱ Mo–Fr 8.30–16.30 Uhr.
United Parcel Service, UPS, wird durch *IML Pvt Ltd.*, UPS House, 209/2 Union Place, Col 2, ✆ 011-2337773, 4703300, vertreten.
DHL, c/o *Keells (Pvt) Ltd.*, 130 Glennie St., Col 2, ✆ 011-2304304, ⏱ Mo–Fr 8–19, Sa–So 8.30–17 Uhr.
Die örtliche Repräsentanz von **TNT Express** liegt in Händen von *Ace Cargo*, 315 Vauxhall St., Col 2, ✆ 011-2308330, 🖥 www.acecargo.lk.
FedEx nutzt den Service von *Mountain Hawk Express*, 300 Galle Rd., Col 3, ✆ 011-4522222.

REISEAGENTUREN – Bereits nach Ankunft am Flughafen wird man von zumeist kleineren Reiseveranstaltern bedrängt, um eine mehrtägige oder -wöchige Tour zu buchen. Wer nur ein Fahrzeug mit Fahrer braucht, kann dies auch problemlos und spontan über die Hotels und Gästehäuser organisieren lassen. Wer eine Tour mit qualifiziertem lokalem Reiseleiter, schönem

---

Notrufe

Notruf ✆ 011-2433333
Polizei ✆ 011-2421111
Unfall ✆ 011-2691111
Ambulanz ✆ 011-4222222
Rotes Kreuz ✆ 011-2691095
Feuer ✆ 011-2422222

klimatisiertem Auto und human fahrendem Chauffeur bevorzugt, kann sich an folgende Agenturen wenden:
Aitken Spence Travels, Vauxhall Towers, 305 Vauxhall St., Col 2, ✆ 011-4719831, 2308308, ✉ travel@aitkenspence.lk, 🖥 www.aitken spencetravels.com. Als Zweig eines der großen Tourismuskonzerne Sri Lankas arrangiert das Unternehmen attraktive Gruppen- und Einzelreisen je nach Zeitplan und Geschmack. Unter anderem verfügt es über rund 10 Hotelanlagen sowie fast 300 Fahrzeuge, um Touristen durch das Land zu chauffieren. (Wer einen freundlichen, versierten und strapazierfähigen Chauffeur-Guide benötigt, sollte sich Mr. M. B. Chandrasiri vormerken lassen.)
Bernard Tours & Travels, 86-2/1 Chatham St., Col 1, ✆ 011-4714205, ✆ 4714206, ✉ bernardtours@sltnet.lk, 🖥 www.bernardtours.com. Das etablierte Reisebüro im Herzen von Colombo-Fort organisiert unter der Führung des agilen Managers Anjalo Mendis maßgeschneiderte Reisen, vom „Honeymoon-Package" bis zu Touren rund um Jaffna.
Hemtours, 6th Fl., Hemas House, 75 Braybrooke Place, Col 2, ✆ 011-2300001, 🖥 www.hemtours.com. Ein weiterer etablierter Veranstalter mit langjähriger Erfahrung im Reise-Business.
Jetwing Travels, Jetwing House, 46/26 Nawam Mw., Col 2, ✆ 011-2345700, 4714830, ✆ 2345 725, 🖥 www.jetwingtravels.com. In der Hand der seit Jahrzehnten im Tourismusgeschäft aktiven Coorey-Familie – ihr gehören auch einige der schönsten Hotels auf der Insel – zimmert die Agentur maßgeschneiderte Touren für Gruppen und Einzelreisende. Naturfreunden und Vogelkundlern bietet der dazugehörige Spezialveranstalter **Jetwing Eco Holidays**, ✆ 011-2381201, 🖥 www.jetwingeco.com, spezielle Touren an.
Quickshaws Tours, 3 Kalinga Place, Col 5, ✆ 011-2583133, 2587613, 🖥 www.quickshaws.com. Die erfahrene Agentur bietet maßgeschneiderte Touren. Besitzt auch Autoverleih für Selbstfahrer.
Walkers Tours, 130 Glennie St., Col 2, ✆ 011-2421101, 2439034, ✆ 2439026, 🖥 www.walkerstours.com. Einer der größten Veranstalter auf der Insel mit internationalem Renommee.

Wichtige Busverbindungen

Nr. 100 Panadura–Pettah: über Mt. Lavinia, entlang der Galle Rd.
Nr. 101 Moratuwa–Wattala: über Mt. Lavinia, entlang der Galle Rd., Malay St. und N. H. M. Abdul Cader Rd. (entlang des Hafens)
Nr. 102 Moratuwa–Kotahena: über Mt. Lavinia, entlang der Galle Rd. und der N. H. M. Abdul Cader Rd.(entlang des Hafens)
Nr. 135 Kohuwala–Kelaniya: entlang der Dutugemunu St., Danister de Silva Mw. und Kirula Rd.
Nr. 154 Mt. Lavinia–Kiribathgoda: entlang der Galle Rd., Bauddhaloka Mw., Borella, Kandy Rd.
Nr. 155 Ratmalana–Mattakkuliya: über Mt. Lavinia, entlang der Galle Rd., Bauddhaloka Mw., Maradana und Kotahena
Nr. 235 Pettah–Kelaniya

Nahverkehrsmittel

BUSSE – Die Stadt hat ein dichtes Busnetz, eine attraktive Option für jene, die auf die Rupie schauen müssen. Allerdings sind die rostigen Ungetüme meist ziemlich voll – was Langfinger und Frauenbetatscher auszunützen verstehen. Wer sich längere Zeit in Colombo aufhält, kann „Arjuna's A-Z Street Guide" kaufen. Dort sind die lokalen Busverbindungen samt Plan aufgeführt.

VORORTZÜGE – Vorortzüge fahren etwa im 30-Minuten-Takt – zur Rush Hour häufiger, abends und an Sonntagen seltener – von Maradana über Fort entlang der Küste in Richtung Mount Lavinia mit Stopps in Kollupitiya, Bambalapitiya, Wellawatta und Dehiwala. Außerhalb der Hauptverkehrszeiten sind sie eine attraktive Variante für alle, die in den Süden der Stadt wollen. Anstelle der Abgase weht vom Meer eine frische Prise.

THREE-WHEELER – Bei weitem die effektivste Art des Fortkommens. Die quakenden Dreiräder mit dem Zweitaktmotor sind fast zu jeder Tages- und Nachtzeit verfügbar. Da Taxameter fehlen, ist das Feilschen um den Fahrpreis vor Fahrtantritt ein Muss. Als Richtwert gelten 30–40 Rs pro Kilometer. Von Pettah nach Galle Face Green oder Colombo-Fort zum Majestic City in Bambalapitiya muss man mit etwa 100 Rs rechnen. In der Nacht oder bei Regenschauern gehen die Preise nach oben. Vor Hotels und Bahnhöfen wartende Fahrer nennen Touristen gegenüber erst einmal Fantasiepreise. Hier heißt es hart handeln oder einen vorbeifahrenden Three-Wheeler heranwinken.

TAXI – In zwei Varianten auf Colombos Straßen unterwegs: meist ohne Taxischild und Taxameter warten sie als Kombi oder Wagen an festen Punkten wie etwa an der Sea Street in Pettah auf Kundschaft. Vor der Fahrt muss der Preis ausgehandelt werden. Es werden 30–40 Rs pro Kilometer verlangt, allerdings hängt dies auch von der Qualität des Fahrzeugs ab.
Es gibt einige etablierte Taxi-Unternehmen mit Taxameter (Radio Cab). Allerdings sind sie auf den Straßen selten anzutreffen, weshalb man sie bestellen muss:
Airport Express, ✆ 011-5555050
Autolink Cabs, ✆ 011-2848748
GNTC, ✆ 011-2688688
Lavinia Cabs, ✆ 011-2724000
Shel, ✆ 011-2727046
Quick Radio Cabs, ✆ 011-2502888
Unique Tours, ✆ 011-2733733
Yellow Radio Cabs, ✆ 011-2942942

Transport

BUSSE – Knäuel rostiger Blechungetüme, dazwischen das Gequake der Tuktuks und das

Bus nach Jaffna

Wer in die nördliche Tamilen-Metropole möchte, kann bei einer der folgenden privaten Busagenturen buchen:
Thampi Air Tours, 296/D 4 Galle Rd., Wellawatta, Col 6, ✆ 011-2360959.
Atlas Travels & Tours, 227 Central Rd., Pettah, Col 12, ✆ 011-2431498; und 362 Galle Rd., Wellawatta, Col 6, ✆ 011-2363030.
Das Ticket kostet derzeit 1200 Rs. Die Fahrt auf der 396 km langen Strecke kann wegen der Straßenkontrollen bis zu 14 Std. dauern.

Schreien der Busbegleiter, beim Einsteigen drängelnde Passanten, die schwül-heiße Luft voller Abgase – es gibt wahrlich entspanntere Orte als die **drei Busbahnhöfe** in Colombos Stadtteil Pettah. Doch kommt an ihnen niemand vorbei, der mit dem Bus weiterfahren möchte oder in der Hauptstadt ankommt. Die Orientierung fällt nicht einfach, denn nur in den seltensten Fällen ist die Destination auch auf Englisch angeschrieben.
Von der **Bastian Mawatha Bus Station** östlich des Hauptbahnhofs starten die Busse alle 10 Min. nach KANDY (Nr. 1, 135 Rs) und im Stundentakt nach NUWARA ELIYA (Nr. 79, 225 Rs). Auch alle Busse entlang der Südküste nach HIKKADUWA, GALLE (Nr. 2) und MATARA (Nr. 32) nehmen hier ihren Anfang. Zudem starten von dort auch die Busse (Nr. 187) zum BANDARANAIKE INTERNATIONAL AIRPORT.
Die **Central Bus Station** an der Olcott Mawatha ist Ausgangspunkt für die Busse in die nähere Umgebung.
Sanders Bus Station schließt sich unmittelbar nördlich an die Central Bus Station an und ist Abfahrtsort u. a. für folgende Busdestinationen: ANURADHAPURA (alle 45 Min.), POLONNARUWA (fast stdl.), TRINCOMALEE (Nr. 79, stdl.), RATNAPURA (Nr. 3, alle 15 Min.), HATTON (alle 40 Min.), BADULLA (stdl.), KURUNEGALA (Nr. 4 und 5, alle 20 Min.), CHILAW (alle 30 Min.) und NEGOMBO (AC-Bus Nr. 240, alle 7 Min.).

EISENBAHN – Der quirlige Hauptbahnhof liegt in Colombo-Fort. In dessen Hauptgebäude finden sich die Schalter für die entsprechenden Destinationen. Bei Fragen wende man sich an das ***Railway Tourist Information Office***, ✆ 011-2440048, 2435838, ⏰ Mo–Fr 9–17, Sa 9–13.30 Uhr. Seine freundlichen Mitarbeiter sind sehr auskunftsfreudig. Auch wenn sie keinen Fahrplan herbeizaubern können, haben sie viele Tipps zur Hand. Eine **Gepäckaufbewahrung** gibt es auf der linken Seite des Hauptgebäudes im „Cloak Room", ⏰ tgl. 5–21.30 Uhr. Wie überall auf der Welt treiben sich auch rund um diesen Bahnhof Nepper, Schlepper und Touristenfänger herum. Entsprechend sollte man erhöhte Aufmerksamkeit an den Tag legen. (Fahrpläne und -preise s. Kasten).

Zugfahrplan

Zug Nr.	11	9*	19	23	10*	35	39	45
Colombo	3.40	7.00	10.30	12.40	15.25	16.55	17.50	19.40
Kandy	7.45	9.35	13.50	16.00	18.00	20.00	21.00	22.50

Preise: 1. Kl. 209 Rs, 2. Kl. 114 Rs
* Intercity Express (1. Kl. 250 Rs, 2. Kl. 125 Rs)

Zug Nr.	5	15	45	47
Colombo	5.55	9.45	19.40	22.15
Nanu Oya	12.30	15.55	2.50	5.06
Haputale	14.12	17.32	4.29	6.44
Bandarawela	14.38	17.58	4.58	7.15
Ella	15.08	18.28	5.30	7.54
Badulla	16.00	19.20	6.30	8.45

Preis 1 Kl. Observation Saloon: 580 Rs, Preise 2. Kl.: Nanu Oya 193 Rs, Bandarawela 239 Rs, Badulla 268 Rs)

Zug Nr.	50	40	86	56	58	96	766
Colombo	7.10	9.00	10.30	14.05	16.00	17.00	17.52
Kalutara Süd	8.22	9.58	11.27	15.01	16.50		19.05
Aluthgama	8.46	10.23	11.52	15.25	17.13	18.17	19.35
Bentota	8.55	10.27		15.29			
Hikkaduwa	9.33	11.06	12.37	16.07	17.58	18.56	20.15
Galle	9.55	11.29	13.00	16.35	18.20	19.20	20.40
Weligama	11.00	12.24	14.06	18.05	19.09	20.17	21.47
Matara	11.20	12.45	14.25	18.30	19.25	20.35	22.15

Preise 2. Kl.: Galle 108 Rs, Matara 147 Rs

Zug Nr.	77	452	85	3*	89
Colombo	5.45	10.40	14.05	16.30	21.30
Kurunegala	7.43	13.04	16.13	18.25	23.43
Anuradhapura	10.30	16.22	18.55	20.20	2.45
Vavuniya	12.15	19.05	20-30	21.40	4.30

* Intercity Express (Anuradhapura: 1. Kl. 420 Rs, 2. Kl. 215 Rs)

Zug Nr.	81	81A	79	83
Colombo	8.45		19.15	22.00
Kurunegala	10.42		21.10	0.10
Gal Oya	14.09		0.21	4.20
Gal Oya (Abf.)	14.25	14.20	0.30	4.35
Trincomalee	16.05			6.25
Polonnaruwa		15.10	1.18	
Batticaloa		16.00	4.05	

Preise 2. Kl.: Kurunegala 91 Rs, Trincomalee 272 Rs, Polonnaruwa 239 Rs, Batticaloa 318 Rs

FLÜGE – Der Inlandsflughafen liegt in Ratmalana (RAT), südlich von Mount Lavinia. 1935 hoben von ihm die ersten Maschinen ab. Von dort bedienen die beiden Inlandsfluggesellschaften *Aero Lanka* und *Expo Air* die Strecken Colombo–Jaffna. Aero Lanka fliegt auch am Wochenende nach Trincomalee.

Am besten fährt man mit einem Taxi oder Three-Wheeler zum Flughafen. Alternativ kann man auch einen Nahverkehrszug nach Mount Lavinia oder Ratmalana nehmen und von dort mit einem Three-Wheeler zum Flughafen fahren. Da er auch als Militärflughafen benutzt wird, muss man mit strengen Kontrollen rechnen und sollte daher rechtzeitig erscheinen.

Sri Lankan Airlines setzt Wasserflugzeuge als Air Taxis ein und fliegt derzeit vom Bandaranaike International Airport folgende Destinationen an: Ampara, Anuradhapura, Dikwella, Galle, Hingurakgoda, Kandy (Mahaweli), Kandy (Victoria-Reservoir), Nuwara Eliya, Sigiriya, Trincomalee und Weerawila. Der Service wird gewöhnlich nur auf Anfrage zur Verfügung gestellt, doch gibt es bei genügend Nachfrage tägliche Verbindungen nach Bentota und Koggala. Minimum sind vier Passagiere. Ein Sitzplatz kostet zwischen US$150 und US$425.

Buchungen und Informationen:
Aero Lanka, 500 Galle Rd., Wellawatta, Col 6, 011-2505632, www.aerolanka.com.
Expo Air, 466 Galle Rd., Kollupitiya, Col 3, 011-2372952, 2360290, reservations@expoavi.com.
Genauere Informationen zur Fahrt von und zum 30 km nördlich gelegenen Bandaranaike International Airport findet man im Kapitel „Reisevorbereitung" auf S. 20.

Fluggesellschaften:

Air Arabia, Nawaloka Aviation, 73 Nawaloka Building, Sir James Pieris Mw., Col 2, 011-2393994 und 95.
Air Sahara, 140 A Vauxhall St., Col 2, 011-4732400.
British Airways, Cinnamon Lakeside, 115 Sir Chittampalam A. Gardiner Mw., Col 2, 011-44767726.
Cathay Pacific Airways, Finlay House, 186 Vauxhall St., Col 2, 011-2300295.
Condor, Walkers Tours, 130 Glennie St., Col 2, 011-2327540, 2421101.
Czech Airlines, Jetwing House, 46/26 Nawam Mw., Col 2, 011-2381200.
Druk Air (Royal Bhutan Airlines), Hemas Air Services, 75 M 1 York St., Col 1, 011-2343711.
Gulf Air, 11 York St., Col 1, 3 011-2440880.
Emirates, 9th Fl., Hemas House, 75 Braybrooke Place, Col 2, 011-4716565, 2300200 (Res.).
Etihad, Level 3, West Tower, World Trade Center, Echelon Square, Col 1, 011-4766500.
Indian Airlines, Bristol Complex, 4 Bristol St., Col 1, 3 011-2323987.
Island Aviation (Inlandsfluglinie der Malediven), 75 M 1, York St., Col 1, 011-2343710.
Jet Airways, 1 Justice Akbar Mw., Col 2, 011-2318770.
Kuwait Airways, South Asian Travel, Ceylinco House, 69 Janadhipathi Mw., Col 1, 011-2447828.
Lauda Air, Browns Tours, 481 T. B. Jayah Mw., Col 10, 011-2662841, 2683230.
LTU, Hemtours, 75 M 1 York St., Col 1, 3 011-4731366.
Malaysia Airlines, Hemas Air Services, 81 York St., Col 1, 011-2342291.
Martin Air, Carsons Airline Services, Equity One Building, 6th Fl., 65 C Dharmapala Mw., Col 7, 011-2439747.
Royal Jordanian, 40 A Cumarathunga Munidasa Mw., Col 3, 011-2301621.
Qatar Airways, Level 3, West Tower, World Trade Center, Echelon Square, Col 1, 011-5570000.
Pakistan International Airlines, 47 Andana Coomaraswamy Mw., Col 7, 011-2573475, 2576781.
Royal Brunei Airlines, 40 A Cumarathunga Munidasa Mw., Col 3, 011-2375082.
Saudi Arabian Airlines, 466 Galle Rd., Col 3, 011-2577241, 2577536.
Singapore Airlines, 315 Vauxhall Bldg., Vauxhall St., Col 2, 011-2300757, 2300767.
Sri Lankan Airlines, Nr. 22-01 East Tower, World Trade Center Echelon Square, Col 1, 019-7335555, (Allgemein), 011-2421161 (Reservierung), 019-7335500, airtaxi@srilankan.aero (für Air Taxis)
Thai Airways International, Hilton Colombo Residence, 200 Union Place, Col 2, 011-2307100-8.

Westküste

Negombo – pittoreske Katamarane   S. 164
Wilpattu – auf Leoparden-Suche im Nationalpark   S. 173
Mount Lavinia – koloniales Badevergnügen   S. 175
Bentota – Sri Lanka aus dem Reise-Katalog   S. 186
Kosgoda – Schildkröten auf dem Vormarsch   S. 188
Ambalangoda – rituelle Masken und Teufelstänze   S. 191
Galle – historische Hafenstadt voller Leben   S. 198

Man kann darüber diskutieren, ob die Strände der Westküste tatsächlich die schönsten des ganzen Landes sind. Nicht aber darüber, dass sie allein schon durch ihre unendliche Weite mit wogenden Palmenhainen und bunt-belebten Korallenbänken faszinieren, die bekanntesten der Insel sind und die touristische Entwicklung entscheidend geprägt haben. Die „Riviera Sri Lankas" ist nur so gespickt mit attraktiven Badeorten, die sich entlang der Küstenstraße A 2 und am parallel verlaufenden Strang der Eisenbahn wie die Perlen einer Kette aufreihen, um je nach Geschmack und Bedürfnis als Urlaubsziel erwählt zu werden. Während des Monsuns im Sommer ist **Nebensaison** und die Brandung höher, doch es gibt keinen Dauerregen und es darf mit verhandelbaren Zimmerpreisen, erfreulich viel Freundlichkeit und individuellerem Service gerechnet werden.

Von Colombo aus in Richtung Süden bietet der koloniale Badeort **Mount Lavinia** nur einen Vorgeschmack auf das, was an Urlaubs- und Badefreuden noch folgt. Die größten und besten Hotelparadiese konzentrieren sich bei **Beruwela** und **Bentota**, ohne dass sich die Besucher an den breiten Stränden wie Massentouristen fühlen müssen: etablierte Herbergen für Pauschalurlauber, weitläufige Bungalowanlagen, stilvolle Boutique-Resorts, renommierte Ayurvedazentren, koloniale Luxusvillen oder preisgünstige Gästehäuser – nicht selten geführt von deutschsprachigen Europäern. Fast überall wird mit hübscher Architektur, tropischen Gartenanlagen, großen Schwimmbädern, wohltuendem Komfort, exzellentem Service und einem breiten Angebot an Wassersport aufgewartet. Bis man schließlich – immer der erfrischenden Meeresbrise folgend an der Küste hinunter – in der ehemaligen Hippie-Enklave **Hikkaduwa** landet, die sich mit ihrem vielfältigen, preisgünstigen Angebot zum größten Badeort der Insel entwickelt hat.

Die Westküste ist aber auch der am dichtesten besiedelte und fruchtbarste Teil Sri Lankas. Die idyllischen, üppigen Palmenwälder werden genauso kreativ wie ergiebig bewirtschaftet. Der einstige Dschungel ist zwar durch die Briten auf vereinzelte Baumgruppen zusammen geschmolzen, doch präsentiert sich das Hinterland der Küste meist als überraschend grün, da es hier auch mal in der Trockenzeit regnen kann. Es ist geprägt von Kautschuk-Plantagen und Reisfeldern, die allmählich zu den Vorhügeln des zentralen Berglands ansteigen. Zugleich gedeiht die Region als Gewürzgarten Sri Lankas und überrascht mit paradiesischen Oasen wie dem **Wilpattu-Nationalpark** im Norden oder dem künstlich angelegten, verwunschenen Brief Garden bei **Alutgama**.

Malerisch ergießen sich die Flüsse als imposante Lagunen in den Indischen Ozean und locken zur Erkundung mit erlebnisreichen Bootstouren. Überall findet sich noch die Fischer-Romantik von einst: die Dorfgemeinschaft, die das Arbeitslied *Kavi* singend ein schweres Netz an Land zieht, oder die legendäre Flotte der Oruwa-Katamarane, die bei **Negombo** durch die Fluter kreuzt. Und trotzdem bleibt ausreichend Lebensraum für Meeresschildkröten, die die hiesigen Strände zur Eiablage aufsuchen und von den Einheimischen geschützt werden.

Im Unterschied zu anderen Landesteilen konzentrieren sich die kulturhistorischen Sehenswür-

---

Unterwegs an der Westküste

Das Bereisen von Sri Lankas Westküste ist erfreulich einfach, besonders von Colombo in Richtung Süden. Denn die in der Hauptstadt beginnende, berühmt-berüchtigte **Galle Road** – neben der Strecke nach Kandy die verkehrsreichste Verbindung des Landes – führt als Küstenstraße A 2 stets direkt zu den Badezielen und Sehenswürdigkeiten, so dass sie praktisch und preisgünstig mit öffentlichen (Mini)Bussen oder auch gecharterten Taxis und Three-Wheelern bereist werden kann.

Regional- und Überland-**Busse** lassen sich meist einfach per Handzeichen stoppen, doch verfügen alle wichtigeren Orte auch über Busstationen. Darüber hinaus verkehren **Züge** die Küste entlang bis hinunter nach Galle (bzw. Matara) und bieten sich als ideales, beschauliches Verkehrsmittel an.

Die insgesamt rund 115 km lange Küstenstrecke kann auf der Straße in 2–3 Std. zurückgelegt werden (Busse für die Gesamtstrecke kosten 100–200 Rs, Charter-Taxis US$40–50), über den Schienenstrang in 5–8 Std. (US$2–4).

(Siehe auch unter Transport bei Colombo, Hikkaduwa und Galle.)

digkeiten der Westküste nicht auf engem Raum, sondern laden entlang der Reiseroute zu idealen Zwischenstopps ein – wie die einzigartige Dagoba von **Kalutara** oder die Kachchimalai-Moschee von **Beruwela**, die mit ihren weißen Minaretten an die Landung der Araber erinnert. **Ambalangoda** hat sich auf wunderbare Weise als Zentrum der traditionellen Masken-Schnitzkunst und der Teufelstänze in die Neuzeit gerettet. Und die historische Hafenstadt **Galle** erfreut mit ihren massiven, weitläufigen Festungsanlagen, ihrem gut erhaltenen Stadtkern und nostalgischen Unterkünften als ein einziges Freilichtmuseum, in dem jeder Quadratmeter Boden Geschichte atmet.

Nördlich von Colombo

Die Küste nördlich von Colombo ist mit Ausnahme **Negombos** weit weniger touristisch entwickelt als der südliche Teil, fehlt es ihr doch an Traumstränden und interessanten Sehenswürdigkeiten. Man kann sie auf einer Fahrt entlang der A 3 von Colombo ins 205 km entfernte Anuradhapura kennen lernen. Zuerst zeigt sich die Landschaft mit zahlreichen Kokospalmenplantagen herrlich tropisch. Wer einsamere Strände sucht, kann Negombo links liegen lassen und sich in schönen Resorts in **Waikkal** oder **Marawila** einquartieren.

Nördlich des unscheinbaren Fischerstädtchens **Chilaw** mit dem bekannten hinduistischen Munnesvaram-Tempel wird das Gebiet infolge der geringen Niederschläge deutlich karger. Einen Übernachtungsstopp kann man nach 130 km in **Puttalam** an der gleichnamigen Lagune einlegen. Auf der Weiterfahrt nach Anuradhapura lohnt sich auf halber Strecke eine Safari-Tour durch den an Leoparden reichen **Wilpattu-Nationalpark**.

Entlang der alten Negombo-Colombo-Road

Im Süden Negombos zeigt sich die Landschaft zwischen der langgezogenen Negombo-Lagune und der Küste beschaulich tropisch. Kokos- und Betelnusspalmen säumen die schmale Straße, in den Dörfern ragen die bunten Kirchtürme gen Himmel, Kinder tummeln sich im Dutch Canal, während Frauen dort ihre Saris waschen. Eigentlich schade, dass sich hier-

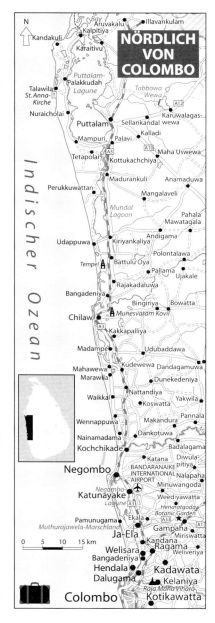

her so wenige Besucher verirren, gibt es sogar in der Umgebung und fern von der Hektik des nahen Colombos einige ganz passable Unterkünfte.

Zudem können Naturenthusiasten das 15 km südlich von Negombo gelegene **Muthurajawela-Marschland** besuchen. Es schließt sich unmittelbar an die Lagune an und ist nur 7 km vom internationalen Flughafen entfernt. Vom Besucherzentrum aus kann man Bootstouren unternehmen und die interessante Vogelwelt beobachten, darunter Eisvögel, Reiher und Störche. Vielleicht sichtet man eine der 73 Fischarten (51 davon sind endemisch!) oder gar das bedrohte Flusskrokodil. Zudem sind hier Makaken und Otter beheimatet.

Das **Besucherzentrum** mit angeschlossenem Imbiss befindet sich bei Pamunugama unweit des Dutch Canals, ☏ 011-4830150, ⏱ tgl. 6.30–18 Uhr. Der Eintritt beträgt 100 Rs. Für eine unbedingt sehenswerte zweistündige Bootstour (bis zu 12 Personen) – Abfahrten sind zwischen 7.30 und 16 Uhr – sind 600 Rs zu bezahlen. Eine vorherige Reservierung ist ratsam.

Übernachtung

Villa Temple Flower, Elen Egoda, Pamunugama, ☏ 011-2236755. Hier lebt der Eigentümer Joachim Fernando seine Gastfreundschaft aus. Die 3 Zi im Hauptgebäude und 5 Zi im Seitenflügel, alle mit Bad, einige mit AC und Veranda, sind freundlich eingerichtet und liegen nur 5 Min. vom Strand. Etwas weiter weg hat er ein neueres Gästehaus mit kleinem Pool errichtet, das vor allem für Familien geeignet und vom allerdings nicht sehr schönen Strand nur wenige Schritte entfernt ist. ❷ – ❸

Villa Palma, Beach Rd., Pamunugama, ☏ 011-2236619, ✉ 5350332, 📧 vilpal@eureka.lk, 💻 www.villa-palma.de. Freundliches Mittelklassehotel mit 16 Zi (Bad, AC) direkt am Meer mit Pool. Beliebt bei jenen, die es ruhiger haben wollen. ❸

Palm Village H., 262 Old Colombo Rd., Hendala, ☏ 011-4795114, ✉ 2930666, 💻 www.palmvillagehotel.com. Etwas in die Jahre gekommenes Mittelklassehotel, etwa 5 km nördlich des Kelani Ganga oder 15 km von Colombo-Fort entfernt. 50 AC-Zi mit Balkon oder Terrasse. Direkt am Strand gelegene Anlage. Großer Pool. ❹

Pegasus Reef H., St. Maria Mw., Uswetakeiyawa bei Hendala, ☏ 011-2930205, ✉ 4816103, 📧 pegasus@carcumb.com. Etwa 3 km nördlich des Kelani Ganga. Die große Hotelanlage mit 140 hellen, aber etwas nüchternen Zi (Bad, AC, TV) ist vorwiegend auf Pauschaltouristen eingestellt. Großer Pool, viele Sportmöglichkeiten. ❹ – ❺

Transport

Von Negombo aus kostet eine Rundtour zum Muthurajawela-Marschland mit dem **Taxi** etwa 1200 Rs. Wer mit dem **Zug** fährt, kann im Bahnhof von Ja-Ela aussteigen und dort für die etwa 1 km bis zum Besuchereingang einen Three-Wheeler nehmen.

Negombo

Die Strandabschnitte nördlich der sympathischen Hafenstadt Negombo waren die ersten, die Anfang der 1970er Jahre für den Tourismus erschlossen wurden. Doch schon lange hat der attraktivere Küstenstreifen zwischen Colombo und Galle ihnen den Rang abgelaufen. Trotzdem sind sie bei Touristen nicht unbeliebt, denn ihre Nähe zum internationalen Flughafen verlockt zum Urlaub bis zur letzten Minute. Ein bis zwei Nächte nach Ankunft in Sri Lanka zum Jetlag-Auskurieren oder vor Abflug zum letzten Sonnentanken: Negombo mit seiner großen Auswahl an Unterkünften eignet sich dazu besonders gut.

Allerdings lässt die Qualität der Strände zu wünschen übrig, denn leider säubern die Hotels nur ihren Abschnitt und ignorieren den Rest. Warum es nicht zu gemeinsamen Reinigungsbemühungen kommt, bleibt schleierhaft. Negombo würde davon immens profitieren.

Ein Markenzeichen Negombos sind die **Auslegerkanus** mit ihren braunen Segeln, **Oruwa** genannt. Vor allem wenn sie nach dem Fischfang durch die Lagune von Negombo fahren und auf die Fischerinsel Duwa zurückkehren, geben sie ein pittoreskes Bild ab. Mit ihrem Ausleger (Tamil: *teppam*) können die Oruwa als Vorläufer der modernen Katamarane gelten. Der Name „Katamaran" leitet sich übrigens von dem tamilischen Wort *kattu maram* ab (*kattu* = zusammenbinden, *maram* = Holz, Baumstamm).

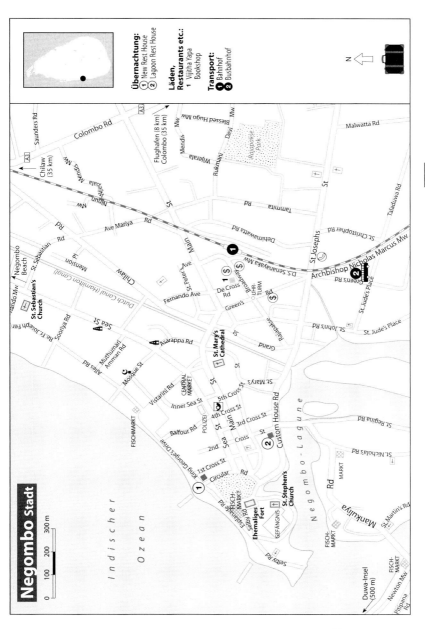

Geschichte

Negombo verdankt seinen Aufstieg vorwiegend einem Produkt: dem **Zimt**. Von hier verschifften anfänglich arabische Händler dieses im Hinterland wachsende Gewürz in die westliche Welt. Ende des 16. Jhs. wurden sie von den Portugiesen abgelöst, die zur Sicherung des Handels ein Fort errichteten. Sie begannen – nicht gerade gewaltlos – mit der Missionierung der Bevölkerung und waren besonders unter den niedriggestellten Angehörigen der singhalesischen Karava-Kaste erfolgreich. Zu dieser Kaste zählen fast alle Fischer der Westküste, und heute bekennen sich weit mehr als Zweidrittel der hiesigen Bevölkerung zum Katholizismus.

1640 nahmen die Holländer für kurze Zeit das Fort ein, konnten jedoch erst vier Jahre später wirklich dort die Herrschaft übernehmen. Ihre Vereenigde Oost-Indische Compagnie (VOC) baute den Zimthandel massiv aus und ließ den über 120 km langen „Dutch Canal" von der Negombo-Lagune bis zur Puttalam-Lagune graben. Doch als die Engländer 1796 die Herrschaft über „Ceylan" übernahmen, hatte der Handel mit der süßlichen Rinde an Bedeutung eingebüßt. Heute ist Negombo vor allem ein wichtiger Umschlagplatz für Fische aus dem Meer und Garnelen und Lobster aus der Lagune.

Orientierung

Das Geschäftszentrum Negombos liegt westlich des Bahnhofs rund um den Uhrturm an der Kreuzung Green's Road und Rajapakse Broadway. In letzterer Straße sind einige der Banken sowie der Buchladen Vijitha Yapa mit einer guten Auswahl englischsprachiger Bücher zu finden. Fast alle Unterkünfte befinden sich im Norden: die preisgünstigen vor allem im unmittelbar an das Fischerstädtchen anschließenden **Lewis Place**, die Hotels gehobenen Standards noch etwas weiter nördlich im Ortsteil **Ethukala** entlang der **Poruthota Road**.

Besichtigung

Vom Fischfang leben noch zahlreiche der etwa 130 000 Einwohner, wie die Boote in der **Negombo-Lagune** belegen. Das Stadtbild ist geprägt von einer Vielzahl von Kirchen und Schreinen, die Negombo den Titel „Rom Sri Lankas" bescheren. Besonders augenfällig ist die rosa gestrichene Barockfassade der **St. Marien-Kathedrale** im Herzen der Stadt. Weitere Gotteshäuser reihen sich entlang der Küste wie etwa die **St. Sebastian-Kirche** an der Sea Street.

Vom **holländischen Fort** an der Nordspitze der Lagune ist außer einigen Mauerresten und dem ins

---

Die Gewürzstraßen Sri Lankas

Entlang der Westküste verbinden zahlreiche Wasserwege die Flüsse und Lagunen. Sie wurden angelegt, um im Zuge des zunehmenden internationalen Gewürz- und Edelsteinhandels die Waren vom Hinterland zu den Häfen an der Küste zu transportieren. Gefragte Güter waren Juwelen, Perlen und Betelnuss sowie Nelken, Kardamom und Pfeffer – allen voran jedoch **Zimt**.

Der in Kotte (bei Colombo) residierende König Vira Parakramabahu VIII. (reg. 1477–89) verband seine Hauptstadt und den an einer Lagune liegenden Hafen von Negombo mit einem Kanal. Unter den Portugiesen wurde er erweitert. Es waren vor allem aber die „Meister der Hydraulik", die **Holländer**, welche während ihrer Herrschaft zwischen 1658 und 1796 ein ausgefeiltes **Kanalnetz** anlegten: von ihrem Gouverneurssitz Colombo zum Kelani Ganga im Norden, weiter durch die Lagunen von Negombo und Chilaw bis nach Puttalam; in Richtung Süden über den Kalu Ganga bei Kalutara nach Beruwela. Weitere Kanäle entstanden bei Galle, Matara und Batticaloa. Wegen der geringen Wassertiefe und der niedrigen Brücken waren die Transportboote, *padda* genannt, sehr flach und nur mit einem Palmblattdach bedeckt.

Die Briten ließen die Kanäle reparieren und vergrößern. Deshalb wird die als „Dutch Canal" bekannte Wasserstraße von Negombo nach Puttalam nach dem britischen Generalgouverneur Sir Arthur Hamilton Gordon (1883–90) auch „Hamilton Canal" genannt. Ihre alte Funktion haben die Kanäle verloren. Sie bilden jedoch heute bedeutsame Biotope für Wasservögel und Fische und sind als Wasch- und Spielplatz aus dem Leben der Anwohner nicht wegzudenken.

Jahr 1678 datierten Tor nichts erhalten geblieben. Funktionslos geworden, wurde es von den Engländern geschliffen, um einem heute noch aktiven Gefängnis Platz zu machen. Unweit des Tores steht die 1879 eingeweihte anglikanische **St. Stephen's Church**.

Von Interesse ist zudem noch der buddhistische **Angarakaramulla-Tempel** im Osten der Stadt, auch wenn die meisten Gebäude neueren Datums sind. In einem 1980 errichteten Bau umgeben Wandmalereien mit Szenen aus dem Leben Buddhas die 6 m lange liegende Statue des Erleuchteten. Wie bei anderen buddhistischen Tempeln Sri Lankas befindet sich auch hier ein Hindu-Schrein, der „Sri Vishnu Devalaya". Er flankiert den Haupt-Vihara und wird von einer Statue des Elefantengottes Ganesha dominiert.

Übernachtung

Es herrscht ein üppiges Angebot an Unterkünften jeglicher Preisklasse. Hauptklientel sind Pauschaltouristen und All-Inclusive-Urlauber. Außer dem New Rest House liegen fast alle Hotels und Gästehäuser entlang der Küste nördlich von Negombo. Allerdings sind manche unter ihnen erheblich in die Jahre gekommen und daher vom Standard nicht auf dem neuesten Stand. Doch hat die allgemeine touristische Aufbruchstimmung im Land auch Negombo erfasst, weshalb immer mehr Hotels ein Facelifting erfahren.

UNTERE PREISKLASSE – *Jeero Gh.*, 239 Lewis Place, ✆ 031-2234210. Freundliche Familienherberge; 4 gemütlicheZi mit Bad, 2 davon sind dem Strand zugewandt; netter Garten. ❶

Sea Joy, 122/1 Lewis Place, ✆ 031-2232667. Wahre Freude wird vor allem der sparsame Geldbeutel erleben. Die 8 Zi mit Bad sind eher charakterlos. ❶

Sandy Shore, 245 Lewis Place, ✆ 031-2236103. Die 6 Zi mit Bad sind eine akzeptable Option für den kleinen Geldbeutel. ❶

Hotel Silver Sands, 229 Lewis Place, ✆/✆ 031-2222880, ✉ silversands@dialogsl.lk, 🖥 www.silversands.go2lk.com. Teils etwas verwohnte 15 Zi mit Bad (davon 3 mit AC) in Gebäude mit verspielten Kolonnaden. Eine der besten Optionen im unteren Preissegment. ❶ – ❷

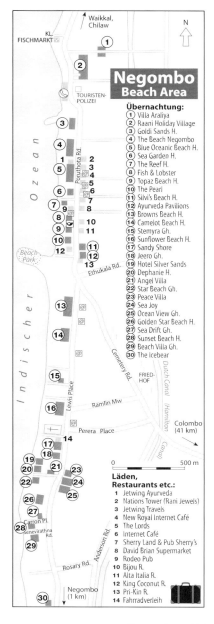

Negombo Beach Area

Übernachtung:
1. Villa Araliya
2. Raani Holiday Village
3. Goldi Sands H.
4. The Beach Negombo
5. Blue Oceanic Beach H.
6. Sea Garden H.
7. The Reef H.
8. Fish & Lobster
9. Topaz Beach H.
10. The Pearl
11. Silvi's Beach H.
12. Ayurveda Pavilions
13. Browns Beach H.
14. Camelot Beach H.
15. Stemyra Gh.
16. Sunflower Beach H.
17. Sandy Shore
18. Jeero Gh.
19. Hotel Silver Sands
20. Dephanie H.
21. Angel Villa
22. Star Beach Gh.
23. Peace Villa
24. Sea Joy
25. Ocean View Gh.
26. Golden Star Beach H.
27. Sea Drift Gh.
28. Sunset Beach H.
29. Beach Villa Gh.
30. The Icebear

Läden, Restaurants etc.:
1. Jetwing Ayurveda
2. Nations Tower (Rani Jewels)
3. Jetwing Travels
4. New Royal Internet Café
5. The Lords
6. Internet Café
7. Sherry Land & Pub Sherry's
8. David Brian Supermarket
9. Rodeo Pub
10. Bijou R.
11. Alta Italia R.
12. King Coconut R.
13. Pri-Kin R.
14. Fahrradverleih

WESTKÜSTE

Negombo per Drahtesel

Am besten ist Negombo mit dem **Fahrrad** zu erkunden: vorbei an verschiedenen Kolonialgebäuden wie etwa dem Lagoon Rest House an der Custom House Road kann man streckenweise direkt entlang des „Dutch Canals" radeln. Ein Halt lohnt sich natürlich auch an den **Fischmärkten** unweit des Forts oder jenseits der Brücke über die Lagune. Im Süden der Lagune kann man kleinere **Fischersiedlungen** besuchen. (Fahrradvermietung s. „Sonstiges".)

Dephanie H., 189/15 Lewis Place, ✆ 031-2234359, ✉ dephanie@slt.lk. Eine der ersten Adressen für Budget-Reisende. Freundliche 12 Zi mit Bad, davon 6 mit Meer- und Palmblick. Uriger kleiner Garten und eigener Zugang zum Strand. Dephanie, Silver Sands und Jeero werden von freundlichen geschäftstüchtigen Geschwistern gemanagt. ❶–❷

Star Beach Gh., 83/3 Lewis Place, ✆ 031-2222 606, 5310877. Die 15 Zi mit Bad werden keine Glücksgefühle aufkommen lassen, sind jedoch für den Preis o. k. Pluspunkt ist der strandnahe Garten. ❶–❷

Ocean View Gh., 104 Lewis Place, ✆ 031-2238 689, ✉ oceanview@wow.lk. Keines der 11 Zi mit Bad wird dem Namen des Hauses gerecht. Jene im Erdgeschoss sind so dunkel wie die Tiefen des Ozeans… Dafür ist die Familie sehr freundlich und hilfsbereit. ❶

Beach Villa Gh., 3/2 Senavirathna Rd., ✆ 031-2222833, ✉ beachvilla@sltnet.lk. Nette Strandunterkunft mit 16 Zi verschiedener Kategorien. Gemütliche Bar für den Sundowner. ❶–❷

Stemyra Gh., 307/2 Lewis Place, ✆ 031-2221507, 🖥 www.stemyra.com. Eine sympathisch lauschige Unterkunft; 5 kleine, aber stilvolle Zi mit Balkon, TV und Bad. Für AC wird ein Aufschlag von 500 Rs verlangt. ❷

New Rest House, 14 Circular Rd., Negombo, ✆ 031-2222299. Rustikaler Charme eines 200 Jahre alten Rasthauses inmitten von Negombo. Doch die 20 Zi mit Bad (teilweise AC) haben schon bessere Zeiten gesehen, seit Queen Elisabeth hier 1954 nächtigte. Die Zeit kann man sich am Piano vertreiben. ❷

The Icebear, 95/2 Lewis Place, ✆ 031-2233862, ✉ nicebear@sltnet.lk, 🖥 www.icebearhotel.net. Kein Telefon. Liebenswerte „Schweizer Alm" direkt am Strand. Zur Auswahl stehen 8 geräumige Zi und 2 Ferienwohnungen in einem Bungalow und einer Villa. Im 3000 m^2 großen Tropengarten können sich die Kinder mit dem freundlichen Personal raufen oder im Restaurant „Old Europe" den Käse um die 250 g schweren Gabeln wickeln – während sich die Erwachsenen eine Öl-Massage gönnen. Kostenloser Fahrradverleih. ❷–❸

MITTLERE UND GEHOBENE PREISKLASSE –
Raani Holiday Village, 154/9 Poruthota Rd., Kochchikade, ✆ 031-4870719, ✆ 2279289, ✉ ranihv@sltnet.lk. Sehr ansprechende Unterkunft mit 40 geräumigen Pavillons und Pool. Nur wenige Gehminuten vom Strand entfernt. Hilfsbereiter Service. ❸

Golden Star Beach H., Lewis Place, ✆ 031-2233 564, ✉ goldenst@cga.slt.lk. Dieses Mittelklassehotel mit 65 Zi (AC, Warmwasser-Bad) ist angesichts des Preises trotz des 1970er-Charmes durchaus empfehlenswert. Netter Pool. ❸

The Reef, Ethukala, ✆ 031-5313121, 5312121. Neueres Mittelklasse-Hotel, das etwas nüchtern geraten ist. Meerblick. 16 saubere Zi mit Bad, Balkon, TV und AC. ❸

The Pearl, 13 Poruthota Rd., ✆ 031-4872824, ✆ 4872826, 🖥 www.pearl-negombo.com. In deutschem Besitz befindliche Mittelklasseherberge nur wenige Schritte vom Meer. Die 6 sauberen AC-Zi mit Bad sind oft ausgebucht. Zu recht, denn hier kann man sich exzellent entspannen – wie etwa im offenen Restaurant mit Meerblick. ❸–❹

Goldi Sands H., Ethukala, ✆ 031-2279021, ✆ 2279277, ✉ goldi@eureka.lk, 🖥 www.goldi sands.com. Die 70 Zi haben schon bessere Zeiten gesehen, aber viele der All-Inclusive-Urlauber scheinen damit zufrieden zu sein. Service, Meerblick, Pool und Strand wiegen jedoch vieles auf. ❸–❹

Villa Araliya, Kochchikade, ✆ 031-2277650, ✉ villa.aralia@wow.lk. Die nur 5 Gehminuten vom Strand entfernte Anlage mit 13 individuell eingerichteten Zi und 5 Apartments ist wegen des netten Ambientes empfehlenswert. Das Restaurant bietet gute einheimische und italienische Küche. Pool. ❸–❺

Sunset Beach H., 5 Senavirathna Rd., Lewis Place, ✆ 031-2222350, 4870624, 📠 4870623. Empfehlenswertes Mittelklassehotel mit 40 Zi mit Bad. Pluspunkte sind netter Pool und offenes Restaurant mit Meerblick. ❹

Sea Garden H., Poruthota Rd., ✆ 031-2279099, 📠 2279999, 🖥 www.jetwinghotels.com. Wer sich an der 1970er-Architektur nicht stört, wird sich in den 27 Zi durchaus wohl fühlen. Gäste können den Pool vom benachbarten Blue Oceanic Beach Hotel nutzen. ❹

Camelot Beach H., 345 Lewis Place, ✆ 031-2235881, 📠 2238285, ✉ camelothotel@sltnet.lk. Das Hotel ist nicht gerade neu, macht jedoch einen gepflegten und sauberen Eindruck. 50 geräumige Zi mit Meerblick. Netter Pool. Wird vorwiegend von Pauschaltouristen frequentiert, die auch das abwechslungsreiche Essen zu schätzen wissen. ❹

Blue Oceanic Beach H., Ethukala, ✆ 031-2279000, 📠 2279999, 🖥 www.jetwinghotels.com. Schöne große Anlage mit 110 Zi, die vor allem von Pauschaltouristen gebucht werden. Großer Pool, sauberer Strand, sehr guter Service. ❹–❺

Browns Beach H., 175 Lewis Place, ✆ 031-2222031, 📠 4870572, ✉ brownsbh@sltnet.lk, 🖥 www.aitkenspencehotels.lk. Das direkt an Strand gelegene Resort mit 140 Zi, davon 5 Suiten und 10 Villas, bietet allen Komfort. Zum Fünf-Sterne-Verwöhnprogramm gehören Pool, Bars und zahlreiche Sportmöglichkeiten. ❺–❻

The Beach Negombo, Ethukala, ✆ 031-2273500, 📠 2273555, 🖥 www.jetwinghotels.com. Seit einer umfassenden Restaurierung das erste Hotel am Platz. Die 75 Zi und 3 Suiten – alle mit Meerblick – bestechen durch ein klares, helles Design. *Fine dining* bieten die Restaurants Sands oder Black Coral. Pool, Bar und Spa beleben die Sinne. In Letzterem können Paare während der Rama Sita Therapy of Romance ihre Liebe auffrischen. ❻

Ayurveda Pavilions, Ethukala, ✆ 031-4870764, 📠 4870765, 🖥 www.ayurvedapavilions.com. Erstklassiges Ayurveda-Hotel mit 12 Bungalows in jeweils bis zu 270 m^2 großen, abgeschlossenen Arealen. Ambiente, Ernährung und Behandlungen sind dank des gut ausgebildeten Personals exzellent aufeinander abgestimmt. Der Wellness-Luxus ist allerdings auch nicht billig. ❻

Essen

Das beste Essensangebot ist in den Restaurants von The Beach oder Browns Beach Hotel zu finden, kostet allerdings auch entsprechend. Gelobt werden die Küchen von Villa Araliya und The Pearl. Einige ganz ordentliche und günstige Restaurants gibt es entlang der Poruthota Rd. Wer Heißhunger auf europäisches Essen hat, sollte jedoch nicht allzuviel erwarten, denn was auf den Tisch kommt, ist zuweilen undefinierbar.

Bijou Restaurant, 44 Poruthota Rd., Ethukala, gehört sicherlich zu den besten Restaurants von Negombo. Nicht zuletzt liegt es am effektiven Service. Die Menükarte reicht von Fischgerichten über Wiener Schnitzel bis Schweizer Käsefondue.

Alta Italia, 35 Poruthota Rd., Ethukala, versucht recht erfolgreich, die italienische Küche nach Negombo zu bringen. Besonders gelobt werden die Paste-Gerichte und der Tiramisu. Zum Verdauen gibt es guten Kaffee.

Sherry Land, 74 Poruthota Rd., Ethukala, serviert im Garten ganz gute Fischgerichte oder Reis und Curry – und das alles recht günstig.

Pri-Kin, 10 Poruthota Rd., Ethukala, bietet schmackhafte Seafood-Gerichte zu recht ordentlichen Preisen um 300 Rs. Vor allem die chinesische Küche kann sich sehen lassen. Freundlicher, wenn auch etwas gemächlicher Service.

King Coconut, 11 Poruthota Rd., Ethukala, ist eine der wenigen Gaststätten am Strand und deshalb recht populär. Die Pizzas (um die 300 Rs) sind überraschend essbar, ansonsten gibt es gute Seafood-Gerichte.

The Lords, Poruthota Rd., Ethukala (schräg gegenüber dem Blue Oceanic), ist ein mondänes Etablissement mit Nightclub, Bar und Restaurant, in welchem bei Kerzenschein schön zubereitete Gerichte gereicht werden. Für das Ambiente und den Service muss man jedoch etwas tiefer in die Tasche greifen.

Unterhaltung

Der Bär ist in Negombo wahrlich nicht los. Am edelsten tanzt es sich am Wochenende im Nightclub *The Lord* an der Poruthota Rd., wo gelegentlich bekannte DJs auflegen. Zur unvermeidlichen Reggae-Musik sitzt man ganz nett im *Rodeo Pub*, ebenfalls Poruthota Rd. Im *Players's Pub*, Lewis Place, kann man zum Bier auch Billard spielen.

Sonstiges

AUTOVERMIETUNGEN – *Diana Souvenirs*, 54 Poruthota Rd., nördl. Ethukala Rd., ✆ 0777-488746. Vermietet Motorräder (Suzuki 250 ccm) für 1200 Rs/Tag (einschließlich Helm und Versicherung). Ein Wagen für Selbstfahrer wird dort für 2000 Rs/Tag angeboten.
Bobby Travels, 20 D Poruthota Rd., Ethukala, ✆ 031-4876342. Unweit Sherry Land Restaurant. Fahrräder gibt es ab 300 Rs/Tag, Autos mit Fahrer ab 3500 Rs/Tag.

BUCHLÄDEN – *Vijitha Yapa Bookshop*, 135 Rajapakse Broadway, hat eine gute Auswahl an englischsprachigen Büchern und Zeitschriften. ⌚ Mo–Sa 9–18 Uhr.

FAHRRÄDER – Wer die nähere Umgebung erkunden möchte, steigt am besten auf den Drahtesel, den viele Unterkünfte ab etwa 150 Rs vermieten. Bei *Bobby Travels*, 20 D Poruthota Rd., Ethukala, gibt es Fahrräder für 300 Rs/Tag.

FESTE – Alljährlich in der Karwoche werden im Fischerdorf Duwa auf der Südseite der Lagunenmündung **Passionsspiele** aufgeführt. Am Karfreitag finden zudem vielerorts **Prozessionen** statt. Im Juli feiern die Bewohner ihr **Fischerfestival**.

GELD – Eine Reihe von Banken im Zentrum von Negombo bieten die Möglichkeit, Geld zu tauschen, wie etwa die *Bank of Ceylon*, ⌚ Mo–Fr 8.30–15, Sa 9–13 Uhr, und die schräg gegenüber liegende *Seylan Bank* am Rajapakse Broadway.

INTERNET – Entlang der Poruthota Rd. gibt es einige kleine Internet-Läden. Allerdings ist die Verbindung meist sehr langsam und im Vergleich zu anderen Orten mit 4–8 Rs/Min. relativ teuer. Akzeptabel sind das *New Royal Internet Cafe* und *The Internet Cafe* schräg gegenüber dem Blue Oceanic Hotel.

MEDIZINISCHE VERSORGUNG – Das *Base Hospital* an der Colombo Road ist unter ✆ 031-2222261 zu erreichen.

POLIZEI – Poruthota Rd., Ethukala, ✆ 031-2275555.

Transport

Negombo ist eine gute Basis, um Ausflüge oder Rundreisen durch Sri Lanka zu organisieren. Entsprechend hoch ist das Angebot an Mietwagen. Nicht selten wird man auch von Fahrern direkt angesprochen – das ist meist billiger, als wenn man eine Tour über die Hotelrezeption bucht.

BUSSE – Der relativ geordnete Busbahnhof Negombos liegt an der Archbishop Nicholas Marcus Mawatha. Die CTB-Busse halten im nördlichen Teil, die privaten im südlichen Teil. Nach CHILAW startet im 10-Min.-Takt Bus Nr. 907 (1 1/2 Std., 28 Rs). AC-Bus Nr. 34 fährt alle 20 Min. nach KURUNEGALA (75 km, 2 Std., 90 Rs.). Abfahrtszeiten nach KANDY (100 km, 3 1/2 Std, 125 Rs) sind zwischen 5 und 10.30 Uhr sowie zwischen 14.30 und 17 Uhr etwa alle 30 Min. Zum nur 8 km entfernten BANDARANAIKE INTERNATIONAL AIRPORT kann man im 10-Min.-Takt mit Bus Nr. 240/3 fahren (20–30 Min.). Bus Nr. 240 fährt ab 5 Uhr alle 7 Min. nach COLOMBO (35 km, 2 Std., 42 Rs).

EISENBAHN – Die alte Hafenstadt liegt an der Bahnstrecke Colombo–Chilaw–Puttalam. Nach COLOMBO (1 1/2 Std., 21 Rs) bestehen zahlreiche Möglichkeiten: 5.11, 6 (tgl. außer So), 6.50, 7.20, 7.42, 7.50, 8.53, 10.45, 12.41, 14.25, 15.50 (außer So), 17.28, 18.35, 19.15, 19.40 und 20.55 Uhr (tgl. außer So). Allerdings sind die Züge während der Rush hour sehr voll.
Bis nach PUTTALAM (2 1/2 Std., 50 Rs) fahren die Züge um 6.05, 9.34, 13.20 und 18.39 Uhr, nur bis CHILAW (1 Std.) um 7.42, 11.14 (tgl. außer

So), 14.50, 18.15, 19.43, 20.26 (tgl. außer So) und 21.40 Uhr.

TAXI – Rund um die Hotels warten zahlreiche Three-Wheeler und Taxen, die von Ganztagsausflügen bis zu mehrtägigen Rundreisen alle Variationen im Angebot haben. Ein Three-Wheeler von Lewis Place nach Negombo sollte 80–100 Rs kosten. Für eine Fahrt zwischen Negombo und dem INTERNATIONALEN FLUGHAFEN muss man etwa 400–500 Rs bezahlen, mit dem Wagen um 600–700 Rs.
Nach COLOMBO mit dem Three-Wheeler zu fahren ist angesichts der Abgase auf den vollgestopften Straßen nicht zu empfehlen. Ein Mietfahrzeug mit Fahrer kostet dorthin einfach 2500–3000 Rs. Wer etwas mehr Zeit hat, sollte die interessantere und etwas weniger frequentierte Colombo-Route über Pamunugama nehmen. Die Straße führt teilweise entlang des Dutch Canals. Für einen Wagen nach KANDY muss man mit 4500–5000 Rs rechnen.

Waikkal

Eingebettet in eine schöne, wenn auch etwas felsige Strandlandschaft liegen nur etwa 10 km nördlich von Negombo bei Waikkal zwei herrliche Resorts. Im Hinterland, das ideal mit dem Fahrrad zu erkunden ist, erstrecken sich Reisfelder und Palmenhaine. Die meisten Bewohner Waikkals und anderer Ortschaften der Umgebung ernähren sich vom Fischfang und der Landwirtschaft – manche auch von der Töpferei, weshalb gelegentlich Brennöfen zu sehen sind. Farbenfrohe Kirchen lockern das Bild dieser grünen Kulturlandschaft auf, denn wie in den meisten Teilen der Westküste überwiegt unter den Bewohnern die Zahl der Katholiken.

Übernachtung

Club Hotel Dolphin, Kammal South, Waikkal, ✆ 031-2277788, ✆ 2279437, 🖵 www.serendibleisure.com. Das großflächige Resort mit 76 Zi und 50 Bungalows ist vor allem bei aktiven Pauschaltouristen beliebt. Zu den vielen Sportangeboten zählen Kanufahrten auf einer Lagune. Sportschwimmer kommen im 800 m langen Pool auf ihre Kosten. ❺

Ranweli Holiday Village, Waikkal, ✆ 031-2277359, ✆ 2277358, ✉ ranweli@slt.lk, 🖵 www.ranweli.com. Das behutsam in die Mangrovenlandschaft integrierte 9 ha-Resort hat sich der Ökologie verschrieben. Die Gäste wohnen in einem der 72 Bungalows und können sich durch Ayurveda oder Yoga revitalisieren. Naturbeobachtungsgänge, Kanu- und Radtouren gehören ebenfalls zum Programm. ❺ – ❻

Marawila

Unweit des 25 km nördlich von Negombo bzw. 10 km südlich von Chilaw gelegenen Fischerdorfes Marawila liegen ebenfalls einige Resorts und Hotels direkt am Strand. Sie sind vor allem für jene zu empfehlen, die es ruhiger haben möchten und wenig Interesse haben, die Welt jenseits der Hotelmauern kennen zu lernen. Einige Kilometer weiter nördlich von Marawila liegt der für seine Batikarbeiten bekannte Ort **Mahawewa**.

Übernachtung

Club Palm Bay, Thalwila Wella, Thoduwawa, ✆ 032-2254956, ✆ 2254960, ✉ palmbay@lanka.com.net. 9 ha-Resort mit 106 geräumigen Zi. Hier vergnügen sich vorwiegend All-Inclusive-Touristen. Ihnen wird ein umfassendes Programm geboten, das von Ayurveda über Golf bis Wasserball im riesigen Pool reicht. ❺ – ❻
Olenka Sunside Beach Hotel, Moderawella, ✆ 032-2252170, ✆ 2252172, ✉ olenka@lanka.com.lk. Hier wurden etwas viel Kacheln verarbeitet, aber dafür sind die 44 Zi (AC, Warmwasser-Bad und Balkon) sauber und geräumig. Kleiner Pool. ❸ – ❹
Sanmali Beach Hotel, ✆ 032-2254766, ✆ 2254768, ✉ sanmali@sltnet.lk, 🖵 www.sanmali.com. Etwas in die Jahre gekommene Anlage. Alle 20 funktionalen Zi haben Balkon oder Terrasse mit Meerblick. Pool und Ayurveda-Center. Netter Strandabschnitt. ❸ – ❹
Aquarius Beach Club, Beach Rd., ✆ 032-2254888, ✆ 2254890, ✉ aquarius@sri.lanka.net. 30 funktionale Zi, die bevorzugt von Sportlern bezogen werden, denn die Anlage verfügt neben Pool und Tennisplatz auch über eine Sporthalle. ❸ – ❹

Palm Haven, Teppanwella, Beach Rd., ✆/☏ 032-2251469, ✉ palmhaven@isplanka.lk. Sympathisches kleines Resort mit 18 Zi. ❷–❸

Chilaw

Ein sympathisches, wenn auch unscheinbares Fischerstädtchen, dessen katholischer Einschlag angesichts der vielen Kirchen unübersehbar ist – wie etwa die alles überragende **Marienkirche**. Der Ortsname leitet sich von dem Tamilenwort *cilapam* (tauchen) her und bezieht sich auf die Jahrhunderte alte Praxis des Perlentauchens im flachen Küstengewässer.

Entlang der pittoresken Küstenstrecke zwischen Negombo und dem 35 km entfernten Chilaw dominieren noch die Kokospalmen. Weiter nördlich wird es sichtbar karger: Hier beginnt die Trockenzone mit durchschnittlich weit weniger als 2000 mm Niederschlag im Jahr. Doch Touristen halten sich hier wenig auf. Ein interessanter Stopp lässt sich im morgendlichen **Fischmarkt** einlegen.

Hauptattraktion ist jedoch der 4 km östlich der Stadt gelegene **Munnesvaram Kovil**. Dieser Hindu-Tempel zählt zu den fünf wichtigsten Shiva-Heiligtümern des Landes. Zu seinem fast vierwöchigen Hauptfest im August/September ist er Magnet tausender Pilger – viele von ihnen läutern sich durch einen Gang über glühende Kohlen. Fromme Hindus glauben, dass der Kovil bereits vor Ankunft der ersten Singhalesen in vorchristlicher Zeit errichtet wurde, ja dass Vishnu höchstpersönlich sich hier einst aufgehalten habe. Trauriger Fakt ist, dass die Gebäude 1578 von den Portugiesen zerstört wurden. Unter König Kirti Sri Rajasimha wurde der Tempel 1753 wieder errichtet und seitdem immer wieder verändert.

Der Kovil folgt dem üblichen Plan eines Hindu-Tempels. Im Zentrum steht das aus Granit bestehende Haupttheiligtum zur Verehrung eines Lingams und einer goldenen, mit Girlanden behangenen Statue der Shiva-Gemahlin Parvati. Umgeben wird es von einer außen mit rot-weißen Streifen bemalten Vorhalle (Mandapa), an deren Seiten sich zahlreiche kleinere Schreine befinden. Links vom Eingang stehen einige Prozessionswagen mit den Reittieren der Hauptgötter, die zu den Hauptfesten durch die Straßen gezogen werden. Die beste Besuchszeit ist zum abendlichen Puja gegen 17 Uhr. Männer betreten den Raum mit nacktem Oberkörper.

Etwa 12 km nördlich liegt beim Fischerdorf **Udappuwa** direkt am Meer ein weiterer interessanter Hindu-Tempel. Schließlich können von Chilaw aus auch die 40 km östlich an der Straße nach Kurunegala gelegenen Ruinen von **Panduwasnuwara** besucht werden (s. S. 257).

Übernachtung

Chilaw Rest House, Sea Beach Road, ✆ 032-2223477, ☏ 2222299. 16 AC und non-AC-Zi, die jedoch nicht sehr einladend und zudem überteuert sind. ❷

Transport

Zwischen NEGOMBO und Chilaw verkehrt Bus Nr. 907 alle 10 Min. (1 1/2 Std.). Der Ort liegt an der Bahnstrecke Negombo-Puttalam, Abfahrt der **Züge** s. Negombo. Für einen Tagesausflug von Negombo aus sind etwa 3000 Rs zu rechnen.

Puttalam und Umgebung

Nur wenige Touristen verirren sich nach Puttalam. Nicht ganz zu unrecht, denn Interessantes zu sehen gibt es in der Stadt an der gleichnamigen Lagune, dem Endpunkt des **Dutch Canals**, wenig. Die etwa 45 000 Einwohner leben vorwiegend vom Fischfang, der Perlenzucht und der Salzgewinnung. Manche mögen hier auf ihrer Fahrt von Colombo (130 km) nach Anuradhapura (74 km) einen Stop einlegen, um den Wilpattu-Nationalpark zu besuchen.

Wer etwas Zeit hat, kann entlang der Landzunge an der Westseite der Lagune – vorbei an Salinen und Palmyra-Palmhainen – nach **Kalpitiya** fahren. Während des Bürgerkriegs hatten sich in dieser katholischen Hochburg viele tamilische Flüchtlinge niedergelassen. Unter der holländischen Herrschaft wurde hier 1670 ein Fort errichtet, das zwar relativ gut erhalten, aber ein militärischer Stützpunkt und daher leider nicht zu besichtigen ist.

Auf dem Weg dorthin lohnt sich ein Halt an der traumhaft schön in Meeresnähe gelegenen St. Anna-Kirche in **Talawila**. Die Säulen der seit der Grundsteinlegung 1837 mehrfach erweiterten Kirche bestehen aus Stämmen des Ostindischen Satin-

holzes. Der mächtige Glockenturm ist von weitem zu sehen. Der seit dem 18. Jh. verehrten Statue von Anna, der Mutter Mariens, wird Wundertätigkeit nachgesagt. Zweimal im Jahr wird Talawila zum Pilgerziel Tausender Gläubiger: Am zweiten Sonntag im März und am ersten oder zweiten Sonntag im August (zur Nachfeier des Gedenktages von Anna am 26. Juli).

Übernachtung und Essen

Senatilake Guest Inn, 81 A Kurunegala Rd., ✆ 032-2265403. Mit ihren 10 Zi, einige mit AC, eine durchaus angenehme Herberge. Hilft beim Arrangieren von Touren in den Wilpattu-Nationalpark. ❶–❷

Dhammika Holiday Resort, 51 b Good Shed Rd., ✆/✆ 032-2265192. Liegt etwa 1 km südlich der Stadt an der Colombo Rd., Höhe 125 km-Posten. 10 Zi mit TV, AC und non-AC; die wohl beste Übernachtungsoption Puttalams. ❷

Ranketha Gh., 156 Anuradhapura Rd., ✆ 032-2265408. Eine weitere ordentliche Schlafmöglichkeit mit 16 AC und non-AC Zi. Solide Curry-Gerichte im hauseigenen Restaurant. ❷

Rest House, Beach Rd., ✆/✆ 032-2265299. Die 8 Zi mit Bad sind überteuert, und die Bar zieht nicht immer sympathische Arrak-Freunde an. ❷

Transport

Zwischen Puttalam und NEGOMBO (96 km) verkehren zahlreiche **Busse** (etwa 2 Std.). Die **Züge** starten in Richtung COLOMBO um 5.05, 9.50, 13 und 16.56 Uhr. Für die 131 km benötigen sie jedoch bis zu 4 Std.!

Wilpattu-Nationalpark

Der 1938 etablierte **Wilpattu-Nationalpark**, 26 km nördlich von Puttalam, gehörte bis zum Ausbruch des Bürgerkriegs wegen der relativ großen Leoparden- und Elefantenpopulation zu einem der beliebtesten Nationalparks. Doch seine Nähe zu den zwischen LTTE und Regierungssoldaten umkämpften Gebieten führte dazu, dass er von 1985 bis 2003 geschlossen werden musste. Die fehlende Kontrolle hatte massiven illegalen Holzeinschlag zur Folge. Vor allem lukrative Edelhölzer wie das fast schwarze Asiatische Ebenholz *(Diospyros ebenum)* oder das Ostindische Satinholz *(Chloroxylon swietenia)*, wegen der hellen Farbe auch als Zitronenholz bekannt, wurden Opfer der Säge. Doch hielten sich die Schäden an Flora und Fauna entgegen anfänglicher Befürchtungen in Grenzen. Weite Teile des dichten Monsunregenwalds sind intakt.

Bekannt machen den mit 1317 km² landesweit größten Nationalpark vor allem die zahlreichen

Geoffrey Bawa, der Architekt der Sinne

Kaum einer hätte Anfang der 1960er Jahre geahnt, dass dieser mit einem Silver Cloud Rolls Royce durch die Straßen Colombos kreuzende Geoffrey Bawa einmal zum einflussreichsten Architekten Sri Lankas werden würde. Sein Leben war typisch für das eines verwöhnten Sprosses aus gutem Hause. 1919 hineingeboren in eine betuchte Burgher-Familie kam der Sohn eines erfolgreichen muslimischen Rechtsanwalts kurz vor Ausbruch des Zweiten Weltkriegs zum Jurastudium nach Großbritannien. Nach dem Abschluss 1946 und einem kurzen Zwischenspiel in Colombo als Rechtsanwalt, begab er sich auf Weltreise, die ihn auch nach Italien führte. Als aus seinem Plan, sich am Gardasee eine Villa zu kaufen, nichts wurde, kehrte er 1948 zurück.

Bei Bentota erwarb er 1949 die verlassene Kautschukplantage **Lunuganga**, um sie nach Vorbild italienischer Gartenanlagen zu gestalten (kann gemietet werden, s. S. 189). 1951 trat er in das Architekturbüro „Edwards, Reid & Begg" ein und ging 1954 erneut nach England, um dort in London Architektur zu studieren. Nach seinem Abschluss 1957 übernahm der mittlerweile 38-jährige die Leitung des unterdessen verwaisten Architekturbüros. Zusammen mit befreundeten Designern suchte er in seiner Architektur nach einer Moderne, die auf die örtlichen Bedingungen abgestimmt war und traditionelle Elemente integrierte. Als 1959 der Däne **Ulrik Plesner** in sein Büro eintrat, begann eine fast symbiotische, auf jeden Fall äußerst fruchtbare Zusammenarbeit.

Bereits bei seinen ersten Projekten, etwa einem 1961 geplanten Wohnhaus in Colombo (das heutige Gallery Café), wurde eines seiner Markenzeichen deutlich: die Inszenierung von offenen Räumen, Licht und Wasser. Gerne griff er lokale und koloniale Bauelemente auf: von der portugiesischen Architektur die Säulen und großen Fenster mit Läden; von holländischen Kolonialbauten die einstöckige und ebenerdige, zum Innenhof offene Bauweise wie auch die Veranda; schließlich lokale Materialien wie Stämme der Kokospalme und die halbrunden Ziegel *(sinhala ulu)* aus gebranntem Ton. Bei einigen Bauten nahm er deutlichen Bezug auf historische Vorbilder wie etwa beim Dach des Neuen Parlaments auf die traditionellen Walmdächer von Kandy.

„Gebäude sollen mit allen Sinnen erfahren werden können", war einer seiner Leitsätze, und dies verwirklichte er in seinen späten Jahren immer kompromissloser. Dazu gehörte für ihn auch, den *genius loci* – den ganz eigenen Charakter eines Ortes – zur Grundlage der Architektur zu machen. Ein gelungenes Beispiel ist das nahezu mit einem Berg verwachsene Kandalama Hotel bei Dambulla (s. S. 302). Form, Material und Raum zu etwas Ganzheitlichem zu vereinen – wenigen Architekten ist es so gelungen wie dem 2003 verstorbenen Geoffrey Bawa.

Martin H. Petrich

Wichtige Bawa-Bauten:
Good Shepard Convent, Bandarawela (1961)
Bentota Beach Hotel, Bentota (1967)
Neptune Hotel, Beruwela (1976)
Seema Malaka, Colombo (1978)
Triton Hotel, Ahungalla (1981)
Neues Parlament, Kotte bei Colombo (1982)
Kandalama, bei Dambulla (1994)
Lighthouse, Galle (1997)
Blue Water Hotel, Wadduwa (1998)

Seen – *villus* genannt –, die sich wie überdimensionale Wasserpfützen im Park verteilen und während der Monsunzeit mit Regenwasser gespeist werden. Wegen des niederen Bewuchs um die Wasserstellen ist die Wahrscheinlichkeit größer als in anderen Nationalparks, dass man Leoparden, Muntjaks oder Lippenbären sieht. Auch für Vogelbeobachtungen eignen sich diese *villus* hervorragend. Derzeit ist jedoch der Besuch noch eingeschränkt. Mit Jeeps können Besucher etwa 50 km tief in den Park hineinfahren.

Der Parkeingang befindet sich in **Hunuwilagama**, das über die A 12 (Puttalam–Anuradhapura), km-Posten 45, zu erreichen ist. Von Puttalam sind es etwa 50 km, von Anuradhapura 35 km. Ein Großteil der Besucher bucht einen Tagesausflug in den Nationalpark von Anuradhapura aus, das zahlreiche Unterkünfte bietet.

Ansonsten gibt es derzeit in Parknähe nur das *Preshamel Safari Hotel*, an der A 12 (Puttalam–Anuradhapura), Nähe Abzweigung zum Nationalpark, ✆ 025-2257699 oder in Colombo unter ✆ 011-2521866 (nach Prasanna fragen) ❶–❷. Die einfache Unterkunft hat nur 4 Zi, davon eins mit AC. Das Management arrangiert für ca. 3000 Rs Tagestouren in den Nationalpark.

Wer einen Jeep vor Ort buchen möchte, kann auch Lionel Sirimalwatte von *Wilpattu Safaris*, Wilpattu Junction, Pahala Maragahawewa, ✆ 0777-249888, kontaktieren.

Südlich von Colombo

Mount Lavinia

Der Name klingt vielversprechend, und der Strand zeichnet sich durch eine herrliche Breite aus, auch wenn man in Mount Lavinia kein idyllisches, tropisches Badeparadies erwarten sollte. Trotzdem bietet sich dieser gern als Wochenendziel und Hausstrand der Hauptstädter genutzte Ort auf dem Weg in Richtung Süden als erste Küstenstation an, um von hier aus angenehm, praktisch und preisgünstig Colombo zu erkunden. Je nach Zählart 10–14 km vom Zentrum enfernt, ist der Vorort hervorragend per Bus, Taxi und vor allem mit der Eisenbahn zu erreichen. Es haben sich hier einige Ayurveda-Zentren etabliert, doch lädt vor allem die Fülle von vergleichsweise preiswerten Unterkünften und guten Restaurants dazu ein, die ersten oder letzten Nächte eines Sri Lanka-Urlaubs hier zu verbringen.

Einige Einheimische nennen den Villen-Vorort von Colombo wie zu seinen Zeiten als kleines Fischerdorf noch immer **Galkissa**. Über die Herkunft des Namens Mount Lavinia indes gibt es verschiedene Theorien. Er könnte ganz einfach auf den Namen der gleichnamigen Pflanze zurückzuführen und mit einem „Mount" (Berg) versehen worden sein. Auch die Ableitung vom singhalesischen Begriff **Lihinia-gala**, auf Deutsch: Möwenfelsen, wäre eine Möglichkeit.

Am meisten Romantik jedoch verspricht die These, dass die Bezeichnung des Strandorts auf die einst hier lebende Tänzerin **Lovina** zurück geht. Diese nämlich hatte sich der britische Gouverneur und Junggeselle Thomas Maitland zur Freundin erwählt. Um mit ihr möglichst ungestört und fernab der Regierungsgeschäfte zu sein, ließ er sich hier um 1806 eine Residenz errichten, die heute als **Mount Lavinia Hotel** zu den bekanntesten Kolonial-Herbergen Asiens zählt und – auf einem Felsvorsprung thronend – als Wahrzeichen des Ortes gilt (s. S. 178). Was kann es Schöneres geben, als hier auf der großen Terrasse einen szenischen Fünf-Uhr-Tee oder Cocktail zu nehmen, um mit Panoramablick über die ganze Bucht den Sonnenuntergang zu genießen – und das alsbald folgende Funkeln der Wolkenkratzer-Kulisse von Colombo.

Die schmalen Straßenzüge von Mount Lavinia, das inzwischen über den Stadtteil **Dehiwala** mit Colombo zusammen gewachsen ist, sind überraschend ruhig. Hinter mancher Mauer sind hübsche Anwesen und Gärten zu erkennen. Das **Strandleben** ist abwechslungsreich und erfreut durch seine zahlreichen Spaziergänger, Frühsportler und Sonnenanbeter und auch noch einige Fischer. Nicht selten dient der Strand mit seinen stets filmreif heranrauschenden Wellen sogar als Drehort für einheimische Kinofilme.

Doch da die Abwässer aus dem Großraum Colombo teilweise noch immer ungeklärt in das Meer geleitet werden, lässt die **Wasserqualität** mitunter zu wünschen übrig. In der Monsunzeit sind es zudem hohe Wellen und gefährliche Unterströmungen im Uferbereich, die den Badespaß trüben können. Außerdem muss durch die Nähe zur Metropole – vor allem nach Einbruch der Dunkelheit – mit

Taschendieben und Schleppern gerechnet werden. Oder gar mit Einheimischen, die es in der Gestalt von Beach Boys (s. S. 70) auf Besucherinnen abgesehen haben. Dass die Eisenbahn hier mehrmals täglich quasi direkt über den Strand donnert und auf dem Weg an das Meer stets unbeschrankte Gleise zu überqueren sind, lässt sich ja immerhin noch mit zur Exotik des Badeorts zählen.

Übernachtung

Außer dem Wahrzeichen des Mount Lavinia Hotels finden sich auch einige Unterkünfte der Mittelklasse und oft von Familien betriebene Gästehäuser, die aber im untersten Preissegment teilweise auch gern für Schäferstündchen käuflicher oder echter Liebe genutzt werden. An Wochenenden, Feier- oder Ferientagen kann es voll werden.

The Beach View Guest House (The Lions Pub, s. u.), 220 Galle Rd., ✆ 011-2761961. An der stark befahrenen Hauptstraße, aber 2 der insgesamt 15 Zi sind immerhin die günstigsten AC-Zi am Ort. Großes Restaurant. ❶

New Lanka Tourist Inn, 10/5 Off De Saram Rd., ✆ 011-2738506. 9 einfache, günstige Zi mit akzeptablen, sauberen Bädern. ❶

Beverly Hills Hotel, 27 De Saram Rd., ✆ 011-2733556, 🖷 2733557, ✉ bhills2001@hotmail.com, 🖥 www.lbdo.com/bhills.htm. Seit 2001 und empfehlenswert; 11 gute, sehr saubere Zi, davon einige als AC. Dekorativer Innenhof mit Wasserfall. Restaurant und Internet-Möglichkeit. Freundliche Atmosphäre. ❶–❷

La Maison des Arts, 20 Beach Rd., ✆ 011-2716203, ✉ pitupavel@dialogsl.net. Preisweiteste Möglichkeit, stilvoll abzusteigen. 10 einfache, aber gepflegte Zi, davon einige als AC in einer schönen Anlage mit lauschigem Innenhofgarten, Arkaden und einladenden Sitzmöglichkeiten. Familiäre Atmosphäre. ❶–❷

Blue Seas Tourist Guest House, 9/6 De Saram Rd., ✆ 011-2716298. Beliebtes Gästehaus mit kleiner, gemütlicher Lobby und einigen Antiquitäten. 15 spartanisch ausgestattete Zi mit etwas schäbigem Mobiliar, davon 12 mit eigenem Bad und 8 mit Balkons. Spartanisch, aber sauber und extrem ruhig. Familiäre Atmosphäre. ❶–❷

Mount Waves, 17 Off De Saram, ✆ 011-2717187. 25 spartanische, trostlose Zi, davon einige als AC, im 2. und 3. Stock mit Balkon. Keinerlei Frühstück. ❶–❷

Chandima Tour Inn, 15/3 Off De Saram, ✆ 011-2714556. 8 einfache Zi, 4 als AC, recht gute Bäder. ❶–❷

Santa Fe, 15 De Saram Rd., ✆/🖷 011-2721649, ✉ hotelsantafe@slt.net. Seit Ende 2004; Neubau mit 4 Etagen, einladender Dachterrasse und Gemeinschaftsküche. 10 empfehlenswerte, geräumige Komfort-Zi in Bonbon-Farben, mit Balkon, AC, IDD-Telefon und Sat-TV. 3 Min. zum Strand. Vermittlung von Touren. Der 47-jährige Besitzer Susantha de Silva ist hilfsbereit und spricht bestes Deutsch. ❷

Tropic Inn, 30 College Avenue, ✆ 011-2738653, 🖷 2713975, ✉ tropicinn@abdeens.com, 🖥 www.tropicinn.com. 16 empfehlenswerte, saubere und gediegene Komfort-Zi mit Holzboden, TV, Warmwasser-Bad und Telefon. Internet-Möglichkeit im Haus. ❷–❸

Hotel Rivi Ras, 50/2 De Saram Rd., ✆ 011-2717786. Vom Strand zu erreichen über eine schmale Brücke und anschließender ungewöhnlicher Passage durch eine Art Gefängnisgang. Drittgrößtes Hotel mit zweistöckigen Rotklinker-Bauten in großem Palmengarten. 28 einfache, aber akzeptable Zi, davon 12 mit AC und TV. ❷–❸

Ivory Inn, 21 De Saram Rd., ✆ 011-2715006. 17 einfache, angenehme, aber etwas teure Zi mit Balkon. Schöner Garten mit Brunnen. ❷–❸

Hotel Sea Breeze, 22/5 A De Saram Rd., ✆ 011-2714017, 🖷 2733077. Seit 1985; 25 saubere, einfache, düstere und deshalb reichlich überteuerte AC-Zi. ❷–❸

Q1-Mag Beach Appartement Complex, 35 Beach Rd., ✆ 011-2737345, 🖷 2737582, ✉ info@qimagsrilanka.com, 🖥 www.qi-magsrilanka.com. Neues Apartmenthaus mit Dachterrasse und allem Komfort. 3 Zi-Apartment mit Küche US$55. ❹

Palm Beach Hotel, 52 De Saram Road, ✆ 011-2712713, 🖷 2721827, ✉ palmsbch@sltnet.lk, 🖥 www.palmbeachhotelsrilanka.com. Gegenüber einer Schule und nicht direkt am Strand. Doch seit der Renovierung und Erweiterung

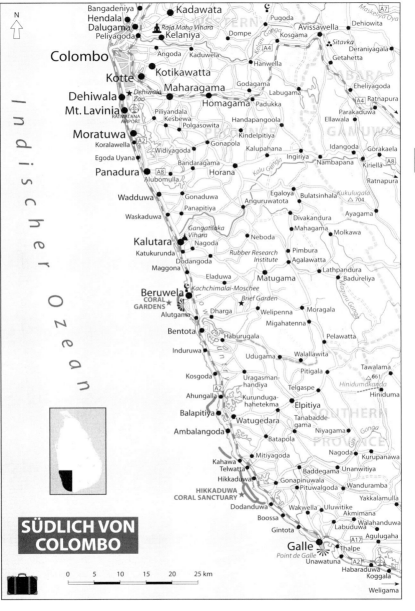

2003 mit 43 Komfort-Zi eines der drei besten Hotels am Ort. Versteht sich als Semi-Boutique-Resort im Hazienda-Stil mit hübschen Säulen, schmucken Dachziegeln und einer großen Innenhof-Oase. Viel Grün und dunkelblaues Schwimmbad. ❹

Berjaya Mount Royal Beach Hotel, 36 College Avenue, 2 De Saram Road, ✆ 011-2739610-5, ✆ 2733030, ✉ berjaya@slt.lk, 🖳 www.berjayaresorts.com. Zweitgrößtes und eines der drei besten Hotels am Ort. Aus den 1970er Jahren, aber inzwischen umfassend renoviert. Angelegt in der Form eines Hufeisens mit 95, um die US$100 teuren, komfortablen Balkon-Zi. ❻

Mount Lavinia Hotel, 100 Hotel Rd., ✆ 011-2715221-7, ✆ 2738228, ✉ lavinia@sri.lanka.net, 🖳 www.mountlaviniahotel.com. 275 schöne Zi mit Balkon und Meeresblick, davon 5 rustikale Suiten mit Holzparkett und Baldachinbett. Die Zi im Altbau werden schrittweise renoviert. Standard-Zi US$125–225, Suiten US$280–560. Die zahlreichen Geschäfte an der Zufahrt setzen sich in der hoteleigenen Ladenpassage fort. Der wunderschöne Privatstrand wird gut gepflegt, externe Gäste können sich auch gegen eine Gebühr am Hotelschwimmbad breit machen. Das Restaurant ist ein Erlebnis, aber nicht unbedingt von der Qualität der Küche her. Im Nachtclub geht mitunter die Post ab. ❻

Essen

Es gibt eine erfreulich reichhaltige Auswahl an Gastronomie-Betrieben. Die Restaurants direkt

Mount Lavinia Hotel – Kolonial-Herberge mit Patina

Eine Aufnahme vom Hotelpersonal, das seinen Dienst noch in den geschniegelten Kolonial-Uniformen der Engländer verrichtet, zählt zu den beliebtesten Urlauberfotos Sri Lankas. Doch sonst sind die letzten 200 Jahre nicht spurlos am Mount Lavinia Hotel vorbei gegangen.

Einem italienischen Palast nachempfunden, war es um 1806 als weißer Prachtbau mit grünen Dächern und Zweitresidenz von Gouverneur Thomas Maitland errichtet worden. Da das Anwesen nur an den Wochenenden bewohnt wurde und sowieso ohne Genehmigung aus London erbaut worden war, musste es sein Nachfolger Edward Barnes verkaufen. Danach als Rest House genutzt und baulich immer wieder verändert – ein Abgleich mit den ältesten Skizzen oder Fotos ist verblüffend –, wurde es 1877 als elegante Luxusherberge eröffnet. Zu seinen Gästen zählten der Schriftsteller Somerset Maugham wie auch König Leopold von Belgien, Vivian Leigh, Kirk Douglas, Gregory Peck und Yuri Gagarin. Der größte Einschnitt erfolgte in den 1980er Jahren durch die Ergänzung eines sechsgeschossigen, völlig gesichtslosen Neubauflügels, der aber immerhin den Zuwachs der schönsten Zimmer mit Panorama-Blick auf die Küste und Kulisse von Colombo bescherte.

Es kann Spaß bereiten, sich in dem alten, renovierungsbedürftigen Bauwerk auf historische Spurensuche zu begeben. Da wären zum Beispiel der unter der Kuppel liegende Prunksaal, die aristokratisch ausgestattete Gouverneurs-Suite, die kleinen Innenhof-Oasen, allerlei Ballustraden, Arkaden, Treppen, Lampen und sogar noch der unterirdische Geheimgang, der einst vom Weinkeller direkt in den Garten von Gouverneurs-Gespielin Lovina geführt hatte – die Liason dauerte immerhin 7 Jahre, bis Maitland 1911 wegen seines aufwendigen Lebensstils nach London zurückbeordert wurde. Oder auch die unzeitgemäßen Toiletten, knarrenden Flure, muffelnden Teppichböden und abgewetzten Türen mit gelockerten Messingbeschlägen... Nicht unsympathisch, aber schon erstaunlich, dass dieses Kolonial-Hotel im Vergleich zu seinen legendären, luxussanierten Brüdern – wie etwa dem Oriental in Bangkok, dem Strand in Yangon oder dem Raffles in Singapur – noch immer einen derartigen Dornröschen-Schlaf schlummern darf.

am Strand wurden durch den Tsunami stark beschädigt, aber schnell wieder aufgebaut. Wer hier am Abend zuviel bechert, sollte bei der Rückkehr zur Unterkunft bedenken, dass gänzlich unbeschrankte Schienenstränge zu überqueren sind.

AM STRAND – *La Langousterie*, am Südende des Strands mit Blick auf das Mount Lavinia *Hotel*. Einfach ausgestattet, aber gute, preiswerte Küche mit reibungslosem Service.
Shore Lanka, 43/5 Beach Rd., ✆ 0777-888544. Seit 1990; einfaches Strand-Restaurant.
Rivi Ras, ⏰ 10–22 Uhr, schicker Name, aber ein eher farbloser Restaurant-Ableger des Hotels.
Catamaran, ✆ 011-2761969. Ein einfaches Restaurant an einem kleinen Baywatch-Turm, Treffpunkt für Beach Boys; Angebot kurzer Schnorcheltouren (rund US$10) zum vorgelagerten Riff.
Lavinia Breeze, 43/7 Beach Rd., ✆ 011-4205183, ✆ 2596931. Seit 2005; mit seinen schiefen Palmen eines der besten Strandrestaurants. Ansprechendes Mobiliar und im Obergeschoss klimatisiert.
California Waves, 43/21 Beach Rd., ✆ 0777-345012. Seit 1976; nett gestaltet mit vielen schattigen Strohpilzen, aber leider Plastikmobiliar. Im Obergeschoss schöne Terrasse mit Blick über den Strand. Gebratener Reis 160–240 Rs, halbes Hähnchen 480 Rs, Tintenfisch 350 Rs und Jumbo Prawns 700 Rs. Es gibt auch 3 Zimmer, davon 2 mit AC.
The Golden Mile, 43/12 Beach Rd., ✆ 011-2733 997, ✆ 2716424, ✉ irfan_lafir@hotmail.com, ⏰ 11–24 Uhr. Gilt mit seinen beiden Stockwerken als professionellstes und bestes Strandrestaurant Mount Lavinias. Sehr lecker kreierte Süßspeisen wie der Jamaican Dream unter 200 Rs, Hauptgerichte wie das Seafood Rendezvous etwa 600 Rs. Lokales Fassbier kostet um die 100 Rs, importierter Gerstensaft das Doppelte.
Governor`s Restaurant im Mount Lavinia Hotel, s. o. Feudales Ambiente längst vergangener Zeiten, das man zumindest mal gesehen haben sollte. Wer hier einkehrt, sollte aber nicht unbedingt die Qualität eines Gourmet-Tempels erwarten.

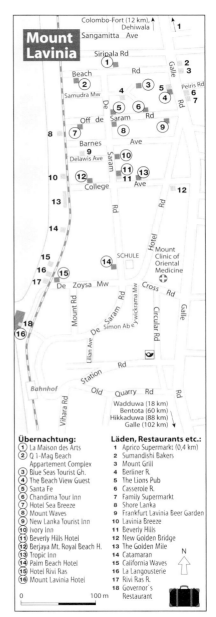

Übernachtung:
① La Maison des Arts
② Q 1-Mag Beach Appartement Complex
③ Blue Seas Tourist Gh.
④ The Beach View Guest
⑤ Santa Fe
⑥ Chandima Tour Inn
⑦ Hotel Sea Breeze
⑧ Mount Waves
⑨ New Lanka Tourist Inn
⑩ Ivory Inn
⑪ Beverly Hills Hotel
⑫ Berjaya Mt. Royal Beach H.
⑬ Tropic Inn
⑭ Palm Beach Hotel
⑮ Hotel Rivi Ras
⑯ Mount Lavinia Hotel

Läden, Restaurants etc.:
1 Aprico Supermarkt (0,4 km)
2 Sumandishi Bakers
3 Mount Grill
4 Berliner R.
5 The Lions Pub
6 Casserole R.
7 Family Supermarkt
8 Shore Lanka
9 Frankfurt Lavinia Beer Garden
10 Lavinia Breeze
11 Beverly Hills
12 New Golden Bridge
13 The Golden Mile
14 Catamaran
15 California Waves
16 La Langousterie
17 Rivi Ras R.
18 Governor`s Restaurant

Besonders lauschig speist und trinkt es sich auf der großen Terrasse.

IM ORT – *Beverly Hills* (s. Übernachtung.). Zu einem Gästehaus gehörendes, teilweise auch klimatisiertes Restaurant. Im lauschigen Biergarten lässt es sich (als Alternative zum Strand) gut aushalten.
New Golden Bridge, 17 Hotel Rd., ✆ 011-2717 981, ✉ 2737429, ⊙ 9.30–15.30 und 18–23 Uhr. Außenterrasse im 1. Stock. Günstiges chinesisches Essen, als „Takeaway" 10 % günstiger. Gerichte mit Huhn und Schwein 150–250 Rs, Seafood-Kreationen 175–750 Rs.
Frankfurt Lavinia Beer Garden, 34/8 De Saram Rd., ✆ 011-2716034, ✉ 2732992. Seit 1992 etabliert vom 83-jährigen Peter Stefel (ehemaliger Inhaber des „Bischofsheimer Hofs" am Frankfurter Römer) und seinem 58jährigen Sohn Peter, der als Chefkoch amtiert. Geschnetzeltes in Rahmsauce 550 Rs, Edelfisch in Knoblauchbutter 600 Rs, deftige Hausplatte (für 2 Personen) 1600 Rs, Biere (darunter auch Erdinger Weißbier) 80–350 Rs.
Berliner Restaurant, 11 A De Saram Rd., ✆ 011-2719560, ⊙ meist nur ab 19 Uhr. Gehört einem Hamburger und hieß früher unter anderem White House Mahurani. Sehr private, bizarre Atmosphäre und originelle Speisekarte, aber nicht unbedingt billig.

AN DER GALLE ROAD – *Sumandishi Bakers*, Galle Rd. Verkauf von günstigem Kuchen, Keksen und Snacks.
The Lions Pub, 220 Galle Rd., ✆ 011-2761961, ⊙ 10–24 Uhr. Größeres, beliebtes Restaurant mit szenischem Biergarten. Frisch gezapftes Fassbier für rund 100 Rs, chinesisches Essen um 250 Rs. Wer Glück hat, wird von der freundlichen Mrs. Priyanthi bedient.
Mount Grill, 221 Galle Rd., ✆ 011-2722558, ⊙ 7.30–24 Uhr. Trotz der Lage eine beliebte, romantische Oase. Gemütlicher Innenhof, kleiner Palmengarten, plätschernde Wasserspiele und Kerzenlicht. Einheimische, chinesische und westliche Küche, meist 160–300 Rs. An 4 Tagen pro Woche Live-Musik, auch mal direkt am Tisch.
Casserole, 253 Galle Rd, ✆ 011-2733333, ✉ 2713856. Im Geschoss über dem Supermarkt Family Super mit einheimischer, indischer, chinesischer und westlicher Küche. Nicht unbedingt gemütlich, aber sehr preiswert. Gebratener Reis 120 Rs, Hühnchen 180 Rs, Tintenfisch 210 Rs und Prawns Singapore Style 140–270 Rs.

Einkaufen

An der Galle Rd. bestehen mit dem Einkaufszentrum *Aprico Supercentre*, ⊙ 9–22 Uhr, beste Möglichkeiten zur Versorgung. Der klimatisierte Supermarkt ist gut sortiert wie auch die angeschlossene **Apotheke**. Im Obergeschoss liegen mehrere Geschäfte.
Etwas kleiner ist das weiter nördlich an der Durchgangsstraße gelegene Einkaufszentrum *Family Super*, ⊙ 7–23 Uhr, das auch mit einem Beauty-Center und Restaurants aufwarten kann. Schnäppchen lassen sich ggf. im ebenfalls an der Galle Rd. gelegenen, blau getünchten Outlet-Center *Parade* machen.

Transport

Obwohl es nur rund 12 Straßen-Kilometer in das Zentrum Colombos sind, empfehlen sich aufgrund des Dauerstaus auf der Galle Rd. nicht unbedingt die fast schon im Minutentakt vorbeifahrenden Busse für ca. 20 Rs oder ein für US$3–5 gecharterter Three-Wheeler (beides etwa 1 Std.), sondern vor allem die tagsüber fast stündlich verkehrenden Vorortzüge für um die 10 Rs (1/2 Std.).

Wadduwa

Wer die rund 30 km südlich von Colombo gelegene Ortschaft Wadduwa erreicht, hat den Großraum der Hauptstadt endgültig verlassen. Hier überwiegt endlich das dichte Grün der Landschaft, während die Küste vom ersten wirklich schönen Strand gesäumt wird, der sich bis in das 7 km weiter südlich gelegene **Kalutara** fortsetzt. Ab Wadduwa fallen die für die südliche Westküste typischen Seile auf, die sich zwischen den bis zu 30 m hohen Palmen-Wipfeln spannen. Darauf balancieren morgens und abends die **Duravas** oder **Toddy Tapper** (Palmweinzapfer) als leichtfüßige Akrobaten, um den säuerlichen, milchig-trüben Palmsaft zu sammeln.

Übernachtung und Essen

Trotz der Entfernung durchaus noch als Naherholungsziel der Einwohner von Colombo beliebt, sind die Unterkünfte vorwiegend auf Pauschalurlauber ausgerichtet.

River View Hotel, 190 Galle Rd., ✆ 038-2231535. Seit 1999; knallblauer Bau zwischen der A 2 und der Lagune, aber nicht direkt am Strand. 20 ruhige, ordentliche und günstige Zi, davon 6 als AC. Schwimmbad. ❷

Sun View Beach, Wadduwa, ✆/✆ 038-4284 747, ✉ kontakt@sunviewbeachhotel.de, 🖥 www.sunviewbeachhotel.de. 14 geräumige Zi in einer etwas kahlen, wie ein Motel wirkenden Anlage, geführt unter deutscher Beteiligung. ❷–❸

Wadduwa Holiday Resort, 286/3 Galle Rd., ✆ 038-2232815. Dicht am The Blue Water und für ein Hotel der Armee gar nicht schlecht. 80 günstige Zi, auch mit AC. ❷–❸

Villa Ocean View, Wadduwa, ✆ 038-4299699, ✆ 4299666, ✉ villaocn@sltnet.lk, 🖥 www.villaoceanhotels.com. 140 Zi in einem dreistöckigen Flügel und in zweistöckigen Bungalows zwischen vielen Palmen. Einst bestes Hotel, aber in die Jahre gekommen. ❻

The Blue Water, Wadduwa, ✆ 038-2235067-8, ✆ 2295708, ✉ blwater@sltnet.lk, 🖥 www.bluewatersrilanka.com oder www.jetwing.net. Angenehme, großzügige Anlage mit 100 Komfort-Zi und üppigen Wasserflächen in einem weitläufigen Palmengarten, aber schlichtes Dekor im Ethno-Look, kreiert von Geoffrey Bawa. Ausgezeichnetes Restaurant. ❻

Siddhalepa Ayurveda Health Resort, Samanthara Rd., Wadduwa, ✆ 038-2296967-70, ✆ 229 6971, ✉ siddalep@slt.lk, 🖥 www.ayurvedaresort.com. Wunderschön dekorierte Lobby, die meisten Zi als Höhlenhäuschen in einer etwas spärlich begrünten Anlage. Angesehenes Ayurveda-Resort (s. S. 59), 1 Pauschal-Woche US$1050–1200. ❻

The Privilege, ✆ 038-2295367, ✉ susil@sltnet.lk, 🖥 www.privilegelanka.com. Seit 2001; Boutique-Resort auf schmalem Grundstück am Meer. Tolle Lobby, 24 stilvolle Luxus-Suiten, aber mit US$230 viel zu teuer. Der Besitzer spricht Deutsch. ❻

Kalutara

Durch ihre breiten Straßen und die langen Brücken über den **Kalu Ganga** macht die Distrikthauptstadt Kalutara (Schwarzer Fluss) 43 km südlich von Colombo und 31 km vor Bentota mit ihren 50 000 Einwohnern schon fast einen großstädtischen Eindruck. Mitte des 11. Jhs. war sie kurzfristig Regierungssitz des südöstlichen Königreichs Ruhuna. Ab 1655 herrschten hier die Holländer, indem sie an der Mündung ein Fort errichteten. Die einstige Handels- und Hafenstadt lebte früher vom Gewürzhandel, heute präsentiert sie sich als Zentrum der **Kautschukindustrie**. Im Rubber Research Institute in **Agalawatta** können sich Besucher anschaulich über die Produktion von Rohgummi informieren.

Ebenfalls bekannt ist die Stadt für ihre **Kokosweber** und vor allem die **Korbflechter**, die ihre Produkte mit kunstvollen geometrischen Formen und den unterschiedlichsten Farben verzieren. In der Nähe des Basars liegt die **Kalutara Basket Hall**, wo man die Herstellung beobachten und besonders schöne Stücke erwerben kann.

Ein Besuch Kalutaras lohnt sich besonders zwischen Mai und Juli, wenn die Erntesaison der **Mangosteen** die örtlichen Märkte mit einer fotogenen Woge der purpurfarbenen Früchte überschwemmt, die zudem auch als die besten der ganzen Insel gerühmt werden. Das südlich liegende Straßendorf Moratuwa indes ist für seine Tischler-Tradition und perfekte Nachbauten antiker Kolonialmöbel bekannt.

Der Kalu Ganga ist zwar nur 129 km lang, wirkt aber hier bei seiner Mündung in das Meer mit seiner Breite von 300 m wie ein mächtiger Strom. Durch mehrere Zuflüsse aus dem regenreichen Landesinneren ab Ratnapura schiffbar, wurde er bis tief in das 20. Jh. hinein als Transportweg genutzt. Heute bietet er sich zu beschaulichen Kanu- und Schlauchboottouren für Touristen an – wie zum eindrucksvollen **Richmond Castle**. Als Symbiose indischer und englischer Architektur auf einem 16 ha großen Grundstück errichtet, gehörte es einst dem reichen Gouverneur Padikara Mudaliyar, um nach dessen Tod als Schule genutzt zu werden. Heute ist es zur Besichtigung freigegeben.

Nicht weit hinter der zweibogigen **Kalu Ganga-Brücke** verbreitert sich die Straße, sodass an ihren Rändern problemlos angehalten werden kann. Denn an der Tempelanlage **Gangatilaka Vihara** pflegen buddhistische Verkehrsteilnehmer gern einen Zwischenstopp einzulegen, um mit Gebeten, Blumen und kleinen Geldspenden um unfallfreies Fahren und eine glückliche Heimkehr zu bitten. Dazu finden sich an der Westseite der Fahrbahn ein mächtiger Bodhibaum sowie zahlreiche Opferstöcke und Buddha-Figuren.

Die eigentliche Sehenswürdigkeit jedoch befindet sich gegenüber: die schon aus der Ferne leuchtende, weiße Kuppel der **Kalutara Dagoba**. Sie ist beeindruckende 40 m hoch, stammt aus den 1960er Jahren und fällt durch das rundherum laufende Band von Fenstern als moderne Konstruktion auf. Es ist die einzige in Asien, deren Innenraum hohl und begehbar ist. In der Mitte der großen Kuppelhalle liegt ein Reliquienschrein, dem die Gläubigen in tiefer Andacht mit Räucherstäbchen und Lotusblüten ihre Ehre erweisen. An der Innenwand der Kuppel erzählen 74 Wandmalereien das Leben Buddhas.

Übernachtung und Essen

Die Urlauber residieren hier fast ausschließlich in den abgelegenen Strandresorts auf der 3 km langen Nehrung im Süden Kalutaras.

Dugong Beach Hotel, 208 Sea Beach Rd., ✆ 034-2224330. 7 saubere, akzeptable, aber leider etwas dunkle Zi, die sich um einen Innenhof gruppieren. Nette Familie, darunter sogar ein Mas-

---

Als der Tod die Königin ereilte

Wer heute entlang der Küstenstraße die Ränder Sri Lankas bereist, vermag sich auch nicht entfernt vorzustellen, wie es nach dem 26. Dezember 2004 ausgesehen hatte. Die Naturgewalten des **Tsunami** hatten nicht nur das Leben von etwa 35 000 Menschen gefordert und 800 000 obdachlos gemacht, sondern auch vier Fünftel der Fischereiflotte vernichtet und Schäden von insgesamt rund einer Milliarde Euro angerichtet. Doch schon unmittelbar nach der Katastrophe zeigte sich der Indische Ozean mit seinen türkisfarbenen Fluten wieder von seiner allerbesten Seite.

Überraschend viele Palmen hatten die Wucht der Wellen überstanden, und das am Boden wuchernde Tropengrün hat vielerorts schon wenige Monate später ein Übriges dazu beigetragen, die Folgen der Flutwellen zu überdecken. Die großen Hotels nutzten ihre Schäden zu einer oft schon überfälligen Renovierung, während sich aufgrund der reichlichen Auslandsspenden die neuen Fischerboote nur so stapelten. Und schon ein Jahr später waren die Zahlen ausländischer Besucher neuen Rekorden entgegen gestiegen. Niemand hätte für möglich gehalten, dass sich das Land derart schnell vom Tsunami erholen könnte.

Doch wer nachfragt, bekommt mitunter schnell zu spüren, dass Schock und Schmerz der Naturkatastrophe noch nicht verwunden sind. Erstaunlich unbefangen berichten die Menschen von ihrem persönlichen Tsunami-Schicksal – dem empfindlichen Verlust von geliebten Angehörigen, Freunden und Nachbarn, der Behausung, den wenigen Besitztümern oder einfach dem unbeschwerten Lebensgefühl.

Als wenn es gerade erst passiert wäre, erzählen sie, wie sich das Meer damals plötzlich zurückgezogen hatte und die zuckenden Fische bizarr im strahlenden Sonnenschein glitzerten, wann und wie hoch die erste Welle kam oder wie sie sich mit viel Glück oder Geistesgegenwart retten konnten, während um sie herum die Apokalypse tobte. Es gehört zum Urlaubserlebnis, dass die Besuchten ihre Bewältigung der Vergangenheit mit den Besuchern teilen. Manch ein Restaurantbesitzer hält die Erinnerung auf seine Weise wach, hat die Höhe der Flutwellen an der Wand vermerkt oder einfach die damals von den Wassermassen gestoppte Uhr hängen lassen. Andere legen sogar Fotoalben mit Tsunami-Bildern aus, um ihren Gästen die Wartezeit auf das Essen zu verkürzen.

In der Nähe des beliebt-belebten Touristenorts Hikkaduwa wird auf besondere Weise an die unglaubliche Gewalt der Tsunami-Flutwellen und das durch sie verursachte unermess-

kenschnitzer. Guter Kuchen und gratis Fahrradverleih für Gäste. ❶ – ❷
Hibiscus Beach Hotel, 034-5582222, 558 2271, hibiscus@isplanka.lk, www.hibiscusbeachhotel.com. Zweistöckige Anlage mit nettem Foyer, 50 schönen, günstigen Zi und 6 teuren Luxus-Villen. Viele Hibiskus-Sträucher und Stelzwurzel-Bäume. ❸
Tangerine Beach Hotel, Waskaduwa, 034-2222982-3, 2226794, tanbch@sltnet.lk, www.tangerinehotels.com. Mit 144 Zi eines der ältesten Hotels der Region und deshalb etwas günstiger. Weitläufig mit großem Garten und Ayurveda-Zentrum. Hübsches Foyer im Hazienda-Stil mit Säulen und Wasserspielen. ❺

Royal Palms Beach Hotel, Waskaduwa, 034-2228113-7, 2228112, royalpal@sltnet. Seit 1998 und empfehlenswert mit ansprechender Architektur. 118 Zi und 4 Suiten mit reichlich Holz, schon ab US$125. Das Foyer wirkt mit seiner hohen Decke wie eine Kathedrale. Das lagunenartige Schwimmbad zählt zu den größten Asiens. ❻
Kani Lanka Resort & Spa, Katukurunda, 034-2226537-9, 2226530, sales@kanilanka.com, www.kanilanka.com. Empfehlenswert und Ende 2004 als modernes Designer-Resort eröffnet in einem heruntergekommenen Hotel aus den 1980er Jahren, an dem einst Geoffrey Bawa mitgewirkt hatte. 105 Zi für US$100–200 (Halbpension), davon 6 Suiten, avantgardistisches

liche Leid erinnert. Denn hier ist das mit rund 1500 Toten schlimmste **Eisenbahnunglück** in der Geschichte der Menschheit geschehen. Und trotzdem ist es angesichts der gesamten Naturkatastrophe nur eine Fußnote, können die drei stummen, als provisorisches Mahnmal wieder aufgerichteten rostroten, zerbeulten und geborstenen **Waggonwracks** kaum davon erzählen, welche Tragödie sich hier an jenem schicksalshaften Tag abgespielt hatte: Beim Ort Seenigama war der Zug plötzlich stehen geblieben und wurde von einer etwa 10 m hohen Flutwelle erfasst, unglücklicherweise an einer nur 150 m im Landesinneren und dann auch noch fast auf Meeresniveau liegenden Stelle.
Es war die vierte, letzte und höchste Tsunami-Welle, so dass zuvor noch hunderte Anwohner zu ihrer vermeintlichen Rettung das Zugdach erklommen hatten. Doch dann traf die Wasserwand mit voller Wucht auf die Breitseite der **Königin des Meeres**, wie der stets überfüllte Morgenzug Nr. 50 von Colombo noch Matara genannt wurde. Die schwere Diesellok und viele Waggons wirbelten wie eine Spielzeug-Eisenbahn herum, während die Gleise herausgerissen wurden, um mit den Schwellen nach oben auf dem apokalyptischen Berg aus Baumstämmen, Schutt,

Schrott, Unrat und Menschenleibern zu landen. Ein unfassbares Bild der Verwüstung, wie es damals in ähnlicher Weise auch die gesamte Küstenstraße geprägt hatte, so dass sie für längere Zeit unpassierbar gewesen ist. Eigentlich hatte sich bei einem Blick auf die Landkarte bis dahin niemand vorstellen können, dass ein Seebeben bei Sumatra sogar die Westküste Sri Lankas verwüsten konnte. Die Flutwellen trafen auch nicht unbedingt jeden Winkel der Küste, weil sie in eigenartigen Verwirbelungen an den Inselrändern entlang schwappten. So blieb mancherorts das eine unmittelbar am Strand oder sogar auf Landzungen im Meer liegende Hotel verschont, während andere viel weiter im Hinterland gelegene zusammen mit den umliegenden Fischerhütten völlig zerstört wurden.
Bizarr auch, dass einige Urlauberunterkünfte erst wenige Stunden neu eröffnet hatten, als die Katastrophe heran nahte und Träume zum Alptraum werden ließen. Ein Hotel an der besonders schlimm betroffenen Ostküste indes ist seiner Zeit sogar auf makabre Weise voraus gewesen: Es liegt an der Arugam Bay und sein Gründer, ein britischer Aussteiger, hatte es bereits 1999 mit *Tsunami* benannt, als noch kaum jemand wusste, was das überhaupt ist....

Volker Klinkmüller

Restaurant sowie viele originelle Details. Exponierte Lage an Meer und Lagune, aber weniger schöner Strand. ❻

Hotel Mermaid, Kalutara Nord ✆ 034-2222613, 📠 2228572, ✉ mermaid@eureka.lk, 🖥 www.jetwing.net/mermaid. 72 angenehme Zi mit Balkons und großen Bädern in schöner Lage am Strand. Vollpension. ❺–❻

Golden Sun Resort, ✆ 034-2228484, 📠 2228485, ✉ goldsun@sltnet.lk, 🖥 www.aitkenspence hotels.com. Große, architektonisch ansprechende Anlage mit angenehmen Erdtönen. 96 Zi und Cabañas sowie 3 Restaurants bzw. Bars. ❻

Beruwela

Schon bevor der Ort beginnt, offenbart sich während der Anfahrt über die Küstenstraße, was Beruwela zu bieten hat: Wunderschöne Sandstrände mit vorgelagerten Felsinselchen, flankiert von ausgedehnten Palmenhainen, in denen sich einige der schönsten und bekanntesten **Urlauberresorts** Sri Lankas verstecken. Die schützenden Korallenriffe vor den seicht ins Meer verlaufenden, breiten Stränden ermöglichen meist unbeschwerte Badefreuden, um gleichzeitig zum Schnorcheln und Tauchen einzuladen. Es sind gerade die Deutschen, die diese rund 60 km unterhalb von Colombo und etwa 8 km vor Bentota gelegene Region so sehr lieben – als Besucher, aber auch oft als Gastgeber. Die zahlreichen **Pauschaltouristen** haben jedoch nicht nur für ein relativ hohes Preisniveau, sondern auch für eine große Schar zuweilen etwas lästiger Strandhändler gesorgt.

Der Name Beruwelas entstammt dem singhalesichen Wort „Baeruala" – der Ort, an dem das Segel niedergelassen wurde. Das passt gut, denn hier sollen aus Indien einst die ersten arabischen Kaufleute an Land gegangen sein. Daran erinnern nicht nur die früher „Barberyn" genannte, älteste **Muslim-Kommune** Sri Lankas, sondern auch die weißen Minarette der malerisch auf einer felsigen Landzunge thronenden **Kach (ch)imalai-Moschee**.

In einem Gedenkraum auf der östlichen Seite findet sich der steinerne Sarkophag von Scheich Ashraf Velliulah, einem Nachfahren des Propheten Mohamed, der hier der Legende nach auf wundersame Weise über das Meer angetrieben worden sein soll. Daran erinnert alljährlich ein großes **Festival** mit bis zu 50 000 Pilgern, das zum Ende des Fasten-Monats Ramadan und nach dem 30-tägigen Rezitations-Gottesdienst „Bohari Mulu" veranstaltet wird.

Östlich der Moschee schützt eine lange Steinmole die eindrucksvolle Armada bunter **Fischerboote**. Die kleineren gehen nachts in Küstennähe auf Fang, während sich die größten sogar bis zu den 750 km entfernten Malediven vorwagen. Ein interessantes Erlebnis ist die morgendliche, etwas blutige Fischauktion gegenüber vom Resthouse. Von hier lassen sich auch kleine Bootstouren zum **Leuchtturm** unternehmen, der auf einen Felsen vor der Küste thront. Schöner als von seiner Spitze aus wird sich Beruwelas Palmenküste mit der Moschee und dem **Hafen** wohl kaum einfangen lassen.

Zwischenstopp im Singharaja

Wen die Seeluft an der Westküste hungrig gemacht hat, sollte dem kurz vor der Brücke von Alutgama nach Bentota gelegenen ***Singharaja Bakery & Restaurant***, 120 Galle Rd., ✆ 034-2274978, einen Besuch abstatten. In einem schmucklosen, verglasten Bau untergebracht, ist sie vor allem bei deutschen Urlaubern beliebt, weil sie von dem schon seit fast 30 Jahren auf Sri Lanka lebenden Bäcker Heinz Hausotter – ehemaliger Steuerberater in Unterfranken – betrieben wird. Neben einer günstigen Bäckerei mit Brot, Kuchen und Keksen für 15–100 Rs gibt es im Obergeschoss auch ein gutes, sauberes Buffet-Restaurant, in dem man sich für 130 Rs über den Mittag retten kann.

Übernachtung

Die teuersten Hotels müssen nicht die besten sein. Die Mittelklasse-Hotels oder sogar auch die Gästehäuser können zuweilen ein sehr viel besseres Preis-Leistungsverhältnis bieten.

Okay Gästehaus, Malawagoda Rd., Moragalla, ✆ 034-2276248, ✉ okayrest@aol.com, 🖥 www.okay-gaestehaus.de. Beliebte Anlage mit 12 ordentlichen Zi, die oberen schöner und mit einladender Terrasse. Viel Grün, familiäre Atmosphäre, 50 m zum Strand. ❶–❷

Ein Garten als Märchenland

Für einen Besuch des **Brief Gardens** sollte lieber gleich ausreichend Zeit eingeplant werden. Denn die meisten Besucher bleiben weitaus länger, als sie eigentlich wollten. Wer das von Statuen geschmückte Tor inmitten einer Bambushecke durchschreitet, wird seinen Augen nicht trauen: Hier lockt nicht nur ein japanischer Garten mit weiten Rasenflächen, herrlichen Blumen und Büschen, einem romantischen Teich, schattigen Wegen und einem erhöhten Aussichtspunkt, sondern ein ungeahnt verwunschenes Märchenland.

Auf dem 2 ha großen Gelände lassen sich allerlei Überraschungen aufspüren wie seltene Pflanzen, fantasievolle Wasserspiele, romantische Lauben, verspielte Pergulas oder überwucherte, geheimnisvolle Skulpturen. Kaum zu glauben, dass dieses Nirvana einst nur eine trostlose Kautschuk-Plantage gewesen sein soll.

Der ab 1929 angelegte Garten ist das Ergebnis einer jahrzehntelangen, liebevollen Planung und Pflege des Landschaftsarchitekten und Bildhauers **Bevis Bawa** sowie einiger Freunde. Das Geld dafür stammt von seinem Vater, der als Jurist mit einem erfolgreichen *Legal Brief* (Schriftsatz) üppiges Honorar verdiente, woraus sich auch der Name des zauberhaften Anwesens ableitet. Da der 1909 geborene, skurrile Lebenskünstler keinerlei Erben hatte, wurde der Besitz nach seinem Tod 1992 an seine Mitarbeiter verteilt, je nach Anzahl der Dienstjahre. Auch die einsame und schlichte, aber stilvolle Villa Bawas schmiegt sich noch unversehrt an den Hang. In ihr findet sich eine private Kollektion von Möbeln, Skulpturen, Gemälden und Fotografien.

Der *Brief Garden*, ✆ 071-2228458, ⏱ 9–17 Uhr, Eintritt 200 Rs, findet sich in unmittelbarer Nähe des Dorfs **Kalawila** und ist auf Wunsch auch mit versierter Führung zu erkunden.

Bavarian Guest House, 92 Barberyn Rd., Moragalla, ✆/✉ 034-2276129. Seit 1992 und empfehlenswert; 7 schöne und große Komfort-Zi, davon 1 als AC, mit Balkons und Minibar. Designer-Elemente nicht nur im Foyer. Schöne Grünanlage mit Schwimmbad. Das freundliche Besitzer-Ehepaar Dennis und Mallika Leard spricht Deutsch. ❷–❸

Ypsilon, Moragalla ✆ 034-2276132, ✉ 2276334, ✉ ypsilon@slt.lk, 🖥 www.ypsilon-srilanka.de. Buchung auch über Monika und Tilman Zimmler in Oberasbach, ✆ 0911-6564469. Beliebte Anlage, 25 gepflegten Zi für 29–34 ¤ plus 7 ¤ bei AC. Familiär geführt von der knuffigen Delia Y. Zimmler. Etablierte Tauchschule, pro Tauchgang 20–25. ❸

Sagarika Beach Hotel, 25 A Beach Side, ✆ 034-4288381, ✉ sagarikabeachhotel@email.com. 5 schöne Zi in Gartenanlage direkt am Meer. ❹

Neptune Hotel, ✆ 034-2276031-2, ✉ 2276033, ✉ neptuneres@aitkinspence.lk, 🖥 www.aitkinspencehotels.com. Nette, maurisch inspirierte Anlage mit 84 Balkon-Zi. ❻

Tropical Villas, Moragalla, ✆ 034-2276780, ✉ tropvilla@eureka.lk, 🖥 www.jetwinghotels.

com. 54 stilvolle Zi mit quadratischen Gärten. 5 Min. zum Strand. ❻

Confifi Beach Hotel, Moragalla, ✆ 034-2276217, ✉ 2276317, ✉ confifibeach@confifi.net, 🖥 www.confifihotels.net. Bis zum Tsunami ein beliebtes, zweistöckiges 73 Zi-Hotel, jetzt ein edles Luxusresort mit 38 Suiten, davon 7 mit eigenem Planschbecken. ❻

Barberyn Ayurveda Beach Resort, ✆ 034-2276 036, ✉ 2276037, ✉ barberyn@slt.lk, 🖥 www.barberyn.com. Seit 1982; charaktervolle Anlage und erstes Ayurveda-Zentrum für Ausländer (s. S. 59). 75 Zi und Strandbungalows mit Vollpension. ❻

Alutgama

Das ungefähr 5 km südlich von Beruwela und nur 2 km vor Bentota gelegene Alut(h)gama (Neues Dorf) erweist sich als sympathisches, kleines Bindeglied zwischen zwei der beliebtesten Urlauberziele Sri Lankas und fungiert ebenfalls als Tor zu vielen kleineren Ferienresorts am Meer. Das lebhafte Dorf kann noch mit viel Lokalkolorit aufwarten – wie dem turbulenten, lärmenden **Fischmarkt**, auf dem natürlich auch in dieser Region besonders schmackhaften Austern feil geboten werden. An seinem Südende stößt Alutgama an den Bentota-Fluss, über den eine Brücke direkt nach Bentota führt.

Wer jedoch zuvor in die Richtung des Muslimdorfs **Dharga** abzweigt, gelangt über eine insgesamt rund 16 km lange, von gut erhaltenen Kolonial-Villen und Kautschuk-Plantagen gesäumte Nebenstrecke zum legendären **Brief Garden** (s. S. 185, Kasten) von Bevis Bawa, dem älteren Bruder des begabten, auf der ganzen Insel bekannten Architekten Geoffrey Bawa (s. S. 174, Kasten).

Reizvolle Erkundung der Lagune

Wie die anderen großen Flussmündungen der Westküste lässt sich auch die von Bentota mit einem faszinierenden **Bootsausflug** erkunden. Fast alle Unterkünfte halten ein entsprechendes Angebot mit Kanus, Katamaranen oder Motorbooten bereit. Bis zu 35 km weit können Neugierige hier über den Wasserweg in das Landesinnere vordringen und sich überaus romantische Erlebnisse bescheren. Durch die schaukelnden Teppiche der **Wasserlilien**, vorbei an aufgestelzten **Mangrovenwäldern**, fröhlich zwitschernden Vogelkolonien und wilder Urwald-Romantik gleiten die Boote friedlich zu beschaulichen **Siedlungen**, die in der üppig grünenden Natur oft nur durch ihre Kirchturmspitzen, Mönchsgesänge oder filigrane Rauchsäulen zu identifizieren sind.

Zu den Höhepunkten zählt ein Besuch des buddhistischen Tempels **Galapatha Vihara**. Ursprünglich schon im 2. Jh. v. Chr. gegründet, hat ihn eine eingemauerte Zahnreliquie von Buddha-Schüler Kashyapa zu einem wichtigen Pilgerziel werden lassen. Betreten wird er durch ein steinernes Tor aus dem 12. Jh., doch der Legende nach soll das Heiligtum einst sogar durch unterirdische Gänge mit allen anderen Tempeln der Region verbunden gewesen sein. 1976 wurde die alte, von den Portugiesen unterbrochene Tradition der **Bentota Dalada Perahera** wieder aufgegriffen, die sich zum Vollmond im November/Dezember als Attraktion anbietet.

Übernachtung und Essen

Das hiesige Angebot ist dem der beiden wichtigen Nachbarziele angeglichen.

Hotel Nilwala, Kaluwamodara, ✆ 034-2275017, ✉ 2275228. Gegenüber dem Ceysands und direkt an der Flussmündung. 15 einfache Zi mit Balkon und Flussblick. Es werden gute, zweistündige Bootstouren für ca. 1200 Rs angeboten. ❷–❸

Lanka Princess Hotel, Kaluwamodara, ✆ 034-2276711-17, ✉ 2767323, ✉ lph@lankacom.net, 🖥 www.lankaprincess.com. Neben dem Eden Resort und unter deutscher Leitung. Modernes, vierstöckiges Strandhotel mit 110 Zi, davon 6 Suiten, sowie einem renommierten Ayurveda-Zentrum (s. S. 59). 10-tägige Beauty-Vital-Kuren für 600–900 Rs, Schlankheits- und Schlafheilkuren um die 1150 Rs. ❻

Eden Resort & Spa, Kaluwamodara, ✆ 034-2276075-6, ✉ 2276181, ✉ eden@confifi.net, 🖥 www.confifigroup.com. Elegantes Haus mit 158 Zi, 5 Restaurants bzw. Bars und als Hallenrund gestaltete, wunderschöne Lobby. Paradiesische, weitläufige Parklandschaft mit großem Schwimmbad und Spa. Verlockend üppiges Unterhaltungsangebot. ❻

Bentota und Induruwa

Auf vielen Landkarten Sri Lankas ist er nicht zu entdecken. Denn der aus den Katalogen etlicher Asien-Veranstalter bekannte Ort **Bentota** ist gar keine Stadt, sondern ein Konglomerat aus touristischen Einrichtungen, die sich als **National Resort Complex** über ein Gelände von insgesamt 40 ha verteilen. Schon seit den 1970er Jahren wird das rund 63 km südlich von Colombo liegende Areal mit Hotels gefüllt und von Pauschal-Touristen belebt, doch entdeckt hatten den Reiz der Region bereits die Engländer, die hier ein Rasthaus für die Reise nach Galle errichteten. Der Bentota Ganga macht hier einen großen Bogen nach Süden, bevor er nordwärts in den Indischen Ozean mündet. Der eingeschlossene Landstreifen bildet auf diese Weise eine schmale, aber 3 km lange **Halbinsel**. Die faszinierende Lage hat eine Vielzahl verlockender Strandresorts entstehen lassen, die – inmitten der üppigen Palmenwälder und teilweise sogar nur mit Booten erreichbar – mit all ihrem Luxus und Komfort oft in sich geschlossene Oasen bilden und den Urlaubstraum Sri Lanka symbolisieren.

Trotz der vielen Resorts verteilen sich die Gäste so sehr über die Weite der Strände, dass gewiss kein Gefühl von Massentourismus aufkommt. Im Gegensatz zu den meisten anderen Urlauberzielen Sri Lankas gibt es hier sogar **Rettungsschwimmer** und eine organisierte **Strandreinigung**, während das Meer und die Lagune beste Voraussetzungen zum Schwimmen, Schnorcheln und Segeln oder Windsurfing und Wasserski bieten. Von der Küstenstraße A 2 ist die Existenz der Resorts oft nur durch entsprechende Hinweisschilder erkennbar. Auch die meist mitten durch die Palmenhaine verlaufende Eisenbahnlinie (tgl. 12–15 Expresszüge) stellt keine wirkliche Verkehrsbelastung dar, sondern wird von den Ausländern vielerorts sogar als Touristenattraktion verstanden.

Neben allen Facetten des Strandurlaubs bieten sich auch eine Entdeckungsfahrt in die Lagune (s. Kasten li) oder ein ausgedehnter Strandspaziergang in das 4 km weiter südlich gelegene **Induruwa** an, wo auf dem beliebten Dienstagsmarkt allerlei kunstvoll geflochtene Korbwaren verkauft werden.

Aber auch ganz besonders auf den entlang der Küstenroute als **Turtle Hatcheries** deutlich ausgeschilderten Schildkrötenfarmen (s. S. 188, Kasten), von denen es auf der kurzen Strecke nach **Kosgoda** gleich mehrere gibt, sind Touristen gern gesehene Besucher.

Tauchen vor Bentota

Die Unterwasserlandschaft in der Küstenregion Bentota zeichnet sich durch riesige, vom Meeresboden aufsteigende Felsformationen aus, die in Tiefen von 10–30 m liegen. Die sich wie einzelne Oasen im Meer verteilenden Tauchplätze bieten einer großen Vielfalt von Fischen Schutz und Lebensraum. Sie zählen mit riesigen Schwärmen von Makrelen, Doktorfischen, Lippfischen und großen Barrakudas, auf die man quasi bei jedem Tauchgang stößt, zu den fischreichsten Gebieten des Indischen Ozeans. Die meisten Tauchunternehmen dieser Region bieten PADI und CMAS an, einige sogar auch NITROX. *Claus Ringbeck*

Diving the Snake, in Bentota, ☎ 034-5588818, 0777-160936, ✉ info@divingthesnake.com, 🖥 www.divingthesnake.com.
Weitere auf die Region spezialisierte Tauchanbieter, die zudem teilweise auch noch andere Sportarten im Meer anbieten:
Ypsylon Dive School, in Beruwela, ☎ 034-2276132, ✉ ypsylon@slt.net,
Club Inter Sport (Bentota Beach Hotel), ☎ 034-2275178,
Confifi Marina Sunshine (Club Bentota), ☎ 034-5581416,
Sunshine Water Sports Center, in Alutgama, ☎ 034-2270401.

Übernachtung und Essen

Die **Gästehäuser** erfreuen hier nur im Ausnahmefall mit gutem Preis-Leistungs-Verhältnis:
Venus Tourist Beach Resort, Galle Rd., Induruwa, ☎ 0788-537360. Seit 1980; nicht weit von *Aida II* und eingezwängt zwischen der Küstenstraße und dem Meer. 7 überraschend nette, saubere und geräumige Zi mit schönem Strand vor der Nase. ❶
Long Beach Cottage, 550 Galle Rd., Induruwa, ☎/📠 034-2275773, ✉ hanjayas@sltnet.lk. 250 m vom Bahnhof; 5 einfache Zi, davon 3 im Obergeschoss mit Gemeinschaftsbalkon; geführt von einem deutsch-srilankischen Ehepaar. ❶
New Goldi Guest House, Pitaramba Rd, ☎ 034-2275415. Gleich neben Taj Exotica und quer über die Bahngleise. Traveller-Herberge und günstigste Möglichkeit, in dieser Ecke zu urlauben. Seit 1974; 12 schäbige Zi, aber lauschiges Lehmwand-Restaurant. ❶
Villa Susantha, Resort Rd., ☎ 034-2275324, 📠 2275590, ✉ susanthas@sltnet.lk, 🖥 www.hotelsusanthas.com. In Bahnhofsnähe; beliebtes Gästehaus mit 16 sauberen, hübschen Zi, gruppiert um einen Innenhofgarten und im Obergeschoss mit Balkon. ❷
Janu`s Paradise Rest & Restaurant, 664 Galle Rd., Induruwa, ☎ 034-2290021. Anlage mit 5 großen Balkon-Zi und nettem Halbrund als Restaurant-Terrasse; geführt von der Engländerin Mrs. Nicola. Durch den Garten geht es zum Strand. ❷

Hoffnung im Reich der Meeresschildkröten

Obwohl auf der Strecke zwischen Bentota und Ambalangoda gleich mehrere Schilder auf eine *Turtle Hatchery* weisen, ist **K. Chandrasiri Abrew** der mit Abstand beliebteste Anlaufpunkt. Das mag daran liegen, dass er mit seinem 1981 bei **Kosgoda** gegründeten **Sea Turtles Research Center**, 409 A Main Street, ✆ 091-2258667, 🖥 www.turtlehatcherykosgoda.com, die älteste Schildkröten-Brutstation Sri Lankas betreibt. Vielleicht aber auch daran, dass seine Liebe zu den weltweit vom Aussterben bedrohten Tieren echt wirkt – zum Beispiel wenn er die blinde „Danuta" aus dem Wasser zieht und sie zärtlich an sich schmiegt. Immerhin war die 30 kg schwere Schildkröte ja auch die einzige, die der 41-jährige nach dem Tsunami wieder finden konnte – erst 20 Tage später in einer Wasserlache. Noch am Morgen des Katastrophen-Tages hatte er damals 900 neue Eier vergraben...

Wer auf seiner Farm die heute wieder massenhaft herumpaddelnden Tiere beobachtet, vermag gar nicht zu glauben, dass von 1000 Schildkröten durchschnittlich nur eine einzige zur Geschlechtsreife gelangt. Das kann bis zu 30 Jahren dauern – und allein schon 50 Tage, bis der Nachwuchs aus den abgelegten Eiern schlüpft. In dieser Zeit lauert bereits der Mensch, der die Eier als Delikatesse mitunter schon direkt vom Muttertier in seinen Sammelkorb transferiert. Denn er ist – noch vor allen natürlichen Feinden wie Waranen, Raubvögeln oder Raubfischen – die mit Abstand größte Gefahr für Meeresschildkröten: durch die Überbauung der Strände mit immer mehr Hotels und sogar auch ganz weit draußen. Hunderttausende Schildkröten verenden jedes Jahr qualvoll in den kilometerlangen Schleppnetzen der exzessiven Fischfangindustrie. Anderen wiederum wird die zunehmende Verschmutzung zum Verhängnis, zum Beispiel mit Plastikmüll, den die Tiere nicht selten für Quallen halten.

In den Küstengewässern rund um die Insel leben mit **Leatherback**, **Hawksbill**, **Olive Ridley**, **Green Turtle** und **Loggerhead** insgesamt fünf der weltweit acht vorkommenden Meeresschildkrötenarten. Vier dieser fünf Arten tummeln sich – gemeinsam mit der an Land lebenden Stern-Schildkröte – ausschließlich zwischen den Breitengraden Sri Lankas. Obwohl sie seit den 1970er Jahren geschützt sind, haben die Schildpattfabriken sogar noch bis 1995 die Tiere lebend aus ihren Panzern geschnitten, um daraus Schmuckkästchen, Kämme oder Armbänder zu produzieren. Heute indes kaufen Brutstationen die tennisballgroßen Eier auf, die von den bis zu 2,5 m großen und 900 kg schweren Tieren nachts im warmen Sand verscharrt werden.

Die Schildkrötenfarmen werden mitunter heftig kritisiert. Zwar zahlen sie den Sammlern – Hauptbrutzeit ist zwischen Dezember und Februar – relativ hohe Prämien, um die wohlschmeckenden Eier vor Marktverkauf und Verzehr zu retten. Doch nach dem Schlüpfen dürften die Reptilien eigentlich nur wenige Tage in künstlichen Meerwasserbecken gehalten werden, um ihren natürlichen Instinkt für das Überleben im Indischen Ozean zu behalten. Zudem sollten sie auch nicht bei gleißender Sonne in Show-Aktionen ins Meer entlassen werden, nur um Touristen gute Schnappschüsse zu ermöglichen – und dafür die Tiere zur leichten Beute von Raubvögeln werden zu lassen.

Gewiss wäre es die idealere Lösung, den Schutz der Schildkröten lediglich den Spielkräften der Natur zu überlassen. Dennoch sind die Brutstationen Sri Lankas als Erfolgsgeschichte zu betrachten: Zum einen haben die Betreiber der Farmen in den letzten Jahren viel dazu gelernt und garantieren so manchen Arbeitsplatz, was in der Bevölkerung ja auch das Bewusstsein für den Naturschutz fördert. Und für die Besucher der Farmen gibt es nicht nur possierliche Erinnerungsfotos mit putzigen Panzertieren, sondern auch fundierten, oftmals nachhaltigen Naturkunde-Unterricht.

Insgesamt mehr Schildkröten gibt es sicherlich auch. „Es macht mich immer wieder aufs Neue glücklich, die Babys schlüpfen zu sehen", beteuert Chandrasiri, und er rechnet mit leuchtenden Augen gern vor, für wie viele Millionen Schildkröten er in den letzten 25 Jahren schon den Geburtshelfer gespielt hat.

Volker Klinkmüller

Palm Beach Inn & Sea Shells Cabanas, ✆ 034-2275352, ✉ palmbeachinn@slt.net.lk, 🖥 www.palmbeachinnandseashellcabanas.com. Seit 1977; schräg gegenüber Ayubowan und empfehlenswert, aber teilweise etwas teuer. 4 einfache, aber gepflegte Zi und 3 lauschige, doppelstöckige Cabanas, davon 2 mit AC und Warmwasser-Bad. ❷–❸

Große **Pauschal-Hotels**, als weitläufige Oasen meist direkt am Meer gelegen:
Induruwa Beach Resort, Induruwa, ✆ 0034-2275 445, ✉ inbeachr@slnet.lk. Vierstöckige Anlage mit 90 Zi, alle AC und Meeresblick. Ausgewogenes Preis-Leistungs-Verhältnis. ❺
Cinnamon Beach Bentota, ✆ 034-2275176-7, ✆ 2275179, 🖥 www.cinnamonhotels.com. 1970/71 erbaut und ein Geoffrey Bawa-Hotel, wirkt aber mit seinen 133 Zi nicht gerade wie ein Schmuckstück. Eingang mit dem Ambiente einer Räuberhöhle. ❻
Hotel Serendib, ✆ 034-2275248, ✆ 2275313, ✉ hotelserendib@sltnet.lk, 🖥 www.serendibleisure.com., 90 relativ kleine Zi. ❹–❺
Hotel Ceysands, ✆ 034-2275073, ✆ 2275395, ✉, 🖥 www.ceysands.com. Nur Boots-Pendelverkehr zu erreichen. 84 Zi, davon 20 als Superior, in spektakulärer Lage auf der Landzunge von Bentota. ❻
Club Bentota (ehemals Robinson Club), ✆ 034-2275167, ✆ 2275172, ✉ lavinia3@sltnet.lk, 🖥 www.clubbentota.com. Nur Boots-Pendelverkehr zu erreichen. Attraktives Resort mit 150 Zi, wunderschön auf der Landzunge von Bentota gelegen. Lockere Atmosphäre mit großartigen, nicht nur maritimen Sportmöglichkeiten. ❻
Aida Ayurveda & Holistic Health Resort, 12 A Mangala Mawatha und Ortsteil Indurawa, ✆ 034-2271137-39, ✆ 3471140, ✉ aida1@sltnet.lk, 🖥 www.aidaayurveda.com. Professionelles Ayurveda-Zentrum mit zwei Stützpunkten (s. S. 59) und Buchungen nur über Deutschland. Das Haupthaus liegt mit hübscher Architektur, Pavillons und 41 Zi direkt am Bentota-Fluss. Ein Tag mit Unterkunft, Vollverpflegung und Behandlung kostet um die 100–140 ¤. In Indurawa findet sich am Meer ein überaus stilvoller Ableger mit 10 Zi. Viele Formen und Farben künden von einem verspielten Designer-Resort. ❻

Taj Exotica, ✆ 034-2275650, ✆ 2275160, ✉ exotica@sri.lanka.net, 🖥 www.tajhotels.com. Zählt seit 1998 mit seinen 6 Etagen, 162 Zimmern (ab US$250) und der durchweg hübschen, großzügigen Ausgestaltung zu den schönsten großen Pauschalhotels. ❻

Exklusive Unterkünfte mit Privat- bzw. Villen-Charakter; jedoch kann man dort ja auch nur mal für ein romantisches Dinner vorbeischauen:
Ayubowan Hotel, 171 Galle Rd., ✆/✆ 034-2275913, ✉ rangamvj@sltnet.lk, 🖥 www.ayubowan.ch. Rund 700 m vom Taj Exotica; 4 stilvolle, unterschiedliche Zi in hübscher Gartenanlage mit Schwimmbad. Empfehlenswert, da günstig und paradiesisch. Familiär geführt von dem freundlichen Schweizer Walter Hubacher. Exzellente Küche. ❸
Shunyata Villa, 660 A Galle Rd., Induruwa, ✆ 034-2271944, ✉ shunyata@sltnet.lk, 🖥 www.shunyata-villa.com. Seit Ende 2004; kleines, stilvolles und intim geführtes Ayurveda-Resort (s. S. 59) an einem herrlichen Strand, geführt von dem freundlichen Ehepaar Maria und Jürgen Neurohr. 6 helle und geräumige Zi mit origineller Einrichtung und hübschen Außenbädern für 39–52 Rs; eine Woche Behandlung kostet 700–800 Rs. ❸–❹
Wunderbar Beach Club Hotel, ✆ 034-2275908, ✆ 2270369, ✉ wunderbar@sltnet.lk, 🖥 www.hotel-wunderbar.com. Beach Boy-Treffpunkt mit 14 Zi und Halbpension. ❸–❹
Club Villa, 138/15 Galle Rd., ✆ 034-2275312, ✆ 2287129, ✉ clubvilla@itmin.com, 🖥 www.club-villa.com. Seit 1978 und direkt neben The Villa; 15 unterschiedlich ausgestattete Zi in einer paradiesischen Gartenanlage mit altem Baumbestand und Schwimmbad. Geführt von der agilen, sympathischen Schweizerin Danny Hameed und ihrer Familie. US$80–200 inkl. Halbpension mit romantischem Kerzenlicht-Dinner. ❻
Lunuganga, Kontakt über den Luxusvillen-Anbieter *The Sun House* in Galle, ✆/✆ 2222624, ✉ sunhouse@sri.lanka.net, 🖥 www.thesunhouse.com und www.srilankainstyle.com. Etwa 20 Min. von Bentota landeinwärts über eine schlechte, kurvige Straße. 4 Suiten und 2 Studios in der einstigen Landresidenz von Geoffrey Bawa (s. S. 174). Eingebettet in einen

italienisch inspirierten Tropengarten. Kein Pool, aber See in der Nähe. Nur von Dezember bis April, da hier auf Einladung des *Lunuganga Trusts*, 🖥 www.geoffreybawa.com, auch Künstler residieren. ❻

Taprobana, 146/4 Galle Rd., ✆ 034-2275618, 🖥 www.taruvillas.com. 9 geschmackvoll dekorierte Zi in einem asiatisch gestylten Haus mit herrlichem Garten. Wird aufgrund von Design und Eleganz zu den besten Boutique-Resorts Sri Lankas gezählt. ❻

The Villa (Mohotti), 138/18 Galle Rd., ✆ 034-4287008, 📠 4287007, ✉ reservation@thevilla.eureka.lk, 🖥 www.villamohotti.com. Neben der Club Villa. Seit 1976; 14 Nobel-Zi ab US$300 in einem großen, hübschen Garten. Auch Geoffrey Bawa hat hier schon gewohnt. Vermietung nur sporadisch. ❻

Saman Villas, Aturuwella, ✆ 034-2275435, 📠 2275433, ✉ samanvil@sri.lanka.net, 🖥 www.samanvilla.com. Zählt als zauberhafte Oase zu den schönsten Resorts des Landes und thront mit 27 exklusiven, stilvollen Feudal-Bungalows (US$280), davon 4 mit eigenem Schwimmbad, auf einer Felsnase zwischen zwei endlosen Stränden. ❻

Ahungalla und Balapitiya

Das ungefähr 15 km südlich von Bentota liegende **Ahungalla** erfreut mit einem breiten, makellosen und besonders hellen Traumstrand als einer der schönsten Küstenabschnitte im Westen. Mancherorts wird der begleitende Palmengürtel sogar mehrere 100 m breit. Wind und Wellen können die Sandmassen mitunter in Bewegung versetzen, so dass Mündungen kleinerer Flüsse mit Buhnen geschützt werden müssen, um Überschwemmungen im Hinterland zu verhindern. Geprägt wird der Ort von dem legendären, weitläufigen **Hotel Triton**, das zu den berühmtesten Bawa-Hotels im Land gehört (s. S. 174).

Wenige Kilometer weiter südlich, wo der Eisenbahnstrang wegen der Lagunensümpfe weiter im Hinterland verläuft, liegt das Fischereizentrum **Balapitiya**. Von hier bieten sich reizvolle Bootstouren auf dem **Madu Ganga** an, der – malerisch durchsetzt mit 64 kleinen – in das Meer mündet.

Darauf hat sich zum Beispiel W. Jayantha De Silva mit seiner *Green Lagoon Maadoowa River Safari*, ✆ 091-2257638, spezialisiert. Er ist am südlichen Ende der Brücke zu finden und verfügt bereits über 28 Jahre Erfahrung. Am schönsten ist es nach Sonnenauf- oder vor Sonnenuntergang: Während der 90-minütigen, etwa 1500 Rs teuren Tour gibt es unter anderem Mangrovenwälder, bis zu 111 verschiedene Vogelarten oder auch mal Affen und Warane zu bestaunen.

Etwas weniger Natur, aber garantiert mehr Fauna gibt es für 200 Rs Eintritt im **Ahungalla Dream Park**, ✆ 091-2264788, ⏱ 7–10 Uhr, zu sehen. Dabei handelt es sich um einen recht gepflegten, weitläufigen Zoo mit allerlei Säugetieren, Großvögeln und einem lustig dressierten Papagei. Der angenehm schattige Park dient vor allem als lauschiger Turtelplatz für Liebespaare, aber auch dazu, ausländische Besucher anschließend in das angrenzende Schmuckgeschäft zu schleusen, das ebenfalls dem Bürgermeister gehört.

Übernachtung

Lotus Villa, 162/19 Wathuregama, Ahungalla, ✆ 091-2264082, 📠 2264083, ✉ ayulotus@sltnet.lk, 🖥 www.lotus-villa.com. Versteht sich mit 19 schlichten Zi eher als eine Art Krankenhaus. Mit 120 Angestellten und geführt von dem freundlichen, 64-jährigen Österreicher Peter Huber zählt es zu den renommiertesten Ayurveda-Zentren im Land (s. S. 59). Kuren nur ab zwei Wochen, bei Tagespreisen um 140–220 Rs. ❻

The Villa 432, 432 Galle Rd., Balapitiya, ✆/📠 091-2256902, ✉ mahin@dialogsl.net, 🖥 www.thevilla432.com. Seit Ende 2003; überaus angenehmes, stilvolles und familiär geführtes Designer-Resort mit 10 Komfort-Zi, alle mit Balkon und Meeresblick. ❻

Triton, Ahungalla, ✆ 091-2264041-4, 📠 2264046, ✉ ashmres@aitkenspence.lk, 🖥 www.aitkinspencehotels.com. Ein Geoffrey Bawa-Hotel; gehört mit 160 Zi zu den schönsten und besten der Westküste, zumal es nach dem Tsunami umfassend renoviert wurde. Spektakuläre Schwimmbad-Landschaft, üppiges Sport- und Unterhaltungsangebot, ausgedehnte Geschäftsarkaden. Schöner Strandabschnitt. ❻

Ambalangoda

Kaum zu glauben, dass sich so mancher Traveller gerade diesen Ort erwählt, um mal etwas Kleinstadt-Atmosphäre zu schnuppern. Denn das 25 km südlich von Bentota und 14 km vor Hikkaduwa liegende Ambalangoda – mit seinem relativ dicht besiedelten Hinterland der größte Ort zwischen Kalutara und Galle – wirkt eigentlich weniger einladend.

Außer dem Basar, einer schmucken Kirche aus der Holländer-Zeit und einem natürlichen, von Felsen geformten **Meeresschwimmbad** gibt es noch zwei interessante Ausflugsziele in der Umgebung: die **Mondsteinminen** bei **Mitiyagoda** und den 35 m langen, liegenden Buddha des 7 km vom Zentrum entfernten Tempels **Sailatalarama Vihara**.

Weiterhin findet sich hier eine der interessantesten kulturhistorischen Attraktionen an der Westküste: Seit Jahrhunderten schon ist Ambalangoda das Zentrum der **Maskenherstellung**, der **Puppenspielkunst** und des **Teufelstanzes**. Vor vielen Häusern hängen die bunten Holzgesichter zum Verkauf, einige Werkstätten lassen Besucher auch bei der Entstehung der kleinen Kunstwerke zuschauen.

Auf ausländische Besucher besonders spezialisiert hat sich das **Ariyapala Mask Museum**, 426 Patabendimulla, ✆ 091-2258373, tgl. 8–17 Uhr. Es wurde 1987 mit Hilfe des Auswärtigen Amtes, des Stuttgarter Linden-Museums und vor allem des Musems für Völkerkunde in Berlin gegründet, wie eine Holztafel am Eingang feierlich verkündet. Ursprünglich geht es auf Ariyapala Gurunnanse zurück, der 1899 als Spross der Handwerkerfamilie Wijesooriya geboren wurde, die schon seit Generationen das Metier der Maskenschnitzkunst ausgeübt hat. Erst im Alter von fast 100 Jahren legte er sein Werkzeug aus der Hand, um den Familienbetrieb endgültig seinen Söhnen zu überlassen. Diese wollen ebenfalls dafür sorgen, dass die Kunst – wahrscheinlich im Gegensatz zu der des Marionettenspiels – nicht aussterben wird. In der familieneigenen **Werkstatt** werden die Masken noch mit Naturfarben bemalt, während im Obergeschoss das Museum und ein üppig dekorierter **Verkaufsraum** zur Erkundung einladen.

Auf der gegenüberliegenden Straßenseite liegt die **Bandu Wijesuria Dance School**. Hin und wieder werden Maskentänze, deren Inhalt auf mythologischen Geschichten basieren, auch vor Publikum aufgeführt. Doch im Gegensatz zu diesen *Kolam* genannten Tänzen, lassen die Einheimischen ausländische Besucher bei den für diese Region typischen *Sanni Yakuma* kaum zuschauen. Denn diese dienen als exorzistisches Heilritual für Leiden, bei denen traditionelles Ayurveda oder westliche Medizin versagt haben. Während der Teufelstänze werden die **Dämonen** angelockt und nach bestimmten Riten besänftigt, um sich ihrer möglichst dauerhaft zu entledigen.

Faustgroße Mondsteine in Mitiyagoda

Zwischen Ambalangoda und Hikkaduwa liegt die weltweit größte Fundstelle für Mondsteine. Der rötlich-milchige Feldspat gilt als eher weiches Material (s. S. 380), lässt sich aber durch den entsprechenden Schliff ideal zu mondfarben schimmernden Schmuckstücken verarbeiten.

Im sumpfigen Niederungsland von Mitiyagoda wird der Mondstein aus bis zu 30 m Tiefe gefördert, und das mitunter sogar in faustgroßen Exemplaren. Die eingesessene Besitzerfamilie schürft hier schon seit Generationen und lässt auch gern einen Blick in die Werkstatt werfen. Hier kann man sich auch gleich mit entsprechenden Souvenirs eindecken, während die meisten Stücke nach Deutschland exportiert werden.

Übernachtung und Essen

Piya Nivasa, ✆ 034-2258146, 🖥 www.piyanivasa. de.vu. Zwischen Ambalangoda und Hikkaduwa und sehr empfehlenswert. Weißer Kolonialbau an der Straße; 6 einfache, aber günstige, saubere, helle Zi mit jeweils direkt angrenzenden Außenbädern. Familiär geführt von dem sympathischen Rohana (Roy) de Zoysa und seiner Frau Nisha. Frühstück 200 Rs, gutes Abendessen 300 Rs. Gut geführte, lohnende Ausflugstouren. ❶

Araliya Restaurant, 333 Galle Rd., ✆ 091-2258 906. Rund 200 m hinter dem Masken-Museum auf der rechten Seite. 2 kleine, aber recht angenehme Zi in einem modernistischen, bunten Glasbau. Viel wichtiger sind aber der günstige Verkauf leckerer Kuchen und Snacks für 10–

Kleiner Start vor langem Leben

30 Rs und das empfehlenswerte Restaurant im Obergeschoss: Fischgerichte 80–170 Rs, Hühnchen 140–250 Rs oder Spaghetti 130–200 Rs. Freundliches Personal.

Hikkaduwa

Die Frage, ob dieser populäre Küstenort eher ein tropisches Paradies oder einen touristischen Alptraum darstellt, darf jeder gern für sich selbst beantworten. Fakt ist, dass das etwa 100 km von Colombo und 15 km vor der historischen Hafenstadt Galle gelegene Hikkaduwa trotz seiner zahlreichen Probleme eine unglaubliche Anziehungskraft ausstrahlt. Einst als „Hippie-Duwa" verspottet, fungiert dieses Urlaubsziel heute noch immer als Treffpunkt einer multikulturellen Globetrotter-Szene, aber auch als solides, akzeptables Urlauberparadies für Pauschaltouristen. Beide Besuchergruppen dürften sich zumindest darüber einig sein, dass die den Ort durchschneidende Küstenstraße A 2 – mitsamt den auf ihr lebensgefährlich durch die Urlaubereinrichtungen rasenden Bussen – eigentlich nicht akzeptabel ist. Auch der teilweise etwas schmale und zuweilen verschmutzte Strand trifft nicht unbedingt jedermanns Geschmack.

Obwohl die Rucksack-Pioniere schon längst nach Mirissa, Tangalle oder zur Arugam Bay weitergezogen sind, besteht der größte Reiz des Küstenorts wahrscheinlich darin, dass er das einzige Strandziel Sri Lankas ist, an dem „etwas los ist". Geselliges Frisby, Kicken oder Volleyballspiel am Strand enden nicht selten in bis zum Morgengrauen dauernden, von Techno-Rythmen beschallten Strandparty. Und nach Jahrzehnten ungezügelten Wachstums reihen sich an der verkehrsreichen Durchgangsstraße auf einer Länge von über 3 km eine konzentrierte Vielfalt von Hotels, Gästehäusern, Restaurants, Kneipen, Geschäften, Maßschneidern und Service-Agenuren auf, die außer einem gewissen Charme auch für jeden Geldbeutel etwas zu bieten hat.

So zählt es zu den beliebtesten Beschäftigungen in Hikkaduwa, Straßen- und Strandlokale zu testen oder neue Szene-Spots ausfindig zu machen. Eine weitere willkommene Abwechslung bietet der sonntäglich oberhalb des Busbahnhofs veranstaltete **Markt**, wo das üppige Überangebot ebenfalls erfreulich auf die Preise drückt. Als verlockend erweisen sich zudem zwischen Mai und September, wenn Hikkaduwa in den Monsunschlaf verfällt, die vielerorts großzügigen Rabatte.

Umgebung von Hikkaduwa

Nicht weit von den Bretterbuden, Boutiquen und Batikläden des Zentrums kann man überraschend schnell in Gegenden gelangen, die noch nie mit dem Tourismus in Berührung gekommen zu sein scheinen. Am nördlichen Ortsrand beginnt ein malerisches Hinterland, das mit viel Natur, ursprünglichem Leben und ungeahnt idyllischen Unterkünften aufwarten kann. Wer zum Beispiel der Baddegama Road folgt, landet nach 2 km am beschaulichen **Hikkaduwa-See**, auf dem sich Bootstouren (s. Übernachtung) organisieren lassen.

Nur 500 m hinter der Busstation liegt der **Gangarama Maha Vihara**, wobei ein Abstecher zu dem etwa 3 km entfernten Dorf **Telwatta** mit seinem **Purana Totagama Raja Maha Vihara** lohnender erscheint. Hier lebte Anfang des 15. Jhs. Sri Ranula, der bekannteste Dichter der Insel. Die heutige Anlage wurde 1805 über historischen Trümmern errichtet, ein stimmungsvoller Komplex mit einem ansehnlichen Makara-Bogen und etlichen Statuen.

Im Süden ist Hikkaduwa mit den einst eigenständigen Nachbardörfern **Wewala** (gute Surfmöglichkeiten), **Narigama** und **Thiranagama** zusammengewachsen. Hier präsentiert sich der Strand mit erfreulich mehr Breite, während das Badevergnügen kaum noch durch Korallenriffe gestört wird. Dafür gibt es mitunter – wie überhaupt in dieser Region – quer zum Ufer abtreibende Unterströmungen, die jedes Jahr Todesopfer fordern.

Ebenfalls einen schönen Strand findet man in dem nur 2 km nördlich liegenden **Seenigama**, wo der Küste eine kleine Felsinsel mit dem hübschen, weißen Tempel **Seenigama Devale** vorgelagert ist. Weitere reizvolle Bademöglichkeiten eröffnen sich in **Pereliya** oder im 6 km nördlich gelegenen **Kawa**, wo es auch einige Unterkünfte gibt.

Übernachtung

Das Spektrum an Unterkünften ist enorm, wobei der geschäftige Norden – hier liegt auch der frühere Ortskern – von den größeren Pauschalhotels *Coral Sands*, *Blue Corals*, *Coral Reef*, *Coral*

Rock und Coral Seas geprägt wird, die bis zum Tsunami teilweise ziemlich verstaubt wirkten. Naturfreunde und Ruhesuchende sollten sich für eine Unterkunft im Hinterland entscheiden, Strandliebhaber für den Nachbarort **Dodanduwa** (s. u.). Trotzdem hier einige Empfehlungen für das Zentrum von Hikkaduwa:

Appollo, 412 Galle Rd., ✆/☏ 091-2275429, ✉ hotelappolo1@hotmail.com. Dreistöckiges, schmales Haus mit 15 Zi, davon 8 als AC, und schönen Bädern. Besitzer Athula hat 17 Jahre in Italien gelebt. Hier paddeln manchmal scharenweise Schildkröten in unmittelbarer Nähe des Ufers. ❶–❷

Blue Ocean Villa, 420 Galle Rd., ✆/☏ 091-2277 566, ✉ blueoceanvilla@web.de. 8 nette, gepflegte Zi auf schönem Strandgrundstück. Familiär, mit deutscher Beteiligung. ❷–❸

Blue Note, 424 Galle Rd., ✆/☏ 091-2277016, ✉ bluenote@eureka.lk, 🖳 www.eurekalk/blue note. Seit 1983; beliebte Traveller-Herberge in zwei parallel zueinander und quer zum Strand verlaufenden Reihen mit 9 Zi und kleinen Bädern. ❶–❷

Nippon Villa, 412 Galle Rd., ✆ 091-4383095, ☏ 4383149, ✉ wewala@sltnet.lk, 🖳 www.nipponvilla.com. Einladende, stilvolle Anlage mit 25 Zi, 2 Restaurants auf schönem Strandgrundstück; gediegener Ayurveda-Bereich. ❷–❸

Lanka Supercorals, 390 Galle Rd., ✆ 091-2277 387, ☏ 2383384, ✉ supercor@pan.lk, 🖳 www.supercorals.com. Seit 1979; Top-End-Hotel mit 100 Balkon-Zi (die Hälfte Meeresblick), zweitgrößtes Hotel am Ort. Zu empfehlen, da überraschend günstig. ❷–❹

Coral Gardens, Galle Rd., ✆ 091-2277023, ☏ 2277189, ✉ coral@keels.com, 🖳 www.John KeellsHotels.com. Seit 1980; größtes und bestes Hotel Hikkaduwas, mit seiner ansprechenden, unverwechselbaren Architektur (es scheint nur aus Ziegeldächern und Fenstern zu bestehen) ein Wahrzeichen; 154 Komfort-Zi und Landzungen-Park. ❹–❺

Ungefähr 200 m **nördlich** mit mehr Ruhe bzw 2–3 km **landeinwärts** mitten in der Natur:
Hotel Santis, 22 Waulagoda Cross Rd., ✆/☏ 091-2277042. 200 m landeinwärts in ruhiger Lage mit 19 großen, komfortablen Laubengang- und Balkon-Zi, davon 5 mit Küche. Schöne, große Bäder. Idyllischer Garten mit vielen blühenden Sträuchern. ❶–❷

New Hotel Bird Lake, ✆ 091-2277018, ✉ new birdlake@slt.net. Rund 2 km auf der Baddegama Rd. landeinwärts. Naturnah und fast direkt am See. 3 schöne, große helle Zi mit Seeblick und 2 im Haupthaus. 9 und 17 Uhr kostenloser Abhol-Service vom Ort. Einstündige Bootstrips 1000 Rs pro Person, Kanu-Trips 350 Rs, Fahrräder 100 Rs pro Tag. ❶–❷

Bird Lake, ✆ 091-4383440, 🖳 www.go-lanka.com. Etwa 3 km auf der Baddegama Rd. landeinwärts. Am Hang mit 6 großen und sauberen, aber etwas karg eingerichteten Zi. Offenes Restaurant mit Blick ins Grüne, gutem Essen und reichhaltigem Frühstück. Schlechte Zufahrt, aber Gratis-Abholung aus dem Ort. ❶–❷

Nature Resort, ✆ 091-4383006, ✉ nature@slt.lk, 🖳 www.natureresortsl.com. Ungefähr 2 km auf der Baddegama Rd. landeinwärts. Sehr schön am Hikkaduwa-See und eingebettet in Mangroven. 9 Zi am Ufer oder Berghang, davon 4 luxuriöser mit AC und TV. Bootsmiete für ca. 90-minütige Safari-Trips 3000 Rs. Kostenloser Transfer-Service zum Ort. ❷–❹

Lawrence Hill Paradise Hotel, 47 Waulagoda Middle Rd., ✆ 091-2277544, ☏ 4383299, ✉ ayur vedakururlaub@gmx.de, 🖳 www.ayurvedakur laub.de. 250 m landeinwärts und ruhig. Beliebtes Ayurveda-Resort (s. S. 59) mit 14 guten Zi und erstaunlich jungen Gästen. Großer Garten mit Schwimmbad. Unterkunft mit Kur rund 140 Rs pro Tag. ❻

Essen

Wegen ähnlicher Speisekarten scheinen die Restaurants oft identisch. Hier einige empfehlenswerte Ausnahmen.

Isira Coffee Shop, Waulagoda Rd., ✆ 091-2277 307. Sehr einfach, aber atmosphärisch und günstig. Rotis 30–80 Rs, frische Obstsäfte 50 Rs, Frühstück mit deutschem Kaffee 150 Rs.

Roti, 373 Galle Rd., ✆ 091-4921540. Beliebtes Traveller-Restaurant mit sagenhaft günstigen Snacks zu 15–95 Rs. Hervorragende Currys und Rotis mit Fisch, Huhn oder Käse.

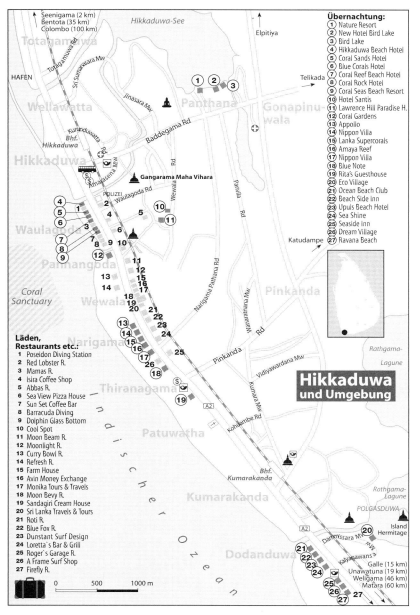

Cool Spot, 327 A Galle Rd. Seit 1972; ältestes Restaurant am Ort, in frischen Grüntönen gehalten und von der freundlichen Familie De Silva betrieben. Nur 3 Tische drinnen und 2 draußen auf einer szenischen Veranda. Beste Küche zu Preisen von meist nur 60–200 Rs.

Hikkaduwa – Sündenbabel des Tourismus

Es sind nicht nur Dynamitfischerei, Kalkproduktion, Erderwärmung oder Tsunami-Flutwellen, die den Korallenbänken von Hikkaduwa zugesetzt haben, sondern auch die Touristen. Denn die Unterwassergärten haben mit ihrer paradiesischen Schönheit dafür büßen müssen, dass sie den Küstenort so sehr bekannt gemacht haben. Der einst gedankenlose Tauchtourismus hat größere Wunden hinterlassen, doch auch die heute beliebten, harmlos wirkenden Glasbodenboote können – zum Beispiel, wenn sie überladen sind und/oder bei Ebbe an den Korallen entlang schrammen – die sensiblen Riffe schädigen. Und obwohl ihr Abbrechen verboten ist, finden sich die Kostbarkeiten zu Schmuck und Souvenirs verarbeitet in so manchem Geschäft.

Überhaupt steht Hikkaduwa für so manchen Sündenfall des Tourismus, wie auch das völlig unregulierte Wachstum der Urlauber-Einrichtungen zeigt, das sich nach der „natürlichen Bereinigung" durch den Tsunami in gleicher Weise fortgesetzt hat. Bereits mit den ersten Travellern hatten sich einst die Drogen eingeschlichen, so dass auch die einheimische Jugend in Versuchung geriet. Heute sind die Verkäufer von Haschisch oder Marihuana oft darauf spezialisiert, ihre Kundschaft bei der Polizei zu verpfeifen.

Wie Strandhändler, Schlangenbeschwörer, Wahrsager und selbsternannte, rastagelockte Gurus sind auch die Beach Boys (s. S. 70) von Hikkaduwa eine Plage, aber meist ungefährlich. Da sie zuweilen sogar beiderlei Geschlecht bedienen, ist der Ort auch ein zweifelhaftes Ziel schwuler Sex-Touristen. Inzwischen etwas strenger geahndet werden die leidigen Fälle von Kinderprostitution.

Sea View Pizza House, 297 Galle Rd., 091-2277014, 2977677. Seit 1991 mit gepflegter Atmosphäre und guter Speisekarte. Holzofen-Pizza klein um die 400 Rs, groß rund 450-500. Wirt Rohan hat sechs Jahre als Koch in Mailand gearbeitet.

Farm House, 341 Galle Rd., 091-2277082. Günstiger als die moderne Einrichtung und das gepflegte Ambiente vermuten lassen. Die meisten Gerichte bei 200–400 Rs.

Moon Bevy, 363 Galle Rd., 091-2264178. Zweistöckig und urgemütlich, ansprechende Dekoration, schummrige Beleuchtung und passende Musik. Die meisten Gerichte 200–400 Rs, der nette Wirt heißt Chadika.

Red Lobster, 287 Galle Rd., 077-904671. Seit 2003 und von den Schwestern Janaki und Rushpa geführt. Leckere, gebackene Krabben für 430 Rs, Lobster 230 Rs pro 100 g.

Mamas, 388 Galle Rd., 091-383198. Eines der ältesten Restaurants, geführt von H. W. Nelson Dias, der seine Speisekarte mit eigenen, hübschen Zeichnungen bebildert. Als Speziliät des Hauses gilt gebratenes Hühnchen mit Pommes und Salat für 950 Rs.

Refresh, 384 Galle Rd., 091-2277810. Mit 4 unterschiedlichen Räumlichkeiten und 350 Plätzen größtes Restaurant am Ort. Gemütliches Ambiente, aber gehobenes Preisniveau. Mixed Seafood im Körbchen (für 2 Personen) bei 3000 Rs.

Lorettas Bar & Grill, Galle Rd., 077-6734791. Seit 2004; Gerichte, die es woanders nicht gibt: Fisch mit deutschen Saucen, Gyros 260 Rs, Steaks 500–1000 Rs.

Sonstiges

EINKAUFEN – Das erste und einzige Einkaufszentrum heißt *Sandagiri Cream House & Colour Lab* und umfasst mit zwei Stockwerken Supermarkt, Schreibwaren-Handel, Apotheke, Fotolabor und modernes Internetcafé (Brennen von DVDs möglich, aber mit 250–800 Rs völlig überteuert).

Die nette Künstlerin Samantha verkauft in ihrer kleinen Boutique *Strange Beginning*, 382 A Galle Rd., originelle Gemälde und Töpferwaren.

Tauchen vor Hikkaduwa

Nicht wenige Hotels von Hikkaduwa schmücken sich mit dem Beinamen „Coral", was auf die vorgelagerten Korallenriffe hinweist, die den Ort einst bekannt gemacht haben. Im Lauf der letzten Jahrzehnte haben sie stark gelitten, doch hat der englische Zoologe Arthur Clarkes 1988 erwirken können, dass die Unterwassergärten als **Hikkaduwa Coral Sanctuary** unter Schutz gestellt wurden – und somit auch die 180 verschiedenen Korallenarten, die sie bevölkern. Die Vielfalt der Fische präsentiert sich nach wie vor berauschend, und mitunter lässt sich von den Gästehäusern oder Restaurants beobachten, wie selten gewordene **Meeresschildkröten** gleich scharenweise in Strandnähe herumpaddeln.

Tiefere Einblicke können die für Hikkaduwa typischen, als Armada in der Bucht dümpelnden **Glasbodenboote** (rund 500 Rs pro Person und Stunde) bieten, zumal das Wasser meist nur in 3–4 m Höhe über dem Riff steht. Kostengünstige Schnorchel-Ausrüstungen sind oft in den Unterkünften zu mieten. Die Taucher – ihre Hochsaison liegt hier zwischen November und April – bevorzugen heute weiter draußen liegende Riffe wie Gintota, Ralagala und Madagala oder die reichlich auf dem Meeresgrund schlummernden **Schiffswracks**. Pro Tauchgang werden meist US$20–25 verlangt, 10 Tage gibt es für rund US$200 und Open-Water-Kurse für US$200–240.

Hikkaduwa verfügt über die meisten **Tauchanbieter** Sri Lankas, von denen die folgenden zu den etabliertesten Unternehmen zählen:
Scuba Safari, Coral Gardens Hotel, ✆ 091-2277188, 🖥 www.underwatersafaris.org.
International Diving School, Coral Sands Hotel, ✆ 091-2276541.
Aqua Tours, Coral Reef Hotel, ✆ 091-2277197, 🖥 www.unawatunadiving.com.
Blue Deep Dive Center, ✆ 091-4383190, ✉ bluedeepdive@yahoo.co.uk.
Poseidon Diving Station, ✆ 091-2277294, 🖥 www.divingsrilanka.com.
Splash Dive Centre, Coral Rock Hotel, ✆ 077-7654478, ✉ wewala@slt.net.lk.
Dive Sites Lanka, ✆ 077-7275939, 🖥 www.justdiveit.net.

GELD – Am Restaurant *Farm House* gibt es mit ***Avin Money Exchange***, 341 A Galle Rd., ✆ 091-2277730, einen autorisierten, privaten Geldwechsler.

REISEBÜROS – Die sympathische Monika Shyamali vermittelt mit ihrer 2005 eröffneten Agentur ***Monika Tours & Travels***, 352 D Galle Rd., ✆ 091-2275566, ✆ 2275590, ✉ monikatours@sltnet.lk, relativ günstige Charter-Taxis.
Mr. Kingly Gunarathna von ***Sri Lanka Travels & Tours***, 371 Galle Rd., ✆ 091-9777354, ✉ kingslyperera@hotmail.com, bietet Touren und Mietfahrzeuge an.

SURFEN – Nach Arugam Bay und Midigama kann Hikkaduwa mit den besten Surfbedingungen aufwarten. Kurse, Ausrüstung (Surfboards und Bougie Boards ca. 500 Rs pro Tag) sowie Abstecher an die Ostküste bieten:

A Frame Surf Shop, Narigama, ✆ 091-5458132, 🖥 www.mambo.nu;
Dunstant Surf Design, Wewala, ✆ 091-2275061.

Transport

BUSSE – Die Busse nach COLOMBO kommen von Galle und kosten rund 135 Rs (ca. 2 1/2–3 Std.). Der lokale Bus nach GALLE kostet 15 Rs, der Intercity nach MATARA 75 Rs (2 Std.).
Die **Minibusse** halten/warten ebenfalls an der Busstation im Norden Hikkaduwas, können aber ggf. auch gechartert werden; zum Beispiel der Toyota von Mr. W. Wikramasigha, ✆ 091-2276 205, oder der Isuzu von Mr. L. S. Bandu, ✆ 077-3043836.

TAXIS – Charter-Taxis nach COLOMBO kosten rund US$45 und zum FLUGHAFEN US$50. Nach ARUGAM BAY US$150, KANDY US$100, BENTO-

TA und MATARA um die US$28 sowie GALLE US$15 – und als Rundtrip das Doppelte.
Three-Wheelers für eine halbtägige Rundfahrt kosten 800 Rs, der Transfer nach GALLE 450 Rs – und als Tagestour mit Rückfahrt 1500 Rs. Für die Strecke nach DODANDUWA muss mit 200–300 Rs gerechnet werden.

EISENBAHN – Hikkaduwa verfügt über einen eigenen Bahnhof, Abfahrtszeiten s. S. 207.

Dodanduwa

Mit einem faszinierenden, aber fast völlig unbeschatteten Sandstrand kann das insgesamt 4 km entlang der Küstenstraße verlaufende Dorf Dodanduwa aufwarten: Mit grobkörnigem, gelbem Sand eine perfekte Alternative für diejenigen, die mehr Ruhe, Abgeschiedenheit und Idylle suchen. Der Ort lockt auch mit seinem fotogenen Tempel **Kumarakanda Vihara**, zu dem eine lange Treppe hinaufführt. Mit seiner schneeweißen Fassade zwischen grünen Palmen erinnert er eigentlich mehr an eine Kirche.

Ebenfalls wie eine Barock-Kirche aus der Portugiesen-Zeit wirkt der über 200 Jahre alte **Gangaramaja Vihara**. In seinem Inneren thront ein eindrucksvoller Meditations-Buddha, um den ein bunt bemalter Wandelgang führt.

Die **Rathgama-Lagune** (Dodanduwa-See) erfreut als üppig begrüntes Gewässer im Osten der Galle Road. Hier werden Rundfahrten zur Beobachtung der reichhaltigen Fauna angeboten (z. B. vom *Eco Village*, 1 1/2 Std. für 1200 Rs). Diese können auch zur „Island Hermitage" (s. S. 64) auf einer kleinen Insel führen, die jedoch nur mit schriftlicher Genehmigung betreten werden darf. 1911 von dem deutschen Mönch Nyanatiloka (s. auch S. 325) gegründet, üben sich hier auch westliche Ausländer in Meditation.

Übernachtung und Essen

Fast alle Unterkünfte empfehlen sich hier durch ihre Ruhe, Begrünung und Umgebung.
Dream Village, 314 Galle Rd., ✆ 091-2267046, ✉ info@dreamvillage.de, 🖳 www.dreamvillage.de. Seit 1980 und älteste Anlage; empfehlenswert. 5 gepflegte günstige Zi und 5 Bungalows in großer, hübscher Gartenanlage. Reizvolles Restaurant auf Dachterrasse. Manager Ajith spricht etwas Deutsch. ❶
Beach Side Inn, ✆ 091-5451243. Traveller-Atmosphäre mit Garten und vielen Sitzgelegenheiten. 9 einfache, günstige Zi, davon 6 auf das Meer ausgerichtet. ❶
Seaside Inn, ✆ 091-2277413. 17 einfache Zi mit großen Bädern. Attraktiver Gemeinschaftsbalkon, aber Restaurant etwas öde. ❶ – ❷
Sea Shine, ✆ 091-2276327. 5 einfache Zi, Restaurant-Terrasse zum Meer. ❶
Upuls Beach Hotel, ✆ 091-2277105. 10 geräumige, aber einfache Zi, davon 2 als Bungalows. Geführt von einem älteren Ehepaar. ❶
Ravana Beach, ✆ 091-2267629, 📠 2267048, ✉ ravanabeach@slt.net, 🖳 www.ravanabeach.com. Seit 1984 und empfehlenswert; 8 hübsche Cabanas und schönes Restaurant. Tolle Begrünung, auch mit Mangroven, die zum Strand führen. ❷
Eco Village, Sri Saranajothi Mw., ✆ 091-2267350, 077-354755. 200 m vom Strand, von Mangroven umgeben und mit Garten romantisch an der Lagune. Sehr szenisch-stimmungsvoll und empfehlenswert. 6 Zi, davon eins als Pfahlbau und eins als Hausboot. 7 m langer Katamaran als Esstisch, hübsche Lehmbar und Aquarium-Galerie. ❷ – ❸
Ocean Beach Club, 102 Galle Rd., ✆/📠 091-2277366. Komfortabelste Unterkunft am Ort und fast schon ein Hotel. 16 nette Zi, davon 7 mit AC und Balkon. ❷ – ❸
Firefly, 364 Galle Rd., 6 km südlich von Hikkaduwa, ✆ 091-5452741, ✉ firefly@firefly-thepalms.com, 🖳 www.firefly-thepalms.com. Seit 2005 in einer Kolonial-Villa von 1880. Herrlich mit Innenhof-Teich, offener Küche und extrem stilvoll dekoriert. Geführt von den Amerikanern Veronica und Alex sowie Chefkoch Sisira. Hauptspeisen 900–1500 Rs.

Galle

Vom Schriftzug her für deutschsprachige Sri Lanka-Reisende etwas ungewöhnlich, da hierzulande ein Körperorgan bezeichnend, wird der Name der reizvollsten Stadt Sri Lankas als „Galle" oder auch oft Englisch „Gawl" ausgesprochen. Er wurde einst von dem singhalesischen Begriff *Gala* (Felsen) abgeleitet, den die europäischen Kolonialherren in *Gallo* (Hahn) ummünzten, worauf noch heute der kleine Hahn im Stadtwappen verweist.

115 km südlich von Colombo und 17 km von Hikkaduwa sowie 45 km westlich von Matara und nur etwa 4 km von dem beliebten Badeort Unawatuna entfernt, bildet der rund 130 000 Einwohner zählende Ort die Schnittstelle zwischen der Südwest- und der Südküste. Belebt wird die viertgrößte Stadt des Landes, die eine exotische Mischung aus asiatischer Gegenwart und kolonialeuropäischer Vergangenheit ist, von Muslimen, Buddhisten und Christen – darunter auch viele Burgher, wie der niederländische Sammelbegriff für die Einheimischen lautet, die weißhäutige Nachfahren der europäischen Kolonialvölker sind.

Galles legendärer Ruf als Touristenattraktion lebt vorwiegend vom Ambiente seiner erfreulich gut erhaltenen **Altstadt**, deren Ursprünge sogar bis in das 16. Jh. zurück reichen. Auf einem Landvorsprung gelegen, schützt sie wie eine geballte Faust die weit geschwungene Bucht, in der schon vor über 1000 Jahren Seefahrer aus Arabien und China ihre Waren umgeschlagen haben. Die Halbinsel ist von dicken Schutzwällen umringt, in deren Innerem sich die **Fort** genannte, 35 ha große Altstadt erstreckt.

Zwar gibt es noch sehr viel ältere Stätten auf der Insel, doch sind diese nicht mehr derartig belebt. Der authentische Alltag der Stadt, die Panorama-Blicke von ihren **Befestigungsanlagen** und die stets gegenwärtigen, kolonialen Reminiszenzen verbinden sich zu einem unwiderstehlichen Reiz, obwohl die Erwartungen – zum Beispiel im Vergleich zu homogenen, farbenfrohen und charmanten Hafenstädten des Mittelmeerraums – nicht überzogen werden sollten.

Die meisten Gebäude stammen vom Ende des 18. bis Mitte des 19. Jhs., und das feucht-heiße Tropenklima hat vielerorts an der historischen Bausubstanz genagt. Doch spätestens seit die UNESCO die Altstadt von Galle 1988 zum **Weltkulturerbe** erklärt hat, ist sie auf dem besten Weg, sich in ein stilvolles, gediegenes **Freilichtmuseum** zu verwandeln. Für die Sanierung gibt es strenge Bauauflagen der Behörden, nicht zuletzt notwendig geworden durch das außergewöhnlich starke Interesse ausländischer Investoren.

Denn seitdem Ausländern im Jahr 2002 durch eine Gesetzesänderung der Besitz von Grundstücken und Immobilien ermöglicht wurde, ist es zur Mode geworden, die leicht vergammelte, aber immerhin authentische Bausubstanz in schicke, gepflegte Kulissen zu verwandeln. Dagegen haben sich sogar schon Bürgerinitiativen formiert, denn die Bewohner des Forts fürchten, dass mit der Veredelung – wie sie sich allein schon in der Verwandlung des New Oriental Hotels zum Amangalla Resort widerspiegelt (s. S. 205, Kasten) – natürlich auch die Mieten steigen werden.

Nach dem Verlust des Hafens an Colombo Ende des 19. Jhs. präsentiert sich Galle heute als Provinzhauptstadt und Sitz zahlreicher Handels-Niederlassungen. Außer vom Tourismus lebt es vom **Fischfang** (vor allem Tuna) und dem Export von Tee, aber auch von der Zementproduktion. Von besonderer Bedeutung ist das traditionelle **Klöppelhandwerk**, das auf die Portugiesen zurückgeht. Mancherorts können Besucher noch die erstaunliche Fertigkeit beobachten, bei der zur Produktion von Spitzen die Textilfäden mit Verrenkungen der Finger paarweise verdreht und verkreuzt werden.

Das relativ geringe Angebot von Unterkünften und Restaurants erklärt sich daraus, dass die meisten Touristen in den benachbarten Badeorten Unawatuna und Hikkaduwa residieren. Umso eifriger scheinen sich die **Schlepper** ins Zeug zu legen, die hier besonders hartnäckig und kreativ Jagd auf Touristen machen: Mit allerlei Annäherungsversuchen und Schwindeleien versuchen sie, unbedarfte Besucher in bestimmte Unterkünfte zu lotsen oder zum Edelsteinkauf zu verführen.

Geschichte

Vielleicht ist Galle sogar der in der Bibel beschriebene, sagenumwobene Hafenplatz Tarsis gewesen, wo Gold, Juwelen und Gewürze für König Salomon verschifft wurden. Denn hier soll es schon vor fast 2000 Jahren einen Handelsplatz für Gold, Silber, Edelsteine, Elfenbein, Pfauen und Affen gegeben haben, an dem sich Griechen, Römer, Araber (sie nannten die Stadt „Kalahl"), Phönizier, Ägypter und Chinesen getummelt haben. Im 14. Jh. erwähnte der marokkanische Weltreisende Ibn Battuta den Ort in seinen Erzählungen als „kleine Stadt mit einem lebendigen Handelshafen".

Aus der Region der Malediven durch die Stürme der Monsunzeit abgetrieben, landete 1505 ein erster kleiner portugiesischer Schiffsverband in Galle. Unter dem Kommando von Don Lorenzo hatte er in Indien Segel gesetzt, um arabische Gewürzschiffe zu kapern. Die Portugiesen bezeichneten den Landstrich als *Punta de Galle* (später in das englisch-französische *Point de Galle* abgewandelt), zogen aber bald wieder ab. 1518 kehrten sie zurück, um 1578 eine Befestigungsanlage mit einem Wall und drei Bastionen zu errichten.

Über die portugiesische Epoche jedoch ist nur wenig überliefert, da die Holländer 1640 fast alle Dokumente und Hinterlassenschaften vernichteten, nachdem sie unter **Jacob de Coster** mit zwölf Fregatten und 2000 Mann die Festung von der Sun-Bastion her aufgerollt hatten. Damals als *Santa Cruz* bezeichnet, hatte sich das portugiesische Fort gerade mal vier Tage behaupten können.

Die Holländer machten Galle zum wichtigsten Stützpunkt und Hafen ihrer neuen Kolonie und bauten das Fort in den bis heute erhaltenen Dimensionen aus. Unter dem Kommando des als brutal geltenden, ab 1726 für drei Jahre regierenden Gouverneurs **Petrus Vuyst** wurden die Befestigungsanlagen erheblich erweitert: die gesamte Halbinsel wurde von miteinander verketteten, schwarzen Sklaven um mehrere Meter aufgeschüttet und mit mühsam herangeschleiften Granitblöcken befestigt, die zuvor teilweise als Schiffsballast gedient hatten, während im Inneren der militärischen Anlage eine beschauliche Stadt europäischen Zuschnitts heranwuchs.

Die Übergabe an den britischen Regiments-Kommandeur Macquarie erfolgte 1796 lediglich durch einen Vertrag und keinen einzigen Schuss Pulver (s. S. 92), was zu den wichtigsten Gründen für den guten Erhaltungsgrad von Galle zählen dürfte. Doch die neuen Herren ließen die Stadt letztendlich in die Provinzialität versinken, da sie sich mehr an dem zentral gelegenen Colombo orientierten, von dem das Hochland mit seinen ertragreichen Plantagen wesentlich leichter – und auch durch eine Eisenbahnlinie – zu erreichen war. Als die Engländer 1870 die Wellenbrecher für den Hafen von Colombo vollendet hatten, diente Galle nur noch bedingt als Hafen für Postdampfer zum Bunkern von Kohle und Trinkwasser. Daran erinnert auch der „Watering Point" am östlichen Ende der Bucht, von wo aus sich Sonnenuntergänge besonders romantisch erleben lassen. In der Nähe liegen der heilige Berg **Rumassala** und die Insel **Gibbet**: Sie soll von Geistern bevölkert sein – zumal sie ja auch einst als Exekutionsplatz benutzt wurde…

Orientierung und Besichtigung

Der Weg zum Fort führt über die Neustadt. Sie wird **Kaluwella** („Schwarze Stadt") genannt und zeigt

---

Besuch im Historical Mansion von Galle

Das mit Abstand interessanteste **Museum** von Galle, auch Historical Mansion oder Dutch Period Museum genannt, findet sich in der 31-39 Leyn Baan Street, ✆ 091-2234114, ⏰ tgl. 9–18 Uhr. Es wurde 1992 von dem Sammler **M. H. A. Gaffar** eröffnet und ist eine illustre Mischung aus Museum, Kuriositäten-Kabinett, Trödelbasar, historischer Kunstwerkstatt und Schmuck-Atelier.

Die Ausstellung ist das Ergebnis einer 40-jährigen Sammelleidenschaft und gleicht über weite Strecken einer illustren Rumpelkammer mit Fundstücken von der Wracksuche am Meeresgrund, antiken Möbeln, Schatztruhen, Schreibmaschinen, Küchenutensilien, Kunsthandwerk, Klöppelarbeiten, chinesischem Porzellan, holländischen Kacheln mit Windmühlen-Motiven, Schmuck, Brillen, Uhren, Laternen und Münzen sowie einem einsatzbereiten Grammophon aus den 1920er Jahren.

All das findet sich in einem der schönsten und ältesten Häuser von Galle, das von dem muslimischen Edelsteinhändler behutsam renoviert worden ist. So sind die 50 cm starken Außenmauern des 1860 errichteten Anwesens mit der originalen, besonders haltbaren Mixtur aus Ton und Korallenkalk saniert worden, die Holzverandan wurden nach holländischen Originalentwürfen instand gesetzt, und auch der Brunnen im Innenhof ist keineswegs ein Stück Disneyland, sondern ein wieder freigelegter historischer Zeitzeuge.

Das Personal verhält sich erfreulich unaufdringlich und verkauft Kleinodien mitunter auch recht günstig, zumal hier keinerlei Provisionen an Schlepper ausgeschüttet werden.

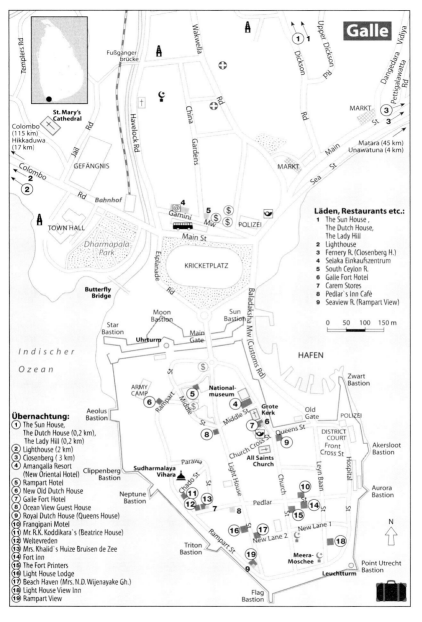

sich mit Bahnhof, Busstation, Postamt, Gefängnis, Krankenhaus, Schulen und dem Markt als eher gesichtsloser Teil von Galle. Auf einem Hügel im Hintergrund thront das portugiesisch geprägte **St. Xavier`s College**, benannt nach einem Heiligen des 16. Jhs, der hier auf seinen Missionsreisen verweilte.

Am Basarviertel der **Pettah** vorbei führt die Hauptstraße weiter in Richtung Matara. Ein auf eingeebneten Befestigungsanlagen angelegtes Kricketgelände und der **Dharmapala**-**Park** (früher Victoria Park) bilden den Übergang von der Neu- zur Altstadt. Man kann sie aber auch über die hölzerne, elegant geschwungene **Schmetterlings-Brücke** erreichen, die den ebenfalls noch aus holländischer Zeit stammenden Kanal **Parana Ela** überspannt.

Das erst von den Engländern in die Wallanlagen gebrochene **New Gate** führt in das Innere des Forts. Dieses sollte zuallererst mit einem Bummel

Die kleinen Geheimnisse der großen Festung von Galle

Eine Wanderung über die grasüberwachsenen Wälle des alten Forts ist ein unvergessliches Erlebnis und der Höhepunkt einer jeglichen Erkundung von Galle. Umschmeichelt von sanften Meeresbrisen und den salzigen Duft der unten schäumenden Flut in der Nase, geht es auf insgesamt rund 3 km zu den trotzig in das Meer hineinragenden Bastionen, während der Blick immer wieder über die Dächer und Fassaden der **Altstadt** schweift. Von besonderer Faszination sind die weiten Flächen aus gelbrötlichen, halbrunden Tonziegeln, immer wieder unterbrochen durch enge Gassen mit weiß getünchten, windschiefen Häuschen, die von den Holländern mit beschaulich begrünten Innenhöfen und einladenden Veranden errichtet worden sind. Dazwischen erheben sich die etwas größeren Handelshäuser, Moscheen, Kirchen und Tempel.

Der Bummel lässt sich besonders gut am Haupttor **New Gate** beginnen, von wo es rechts am **Clock Tower** von 1883 vorbei nur wenige Schritte zur Bastion **Moon** sind. Hier bietet sich ein toller Ausblick auf das sich aus einem Kreisel erhebende, pfeilartige Kriegerdenkmal und die Neustadt.

Den Weg im Uhrzeigersinn und zur parallel verlaufenden **Rampart Street** fortsetzend, lassen sich nacheinander die Bastionen **Star**, **Aeolus** (noch heute militärisch genutzt und mit einem vorgelagerten Grabmal für einen muslimischen Heiligen, dessen Leiche hier angeschwemmt worden war), **Clippenberg**, **Neptune** und **Triton** erreichen. Unterhalb Letzterer befand sich früher eine Windmühle, die Seewasser in die Stadt pumpte. Das Wasser wurde auf Ochsenkarren verladen und auf die Straßen gespritzt, um diese gegen Hitze und Staub feucht zu halten.

Die meisten Besucher und fliegenden Händler tummeln sich am **Flag Rock**, der imposantesten aller Bastionen. Von den Holländern einst *Vlagge-Klip* genannt, fungierte er tatsächlich als „Flaggen-Felsen". Denn von hier wurden die ankommenden Schiffe mit Signalen in den Hafen eingewiesen, zumal die Einfahrt aufgrund von Felsen, Korallenbänken und Untiefen nicht leicht zu bewerkstelligen war. Die Boote wurden sogar von einem Sicherheitsposten auf dem kleinen, vorgelagerten **Pidgeon Island** mit Musketenschüssen gewarnt, bis die Lotsen, meist ausgediente Seefahrer, hier mit ihrer Arbeit begonnen hatten. Im nahe gelegenen Wohnheim **Matreesen Point** lebend, durften sie die Stadt nie verlassen, damit sie nicht ungebetenen Besuchern den Weg weisen konnten.

Am Flag Rock erhob sich ab 1848 der erste Leuchtturm Asiens, der jedoch bei einem Luftangriff im Zweiten Weltkrieg zerbombt wurde. Im Boden weisen noch Metallschienen auf den Wendekreis eines ehemaligen Kanonengeschützes hin. Hier und auch auf anderen Bastionen sollen die Einheimischen die Luftaufklärung der Japaner getäuscht haben, indem sie Attrappen aus Palmenstämmen und Holzkisten arrangierten.

Die Bastion diente den Engländern ab 1850 auch als Startpunkt für **Brieftauben**, die mit über die Wallanlagen (s. Kasten) erkundet werden, die auch den Einheimischen als Promenade dienen und von Liebespaaren gern zu Schäferstündchen genutzt werden. Die Altstadt im Inneren ist mit einem rechtwinkeligen Straßennetz angelegt, in dem sich nicht nur – wie besonders in der Leyn Baan Street und der Church Street – die privaten Burgher-Häuser, sondern auch etliche Verwaltungsbauten, Museen und religiöse Stätten befinden.

Das **Government House**, in der britischen Ära „Queens House" genannt, diente den europäischen Kolonialherren als Regierungssitz und beherbergt heute ein Gästehaus mit Restaurant, während ein Steinwappen über dem Eingang noch an die ursprüngliche Bedeutung erinnert. Einen Besuch lohnt vor allem der Platz vor dem **Gerichtshof**, der mit acht mächtigen, aus Südamerika eingeschifften Regenbäumen begrünt ist. In ihrem Schatten und teilweise von Kletterpflanzen überwuchert, besonders eiliger, aus Europa eingetroffener Post nach Colombo flatterten und dafür mitunter nur 45 Minuten gebraucht haben sollen. Auch heute geht es hier noch luftig zu: Wenn sich Jugendliche als Touristenattraktion für US$1–2 offenbar halsbrecherisch in die Tiefe stürzen. Doch knapp an den gefährlichen Felsen und Flachwasserzonen vorbei steuern sie sich in ein 10 m tiefes Loch im Meeresboden, aus dem sie unverletzt wieder auftauchen.

Auf der Bastion **Utrecht** erhebt sich heute der Ende der 1930er Jahre errichtete Leuchtturm. 18 m hoch, ist er gelegentlich sogar zugänglich. Einen Steinwurf entfernt findet sich ein laut Inschrift 1782 errichtetes, verfallen wirkendes Gewölbe, das die Holländer als Pulvermagazin nutzten. Wer seinen Blick über das offene Meer schweifen lässt, vermag sich kaum vorzustellen, dass die Tsunami-Fluten Ende 2004 bis zur Wallkrone schwappten. Doch die stabilen Wälle verhinderten die Überflutung der Altstadt, so dass sich die Naturkatastrophe ihre Opfer vor allem an der belebten Busstation in der Neustadt von Galle holte.

Über die Bastion **Aurora** geht es nach **Akersloot**, auch *Sailor`s Point* genannt, 1759 errichtet und benannt nach dem Geburtsort des holländischen Kapitäns Jacob de Coster, der Galle einst den Portugiesen abgerungen hatte. Von hier gab es früher eine unterirdische Verbindung zur Bastion **Zwart**, wo sich heute eine Polizeistation befindet. Die letzten Überreste der 1580 von den Portugiesen angelegten Festung Santa Cruz lassen sich an dieser Stelle noch identifizieren. Der Name „Schwarz" weist auf den Ruß hin, den die portugiesischen Schmiede einst mit ihrem Handwerk erzeugt haben. Mit Blick auf das ehemalige New Oriental Hotel geht es zur letzten der insgesamt zwölf Bastionen, die Sun genannt wird. Nichts mehr zu sehen ist heute von den beiden Bastionen **Vismark** und **Commadement**, die es einst noch in diesem Winkel der Festungsanlage gab.

Das **Old Gate** war zwischen 1669 und 1873 die einzige Zufahrt zur Stadt und gibt mit seinem langen Tunnelgewölbe Aufschluss über die Stärke der Wallanlagen. Über dem Portal ist in der Innenseite das **Wappen** der Vereenigden Oost-Indischen Compagnie (VOC) zu sehen, mit der Jahreszahl 1669, zwei flankierenden Löwen und einem kleinen, unauffälligen Hahn darüber. An der Außenseite prangt das Wappen König Georgs III. von England (1760–1820).

Unsichtbar bleibt während des rund einstündigen Rundgangs das von den Holländern angelegte Abwassersystem. Das umfangreiche **Labyrinth der Kanäle** war so konzipiert, dass das Meer die Fäkalien bei Flut ausspülte. Wiederentdeckt wurde es erst 1922 anlässlich einer intensiven Rattenbekämpfung, um den Ausbruch einer Pestepidemie zu verhindern. Einst jedoch sollen die Holländer hier sogar Bisamratten unter der Erde gezüchtet haben, die zur Erzeugung wertvollen Öls ins Ausland exportiert wurden….

Volker Klinkmüller

überrascht ein vermeintlicher Schutt- und Müllplatz mit Stein- und Sandhaufen, Holzbalken, Fässern und rostigen Maschinen, Auto- und Lkw-Wracks. All das sind *corpus delicti*, die in den hier geführten Prozessen als Beweismittel dien(t)en.

Im Erdgeschoss eines früheren niederländischen Lagerhauses (Pakhus) an der Queens Street befindet sich das **National Maritime Museum**, eine hausbackene, teilweise etwas kitschig wirkende Ausstellung von Booten, Waren und anderen Aspekten des Seehandels sowie lebensgroßen Fiberglas-Modellen von Walen.

Noch weniger lohnend ist das **National Museum**, das neben dem ehemaligen New Oriental Hotel lediglich mit ein paar Masken und religiösen Exponaten aufwarten kann. Ein Besuch in **Historical Mansion** (s. S. 200, Kasten) indes sollte genauso wenig versäumt werden wie – etwa im Rahmen einer Cocktail-Stunde – die Erkundung einiger **Kolonial-Herbergen** (s. Kasten).

Als religiöses Bauwerk fällt vor allem die weiß getünchte, ungewöhnlich eckige **Meera-Moschee** ins Auge, die einst als Kathedrale errichtet worden war und heute das wichtigste Muslim-Viertel kennzeichnet. Größtes buddhistisches Heiligtum innerhalb des Forts ist der Tempel **Sudharmalaya Vihara** mit seiner weißen Dagoba im Innenhof. Er liegt in der Nähe der Bastion Neptune, wo die Portugiesen 1543 eine als Ausgangspunkt für Missionare genutzte Kirche errichtet hatten.

Neben der von den Engländern 1871 errichteten anglikanischen **Allerheiligen-Kirche** (All Saints Church) mit ihren Epitaphen aus der Kolonialzeit ist vor allem die in der gleichen Straße gelegene **Groote Kerk** (Große Kirche, auch Dutch Reformed Church) von Bedeutung. Der kreuzförmig angelegte, von zwei verschnörkelten Barockgiebeln gezierte Bau ist heute die älteste protestantische Kirche im Land. In den Jahren 1752–55 über die Ruinen eines portugiesischen Kapuziner-Klosters gesetzt, war sie von der Gattin des niederländischen Festungs-Kommandeurs Gasparus de Jong gestiftet worden, als ihr endlich der lang ersehnte Stammhalter geboren wurde.

Der Boden im Inneren ist mit den verwitternden **Grabsteinen** eines alten Friedhofs gepflastert. Meist findet sich hier jemand, dem sich etwas über die in dem Gemäuer ruhenden Gebeine entlocken lässt. Authentisch sind nicht nur die **Orgel** von 1760, sondern auch die imposante **Kanzel** aus malaysischen Edelhölzern und der gegenüberliegende **Glockenturm**. Im Fort gibt es noch zwei kleinere Friedhöfe, doch werden die Toten heute nur noch auf dem außerhalb der Altstadt in der Nähe des Marktes liegenden **Kerkhof** bestattet. Dort geht es durch ein Tor mit der Inschrift „Memento Mori" und der Jahreszahl 1786 zu einem Gräberfeld mit kunstvoll dargestellten Erinnerungen an holländische Kolonialbeamte und Offiziere.

Übernachtung

Im Bereich der Stadt wird fast nur in Altbauten übernachtet. Da die meisten Hotels von besonderem Reiz und ziemlich teuer sind, stellen sie oft eine eigene Touristenattraktion dar (s. Kasten). Nach dem Tsunami haben die NGO-Hilfskräfte auch die Preise der einfacheren Unterkünfte erheblich anziehen lassen, obwohl sich durchaus noch günstige Traveller-Quartiere finden. Wer mit einem Three-Wheeler anreist, kann ggf. mit einem „leider schon voll" abgewiesen werden, da sich einige Gästehäuser die leidig-lästigen Schlepper-Diskussionen ersparen wollen.

UNTERE PREISKLASSE – *Light House Lodge*, 62 B Light House St., 091-5450514, umay anga@eureka.lk, www.geocities.com/eua galle. Eines der ältesten Gästehäuser mit 7 kleinen, einfachen, leicht schmuddeligen und zumeist fensterlosen, aber ausgesprochen günstigen Zi. Flure meist nur körperbreit, dafür aber Internet-Möglichkeit im Haus. ❶
Mr. R. K. Koddikara`s (Beatrice House), 29 Rampart St., 091-2222351, kodi.galle@lanka.com.lk. Seit 1980, freundlicher Familienbetrieb. Historisches Schmuckstück mit grandioser Fassade, doch dahinter verbergen sich 5 etwas schäbig wirkende, günstige Zi, davon 3 im Obergeschoss. Das Mobiliar ist spärlich, umfasst aber sogar einige Zwei-Meter-Betten. Großer Vorgarten und reizvolle Lage am Wall. ❶
Rampart View, 37 Rampart St., 091-4380566, rampartview@hotmail.com, www.rampart view.wow.lk. 4 schöne, saubere und freundliche Zi, alle mit Balkon und 3 mit AC (das schönste ist Nr. 3). Hoher Aufschlag bei AC-Nutzung. Besitzer

Nobel-Nostalgie: auf Hotel-Exkursion in Galle

Urlaub hinter schwedischen Gardinen – das soll vielleicht schon bald auf spektakuläre Weise in Galle möglich werden und bezeichnet den exzessiven Trend, die historischen Gemäuer der Stadt in Stätten für den Tourismus zu verwandeln. Denn das mit seinem Wassergraben filmreif aus dem 17. Jh. stammende Gefängnis soll sich alsbald in ein Szene-Hotel verwandeln: Bei der Ankunft sollen die Gäste in typische Häftlingskleidung schlüpfen, während die kargen Hotelzimmer ihren „natürlichen Charme" als Knastzellen weitestgehend beibehalten sollen. Im Gegensatz zu den früheren Insassen werden die Touristen allerdings Schlüssel ausgehändigt bekommen, so dass sie ihre Behausung jederzeit wieder verlassen können…

Weitere Kolonial-Hotels in Galle warten mit eher ziviler Atmosphäre auf. Wie etwa das **Amangalla Resort** (Aman ist aus dem Sanskrit und bedeutet: Frieden), immer noch unter seinem alten Namen New Oriental Hotel bekannt. 1684 als Verwaltungzentrum für holländische Beamte und Offiziere erbaut und 1863 in Sri Lankas ältestes Kolonialhotel verwandelt, strahlt es trotz seiner nachhaltigen Luxus-Sanierung noch heute eine Menge viktorianischen Charme aus. Die billigsten Zimmer liegen in der Nebensaison bei US$400, das Gartenhaus in der Hochsaion bei US$1500 pro Nacht.

Ebenfalls mit einer nobel-nostalgischen Atmosphäre kann das Ende 2004 in der Altstadt eröffnete **Galle Fort Hotel** aufwarten. Das von einer Bank, einem Internat und später von einer Druckfirma genutzte **The Printers House** ist 2005 in ein durchdesigntes Boutique-Resort verwandelt worden.

Zu einer ganz neuen Generation von Nostalgie-Unterkünften indes zählt das **Thambili House**. Amerikanische Investoren haben es komplett ausgehöhlt und so wieder aufgebaut, wie sie sich durch ihre romantischen Vorstellungen von Galle inspiriert fühlten – was eine Tagesmiete von US$500 einbringen soll.

Als ebenfalls besonders gediegen, aber zutiefst historisch präsentieren sich zwei Luxusvillen auf einem außerhalb des Forts liegenden Hügel. Sie stehen sich gegenüber und präsentieren sich als gelungene Mischung aus Geschichtsbewusstsein und modernem asiatischen Ambiente, zu der auch dekorativ in Szene gesetzte Oldtimer gehören. Das von einem Admiral 1712 errichtete **Dutch House Doornberg** fungiert seit seiner Renovierung 2002 genauso als feudales Boutique-Hotel wie das idyllische **The Sun House** – beide im Besitz eines Briten aus Hongkong und an betuchte Gäste zu vermieten. Es war 1860 von einem schottischen Gewürzhändler errichtet worden und bietet sich durchaus auch nur für einen snobistischen Besuch des Restaurants an, wo die Mahlzeiten regelrecht zelebriert werden.

Es eröffnen sich jedoch Möglichkeiten, in noch nicht luxussanierten Kolonialunterkünften abzusteigen. Dafür bieten sich mehrere Gästehäuser wie das **Ocean View Guesthouse**, **New Old Dutch House**, **Royal Dutch House** oder das **Hotel Weltevreden** mit günstigen Preisen und unterschiedlichen Graden der Authentizität an.

Ebenfalls noch seiner Veredelung harrt das **Hotel Closenberg**. 3 km vom Fort und an der Ostseite des Hafens auf einem Palmenhügel gelegen, erfreut es vor allem mit seinem reichlich angestaubt wirkenden, historischen Parterre-Hauptbau, dessen geräumige Zimmer mit antikem Teakmobiliar und einer großen Gemeinschaftsveranda mit kolonialen Sitzgarnituren ausgestattet sind. 1860 an der Stelle des kleinen Holländer-Forts Klossenburg errichtet, hatte es Eigentümer und Hafenkapitän Francis Bailey einst zu Ehren seiner Frau „Villa Marina" genannt.

Nur als Neubau von 1997, aber als Imitation einer Festung und mit stilvollen Reminiszenzen an die holländische Kolonialzeit präsentiert sich das 3 km westlich des Forts gelegene **Lighthouse**. Das zimtfarbene, auf einem Felsen direkt am Meer thronende Hotel, eines der schönsten Sri Lankas, gehört zu den wertvollen Hinterlassenschaften von Architekt Geoffrey Bawa. Eine Sehenswürdigkeit besteht in dem imposanten, Treppengeländer, das mit Metallskulpturen die Invasion der Portugiesen darstellt.

Volker Klinkmüller

Mr. Rauf ist hilfsbereit und sprachgewandt. Three-Wheelers unerwünscht. ❶–❷

Mrs. Khalid`s Huize Bruisen de Zee, 102 Pedlar St., ✆ 091-2234907, ✉ khalid@dialogsl.net. 5 große, einfache, aber gut möblierte Holzboden-Zi mit Warmwasser-Bad, davon 2 mit Meeresblick und 1 mit großem Balkon. Grandioses, nostalgisches Foyer – mit alten Torbögen, Treppen und den Original-Ventilatoren. Die Küche von Mrs. Shakira Khalid sollte gekostet werden. Three-Wheelers unerwünscht. ❶–❷

Fort Inn, 31 Pedlar St., ✆ 091-2248094, ✉ rasikafortinn@yahoo.com. Seit 2004; 3 kleine, aber gepflegte Zi und gute Bäder. Gemeinschafts-Balkon im 1. Stock mit schönem Blick auf die Gasse. Geführt von dem freundlichen Besitzer Rasika. ❶–❷

Weltevreden, 104 Pedlar St., ✆ 091-2222650, ✉ piyasen2@sltnet.lk, 🖥 hotelweltevreden.com. Rund 200 Jahre altes Anwesen, auf dem sich 7 leider nur schäbig möblierte Zi mit Säulengang um einen gestreckten, romantischen Innenhofgarten gruppieren. Familiäre Atmosphäre, oft gelobtes Essen und Internetzugang. ❶–❷

Beach Haven (Mrs. N. D. Wijenayake Guest House), 65 Lighthouse St., ✆/✆ 091-2234663, ✉ 65beachhaven@sltnet.lk. Seit 1968; älteste, größte und wohl auch beliebteste Traveller-Unterkunft. 10 Zi, davon 2 mit AC und im Obergeschoss durch einen Balkon-Flur verbunden. Geführt von der agilen 74-jährigen Mrs. N. D. Wijenayake und ihrer Tochter Shiromani. Oft gelobtes Essen. Keine Three-Wheeler. ❶–❸

Royal Dutch House (Queen´s House), 15 Queen`s Street, ✆ 091-2247160, ✉ kengngsa@sltnet.lk. 6 geräumige Zi im verschlafenen, früheren Wohnhaus des holländischen Gouverneurs. Edelholzböden und viel Schmiedeeisen vermitteln authentisches Kolonial-Flair. Restaurant mit gutem Essen. ❷

Ocean View Guest House, 80 Light House St., ✆ 091-2242717, ✆ 2242716, ✉ jeweigem@sltnet.lk, 🖥 www.oceanviewlk.com. Empfehlenswert, da das beste Preis-Leistungs-Verhältnis im Fort. Altes Haus mit 6 gut möblierten Zi, davon 4 AC. Hauptattraktion ist der lauschige Dachgarten mit Panoramablick auf das Meer und die Meera-Moschee. Geführt von der freundlichen Mrs. Yesreen. ❷–❸

New Old Dutch House, 21 Middle St., ✆ 091-2232987, ✆ 4384920, ✉ southlink@sltnet.lk. 6 schöne, saubere Zi mit Holzfußböden, davon 2 mit AC und Minibar, einige aber auch mit Gemeinschaftsbad. Lauschiger Innenhof und kleiner Garten. ❷–❸

Light House View Inn, 87 Leyn Baan St., ✆ 091-2232056. Recht gut und szenisch gelegen direkt gegenüber dem Leuchtturm, aber überteuert. 3 einfache, gepflegte Zi. Gemeinschafts-Balkon und mehrere gemütliche Sitzecken. Geführt von der netten Mrs. Fatima. ❷–❸

Frangipani Motel, 35 Pedlar St., ✆ 091-2242287, ✉ frangipani2max@yahoo.com. Eröffnung für Mai 2006 geplant. 4 Zi, davon 1 als AC. ❷–❸

Rampart Hotel, 37 Rampart St., ✆ 091-4380103, ✆ 2242794, ✉ mahindau@slt.net.lk, 🖥 ranjankariyawasam@hotmail.com. 5 gute, saubere und große Zi mit Meeresblick. ❸

GEHOBENE PREISKLASSE – ***The Lady Hill***,
29 Upper Dickson Rd., ✆ 091-2244322, ✆ 223 4853, ✉ ladyhill@sltnet.lk, 🖥 www.ladyhillsl.com. Höchst gelegene Unterkunft Galles in einem Haus aus dem 19. Jh. 4 akzeptable Komfort-Zi, davon die größeren Eck-Zi besonders empfehlenswert. Sogar vom kleinen Schwimmbad eröffnet sich eine hübsche Aussicht. ❹–❺

Closenberg, Matara Rd., Magalle, ✆ 091-2224313, ✆ 2232241, ✉ closenberghtl@sltnet.lk, 🖥 www.closenberghotel.com. Rund 3 km östlich des Forts, 20 Zi, davon 16 mit AC und 4 im Altbau-Flügel. Nach drastischen Preiserhöhungen nur noch ab US$130. Als langjähriger, sympathischer Manager fungiert Mr. Udith. ❻

The Fort Printers, 39 Pedlar St., ✆ 091-2247977, ✆ 2247976, ✉ theprinters@sltnet.lk, 🖥 www.thefortprinters.com. 5 Suiten für US$150–250 mit urgemütlichem Interieur und faszinierendem Umfeld sowie einem länglichen Schwimmbad im Innenhof. ❻

Galle Fort Hotel, 28 Church St., ✆ 091-2232870, ✆ 2232939, ✉ karlsteinberg@galleforthotel.com, 🖥 www.galleforthotel.com. Nobel-nostalgisches Boutique-Resort mit 13 Zi zu US$150–200 und 4 exlusive Villen zu US$300. ❻

The Sun House & The Dutch House, 18 Upper Dickson Rd., ✆ 091-2222624, ✉ sunhouse@sri.lanka.net, 🖥 www.thesunhouse.com. Zwei

Kolonialvillen mit rund einem Dutzend exklusiver Zi und Suiten für US$200–350. Alle sind ganz unterschiedlich möbliert. ⑥

Lighthouse, Galle Rd., Dadella, ☎ 091-2223744, ✆ 2224021, ✉ lighthouse@lighthouse.lk, 🖥 www.jetwinghotels.net. Etwa 3 km westlich des Forts; empfehlenswertes, durchdesigntes Fünf-Sterne-Hotel mit 60 Zi für US$250–500 und 3 Themen-Suiten für US$420–630. Alle erdenklichen Annehmlichkeiten und exklusives Ayurveda-Spa. Hervorragendes Ausflugsprogramm mit Natur-Touren. ⑥

Amangalla Resort (ehemals New Oriental Hotel), 10 Church St., ☎ 091-22333883, ✆ 223 3355, ✉ amangalla@amanresorts.com. Dreistöckiges Nobel-Hotel mit 31 Zi, davon 8 als Suiten, und einer Villa für US$400–1500; hübscher Garten, 21 m langes Schwimmbad und exklusives Spa unter altem Baumbestand. ⑥

Essen

Die meisten Lokale von Galle schließen relativ früh, während sich die Nostalgie-Restaurants ihr historisches Ambiente teilweise unverschämt teuer bezahlen lassen. Die günstigste und oft durchaus auch beste Kost findet sich in einigen der einfachen Traveller-Herbergen, wofür externe Gäste allerdings vorbuchen sollten.

Pedlar`s Inn Cafè, 92 Pedlar St., ☎ 091-5458877, ✉ azeezlankabellnet.com, ⓘ 8–18.30 Uhr. Anfang 2005 eröffnet von dem sympathischen, jungen Abdul Azeez und empfehlenswert, da preiswert, gemütlich und in seiner Form bisher noch einzigartig. Gute Sandwiches 120–220 Rs, leckere Desserts 120–160 Rs, Softdrinks 120 Rs und mundende Kaffee-Kreationen aus der Maschine für um die 120 Rs.

Seaview Restaurant, im Rampart Hotel (s. o.). Schön und mit fast 200 luftigen, hellen Plätzen größtes Restaurant von Galle. Doch nicht unbedingt preiswert: Currys 220–480 Rs, Sandwiches 400–600 Rs, Chief`s Salat etwa 500 Rs und Mixed Fried Rice sogar fast 700 Rs.

The Lady Hill (s. o.). Dachrestaurant im 5. Stock mit schöner Aussicht. Reis- und Nudelgerichte 200–450 Rs, Firework Prawns als Spezialität des Hauses mit Knoblauch-Butter-Sauce und gewickelt in Speck rund 900 Rs, Hunters Special Mixed Grill 950 Rs.

Galle Fort Hotel (s. o.). Beliebter Treffpunkt von Ausländern mit wunderschönem Ambiente, aber auch ziemlich hohen Preisen. Snacks wie Sandwich mit Pommes um die 600 Rs. Alkoholfreie Getränke um die 100 Rs, aber alle Cocktails – darunter der „The Galle Fort" mit Vodka, Malibu, Baileys, Grenadine und Ananas-Saft – etwa 700 Rs.

Fernery Restaurant, im Closenberg (s. o.). Großzügiges, anachronistisch wirkendes Restaurant mit guter Küche. Currys ab 160 Rs, Knoblauch-Spinat 180 Rs, Lasagne 625 Rs, Mixed Grill 950 Rs

Zugfahrplan

Zug Nr.	97	59	57	349	85*	39**	51
Galle	5.35	6.45	7.40	9.25	10.40	14.45	16.05
Hikkaduwa	5.59	7.07	8.02	10.06	11.02	15.07	16.26
Aluthgama	6.40	7.50	8.45	11.28	11.48	16.00	17.10
Kalutara Süd	7.06	8.18	9.11	12.11	12.20	16.29	17.38
Colombo-Fort	8.15	9.15	10.13	13.39	13.17	17.30	18.50

* fährt weiter nach Anuradhapura-Vavuniya
** fährt weiter nach Kandy

Zug Nr.	713	714	726	50	40	86	752	56	58
Galle	5.30	7.30	9.20	10.20	11.45	13.25	14.30	17.10	18.35
Weligama	6.25	8.24	10.20	11.00	12.24	14.06	15.29	18.05	19.09
Matara	7.01	8.49	10.45	11.20	12.45	14.25	15.54	18.30	19.25

und *Fisherman`s Basket* 1150 Rs, aber heißer Tee nur 125 Rs.
Lighthouse (s. S. 206). Restaurant mit herrlicher Außenterrasse und hervorragender Speisekarte. Zur Spezialität des Hauses zählt das einsame, romantische Kerzenlicht-Dinner zwischen den Felsen am Meer (ab US$100 pro Person) oder im hoteleigenen Spa (ab US$350 für zwei Personen).
The Sun House & The Dutch House, (s. S. 206) 18 Upper Dickson Rd., 091-2222624, sun house@sri.lanka.net, www.thesunhouse.com. Exklusives Restaurant mit Salon-Atmosphäre. Das abendliche, stets kreativ arrangierte Menü ist festgelegt, muss vorbestellt werden (externe Gäste vor 14 Uhr) und kostet US$30–40 pro Person.
South Ceylon Restaurant, 6 Gamini Mw. Liegt in der Neustadt an der Nordseite der Busstation. Einfache, aber freundliche Atmosphäre mit chinesischer Küche. Preiswert wie auch die Bäckereien, Eisdielen und Restaurants, die sich hier noch in der Umgebung finden.

Sonstiges

EINKAUFEN – Das größte Einkaufszentrum heißt ***Selaka Shopping Complex*** und liegt mit vielfältigen Geschäften (wie dem ***Vijitha Yapa Bookshop***) und Service-Betrieben an der Nordseite der Busstation. Zum Souvenirkauf empfiehlt sich besonders das ***Historical Mansion*** (s. S 200 Kasten) im Fort. Im Fort findet sich der herrlich bunte Kiosk ***Careem Stores*** auf der Ecke Pedlar St. und Parawa St., geführt von der jungen, freundlichen Shyanen Careem und ihrem Bruder Shihan.

GELD – Die Banken konzentrieren sich vor allem in der Neustadt an der Kreuzung Gamini Mw. und H. W. Amarasuriya Mw., doch gibt es auch einige kleine Niederlassungen im Fort, z. B. an der Middle St.

INTERNET – Im ***Selaka Shopping Complex*** (s. o.), aber auch in einigen einfachen Gästehäusern im Fort.

Transport

BUSSE – Der chaotische Busbahnhof liegt direkt an der Küstenstraße A 2 in der Neustadt. Die Strecke zwischen COLOMBO und Galle (etwa 2 1/2–3 Std.) ist die meist befahrene Sri Lankas, so dass in Richtung Westen quasi alle 15 Min. ein Bus oder Minibus startet.
Tickets mit klimatisierten CTB-Bussen liegen bei 130 Rs, in der Semi-Variante bei 90 Rs und in der einfachsten Klasse bei 65 Rs. Zu beachten ist, dass Intercity-Busse gern durchfahren und nicht unbedingt in Hikkaduwa, Beruwela oder Bentota halten. Wer von hier in das Hochland möchte, sollte über Colombo fahren.
Häufige Verbindungen gibt es in Richtung Osten über Weligama und Mirissa nach MATARA (etwa 1 Std.), wo ggf. nach Tangalla oder Tissamaharama umgestiegen werden muss. Da die meisten Busse dorthin schon in Colombo starten und Galle nur als Haltepunkt ansteuern, gibt es mitunter keine freien Plätze.

TAXIS – Wagen nach COLOMBO bzw. zum Flughafen lassen sich für US$40–50 chartern, nach MATARA für ca. US$20.
Three-Wheeler nach UNAWATUNA kosten 200–300 Rs, nach HIKKADUWA 500–700 Rs. Die Strecke von der Neustadt ins Fort liegt bei 100 Rs.

EISENBAHN – Galle ist auf dem Schienenweg hervorragend an Colombo und die dazwischen liegenden Küstenorte angebunden. Auch zum östlich gelegenen Matara verkehren täglich zahlreiche Züge, darunter auch einige Bummelzüge. Der Kopfbahnhof von Galle liegt nur rund 100 m entfernt vom Busbahnhof an der Hauptstraße.
(Zugfahrplan s. S. 207, Kasten).

Der tiefe Süden

Unawatuna – Badefreuden in einer schönen Bucht   S. 212
Weligama – Show-Time für Stelzenfischer   S. 219
Mirissa – malerischer Traveller-Treffpunkt   S. 223
Tangalle – herrliche Strände ohne Ende   S. 234
Bundula-Nationalpark – paradiesischer Platz für Tiere   S. 239
Nationalpark Yala West – Naturschutzgebiet der Superlative   S. 244
Kataragama – die heiligste Stadt Sri Lankas   S. 246

Östlich von Galle beginnt nicht nur die Südküste, sondern auch die für viele schönste und interessanteste Region Sri Lankas. Tatsächlich wohnt diesem noch weitgehend beschaulichen Landesteil ein ganz besonderer Zauber inne. Denn die Reiseroute entlang der Küste bis in den Osten vermittelt einen erlebnisreichen, faszinierenden Querschnitt von dem, was diese tropische Insel an ultimativen Badefreuden, spektakulären Naturwundern und reichhaltigem Kulturgut zu bieten hat. Je weiter es auf der **Küstenstraße A 2**, die unterwegs von der Galle Road zur Matara Road mutiert, voran geht, desto kleiner und ruhiger werden die Ortschaften, während die Strände immer länger, schöner und einsamer werden.

Scheint die rund 2 km lange, an Südsee-Gefilde erinnernde Bucht von **Unawatuna** bereits vom Pauschal-Tourismus erobert, ist weiter östlich noch das seit Jahrhunderten unveränderte Alltagsleben der Fischer zu beobachten. Überall lassen sich – bequem von der Hauptstraße oder über kleine Stichstraßen zum Meer zu erreichen – romantische, oft menschenleere Traumstrände entdecken. Hat eine Bucht zusätzliche Reize zu bieten, bleiben die Touristen hängen: In **Mirissa** wegen der herrlichen Landschaft, in **Midigama** wegen hervorragender Surfbedingungen, in **Weligama** wegen der legendären Stelzenfischer, in **Dikwella** wegen kultureller Sehenswürdigkeiten oder in **Tangalle** vielleicht sogar wegen des landesweit teuersten Strand-Hotels…

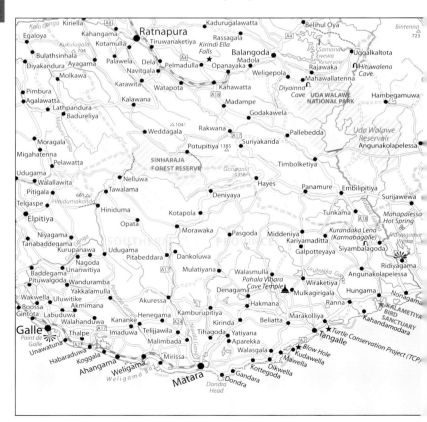

Insgesamt hat sich das Angebot an Unterkünften in letzter Zeit mit so erfreulichen Varianten vervielfacht, dass ein erholsamer Luxus-Urlaub genauso möglich ist wie aktiv gestaltete Sport-Ferien, klassische Ayurveda-Kuren, szenische Traveller-Tage oder eine stimmungsvolle Nostalgie-Reise. Denn die mitunter – besonders in Unawatuna, Mirissa, Tangalla und Hambantota – beträchtlichen **Tsunami-Schäden** konnten überraschend schnell beseitigt werden.

Selbstverständlich herrscht auch in diesem Teil Sri Lankas keinerlei Mangel an kulturhistorischem Erbe. Allein schon das filmreife Star Fort von **Matara**, der den südlichsten Zipfel des Landes zierende Leuchtturm von **Dondra** oder die vom einstigen Königreich Ruhuna zeugenden Staubecken von **Tissamaharama** lassen die Reiseroute durch den Süden besonders reizvoll erscheinen. Aber auch die beiden landesweit höchsten Buddha-Figuren in **Weherehena** und **Wehwurukannala** oder der heilige Ort **Kataragama**, wo sich Touristen gern in die exotische Schar der Pilger einreihen dürfen. Und obwohl die Vegetation in Richtung Osten immer spärlicher wird und die Landschaft schon an die afrikanische Savanne erinnert, finden sich hier überraschend einzigartige Paradiese wie der artenreiche **Bundula-Nationalpark** oder **Yala West** als das bekannteste, größte und am meisten besuchte Naturschutzgebiet Sri Lankas.

DER TIEFE SÜDEN

Unawatuna

In unmittelbarer Nachbarschaft des Touristen-Magneten Galle erstreckt sich die legendäre, in aller Welt bekannte Bucht von Unawatuna – als malerisch von Felshügeln und Palmen umrahmte **Sandsichel**. Bis zu ihrer Entdeckung durch Rucksack-Touristen, denen es in Hikkaduwa zu voll geworden war, so dass sie sich zur Neulandsuche in Richtung Osten getrieben fühlten, galt dieser Strand als schönster Sri Lankas. Trotz der enormen touristischen Entwicklung präsentiert sich Unawatuna noch heute von besonderem Reiz – nicht zuletzt auch, weil das hier vorgelagerte **Korallenriff** einen ganzjährigen Badebetrieb ermöglicht. Schnorchler können das Riff sogar ohne Boot erreichen, während der Strand so flach ins Meer verläuft, dass er sich besonders für Familien-Urlaub eignet.

Rumassala – Kräuterberg des Affengotts

Der im nördlichen Hinterland von Unawatuna gelegene Berg Rumassala ist für seine seltenen Heilkräuter berühmt. Diese sollen der Legende nach einst durch den Affengott **Hanuman** hierher gelangt sein.
Hanuman war, wie es das hinduistische Ramayana-Epos überliefert, von **Rama** zum Sammeln einer Heilpflanze, die Ramas verwundeten Bruder **Lakshmana** retten sollte, in den **Himalaya** geschickt worden. Als Hanuman dort ankam, hatte er jedoch den Namen des gewünschten Krauts vergessen und schnappte sich kurzerhand einen ganzen Berg – in der Hoffnung, dass schon das richtige Mittelchen dabei sein möge. Auf dem Rückweg nach Sri Lanka verlor er ein Stück des Berges im nördlich gelegenen Ritigala, eines in Hakgala bei Nuwara Eliya und eines im südlichen Unawatuna.
Deshalb nennen die Singhalesen den Strand *unawatuna*, „heruntergefallen". An die etwas tollpatschige Mission des Affengotts erinnern heute aber nicht nur der Name des Orts und die auf dem unter Naturschutz stehenden Berg wachsenden Kräuter, sondern auch die frech umherstreifenden Makaken….

Da die vielbefahrene **Küstenstraße A 2** hier nicht unmittelbar am Meer verläuft, verfügt die seichte Bucht über außergewöhnlich viel Hinterland zur touristischen Nutzung. So hat die gewachsene **Vielfalt** an Unterkünften, Restaurants, Strandbars und Boutiquen erfreulicher Weise für jeden Geschmack und Geldbeutel etwas zu bieten. Angesichts des karibischen Flairs indes mag es nicht weiter verwundern, dass hier auch so mancher **Beach Boy** (s. S. 70, Kasten) und **Haschisch-Anbieter** sein Unwesen treibt.

Unübersehbar ist, dass Unawatuna – 125 km südlich von Colombo, 21 km von Hikkaduwa und 4 km von Galle sowie 23 km westlich von Weligama – das typische Schicksal gut zugänglicher, tropischer Traumbuchten nicht erspart geblieben ist. Die hastige Entwicklung zum Urlaubsziel für Rucksack- und Pauschaltouristen führte zu erheblichen **Umweltproblemen**, die sich vor allem in der mangelhaften Müllbeseitigung und durch das Fehlen einer Kanalisation manifestierten. An manchen Tagen konnte aus den Trinkwasser-Brunnen nur noch eine braune Brühe gepumpt werden.

Die Behörden ließen sogar etliche Gästehäuser abreißen, um die Problematik in den Griff zu bekommen und der Bucht ein gepflegteres Erscheinungsbild zu geben. Als die Pläne mehrerer **Hotelkonzerne** bekannt wurden, sich hier mit großen Neubauten zu verewigen, beteiligten sich viele der etwa 500 vom Tourismus lebenden Einheimischen an der Gründung der **Bürgerinitiative** Organization for Preservation of Unawatuna, die für die Beibehaltung bzw. schrittweise Verbesserung der gewachsenen Strukturen kämpft. Unter anderem wird ein ähnlicher Korallenschutz wie in Hikkaduwa angestrebt.

Die hölzernen Fischerhütten von einst finden sich hier natürlich schon längst nicht mehr. Von der Vergangenheit Unawatunas als paradiesischem Zufluchtsort holländischer Kommandeure und Kaufleute zeugen aber immerhin noch einige koloniale Anwesen wie das nostalgische Resort **Nooit Gedacht**, das 1735 von den Holländern mit großen Zimmern und Palmengarten für den Gouverneur erbaut worden war.

Wichtigste kulturhistorische Anlaufpunkte sind der am Ortsrand liegende Berg **Rumassala** und der am Westende der Bucht auf einem Berg thronende **Wella Devale** mit seiner weiß leuchtenden Dagoba. Von hier bietet sich ein toller Blick auf

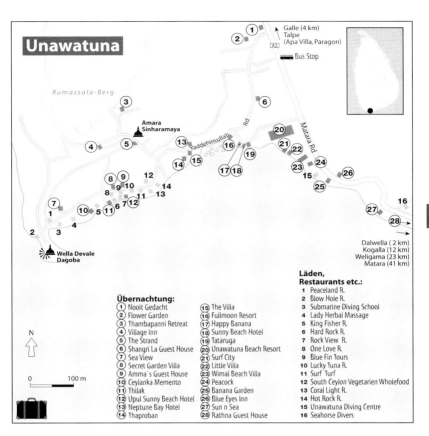

Unawatuna, in Richtung Norden nach Galle und auf den schönen **Jungle Beach**, der von hier oder auch über die Verlängerung der Yaddehimulla Rd. erreichbar ist. Die Sonnenuntergänge jedoch lassen sich am romantischsten vom Osten des Strands genießen, wenn die Sonne am anderen Ende der Bucht glühend über dem buddhistischen Heiligtum zu schweben scheint.

Der **Tsunami** hatte Unawatuna schwer getroffen und den unmittelbaren Strandbereich für rund ein Jahr wieder weitgehend in eine Freifläche verwandelt, deren Anblick für so manchen Kenner der Szene nicht ganz frei von Faszination gewesen sein mag. Die Flutwellen hatten hier 45 Todesopfer gefordert, darunter um die 30 Ausländer. Alt-Bundeskanzler Helmut Kohl hatte den 26. Dezember 2004 im obersten Geschoss des namhaften Ayurveda-Resorts **Paragon** erlebt und war anschließend in das Landesinnere evakuiert worden, weil er in Sri Lanka verbleiben wollte. Vermutlich schon zur Hochsaison 2006 dürfte von der schweren Zerstörung Unawatunas kaum noch etwas erkennbar sein.

Übernachtung

Der Tsunami hat die Masse der Unterkünfte zwar gewaltig dezimiert, doch gab es zum Zeitpunkt der Recherche bereits wieder eine reichhaltige Auswahl. Sie liegen entweder direkt am Halbrund der Bucht, in den kleinen Straßenzügen ihres Hinterlands oder an der nach Weligama und Koggala führenden – in dieser Gegend Galle Rd. oder Matara Rd. genannten – Küstenstraße A 2. Außerhalb der Hochsaison von Mitte Oktober bis Mitte April erweisen sich die Zimmerpreise oft als bis zu einem Drittel günstiger. Besucher Unawatunas sollten sich rechtzeitig auf die hier grassierende, leidig-lästige Schlepper-Problematik einstellen.

UNTERE PREISKLASSE – *Shangri La Guest House*, ☎ 091-4384252, ✉ shangrila@sltnet.lk, 🖵 www.shangrila.lk. Seit 2000 und sehr empfehlenswert. Günstige Anlage mit 4 Zi, 3 Cabanas und 1 Cottage in einem großen, schattigen Garten mit vielen Bäumen, Felsen, Sitzgelegenheiten, Hängematten und Grillplatz. Nette Managerin Rajika. ❶

Village Inn, ☎/📠 091-2225375. 11 einfache Zi, günstig und ruhig im Grünen. ❶

Sunny Beach Hotel, ☎ 091-4381456. 6 preiswerte Zi. Kleines Restaurant. ❶

Wimal Beach Villa, ☎ 077-3016655, ✉ wimalbeach@hotmail.com. 2 Zi. ❶

Amma`s Guest House, ☎ 091-2225332. 5 einfache, weniger wohnliche Zi mit Balkon. Im 1. Stock Terrasse mit Meeresblick. ❶

Thilak, ☎/📠 091-4380350. Empfehlenswerte Anlage mit 9 guten, aber spärlich möblierten Zi, die schönsten im Obergeschoss. Der hilfsbereite, sympathische Manager Priyantha hat zwei Three-Wheeler, mit denen er Transfers und Touren (auch mehrtägig) anbietet. Beliebtes Restaurant. ❶ – ❷

Upul, ☎ 0776-067170, ✉ ajith999@hotmail.com. Seit 1995 mit 6 Zi, davon 2 besonders empfehlenswert (Nr. 1 und Nr. 2) mit AC und Warmwasser-Bad. Im Erdgeschoss betreibt Besitzer Ajith Dissanayake ein beliebtes Restaurant. ❶ – ❷

Surf City, ☎ 091-4344790. 9 akzeptable Zi, mit Internet-Café im Haus. ❶ – ❷

The Strand, ☎ 091-2224358, ✉ strand_u@sltnet.lk. Hübsche Kolonial-Villa und in ihrem großen Garten verteilte Neubauten. Die Zi sind einfach, günstig und deshalb recht beliebt. Wegen großen Andrangs Vermietung mitunter nur wochenweise. ❷

Fullmoon Resort, ☎/📠 091-2233091, ✉ info@fullmoonsrilanka.com, 🖵 www.fullmoonsrilanka.com. Seit Ende 2003 und empfehlenswert. Kreativ gestaltete Anlage eines Italieners mit 18 schönen Zi, davon 9 als AC. Viele Bäume, gemütliches Restaurant am Meer. ❶ – ❸

Sea View, ☎ 091-2224376, 📠 2223649, ✉ seaview@sltnet.lk, 🖵 www.seaview.sltnet.lk. Seit 1982 und eines der ältesten Hotels. 27 große Zi, davon 9 als Bungalows und 3 mit AC, alle mit gemütlichem Mobiliar, Terrassen oder Balkons. Schwimmbad, gemütliches, von Rundsäulen geziertes Restaurant und eine lauschige Strandbar. ❷ – ❸

Peacock, ☎ 091-4384998. Liegt mit Aussicht über die gesamte Bucht dort, wo die Küstenstraße ans Meer stößt. Empfehlenswert, mit 7 Zi, besonders die beiden mit AC und tollem Ausblick im Obergeschoss (Nr. 6 und Nr. 7). Nette Atmosphäre. ❷ – ❸

Blue Eyes Inn, ☎ 091-4380445. 5 große Zi mit Balkon und 1 Cabana. Schäbiges Mobiliar, aber schöne, große Bäder. Dach-Restaurant mit Meeresblick. ❷ – ❸

Ceylanka Memento. Kleine, stilvolle Anlage eines ungarischen Ehepaars mit 4 Zi, die Mitte 2006 eröffnen soll. Geführt von Tilak-Managre Priyantha. ❷ – ❸

Banana Garden, ☎/📠 091-4381089, 🖵 www.banana-garden.com. Empfehlenswert, mit 13 Zi, davon 10 zum Strand und 4 mit AC. Besitzer Saliya ist freundlich, spricht gut Deutsch und gibt gute Tipps für die Südküste. ❷ – ❹

Tataruga, ☎ 091-2247292. 12 Zi und 1 Cabana. Keine AC, aber Warmwasser-Bäder ❷ – ❹

Happy Banana, ☎ 091-2232776. 11 Zi, aber nicht direkt am Strand und auch die teuren ohne AC. Während des Disco-Betriebs in der Nacht von Freitag auf Samstag sicher auch etwas laut. ❷ – ❸

Little Villa, ☎ 091-2225438, 📠 2225441. 3 empfehlenswerte Zi mit AC und allem Komfort, Holzboden und Balkons in einem schmalen Haus direkt am Meer. ❸

MITTLERE UND GEHOBENE PREISKLASSE – *Flower Garden*, ☎ 091-2225286, 📠 4384311, ✉ flowerga@wow.lk, 🖵 www.hotelflowergarden.com. Empfehlenswerte, stilvolle Anlage mit 25 Zi in originell mit Vornamen bezeichneten Bungalows, alle mit AC und 7 mit TV. Schönes, großes Schwimmbad, kleines Ayurveda-Zentrum. Gehört der Österreicherin Gerlinde Sassi. ❸–❹

Thaproban, ℡ 091-4381722, ✉ info@thambapannileisure.com, 🖥 www.thambapannileisure.com. Gehört zusammen mit dem Thambapanni Retreat (s. u.) zur Thambapanni Leisure-Gruppe. 9 Komfort-Zi in einem orangefarbenen Turm direkt am Strand. Internet-Zugang, bestes Restaurant der Bucht. ❸–❺

Neptune Bay Hotel, ℡ 091-2234014, ℡ 4381538, ✉ hotel@neptunebayhotel.com, 🖥 www.neptunebayhotel.com. Seit Ende 2004 und empfehlenswert. 20 große, schöne Komfort-Zi mit Holzböden, im 1. Stock mit Terrasse und Meeresblick, davon 12 mit AC. Hübsches Schwimmbad. ❸–❺

The Villa, ℡ 091-2247253, ℡ 4380257, ✉ thevilla@sltnet.lk. Empfehlenswert, mit 6 stilvollen Holzboden-Zi in einem zweistöckigen Gebäude. Aller Komfort inkl. Sat-TV und Minibar, große Baldachin-Betten. Schöner Garten mit Sitzgarnituren. ❹

Secret Garden Villa, ℡ 091-2241857, ✉ secretgardenvilla@yahoo.com, 🖥 www.secretgardenvilla.lk. 1990 gegründet von der charismatischen Schweizerin Simona Simonett – und ganz wie es der Name verheißt: 6 Zi in einem 100 Jahre alten Haus und einem Neubau sowie ein kuppelartiger Rundbau als „Dom" für Meditation und Yoga verteilen sich in einem wunderschönen Garten. Wohltuende Atmosphäre. ❸–❺

Unawatuna Beach Resort, ℡ 091-4280549, ℡ 2232247, 🖥 www.ubr.lk. Seit 1980 erste und mit Komfort-Zi größte Anlage am Ort. Schöne Lobby und großes Terrassen-Restaurant, das sich freitags und/oder samstags in eine Diskothek verwandelt. Mit Halbpension. ❹–❺

Thambapanni Retreat, ℡ 091-2234588, ℡ 223 3130, ✉ thambapanni@sltnet.lk, 🖥 www.thambapannileisure.com. Am Fuß des Bergs Rumassala gelegen, Unawatunas schönste und stilvollste Unterkunft. 15 Komfort-Zi (US$80–120) mit kolonialem Flair verteilen sich in einem tropischen Wildgarten. Schwimmbad, Sauna, Spa und Meditationsplätze. ❻

An der **Küstenstraße A 2** und bis auf das Nooit Gedacht alle östlich von Unawatuna:

Schnorcheln und Tauchen

Das große Wassersport-Angebot Unawatunas umfasst unter anderem das Erlernen des Surfens (Tagesmiete für die Ausrüstung bei 400–500 Rs), aber vor allem die Erkundung der Unterwasserwelten. Wer nicht mit Muskelkraft zum vorgelagerten Korallenriff hinausschwimmen möchte, kann einen Katamaran chartern, mit dem sich auch etwas weiter entfernt liegende Ziele ansteuern lassen.

Die zahlreichen Tauchanbieter haben sich meist auf das Tauchen nach acht Schiffswracks spezialisiert. Auf dem Meeresgrund finden sich zum Beispiel das vor etwa 15 Jahren gekenterte Container-Schiff *Lord Nelson* mit einem 15 m großen Frachtraum oder die 1863 bei Galle gesunkene, 35 m lange *SSS Rangoon*. Sie ist aus Holz erbaut und liegt in 30 m Tiefe.

Zu den beliebtesten Tauchanbietern Unawatunas gehören:

Unawatuna Diving Centre, Matara Rd., ℡ 091-2244693, ℡ 381659, ✉ info@unawatunadiving.com, 🖥 www.unawatunadiving.com. Geführt von dem Deutschen Michael Busch und Sumith Shelton.

Submarine Diving School, am Strand, ℡ 091-4380358, 077-196753, ✉ vishniranjan@yahoo.com. Seit rund 30 Jahren älteste Tauchschule am Ort, nach dem Tsunami-Tod seines Vaters geführt von Vishni.

Blue Fin Tours, im Village, ℡ 091-4380346, ✉ bluefintours@hotmail.com. Geführt von Thilak Ngasingha. Auch andere Touren- und Serviceleistungen.

Seahorse Divers, Matara Rd., ℡/℡ 091-2283733, ✉ krohana@hotmail.com, 🖥 www.seahorsedivingsrilanka.com. Seit 1990, geführt von W. Rohana Kithsiri.

Araliya Guest House, Matara Rd., Seitenstraße, ℡ 091-2283706. Recht gute und günstige Zi mit eigenem Bad. Oft gelobtes Restaurant. ❷

Rathna Guest House, Matara Rd., Dalawella, ℡/℡ 074-381430, rathnaguest@wow.lk. 9 Zi, davon 4 als Cabanas. Umfassendes Tourenangebot. ❷

Shanti Guest House, Matara Rd., Dalawella, ✆ 091-2283550, 📠 4380081, ✉ shanthi-info@shanti-guesthouse.de, 💻 www.shanthi-guesthouse.de. 18 schöne Zi, davon 6 in gemütlichen Cabanas und 3 mit AC. Freundliche Atmosphäre, gutes Essen. ❷

Nooit Gedacht, Matara Rd., 1. Unterkunft aus Richtung Galle, ✆/📠 091-2223449, ✉ nooitged@sltnet.lk, 💻 www.ayurveda-residence-sri-lanka.de. Nostalgisches, reichlich angestaubtes Ambiente mit malerischem Garten. Hier lässt sich Geschichte atmen. Obwohl bereits 1735 als Residenz für einen Gouverneur erbaut, scheinen die 25 Zi, teilweise mit Baldachin-Betten und antiken Kacheln ausgestattet, heutzutage bezahlbar – wie es schon der historische Name des Anwesens „Nicht gedacht" sagt. Die in einem Seitenflügel praktizierten Ayurveda-Anwendungen liegen bei 500 ¤ pro Woche. ❷–❹

Sri Gemunu Beach Resort, Matara Rd., Dalawella, ✆ 091-2283202, 📠 4380078, ✉ info@sri-gemunu.com, 💻 www.sri-gemunu.com. 19 nette Komfort-Zi, davon 9 als AC. Nicht ganz billig, aber schöne Lage am Sandstrand mit Felsen. Seewasser-Schwimmbad. ❸–❹

Point de Galle, Matara Rd., Mihiripenna, ✆ 091-2283206, 📠 2234360, ✉ bindu@sltnet.lk, 💻 www.businesscity.net/pointdegalle. Wirkt von der Lage her etwas verloren, ist aber empfehlenswert mit 9 geräumigen Balkon-Zi. Großer Garten, schöner Strand. ❸–❹

Sun n Sea, ✆ 091-2253200, 📠 2283399, ✉ muharam@sltnet.lk. Empfehlenswert und mit 10 stilvollen, großen und rustikal eingerichteten Zi in verschiedenen Kategorien. Am östlichen Ende der Bucht, originell gestaltet mit Felsen, alten Bäumen und Rasen-Terrassen. Besitzerin Muharam Perera wirkt für ihre 78 Jahre noch erstaunlich attraktiv – und lässt sich zu den Originalen von Unawatuna zählen. ❸–❻

Milton`s Beach Resort, ✆ 091-2283312, ✉ miltons@sltnet.lk, 💻 www.miltonsbeachresort.com. 28 Komfort-Zi in nettem Ambiente. ❹

Apa Villa Talpe, Matara Rd., Dalawella, ✆/📠 091- 2381411, 💻 www.villa-srilanka.com. Stilvolle Hotel-Oase direkt am Meer. Im Besitz des Apa Guide-Gründers Hans Höfer – mit cremefarbenen Mauern, Ziegeldächern und Säulen. Die 8 Zi sind modern und teilweise von Wasserbecken umrahmt. Pure Entspannung mit lauschigen Veranden und vielen Palmen. Gute Küche. ❻

Paragon, Matara Rd., rund 2 km südlich, ✆ 091-2283460. Infos und Buchung über *Vitavision* im bayerischen Schondorf (Ammersee), ✆ 08192-7065, 💻 www.vitavision.de. Seit 1996 mit hässlicher Fassade, 84 Zi, kleinem Garten und schmalem Strand direkt an der Küstenstraße. Innen kümmern sich 150 einheimische, professionelle Mitarbeiter und deutsche Betreuerinnen um das Wohl der Gäste, die fast nur aus Deutschland kommen (wie einst Helmut Kohl). ❻

Essen

Fast alle Unterkünfte verfügen über eigene Restaurants, doch die Speisekarten zeugen oft nicht unbedingt von Originalität – zumal überall mit Tintenfisch, Garnelen und Hummern geworben wird. Zum „Fremdgehen" empfehlen sich folgende, fast ausschließlich am Strand liegende Lokalitäten.

Thaproban (s. o.), mit Restaurant-Plätzen im vorderen und hinteren Bereich. Hervorragendes, appetitlich dekoriertes Essen. Currys 80–300 Rs, Salate 140–250 Rs, Pizzas 250–300 Rs, Bier 140–250 Rs und günstige Cocktails 150–175 Rs.

Sea View (s. o.), Hotel-Restaurant mit rustikalem Bar-Ableger am Strand. Empfehlenswert sind Huhn in Sahnesauce oder Steak mit Pilzen für jeweils 310 Rs.

Auch die Atmosphäre und Speisekarten der Restaurants in den Unterkünften ***Fullmoon Resort*** und ***Thilak*** (Freiluft) lohnen einen Besuch.

South Ceylon Vegetarien Wholefood, ✆ 091-2245863. ✉ jinsen-2004@hotmail.com. Beliebter, uriger Szene-Treff für Vegetarier mit hervorragender, weltumspannender Speisekarte. Zuckerfreie Kuchen 75 Rs, Zaziki mit Toast 125 Rs, mexikanische Enchiladas mit Salat 250 Rs, Pizzas 250–275 Rs.

Hot Rock, ✆ 091-2242685. Sauberes, gutes und preiswertes Restaurant. Reis- und Nudelgerichte ab 75 Rs, Salate 70–170 Rs, Garnelen 180 Rs und Pizzas 230–300 Rs.

Hard Rock, ✆ 091-2246288, 📠 2223649. Besonders beliebt ist der Special Mixed Grill mit Mee-

resfrüchten, Rind und Huhn für 690 Rs. Bier 140 Rs, Cocktails 210–240 Rs.
Upul (s. o), beliebtes Restaurant direkt am Strand. Gilt als besonders gute Adresse für eine reichhaltige Wein-Auswahl.
Coral Light, 091-2248014. Beliebtes, günstiges Restaurant mit Liegestühlen. Gerichte 120–450 Rs, ganzes Huhn 700 Rs. Milchshakes 70 Rs, Cocktails 150 Rs.
Lucky Tuna, 0777-566978. Gemütliches, zweistöckiges Restaurant mit viel Holz im Obergeschoss. Recht hübsche Begrünung.
Rock View, 0777-069454. Einfacher Restaurant-Pub mit Strandliegen-Vermietung.

Unterhaltung

Happy Banana (s. o.). Freitags verwandelt sich das Restaurant unter den heißen Rhythmen von Disjockey Tyronne von 21 bis gegen 4 Uhr in die beliebteste Diskothek der Region. Cocktails kosten 150 Rs, zur Happy Hour nur 120 Rs.
King Fisher Restaurant, seit 1998 und nach dem Tsunami als blaufarbene Container-Bar. Die Besitzer-Brüder Susantha und Duminda Roshan wollen den Discobetrieb wieder aufnehmen. Cocktails mit 250 Rs ziemlich teuer, Gin 120 Rs.
Unawatuna Beach Resort (s. o.). Freitags und/oder samstags wird das große Terrassen-Restaurant in eine Diskothek verwandelt.
One Love, seit 1985 als beliebte Bar mit Surfbrett-Verleih und Unterricht (durch Beach Boys). Guter Musik-Sound, riesige Caipi-Cocktails für 270 Rs, Arrak-Schnaps 140 Rs.

Transport

BUSSE – Weil die rund 500 m lange, als Hauptstraße nach Unawatuna hinein führende Yaddehimulla Rd. nicht von Bussen bedient wird, empfiehlt sich als „Busstation" der Bereich ihrer Einmündung auf die Küstenstraße A 2.
Nach GALLE, von wo es etliche Verbindungen in Richtung Nordwesten bis nach Colombo hoch gibt, brauchen die Busse nur 10–15 Min.
In Richtung Osten nach Weligama, Mirissa, Matara oder Hambantota kann einfach zugestiegen werden – insofern man sich nicht von geschickten Three Wheeler-Fahrern abwerben lässt.

EISENBAHN – Da die kleine Station in Unawatuna 2 km vom Strand liegt und sowieso meist nur lokale Bummelzüge abfertigt, empfiehlt sich eher der 4 km entfernte Bahnhof von GALLE (Zugfahrplan s. S. 207).

TAXIS – Die Strecke nach COLOMBO bzw. zum Flughafen kostet um die US$40–50, nach HIKKADUWA US$10–12. Tagesausflüge in die Umgebung wie zur Lagune von Kosgoda oder Flusstouren auf dem Madu Oya (ab Balapitiya) liegen mit einem Charter-Taxi bei US$40, sind jedoch mit Minibus-Gruppen erheblich günstiger.
Three-Wheeler kosten für einen Tag 1600 Rs, nach Matara 1600 Rs, Hikkaduwa 900 Rs, Weligama 700 Rs und nach Galle 200 Rs.

Koggala

Herrliche, breite Sandstrände mit stattlichen Palmen und hübschen Felsformationen prägen die Küste in der Region von Koggala, zu der auch der verschlafene (Stelzen-) Fischerort **Ahangama** und das als verlockendes Surfer-Paradies immer bekannter werdende **Midigama** gehören. Am Straßenrand stapeln sich vielerorts bunt bemalte **Tonkrüge** zum Verkauf, während sich im Norden der rund 130 km von Colombo und 15 km von Mirissa entfernten Stadt der weitläufige **Koggala-See** erstreckt. Seine Ufer werden von üppigen Palmenhainen und vereinzelten Tempelanlagen geziert, während sich zwitschernde Vogelkolonien der im See liegenden Inselchen bemächtigt haben. Einige Fischer haben sich darauf spezialisiert, Urlauber herumzurudern und kehren dabei gern bei Familien ein, die Gewürzgärten betreiben.

Im Zweiten Weltkrieg diente der Binnensee den Briten als Start- und Landeplatz für Wasserflugzeuge im Abwehrkampf gegen die Japaner. An der Küstenstraße erinnern noch die Überbleibsel einer Betonpiste an diese Zeit, in der Koggala gewaltsam evakuiert wurde, um es in einen **Luftwaffen-Stützpunkt** zu verwandeln. Der Ort sollte sich nie wieder davon erholen, wirkt heute seltsam zerrissen und lebt inzwischen vor allem von seinem Status als eine Art **Freihandelszone**: Seit 1992 konnten hier mit der Ansiedlung von über 50 Textil-Fabriken viele neue Arbeitsplätze geschaffen werden.

Die kulturellen Sehenswürdigkeiten halten sich in Grenzen. Eingebettet in den schönen Garten des landesweit bekannten Schriftstellers Martin Wickramasinghe (1890–1976) lockt das **Folk Art Museum**, 🖥 www.martinwickramasinghe.org, ⏱ tgl. 9–17 Uhr, zur Erkundung. Gezeigt wird eine folkloristische Sammlung aus traditionellen Tanzkostümen, rituellen Masken, Puppen und Musikinstrumenten.

In dem rund 4 km östlich von Koggala liegenden **Kataluga** findet sich der Tempel **Purvaramaya Vihara**, in dem schöne Fresken zu bewundern sind. Die um 1880 entstandenen Wandmalereien zeigen Motive aus dem Leben Buddhas in unterschiedlichen Stilrichtungen, gestaltet von vier örtlichen Künstlern. Dargestellt sind Legenden, Tänzer und Musikanten, wobei die Menschen im Vergleich zu den Tieren und Pflanzen auf den Betrachter etwas hölzern und unbeholfen wirken.

Übernachtung und Essen

Direkt in Koggala findet sich nur ein großes Pauschal-Hotel, doch bieten sich auch die benachbarten Küstenorte **Ahangama** und **Midigama** zur Übernachtung an, die ganzjährig zum Schwimmen, Schnorcheln und besonders zum Surfen einladen. Alle Unterkünfte liegen an der Küstenstraße A 2, die hier Matara Road genannt wird.
Koggala Beach Hotel, Habaraduwa, ☎ 091-2283 243, 📠 2283260, ✉ kogbeach@slt.net, 🖥 www. koggalabeach.com. Professionelles, gut gebuchtes Pauschal-Hotel, dass sich schon wegen des breiten Sandstrands empfiehlt. Zusammen mit den 87 Zi des benachbarten, zur Anlage gehörenden Hotels Club Koggala Village 189 Komfort-Zi. Nur mit Vollpension buchbar. Mehrere Restaurants mit Meeresblick. ❻

IN AHANGAMA – *Surfer`s Dream*, ☎ 091-2283968. Rund 500 m hinter der *Villa Gaetano* (s. u.) und vom gleichen Besitzer, aber erheblich günstiger. Gute, saubere und komfortable Zi mit einem ansprechenden Außen-Restaurant. ❶
Villa Gaetano, ☎ 091-2283968, ✉ vgaetano@ slt.net, 🖥 www.internet-window.de/gamini. Fast 1 km hinter der 137 km-Markierung direkt am Strand. Gute, geräumige Komfort-Zi, im Obergeschoss mit Balkon. Gartenrestaurant mit gutem Essen und Blick auf den Lace Rock. Internet-Zugang. ❷
Ahangama Easy Beach, ☎ 091-2282028, ✉ easyb@sltnet.lk, 🖥 www.geocities.com/ anhangamaeasybeach. 2002 von dem Norweger-Paar Oystein Aasen und Hildegunn Thise eröffnet und empfehlenswert. 8 Zi und 2 Cabanas mit originellen Zimmer-Safes und schönen, blauen Bädern. Großer Garten, italienischer Lavazza-Kaffee, Internet-Zugang und professioneller Surfbrett-Verleih für 350–650 Rs pro Tag. ❸
Hotel Club Lanka, ☎ 091-2283296, 📠 2283361, ✉ info@hotelclublanka.com, 🖥 www. hotelclublanka.com. 30 Komfort-Zi in zwei- und dreistöckigen Flügeln. Foyer als Halle und mit schönen Glas-Tischen gestaltet. Großes Schwimmbad. Das Hotel wirkt dem schönen Strand aber nicht richtig angemessen. ❹

IN MIDIGAMA – *Hot Tuna*, ☎ 091-2283411. Etwa 200 m nach Surfer`s Dream. Familiär geführtes Gästehaus mit 6 günstigen, aber etwas dunklen Zi. Teilweise nur Gemeinschaftsbad. ❶
Hilten`s Beach Resort, ☎ 091-2250156, ✉ surf city@itmin.com, 🖥 www.geocities.com/hiltens beachresort. Im Bereich der 139 km-Markierung. Einfache Zi, davon einige mit Gemeinschaftsbad, an schönem Strandabschnitt. ❶
Subodinee, ☎ 091-2283383, ✉ subodinee@ hotmail.com. Beliebte Traveller-Unterkunft mit Surfbrett-Verleih. 23 Zi, davon rund die Hälfte mit Gemeinschaftsbad. Farbige, familiäre Atmosphäre mit viel gelobtem Restaurant. ❶–❷
Villa Samsara, ☎/📠 091-2251144, 🖥 www. members.aon.at/samsara. Im Bereich der 140 km-Markierung. Koloniales Landhaus mit 4 Komfort-Zi, die stilvoll mit Antiquitäten eingerichtet sind. Durch einen schönen Palmengarten geht es zum Meer. Nur mit Halbpension buchbar. Der Besitzer ist Österreicher. ❻

Transport

Koggala ist mit jedem **Bus** auf der Strecke zwischen Galle und Matara zu erreichen (s. Transport Weligama S. 221 und Mirissa S. 224). Ahangama und Midigama verfügen über einen eigenen, kleinen Bahnhof, an dem sogar auch einige **Züge** aus Colombo halten.

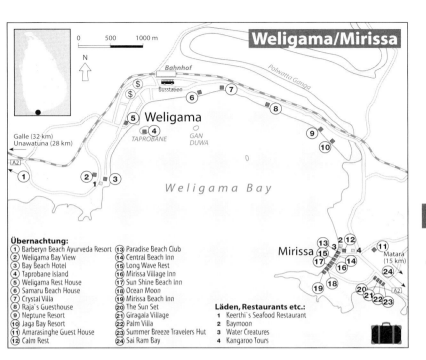

Sri Lankan Airlines fliegt Koggala im Rahmen des Air Taxi-Angebots über Bentota an (Flugzeit insgesamt ca. 75 Min.). Buchungen unter ☏ 019-7333355 oder im Büro, 250 Dockyard Rd., ☏ 026-2221101.

Weligama

Von rötlichen Lateritfelsen eingerahmt, schmiegt sich hier mit einem schmalen, flach ins Meer übergehenden Sandstreifen eine fast 4 km lange Bucht an die Küste. Das 32 km östlich von Galle, 23 km von Unawatuna und 15 km westlich von Matara liegende Weligama – übersetzt: „Dorf im Sand" – wurde schon in der Literatur des 19. Jhs. als eines der malerischsten Küstenziele im Land verklärt.

Reizvoll ist der vorwiegend von der Fischerei lebende Ort, von dem Besucher mit angemieteten Katamaranen zu Bade- und Schnorchel- oder auch Tauchausflügen starten können, gewiss noch immer. Doch die Beschaulichkeit von einst wurde in den 1960er Jahren dem Bau einer **Umgehungsstraße** geopfert. Diese erspart eine Schleife der alten Küstenroute in das Landesinnere und verkürzt die Fahrtzeit zwischen Galle und Matara. Doch die Strecke zerschneidet leider auch den Zugang zu den herrlichen Stränden – und somit den ursprünglichen Charme Weligamas.

Dennoch finden sich zwei legendäre Sehenswürdigkeiten, die den Reiz der Region prägen: Die traditionellen **Stelzenfischer**, die heute vor allem als Wahrzeichen fungieren (s. S. 221, Kasten), aber auch das ebenfalls fotogene Inselchen **Taprobane**.

„Taprobane" lässt sich aus dem Griechischen als „Kupferinsel" übersetzen, ein Name, der in früheren Zeiten sogar für die gesamte Insel Sri Lanka verwendet wurde. Der französische **Graf Count de Mauny** hatte das küstennahe Eiland, das als tropische Bilderbuch-Insel geheimnisvoll auf dem Meer zu schweben scheint, Ende der 1920er Jahre erworben. Er ließ sich dort ein schmuckes Domizil bauen, das in einen paradiesischen Garten eingebettet wurde.

In den 1950er Jahren verfasste der amerikanische Komponist und Romancier **Paul Bowles** hier *The Spider`s House*, bevor ein irischer Verleger das Anwesen übernahm. Zuletzt gehörte es **Frederick de Silva**, dem ehemaligen srilankischen Botschafter in Frankreich, bevor es vom Luxus-Villen-Anbieter *The Sun House* in Galle übernommen und gründlich renoviert wurde. Nun kann es für um die US$1000 pro Tag gemietet werden.

Bei Ebbe ist *Parei Duwa* (Taubeninsel) – wie die Einheimischen das Eiland nennen – manchmal sogar zu Fuß erreichbar. Wer sich einen Urlaub dort nicht leisten kann, möge sich damit trösten, dass der Blick nach Taprobane sicherlich um einiges spektakulärer sein dürfte als umgekehrt.

Ungefähr 500 m östlich der idyllischen Insel führt eine Abzweigung von der Küstenstraße in das Landesinnere, über die man ins Zentrum Weligamas gelangt. Einst besaß der Ort einen lebhaften Seehafen, der seine Bedeutung aber später an Colombo verlor. Heute verfügt die kleine Küstenstadt immerhin noch über einen lebhaften Markt und einen regen Handel mit der hier produzierten, gerühmten Keramik oder auch Klöppelarbeiten.

In vielen Betrieben werden Kokospalmen zu Brettern für den Schiffs- und Hausbau, Seilen, Öl, Sirup und Zucker, den Palmenwein Toddy und natürlich auch den Nationalschnaps Arrak verarbeitet. Zuschauer sind in so manchem Betrieb willkommen.

Westlich des Zentrums liegt ein kleiner Park mit dem **Natha Devale**. Es handelt sich um eine fast 4 m hohe, steinerne Relief-Plastik, die im 8.–11. Jh. als Nische aus einem Felsen herausgearbeitet wurde. Die Figur mit der turmartigen, von Medaillons mit Amitabha-Buddhas gezierten Haartracht stellt den zukünftigen Buddha Maitreya oder auch den Bodhisattva des Mitgefühls, Avalokiteshvara, dar. Beide spielen im Mahayana-Buddhismus eine wichtige Rolle. Dem Volksglauben nach handelt es sich jedoch um den indischen König **Kusta Raja**, der hier als *Lepra-König* geheilt worden sein soll, nachdem er sich drei Monate lang nur von Thambili, dem Saft der Königs-Kokosnuss, ernährt hatte.

Übernachtung

Die Unterkünfte verteilen sich über einen weiten Abschnitt der hier Matara Road genannten Küstenstraße A 2, so dass es Weligama an einem klassischen touristischen Zentrum mangelt.

Raja`s Guesthouse, ✆ 0777-960656. Am östlichen Ortsausgang. 4 einfache Zi mit kleinen Terrassen. Niedriger Standard, aber schöne Strandlage. ❶

Samaru Beach House, ✆/✆ 041-2251417, ✉ samaru.beachhouse@tiscali.nl, 🖥 www.mtly.nl/ samaru/index2.htm. Empfehlenswert, 8 Zi (das beste ist die Nr. 8), alle mit Balkon oder Terrasse. Gepflegt, komfortabel und gut möbliert. Surfbrett-Verleih mit hervorragenden Sportmöglichkeiten am schönen Strand. Der Besitzer hat eine Vorliebe für Farben und Türschlösser, während in das Bad sogar Metalltüren führen. ❶–❷

Weligama Bay View, ✆ 041-2251199, ✉ bayview@sltnet.lk. Seit 1997 mit 17 Zi, davon 2 in Cabanas. Einfaches Mobiliar, aber schöne Bäder. Herrlicher Sandstrand, umrahmt von zwei Fischer-Siedlungen. Verleih von Surfbrettern und Mopeds. ❷

Jaga Bay Resort, ✆ 041-2250033, ✆ 2250033, ✉ Jagabay@slt.net. Matara Rd., rund 2,5 km vor Mirissa. Früher eine der besseren, aber heute nicht besonders einladende Adresse. 32 Zi, davon 3 als Cabanas. Etwas triste Gartenanlage mit Mini-Schwimmbad und Beton-Sitzbänken. Besitzer Jagath Premalal spricht Deutsch. ❷

Neptune Resort, Pelena, ✆ 041-2250803, ✆ 225 1645. Seit Ende 2004 mit neuen, sauberen Komfort-Zi in blau-weißen, doppelstöckigen Cabanas. Im Obergeschoss ohne AC. Wunderschöner Strand. Gemütliches Restaurant mit guter Küche. Geführt von dem Hamburger Hans Stein und seiner einheimischen Frau Yamuna. ❷–❹

Bay Beach Hotel, ✆ 041-2250201, ✆ 011-2735 554, ✉ hotelbaybeach@sunnet.lk, 🖥 www.baybeachhotel.com. Mit 60 Komfort-Zi und seiner wenig ansprechenden Bunker-Architektur das älteste und auch beste Hotel der Region, doch die in Jahre gekommen. Die Anlage soll renoviert werden. Restaurant mit bestechendem Blick über die Bucht und die darin dümpelnde Fischerflotte. Empfehlenswert ist die Wassersport-Schule *B*avarian Divers (s. S. 225). ❸

Weligama Rest House, ✆ 041-2250299, ✉ chctravel@sltnet.lk, 🖥 www.ceylonhotels.lk. 9 Zi, davon 3 AC. Gegenüber der Boutique-Insel Taprobane, aber leider auch dicht an der viel befahrenen Küstenstraße. Mit Halb-Pension. ❸

Stelzenfischer als Statisten

Hier werden keine Fische gefangen, sondern fast ausschließlich Touristen – und wer glaubt, sich ganz einfach durch eine mehr oder weniger spontane Flucht entziehen zu können, irrt sich gewaltig. Denn die Stelzenfischer, die dort so fotogen, starr und Pelikanen gleich auf ihren hohen Pfählen in der Brandung hocken und als Wahrzeichen der Südküste brillieren, haben ihre eifrigen Helfer an Land. Und die treiben – meist schon bevor jemand auf den Auslöser gedrückt hat – rigoros den Obolus für Schnappschüsse und Video-Sequenzen ein. Wer sich rechtzeitig darauf einstellt und bereitwillig zahlt, wird sich auch daheim noch über die pittoresken Postkarten-Motive mit Brandungs-Anglern freuen können.

Die Heimat der legendären Stelzenfischer liegt zwischen **Koggala** und **Ahangama**. Nach der Tradition werden die Reviere innerhalb der Familien vererbt und können einen beträchtlichen Wert erzielen. Bis zu 5 m hoch und mit einem Abstand bis zu 10 m sind die Holzpfähle in den Meeresboden gerammt. Die Küste fällt hier relativ steil ab, so dass es sich schon nahe am Ufer – einst nur in den Stunden des Sonnenauf- und untergangs – in beträchtlicher Wassertiefe fischen lässt. Am ergiebigsten soll es sich bei rauher See fischen lassen, wenn der ansteigende Pegel die seitliche Drift vermehrt Fische zutreiben.

Als Köder dienen Garnelen, doch die Fangergebnisse sind insgesamt mager und nur mühselig zu erzielen. Denn die traditionelle Art des Fischens ist weitaus anstrengender als sie optisch wirkt, zumal die Meeres-Akrobaten auf ihren schmalen Astgabeln die Balance halten müssen. Nicht zuletzt deshalb sind die Pfähle in der Brandung auch meist verwaist und die Stelzenfischer eigentlich nur noch Statisten. Sie erklimmen ihren Hochsitz heutzutage fast nur noch, wenn Touristen im Anmarsch sind...

Crystal Villa, am östlichen Ortsausgang, 041-2250635, 011-2735031, crystal@lanka.com.lk, www.holidays-srilanka.com. Schön am Meer gelegen mit 3 großen, aber überteuerten Zi und 2 Cabanas. Halbpension und Schwimmbad.

Barberyn Beach Ayurveda Resort, 041-2252 994, 2252993, www.barberynresorts.com. 2 km westlich von Weligama auf einem Hügel. Seit 2003 als Ayurveda-Resort im Designer-Stil und als Ableger der gleichnamigen Anlage in Beruwela. Die 45 Zi kosten 100–125 Rs, eine Woche Ayurveda-Anwendung liegt bei fast 400 Rs. Betreuung der Kurgäste durch ein großes Experten-Team. Meerwasser-Schwimmbad.

Taprobane Island, Kontakt über den Luxus-Villen-Anbieter *The Sun House* in Galle, 091-2222624, sunhouse@sri.lanka.net, www.thesunhouse.com oder auch www.taprobaneisland.com. Faszinierende Kolonial-Villa auf einer kleinen, wundervollen Insel (s. S. 219). Besonders geeignet für Liebespaare und Honeymoon-Urlaub. Um das Wohl der Gäste kümmern sich insgesamt 6 Angestellte. 5 Zi für bis zu 10 Gäste. Etwa US$1000 pro Nacht.

Essen

Keerthi`s Seafood Restaurant, 091-2251172. In unmittelbarer Nachbarschaft des *Bay Beach Hotels* (Weligama). Leckere, günstige Gerichte mit fangfrischem Fisch und Meeresfrüchten, zubereitet nach traditionellen Rezepten inseltypischer Hausmannskost.

Transport

Weligama ist meist kein Startpunkt für **Busse**, wird aber aus beiden Richtungen häufig von ihnen durchquert. Der Zustieg erfolgt im Zentrum. Die Stadt liegt mit einem größeren **Bahnhof** an der Eisenbahnstrecke zwischen Colombo (3 1/2 Std.), Galle (1 Std.) und Matara (30 Min.). Nähere Infos in den Fahrplan-Darstellungen (s. S. 207, **Galle**, und S. 229, **Matara**).

Charter-Taxis nach Colombo liegen bei US$50–60, nach Hikkaduwa bei US$20.

Stelzenfischer bei Koggala

Mirissa

Schon der melodische Klang des Namens lässt ein Paradies erahnen: Der kleine, etwa 50 km östlich von Hikkaduwa und 10 km westlich von Matara gelegene Ort wird als einer der schönsten Strände Sri Lankas gelobt. Umso erstaunlicher ist, dass er bis Ende der 90er Jahre kaum Beachtung fand, was sich aber in letzter Zeit geändert hat. Mirissa gilt als neues **Lieblingsziel** der Traveller, die Hikkaduwa und Unawatuna überdrüssig geworden sind. Maßgeblich zur touristischen Entwicklung trägt Mr. Ananda bei, der Mirissa nicht nur mit den beiden besten Resorts, sondern auch mit einem bunten Gästehaus beglückt hat.

Die immer zahlreicheren Unterkünfte verteilen sich jedoch genauso unauffällig im dichten Palmengürtel wie die ausländischen Touristen. Und so darf dieses nur einen Steinwurf (4 km) von Weligama entfernte Strandziel noch immer erfreulich verschlafen wirken.

Auf der fotogen vorgelagerten, kleinen Insel **Giragala**, die auch gern *Parrots Rock* genannt wird, hat es früher eine urige, populäre Bar für den Genuss romantischer Sonnenuntergänge gegeben. Sie war jedoch illegal errichtet und nach dem Tsunami von den Behörden geschlossen worden.

Mehr noch als zum Schwimmen, das hier in der Monsunzeit gefährlich werden kann, gilt die Küste von Mirissa als ideal zum Schnorcheln und Surfen. Alternativ bieten sich Fahrrad-Touren in die umliegenden Dörfer wie Denipitiya an oder am Polwatta-Fluss entlang, wo sich Dschungelgebiete mit Kautschuk-Farmen abwechseln.

Übernachtung

Anders als in Weligama konzentrieren sich die Unterkünfte nur an wenigen Punkten – wie dem Ortsteil Bandaramula, im *Quarter* an einer Stichstraße der A 2 oder besonders schön auf der hügeligen, bewaldeten Halbinsel, die sich am West-Ende der Bucht erhebt. Fast alle Anlagen verfügen über ein eigenes Restaurant.

Mother`s House, kein Telefon. Seit 1999, schräg gegenüber Bay Leef Inn, schön ruhig und auch sonst empfehlenswert. 17 große, akzeptable und saubere Zi, davon 5 im villenartigen Hauptbau und 12 in der hübschen Gartenanlage. ❶

Katies Hideaway, Kottasi Gedara Rd., ✆ 0777-472438, ✉ katieshw@dialogsl.net. Gleicher Besitzer wie Baymoon Restaurant. 150 m vom Strand mit 9 Zi. ❶

Summer Breeze Travelers Hut, ✆ 041-2251574. 7 schöne Zi, davon 2 in Bungalows. Zi im Obergeschoss des Hauptflügels gut und luftig. Netter kleiner Garten, felsiger Strand. ❶

Beauty Mount Guest, kein Telefon. Neu und klein mit 4 günstigen Zi und Restaurant. ❶

Palm Villa, ✆ 041-2250022, ✉ mirissa@slt.net. Seit Ende 2003. 8 günstige Zi mit hübschen Bädern, davon 4 mit Veranda am Meer. Erfreulich kreativ gestrichene Wände, Türen und Möbel. Gleicher Besitzer wie bei den beiden besten Hotels im Ort. ❶ – ❷

Amarasinghe Guest House, ✆ 041-2251204, ✉ chana7@sltnet.lk, 🖳 www.geocities.com/chanamirissa.com. 200 m von der Küstenstraße entfernt, idyllisch und ruhig im Grünen, je nach Wegwahl 3–10 Min. Fußweg zum Strand. 10 günstige Zi, davon 1 mit AC und 1 als Bungalow. Gute Hausmannskost, Internet-Zugang, gleicher Besitzer wie beim Lagun Rest. ❶ – ❷

Sai Ram Bay, Epitamulla, ✆ 041-2229509. Etwa 2 km östlich von Mirissa mit 8 Cabanas. Österreichischer Besitzer. ❷

Giragala Village, ✆ 041-2250496, ✉ nissanka.g@mail.com, 🖳 www.geocities.com/giragala. Seit 1994; großer Palmengarten, Hängematten und Sitzgelegenheiten. 19 Zi, die meisten in einem Langbau und 3 mit Warmwasser-Bad. Gute Infos über die schönsten Schnorchel-Reviere. ❸

Bay Leaf Inn, ✆ 0777-804118. Seit Ende 2004, originelles Schild/Logo. 5 schöne, neue Komfort-Zi mit Terrassen in einem Reihenbau, davon 1 als überteuertes AC. ❶ – ❸

The Sun Set, ✆ 041-2251577, ✉ damith@sunset.com, 🖳 www.dsunset.com. 14 Zi mit Warmwasser-Bad, davon 4 als AC. Verglastes Veranda-Restaurant direkt am Strand. Schweizer Beteiligung. ❶ – ❸

Im **Quarter** an einer kleinen Stichstraße der **Küstenstraße A 2**:

Central Beach Inn, ✆ 041-2251699. Seit 1995 und empfehlenswert, 13 saubere Zi in netter, grüner Anlage. Eigenes Restaurant am schönen Strand. ❶ – ❷

Mirissa Village Inn, kein Telefon. 6 kleine und einfache, aber günstige Zi in zweiter Reihe und 25 m Entfernung zum Strand. Fahrrad-Verleih. ❶
Sun Shine Beach Inn, ✆ 041-2252282. Einfache, aber beliebte Anlage mit Langbau auf einem schmalen Grundstück am Strand. 15 spärlich möblierte Zi, im Obergeschoss mit Balkons. Sehr freundliche Familie, oft gelobtes Restaurant. ❶–❷
Ocean Moon, ✆ 041-2252328. Seit 1995, empfehlenswert und beliebt. 12 ansprechende, saubere Zi, davon 9 als Cabanas. Freundliche Atmosphäre, schöner Strand. Oft gelobtes Restaurant. ❶–❷
Long Wave Rest, ✆ 077-9108473. Familienbetrieb mit 8 Zi. ❶–❷
Mirissa Beach Inn, New Matara Rd., ✆ 041-2250410, ✆ 2250115, ✉ beachinn@sltnet.lk. Empfehlenswert mit 11 netten, günstigen Zi, davon 6 in dreistöckigem Gebäude und 5 als Cabanas. Herrlicher Strand. ❷
Calm Rest, Sunanda Rd., ✆/✆ 041-2252546. Nur 100 m vom Strand und einst die beste Anlage am Ort. Doch seit die Schweizer Eigner das angenehme Resort verlassen haben, hat der Standard deutlich nachgelassen. 11 Zi mit sehr unterschiedlichen Preisen, davon einige als originelle Bungalows mit Dachfenster. Bunter Garten, gemütliches Restaurant mit üppiger Speisekarte, darunter auch westliche Gerichte. Das Personal ist nett, der Manager etwas muffelig. ❶–❸
Paradise Beach Club, New Matara Rd., ✆ 041-2251206, ✆ 2250380, ✉ mirissa@slt.net.lk. Gleicher Besitzer wie beim Palace Mirissa. Bis zum Tsunami größtes und bestes Resort von Mirissa mit 40 Zi und Schwimmbad. Schwere Schäden. Neueröffnung für Ende 2006 geplant. ❸

Auf dem mit Palmen bewachsenen **Hügel**:
Villa Odyssee, ✆ 0777-495864. Nur 5 Min. vom Strand. Kleines Gästehaus mit 4 Zi, familiärer Atmosphäre und wunderschönem Garten. Vortreffliche Hausmannskost, denn hier schwingt noch die Großmutter den Kochlöffel. ❶
Sajana Ocean Hill, ✆ 0788-510429. 4 spärlich eingerichtete Zi, aber auf einem Hügel und mit nettem Garten. ❶
Gadakula Surf Village, ✆ 0788-505307. Neu seit 2004 mit 6 ansprechenden Zi, davon 4 in einem Neubau und zwei etwas größer. ❶–❷
Mount Garden Guest House, ✆ 041-2251079, ✉ mountgarden1@yahoo.com. Liegt schön im Grünen mit 10 passablen Zi, davon 6 mit AC und Warmwasser-Bad. ❷
Villa Sea View, ✆ 0776-046653. Seit 2002 mit 8 einfachen, aber sauberen Zi und guten Bädern. Die beiden schönsten Zi (Nr. 5 und 6) liegen im Obergeschoss mit Balkons und Blick auf die Bucht. ❷
Palace Mirissa, ✆ 041-2251301, ✆ 2250380, ✉ mirissa@slt.net. Neu und das beste Resort von Mirissa. Gleicher Besitzer wie Paradise Beach Club. 8 Luxus-Cabanas mit allem Komfort und herrlichem Panorama-Blick. Schwimmbad in Hanglage. ❹

Essen

Baymoon, gegenüber Calm Villa und neben dem Reggae Pub. Direkt am Meer mit Holzdach und gemütlicher Atmosphäre. Gleicher Besitzer wie beim *Katies*.
Water Creatures, gegenüber Calm Villa direkt am Meer. Urig-stilvoll und die wohl wichtigste Szene-Kneipe der Bucht. Hängematten-Atmosphäre und Surfboard-Verleih (200 Rs pro Stunde). Mindestens an jedem Sa Reggae-Party.

Sonstiges

EINKAUFEN – ***Aldi Minimart***, in unmittelbarer Nachbarschaft neben dem Bay Leaf Inn. Neuer, kleiner, aber überraschend gut sortierter Supermarkt. Der freundliche M. H. Sumaradasa und seine Familie verkaufen unter anderem Getränke, Chips, gutes Eis und Postkarten.

TOUREN, INTERNET u. a. – ***Kangaroo Tours***, Galle Rd., ✆/✆ 041-2250750, ✉ camee1000@hotmail.com. Nähe Central Beach Inn, als Service-Center für Touren und Transfers, Internet, Telefonate und Moped-Vermietung.

Transport

Mirissa wird zwar häufig von **Bussen** nach Colombo durchquert, doch sind diese oft voll und

sollten deshalb besser in Matara bestiegen werden.
Die kleine Bahnstation liegt etwas außerhalb und ist Halt vorwiegend lokaler **Bummelzüge**.
Taxis nach Colombo kosten um die US$70, nach Matara oder Unawatuna etwa US$8–10.
Three-Wheeler nach Matara liegen bei ca. 500 Rs, nach Weligama kosten sie 200–300 Rs.

Matara

Überaus angenehme Möglichkeiten, noch weitgehend unbehelligt in das srilankische Alltagsleben einzutauchen, bietet die an der Mündung des Nilwala-Flusses gelegene Küstenstadt Matara. Denn die mit ihren fast 60 000 Einwohnern achtgrößte Stadt Sri Lankas liegt etwas abseits und konnte sich noch viel von ihrer ursprünglichen Atmosphäre bewahren. Sie wird erst von relativ wenigen Touristen besucht, obwohl sie sich nicht zuletzt aufgrund der ausgedehnten Strände ihrer Umgebung (Badebetrieb vor allem zwischen November und Februar) und bedeutender Sehenswürdigkeiten wie dem landesweit höchsten Leuchtturm im benachbarten **Dondra** oder der imposanten Buddha-Statue von Weherehena als Zwischenstation anbietet.

Sich fast 160 km von Colombo, 70 km von Hambantota und nur 45 km von Galle an eine weitgeschwungene Bucht schmiegend, markiert die Bezirks-Hauptstadt das südliche Ende der Eisenbahnlinie, fungiert als wichtiger Verkehrsknotenpunkt und intellektuelles Zentrum des Südens – oder sogar des ganzen Landes.

Als Bestandteil des über 2000 Jahre zurückreichenden Königreichs von **Ruhuna** galten die Mönche von Matara stets als große Gelehrte mit herausragenden Pali- und Sanskrit-Kenntnissen. Bedeutung gewann die Stadt aber auch als Zentrum des Gewürzhandels (vor allem Zimt) und als wichtiger Stützpunkt der niederländischen Kolonialisierung.

Schon kurz nach der Eroberung Galles hatten die **Holländer** 1640 auch Matara eingenommen. Als letzten Akt massakrierten die abziehenden, hier bereits seit 1518 anwesenden Portugiesen alle muslimischen Händler, weil diese angeblich gemeinsame Sache mit den Holländern gemacht hatten. Diese bauten zwei Forts und sicherten sich unter anderem das Monopol im Elefantenhandel. Die damals in den umliegenden Wäldern noch reichlich vorkommenden Dickhäuter wurden in große Gehege getrieben und zu Arbeitstieren gezählt. Nachdem die Briten den Küstenort 1796 übernommen hatten, verlor er seine Bedeutung an Galle – zumal die Distriktverwaltung nach Tangalle verlegt worden war.

Heute wird Matara – abgeleitet von *Maka Tara* (großer Hafen) und *Maat-rah* gesprochen – unter anderem für die Qualität seines Joghurts gerühmt, der als einer der besten im ganzen Land bekannt ist. Die Stadt gilt aber auch als Hochburg der Batik-Kunst und Herkunftsort des berühmten Schauspielers Gamini Fonseka (eine Art Heinz Rühmann Sri Lankas), der heute als Gouverneur der Nordost-Provinz fungiert.

Ebenfalls gern angeführt wird die Stadt wegen dem heißen Temperament ihrer Einwohner und als Herkunftsort des **Matara-Diamanten**, eines Zirkon, der in der Umgebung gefunden wird und

Tauchen mit Eddie

Der sympathische Alt-Schwabinger Edgar K. Rupprecht erweist sich nicht nur als erfahrener Taucher und hervorragende Informationsquelle, sondern auch als uriges Aussteiger-Original an der Südküste. Sein Unternehmen ***Bavarian Divers***, 041-2252 708, bbasdive@sltnet.lk, www.cbg.de/bavariandivers, findet sich seit 13 Jahren im Bay Beach Hotel (s. Weligama).

Eddie, wie er von Freunden und Gästen genannt wird, hatte als Bergungstaucher in Malaysia und später als Tauchlehrer 15 Jahre auf den Malediven gearbeitet, bevor er 1992 nach Sri Lanka übergesiedelt ist. Inzwischen hat der gelernte Kfz-Mechaniker die Tauchgründe vor Weligama und der gesamten Südküste Sri Lankas erforscht – wie zum Beispiel die Geheimnisse der Basses Reefs (s. S. 244) oder der 1863 bei Galle gesunkenen *SSS Rangoon* – und kennt sich dort unten aus, wie in seiner Westentasche. Sein neuestes Projekt ist ein originelles Restaurant, das er sich aus Fracht-Containern zusammen gebastelt hat, um deftige Hausmannskost auftischen zu können. Denn die frische Meeresluft macht bekanntlich hungrig…

früher zuweilen als minderwertiger Diamant verkauft wurde.

Eine weitere Besonderheit der Region sind die mit dem indo-englischen Begriff „Hackeries" bezeichneten **Ochsenkarren**. An der Seite offen, werden sie hier im Alltag zum Beispiel zum Transport von Tonschalen für die Joghurt-Produktion und am singhalesischen Neujahrstag bei illustren Wettrenn-Veranstaltungen im ganzen Land eingesetzt.

Orientierung und Besichtigung

Am östlichen Rand der Stadt breitet sich der Campus der renommierten **Ruhuna Universität** aus. 1978 als University College gegründet, wurden die Gebäude 1984 nach Plänen von Sri Lankas Star-Architekten Geoffrey Bawa errichtet. Ende der 1980er Jahre war sie eine Hochburg der „Einheitsfront für die Volksbefreiung" (JVP). Diese radikalmarxistische Bewegung hatte bereits 1971 von Matara aus einen groß angelegten Aufstand gestartet, der jedoch damals brutal niedergeschlagen worden war (s. S. 98).

Wie Galle untergliedert sich auch das Zentrum von Matara in einen modernen und einen historischen Distrikt. Besonders auffällig ist das große **Sportareal** inmitten der Neustadt, das natürlich vor allem für Cricket genutzt wird. Hauptverkehrsader ist die stets überfüllte Galle Road, die im Stadtgebiet **Anagarika Dharmapala Mawatha** und im Volksmund *Broadway* genannt wird. Vor allem hier sind zwischen vereinzelten, kolonialen Bauwerken wie dem Kino spiegelverglaste, klimatisierte Geschäfte auf dem Vormarsch.

Größte historische Sehenswürdigkeit ist das **Star Fort**, das zwar relativ klein ist, aber mit seiner fünfzackigen Sternform und den massigen Mauern wie der Prototyp einer Bastion wirkt. Zwischen 1763 und 1770 vom holländischen Gouverneur van Eck errichtet und einst mit zwölf Kanonen bestückt, wurde es jedoch niemals angegriffen. Eine Holzbrücke führt über einen rundherum flankierenden Burggraben, wo sich heute nicht mehr Krokodile, sondern Ratten und Mückenlarven tummeln.

Im fotogenen, mit einem Wappen verzierten Eingangsbereich finden sich noch zwei Gefängniszellen für jeweils bis zu 25 Insassen. Im Innenbereich des Forts gibt es außer einem Brunnen und vorwiegend leeren Räumen nichts zu sehen, seitdem das Museum of Ancient Paintings und die Bibliothek ausgezogen sind. Das historische Juwel befindet sich im Privatbesitz und ist nicht immer zugänglich, könnte jedoch eines Tages zu einer charmanten Touristenattraktion herausgeputzt werden.

Dichter Verkehr flutet über die breite, belebte Brücke des **Nilwala Ganga**, in dem Krokodile sogar schon bis ins Stadtgebiet vorgedrungen sein und badende Kinder angefallen haben sollen. Vorbei an der weißen **Muhiyiddeenil Jeelami-Moschee** führt die Straße in Richtung Dondra und Tangalle, aber auch in den historischen Südteil der Stadt, der in seinem westlichen Bereich von einer weiteren, aber sehr viel größeren Befestigungsanlage dominiert wird.

Rund um die Batik

Die Begegnung mit der Kunstfertigkeit von **Shirley Disanayake** findet fast täglich statt. Denn der Professor der Ruhuna-Universität – er wurde von der Regierung sogar schon mit der Goldnadel des *Kala Booshana* (Meister der Kunst) ausgezeichnet – hat unter anderem die Grafik der 20-Rupie-Note entworfen. Trotz seiner Prominenz ist es nicht weiter schwierig, ihm in Matara zu begegnen. Denn in seinem unauffällig kleinen, am nördlichen Ende des Sportplatzes gelegenen Haus, 56/58 Udyana Rd., ☎ 041-2224488, unterhält der passionierte Batiker unter dem Namen **Art Batik** eine Verkaufsausstellung. Die Exponate zeigen, wie sehr sich Disanayake auf besonders komplizierte Motive spezialisiert hat, die sich durch bis zu sieben verschiedene Farben und fließende Übergänge auszeichnen.

Selbst erlernen indes lässt sich die indonesische Kunst der partiellen Einfärbung von Textilien durch aufgepinselte Wachsabdeckungen sowie späteres Eindrehen, Wringen, Falten und Abbinden zum Beispiel bei **Jeziman Mohamed**, die im Hinterhof ihres Hauses, 12 Yehiya Mawatha, ☎ 041-2222142, die Batik-Werkstatt **Yezlook Batiks** betreibt. Sie lässt am liebsten nach alten Vorlagen arbeiten und unterhält in Matara eines der besten Batik-Geschäfte des Südens, in dem sogar schon die britische Königin eingekauft haben soll.

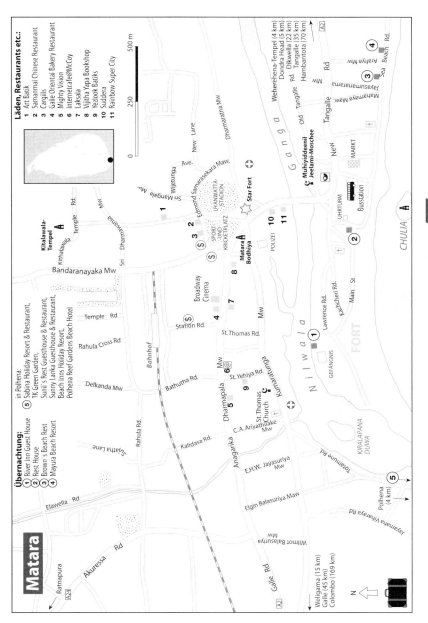

Das verschlafene Areal des **Forts** – nicht halbwegs so reizvoll wie die Festung von Galle – liegt auf einer Halbinsel, die von Verwaltungsbauten, Schulen, Wohnhäusern und Pensionen geprägt ist. Zuerst fallen der 1883 errichtete **Uhrturm** ins Auge, aber auch mächtige Regenbäume und die holländische **Kirche**, die zu den ältesten des Landes zählt. Über dem Eingang prangt die Jahreszahl 1769, doch in ihrem – leider meist verschlossenen – Inneren schlummern einige Bauelemente, die sogar noch bis 1686 zurückreichen, sowie einige Grabsteine. Das am Ufer liegende **Rest House** soll sich teilweise in den Mauerresten der einstigen Elefanten-Ställe eingenistet haben.

Nicht weit davon führt eine Brückenkonstruktion zur kleinen, vorgelagerten Insel **Chula Lanka**, wo ein siamesischer Mönch einst ein Kloster gegründet hatte und sich heute eine besonders gern von Liebespaaren besuchte Tempelanlage befindet.

Übernachtung

Bisher haben sich in Matara erst wenige Unterkünfte auf westliche Touristen eingestellt. Sie liegen meist am Flussufer oder im Küstenbereich. Die Übernachtung im etwa 4 km entfernten **Polhena** indes erscheint allein schon wegen des schönen, lang gestreckten Strands und der idyllischen Ruhe als reizvolle Alternative.

River Inn Guest House, 96/1 Wilfred Gunasekara Mw., ☏ 041-2222215. Preiswerte, empfehlenswerte Unterkunft in der unmittelbaren Nähe des Gefängnisses. Seit 1980, dreistöckiges, akurates Gebäude mit 8 sauberen Zi, die Hälfte davon im Obergeschoss mit Balkon. Kleiner Pavillon am Flussufer – und ein Zaun gegen Krokodile. ❶

Brown`s Beach Rest, 39 B Beach Rd., ☏ 041-2226298. Preiswerte, empfehlenswerte Unterkunft am Meer. Recht komfortable Zi, einige davon mit AC und im hinteren, etwas ruhigeren Bereich gelegen. Kleines Restaurant. ❶

Mayura Beach Resort, ☏ 041-2223274. Moderne, saubere Komfort-Zi am Meer, aber während der Anwesenheit einer Hochzeitsgesellschaft besser zu meiden. ❶

Rest House, ☏ 041-2222299. Zentrale Lage und direkt am Meer in einem Alt- und einem Neubau. Große, aber nur zum Teil angenehme Zi. Restaurant mit Bar. ❶ – ❷

Die Resorts von **Polhena** reihen sich meist direkt an der kaum befahrenen Beach Road auf. Alle verfügen über Restaurants, einige fungieren auch als „Reception Hall" für Hochzeitsgesellschaften, so dass mit entsprechenden Begleiterscheinungen zu rechnen ist.

Sabina Holiday Resort & Restaurant, Polhena Beach Rd., ☏ 041-2227951. Am südlichsten, einsam und romantisch am langen Strand gelegene Unterkunft mit 6 preiswerten, akzeptablen Zi. Familiäre, freundliche Atmosphäre, gute Verpflegung. ❶

TK Green Garden, 116/1 Polhena Beach Rd., ☏ 041-2222603, ✉ hoteltk@sltnet.lk. Nicht direkt am Meer (50 m), aber empfehlenswertes Hotel mit gutem Preis-Leistungs-Verhältnis. Gepflegte, in Grün gehaltene Anlage mit 11 komfortablen Zi, die über Balkon oder Terrasse verfügen. Garten-Pavillon und gutes Restaurant, gebratener Reis 130–400 Rs, Tintenfisch 260–400 Rs, Mixed Grill Fish mit Pommes 450 Rs. Freundlicher Besitzer, der auf Anfrage auch vom Bahnhof abholt. Organisation von Ausflugstouren. ❶

Sunil`s Rest Guesthouse & Restaurant, Polhena, ☏ 041-2221983, ✉ sunilkanthakumarawadu@yahoo.com. Sympathischer, beliebter Familienbetrieb mit 10 Zi in verschiedenen Gebäuden, davon 2 Zi mit kleiner Küche direkt am Strand. Die Brüder Sunil Kantha und Nisantha Kumarawadu organisieren Schnorchel- und Tauchausflüge (ca. 3000 Rs), aber auch dreistündige Bootstouren (3500 Rs) auf dem Nilwala Ganga, wo sich Krokodile tummeln. Die Mutter wird für leckere Hausmannskost gelobt. ❶

Sunny Lanka Guesthouse & Restaurant, 93 Polhena Beach Rd., ☏ 041-2223504. Rund 150 m vom Strand mit 6 einfach möblierten, aber sehr sauberen Zi. Viel gelobtes Restaurant und Organisation von Ausflugstouren. ❶

Beach Inns Holiday Resort, Polhena Beach Rd., ☏ 041-226356, ✉ beachinns@sltnet.lk. Schöne, einsame Lage, kleiner Palmengarten am Strand. 12 Zi mit gepflegten Bädern, meist Seeblick. Restaurant, freundliche Atmosphäre. ❶ – ❷

Polhena Reef Gardens Beach Hotel, 30 Polhena Beach Rd., ☏ 041-2222478, ✆ 2226791. 18 Zi mit großem Balkon, TV und Minibar, davon 3 Zi mit

AC. Restaurant auf der gegenüberliegenden Straßenseite am Strand. Soll bis Ende 2006 zum ersten Vier-Sterne-Resort der Region ausgebaut werden – mit 50 Zi, Schwimmbad und Spa. ❷

Essen

Die Möglichkeiten zum Schlemmen erweisen sich in Matara bisher noch als überschaubar. *Galle Oriental Bakery Restaurant*, 41 Anagarika Dharmapala Mw. Mit seinem nostalgischen, charmanten Ambiente der wahrscheinlich populärste Gastronomie-Betrieb der Stadt. Zur Mittagszeit gibt es Reis- und Currygerichte für unter 100 Rs, den ganzen Tag über Pasteten, Kuchen und andere preiswerte Snacks.

Samanmal Chinese Restaurant, 64 Udyana Rd. (neben dem Supermarkt *Cargills* im Norden des Sportplatzes). Zu den Spezialitäten des Hauses zählen Fisch süß-sauer für 200 Rs und gebratene Garnelen mit Salat für 300 Rs, aber auch gesellige Bierrunden.

Suddera, kleine, empfehlenswerte Passerie neben dem Supermarkt Rainbow Super City im Bereich der Brücke. Leckere, preisgünstige Snacks ab 15 Rs in szenischer, freundlicher Atmosphäre. Guter Tee. ◷ 9–23 Uhr.

Sonstiges

EINKAUFEN – Ende 2004 hat die örtliche *Cargills Food City* mit der *Rainbow Super City* Konkurrenz bekommen, ein großer, klimatisierter Supermarkt westlichen Zuschnitts, nahe der Brücke. Sowohl am Sportplatz als auch am östlichen Ende der Anagarika Dharmapala Mawatha gibt es einen *Vijitha Yapa Bookshop*.

GELD – Die meisten Banken mit ATM-Automaten finden sich im Geschäftszentrum nördlich des Star Forts. In Bahnhofsnähe liegt eine Filiale der *Commercial Bank*.

INTERNET – Der 1998 eröffnete kleine Computer-Laden *Mighty Vision*, 171 Anagarika Dharmapala Mawatha, ☏ 041-2220330, ✆ 2230414, ✉ mightyvision@sltnet.lk, ◷ 9–18 Uhr, bietet Internet-Zugang und das Herunterladen von Digital-Fotos an. Ebenfalls an der Hauptstraße findet sich das populäre *Internetcafe@McCoy*, ◷ 8.30–22.30 Uhr.

KINO – Direkt neben der *Galle Oriental Bakery* findet sich in einem stattlichen, filmreifen Kolonialgebäude das *Broadway Cinema*, das der Hauptstraße offenbar den entsprechenden Spitznamen gegeben hat.

Transport

BUSSE – Der Busbahnhof von Matara liegt innerhalb des Forts und wirkt erfreulich geordnet. Die Intercity-Express-Busse nach COLOMBO (160 km, 4 1/2 Std., ca. 200 Rs) starten rund um die Uhr und in den Spitzenzeiten alle 15–30 Min. Ebenfalls häufige Verbindungen gibt es zum westlich gelegenen GALLE (45 km, 1 Std.). Gen Osten fahren Busse über TANGALLE (40 km, 1 Std.) und Hambantota nach TISSAMAHA-

Zugfahrplan

Zug Nr.	59	57	85*	340	39**	51	345	368
Matara (Abf.)	5.40	6.10	9.15	11.55	13.15	14.30	15.00	17.00
Weligama	5.55	6.34	9.33	12.27	13.33	14.44	15.24	17.24
Galle	5.31	7.27	10.14	13.20	14.18	15.47	16.22	18.22
Hikkaduwa	7.07	8.02	11.02		15.07	16.26		
Aluthgama	7.50	8.45	11.48		16.00	17.10		
Kalutara Süd	8.18	9.11	12.20		16.29	17.38		
Colombo-Fort	9.15	10.13	13.17		17.30	18.50		

* fährt weiter nach Anuradhapura-Vavuniya
** fährt weiter nach Kandy

RAMA, wo Fahrgäste nach Kataragama meist umsteigen müssen. In Richtung Hochland gibt es tgl. bis zu vier Verbindungen nach RATNAPURA sowie eine morgendliche nach NUWARA ELIYA. Wer zur Sinharaja Forest Reserve möchte, muss einen der wenigen Direktbusse nach Deniyaya erwischen oder in Akuressa umsteigen.

Um nach Dondra zu gelangen, kann man irgendeinen Bus nehmen, der die Stadt in Richtung Osten verlässt – und von der Abzweigung einen Three-Wheeler zum Leuchtturm.

Alle 30 Min. verkehren Busse der Linie 349 zum Heiligtum von Weherehena, die etwa 15 Min. benötigen.

Goldener Glanz der Götter

Wo sich heute mit dem Maha Vishnu Devale und seinen alten Vorbildern folgenden Reliefmotiven ein ebenfalls Vishnu geweihter Tempel erhebt, funkelte einst ein bedeutendes Heiligtum. Mit einem goldenen Dach, seinen 1000 Säulen, genauso vielen Statuen und Priestern soll das **Heiligtum von Dondra** vor allem von See her ausgesprochen prächtig gewirkt haben – wie noch im 14. Jh. der arabische Weltreisende Ibn Batuta schwärmte.

Im Zentrum des Heiligtums soll eine goldene hinduistische Vishnu-Statue mit geheimnisvoll leuchtenden Augen aus Rubinen gestanden haben – umtanzt und umsungen von 500 Gottesdienerinnen (Devadasis), die für die Unterhaltung der Götter zuständig waren. Die Figur wurde vermutlich von den **Portugiesen** geraubt und eingeschmolzen.

Denn diese fielen 1587 unter der Führung von De Souza d`Arronches über Dondra her, nachdem sie gerade Galle zurück erobert hatten – nicht zuletzt wohl auch, um König Rajasimha I. (reg. 1581–93) von der Belagerung Colombos abzulenken. In einem barbarischen Rausch plünderten sie die Schätze, zerschmetterten Statuen, brandschatzten die Bauwerke – und frevelten das Heiligtum, indem sie in den Überresten Kühe schlachteten. Bis zu 200 Säulen der Anlage sollen noch bis in das 19. Jh. hinein gestanden haben.

TAXIS – Die Strecke nach Colombo bzw. zum Flughafen liegt bei US$50, nach Hikkaduwa bei US$20. Für Ausflüge in die weitere Umgebung – wie zum Uda Walawe-Nationalpark – kosten Mietwagen mit Chauffeur ungefähr US$40 pro Tag, während eine **Three-Wheeler-Tour** zum Weherehena-Buddha schon für 300–500 Rs zu haben ist. Transfers zu den Resorts von Polhena kosten um die 200 Rs.

EISENBAHN – Eine Fahrt nach Colombo kostet 2. Klasse 150 Rs, nach Anuradhapura 330 Rs, nach Kandy 260 Rs und nach Galle 40 Rs. (Zugfahrplan s. Kasten).

Umgebung von Matara

Nicht nur als guter Ausgangspunkt zur Erkundung von Matara, sondern auch als gute Gelegenheit für einen Abstecher zum Baden, Schnorcheln oder Tauchen bietet sich **Polhena** an. Mit einer Bootstour kann man ein Stückchen den **Nilwala Ganga** hinauf gelangen, der in den nördlich gelegenen Bergen von **Sabaragamuwa** entspringt.

Die beliebtesten Abstecher jedoch führen nach **Dondra** (s. u.) und zu dem rund 5 km östlich der Stadt gelegenen **Weherehena-Tempel**, der eine der modernsten und monumentalsten Buddha-Statuen Sri Lankas birgt (Zutritt für Ausländer ca. 100 Rs).

Die 39 m hohe Figur thront in der Samadhi-Position (beide Hände in Meditationshaltung auf dem Schoß liegend) auf einem ausgehöhlten Felsen, der im 17. Jh. als versteckte Tempelanlage konzipiert war. Mit dem Bau der heutigen Anlage wurde bereits um 1909 begonnen. Die erst in den 1990er Jahren vorgenommene halbseitige Umrahmung mit einem sechsstöckigen Gebäude ist Geschmackssache, doch besteht auf diese Weise immerhin die Möglichkeit, in Kopfhöhe der Statue zu gelangen und von dort einen Blick auf das Reisland der Nilwala-Niederung und die umgebende Palmen- und Gartenlandschaft zu werfen.

Das Labyrinth der zum Teil unterirdisch gelegenen Räume, Korridore und Treppenhäuser ist mit über 20 000 bunten Wand-Malereien ausgeschmückt, die dem Heiligtum über weite Strecken einen gewissen Comic-Charakter verleihen. Auf den Bildern werden Leben und Lehre des Buddha dargestellt. Zudem finden sich Porträts von Zeitgenossen, die dem Tempel größere Geldsummen gespendet haben – wobei Name und Betrag deutlich zu identifizieren sind.

Dondra

Zwischen diesem tropischen Fleckchen Erde und der eisigen Antarktis gibt es nichts anderes als Wasser. Nur 5 km südöstlich von Matara liegt Dondra – gesprochen „Dondera" und zuweilen auch *Dondra Head* oder *Devi Nuwara* (Stadt der Götter) genannt – als südlichster Punkt Sri Lankas. Ein Ort, der nicht nur von geographischer und historischer Bedeutung, sondern auch ein klimatischer Wendepunkt ist. Von hier in Richtung Osten wird die Küste stürmischer, während in ihrem Hinterland Cashew-Plantagen die grünen Reisfelder und Garten-Landschaften des Südwestens ablösen.

Ein Besuch lohnt sich vor allem aufgrund des stattlichen Leuchtturms, aber auch wegen der grandiosen Vergangenheit, die diesem verschlafenen Ort kaum noch anzusehen ist: Schon der um 170 n. Chr. verstorbene Astronom Klaudios Ptolemaios hatte Dondra Mitte des 2. Jhs. unter dem Namen „Dagana" erwähnt. Und wo heute lediglich ein paar Fischerboote schaukeln, befand sich ab dem 13. Jh. ein großer Handelshafen.

Doch auch die Relikte eines wichtigen hinduistischen Heiligtums, dessen Ursprünge bis in das 7. Jh. zurückreichen, weisen auf die Bedeutung Dondras hin. Als „Galge" bezeichnet, zeugen noch einige Grundmauern davon, die aus fein behauenen, nahtlos zusammengefügten Granitblöcken bestehen und vermutlich ersten, vollkommen aus Stein hergestellten Tempel des Landes stammen (s. S. 230).

Noch heute ist Dondra eine wichtige **Wallfahrtsstätte** – für Hindus wie Buddhisten. Nicht weit von der Hauptstraße, auf der der Pilgerstrom im Juli/August weiter ostwärts nach Kataragama zieht, erhebt sich nicht nur der zweistöckige **Vishnu Devale**, sondern auch die buddhistische **Devinuvara-Tempel** sowie ein stehender Kolossal-Buddha und ein vermutlich 1500 Jahre alter, restaurierter Stupa. Für viele Gläubige ist hier schon das Ziel ihres Pilgerwegs erreicht. Denn zeitgleich mit Kandy wird hier im Juli/August der zehntägige „Dondra Perahera" abgehalten.

Auch in der Legende hat Dondra eine Rolle gespielt. Hier soll der vor allem im südlichen Sri Lanka verehrte Kriegsgott Skanda (Kataragama) an Land gegangen sein, und Prinz Rama soll hier seine von dem Dämonenkönig Ravana geraubte Gemahlin Sita wiedergefunden haben.

Dondras achteckiger **Leuchtturm** wurde 1889 von den Briten errichtet und ist mit 52 m der höchste Sri Lankas. Er ist nicht immer zugänglich, doch für 100 oder 200 Rs findet sich meist schnell jemand, der Einlass gewährt. Der Aufstieg über die Wendeltreppe ist etwas anstrengend, belohnt jedoch mit einem herrlichen Ausblick über die Küstenlandschaft – und das für schwindelfreie Besucher sogar von einer Außen-Reling, zu der in luftiger Höhe ein Luken-Ausstieg führt. Wer Lust hat, kann auch ein bisschen am Drehteller mit den Scheinwerfern spielen, die bis zu 28 Meilen weit zu sehen sein sollen.

Wer den besten Blick auf den Leuchtturm selbst erheischen möchte, sollte sich im Restaurant *Light House View Resort*, Hummana Rd, ✆ 041-2220729, ⏱ 11–23 Uhr, am Ende der Bucht niederlassen. (Man sollte sich nicht von dem Schild an der Stichstraße verwirren lassen: es sind nicht 100 m, sondern 600 m.)

Dikwella

Der kleine, etwa 22 km östlich von Matara liegende Küstenort Dikwella – oft auch Dickwella geschrieben und in der Übersetzung „Lange Brücke" – präsentiert sich eher als eine Region. Er ist über die A 2 zu erreichen, die sich bis Tangalle überwiegend an malerischen, menschenleeren Stränden entlang schlängelt. Vielerorts führen Stichstraßen zu reizvollen, durch Felsgruppen voneinander getrennten Badebuchten und versteckten Fischerdörfern. Mehrere stilvolle Unterkünfte bieten sich für Badefreuden und Ayurveda sowie zur Erkundung der beiden wichtigsten Sehenswürdigkeiten an.

Nicht nur der Weherehena-Tempel im 20 km entfernten Matara kann mit einem heiligen Riesen aufwarten, sondern auch der **Buduraya-Tempel** von **Wehwurukannala**: Mit 50 m ist die hiesige Statue sogar noch um einiges höher und sogar die größte Sri Lankas.

Rund 2 km nördlich von Dikwella blickt der Ende der 60er Jahre errichtete, meditierende **Samadhi-Buddha** über Palmenhaine und Reisfelder. Statt eines in der Tropensonne schnell verblassenden Farbanstrichs bekam er eine beständige Oberfläche aus Mosaiksteinen. Auch hier wird die Figur von einem Gebäude gestützt. Es besteht aus zehn Stockwerken und führt zu einer Aussichtsplattform in den Kopf der Figur.

Wie in Weherehena sind auch hier das Haus und die umliegenden Gebäude mit zahlreichen bunten Wandgemälden verziert. Sie dienen der religiösen Unterweisung und sind mitunter besonders brutal. Wie zum Beispiel die Motive, auf denen die Sünder von Teufeln kopfüber in siedendes Wasser getaucht werden. Der älteste Teil des Heiligtums soll sogar 250 Jahre alt sein. Neueren Datums ist eine interessante Uhr, die von einem Häftling um 1930 angefertigt worden sein soll. ☉ 6–18 Uhr.

Ungefähr 6 km nordöstlich von Dikwella zweigt am Kilometerstein 185 nach rechts eine Straße zum so genannten **Blowhole** (Blasloch) von **Mawella/Kudawella** ab. Dabei handelt es sich um ein atemberaubendes Natur-Schauspiel, wie es nur noch an sechs anderen Orten des Planeten zu finden ist: Aus einer auf einer Anhöhe gelegenen, ockergelben Felsspalte schießt in unregelmäßigen Abständen mit lautem Getöse eine bis zu über 20 m hohe weiße Fontäne in den blauen Himmel. Das Wasser wird mit dem Wellengang des nahen Meeres durch einen 23 m langen, natürlichen Felskamin gepresst. Während des Südwestmonsuns im Juni/Juli präsentiert sich das – von den Einheimischen *Hoo-maniya* (Blasebalg) genannte – Phänomen am spektakulärsten, während man bei spiegelglatter See vielleicht besser daran vorbeifahren sollte.

Das Gebiet um Mawella und Nakulungamuwa war Ende der 80er Jahre eine Hochburg der JVP, die hier sogar die Hauptstraße absperrten und die Bevölkerung mit ihrer Tyrannei überzogen, bis die Armee mit brutaler Gewalt einschritt.

Übernachtung und Essen

Verstreut in der Region von Dikwella finden sich mehrere verlockende, gediegene Unterkünfte und als kleines, gutes und günstiges **Restaurant** das **Dikroma**, ✆ 041-2225425, ☉ 7–22.30 Uhr, direkt an der A 2, rund 300 m nach der Einfahrt zum *Dickwella Resort*.

Dickwella Beach Hotel, 112 Mahawela Rd., ✆ 041-2255326. Direkt an der Straße, aber innen und am Strand ruhig. Vor allem an Einheimischen orientiert und deshalb preisgünstig. 20 einfache, aber geräumige Zi in einem Blockbau mit Innenhof. ❶

Kadolana Beach Resort, Kemagoda, ✆ 041-2256 140. Etwa 3 km von Dikwella. Architektonisch ansprechende Anlage mit viel Rasen und Schatten. 8 Zi, davon 4 AC, jeweils mit breitem Balkon oder Terrasse, am Beginn einer Bucht. ❸

Surya Garden, Nakulungamuwa, ✆ 077-7147818, ✆ 041-2242286, ✉ srilankas@tiscalinet.it. 7 km nördlich von Tangalle. Einsam gelegenes, ansprechendes Strand-Resort mit italienischem Restaurant „Il Camino". 3 Cabanas mit Warmwasser-Bad. ❸–❹

Manahara Beach Cottage & Cabanas, Moraktiyara, ✆/✆ 041-2240585. Ungefähr 7 km hinter Dikwella. Empfehlenswerte Anlage mit Schwimmbad in schattigem Garten. 9 stilvolle, ansprechende Komfort-Cabanas am herrlichen, 5 km langen Strand von Mawella. ❹

Flavios Ayurveda Resort, Nilwella, ✆ 0777-450 722, 🖥 www.isolabella.lanka-online.com. Liegt mit 3 Zi nicht weit vom Tempel. ❺–❻

Dickwella Village Resort, Batheegama, ✆ 041-2255271, ✆ 2255410, ✉ dickwella@slt.net.lk, 🖥 www.dickwella.net. Seit 1981, spektakulär auf einer felsigen Landzunge am Meer liegendes, schönes Resort mit 70 Komfort-Zi und Halbpension. Geführt von dem sympathischen italienischen Original Enzo Azzola sowie seiner holländischen Frau Anke J. Riemsma. Salzwasser-Pool, viele Sportmöglichkeiten und Ausflüge. ❻

Vattersgarden, Kottegoda, ✆ 041-2259060, ✆ 2259062, ✉ mistercharly@web.de, 🖥 www.vattersgarden.de. Rund 12 km hinter Matara und 800 m von der Hauptstraße. Empfehlenswertes, angenehmes Ayurveda-Resort der deutschen, sympathischen Familie Vatter. Herrlich gelegen an einem schönen Strand und mit 11 Zi sowie mehreren Pavillons über einen grünen Palmenhügel verteilt. 34 Angestellte kümmern sich um bis zu 15 Gäste. Zwei Wochen kosten um die 1100–1400 Rs. ❻

Claughton Dikwella, Kemagoda/Nugaya, ✆/✆ 011-2509134, ✉ russgray@sltnet.lk, 🖥 www.srilankayellowpages.com/claughton. 5 km hinter Dikwella. Gehört als Designer-Hotel mit nur 3 Zi bzw. Villen für max. 9 Gäste, aber einer riesigen Parklandschaft mit Hügeln,

Leuchtturm von Dondra

Schwimmbad und faszinierendem Meeresblick zu den exklusivsten Resorts der Insel. ❻

Transport

Bus- und Bahnverbindungen s. Transport unter Matara bzw. Tangalle.
Sri Lankan Airlines fliegt Dikwella im Rahmen ihres Air Taxi-Angebots an. Buchungen unter ☏ 019-7333355 oder im Büro, 250 Dockyard Rd., ☏ 026-2221101.

Tangalle

Die rund 200 km von Colombo und 80 km von Galle entfernte Region Tangalle – auch Tangalla geschrieben und in der Übersetzung „Hervorstehender Felsen" – lebt vorwiegend von der Fischerei und präsentiert sich mit seiner schönen Küstenlandschaft als ideales Ziel zum Relaxen. Der Ort selbst bietet nicht viel Besonderes außer einem belebten Marktplatz, einem geschäftigen Hafen und einigen Überbleibseln holländischer Kolonial-Architektur – wie dem örtlichen **Rest House**: 1774 von den Holländern erbaut und der Verwaltung dienend, ist es eines der ältesten im Land.

Aufgrund ihrer Felsformationen und Badebuchten zählen die Strände des Ortsteils **Goyambokka** zu den reizvollsten der gesamten Südküste, während sich in dem von der A 2 durchschnittenen Ortsteil **Pallikaduwa** die ältesten Unterkünfte befinden. Der schöne, fast 3 km lange **Medaketiya Beach** beginnt gleich am Hafen, um sich später mit dem faszinierenden, menschenleeren **Medilla Beach** fortzusetzen. Dort findet sich auch eine große, sumpfige **Lagune**, die sich teilweise mit kleinen Booten erkunden lässt. Da der Meeresboden mitunter sehr steil abfällt, können Wellen und Strömungen manchmal gefährlich werden, und so scheint es kaum verwunderlich, dass diese Region besonders hart vom Tsunami getroffen worden ist.

Zu den **Tauchzielen** vor der Küste zählen neben einigen Korallenriffen ein um die 150 Jahre altes Dampfschiff-Wrack sowie ein vor fast 25 Jahren versunkener, 40 m langer Container-Frachter. Touren werden von dem Unternehmen Let`s Dive, ☏ 077-7902073, ✆ 047-2240401, organisiert.

In dem ungefähr 10 km östlich von Tangalle liegenden Fischerdorf **Rekawa** hat sich seit 1996 das besonders naturnahe Turtle Conservation Project *(TCP)* etabliert, das von Einheimischen weiter geführt wird und bei Zutrittsgebühren von 400 Rs als wichtige Einnahme-Quelle fungiert. Besonders zwischen Januar und Juli besteht hier die hervorragende Möglichkeit, abends – meist in der Zeit von 20 bis 24 Uhr – die Ei-Ablage von bis zu fünf verschiedenen Arten von Meeres-Schildkröten zu beobachten. Man sollte möglichst dunkle Kleidung tragen; Fotografieren und Filmen sind wegen möglicher Lichteffekte unerwünscht. Anders als bei den Hatcheries der Westküste, werden die Eier der Panzertiere hier im Sand belassen und sorgsam bewacht, bis die geschlüpften Tiere ins Meer entfliehen.

Neben Ausflügen zum Natur-Phänomen **Hoomaniya** oder zum **Buduraya-Tempel** von Wehwurukannala (s. S. 231) bietet sich auch das wenig besuchte **Kalametiya Bird Sanctuary** (Zugang über das etwa 20 km entfernte, östlich gelegene Dorf Hungama) zur Erkundung an.

Rund 16 km nördlich von Tangalle findet sich in **Mulkirigala** die bedeutendste kulturhistorische Sehenswürdigkeit der Region: ein auf einem 211 m hohen, schwarzen Felsen gelegenes **Kloster**, zu dem 700 enge, steile und vielleicht schon vor 1500 Jahren angelegte Treppenstufen hinaufführen. Vermutlich schon im 1. Jh. v. Chr. von Mönchen genutzt, blieb es von den üblichen zerstörerischen Übergriffen der Portugiesen verschont und auch vor den Holländern – nicht zuletzt deshalb, weil diese das Heiligtum bis 1766 mit Adam`s Peak verwechselten.

Ein britischer Kolonialoffizier entdeckte 1826 in der Schriftensammlung des Klosters, das zu den ältesten der Insel zählt, den auf Palmblätter geschriebenen *Tika* – einen Kommentar zu der in Pali verfassten Chronik *Mahavamsa*, der diese zu entschlüsseln half. Da die Briten den Mönchen auferlegten, ihre Toten zu begraben, findet sich sogar ein eher seltener buddhistischer Friedhof.

Die auf fünf verschiedenen Ebenen liegenden Nischen, Höhlen und Andachtsstätten des Felsens sind mit Wandgemälden aus dem 19. Jh. und Statuen geschmückt, darunter ein 10,50 m langer, liegender Buddha. Von dem an die Heiligtümer von Dambulla und Sigiriya erinnernden Felsen, ⏰ 6–18 Uhr, Eintritt 200 Rs, bietet sich ein in alle Himmelsrichtungen bestechender Ausblick, an seinem Fuß gibt es ein kleines, archäologisches Museum.

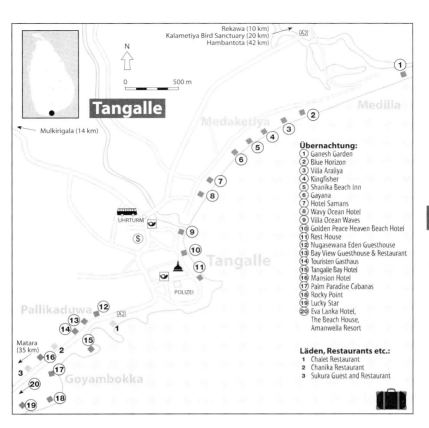

Übernachtung und Essen

Einige Unterkünfte finden sich in den Bergen bzw. an den Stränden westlich von Tangalle, einige aber auch direkt im Ort. Die an den östlichen Stränden gelegenen Resorts – wie das Nature Resort oder auch das Darwin Resort am Medilla Beach – waren besonders schwer vom Tsunami betroffen und bei der Recherche nicht wieder aufgebaut. Die meisten Unterkünfte verfügen über eine eigene, kleine Restauration.

Westlich der Stadt in den zwischen der A 2 und dem Meer gelegenen Hügeln von **Goyambokka** finden sich u. a. die gediegensten Unterkünfte von Tangalle:

Palm Paradise Cabanas, ✆/℻ 047-2240338, ✉ ppcabana@sltnet.lk, 🖥 www.palmparadise-cabanas.net. Empfehlenswertes Resort mit 22 Cabanas in weitläufiger, von dichtem, altem Palmen-Bestand beschatteter Gartenanlage an schönem Strand. Als Pionier-Projekt Anfang der 80er Jahre gestartet von den Deutschen Karin Burdich und Manfred Meinecke. Nur mit Halb/Vollpension. Service-Angebote inkl. Massagen. ❷–❸

Rocky Point, ✆ 047-2240834, ℻ 2242286, ✉ rockypointbeach@yahoo.com, 🖥 srilanka rockypoint.com. Empfehlenswert mit 4 Bungalows und 4 Zi in schöner, großer Gartenanlage am Hang. Vom Restaurant herrlicher Blick auf die felsige Küste. ❸

Lucky Star, ✆ 047-2241244, ℡ 2241243, ✉ info@luckystar-srilanka.de, 🖳 www.luckystar-srilanka.de. Seit Ende 2004, 9 sehr schöne, große Komfort-Zi, toller Meeresblick und Salzwasser-Pool. Empfehlenswert und familiär. Die deutschen Besitzer haben sogar Steckdosen und Toilettendeckel aus der Heimat importiert. ❹–❺

Eva Lanka Hotel, ✆/℡ 047-2240940-1, ✉ hotel eva@sltnet.lk, 🖳 www.eva.lk. Sehr schönes, in einen bunten Tropengarten am Berghang eingebettetes Ayurveda-Resort mit 29 Cabanas, davon 15 nur für Kurgäste. Faszinierender Meeresblick. Zweitägige Behandlungen ab US$150, 4 Tage ab US$270 und 7 Tage ca. US$470. ❻

The Beach House, Kontakt über den Luxusvillen-Anbieter The Sun House in Galle, ✆/℡ 091-2222 624, ✉ sunhouse@sri.lanka.net, 🖳 www.the sunhouse.com. Einst im Besitz des US-Künstlers Douglas Johnson und mit Hilfe von Geoffrey Bawa restauriert, wird das koloniale Strandhaus zu den exklusivsten 20 Villenhotels der Welt gezählt. Extrem private, nostalgische bis verstaubte Atmosphäre. 4 Zi für bis zu 9 Personen, die mit Antiquitäten wie Baldachin-Betten eingerichtet sind und um US$700 pro Tag kosten. Auffallendstes Merkmal ist das frei stehende Tor am Meer. ❻

Amanwella Resort, Wella Wathurara, ✆ 047-2241333, ℡ 2241334 ✉ info@amanresorts.com, 🖳 www.amanresorts.com. Der Name kombiniert Aman (Frieden) und Wella (Strand). Trotz schlichter, eigenwilliger Bunker-Architektur, viel tristem Grau und spärlicher Dekoration seit März 2005 ein exklusiver Meilenstein der legendären, 1988 gegründeten „Aman Resorts Group" – und bei Übernachtungspreisen um US$700–1000 das mit Abstand teuerste Hotel Sri Lankas. 30 gediegene Suiten mit kleinem eigenen Pool, davon 14 direkt am Strand. Der Gemeinschaftspool misst 45 m, während sich 150 Angestellte um das Wohl der betuchten Gäste kümmern. ❻

Westlich der Stadt im Ortsteil **Pallikaduwa** an der A 2, die hier Mahawela Road genannt wird und die Küste flankiert:

Bay View Guesthouse & Restaurant, ✆ 047-2242431. 3 Zi, davon 2 etwas laut an der Straße und 1 als Cabana. Freundliches Restaurant, ⏱ 6–24 Uhr. ❶

Mansion Hotel, ✆ 047-2242057. Seit 1994, am Ortseingang mit 5 Zi, davon 1 AC. Auf Hochzeitsgäste spezialisiert. ❶

Sukura Guest and Restaurant, ✆ 047-2242651. Kleine, spärlich möblierte, aber saubere Zi, davon 2 mit Bad. Auf Hochzeiten spezialisiert, kleines Restaurant, ⏱ 6.30–22 Uhr. ❶

Touristen Gasthaus, ✆/℡ 047-2240370, ✉ mka pila@sltnet.lk. 6 Zi, davon 2 AC und ein großes mit Küche. Der Besitzer ist Geschmackssache. ❶–❷

Nugasewana Eden Guesthouse, ✆ 047-2240389, ✉ tourist@slt.net, 🖳 www.nugasewana.com. Das frühere „Tourist Guest House" zählt seit 1982 zu den frühesten Anlagen von Tangalle. 8 empfehlenswerte Zi mit Warmwasser-Bad, davon 5 mit AC. Großer Garten, freundliche Atmosphäre und umfassender Service wie Transfers und Internet. ❷

Tangalle Bay Hotel, ✆/℡ 047-2240346, ✉ accountstbh@sltnet.lk. Reizvolles, auf einem Felsvorsprung im Meer thronendes, architektoni-

---

Einst seiner Zeit weit voraus: das Tangalle Bay Hotel

Wer nicht hier absteigen möchte, sollte zumindest mal einen Blick hinein werfen. Denn das Tangalle Bay Hotel zeigt sich von außen zwar als hässlicher Kasten, überrascht im Inneren jedoch als architektonisches Juwel mit vielen interessanten Details.

Das von dem heute in den USA lebenden, fast 60 Jahre alten **Valentine Gunasekere** mit zahlreichen Elementen eines Schiffs entworfene Hotel stammt zwar von 1971, ist seiner Zeit jedoch schon weit voraus gewesen. Abgesehen von der angesetzten Patina könnte es glattweg als zeitgenössisches Designer-Hotel durchgehen, von manchem aber vielleicht auch als kitschig empfunden werden. Vom Foyer aus gelangen die Gäste auf avantgardistische Weise über eine Art Landungsbrücke und die Treppenhaus-Rotunden „Hatch" A, B oder C zu ihren Zimmern, die ungewöhnlich geschnitten sind und nicht nur lukenförmige Fenster, sondern auch allerlei verspielte Rafinessen aufweisen.

sches Hotel-Juwel (s. S. 236, Kasten) mit 28 Komfort-Zi, davon 20 mit AC (US$5 Aufschlag). ❸
Chalet, ✆ 047-2240452. Seit 1981 originelles Restaurant, das mit seiner Pretiösen-Sammlung schon fast als kleines Museum fungiert. Schwer gebeutelt vom Tsunami und als sympathischer Familienbetrieb geführt von S. H. Bandupala und seiner Frau Subadua. Internationale Telefonate. Ebenfalls mit einer kleinen Speisekarte aufwarten können die in der Nähe liegenden, mitunter etwas verwaist wirkenden Restaurants ***Chanika***, ***Sea View Tourist Inn***, ***Sea Beach***, ***Basmathie Fried Rice*** oder ***Turtles Landing Point***.

Im Bereich des **Stadtzentrums**, das sich aber weniger zur Übernachtung anbietet:
Golden Peace Heaven Beach Hotel, Modra Beach Rd., im Stadtgebiet am Strand, ✆ 047-2242630. Zweistöckiges Gebäude mit 9 Zi. ❶ Die meisten benachbarten Unterkünfte wie die Gästehäuser ***Ravindu*** oder ***Sarath*** sind eher einfach und auf einheimische Gäste eingestellt und/oder fungieren als Stundenhotels.
Villa Ocean Waves, 67 Beach Rd., ✆ 047-2242781. Das nicht direkt am Strand liegende Gästehaus verfügt über 4 Zi. ❶
Rest House, ✆ 047-2240299. In szenischer Lage direkt am geschäftigen Fischerei-Hafen mit 20 wohnlichen Zi, davon 7 mit AC. ❷–❸

An den zwei herrlichen **Stränden östlich der Stadt**:
Shanika Beach Inn, 69 Medaketiya Beach, ✆ 047-2242079. Empfehlenswerte Anlage mit 8 Zi, davon 3 große mit Balkons in einem schmalen, dreistöckigen Neubau (das beste ist Nr. 8). Hölzerner Restaurant-Pavillon. ❶
Gayana, Medaketiya Beach, ✆/✆ 047-2240477, ✉ gayana02@sltnet.lk. 8 Zi, davon einige mit kleinen Terrassen und 2 mit Warmwasser-Bädern. Umfassendes Service-Angebot mit E-mail und Transfers. ❶–❷
Wavy Ocean Hotel, 50 Medaketiya Beach, ✆ 047-2242680, ✉ rukman2004@yahoo.com. Seit 2002, 7 aktzeptable Zi in einem rosafarbenen, zweistöckigen Gebäude. Recht beliebtes Restaurant und Touren-Angebote. ❶
Kingfisher, 91 Medaketiya Beach, ✆ 047-2242472. 7 recht gemütliche Zi, davon 2 mit Außen-Bad. Gute Strandlage, deutscher Besitzer. ❶

Hotel Samans, 75 Medaketiya Beach, ✆ 047-2240464. 6 einfache, aber saubere Zi, davon die Hälfte im Obergeschoss. Beliebt für Hochzeitsfeiern. ❶
Blue Horizon, Medilla Beach, ✆ 047-2240721, ✉ bluehorizon@sltnet.lk. Empfehlenswert, da die mit Abstand beste Traveller-Unterkunft der Region. Gelegen an einem schönen, einsamen Strandabschnitt. 7 gute, recht preiswerte Zi mit gemütlichem Restaurant im 2. Stock. Freundlicher Eigentümer ist Mr. Sudath. ❶–❷
Villa Araliya, Medilla Beach, ✆/✆ 047-2242163. Empfehlenswerte, familiär geführte Anlage eines Deutschen. 2 Bungalows und 1 Zi, stilvoll mit Antiquitäten bestückt und in einem dschungelartigen Garten. ❷
Ganesh Garden, Medilla Beach, ✆ 077-3262268, ✉ ankesandel@sltnet.lk, 🖥 www.ganesh-garden.com. 6 Zi in 4 Bungalows, betrieben von einer Mannheimerin. ❶–❷

Transport

Es gibt **CTB-Bus**verbindungen sowie **Minibus**-Transfers nach COLOMBO (Abfahrt alle 30 Min.), Galle, Matara, Hambantota, Tissamaharama und Kataragama.
Nach MULKIRIGALA starten häufig **lokale Busse** von Tangalle über Wiraketiya oder Beliatta, während der Rundtrip mit einem **Three-Wheeler** 600–800 Rs kostet. Ein ähnlicher Preis wird für die Fahrt zum Schildkröten-Schutzprojekt in Rekawa verlangt.

Hambantota

Das fast 240 km von Colombo und 120 km von Galle entfernte Muslimstädtchen ist zwar die größte Stadt der Südküste, hat aber außer seiner schön geschwungenen **Bucht** nicht viel zu bieten. Am Strand findet sich eine gewaltige **Armada** aus Fischerbooten, einst Ausleger-Einbäume aus Holz, heute schnittige Rümpfe aus Polyester, zwischen denen vor allem morgens und abends emsig an Netzen und Meeresbeute gewerkelt wird. Ein besonders hübscher Blick darauf ergibt sich vom Rest House, in dessen Umgebung sich auch die Behördenbauten des geschäftigen Verwaltungsstädtchens konzentrieren.

Für Touristen fungiert Hambantota vor allem als optimaler Ausgangspunkt zur Erkundung des **Bundula-Nationalparks** oder auch des **Weerawila Tissa Bird Sanctuary**.

Schon griechischen Seefahrern bekannt und von dem alexandrinischen Geographen des 2. Jhs., Ptolemaios, als *Dionysii* auf seiner Karte eingezeichnet, wurzelt die heutige Bezeichnung ebenfalls in der Geschichte. Das Wort *Tota* bezeichnet einen Hafen und *Hamban* kommt von *Sampan*, den kleinen Booten der **malaiischen Einwanderer**, die einst von den Holländern aus ihrer Kolonie Niederländisch Ostindien und auch später von den Briten als Soldaten hierher verpflichtet wurden. Der bekannteste Vertreter der Kolonialmacht dürfte Leonhard Woolf gewesen sein, späterer Ehemann von Virginia Woolf und Autor des Romans „Das Dorf im Dschungel", der hier von 1908 bis 1911 seinen Dienst verrichtete. In heutigen Zeiten wird für die Stadt gelegentlich der Bau eines Tiefseehafens diskutiert.

Umgebung von Hambantota

In der Region von Hambantota finden sich lange, aber meist schattenlose Strände. Ihr Hinterland wird von Wanderdünen und Palmyra-Palmen dominiert, die diese aufhalten sollen. 11 km westlich der Stadt liegt **Ambalantota**, ein kleiner Ort mit den spärlichen Überresten eines holländischen Forts und dem Heiligtum **Girihandu Vihara**, wo sich ein bedeutendes Kalkstein-Relief aus dem 2. bis 1. Jh. v. Chr. verbirgt. Ein archäologisches **Museum**, ◷ tgl. außer Fr 9–17 Uhr, zeigt Funde aus dieser schon früh besiedelten Gegend.

Eine Straße führt zu dem mitten in der Wildnis gelegenen, zwischen 1928 und 1932 angelegten **Ridiyagama-Stausee**. In der nahen Höhle **Kurandaka Lena** (oder auch Karmabagalle) wurden die ältesten bisher in Sri Lanka gefundenen Malereien entdeckt. Sie wurden mit roter Farbe auf einen weißen Belag aufgebracht und zeigen den Kopf eines Bodhisattvas sowie den Oberkörper einer aus den Wolken auftauchenden Apsara, die eine Blume überreicht.

Übernachtung und Essen

Die billigsten Pensionen werden auch gern als Stundenhotel genutzt. Wer es sich leisten kann, sollte unbedingt das Rest House oder eines der beiden schönen Luxus-Resorts wählen, die beide ihr ganz eigenes Flair haben. Das beliebte, ausgezeichnete und leicht noble ***Jade Green Restaurant*** gegenüber der Ausfahrt des Peacock Hotels war zur Zeit der Recherche noch nicht wieder aufgebaut.

Lake View Guesthouse, 12 Well Rd., ✆ 047-2220103. Idyllische Lage an einem zugewachsenen Lotosteich mit vielen Vögeln und sogar Schildkröten. 15 leicht schmuddelige Zi mit akzeptablen Bädern, davon 8 als Neubau. ❶

Ranmini Lake Guesthouse, 10 Well Rd., ✆ 047-2222296. In der Nachbarschaft des Lake View Guesthouse am Lotosteich. 5 einfache, aber saubere Zi mit guten Bädern. ❶

Joy Rest Home, 48 Tangalle Rd., ✆ 047-2220328. Seit 1975, ein fast 100 Jahre altes Haus direkt an der Straße, aber mit schönem Vorbau zum Sitzen. 6 etwas schmuddelige, spärlich möblierte Zi. Freundlicher Familienbetrieb. ❶

Rest House, ✆/℻ 047-2220299, etwa 300 m südlich der Busstation. Unterkunft mit herrlichem Meeresblick. 15 gute Zi mit großen Bädern und – auch im Obergeschoss – über lange, breite Veranden verbunden. Die Zi des Altbaus bieten einen besseren Ausblick, sind wohnlicher und rund ein Drittel teurer als die im neuen Flügel. Gutes Restaurant. ❷–❸

Peacock Beach Hotel, Galwala, ✆ 047-2220377, ℻ 2220692, ✉ peacock@sltnet.lk, 🖥 www.peacockbeachhotel.com. Seit 1986, lange das beste Hotel der gesamten Region und mit seiner tropischen Gartenanlage auch heute noch faszinierend. Die 111 Zi sind mehrfach renoviert, haben ihr eigenes Ambiente und bieten allen üblichen Komfort. Schönes Frühstücks-Restaurant, sehr freundliches Personal. Origineller Doppeldecker-Bus für Ausflugstouren bis zu 40 Personen. Das Baden am kahlen Hotelstrand ist nicht ganz ungefährlich: Das Meer fällt hier gleich bis 40 m Tiefe ab. ❸–❹

The Oasis Ayurveda Beach Resort, Sisilasagama, ✆ 047-2220650-2, ℻ 2220652, ✉ info@oasis-ayurveda.de, 🖥 www.oasis-ayurveda.de. Rund 7 km westlich der Stadt. Seit 1997, bestes Hotel der Stadt und mit seinen 50 geschmackvoll eingerichteten Komfort-Zi sehr empfehlenswert. Angenehme, erholsame Atmosphäre, nettes Personal und ein 50 000 m² großer Garten mit Dünen und herrlichem Strand. Sehr auf Deutsche eingestellt. Fast die Hälfte der Gäste kommt wegen der professionellen Ayurveda-Kuren. 10 Tage liegen bei rund 700 Rs, 15 Tage bei 1030 Rs und weitere Verlängerungstage bei 70 Rs. ❺

Transport

Der Busbahnhof findet sich inmitten der Stadt. Die fast den ganzen Tag regelmäßig nach COLOMBO startenden **CTB-Busse** fahren über RATNAPURA (225 km) oder an der Küste entlang (238 km) und brauchen mindestens 6 Std. Die Strecke nach TANGALLE dauert fast 1 1/2 Std. Die Verbindungen über Embilipitiya nach Ratnapura und in das Hochland werden seltener angeboten. Nach TISSAMAHARAMA verkehren zahlreiche **lokale Busse**, die ungefähr 1 Std. benötigen. Ein eigenes **Taxi** nach Colombo kostet US$70–80.

Bundula-Nationalpark

Der von Hambantota (18 km) oder Tissamaharama in nur 30 Minuten zu erreichende, nicht weit vom Yala-Naturschutzgebiet gelegene Bundula-Nationalpark gehört mit 197 **Vogelarten** zu den wichtigsten Zielen für Ornithologen. Am interessantesten ist die Erkundung im Winter (Sep bis März), wenn bis zu 58 verschiedene Arten Zugvögel vom asiatischen Festland einfliegen. Denn da sich weiter südlich über tausend Kilometer nur noch der Indische Ozean erstreckt, ist hier ihre Endstation.

Eine besondere Attraktion ist die hohe Flamingo-Population. Doch auch vier Arten von Meeresschildkröten und imposante Krokodile sowie 32 verschiedene Säugetierarten wie (eher seltene) Kaninchen, Affen, Wasserbüffel, Wildrinder, Rotwild, Wildschweine und einige Elefanten gibt es hier. Der Bundula-Nationalpark präsentiert sich im wahrsten Sinne des Wortes als „Platz für Tiere": Wo die Besucher auch hinsehen, können sie in diesem Garten Eden pralles Wildleben beobachten.

Die Landschaft des rund 6200 ha großen Naturschutzgebiets besteht aus Buschland und einer Serie von fünf flachen **Küstenlagunen**, die sich in die lange Kette von ähnlichen Gewässern für rastende Vögel einreihen – wie die Lagunen von Kalametiya hinter Tangalle, von Kumana im Nationalpark Yala East sowie von Weerawila und Lunugamvehera im Landesinneren. Am Ostrand schlängelt

Salzgewinnung in Hambantota

Neben der Produktion der Süßspeise *Maskat*, dem Kittul-Palmen-Sirup *Feni* und dem im ganzen Land gerühmten Büffelmilch-Joghurt *Kiri*, der viel entlang der Ausfallstraßen aus Tongefäßen verkauft wird, ist Hambantota vor allem für die Salzgewinnung bekannt. In der Kolonialzeit gehörte das weiße Gold zu den Reichtümern der Insel und gelangte von hier mit langen Kolonnen aus Eselskarren zu den Häfen. Seit Jahrhunderten blieb die Abbau-Technik bis heute unverändert. Das Meerwasser wird über Kanäle in die so genannten *Lewayas* geleitet, die als natürliche, flache Lagunen-Bassins hinter den Deichen liegen. Dort verdunstet es so schnell, dass sich eine zentimeterdicke, kristallisierte Kruste abschürfen lässt. Da jeder Regen die Konzentration der Lauge in den rosafarbenen Salzpfannen verwässern würde, bietet sich der Salzabbau gerade in diesem trockenen Landesteil an. Unverständlich indes bleibt, dass Fotos oder Besichtigungen kaum oder nur mit Voranmeldung über das Büro in Mahalewaya, ✆ 047-2220387, möglich sind.

sich der Kirindi Oya, nachdem er mehrere Reservoire gespeist hat, südwärts zum Meer. Der Ozean flankiert den Nationalpark auf einer Länge von insgesamt 20 km, was aber beim Tsunami zu keinen größeren Schäden geführt hat.

Die Fahrzeuge dürfen nur an drei vorgeschriebenen Stellen verlassen werden. Als Unterkunft im Park gibt es ein einfaches, aber romantisches Campinggelände an der Lagune von Embilikala und eines am Meer. Drei weitere Plätze sollen demnächst noch eingerichtet werden. Reservierung über das *Department of Wildlife Conservation* in Colombo, ✆ 011-2694341, ✆ 2698556, ✉ wildlife@sltnet.lk.

Am Eingang sind zwei Museums-Räume mit informativen Postern, eingelegten Schlangen und allerlei Überbleibseln von Wildtieren wie Schädel, Knochen oder Panzer. Der Park-Eintritt beträgt etwa US$11 pro Person, die Service-Charge für den obligatorischen Tracker-Boy US$5 und die Gebühr für mitgeführte Fahrzeuge etwa US$1. Es sind Prospekte und eine gute, 64seitige Info-Broschüre erhältlich.

Tissamaharama

Am Südende des **Weerawila Tissa Bird Sanctuary** und am idyllischen, renaturierten Stausee **Tissa Wewa** aus dem 3. Jh. v. Chr. gelegen, eignet sich Tissamaharama bestens, sich auf den Besuch der umliegenden Nationalparks einzustimmen. Dass der ca. 265 km von Colombo und 25 km von der Küste entfernte Ort zudem auch als Touristen-Drehscheibe für Kataragama fungiert, zeigt sich an den vielfältigen Unterkünften.

Doch „Tissa", wie der Volksmund gern abkürzt, zählt sogar zu den alten Königsstädten der Insel. Von hier wurde vor rund 2200 Jahren das singhalesische Königreich **Ruhuna** regiert (s. u.). Zuvor hieß die Stadt Mahagama, benanntnach dem hier herrschenden Bruder des berühmten Königs Devanampiya Tissa. Mehr noch als Anruradhapura und Polonnaruwa gilt die Stadt als Symbol für den ewigen Widerstand gegen die Eindringlinge aus Südindien, denn hier wurde einst auch der Nationalheld **Dutthagamani** (s. u.) geboren.

Gepägt wird das Bild der Stadt vor allem von den Süßwasser-Reservoirs, die sich in der das ganze Jahr über eher trockenen Region als Paradies für Wasservögel und ihre Beobachter präsentieren. Die mehr als 2000 Jahre alten Ruinen der Königsstadt finden sich vorwiegend im Bereich des Tissa Wewa. Mit 56 m Höhe und einem Umfang von 165 m zählt die **Große Dagoba** von Tissamaharama für die Buddhisten zu den 16 heiligsten Orten des Landes.

Das legendäre Ruhuna

Es sind nicht nur die Ruinen von Tissamaharama oder die historischen Klosteranlagen im Nationalpark Yala West, die noch heute vom einstigen Königreich Ruhuna zeugen, sondern auch die **Wewas** (englisch: „Tanks") genannten Staubecken. Wie die nördliche Region Rajarata wurde Ruhuna schon vor über 1000 Jahren mit einer Bewässerung aus riesigen Wasser-Reservoirs bewirtschaftet, um die Trockenzeit auszugleichen. Doch waren diese, von den Flüssen Kirindi Oya und Menik Ganga gepeist, kleiner und verfügten über kürzere Kanäle, so dass sie weniger Reisflächen bewässern konnten und die Siedlungen kleiner waren.

Ruhuna, auch „Rohana" oder „Ruhunu" geschrieben, war häufig Zufluchtsort der aus Rajarata vor den **Südindern** geflohenen Könige, denn hier sammelten sie neue Kräfte und Verbündete, um die Invasoren wieder auf das Festland zurück zu werfen. Doch als die Eindringlinge vom indischen Festland im 12. Jh. schließlich die Bewässerungskultur vernichteten und die Bevölkerung in das Bergland und den Südwesten vertrieben, verödete Ruhuna. Die Reisfelder renaturierten sich – heute willkommen – zur Wildnis, die einstigen Stauseen zu reizvollen Vogel-Paradiesen.

Einst gab es landesweit insgesamt 32 000 kleinere und mittelgroße Wewas, von denen heute nur noch 12 000 übrig sind. Vor einigen Jahren sind mit dem Dahasak Maha Wev Project etwa 1000 dieser Staubecken saniert worden.

Der kleine Fischerort **Kirinda**, ungefähr 12 km südlich von Tissamaharama, ist ein beliebter Ausgangspunkt für Tauchtouren zum Basses Reef. Die in der Nähe an der Mündung des **Kirindi Oya** bizarr aufragenden, dunklen Felsen umrahmen wie auch ein Felsentempel mit einer Statue und eine kleine, weiße Dagoba direkt am Meer die Legende der bildschönen Fürstentochter **Viharamahadevi**.

Von ihrem Vater in Kelaniya (nordöstlich des heutigen Colombo) zur Beschwichtigung bei einer Sintflut dem Meeresgott geopfert und auf einem goldenen, steuerlosen Boot ausgesetzt, trieb die Prinzessin viele Tage die Küste hinunter, um schließlich von einem Fischer entdeckt zu werden. Der im 2. Jh. v. Chr. regierende Ruhuna-Herrscher König Kavan Tissa nahm sie zur Frau und zeugte den Nationalhelden **Dutthagamani** als ersten Einiger des Singhalesen-Reichs (zog 161 v. Chr. nach Anuradhapura, um den Tamilenkönig Elara zu besiegen) sowie dessen Bruder und Nachfolger Sadhatissa.

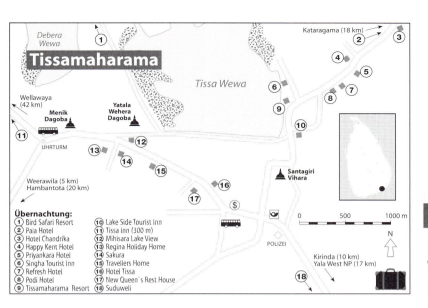

In ihrer Nähe liegt zusammen mit den Überresten der Klosteranlagen die wieder hergestellte **Sandagiri Dagoba**. Die stark restaurierte **Menik Dagoba** gehört zum Kloster Menik Raja Maha Vihara. Die quadratische Plattform der **Yatala Wehera Dagoba** ist von einem bemerkenswerten Elefantenfries und einem Wassergraben umgeben. Bei ihrer Restaurierung kamen bedeutende Funde zu Tage, die in einem kleinen **Museum**, ⏲ 8–17 Uhr, ausgestellt werden. Im Wäldchen ragen viele, fast geich lange, monolithische Pfeiler auf, die gern als „Palast" bezeichnet werden. Die größten Schätze und Heiligtümer von Ruhuna indes werden noch immer unter der Erde vermutet.

Übernachtung und Essen

In Tissa hat man die Wahl zwischen einfachen, preiswerten Unterkünften mit familiärem Charakter, die sich oft auf beschatteten Grundstücken im Stadtzentrum anbieten und zur Perahera meist völlig ausgebucht sind, und den etwas teureren, recht schönen, im Bereich des See gelegenen Anlagen. Fast alle Hotels vermitteln Ausflüge, einige verfügen über eigene Jeeps.

Im Bereich des Hotel Tissa gibt es eine **Bäckerei**. Als **Restaurant** empfehlenswert ist aber vor allem das hervorragende, aber ziemlich teure *Refresh*.

Innenstadt und Stadtteil **Deberawewa** (Umgebung des Uhrturms):
Tissa Inn, Wellaway Rd., ✆ 047-2237233, 🖷 2239088, ✉ tissainn@sltnet.lk, 🖥 www.tissainn.com. 11 günstige, saubere Zi mit AC und guten Warmwasser-Bädern, alle im Obergeschoss und mit Balkon. Einladendes Restaurant, ⏲ 6–24 Uhr. ❶

✘*Travellers Home*, Kachcheriyagama Rd., ✆ 047-2237958, ✉ supuncj@sltnet.lk. 7 gute und günstige Zi, davon 3 in hell gefliesten Bungalows. Empfehlenswert, auch wegen des üppigen, recht günstigen, professionellen Tourenangebots. Der geschäftstüchtige Mr. H. K. Ebert verfügt über zwei Jeeps und spricht gut Deutsch. ❶

Sakura, ✆ 047-2237189. Östlich des Uhrturms, Anlage mit 8 einfachen, kleinen Zi, aber recht guten Bädern. Großes Grundstück mit hohen Bäumen, familiäre Atmosphäre. Die freundliche

Besitzerin Mrs. Silva wird für ihre guten Kochkünste gerühmt. ❶
Regina Holiday Home, ✆ 047-2237159. Östlich des Uhrturms, nähe Sakura. 6 gute Zi, 2 im Neubau, mit schöner Säulenveranda. 5 Min. zum See, Fahrradverleih und ein Jeep für Exkursionen. ❶
New Queen`s Rest House, ✆ 047-2237264. Ruhig, 7 dunkle, spärlich möblierte Zi, davon 2 mit AC. Gemeinschaftsbalkon im Obergeschoss. ❶
✗ ***Hotel Tissa***, ✆ 047-2237104. Im Zentrum gelegen, aber nicht unbedingt laut. 5 große, saubere Fliesen-Zi mit schönen Bädern, davon 3 mit AC. Der sympathische, freundliche Besitzer Mr. Tissa bietet Jeep-Safaris an. ❷

In der Umgebung des **Sees Tissa Wewa**:
Mihisara Lake View, ✆ 047-2237322. Seit 2002 und empfehlenswert, 4 günstige Zi, gute Bäder und gemütliche Veranda. Sehr bemühte, freundliche Besitzer. ❶
Pelikan Tourist Inn, ✆ 047-2237287. 8 einfache, etwas schmuddelig wirkende Zi, aber mit Balkon und Seeblick. ❶
Singha Tourist Inn, ✆ 047-2237090. Dicht am See mit Garten. Als Anlage nicht so einladend, aber die 11 Zi, davon 1 AC, erscheinen akzeptabel. ❶–❷
Lake Side Tourist Inn, ✆/✉ 047-2237216, 🖳 www.hotellakeside.com. Dicht am See, ruhig und empfehlenswert. 25 gute, saubere und recht günstige Zi, davon 11 mit AC. Breite Veranda mit gemütlichen Sitzgelegenheiten. Schwimmbad mit Restaurant. ❷
Podi Hotel, ✆ 047-2237698, 🖳 www.podihotel.com. 5 ansprechende, große und saubere Zi, davon 2 mit AC. Restaurant im Erdgeschoss. Besitzerin ist eine Schottin. ❷
Refresh Hotel, ✆ 047-2237357. Ableger von Hikkaduwa mit 5 Zi, davon 2 AC. Empfehlenswert vor allem wegen des beliebten Restaurants, das als eines der besten im Süden Sri Lankas gilt, 🕒 7.30–22.30 Uhr. Leider nicht billig: Spaghetti 600 Rs, alle Pizzen 800 Rs und Mixed Grill 1100 Rs, als Seafood sogar 3200 Rs. Cocktails bei 400 Rs. Lauschiger Innenhof, die schicken Lederstühle heben sich vom üblichen Trivial-Mobiliar ab. ❷
Happy Kent Hotel, ✆ 047-2237085. Früher „Happy Cottage", seit 2004 mit 20 schönen, gefliesten Zi, davon 2 in Bungalows und 4 im Obergeschoss. Hübsches Schwimmbad. ❷

Jeep-Safaris in die Nationalparks

In Hambantota, Kataragama und vor allem in Tissamaharama vermitteln fast alle Unterkünfte halb- oder ganztätige Exkursionen in die umliegenden Naturschutzgebiete oder verfügen sogar über ein eigenes Gelände-Fahrzeug. Oft wird damit auch „Jagd" auf Touristen gemacht. Ein Vergleich der Preise von verschiedenen Anbietern ist nur bedingt erforderlich, da die Angebote (bis auf die Luxushotels) nur wenig variieren. Als gering erweist sich der Spielraum für Verhandlungen.
Die Abholung erfolgt ganz bequem von der Unterkunft. Halbtagestouren beginnen meist um 5.30 Uhr oder 14.30 Uhr, um zum Sonnenauf- bzw. Sonnenuntergang rechtzeitig vor Ort zu sein. Nacht-Safaris starten meist um 15.30 Uhr und enden am nächsten Morgen gegen 10.30 Uhr, wobei es eine Übernachtung und zwei Park-Rundfahrten gibt. Chauffiert werden die Nationalpark-Besucher meist mit betagten, rustikalen Jeeps, die bis zu 7 Personen mitnehmen können.
Halbtagestouren zu den Nationalparks Bundula, Yala West oder Uda Walawe (Anfahrt von Hambantota ca. 70 km) liegen je nach Entfernung bei ca. US$30, ganztägige Exkursionen bei US$50–60. Das sind allerdings nur die reinen Transportkosten, Eintritt und Tracker-Boys müssen extra bezahlt werden.
Der professionellste und mit Abstand größte von insgesamt sechs größeren Jeep-Unternehmern in der Region ist der 44-Jährige, vorwiegend „Mr. Mola" genannte Wimalasiri Weerakoon in Weerawila. Der Fuhrpark seiner 1979 gegründeten ***Flamingos Jeep Safari***, ✆/✉ 047-2237406, umfasst insgesamt fast 50 Jeeps und ist überall im Südosten präsent. Ebenfalls über einen guten Namen verfügt ***Independent Jeep Safaris*** in Tissamaharama, ✆ 047-2237831, ✉ supuncj@sltnet.lk.

Tissamaharama Resort, Kataragama Rd., ✆ 047-2237299, ✉ 2237201, ✉ tissaresort@sltnet.lk, 🖥 www.ceylonhotels.lk. Das ehemalige Rest House ist die beste Unterkunft der Stadt und liegt direkt am See. 57 gute Zi, alle mit AC, Warmwasser-Bad und Balkon, davon 11 mit TV und Minibar. Schöner Pool mit Blick auf das Reservoir. Restaurant mit musikalischer Unterhaltung. ❹

Außerhalb des Stadtkerns bzw. in der **Umgebung**: ***Suduweli***, ✆ 072-2631059. In der Region Kirinda und ruhig, 15 Min. Fußweg zum Strand. Seit 1996, 4 gute Zi, davon 2 in Bungalows. Mr. Shanta und die Bremerin Astrid geben Tipps, wo es sich gefahrlos baden lässt. Verleih von Fahrrädern und Mopeds. ❶

Pala Hotel & Restaurant, Kataragama Rd., ✆ 047-2237648. 9 recht gute Zi, davon 6 AC. Kleine Bäder, kleine Terrasse und Veranda. Lauschiger Innenhof mit Blumen und Schildkröten. Mr. Pala spricht etwas Deutsch. ❶–❷

Hotel Chandrika, Kataragama Rd., ✆ 047-2237143, ✉ 2239365, ✉ chandrikahotel@ sltnet.lk, 🖥 www.chandrikahotel.com. Hübsch angelegtes Hotel, 20 akzeptable Zi, alle AC und Warmwasser-Bad. Schönes Restaurant und ansprechende Bar. ❷

Bird Safari Resort, ✆/✉ 078-8549415, ✉ bird-resort@gmx.de, 🖥 www.srilanka-safari.de. Rund 10 km nordwestlich der Stadt inmitten der Natur. Seit 1999, stilvolle und von dem Heidelberger Ehepaar Änne und Frank Köhler geführte Anlage, 6 Komfort-Zi und Garten-Innenhof. Schwimmbad mit Wasserfall. Versiert betreute Exkursionen. ❷–❸

Priyankara Hotel, Kataragama Rd., ✆ 047-2237206, ✉ 2237326, ✉ priyankara@sltnet.lk. Als beste Unterkunft empfehlenswert. Gut gestylt, professionell gemanagt, gediegen, wohnlich und für all das relativ preiswert. 30 Komfort-Zi mit hübschem Blick, stilvolle Hotelbar und gepflegter Innenhof mit viel Grün. ❸

Sun Sinda Hotel, ✆ 047-2239078, ✉ 2283225, ✉ sterne@sltnet.lk. Zählt seit 2004 mit 18 Zi, davon 13 mit AC und Warmwasser-Bad zu den besten Hotels der Stadt. Modern und geschmackvoll. Hübsches Restaurant, Schwimmbad, blaugelbes Designer-Foyer. ❸

Tragödie einer Schönheitskönigin

An der Straße zwischen Tissamaharama und Kataragama erinnert eine eindrucksvolle, aber von Ausländern meist kaum beachtete Gedenktafel an das schaurige Schicksal von **Premawathi Manampheri**. In mehreren Reliefs wird das Leben und Sterben der jungen Singhalesin dargestellt. Bis zu ihrem 18. Lebensjahr hatte das bestehend hübsche Mädchen ein ganz normales Leben geführt, die Schule besucht und war in einer Neujahrs-Feier sogar zur Schönheitskönigin von Kataragama gekürt worden.

Doch das wurde ihr alsbald zum Verhängnis: Einige Soldaten hatten ein Auge auf sie geworfen und unter dem Vorwurf der JVP-Zugehörigkeit verhaftet. Kataragama gehörte damals zu den Hochburgen der Gruppierung, von der damals 10 000 Mitglieder gefoltert und getötet wurden. So erging es auch Premawathi Manampheri, die in der Haft so sehr gequält und vergewaltigt wurde, dass ihre Ermordung schließlich eine Erlösung gewesen sein muss.

Wegen der landesweiten Empörung wurden die Täter zur Verantwortung gezogen, während Präsident Premadasa vor dem Haus des jungen Opfers die heutige Gedenktafel aufstellen ließ. Später ist die Tragödie in Buchform und Theaterstück „Das schöne Mädchen und das Gesetz" aufgearbeitet worden.

Transport

Für die Strecke nach COLOMBO (254 km) sollten die **CTB-Busse** in Matara gewechselt werden, da es von dort auch Express-Verbindungen zur Hauptstadt gibt.

Ins 19 km entfernte KATARAGAMA verkehren die **lokalen Busse** häufig und können leicht entlang der entsprechenden Ausfallstraße bestiegen werden.

Ein eigenes **Taxi** nach Colombo liegt bei US$70–80, nach Hikkaduwa (165 km) bei US$50–60. Ein halber Tag mit einem **Three-Wheeler** kostet um die US$10.

Sri Lankan Airlines fliegt Weerawila im Rahmen ihres Air Taxi-Angebots an. Buchungen unter ☎ 019-7333355 oder im Büro, 250 Dockyard Rd., ☎ 026-2221101.

Nationalpark Yala West (Ruhuna)

Von **Kirinda** aus landeinwärts zweigt nach wenigen Kilometern eine viel befahrene Straße zum Eingang des größten Naturschutzgebiets von Sri Lanka ab. Von der Fläche her mit Groß-London vergleichbar, ist es zwar nicht der artenreichste, aber der bekannteste und meist besuchte Nationalpark der Insel.

Normalerweise erkunden Besucher über ein insgesamt rund 50 km langes Wegenetz nur einen kleinen Teil des etwa 140 km^2 großen Blocks I des insgesamt fast 1300 km^2 umfassenden Nationalparks. Die übrigen Regionen sind für Touristen kaum erschlossen und mitunter nur über Yala East und die Ostküste erreichbar. Lediglich Wildhütern und Wissenschaftlern vorbehalten sind indes Touren in das streng geschützte Gebiet Strict National Reserve (SNR) im Zentrum des Nationalparks.

Erst nachdem die Europäer den reichen Wildbestand Sri Lankas im 19. Jh. schon ziemlich dezimiert hatten, kamen erste Naturschutz-Gedanken auf. Um 1900 richteten Plantagen-Besitzer im spärlich besiedelten Südosten Sri Lankas ein erstes Wildschutzgebiet ein, das den Bereich des heutigen Blocks I umfasst. Als erster Tierhüter wurde 1908 der legendäre H. H. Engelbrecht engagiert, ein ehemaliger, südafrikanischer Kriegsgefangener der Briten und erfahren mit der afrikanischen Tierwelt.

Eine erhebliche Erweiterung erfolgte 1938, als mit Wilpattu ein zweiter, großer Wildpark geschaffen wurde. 1969 wurde noch das 181 km^2 große Gebiet Yala East hinzugefügt und 1973 schließlich 44 km^2 des sich östlich daran anschließenden Naturschutzgebiets Kudimbigala. Das Reservat wird auch gern mit dem historischen Namen „Ruhuna" bezeichnet.

Der Nationalpark Yala West grenzt auf über 35 km an das Meer und wird von herrlichen Sandstränden und ausgedehnten Dünenhügeln gesäumt. Vielerorts unterbrechen mit Mangroven bewachsene Lagunen die Küstenlinie, aber auch Flussmündungen wie die des **Menik Ganga**. Obwohl dieser Fluss während der Trockenzeit kaum noch Wasser führt, wird er streckenweise von stattlichen Bäumen flankiert. Im Reservat wachsen Kumbuck- und Halmilla-Bäume sowie die Früchte tragenden Arten Palu und Vira; abgestorbene Baumriesen bilden in den zahlreichen Seen ideale Ruheplätze für Vögel. Landeinwärts dominieren savannenartige Graslandschaften mit Dornensträuchern und Felsbuckeln.

Die wunderbare Natur setzt sich sogar unter Wasser fort: Rund 20 km vor der Küste des Nationalparks und mit einer etwa einstündigen Bootsfahrt zu erreichen, liegen hier mit dem **Great Basses Reef** und dem weiter nordöstlichen **Little Basses Reef** fantastische Tauchgebiete (nur im März/April). Je ein Leuchtturm markiert die aus Sandstein gebildeten Felseninselchen, die unter Wasser mit faszinierenden Formationen und bunt belebten Riffen aufwarten können. Hier tummeln sich Haie, Schnabel- und Schnapp-Fische, Engel- und Papageien-Fische oder Süßlippen und Rochen. Dazwischen schlummern vier **Schiffswracks**, von denen das älteste aus dem 17. Jh. stammt.

Trotz der für den Süden typischen, spärlichen Vegetation lebt im Nationalpark Yala West mit 32 Säugetieren und 142 Vogelarten (davon 5 endemisch) eine ungeheure Vielzahl Tiere. Die überraschend karge, an die Savannen Afrikas erinnernde Flora erleichtert sogar das Sichten der Fauna. Doch den erfahrenen Fahrern und Tracker-Boys entgeht so schnell sowieso nichts, wenn sie mit den Besucher-Jeeps über die Schotterpisten rollen.

In größerer Anzahl sichten lassen sich zum Beispiel Elefanten, Wasserbüffel, Wild- und Stachel-Schweine, Sambar- und Axis-Hirsche, Hut- und Hulmanaffen, mitunter sogar außergewöhnlich viele Leoparden, Streifen-Mungos, Goldschakale oder Lippenbären. Oft zu beobachten sind auch Reptilien wie Bengalenwarane, Sumpfkrokodile oder Pythons. Großvögel wie Pfauen, Pelikane oder Störche erscheinen fast als Plage, während von September bis Mai schareweise Zugvögel aus Asien und sogar Europa überwintern. Zwar mussten beim Tsunami um die 50 Menschen im Park (darunter 23 Ausländer) ihr Leben lassen, doch konnte sich offenbar die gesamte Tierwelt auf wundersame Weise vor den Flutwellen retten.

Spuren der damaligen Zivilisation wie Hütten von Reisbauern oder Stauseen, die einst von den

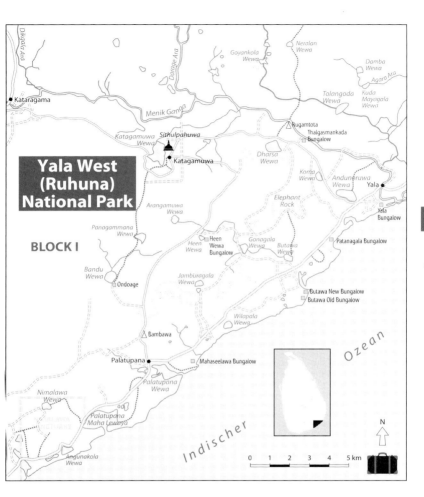

Bewohnern Ruhunas angelegt wurden, sind schon lange aus dem Nationalpark verschwunden. Doch weisen natürliche Felsgruppen als markante Punkte darauf hin, wo schon in vorchristlicher Zeit Einsiedler-Mönche gelebt haben.

Wie **Sithulpahuwa** im Norden des Blocks I: aus dem 2. Jh. v. Chr stammend ist es eines der wichtigsten alten Klöster, in dessen Umgebung bis zu 1000 Einsiedlermönche gelebt haben sollen. Kriege und Krankheiten, Dürre und Hungersnot beendeten die Blüte. Doch zeugen davon noch 61 Brahmi-Inschriften, zwei wiederhergestellte Dagobas und eine 6 m lange, liegende Buddha-Statue (Zugang über die B 54 zwischen Tissamaharama und Kirinda, bis es bei Bambawa in den Park geht).

Das Kloster **Magulmahavihara** liegt mit neuer Dagoba, Statuen-Höhlen und Badeteichen als Station am Pilgerpfad – wie auch Akashachetiya, Thalaguluhela und Mayagala.

Nationalpark Yala West (Ruhuna) 245

Eintritt und Erkundung

Als beste Besuchszeit gelten Dezember bis Mai. Wenn der Nationalpark während der Trockenzeit von Mitte August bis Mitte Oktober geschlossen ist, besteht immerhin noch die Möglichkeit, sich mit Jeep-Exkursionen in den zugänglichen Randgebieten umzusehen. Die besten Besuchszeiten sind die frühe Morgen nach Sonnenaufgang und die Abenddämmerung, wobei die Tagesgäste den Park bei Einbruch der Dunkelheit wieder verlassen haben müssen, ⏰ 6–18 Uhr. Doch können auch Nacht-Safaris mit Lagerfeuer-Romantik und Übernachtung gebucht werden. Tracker-Boys sind obligatorisch.

Selbstverständlich darf prinzipiell kein Müll im Park zurück gelassen werden. Auch die Verwendung von Blitzlichtern ist verboten. Die Fahrzeuge müssen geschlossen sein, dürfen die vorgeschriebenen Routen nicht verlassen oder schneller als 25 km/h fahren. Ihr Verlassen ist bis auf wenige ausgewählte Haltepunkte am Meer verboten.

Denn die Elefanten – zu ihnen muss mindestens 30 m Abstand gehalten werden – wirken zwar extrem friedlich und haben sich auch schon an die umherkreisenden Geländewagen gewöhnt, doch ist es schon zu Todesfällen gekommen, als Touristen unerlaubt ihre Fahrzeuge verlassen haben. Die strengen Verhaltensregeln sind aber nicht nur zur Sicherheit der Besucher gedacht, sondern auch zum Schutz der Natur! Etwas leidig ist, dass der Park zeitweise so stark besucht wird, dass manchmal drei oder vier Jeeps im Konvoi fahren.

Am Parkeingang bei **Palatupana** findet sich eine informative Ausstellung über Flora und Fauna. Zudem ist üppiges Infomaterial erhältlich. Der Eintritt für den Park beträgt US$18 pro Person plus US$6 einmaliger Service-Charge, wobei der obligatorische Tracker-Boy inklusive ist. Mitgeführte Fahrzeuge kosten US$1,50.

Übernachtung

Im Bereich des Nationalparks gibt es nur wenige Unterkünfte, und diese sind auch nicht gerade billig. Wer sich das teure Yala Village nicht leisten möchte, sollte sich ein nettes Quartier in Tissamaharama, Hambantota oder Kataragama suchen, um von dort aus Tagestouren zu unternehmen.

Direkt im Schutzgebiet gibt es sechs kleine Bungalow-Siedlungen, die bei einem Brandanschlag tamilischer Rebellen 1998 teilweise zerstört, aber inzwischen wieder aufgebaut worden sind. Darüberhinaus stehen auch einige Camping-Plätze zur Verfügung, die teilweise am Menik Ganga oder am Meer liegen.

Übernachtungen können beim **Department of Wildlife Conservation** in Colombo, ☎ 011-2694 341, ☏ 2698556, ✉ wildlife@sltnet.lk, gebucht werden.

Yala Village, ☎/☏ 047-2239450, ✉ village@sltnet.lk, yala@sltnet.lk, 🖥 www.yalavillage.com. Gehört seit 2004 in herrlicher Lage, mit 61 originellen Komfort-Zi und einem umfassenden Umweltschutz-Konzept zu den schönsten Hotels der Insel. Geräumige Bungalows mit kathedralenartigen, völlig asymmetrisch geschnittenen Decken, die Textilien meist aus Jute und Leinen. Aussichtsturm und wunderschönes Restaurant mit Seeblick und gutem Essen. Viele Wildtiere (sogar Elefanten) kommen bis in die Anlage. Wunderschöner Strand, aber Baden verboten (inkl. Unterschrift der Gäste). Beim Tsunami wurden lediglich die vier Strand-Villen zerstört. Die Preise liegen um die US$120. ❻

Yala Safari Game Lodge. Seit 1983 mit 63 Zi in drei Hotelflügeln, aber schwer vom Tsunami getroffen. Der Wiederaufbau soll mit japanischer Hilfe, aber an einer anderen Stelle erfolgen. Aktuelle Infos dazu bei Jetwings in Colombo oder über 🖥 www.jetwinghotels.com. ❻

Kataragama

Schon aus der Ferne grüßen die sieben, über 400 m hohen Felsspitzen die Gläubigen, die aus dem Norden, Osten und Westen nach Kataragama strömen. Auch sonst zeichnet sich der wichtigste Pilgerort Sri Lankas durch seine reizvolle Lage am rauschen-

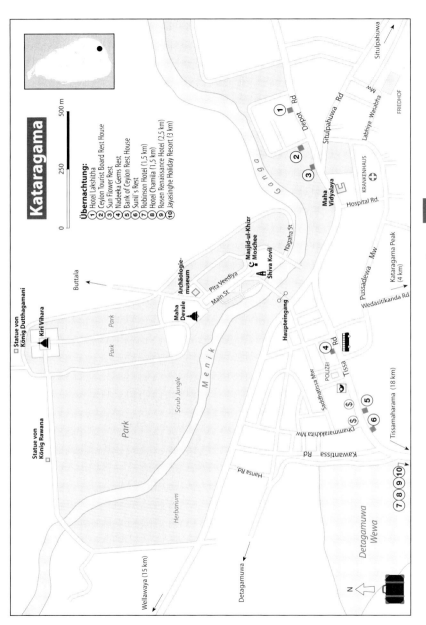

den **Menik Ganga** (Fluss der Edelsteine) mit seinen vielen, mächtigen Bäumen am Ufer aus. Kataragama bildet den Endpunkt der legendären jährlichen Pilgerreise **Pada Yatra** (vgl. 🖥 www.padayatra.org), die von Jaffna über die Ostküste und durch die Nationalparks verläuft – und im Jahr 2002 zum ersten Mal seit 1983 wieder in vollem Umfang durchgeführt werden konnte.

Das Zentrum der rund 290 km von Colombo, 19 km nordöstlich von Tissamaharama und am Rand des Nationalparks Yala West gelegenen Stadt wirkt überraschend zeitgemäß, durchgeplant und sauber.

Göttliches Familien-Glück

Als zweiter Sohn des hinduistischen Götterpaares Shiva und Parvati, dargestellt mit sechs Köpfen, zwölf Armen und einem Pfau als Reittier, genießt der als ungestüm und rachsüchtig geltende Kriegsgott **Skanda** auf Sri Lanka besondere Verehrung.

Einst war er in Indien mit der Prinzessin Thevani Amma verheiratet, bis ihm der Götterbote Narada eines Tages aus dem Land Lanka von einem wunderschönen Wesen namens Valli Amma berichtete. Als Tochter eines heiligen Eremiten und eines Rehs war sie im Südosten der Insel bei einem Häuptling der Veddas aufgewachsen. In der Verkleidung eines Bettlers und mit Hilfe einer List seines Bruders **Ganesha**, der das Mädchen in Gestalt eines wilden Elefanten erschreckte, konnte Skanda sie schließlich – sie hatte sich gewehrt, weil der Prinz bereits verheiratet war – für eine Vermählung gewinnen.

Da Thevani Amma ihren untreuen Gatten nicht nach Indien zurück locken konnte, folgte sie ihm schließlich auf die Insel, wo alle drei bis heute in ihren Schreinen auf dem heiligen Gelände von Kataragama leben. Skandas Bruder Ganesha indes ließ sich aufgrund von verschüttetem Zaubertrank nur noch zur Hälfte zurückverwandeln und musste fortan als eine Mischung aus Mensch und Elefant weiterleben, was nur eine von mehreren Erklärungen für diesen Elefanten-Gott ist (s. S. 112).

Wer schon viele Heiligtümer in Thailand oder Myanmar besucht hat, dürfte eher ein wenig enttäuscht sein. Für den westlichen Geschmack lässt die Würde des Ortes etwas zu wünschen übrig, was sich allein schon an den aufgeschnittenen Blechfässern fest machen lässt, die hier überall als Mülltonnen dienen. Die geopferten Früchte schwängern die Luft mit süßlichem Fäulnis-Duft, während vielerorts Schmeissfliegen um fette Beute bemüht zu sein scheinen. Auch dass die Kokosnüsse erst inbrünstig in die Gebete einbezogen und zärtlich geküsst werden, um dann gleich mit voller Wucht auf den Boden zerschmettert zu werden, kann auf manchen empfindlichen Besucher befremdlich wirken.

Die Geschichte von Kataragama reicht bis in das 3. Jh. v. Chr. zurück, als sich hier das Hauptquartier der Kriegerkaste der *Kshatryas* befunden haben soll. Und schon König Dutthagamani (reg. 161–137 v. Chr.) soll hier vor seinem erfolgreichen Feldzug nach Anuradhapura dem Kriegsgott **Skanda** (s. links) gehuldigt haben. Skanda, der von den Buddhisten – wie auch der gesamte Ort – *Kataragama* genannt wird, wird vor allem von den Hindus verehrt. Da alle Hindus auch Buddha verehren, wenden sie sich mit ihren Bitten auch an ihn – und sogar die Muslime fühlen sich im Heiligtum integriert.

Orientierung und Besichtigung

Das ganze Jahr über strömen die Gläubigen hierher, um ihren Göttern zu huldigen, die Erfüllung von Wünschen oder Vergebung von Sünden zu erbitten – aber ganz besonders zum fast zehntägigen **Esala Perahera** (s. Kasten) während des Vollmonds im Juli/August. Da die Wallfahrt zeitgleich auch in Kandy veranstaltet wird, ergibt sich eine Qual der Wahl – oder auch nicht: Denn Abenteuerlustige sollten sich lieber durch die Massen in Kataragama schieben, wo das spektakuläre Treiben weitaus rustikaler und noch nicht für Touristen aufbereitet ist.

Wer außerhalb des Perahera nach Kataragama kommt, muss auf hautnahe, spirituelle Impressionen keinesfalls verzichten: Jeden Tag um 5, 11 und 19.30 Uhr wird im Tempelbezirk eine Puja-Zeremonie veranstaltet. Beim Zutritt zertrümmern die Gläubigen mit voller Wucht Kokosnüsse auf den Eingangsstufen, was genauso Glück bringen soll wie der tausendfache Schein der kleinen Öllichter.

Das Esala Perahera

Vor allem in den letzten Nächten des mystischen Festes sollen mit archaischen Ritualen Gelübde eingehalten und Buße getan werden. Das übernehmen mit Passion und Routine die **Sadhus**, die als wunderliche hinduistische Asketen aus dem ganzen Land hierher kommen. Nachdem sie sich durch Meditation in Trance oder durch Tanz in Ekstase versetzt haben, beginnen sie mit ihrem schaurig-spannenden Spektakel: hingebungsvoll durchbohren sie sich Wangen, Lippen oder Zungen mit Mini-Speeren. Noch martialischer wirkt es, sich Metallhaken in das Rückenfleisch stechen zu lassen, um Prozessionswagen zu ziehen oder aufgehängt an Gerüsten zu schaukeln. Andere wiederum malträtieren ihren Körper mit Fackel oder laufen barfuß über rot glühende Kohlen.

Die Darsteller verziehen dabei keine Miene, doch die Pilgerscharen staunen und belohnen die Selbst-Kasteiung mit Geldgaben. Warum die Peinigungen scheinbar weder Schmerzen noch Verbrennungen oder Wunden verursachen, wissen wohl nur die Götter, für die sie gedacht sind. Wie **Skanda**, dem die Tamilen bei seiner Ankunft auf der Erde Obdach verweigert und ihn verjagt hatten, wogegen er bei den Singhalesen Unterschlupf fand. Als Strafe verfügte er, dass die Tamilen jedes Jahr ihren Körper malträtieren sollen, und schuf somit einen prächtigen Anlass zum alljährlichen Esala Perahera. Es findet immer während des Esala Mondmonats (Juli/Aug) statt, dauert neun Tage und neun Nächte, wobei Intensität und Inbrunst der Festlichkeiten proportional zunehmen.

An der gesamten Südküste kündigt sich das religiöse Ereignis unübersehbar an. In Prozessionen werden mobile Schreine durch die Gegend transportiert. Die überfüllten Busse sind mit Blumen und Baumzweigen behangen. Von den Ladeflächen der von Pilgern besetzten Lkws schallen rhythmisches Klatschen und Gesänge. In Kataragama angekommen, beginnen sämtliche Zeremonien mit der rituellen Reinigung im **Menik Ganga**. Im Schein des Haupttempels Maha Devale bringen die Anhänger aller Glaubensrichtungen ihre Opfergaben dar.

In den zehn Tagen vor dem Vollmond entnimmt der *Kapurala* als Priester des **Kataragama Devale** dem Heiligtum ein Tuch, das ein Yantra (magisches Zeichen) des Kriegsgotts Skanda enthält. Bei einer Prozession mit etlichen Musikern und Tänzern wird es von einem Elefanten unter dem Klang von Trommeln, Trompeten und Muschelgehäusen an den in hypnotischen *Haro Hara*-Chören (Anrufform für Vishnu) schwelgenden Massen vorbei zum Tempel von Valli Amma getragen, wo es zum Zeichen der Vereinigung für eine knappe Stunde verbleibt.

Unmittelbar vor der Vollmond-Nacht gibt es eine weitere Prozession zu der am Nordende des heiligen Bezirks gelegenen **Kiri Dagoba**, wo Buddha bei seinem dritten Sri Lanka-Besuch meditiert haben soll. Am nächsten Morgen zeichnet der Priester mit einem Schwert das heilige Zeichen Mandara in den Menik Ganga, der den südlichen Teil des Geländes umfließt, und taucht das Tuch mit dem Yantra ein, um den Gott zu baden. Das über der Klinge zusammenschlagende Wasser soll die Unverletzlichkeit und die Einheit der Insel Sri Lanka demonstrieren. Anschließend begeben sich die Pilgerscharen in das heilige Wasser, um sich von den Sünden zu reinigen und von der göttlichen Kraft zu partizipieren.

Skanda residiert im heiligsten, aber überraschend schmucklosen **Maha Devale**, der sogar ohne eine bildliche Darstellung des Kriegsgottes auskommt – ein weißer, quadratischer und fast unscheinbarer Tempelbau, der von einer mit Elefanten und Pfauen verzierten Mauer umgeben ist. An ihm wurde bisher offenbar noch nie etwas verändert. Das nach Osten gewandte Eingangstor ist mit Schnitzereien verziert. Zum Kern der Anlage, wo eine Reliquie aufbewahrt wird, haben nur Priester Zutritt. Hier werden Blumen und Früchte dargebracht, während die Öllampen schon seit ewigen Zeiten brennen sollen.

Die Wallfahrtsstätte kann zudem mit Schreinen für die hinduistischen Gottheiten Vishnu und Ganesha aufwarten, außerdem mit dem buddhistischen Heiligtum **Kiri Vihara** (Milch-Tempel) sowie mit der kleinen, schmucklosen Moschee **Masjid-ul-Khizr** und **Gräbern** von zwei muslimischen Heiligen. Auch ein kleines, archäologisches **Museum**, 8–17 Uhr, befindet sich im Tempelbezirk. Ein noch älterer Kataragama-Tempel steht auf dem etwa 450 m hohen Hügel **Weddi Hiti**.

Übernachtung und Essen

Zur Zeit des Perahera ist die Zimmersuche nahezu aussichtslos. Die meisten Unterkünfte bieten keine Ermäßigung für Einzelreisende. Auffallend viele der kleinen Restaurants im Stadtgebiet sind auf einfache Vegetarier-Kost ausgerichtet.

**Sunil`s Rest**, 61 Tissa Rd., 047-2235300, www.eaptechnologies.com/sunil`srest. 4 einfache, aber saubere und gepflegte Zi mit privater Atmosphäre. ❶

Ceylon Tourist Board Rest House, 047-2235227, chc@sltnet.lk, www.srilankahotels.lk. Mit 44 Zi recht groß und auch wenig behaglich. Ist noch nicht so lange ein Rest House und auch deutlich unter dem üblichen Standard. ❶

Hotel Lakshitha, 047-2235213, 2235214. Typisches Pilger-Hotel mit 80 großen Zi, davon 13 mit AC. ❶

Bank of Ceylon Rest House, Tissamaharama Rd., 047-2235229 und 011-2544315. Im Besitz der gleichnamigen Bank, rund 100 m vom Busbahnhof und recht beliebt. 24 große, einfache, etwas schmuddelige und renovierungsbedürftige Zi. Im Obergeschoss mit schönen Balkons, die einen Blick in die Berge bieten. Check out schon um 11 Uhr. ❶

Nadeeka Gems Rest, 047-2235212. Im Zentrum gegenüber der Busstation und für Traveller, die mal die Atmosphäre einer einfachen Pilger-Unterkunft schnuppern wollen. 8 günstige, aber ziemlich schmuddelige Zi. Im gleichen Block finden sich noch weitere Unterkünfte der gleichen Kategorie. ❶

Sun Flower Rest, 047-2235611, 2235693, sunflowr@slt.net.lk. Empfehlenswert, 17 schöne, große und gepflegte Fliesen-Zi inkl. Warmwasser-Bad, davon 6 AC. Gutes Mobiliar. Balkone mit Blick ins Grüne und Schwimmbad. ❷

Hotel Chamila, 047-2235294. Etwa 1 km außerhalb an der Straße nach Tissamaharama. Empfehlenswert, 55 recht preiswerte Zi mit guten Bädern, davon 12 AC. Ruhig mit Laubengängen, kleiner Parkanlage. Alkohol-Laden mit Barbetrieb. ❷

Robinson Hotel, 047-2235175, 2235471, anjulaj@sltnet.lk, www.eaptechnologies.com/robinson. Gleich neben dem Chamila. 20 gepflegte, saubere und große Komfort-Zi. Restaurant und Bar. Umfassendes Touren- und Transfer-Angebot. ❷

Jayasinghe Holiday Resort, 23 A Detagamuwa, 047-2235146, jagathj@lanka.com.lk. 25 gute Zi, davon 8 AC. Schwimmbad und Tour-Agentur. ❷–❸

Rosen Renaissance Hotel, 57 Detagamuwa, 047-2236030-3, rosenr@sltnet.lk, www.rosenhotelssrilanka.com. Ungefähr 2 km außerhalb an der Straße nach Tissamaharama. Seit 2001, eines der besten Hotels im Süden Sri Lankas. Empfehlenswert mit viel Komfort und Wohlgefühl für erstaunlich wenig Geld. 52 moderne, angenehme, große Zi und Suiten. Schicke Bäder, große Terrassen, Fitness-Club und drei Schwimmbäder (mit Unterwasser-Musik). Hervorragendes Restaurant mit gutem Abendbüfett. ❺

Transport

Die Busstation liegt mitten in der Stadt und nur 5 Min. von den Tempelanlagen. **CTB-Busse** nach COLOMBO verkehren regelmäßig, sind aber oft überfüllt. Die Strecke über Galle und die Küste beträgt 285 km, die über Ratnapura nur 260 km.

Es gibt auch direkte Verbindungen in das Hochland sowie nach Monaragala.

Die am nächsten gelegene Eisenbahn-Station findet sich im rund vier Bus-Stunden entfernten Matara.

Die Fahrtzeit nach Tissamaharama beträgt nur 30–40 Min.

Taxis nach COLOMBO lassen sich für ca. US$100 chartern, nach Galle um die US$70 und nach Hikkaduwa rund US$80.

Das kulturelle Dreieck

Anuradhapura – Geschichte atmen zwischen den Tempelruinen   S. 259
Ritigala – verlorene Einsiedelei im Dschungel   S. 281
Minneriya-Nationalpark – den Dickhäutern auf der Spur   S. 283
Polonnaruwa – mit dem Fahrrad durch den archäologischen Park   S. 284
Sigiriya – betörende Schönheiten und atemberaubende Ausblicke   S. 295
Dambulla – Höhlenmalereien im Dämmerlicht   S. 299

Zwischen den alten Königsstädten Anuradhapura, Polonnaruwa und dem südlicher gelegenen Kandy lag über 1500 Jahre das Zentrum von Sri Lankas Zivilisation. Auf Schritt und Tritt stößt man auf die Errungenschaften der früheren Bewohner: das ausgefeilte und hoch entwickelte Bewässerungssystem, das selbst die britischen Kolonialherren ins Staunen brachte; die in der ganzen buddhistischen Welt berühmten Stupas und Klosteranlagen von Anuradhapura und Polonnaruwa; nicht zuletzt die Felsenfestung Sigiriya, eine technologische Meisterleistung. Darüber hinaus gibt es weitere, oft abgelegene Stätten, die weniger spektakulär sind, aber trotzdem von großer Kreativität zeugen wie der einsam stehende Aukana-Buddha, die im Dschungel versunkenen Einsiedeleien Ritigala und Dimbulagala oder die Tempelruinen in Medirigiriya.

Mehrere Jahrhunderte lang waren die meisten Stätten von Dickicht überwuchert und dem Verfall preisgegeben. Erst in der britischen Kolonialzeit wurde damit begonnen, die ersten Ruinen freizulegen. 1890 beauftragte die Kolonialregierung das neu gegründete Department for Archeology mit der Restaurierung. Ein wichtiger Schritt war 1982 die Erhebung der Ruinenstätten Anuradhapura, Polonnaruwa und Sigiriya zum UNESCO-Welterbe. Seitdem fließen die notwendigen Gelder in größeren Mengen, um die enormen Restaurierungsarbeiten fortzuführen. Regelmäßig müssen die Ruinen vom Dschungel befreit werden. Für die Wiederherstellung der großen Stupas in Anuradhapura sind gewaltige Materialaufwendungen erforderlich. Die Koordinierung der Arbeiten liegt in der Hand des Central Cultural Fund (CCF) mit Hauptsitz in Colombo. Er erhebt auch die nicht geringen Eintrittsgebühren für die Sehenswürdigkeiten. Manche mögen sie als zu hoch empfinden, Erhalt und Restaurierung der Anlagen haben aber ihren Preis. Nicht zuletzt sind es häufig Touristen, die den Stätten neue Schäden zufügen.

Routen

Vier der sieben UNESCO-Welterbestätten in Sri Lanka liegen nicht mehr als 100 km voneinander entfernt. Das verführt dazu, sie **von einem Standort aus** mit dem eigenen Fahrzeug in Tagestrips abzuhaken, wie es viele Reisegruppen tun. Wer mehr Zeit investieren möchte – was zu empfehlen ist –, kann als Ausgangspunkt Anuradhapura oder Kandy wählen. Beide Orte sind von Colombo mit dem Zug oder Bus in 5 bzw. 3–4 Stunden zu erreichen.

Eine **ausführliche Variante** könnte folgendermaßen aussehen: Mit Zug oder Bus nach Kurunegala, um von dort aus die Felsenfestung Yapahuwa zu besichtigen. Anschließend nach Anuradhapura mit Tagesausflug nach Mihintale und Tantirimale. Weiter geht es nach Polonnaruwa – am besten mit

---

Das Cultural Triangle Ticket

Das Ticket für den Besuch der wichtigsten Sehenswürdigkeiten im Kulturellen Dreieck kann bereits in Colombo direkt beim *Central Cultural Fund*, 212/1 Bauddhaloka Mw., Colombo 7, ✆ 011-2500732, ✉ 2500731, ✉ gen_ccf@sri.lanka.net, dem Sri Lanka Tourist Board und über manche Reisebüros erworben werden. Außer den Einzeltickets ist ein **Rundticket** erhältlich, das derzeit US$40 kostet. Der Betrag ist in Rupies zu bezahlen und wird wegen der Kursschwankungen immer wieder neu vom CCF festgesetzt. Kinder im Alter zwischen sechs und zwölf Jahren zahlen die Hälfte, jüngere gar nichts. Offiziell gibt es keine Studentenermäßigung, möglicherweise drückt der Verkäufer auf Nachfrage ein Auge zu. Das Rundticket kann man auch in Anuradhapura, Polonnaruwa, Sigiriya und Kandy kaufen. Es berechtigt, folgende Stätten zu besichtigen: Anuradhapura (Einzeltiicketpreis: US$20), Polonnaruwa (US$20), Sigiriya (US$20), Ritigala (US$8), Nalanda (US$5) und Medirigiriya (US$5) sowie einige Tempel in und um Kandy (US$12). **Nicht eingeschlossen** sind der Isurumuni Raja Maha Vihara in Anuradhapura, der Zahntempel von Kandy und die Höhlen in Dambulla. Das Ticket gilt ab dem ersten Besichtigungstag drei Wochen lang. Leider können die jeweiligen Ruinenstätten nur einen Tag besucht werden. Das heißt, wer z. B. einen zweiten Besichtigungstag in Polonnaruwa einlegen möchte, muss ein Einzelticket kaufen. Immerhin berechtigt der Eintritt mit wenigen Ausnahmen zum kostenlosen Fotografieren.

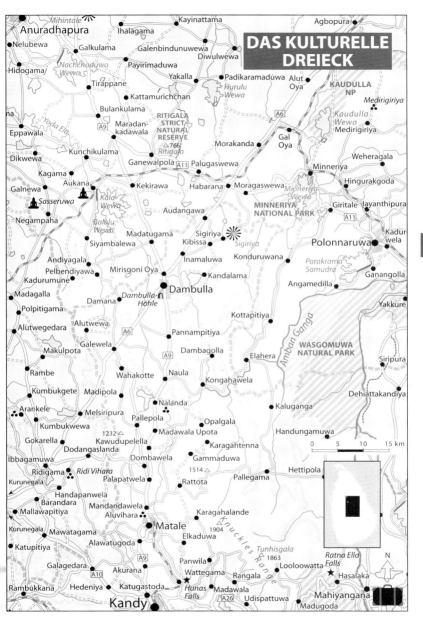

gemietetem Fahrzeug, um unterwegs Ritigala und den Aukana-Buddha zu besuchen (diese Stätten sind gar nicht oder nur umständlich mit öffentlichen Verkehrsmitteln zu erreichen). Die zweite Königsstadt ist Ausgangsbasis für einen Halb- oder Ganztagsausflug nach Dimbulagala und/oder Medirigiriya. Naturinteressierte können auch noch eine Nacht in Habarana oder Giritale einlegen, um von dort aus Safaris in die Nationalparks Minneriya oder Kaudulla zu unternehmen. Sigiriya und Dambulla sind die nächsten Stationen und eignen sich als Übernachtungsstätte. Schließlich geht es über Matale nach Kandy. Natürlich ist diese Variante auch umgekehrt durchführbar.

Kurunegala

Die Stadt mit etwa 90 000 Einwohnern ist ein wichtiger Verkehrsknotenpunkt. Hier kreuzen sich die A 10 von Kandy (42 km) nach Puttalam (90 km) und die A 6 von Colombo (97 km) nach Trincomalee (164 km). Zudem führt von hier die A 21 in Richtung Ratnapura (119 km). Die Folge ist ein recht starker Durchgangsverkehr, der jedoch auch eine gute Anbindung an die erwähnten Orte gewährleistet.

Wegen der fehlenden Attraktionen dient Kurunegala den meisten Touristen nur als Essens- oder Übernachtungsstopp, dabei eignet es sich hervorragend als Ausgangspunkt für Ausflüge in die Umgebung, z. B. in die kurzzeitigen Königsstädte Dambadeniya, Panduwasnuwara und Yapahuwa. Markante Punkte der Distriktstadt sind der **Kurunegala Wewa**, das Wasserreservoir im Norden, und die umliegenden felsigen Bergzüge. Die Berge tragen Tiernamen, da es sich bei ihnen einer Legende zufolge um Tiere handelt, die zu Stein verwandelt wurden, weil ihretwegen während einer Dürreperiode die Wasserversorgung zusammenzubrechen drohte. Eine schöne Aussicht genießt man vom 325 m hohen **Athagala** (sprich: Etagala), einem lang gezogenen Felsrücken an der Ostseite der Stadt. Der „Elefantenfelsen" wird von einer weithin sichtbaren Buddha-Figur gekrönt, zu der eine 2 km lange Straße hinaufführt.

Nichts erinnert daran, dass Kurunegala einige Jahrzehnte lang sogar Königsmetropole war. Nach dem Untergang von Polonnaruwa im 14. Jh. zerfiel die Insel in mehrere Machtzentren. König Bhuvanekabahu II. (reg. 1293–1302) verlegte seine Residenz von der Felsenfestung Yapahuwa nach Kurunegala. Dort erblühte unter Parakramabahu IV. (reg. 1302–26) das literarische Leben, und er förderte die Verehrung der Zahnreliquie (s. S. 318). Doch der Erbfolgestreit unter seinen Söhnen ließ das Herrschaftsgebiet rasch zerfallen, und sein Neffe, Bhuvanekabahu IV. (reg. 1341–51), verlegte seinen Sitz in das durch die Berge geschütztere Gampola bei Kandy.

Übernachtung

Die akzeptabelsten Unterkünfte befinden sich an der North Lake Rd. am Kurunegala Wewa. Mit dem Three-Wheeler kostet eine Fahrt vom etwas außerhalb gelegenen Bahnhof etwa 100 Rs, vom Uhrturm etwa 60 Rs.

New Ranthaliya Resthouse, Circular Rd., ✆ 037-2222298, überblickt auf einer Anhöhe gelegen das Reservoir, doch die Zimmer (Du/WC) lassen keine wohnliche Atmosphäre aufkommen. Zimmer mit AC sind um die Hälfte teurer. ❶–❷

Viveka Hotel, 64 North Lake Rd., ✆/✆ 037-2222897, 80 Jahre alte Kolonialvilla mit 3 etwas nüchtern geratenen Zimmern (eines mit AC); nettes Ambiente und freundliches Personal. ❶–❷

Seasons Hotel, 28 North Lake Rd., ✆/✆ 037-2223452, 5266662. Die Zimmer im Hauptgebäude sind akzeptabel, wenn auch nicht gerade die saubersten. Alle sind mit Du/WC ausgestattet, einige haben AC. Großes, offenes Restaurant mit gediegenem Essen; netter Garten. Im Gebäude gegenüber gibt es bessere, aber auch teurere Zimmer. ❶–❷

Oliver's Inn, 2 Bamununegara Rd., ✆/✆ 037-222 3567, 5 Zimmer mit Ventilator (eines mit AC) in etwas blassem Gebäude; in gleichem Besitz wie das Seasons Hotel; freundlicher Service. ❶–❷

Essen

Die Unterkünfte Viveka, Seasons und New Ranthaliya bieten gute srilankische Küche und eignen sich zum Abendessen. Mehrere „Hotels" mit dem üblichen Rice-and-Curry-Angebot gibt es rund um den Busbahnhof.

Pot & Spoon Restaurant, 79/21 Colombo Rd., ✆ 037-2223436, ist eines der populärsten Restau-

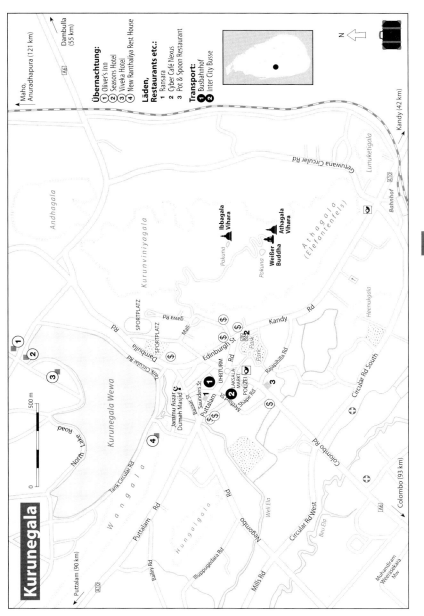

rants in der Stadt, manchmal etwas laut. Gute Curry- und Biryani-Gerichte.
Ransara, Puttalam Rd., bietet Gebäck und nette Snacks für den kleinen Hunger zwischendurch.
⏱ 6–22 Uhr

Sonstiges

GELD – Eine Reihe von Banken im Stadtzentrum (s. Plan) bieten die Möglichkeit, Geld zu tauschen. ***Seylan Bank*** in der Colombo Rd. und ***Commercial Bank*** in der Edinburgh St. verfügen über Geldautomaten.

INTERNET – ***Cyber Café Nexus***, Kandy Rd., ⏱ 7.30–21 Uhr, 60 Rs/Std.

MEDIZINISCHE HILFE – ***Government Hospital***, Colombo Rd., ✆ 037-2222261.

POLIZEI – Colombo Rd., ✆ 037-2222222.

Transport

BUSSE – Fast alle Busse zwischen Colombo und Anuradhapura sowie zwischen Kandy und Puttalam halten in Kurunegala. Zur Zeit der Recherche war der neue zentrale Busbahnhof noch im Bau, so dass die Busse an allen möglichen Stellen entlang der Hauptstraßen ankommen und abfahren.

Derzeit halten die Intercity-Busse an der Metford St. gegenüber der Holy Family Basilica. CTB-Busse zwischen COLOMBO (93 km) und ANURADHAPURA (121 km) verkehren zwischen 6 und 17.30 Uhr etwa alle 30 Minuten und brauchen für die Fahrt nach Anuradhapura etwa 2 Std., nach Colombo 4 Std. Direktbusse steuern regelmäßig NEGOMBO (74 km, ca. 3 1/2 Std.) und während des Tages im 30-Minuten-Abstand auch CHILAW (2 1/2 Std.) an. Die Strecke nach KANDY (42 km, 1 Std.) und PUTTALAM (87 km, 5 Std.) wird in regelmäßigen Abständen von CTB- oder Intercity-Bussen bedient.

EISENBAHN – Kurunegala liegt an der „Northern Railway", die von Colombo nach Anuradhapura–Vavuniya führt. Weitere Zugverbindungen gibt es nach Trincomalee und Batticaloa.

9x tgl. fahren Züge in 2 1/2–3 Std. nach COLOMBO, der Zug um 7.37 Uhr fährt weiter bis nach GALLE und MATARA. Die Abfahrtszeiten der Züge nach ANURADHAPURA sind 7.44, 13.06, 16.14 und 18.25 Uhr (IC). Die Fahrt dauert 3 Std., im IC nur 1 1/2 Std. Wer auf der Fahrt nach Anuradhapura (121 km) die Ruinen von Yapahuwa (45 km) besuchen möchte, nimmt einen der Morgenzüge nach Maho (1 1/2 Std.), mietet sich dort einen Three-Wheeler und fährt am Nachmittag mit Zug oder Bus weiter in die alte Königsstadt. Nach MAHO starten Züge um 7.11, 7.44, 8.30, 9, 10.43, 13.06, 16.14 und 20.34 Uhr. Der Zug um 10.43 Uhr fährt weiter nach TRINCOMALEE. Um 21.11 Uhr fährt ein Direktzug über POLONNARUWA (Ankunft 1.18 Uhr) nach BATTICALOA (Ankunft 4.05 Uhr).

Dambadeniya

In einem Halbtagsausflug lässt sich von Kurunegala aus die 30 km südwestlich an der Straße nach Negombo gelegene Ruinenstätte Dambadeniya besuchen. Dorthin verlegte König Vijayabahu III. (reg. 1232–6) während der Tyrannenherrschaft des südindischen Despoten Magha, der in Polonnaruwa residierte, seinen Sitz. Vijayabahus Sohn Parakramabahu II. (reg. 1236–70) gelang es, Magha zu vertreiben, doch war die alte Königsstadt dermaßen zerstört, dass er und seine beiden Nachfolger in Dambadeniya blieben. Außerdem waren sie hier vor weiteren tamilischen Einfällen sicherer.

Viel ist allerdings nicht erhalten geblieben: Archäologen legten Reste des Palastfundaments und der Wallanlagen frei. Etwa 400 m südöstlich des Ortszentrums liegt der **Vijayasundaramaya**. In diesem zweistöckigen Tempel wurde zur Zeit der Könige die Zahnreliquie aufbewahrt. Heute befinden sich im Inneren einige interessante Wandmalereien aus dem 18. Jh., als der Tempel umfassend renoviert wurde.

Transport

Am bequemsten ist es, aus Kurunegala mit dem **Three-Wheeler** anzureisen. Ansonsten halten in Dambadeniya auch alle **CTB-Busse** von und nach Negombo.

Padeniya

Dort, wo die A 28 von Anuradhapura auf die A 10 von Puttalam nach Kurunegala und Kandy trifft, liegt der kleine Ort Padeniya. Er wäre nicht unbedingt erwähnenswert, gäbe es dort nicht den überregional bekannten **Padeniya Raja Maha Vihara**. Wer von Kurunegala nach Anuradhapura unterwegs ist und sich an Klöstern noch nicht satt gesehen hat, kann in diesem Vihara einen kurzen Halt einlegen und die beschauliche Atmosphäre der gepflegten Anlage genießen.

Das bemerkenswerteste Klostergebäude liegt etwas erhöht auf einem Felsblock neben einem ausladenden Bodhi-Baum: die Dharma-Halle. Das Satteldach wird von drei Säulenreihen aus Holz getragen, die Außenseite ist mit Löwenfiguren geschmückt. Im Inneren befindet sich ein quadratischer Schrein, der von einer schweren Holztür abgeschlossen wird. Der Türrahmen ist mit Ornamenten verziert, daneben steht jeweils eine Wächterfigur. Das düster beleuchtete Schreininnere gibt am Raumende den Blick auf eine von einem Vorhang geschützte Buddha-Figur frei. An den Seiten befinden sich jeweils drei stehende Buddha-Figuren. Die Halle ist von einer Mauer umgeben, in deren zahlreichen Nischen an besonderen Poya-Tagen Öllampen hingestellt werden. Interessant sind auch der seitlich offene Vihara *(Sangha Vasa)* mit einem hölzernen Altar sowie ein harmonisch proportionierter, weiß getünchter Dagoba. Kein Eintritt, Spende willkommen.

Transport

Alle **CTB-Busse**, die aus dem 25 km südöstlich gelegenen Kurunegala kommen, passieren auf ihrer Fahrt nach Anuradhapura (85 km) und Puttalam das Dorf Padeniya.

Panduwasnuwara

Reich an Geschichten ist dieser Ort, 32 km nordwestlich von Kurunegala an der Straße nach Chilaw: Von Panduwasnuwara aus soll der namensgebende legendäre König Panduvasudeva, zweiter Nachfolger des nicht weniger legendären Vijaya (s. S.88), im 5./4. Jh. v. Chr. sein Reich gelenkt haben. Historisch gesichert ist jedoch nur, dass der große Parakramabahu I. (reg. 1153–86) hier seine Residenzstadt Parakramapura errichtete, um von ihr aus seine Rivalen in Polonnaruwa und Rohana zu bekämpfen. Nachdem ihm die Einigung des Reichs gelungen war, brachte er als unumstrittener Machthaber Polonnaruwa zu seiner letzten großen Blüte. Die mächtigen Wehranlagen lassen darauf schließen, dass Parakramapura eine nicht leicht einzunehmende Stadt war.

Die 20 ha große Anlage – nur einige Bereiche wurden ausgegraben – werden wohl in erster Linie Geschichtsinteressierte anregend finden. Die mächtigen Wälle und Wassergräben geben Archäologen Aufschluss über die Struktur einer Zitadelle aus dem 13. Jh. In einem etwas kärglichen **Museum** können gegen eine Spende einige Fundstücke besichtigt werden, u. a. eine kleine Bronze-Statue, die an die bekannte Figur im Potgul Vihara in Polonnaruwa erinnert. Ansonsten sind die freigelegten Fundamente zahlreicher Gebäude zu sehen, wie etwa die massiven Außenmauern, die königliche Audienzhalle und Klosteranlagen sowie Steininschriften und ein Wewa.

Beachtenswert ist der Tempel mit dem Bodhi-Baum, Bodhigara genannt. Dort wurde auch für einige Zeit die Zahnreliquie aufbewahrt. Schließlich erregt nicht weit davon entfernt ein rundes Fundament die Aufmerksamkeit – und die Fantasie der Geschichtenerzähler. Die Funktion dieses vermutlich ehemals mehrstöckigen Gebäudes ist unklar. Einer Legende zufolge ließ König Panduvasudeva dort seine Tochter Unmada Chitra einsperren, weil ihre Schönheit die Männer verrückt machte. Er wollte auch eine potenzielle Schwangerschaft verhindern, damit ihm nicht ein standesgemäß gezeugter Sohn den Thron streitig machen konnte.

Transport

Wer von Kurunegala kommt, muss etwa 20 km entlang der A 10 (Kurunegala–Puttalam) bis nach Wariyapola und von dort weitere 12 km in Richtung Chilaw bis zum Dorf Panduwasnuwara fahren. Die Ausgrabungsstätte liegt ca. 1 km außerhalb der Ortschaft. Die Strecke wird im 30-Minuten-Takt von Bussen nach Chilaw befahren.

Arankele

Die sehr idyllisch gelegene, wenn auch an Sehenswürdigkeiten arme **Waldeinsiedelei** aus dem 6. Jh. liegt etwa 24 km nördlich von Kurunegala. Sie ist am besten mit einem Three-Wheeler zu erreichen, der von Kurunegala auf der A 6 knapp 12 km nach Ibbagamuwa fährt und dort in Richtung Kumbukgete abzweigt.

Die Ruinen liegen am Fuß eines Bergzuges und sind über einen gepflasterten Weg zu erreichen. Zu sehen sind zwei von einer Mauer umgebene erhöhte Plattformen – die kleinere mit ursprünglich neun Mönchszellen – und eine Krankenstation mit Mörser und steinerner Wanne für das Kräuterbad. Eine Reihe von Wegen führt in den Wald, einige davon waren anfänglich überdacht. Einer der Pfade passiert Reste eines Pavillons, der von einem Wassergraben umgeben ist. Außerdem gibt es in der Nähe einige **Grotten mit Brahmi-Inschriften**, die von Schenkungen an die Mönche berichten. Unweit von der Waldeinsiedelei leben auch heute wieder einige Mönche.

Ridi Vihara

Wer mit dem eigenen Fahrzeug unterwegs ist, kann diese interessante Klosterstätte, knapp 20 km nordöstlich von Kurunegala, gut mit der Besichtigung Arankeles verbinden. Der Name „Silberkloster" erinnert an eine Legende, derzufolge während der Regierungszeit des in Anuradhapura herrschenden Königs Dutthagamani im 2. vorchristlichen Jahrhundert in der Höhle Silber (singh. *ridi*) gefunden wurde. Da der König wegen eines Tempelbaus gerade knapp bei Kasse war, freute er sich dermaßen über den Fund, dass er aus Dankbarkeit dort einen Tempel stiftete. Doch seit wann dieser Ort wirklich als buddhistische Einsiedelei genutzt wurde, ist unklar.

Heute sind zwei Tempel von Interesse: Im **Pahala Vihara**, dem „Unteren Tempel", sind eine goldene Buddha-Statue – dem Volksglauben nach eine Schenkung Dutthagamanis – und ein 9 m langer liegender Buddha zu sehen. Der dahinscheidende Erleuchtete liegt auf einer Plattform, die mit Delfter Kacheln verziert ist. Ein niederländischer Konsul soll sie gestiftet haben. Möglicherweise wollte er die Buddhisten zum christlichen Glauben bekehren, denn kurioserweise zeigen die blauweißen Kacheln biblische Motive. Die Bekehrung ist ihm nicht gelungen, noch immer leben hier buddhistische Mönche. Ein Blick lohnt sich auch auf die mit Elfenbeinintarsien verzierten Türrahmen – leider sind einige schon verschwunden.

Nicht weit entfernt liegt etwas erhöht der **Uda Vihara**, der „Obere Tempel". Er geht auf eine Stiftung des in Kandy residierenden Königs Kirti Sri Rajasimha (reg. 1747–82) zurück. In seinem Auftrag fertigte der Mönch Devaragampola Silvatene zwischen 1771 und 1776 die Wandmalereien im Inneren an. Sie zählen zu den schönsten Beispielen der Malschule von Kandy. Auch wenn Hinweise fehlen, sollte beim Fotografieren *kein* Blitz verwendet werden. Vor dem Eingang befindet sich ein reichlich dekorierter Mondstein.

Es lohnt sich auch, etwas in der Gegend herumzuspazieren, z. B. zu einem verfallenen Dagoba auf einer Anhöhe. Für die Besichtigung wird eine Spende von mindestens 100 Rs erwartet.

Transport

SELBSTFAHRER – Mit dem eigenen Fahrzeug oder Three-Wheeler fährt man von Kurunegala kommend zuerst die A 6 in Richtung Dambulla. Nach knapp 12 km ist der Ort Ibbagamuwa erreicht. Etwa 2 km dahinter muss man nach rechts abbiegen, bis nach weiteren 7 km eine Abzweigung kommt. Dort geht es wieder nach rechts und weiter bis zum 9 km entfernten Dorf Ridigama. Am Uhrturm muss man nach rechts fahren und nach etwa 200 m nach links. Dann sind es noch etwa 1,5 km bis zum Ridi Vihara.

BUSSE – Zwischen Kurunegala und Ridigama fahren in regelmäßigen Abständen Busse. In Ridigama kann man sich für den Besuch einen Three-Wheeler mieten (ca. 300–400 Rs einschließlich Wartezeit).

Yapahuwa

Die eindrucksvollste Ruinenstätte in der weiteren Umgebung von Kurunegala ist fraglos die etwa 45 km nördlich gelegene **Felsenfestung** Yapahuwa. Wer in Richtung Anuradhapura (75 km) unterwegs ist, kann dort problemlos einen Halt einlegen. Die Festung liegt 90 m über der Ebene an einem Berghang. Sie blickt auf eine fast 800-jährige Geschichte zurück: Während der Herrschaft des in der ersten Hälfte des 13. Jhs. regierenden südindischen Tyrannen Magha ließ König Vijayabahu III. eine Reihe von Festungsanlagen errichten, u. a. Yapahuwa nach dem Vorbild Sigiriyas.

Auch nach Maghas Vertreibung war die Gefahr vor weiteren Eindringlingen nicht gebannt, wie ein erfolgloser Angriff des malaiischen Herrschers Chandrabhanu in den Jahren 1262–63 auf Yapahuwa zeigt. Nach einem Attentat auf seinen in Dambadeniya regierenden Bruder Parakramabahu II. durch dessen obersten General ließ sich König Bhuvanekabahu I. (reg. 1272–84) wenige Monate nach seiner Krönung in der gut gesicherten Bergfeste Yapahuwa nieder. Zwei Wassergräben und eine doppelte Ringmauer an der Südseite des Berges sowie die im Palastbereich aufbewahrte Zahnreliquie sollten die Festung militärisch und spirituell absichern. Nach Bhuvanekabahus Tod folgte eine Periode der Anarchie, die ein indischer General namens Mitta ausnutzte, um die Zahnreliquie nach Indien zu bringen. Dort blieb sie, bis es 1288 Parakramabahu III. (reg. 1287–93) gelang, sie zurückzuholen. Er brachte sie nach Polonnaruwa, wo er zeitweise regierte. Sein Nachfolger, König Bhuvanekabahu II., verlegte seine Residenz schließlich nach Kurunegala. Yapahuwa verlor an Bedeutung. Später besiedelten Mönche und Eremiten die immer mehr zerfallende Ruinenstätte. Noch heute existiert am Fuß der Anlage ein kleines Kloster – der Raja Maha Vihara Yapahuwa –, das für den Besuch 200 Rs kassiert.

Während Befestigungs- und Palastanlage weitgehend verfallen sind, ist die steile **Freitreppe** nach umfassender Restaurierung sehr gut erhalten. Sie führt auf der Südseite des Berges von der Ebene nach oben, wahrscheinlich zum Palastgebäude und/oder dem Schrein für die Zahnreliquie. Viel Platz kann hier nicht gewesen sein, denn bald nach dem oberen Ende der Treppe beginnt der Fels. Dass die Steinmetze ihren südindischen Vorbildern in nichts nachstanden, zeigen die feinen Verzierungen an den Treppenseiten. Aus dem Kalkstein zauberten sie feine **Reliefs**, neben Rankenwerk auch Frauen mit Opfergaben, Musiker und Tänzer. Hier sind dravidische Einflüsse aus dem Süden Indiens erkennbar. Künstlerischer Höhepunkt der Treppe sind jedoch die beiden **Wächterlöwen**, die mit ihren Pfoten den Kopf von Makaras (krokodilartige Wesen) festhalten. Wer vorab einen optischen Eindruck von den Löwen gewinnen möchte, muss nur seinen Blick auf einen Zehn-Rupie-Schein werfen. Auf der obersten Ebene befindet sich ein dreiteiliges Tor, dessen Säulen und Ziergiebel über den Seitendurchgängen ebenfalls feinste Reliefs aufweisen.

Zwischen dem heutigen Kloster und der Treppe befindet sich auf der rechten Seite ein kleines **Museum** (Spende erwünscht), das leider nicht viel hergibt. Vom Staub eingehüllt sind dort der Torso einer unbekannten Gottheit, eine siebenköpfige Naga-Schlange mit gewundenem Körper und ein mit Tänzern, Löwen und Hamsa-Vögeln verziertes vergittertes Fenster aus Kalkstein zu sehen. Etwas interessanter ist das **Kloster** nebenan mit einer kleinen Grotte.

Transport

Yapahuwa liegt etwa 4 km östlich von „Maho Junction", dem Eisenbahnkreuz, an dem sich die **Bahnlinie** von Colombo über Kurunegala nach Anuradhapura–Vavuniya von jener nach Trincomalee und Batticaloa trennt. Daher halten dort alle Züge (außer den IC). Am Bahnhof können Three-Wheeler für eine Rundtour gemietet werden. Einschließlich Wartezeit werden rund 300 Rs verlangt.

Etwa 2 km westlich von Maho führt die A 28 in Richtung Anuradhapura vorbei. Sie wird von allen aus Colombo oder Kurunegala kommenden **Bussen** frequentiert. Wer mit dem Bus anreist oder nach der Besichtigung mit dem Bus weiterfahren möchte, kann an der Straßeneinmündung einen Three-Wheeler nehmen bzw. sich dort absetzen lassen (Rundtour ca. 500 Rs).

Anuradhapura

Die erste Königsresidenz Sri Lankas ist sicherlich einer der herausragendsten Orte der Insel. Mehr als 1300 Jahre Geschichte sind hier vereint. Als politisches und religiöses Zentrum zog die Stadt früher Gelehrte aus der ganzen buddhistischen Welt an. Heute sind es vor allem Touristen, die sich von den Monumenten beeindrucken lassen. Pilger strömen allerdings noch immer hierher, denn Anuradhapura besitzt mit dem Jaya Sri Maha Bodhi eines der bedeutendsten buddhistischen Heiligtümer der Insel. Der heilige Bodhi-Baum steht vor allem zum Vollmondtag im Dezember, Unduvap Poya, im Mittelpunkt der Verehrung, da die Nonne Sanghamitta in diesem Mondmonat den Ableger des originalen Bodhi-Baumes nach Anuradhapura brachte. Auch an Poson Poya, dem Vollmondtag im Mai/Juni, strömen viele Gläubige hierher, da zu dieser Zeit der indische Mönch Mahinda Thera den Buddhismus in Sri Lanka etabliert haben soll.

Geschichte

Lange bevor Anuradhapura zur Königsstadt aufstieg, war die Gegend offensichtlich von größerer Bedeutung, denn Funde aus dem 8./7. Jh. v. Chr. lassen darauf schließen, dass hier während der Eisenzeit eine Siedlung existierte. Ältestes schriftliches Zeugnis sind Brahmi-Schriftzeichen auf Keramikscherben aus dem 7./6. Jh. v. Chr., was erste indische Einflüsse beweist. Chroniken schreiben die Stadtgründung dem dritten König Panduvasudeva im 5./4. Jh. v. Chr. zu. In der Regierungszeit von Devanampiya Tissa (reg. ca. 250–210 v. Chr.) war Anuradhapura zu einer 1 km² großen Stadt angewachsen. Um die Wasserversorgung zu sichern, ließ er den nach ihm benannten Tissa Wewa graben. Unter diesem ersten buddhistischen König Sri Lankas entstanden auch größere Tempelanlagen, so der Thuparama und das „Große Kloster", Maha Vihara, das über Jahrhunderte hinweg als Hort des orthodoxen Theravada-Buddhismus galt. Als eine Art Gegenpol dazu entstand 89 v. Chr. der Mahayana-buddhistische Abhayagiri Vihara. Dutthagamani

Anuradhapura

Der Mahavamsa-Chronik aus dem 6. Jh. zufolge wurde die Stadt (skt. *pura*) nach einem Minister namens Anuradha benannt, der zusammen mit dem legendären Reichsgründer Vijaya im 6. Jh. v. Chr. nach Sri Lanka gekommen war und sich am Ufer des Malwathu Oya niedergelassen hatte. Die neue Siedlung wurde nach ihm **Anuradhagama**, „Dorf des Anuradha", genannt. Er lud seinen Neffen, den dritten König Panduvasudeva, ein, dort seine Residenz zu gründen.

(reg. 161–137 v. Chr.) gelang es, das Reich auszuweiten, wodurch auch die Bedeutung der Metropole zunahm. Als Krönung seines umfassenden Bauprogramms gilt der Ruwanweli Dagoba.

Der Mahavamsa berichtet, dass Kutakanna Tissa (reg. 44–22 v. Chr.) die Stadt erstmals mit einer Mauer und einem Graben umgeben ließ – wohl eine Antwort auf Feinde im Innern, mehr aber noch auf mögliche südindische Agressoren. Mahasena (reg. 274–301) ließ mit dem Jetavana Vihara den dritten großen Klosterkomplex errichten. Nach dem Ableger des originalen Bodhi-Baums, der bereits im 3. Jh. v. Chr. nach Anuradhapura gelangte, kam im neunten Regierungsjahr von Mahasenas Nachfolger, dem König Sirimeghavanna (reg. 301–28), mit der Zahnreliquie das wichtigste buddhistische Symbol auf die Insel.

Da die Bevölkerungszahl stetig zunahm – Archäologen schätzen die damalige Einwohnerzahl Anuradhapuras auf etwa 120 000 –, musste ein ausgefeiltes Bewässerungssystem in dieser von Dürren geplagten Trockenzone angelegt werden. Immer wieder wurden neue Reservoirs (Wewa) und Kanäle ausgehoben oder alte erweitert. Allein während der Regentschaft König Mahasenas im 3. Jh. entstanden 16 Stauseen, darunter der vom Elahera-Kanal gespeiste Minneriya Wewa, mit 1868 ha damals der größte Stausee.

Die beiden rivalisierenden Klosteruniversitäten Maha Vihara und Abhayagiri Vihara sowie die Heiligtümer zogen zahlreiche Gelehrte aus der buddhistischen Welt an, u. a. im 5. Jh. den chinesischen Pilger Fa Xian (Fa Hsien). Aus seiner Feder stammt ein Bericht, der wichtige Informationen über das Leben in Anuradhapura gibt. So schätzt er die Gesamtzahl der Mönche im Maha Vihara auf 3000, im Abhayagiri Vihara auf etwa 5000. Außerdem erwähnt er persische und griechische Händler, die in edlen Häusern wohnten.

Gegen Ende des ersten Jahrtausends war die Königsstadt immer wieder Ziel südindischer Angriffe. Zudem schwächten interne Machtkämpfe und Intrigen das Herrscherhaus. Die im Zenit ihrer Macht stehende südindische Chola-Dynastie weitete ihre Herrschaft auch auf die benachbarte Insel aus und griff Anuradhapura mehrmals an. Der Untergang der Stadt war im Jahr 1017 besiegelt, als sie vom Chola-König Rajendra I. (reg. 1014–42) eingenommen und über mehrere Jahrzehnte

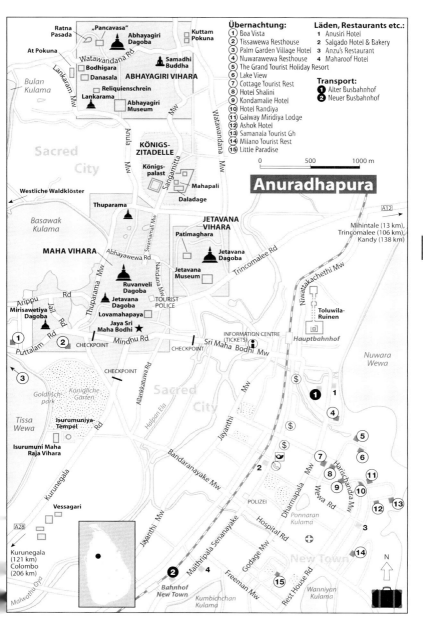

besetzt wurde. Erst 1070 gelang es dem srilankischen König Vijayabahu I. (reg. 1055–1110), die Chola zu vertreiben. Doch verlegte er seinen Sitz ins sicherere Polonnaruwa.

Anuradhapura blieb zwar als religiöse Stätte weiterhin von gewisser Bedeutung, doch trotz der Restaurierungsbemühungen diverser Könige verfielen die Klosteranlagen immer mehr. Im 18. Jh. erlebte die Verehrung des Sri Maha Bodhi unter dem Kandy-König Kirti Sri Rajasimha (reg. 1747–82) eine gewisse Renaissance. Als 1828 ein englischer Major namens Forbes Anuradhapura besuchte, erwähnte er eine Vielzahl von Monumenten, die vom Dschungel überwuchert gewesen seien, mit Ausnahme des nach wie vor verehrten Bodhi-Baumes.

Die Briten waren es schließlich, die die Stadt aus dem Dornröschenschlaf rissen, als sie 1871 in Anuradhapura einen Verwaltungssitz etablierten. Unter Federführung des Archäologen Stephen Montagu Burrows begannen sie mit den ersten Restaurierungsarbeiten, die auch in den folgenden Jahrzehnten fortgesetzt wurden, vor allem in den 90er Jahren des 19. Jh. unter H. C. P. Bell. Zum Schutz der Monumente ließ die srilankische Regierung in den 50er Jahren das Gebiet zur „Heiligen Stadt" erklären und die Bewohner in die neu gegründete „Neustadt" östlich des Mawathu Oya umsiedeln. Doch erst in den vergangenen 25 Jahren wurden unter Leitung des Central Cultural Fund (CCF) umfassende Forschungs- und Instandhaltungsarbeiten durchgeführt.

Eintritt

Für die Besichtigung der Monumente von Anuradhapura gilt das **Rundticket** des Central Cultural Fund oder das Einzelticket für **US$20** (Kinder von 6–12 Jahre US$10). Beide in Rupies zu bezahlenden Eintrittskarten können beim *Information Centre* an der Sri Maha Bodhi Mawatha, ☏ 025-2224546, gekauft werden. Der heilige Bodhi-Baum, Jaya Sri Maha Bodhi, und der Isurumuni Raja Maha Vihara stehen unter buddhistischer Verwaltung. Hier muss eine gesonderte Eintrittskarte für jeweils 100 Rs erworben werden.

Sehenswertes

Anuradhapura besteht aus zwei Teilen: der „Heiligen Stadt" (Sacred City) westlich des Malwathu Oya mit den archäologischen Stätten und der „Neustadt" (New Town) südöstlich davon, die sich zwischen Sri Lankas zweitlängstem Fluss und dem Nuwara Wewa erstreckt. Dort lebt der Großteil der knapp 70 000 Einwohner und dort befinden sich nahezu alle Unterkünfte. Beide Stadtteile haben einen eigenen Bahnhof. Wer mit dem Zug anreist, kann bis zum Bahnhof Anuradhapura durchfahren, da er näher zu den meisten Unterkünften liegt.

Der Hauptzugang zu den Ruinenstätten erfolgt über die Sri Maha Bodhi Mawatha, die direkt zum hoch verehrten Bodhi-Baum führt. Wegen der großen Entfernungen empfiehlt es sich, die Sehenswürdigkeiten mit dem Fahrzeug anzusteuern. Wer wenig Zeit hat, mietet sich einen Three-Wheeler oder ein Auto. Passender ist der Ruinenbesuch jedoch mit dem Fahrrad, denn damit ist man unabhängiger und kann die Stimmung im archäologischen Park mehr genießen. Allerdings kann es sehr heiß werden, deshalb sollte man früh am Tag aufbrechen. Getränke und Kleinigkeiten zu essen gibt es an zahlreichen Ständen.

Auch wenn die großen Stupas als markante Punkte die Landschaft überragen und damit eine gewisse Orientierung bieten, fällt es schwer, eine Idee von der ursprünglichen Stadtplanung zu bekommen. Ein großer Teil der Fläche gehört zu einem der drei großen Klosterkomplexe. Der Bereich östlich des Basawak Kulama und nördlich des Bodhi-Baumes wird dem ältesten Kloster zugerechnet, dem **Maha Vihara**. Östlich davon befand sich der **Jetavana Vihara**, und nördlich schloss sich die **Königszitadelle** mit dem Königspalast an. Doch von ihr ist fast nichts erhalten geblieben, da die Palastgebäude nach alter indischer Tradition vorwiegend aus Holz gebaut waren. Nördlich des politischen Machtzentrums erstreckt sich das weitläufige Gelände des ehemaligen **Abhayagiri Vihara**. Im weiteren Umfeld liegen noch einige kleinere Klosteranlagen wie der Isurumuni Raja Maha Vihara im südlichen Bereich.

Angesichts der religiösen Bedeutung der „Heiligen Stadt" sollte man trotz Hitze weder mit kurzer Hose noch mit schulterfreiem Hemd herumlaufen (s. S. 69). Beim Besuch der Stupas und des verehrten Bodhi-Baumes sind die Schuhe auszuziehen und die Kopfbedeckung abzunehmen.

Maha Vihara

Entlang des Basawak Kulama zieht sich das über 105 ha große Gelände des ältesten Klosters von Anuradhapura. Bis auf wenige Ausnahmen wie den Sri Maha Bodhi, den Loha Pasada und den Ruvanveli Seya Dagoba sind die Gebäude vollständig verschwunden.

Das Kloster war eine Schenkung des Königs Devanampiya Tissa an Mahinda, der den Buddhismus im 3. Jh. v. Chr. nach Sri Lanka brachte. Auf dem Gelände des königlichen Mahamegha-Gartens etablierte der indische Mönchsmissionar das nach dem Stifter **Tissarama** („Kloster von Tissa") genannte erste buddhistische Kloster auf srilankischem Boden. Später wurde es wegen seiner Größe und Bedeutung als „Großes Kloster" *(maha vihara)* bekannt. Im ersten Jahrtausend war es als Hort des orthodoxen Theravada-Buddhismus berühmt und zog als „buddhistisches Oxford" Mönche und Gelehrte aus dem ganzen asiatischen Raum an. Einer der berühmtesten Lehrer war im 5. Jh. der indische Mönch Buddhaghosa.

Jaya Sri Maha Bodhi

Der König der Bäume – der Bodhi-Baum – verblieb viele Wunder vollbringend im schönen Mahamegha-Garten auf der Insel Lanka. Er brachte dem srilankischen Volk Wohlstand und seinem Glauben Fortschritt.

So beschreibt der Mahavamsa, die buddhistische Chronik aus dem 6. Jh., die Überbringung eines Ablegers des Bodhi-Baumes nach Sri Lanka, unter dem Buddha gut 200 Jahre zuvor die Erleuchtung erlangt hatte. Der Überlieferung zufolge hatte der indische König Ashoka im 3. Jh. v. Chr. seine Tochter, die buddhistische Nonne Sanghamitta, entsandt, nachdem der neu bekehrte König Devanampiya Tissa um einen Ableger des heiligen Baumes gebeten hatte.

Neben der Zahnreliquie in Kandy ist der Bodhi-Baum *das* Symbol des srilankischen Buddhismus und damit sehr eng mit dem singhalesischen Nationalgefühl verbunden. Könige nahezu jeder Epoche pilgerten zu ihm, renovierten die umliegenden Gebäude oder stifteten neue. Auch lange nachdem Anuradhapura in Ruinen lag, blieb der heilige Baum ein Ziel der Pilger. Gelegentlich drohte ihm ein ähnliches Schicksal wie das des Mutterbaumes in Bodhgaya, der im 6. Jh. einem fanatischen Hindu-König aus Bengalen zum Opfer fiel. 1929 hackt ein Fanatiker einen Ast ab, 1985 stürmten LTTE-Rebellen das Gelände und töteten über 100 Gläubige. Der Baum blieb jedoch glücklicherweise unbeschadet. Heute gilt der „siegreiche, ehrwürdige große Bodhi-Baum", Jaya Sri Maha Bodhi, als der älteste dokumentierte Baum der Welt.

Aus Sicherheitsgründen ist er weiträumig abgeschirmt. Ganz gleich, aus welcher Richtung man kommt, etwa 200 m davor muss man beim Checkpoint sein Fahrzeug stehen lassen und sich einer Kontrolle unterziehen. Dann geht es zu Fuß weiter. Das eigentliche Gelände ist von einer Umfassungsmauer (103 x 83,5 m) umgeben, die Kirti Sri Rajasimha (reg. 1747–82), drittletzter König von Kandy, errichten ließ, um den Baum vor wilden Elefanten zu schützen.

Vor dem Betreten des Geländes müssen die Schuhe abgegeben werden. Rund um den originalen Bodhi-Baum haben Würdenträger bis in die jüngste Zeit neue Ableger gepflanzt. Der überraschend kleine originale Baum wird von Stahlträgern gestützt und befindet sich auf einer dreistufigen quadratischen Terrasse (21,6 x 17,4 m) in gut 6 m Höhe, wobei nur die erste betreten werden kann. Seit 1969 ist er von einem vergoldeten Eisenzaun eingeschlossen. Im Wandelgang rund um den Baum herrscht eine würdevolle Atmosphäre. Weiß gekleidete Gläubige knien in inniger Verehrung, Mönche in orangenen Roben umrunden murmelnd den Maha-Bodhi – am schönsten ist die Stimmung zum abendlichen Puja.

Der Bodhi-Baum *(Ficus religiosa)* gehört zur Familie der über 1000 Arten zählenden Feigenbäume (Ficus). Wie andere Ficus-Arten auch, pflanzt er sich auf Kosten von Wirtsbäumen fort, auf denen er entlang wächst, bis diese absterben. Erkennbar ist er an den herzförmigen, bis zu 12 cm langen Blättern.

Lovamahapaya (Loha Pasada)

Nördlich des Bodhi-Baumes fällt ein Feld mit zahlreichen vierseitigen Säulen auf. Es sind die Überreste des „Großen mit einem Kupferdach bedeckten Palais" *(lohamahapaya)*, kurz „Kupferpalais" *(loha pasada)* genannt. Der Name geht auf den Prachtbau zurück, den König Dutthagamani im 2. Jh. v. Chr. an die Stelle des schlichteren Vorgängergebäudes von Devanampiya Tissa setzte. „Dieses schönste aller Palais hatte neun Stockwerke mit jeweils 100 Zimmern (...), dekoriert mit zahlreichen Edelsteinen und alle mit Fenster", weiß der Mahavamsa zu berichten.

Das vermutlich aus Holz errichtete Gebäude diente als Wohnraum für die Mönche und für ihr 14-tägiges Treffen zur Wiederholung der Mönchsregeln und Offenlegung ihrer Vergehen (Pali *uposatha kamma*). Bereits wenige Jahre nach der Errichtung wurde es bei einem Brand zerstört. Tissas Sohn Saddhatissa (reg. 137–119 v. Chr.) ließ es siebenstöckig wieder aufbauen. Der dem Kloster feindlich gesinnte König Mahasena (reg. 274–301) gab seinen Totalabriss in Auftrag. Von dessen Nachfolger wieder aufgebaut, musste das Gebäude in der Folgezeit immer wieder erneuert werden, doch die frühere Pracht erreichte es nicht mehr. Zuletzt ließ es der in Polonnaruwa regierende Parakramabahu I. im 12. Jh. nach den verheerenden Zerstörungen durch die Cholas rekonstruieren. Aus dieser Zeit stammen die heute sichtbaren Säulenreihen (40 x 40), die als Basis des Holzbaus dienten. Die Steinsäulen stammen von anderen Gebäuden und werden ins 5.–10. Jh. datiert.

Ruvanveli Seya Dagoba

Der baufreudige König Dutthagamani (reg. 161–137 v. Chr.) stiftete Anuradhapuras bedeutendsten Stupa und scheute keine Kosten: „Lass die Leute arbeiten, so viel sie wollen, und nehmen, so viel sie wollen!", ließ er die Bevölkerung wissen, und stellte zusätzlich zum Arbeitslohn Kleider und Getränke bereit. Die Fertigstellung des **Mahathupa** („Großer Stupa"), wie das Heiligtum angesichts der geplanten 55 m Höhe genannt wurde, sollte er jedoch nicht mehr erleben. Um dem sterbenskranken König einen Eindruck vom vollendeten Bau zu vermitteln, ließ sein jüngerer Bruder und Nachfolger Saddhatissa die unfertigen Teile mit weißen, bambusverstärkten Leintüchern bedecken. Nach Dutthagamanis Tod stellte er den Stupa in der damals populären Blasenform (Bubbulakara, s. S. 117) fertig.

Der Stupa ruhte auf drei massiven, mehr als 5 m hohen Terrassen und war von einer Elefantenwand umgeben. In seinem Inneren befand sich eine Kammer mit den Reliquien Buddhas und zahlreichen Beigaben, u. a. einem Bodhi-Baum aus Edelsteinen und eine goldene Statue des Erleuchteten. Spätere Könige renovierten oder veränderten den Kultbau. So ließ König Mahanaga (reg. 569–571) die Elefantenwand erneuern. Der in Polonnaruwa residierende Nissanka Malla (reg. 1187–96) war der letzte König, der Instandsetzungsarbeiten ausführen ließ. Unter anderem fertigte er ein Modell des Ruvanveli an. Dann zerfiel der mächtige Stupa zusehends, bis 1893 auf Initiative eines Mönches mit den ersten Restaurierungsversuchen begonnen wurde. Doch aus Mangel an Plänen folgten die Jahrzehnte währenden Arbeiten nicht der alten Form. Manches Originale wurde sogar zerstört wie etwa einige der noch erhaltenen Vahalkada, die Altaraufbauten an den Kardinalpunkten. Auf die vasenförmige Spitze, den Chattravali, wurde 1940 ein Bergkristall gesetzt, den birmanische Buddhisten gestiftet hatten.

In den vergangenen Jahrzehnten wurde der weiß getünchte Stupa weiter massiv restauriert. Heute erreicht er eine Höhe von 107 m und einen Durchmesser von 91,5 m. Der Stupa ruht auf einer Plattform mit 145 m Seitenlänge, die von 344 Elefanten getragen wird. Mit Ausnahme einiger weniger am Aufgang der Westseite sind sie jedoch erst in jüngerer Vergangenheit rekonstruiert worden. Vom östlichen Hauptzugang kommend passiert man am dortigen Vahalkada eine Inschrift des Königs Nissanka Malla, in der er seinen Besuch und die Stiftung des kleines Stupas beschreibt. Im umliegenden Bereich befinden sich noch Reste von Schreinen, Versammlungshallen und Wasserbecken. Ein schönes Foto vom Ruvanveli mit dem Basawak Kulama im Vordergrund lässt sich am späten Nachmittag vom Nordufer des Reservoirs schießen.

Jetavana Vihara

Östlich an den Maha Vihara schließt der Klosterkomplex des Jetavana Vihara mit dem landesweit größten Stupa, dem Jetavana Dagoba, an. Dieses grandiose Bauwerk – seit Jahren bereits unter Aufsicht der UNESCO restauriert – wurde von einem der kontroversesten Könige der Anuradhapura-Periode gestiftet: Mahasena (reg. 274–301).

Gemeinsam mit seinem Bruder war Mahasena von einem indischen Mönch namens Sanghamitta erzogen worden, der ein harscher Kritiker der in seinen Augen dekadenten Theravada-Mönche des Maha Vihara war. Nachdem Mahasena zum König ernannt worden war, konnte Sanghamitta ihn überreden, die Maha-Vihara-Mönche dazu zu zwingen, die strikteren Ordensregeln einer mahayana-buddhistischen Splittergruppe (Vaitulyas) anzunehmen. Als sich diese dagegen auflehnten, verweigerte Mahasena ihnen seine Unterstützung, woraufhin die Mönche in das südwestliche Rohana flohen.

Mahasena ließ daraufhin die Gebäude des Maha Vihara abreißen und mit dem Material im östlichen Teil ein neues Kloster errichten. Es wurde nach dem Jotivana Park, der auf diesem Gelände angelegt war, Jetavana Vihara genannt. Doch die rigide Haltung des Königs sollte nicht ohne Folgen bleiben: Im ganzen Land kam es zu Volksaufständen, so dass Mahasena einlenken musste und den Maha Vihara wieder restaurieren ließ. Sanghamitta wurde auf Geheiß einer Frau Mahasenas umgebracht. Dennoch blieb Mahasena bis zu seinem Tod ein Unterstützer der Mahayana-buddhistischen Mönchspraxis im Jetavana und Abhayagiri Vihara. Die frühen Chronisten bewerteten seine Regentschaft äußerst negativ, beim Volk blieb der König jedoch wegen seiner vielen Wohltaten, darunter das Anlegen des Minneriya Wewa, in guter Erinnerung.

Inmitten der Ruinen des Klosterkomplexes erhebt sich der massive **Jetavana Dagoba**. Bis vor kurzem war der halbrunde Baukörper *(anda)* vollständig von Gestrüpp überwuchert, inzwischen wird er mehr und mehr davon befreit. Ursprünglich war der Stupa 122 m hoch. Ende des 9. Jh. wurde er jedoch von den südindischen Cholas zerstört und anschließend sich selbst überlassen. Im Rahmen der Restaurierungsarbeiten unter Parakramabahu I. erreichte er im 12. Jh. die heutige Höhe von 71 m und einen Durchmesser von 112 m. Der Stupa ruht auf einer Terrasse von 176 m Seitenlänge und besitzt wie üblich an seinen Kardinalpunkten Altaraufbauten zur Verehrung der vier Buddhas des jetzigen Zeitalters *(kalpa)*, Vahalkada genannt.

Westlich der Dagoba befanden sich die heute fast völlig verschwundenen Wohnanlagen der bis zu 3000 Mönche mit kleineren Vihara. Im westlichen Bereich lagen die wichtigeren Bauten, u. a. der **Patimaghara**, das Gebäude zur Verehrung der wichtigsten Buddha-Statue. Noch heute fällt es wegen der über 8 m hohen Türrahmen auf. Der Patimaghara war seinerzeit das größte Gebäude Anuradhapuras. Archäologen schätzen, dass die Türrahmen aus Kalkstein ursprünglich mehr als 11 m hoch waren und die Gebäudefront eine Höhe von etwa 15 m erreichte. Im Inneren des traditionell auf einer Ost-West-Achse ausgerichteten Gebäudes verläuft ein Wandelgang rund um die heute verschwundene Figur. An der Stelle, an der sie stand, ist eine Vertiefung mit einem magischen Gitterstein *(yantragala)*, zu finden. In dessen Nischen wurden kleine Statuetten von Hindu-Gottheiten aufbewahrt.

Die zahlreichen Objekte, die während der Restaurierungsarbeiten gefunden wurden, sind im **Jetavana Museum** ausgestellt. Es befindet sich im südlichen Bereich der Anlage an der Straße. Dort sind wunderschöne Schmuckstücke, Goldornamente, kleine Statuen hinduistischer Gottheiten aus Bronze (11./12. Jh.) und Münzen aus der Regentschaft Parakramabahus I. zu sehen. Römische und zentralasiatische Keramikgefäße aus dem 2./3. Jh. bezeugen Handelskontakte in diese Region, ☉ tgl. 10–17 Uhr.

Thuparama

Den Chroniken zufolge ist der Thuparama Sri Lankas ältester Stupa und soll von Devanampiya Tissa im 3. Jh. v. Chr. zur Aufbewahrung eines Brustbeins Buddhas gestiftet worden sein. Er wurde in der „Reishaufenform" errichtet *(dhanyakara)*, sein Name bedeutet „Stupa (singh. *thupa*) und Kloster (singh. *arama*)". Anfänglich ein eigenständiges Kloster, war der Thuparama lange Zeit Teil des Maha Vihara. Weitere Bauten wie eine Versammlungshalle für die Mönche *(uposatha ghara)* und ein Vihara – fälschlicherweise „Tempel der Zahnreliquie" *(daladage)* genannt – wurden später hinzugefügt. Die wie Zahnstocher in den Himmel ragenden, in Viererreihe angeordneten Säulen rund um den Dagoba sind Teil des Vatadage, eine konische Überdachung aus Holz, die König Vasabha (reg. 67–111) zum Schutz des verehrten Stupa anbringen ließ. Weniger fromme Könige fügten dem Heiligtum indes Schaden zu. So plünderte der insolvente Datopatissa I. (reg. 639–650) die Reliquienkammer, um seine meuternden Soldaten zu bezahlen. Größten Schaden richteten jedoch die südindischen Pandyas im 9. Jh. und die Cholas 993 an, als sie Anuradhapura heimsuchten und die Heiligtümer ausraubten und zerstörten.

Anuradhapura, Thuparama

Der heutige Stupa in Glockenform *(ghantakara)* stammt aus dem Jahr 1862, als der Komplex umfassend renoviert wurde. Er hat eine Höhe von 19 m sowie einen Durchmesser von 18 m und ruht auf einer knapp 3,5 m hohen, runden Plattform. Der südlich gelegene Daladage weist einige Eigenheiten auf. So sind die Kapitelle der Säulen mit Dreizack dekoriert, die als Vajra (Diamant) die Weisheit symbolisieren – ein Motiv, das eher dem Mahayana zugerechnet wird. Sehenswert sind auch die Wächtergestalten *(dvarapala)* und der Mondstein am Eingang (10. Jh.).

Zitadelle (Etul Nuwara)

Entlang der Sanghamitta Mawatha – zwischen der zum Thuparama führenden Straße und dem Abhayagiri Komplex – sind noch die Überreste der einst 1,6 x 1,2 km großen Zitadelle zu finden. Viel ist nicht erhalten, da die meisten Bauten aus Holz waren. So fällt es schwer, sich das Leben in dieser internationalen Metropole vorzustellen. Zwei sich in der Mitte kreuzende gepflasterte Hauptstraßen teilten die Stadt einst in vier Quartiere. Händler aus dem ganzen asiatischen Raum gingen hier ein und aus, und Mönchsdelegationen aus anderen buddhistischen Ländern machten dem König ihre Aufwartung. Vermutlich aßen die Leute wie heute „Reis und Curry", und Frauen in edlen Saris stolzierten durch die Gassen.

Wenn man von Süden in die Sanghamitta Mawatha hineinfährt, lassen sich noch Reste des Stadtgrabens und des Südtores – eines von vier in allen Himmelsrichtungen – ausmachen. Bald tauchen linker Hand die Ruinen des **Königspalastes** auf, doch sie stammen aus dem 11. Jh., einer Zeit, als der Untergang Anuradhapuras bereits besiegelt war. Die Cholas hatten die glanzvolle Metropole Anfang des Jahrhunderts in Schutt und Asche gelegt und sich in Polonnaruwa festgesetzt. Nachdem es Vijayabahu I. 1070 nach langjährigen Kämpfen gelungen war, die südindischen Besatzer zu vertreiben, baute er den zerstörten Palast wieder auf. Zwar feierte er darin in seinem 18. Regierungsjahr 1073/74 noch ein rauschendes Fest, seine Residenz hatte er jedoch längst in Polonnaruwa eingerichtet.

Heute ist noch die Basis der 66 x 39 m großen Thronhalle zu sehen. Sieben Stufen führen zu dem ehemals zweistöckigen Gebäude hinauf. Der Eingang ist von zwei Wächtersteinen flankiert, die gnomenhafte Wesen darstellen. Dabei handelt es sich um Padmanidhi (mit Lotoskrone) und Shankanidhi (mit Muschelkrone), die Assistenten des Hindu-Gottes Kuvera, der die Weltschätze hütet.

Etwa 100 m weiter nördlich liegen auf der rechten Straßenseite die Reste einiger religiöser Bauten, u. a. des **Mahapali**, die ins 10 Jh. datierte königliche Almosenhalle. Hier steht noch das Fundament (36 x 39 m) mit mächtigen Säulen und ein 7 m langes „Reisboot", eine Art Steinwanne für die Speisung der Mönche, zu sehen. Oft nahm der König hier höchstpersönlich die Versorgung einer ausgewählten Mönchsgruppe vor.

In östlicher Nachbarschaft befand sich der **Daladage**. Dank einer Inschrift des Königs Mahinda IV. (reg. 956–972) konnte die 15,5 x 15,2 m große Ruine als der „Zahntempel" identifiziert werden. Um das Jahr 310 war diese wichtigste Reliquie Buddhas in die Obhut der Könige Sri Lankas gelangt und zu einer Art Palladium des Reiches Rajaraja geworden. Damit befand sich der Zahn insgesamt mehr als 700 Jahre lang innerhalb der Stadtmauer, vermutlich an dieser Stelle. Im Laufe der Zeit musste der Tempel wiederholt renoviert werden. In der Inschrift erläutert der König die Verwaltung dieses wichtigsten Heiligtums von Anuradhapura. So waren zu dessen Unterhalt auserwählte Dörfer und Ländereien mit Abgaben belegt – damals sicherlich ein Privileg für die Bewohner und keine Last.

Abhayagiri Vihara

Eine verwirrende Zahl von Fundamentresten und Ruinen zwischen dem Lankarama und dem Abhayagiri Dagoba gehören zum ursprünglich mehr als 200 ha großen Klosterkomplex Abhayagiri Vihara. Da er nördlich der Stadt Anuradhapura lag, nannte man ihn auch Uttara Vihara, „Nördliches Kloster".

Der Komplex ist eine Schenkung des Königs Vattagamani Abhaya (reg. 103 u. 89–77 v. Chr.) an einen Mönch namens Mahatissa. Dieser hatte den Herrscher dabei unterstützt, das Land von einer 14 Jahre währenden tamilischen Besatzung zu befreien. Viel spricht dafür, dass der König auch der Namensgeber des Klosters ist: „Berg (skt. *giri*) des Abhaya".

Anfänglich hatte das Kloster bescheidene Ausmaße. Sehr bald geriet die Mönchsgemeinschaft unter den Einfluss einer aus Indien stammenden Ordensrichtung. Sie vertrat Mahayana-buddhistische Ansichten und wurde in Sri Lanka nach ihrem Gründer „Dhammaruci Nikaya" genannt. Im Laufe der Zeit gewann der Abhayagiri Vihara als liberale Klosteruniversität an internationalem Renommee mit Kontakten in ganz Asien und unterhielt mehrere ausländische Tochterinstitutionen, u. a. auf Java. Als zwischen 412 und 413 der chinesische Pilger Fa Xian (Fa Hsien) im Kloster weilte, lebten innerhalb der Klostermauern 5000 Mönche. Von Bedeutung war das Kloster auch als „Wächter" der Zahnreliquie.

Der Untergang der Königsstadt im 11. Jh. bedeutete auch für das Kloster das Aus – nach über einem Jahrtausend des Bestehens. Erste Restaurierungsversuche begannen ab 1885 unter der anfänglichen Leitung des britischen Archäologen S. M. Burrows. Doch erst in den vergangenen beiden Jahrzehnten wurden Instandhaltungsarbeiten in größerem Maßstab ausgeführt.

Abhayagiri Museum

Einen guten Einstieg für die Besichtigung des Abhayagiri Viharas bietet der mit chinesischer Hilfe erbaute „Mahatissa Fa Xian Cultural Complex". Zu dem Komplex gehört ein Museum, in dem archäologische Fundstücke ausgestellt sind, darunter eine bronzene Buddha-Figur aus dem 4.–8. Jh., Schmuckstücke, Bronze- und Keramikgefäße sowie Inschriften. Ein Modell vermittelt einen Eindruck von der Gesamtanlage. Im angeschlossenen Buchladen können Publikationen des Central Cultural Fund (CCF) erworben werden. ☉ tgl. 10–17 Uhr.

Lankarama Stupa

Nicht weit vom Museum entfernt steht an der Südwestecke des Klosters der weiß getünchte Lankarama Stupa. Vermutlich eine Stiftung des Königs Vattagamani Abhaya (reg. 103 u. 89–77 v. Chr.), verlor er bei der letzten Restaurierung leider seine ursprüngliche Gestalt. Wie sein architektonisches Vorbild, der Thuparama, war er mit einem konischen Holzdach, dem Vatadage, bedeckt. Es wurde Chroniken zufolge auf Veranlassung des Königs Kanittha Tissa (reg. 167–186) angebracht. Einige der Säulen sind noch heute zu sehen. Diesem König werden auch die nordwestlich anschließenden Ruinen zugerechnet, die wohl zu einer Mönchsschule *(parineva)* gehörten. Der Stupa mit einem Durchmesser von knapp 12 m ruht auf einer runden Plattform mit 40 m Durchmesser.

Ratna Pasada

Auf dem geteerten Weg nach Norden, vorbei am länglichen „Elefantenteich" (160 x 54 m), dem **At Pokuna**, gelangt man zum „Edelsteinpalais" (singh. *ratna pasada*). König Kanittha Tissa (reg. 167–186) ließ es zu Ehren eines Mönchs errichten. Seine Pracht sollte den Loha Pasada („Kupferpalais") des Maha Vihara in den Schatten stellen. Wie jener war das Edelsteinpalais eine reichlich ausgeschmückte mehrstöckige Versammlungshalle für Mönche *(uposatha ghara)*.

Der Bau, dessen Grundmauern heute zu sehen sind, geht auf König Mahinda II. (reg. 777–797) zurück. Was nach den Plünderungen der Cholas und dem anschließenden Verfall übrig blieb, sind mächtige Stützsäulen und ein fein gearbeiteter **Wächterstein** mit einer Darstellung des „Naga-Königs" (Nagaraja, 8. Jh.). Von Makaras (krokodilartige Wesen) umgeben und einer siebenköpfigen Naga-Schlange geschützt, hält er in seiner Linken eine Vase des Überflusses und in seiner Rechten Blumen als Symbol des Reichtums. Verlässt man den Ratna Pasada nach Norden, vorbei an einem nicht restaurierten Wasserbecken, gelangt man zu den Resten einer weiteren Halle mit einem schönen Mondstein.

Pancavasa („Mahasena-Palais")

Etwas weiter nach Osten Richtung Abhayagiri Dagoba taucht auf der linken Seite ein ursprünglich ummauerter, rechteckiger Platz mit den Fundamenten von fünf Gebäuden *(pancavasa)* auf, die wie die Fünf auf einem Würfel angeordnet sind. Aus unerfindlichen Gründen werden sie „Mahasena-Palais" genannt. Wahrscheinlich gehörten sie zu einem abgeschlossenen kleinen Klosterkomplex. Im größten Gebäude in der Mitte stand vermutlich eine stehende Buddha-Statue.

Hauptattraktion ist jedoch der **Mondstein** vor den mit Reliefs verzierten Treppenstufen. In halbrunden Bändern umgeben Flammen, eine Prozession von Elefanten, Löwen, Pferden und Bullen, Rankenwerk und Gänse die mittlere Lotosblume. Die Bedeutung des Motivs ist umstritten. Möglicherweise stellt es den Übergang vom Samsara, dem Wiedergeburtenkreislauf (als Flammen der Begierde verbildlicht), zum vollkommenen Erlöschen, Nirvana (Lotus der Reinheit), dar. Da sich die Mondsteine immer vor Tempeleingängen befinden, könnten sie als Mahnung des Eintretenden dienen, dem von Buddha vorgezeichneten Weg zu folgen. Dieser Interpretation steht entgegen, dass die in Sri Lanka gefundenen Mondsteine kein einheitliches Motiv besitzen. Einer anderen Auffassung zufolge könnte es sich auch um eine symbolhafte Darstellung des in der hindu-buddhistischen Kosmologie vorkommenden heilbringenden und reinigenden Sees Anavatapta („ohne Hitze") handeln. Dieser See liegt am Fuß des Berges Meru und ist Ursprung der vier heiligen Flüsse, die durch Tiersymbole repräsentiert sind, nämlich Ochse *(ganges),* Löwe *(sita),* Pferd *(oxus)* und Elefant *(indus).* Damit hätte der Mondstein die Funktion eines symbolischen Reinigungsbades.

Abhayagiri Dagoba

Überragendes Bauwerk ist fraglos der Abhayagiri Stupa, der seit einiger Zeit einer grundlegenden Restaurierung unterzogen wird. Wahrscheinlich wurde er von König Vattagamani Abhaya zeitgleich mit dem Kloster gestiftet. Den Chroniken zufolge ließ ihn Vattagamani an der Stelle errichten, an der ein Eremit namens Giri seine Einsiedelei hatte. Als der König kurz nach seiner Krönung im Jahr 103 v. Chr. vor den tamilischen Invasoren fliehen musste, kam er mit seinem Tross an der Hütte vorbei. Da ätzte Giri: „Oh, der große schwarze Sinhala ist auf der Flucht!" Das sollte der König ihm nicht verzeihen. Als er nach 14 Jahren wieder in Anuradhapura einzog, ließ er die Einsiedelei abreißen und den Stupa erbauen.

Im Laufe der Zeit erfuhr das Heiligtum immer wieder Veränderungen, vor allem unter Gajabahu I. (reg. 114–136) und im 12. Jh. unter Parakramabahu I. Von Letzterem wurden Münzen gefunden. Der 75 m hohe, halbrunde Stupa hat einen Durchmesser von 95 m und erstreckt sich auf einer über 5 ha großen quadratischen Plattform. Auf der Nordseite der Plattform ist der Fußabdruck Buddhas in einen Stein gearbeitet. Möglicherweise steht er im Zusammenhang mit dem Glauben – Fa Xian berichtet darüber –, Buddha habe bei seinem Besuch in Sri Lanka auch den Ort des Abhayagiri besucht.

Bodhigara

Etwas weiter südöstlich des großen Stupas kommt man zum so genannten Bodhigara mit einer gemeinhin als **Samadhi Buddha** bekannten Statue. Ein Bodhigara ist ein Schrein, der rund um einen Bodhi-Baum errichtet wurde. Insgesamt gab es im Abhayagiri vier davon. Von diesem ist weder Baum noch Schrein übriggeblieben. Dafür überdauerte der ins 3./4. Jh. datierte Buddha in meditativer Haltung (Samadhi-mudra) die Jahrhunderte. Wegen seiner sanften Linien und harmonischen Proportionen gilt er als eine der schönsten Buddha-Skulpturen Sri Lankas. Als ihn die Briten 1883 an dieser Stelle entdeckten, war die über 2 m große Figur mit Ausnahme der Nase noch völlig intakt. Leider entfernten 1914 Schatzjäger die aus Edelsteinen bestehenden Pupillen.

Kuttam Pokuna

Knapp 1 km östlich des Abhayagiri Dagoba befinden sich die so genannten „Zwillingsbecken", die nach ihrer grundlegenden Restaurierung von 1949–53 wieder in ihren ursprünglichen Zustand versetzt wurden. Die beiden hintereinander liegenden Becken sind 40 x 15,5 m und 28 x 15,5 m groß und wurden wahrscheinlich seit dem 6. Jh. von Mönchen als Badeplatz benutzt. Es wird vermutet, dass sie nicht zur selben Zeit entstanden sind. Das Wasser strömte durch ein Makara-Maul zuerst ins kleine Becken und anschließend durch einen Kanal in das südlich anschließende große Becken. Beachtenswert sind die „Töpfe des Überflusses" *(punkalas),* die den Zugangstreppen an den Stirnseiten der Wasserbecken flankieren, und ein Wächterstein mit einer fünfköpfigen Naga-Schlange am kleinen Becken.

Klosterbauten im Abhayagiri

Wer Zeit und Muße hat, kann noch durch das Ruinenfeld der einstigen Klosterbauten südlich und südwestlich des Abhayagiri Dagoba schlendern. In diesem bewaldeten Gelände lassen sich auch sehr gut Vögel (und gelegentlich Schlangen) beobachten.

Zu den interessanteren Sehenswürdigkeiten zählt zwischen Ratna Prasada und At Pokuna („Elefantenteich") ein weiterer **Bodhigara**, bei dem zwar ebenfalls der Bodhi-Baum fehlt, aber noch eine beschädigte, durch Verwitterung schwarz gewordene Buddha-Figur in argumentativer Handhaltung

(Virtarka-mudra) zu sehen ist. Sie ist die einzige von insgesamt vier um den Bodhi-Baum gruppierten Figuren, die sich noch vor Ort befindet.

Etwas südöstlich davon wurde der **Danasala**, das Refektorium der Mönche, mit einem 19 m langen „Reisboot" und Resten eines ausgefeilten Bewässerungssystems ausgegraben. Die kleinere längliche Steinwanne diente zur Ausgabe des Currys. Geht man noch weiter nach Süden, so fällt ein längliches Fundament mit gut erhaltenen Säulen und zwei schönen Wächtersteinen mit den Naga-Königen als zentralem Motiv auf. Diese Halle wurde von Archäologen als **Reliquienschrein** identifiziert.

Pinkeln aus Protest

Zu den ungewöhnlichsten Exponaten des Museums gehören die teilweise fein verzierten **Latrinensteine**. Auf einigen der flachen Steinplatten sind Tempelbauten angedeutet, mit Dämonenfiguren an der Seite und Lotosblumen an den Ecken. Rankenwerk schmückt den Rand. Doch anstelle einer heiligen Figur ist in der Mitte das Loch des Pissoirs. Wenn die Mönche mit hochgezogener Robe in die Hocke gingen und hineinpinkelten, hatten sie die Prachtbauten ihrer Mitbrüder aus den reicheren Klöstern vor Augen. Damit protestierten sie gegen deren nach ihrer Ansicht dekadenten und verweltlichten Lebensstil.

Derartige Latrinensteine fand man vor allem in den Westlichen Waldklöstern außerhalb Anuradhapuras und in verstreuten Einsiedeleien wie Ritigala und Arankele. Dort lebten Buddhas „radikalste Jünger", die Pamsukulika („Lumpenroben"). Sie hatten sich geschworen, ihre Roben nicht aus feinem Stoff, sondern aus Leichentüchern anzufertigen und nur in Höhlen oder einfachen Hütten zu leben. Einen großen Teil ihrer Zeit verbrachten sie mit Meditationsübungen in ihren Zellen, nur einmal am Tag aßen sie Reis. Vor allem Ende des 7., Anfang des 8. Jhs. hatten die Pamsukulika großen Zulauf und fanden den Respekt der Könige und die Unterstützung des Volkes.

Archäologisches Museum

Südlich des Ruvanveli Dagoba an der Thuparama Mawatha liegt das schöne koloniale Gebäudeensemble des Archäologischen Museums. Es zeigt eine äußerst sehenswerte Sammlung von Buddha-Figuren, Stelen und Latrinensteinen.

Die meisten der in einem Seitenpavillon untergebrachten **Buddha-Figuren** sind aus Kalkstein. Mit ihren fein gerippten, eng anliegenden Roben, dem ovalen Gesicht, dem kurzen, dicklippigen Mund und den ausgeprägten Haarlocken lassen viele der Skulpturen Einflüsse der indischen Gupta-Periode (4.–Ende 6. Jh.) erkennen. Von der nach dem indischen Hauptfundort benannten Amaravati-Schule (ca. 2.–4 Jh.) geprägte Figuren sind meist stehend dargestellt, mit der rechten Hand deuten sie die Geste der Furchtlosigkeit und Ermutigung an (Abhaya-mudra), mit der linken berühren sie die Schulter. Möglicherweise wurden diese Standbilder sogar in Indien angefertigt. Anmut und Ausgeglichenheit drücken sitzende Buddha-Figuren in meditativer Handhaltung aus (Samadhi-mudra), die dem 4./5. Jh. zugeordnet werden.

Im Gebäudeinneren sind u. a. Werkzeuge und Waffen sowie ein Modell des Thuparama-Vatadage ausgestellt. Im Hof finden sich eine ganze Reihe von Latrinensteinen (s. Kasten) und so genannte Yantragala. Das sind Steinplatten mit 9 oder 25 schachbrettartig angeordneten Vertiefungen, in die kleine Statuetten von Hindu-Gottheiten wie Brahma, Indra, Yama oder Varuna gelegt wurden. Als magischer Schutz wurden sie in Stupas oder unter der Basis von Buddha-Statuen eingemauert. ⏰ tgl. außer Di und Feiertag, 8–17 Uhr.

Mirisavati Dagoba

Dutthagamani (reg. 161–137 v. Chr.), einem der baufreudigsten Regenten, ist auch dieser mächtige Stupa südlich des Basawak Kulama zu verdanken. Noch bevor der König den Ruvanveli Dagoba in Auftrag gab, ließ er in nur drei Jahren dieses Heiligtum errichten.

Der Bau ist mit einer Legende verbunden: Als Dutthagamani am Tissa Wewa im Rahmen seiner Krönungszeremonie einer Wasserprozession beiwohnte, ließ er seine königlichen Regalia, u. a. ein Zepter, das eine Reliquie Buddhas enthielt, an der Stelle des Mirisavati Dagoba zurück. Als seine Diener ihm nach Beendigung der Feier das Zepter zurückgeben wollten, war es ihnen nicht möglich, es vom Platz zu bewegen. Der König sah dies als ein Omen und gab den Stupa in Auftrag, in dem er das Zepter einschloss.

Seitdem haben verschiedene Könige den Bau renovieren lassen. Sogar der König von Siam, Chulalongkorn (reg. 1868–1910), spendete einen hohen Betrag, damit nach Jahrhunderten des Verfalls 1892 erste Restaurierungsarbeiten in Angriff genommen werden konnten. Doch diese gediehen mangels Geld nicht weit. Zur Katastrophe kam es am 7. Juni 1987, als nach einigen Jahren der Instandsetzungsarbeiten der Stupa in sich zusammenbrach. Daher ließ man im Anschluss einen neuen Stupa um den alten erbauen. Seit seiner Fertigstellung 1993 misst er fasst 60 m und hat einen Durchmesser von 43 m. Um ihn herum sind noch die Gebäude der zugehörigen Klosteranlage zu sehen.

Westliche Waldklöster

Etwa 800 m nordwestlich des Basawak Kulama stößt man unweit des kleineren Reservoirs Bulan Kulama auf die 14 Ruinen der so genannten Westlichen Waldklöster *(pascimarama tapovana)*. In dieser Waldeinsiedelei lebte etwa ab dem 9. Jh. eine Gruppe der radikalen Pamsukulika-Mönche (s. Kasten li). In einer Inschrift lässt König Kassapa IV. (reg. 898–914) wissen, er habe das Kloster an der Stelle einer Hinrichtungs- und Begräbnisstätte errichtet. Typisch für die zumeist auf Fels errichteten Gebäude der Pamsukulika ist ihre Schlichtheit.

Südliche Ruinenstätten

Zwischen Kurunegala Rd. und Tissa Wewa liegen weitere bemerkenswerte Sehenswürdigkeiten, darunter der einst 16 ha große **Königliche Goldfischpark** *(ranmasu uyana)*. So nannte ihn Mahinda IV. (reg. 956–972) in einer Inschrift, wahrscheinlich existierte er jedoch bereits im 2. Jh. v. Chr. Das kühle Nass aus dem Tissa Wewa begrünte die Gartenanlagen und speiste Kanäle und Wasserbecken. Einige wurden in der Vergangenheit rekonstruiert. Dort wie auch an einigen Felsblöcken sind Basreliefs zu sehen, einige mit Elefanten-Motiven.

Basreliefs waren es auch, die den südlich anschließenden **Isurumuni Maha Raja Vihara** zu einem beliebten Ausflugsziel werden ließen. Seine Existenz ist seit dem frühen 4. Jh. belegt, als König Sirimeghavanna die Zahnreliquie nach Anuradhapura brachte und zuerst im damals Meghagiri Vihara („Wolkenberg-Kloster") genannten Mönchskonvent ausstellen ließ. Das seit Ende des 19. Jhs. wieder aktive Kloster ist um zwei Felsblöcke errichtet. Vor dem länglichen Block ist ein Wasserbecken angelegt. Links des an den Fels gebauten Buddha-Schreins sind zwei Reliefs in den Stein gearbeitet: Sie zeigen zum einen „den Mann und das Pferd" – Feuergott Agni und das Pferd Parjanya – sowie etwas rechts davon weiter unten einen Elefantenkopf. Stilistisch werden sie ins 4. Jh. datiert. An der linken Seite des Felsblocks wurde in einem länglichen Bau ein künstlerisch nicht gerade spektakulärer, liegender Buddha angefertigt. Die Skulpturensammlung im Museum an der linken Seite des Klosterhofes lohnt dagegen einen Blick. Leider dürfen die Figuren und Basreliefs nicht fotografiert werden. Zu sehen sind die als Gespielinnen der Götter bekannten Apsaras, der Gott des Reichtums und Herr über die Dämonen, Kubera, eine königliche Hofszene und die berühmten „Liebenden". Der Legende zufolge handelt es sich dabei um Dutthagamanis Sohn Saliya und seine nicht standesgemäße Geliebte Ashokamala, deretwegen er auf den Thron verzichtete. Betrachtet man ihre feinen Züge, so ist der Schritt nachvollziehbar. Stilistisch werden sie der Gupta-Periode (4.–6. Jh.) zugerechnet, in der die indische Skulptur- und Reliefkunst einen Höhepunkt erreichte. Von der Spitze des Felsens hat man vor allem am späten Nachmittag einen schönen Ausblick. Eintritt: 100 Rs

Während der Isurumuni Vihara häufig überlaufen ist, kommen im einige hundert Meter weiter südlich gelegenen **Vessagiri** die Ruhesuchenden auf ihre Kosten. Das Gelände rund um drei felsige Erhebungen war bereits seit dem 3. Jh. v. Chr. eine Einsiedelei namens Issara Samana Arama („Kloster der edlen Asketen"). Damals sollen hier 500 Angehörige der Vaishya-Kaste – das ist die indische Kaste der Kaufleute und Bauern – nach ihrer Ordinierung durch den großen Mönchsmissionar Mahinda zurückgezogen gelebt haben. Daher rührt auch der Name Vessagiri, „Berg der Vaishyas". Zu sehen gibt es außer Fundamentresten und in den Fels geschlagene Treppen nicht viel – wohl aber lädt das Gelände zu einem beschaulichen Rundgang ein. Auch Vogelfreude kommen auf ihre Kosten.

Übernachtung

In Anuradhapura gibt es eine ausreichende Zahl an günstigen Unterkünften, eine Reservierung ist daher nicht notwendig. Das Frühstück ist zumeist nicht im Preis eingeschlossen. Viele der Gästehäuser können auch Touren arrangieren und fast alle bieten Fahrradverleih (im Schnitt 150 Rs pro Tag).

UNTERE PREISKLASSE – *Ashok Hotel*, 20 Wasaladaththa Mw., ☎ 025-2222753. Lässt mit seinen übertreuerten, verwohnten 25 Zimmern mit Ventilator oder AC nicht gerade Glücksgefühle aufkommen. ❷

Boa Vista, 142 Puttalam Rd., ☎ 025-2235052, ✆ 2541415, ✉ boavis@sltnet.lk. Die Lage des modernen Gebäudes am Tissa Wewa ist sicherlich einer der Pluspunkte. Doch leider können die Gäste von den 7 einfachen, sauberen Zimmern mit Bad (eines mit AC) das Gewässer nicht erblicken. ❶–❷

Cottage Tourist Rest, 38/388 Harischandra Mw., ☎ 025-2235363. Die 4 DZ und 2 Drei-Bett-Zimmer mit Bad, WC und Ventilator sind eher etwas für Anspruchslose, denen das Ambiente nicht so wichtig ist. ❶

Kondamalie Hotel, 42/388 Harischandra Mw., ☎ 025-2222029. 31 sehr unterschiedliche Zimmer mit Bad und WC in einem alten und einem neuen Gebäudeflügel. Zimmer mit AC kosten mit 1500 Rs dreimal so viel wie die günstigsten Ventilator-Zimmer. Insgesamt eine nette und gepflegte Atmosphäre. Auch wer hier nicht wohnt, sollte das hoch gelobte Essen probieren. ❶–❷

Lake View, 4C4 Lake Rd., ☎ 025-2221593. Bietet insgesamt 24 saubere Zimmer (Bad, Ventilator), 2 davon mit AC und 2 mit wunderbarem Blick auf den Nuwara Wewa. Die stets hilfsbereite Familie macht diese Unterkunft zu einer der beliebtesten. Berät beim Arrangieren von Touren. ❶–❷

Little Paradise, 622/18 Godage Mw., ☎ 025-223 5132, liegt hinter einem größeren Platz in einer Seitenstraße östlich des Godage Mawatha. Am besten anrufen und mit dem Three-Wheeler hinbringen lassen, da das Gästehaus nicht beschildert und daher schwer zu finden ist. Die 3 Zimmer mit Ventilator, WC und kleiner Veranda sind freundlich eingerichtet und besitzen eine farblich individuelle Note. Auf Wunsch zaubert die Besitzerin leckere Curry-Gerichte. ❷

Milano Tourist Rest, 596/40 J.R. Jaya Mw., ☎ 025-2222364. Mehrere Hinweisschilder führen zu diesem etwas abseits gelegenen netten Gästehaus. 12 nüchterne, aber saubere und geräumige Zimmer, dasjenige mit AC kostet 2500 Rs. Schöner Garten und Restaurant mit behagliche Atmosphäre. Die Besitzer sind beim Arrangieren von Touren behilflich und bieten auf Wunsch Abholservice. ❶–❷

Hotel Randiya, 394/19A Muditha Mw., ☎/✆ 025-2222868, ✉ ourhome@sltnet.lk, 🖥 www.hotelrandiya.com. Äußerst angenehme Unterkunft in schönem zweistöckigen Gebäude. 14 saubere Zimmer mit Bad, für AC wird ein Zuschlag von 375 Rs erhoben. Nettes Restaurant. ❶–❷

Samanala Tourist Guest House, 4N/2 Wasaladaththa Mw., ☎ 025-2224321. Liegt in Nachbarschaft des *Hotel Ashok,* unweit des Nuwara Wewa; 4 einfache Zimmer mit WC, Kaltwasser und Ventilator um einen Innenhof; ruhige Atmosphäre und freundliche Familie. Gäste loben die heimischen Kochkünste. ❶

Hotel Shalini, 41/388 Harischandra Mw., ☎ 025-2222425, ✆ 2224305, ✉ hotelshalini@hotmail.com, 🖥 www.hotelshalini.com. Bietet 15 Zimmer unterschiedlichen Standards in 2 Gebäuden; einige mit AC, fast alle mit Warmwasser. Nettes Restaurant mit guter Auswahl im Hauptgebäude. Weitere Pluspunkte: Internet und Abholservice nach Voranmeldung; auch Touren in die Umgebung. ❶–❷

The Grand Tourist Holiday Resort, 4B2 Lake Rd., ☎ 025-2235173. Der Name mag zwar etwas hochgestochen sein, doch können sich die 9 Zimmer mit Ventilator, Bad und WC durchaus sehen lassen. Vom Restaurant auf der Veranda kann man bei guten Curry-Gerichten über den Nuwara Wewa bis nach Mihintale blicken. ❶–❷

MITTLERE UND GEHOBENE PREISKLASSE – *Galway Miridiya Lodge*, Wasaladantha Mw., ☎ 025-2222519, 2222112, ✉ miridiya@sltnet.lk, 🖥 www.galway.lk. Bei Reisegruppen beliebtes Hotel; 39 saubere Zimmer mit Bad und AC in modernem Gebäude. Pluspunkte sind die schöne

Gartenanlage und der Pool, in den Nichtgäste für 100 Rs springen können. ❹

Nuwarawewa Resthouse, südöstlich des alten Busbahnhofs, ✆ 025-2221372, 📠 2223265, ✉ nwrh@slt.lk, 🖥 www.quickshaws.com. Man sollte sich vom Äußeren des Gebäudes im Charme der 1950er nicht abschrecken lassen. 70 saubere und wohnlich eingerichtete Zimmer mit Bad und AC. Veranda mit gutem Restaurant, üppig grüne Gartenanlage mit über 30 Vogelarten. Pool, den auch Nichtgäste gegen ein Entgelt von 200 Rs benutzen dürfen. ❸

Palm Garden Village Hotel, Puttalam Rd., Pandulagama, 6 km westlich der Stadt, ✆ 025-222 3961, 📠 2221596, ✉ pgvh@sltnet.lk, 🖥 www.palmgardenvillage.com. Die erste Hoteladresse von Anuradhapura. Nachteil ist die große Entfernung von den Ruinenstätten, mit dem Three-Wheeler kostet die einfache Fahrt aus der Stadt etwa 200 Rs. Dies wird jedoch mit allerhand Komfort mehr als wettgemacht. Die Bungalows mit jeweils 2–4 Zimmern sind in eine über 13 ha große Parkanlage eingebettet. Von der Tempelbesichtigung kann man sich auf dem Tennis Court, im Pool (Nichtgäste 150 Rs), im Health Centre oder an der Bar erholen. Ausgezeichnetes Restaurant. ❻

Tissawewa Resthouse, ✆ 025-2222299, 📠 222 3505, 🖥 www.quickshaws.com. Das wohl stilvollste Hotel liegt unweit des Tissa Wewa inmitten eines großen Parks mit wunderbaren alten Bäumen. In dieser 100 Jahre alten Kolonialvilla kann man zur Tea-Time auf der Veranda dem untergegangenen Empire nachtrauern. Doch die 25 Zimmer könnten ein Lifting vertragen, manche sind schon etwas in die Jahre gekommen – was wiederum seinen Reiz hat. Zudem sind sie unterschiedlich groß, weshalb man sich mehrere Zimmer zeigen lassen sollte. Für AC wird ein Aufpreis von US$3 verlangt. Auch wer nicht im Resthouse wohnt, kann zur Mittagspause hier einkehren und inmitten antiker Möbelstücke speisen. ❸

Essen

Das Restaurantangebot ist außerhalb der Unterkünfte und Hotels äußerst dürftig. An der entlang der Bahn führenden Hauptstraße befinden sich einige „Hotels", in denen Snacks und Curry-Gerichte angeboten werden, z. B. das **Salgado Hotel & Bakery** oder unweit des Neuen Busbahnhofs das muslimische **Maharoof Hotel**. Gegenüber dem Alten Busbahnhof, am Dharmapala Mawatha, ist das **Anusiri Hotel** bei Einheimischen sehr beliebt.

Anzu's Restaurant, 394/25A Harischandra Mw., in einer Seitenstraße, ✆ 025-2225678. Der aus der Umgebung von Beijing stammende Küchenchef zaubert hervorragende Gerichte zu günstigen Preisen. Wer zu viel gegessen hat, kann sich in eines der einfachen Zimmer (400–500 Rs) zum Verdauungsschlaf zurückziehen.

Sonstiges

GELD – Die meisten Banken befinden sich entlang der Maithripala Senanayake Mw. (nördlich der Post). Die ***Seylan Bank*** hat einen Geldautomaten.

INFORMATION – Der Sri Lanka Tourst Board unterhält ein ***Information Centre*** an der Sri Mahabodhi Mw., ✆ 025-2224546, ⏱ Mo–Fr 9–16.45, Sa 9–13 Uhr. Doch mehr als den Verkauf von Einzel- und Rundtickets kann man dort nicht erwarten.

INTERNET – ***Hotel Shalini***, 60 Rs für 30 Min.

MEDIZINISCHE VERSORGUNG – ***General Hospital***, Bandaranayake Mw., ✆ 025-2222261, 2222264.

POLIZEI – Maithripala Senanayake Mw., ✆ 025-2222222, 2222228.

Nahverkehrsmittel

Die günstigste Art, in der Stadt herumzufahren, ist mit dem **Fahrrad**, das für 150–200 Rs/Tag bei den meisten Gästehäusern geliehen werden kann. Ansonsten bieten sich die allzeit bereiten **Three-Wheeler** an. Zu den meisten Gästehäusern sollte die Fahrt vom Hauptbahnhof etwa 80 Rs kosten, vom alten Busbahnhof etwa 50 Rs. Für eine Halbtagstour durch die Ruinen werden 500–600 Rs erwartet.

Transport

BUSSE – In Anuradhapura gibt es einen neuen und einen alten Busbahnhof. Der **alte Busbahnhof** liegt im nördlichen Teil der Stadt zwischen Dharmapala Mawatha und Maithripala Senanayake Mawatha. Von dort fahren Busse in die meisten Richtungen, etwa stdl. die A 9 entlang über DAMBULLA nach KANDY (138 km, 3–4 Std., 150 Rs bei IC-Bus) und über HABARANA nach POLONNARUWA (100 km, 3 Std.). Im 30-Minuten-Takt fahren zwischen 5 und 20 Uhr Busse über KURUNEGALA nach COLOMBO (206 km, 5–6 Std.). Zudem fahren langsamere CTB-Busse ebenfalls alle halbe Stunde bis nach KURUNEGALA (121 km, 2 1/2 Std.).

Wer den Wilpattu-Nationalpark besuchen möchte, sollte einen Bus nach KALA OYA nehmen, das an der A 12 etwa auf halbem Wege nach Puttalam liegt.

Die Busse nach TRINCOMALEE fahren vom **neuen Busbahnhof** los und brauchen für die 106 km um die 3 1/2 Std. Private Intercity-Busse frequentieren für fast den doppelten Fahrpreis ebenfalls die genannten Hauptstrecken und haben ihren Standort am alten Busbahnhof.

EISENBAHN – Die alte Königsstadt liegt an der „Northern Line" und ist zentraler Haltepunkt auf der Strecke Colombo-Vavuniya. Alle Züge halten sowohl am kleineren Haltepunkt **Anuradhapura New Town** wie auch am größeren Bahnhof **Anuradhapura Main Station**.

Besichtigung

Das aktive buddhistische Kloster Raja Maha Vihara Mihintale erhebt einen Eintritt von 250 Rs, der am Ticketschalter unweit des Ambasthala Vatadage bezahlt werden muss. Am Parkplatz warten vom Kloster befugte Guides, die ihre durchaus kompetenten Dienste anbieten. Für die ca. zweistündige Tour werden 350–400 Rs erwartet. Um der Mittagshitze zu entgehen, ist ein Besuch Mihintales am frühen Morgen (beste Lichtverhältnisse für Fotografen!) oder späten Nachmittag angeraten.

Die Züge nach COLOMBO (5 Std.) fahren täglich um 5, 7 (IC), 8.40, 14.30 und 23.40 Uhr ab, Sa/So auch um 17 Uhr. Im Intercity kostet die vierstündige Fahrt 420 Rs (1. Kl.), 215 Rs. (2. Kl.) und 120 Rs (3. Kl.), mit dem normalen Express-Zug 191 Rs (2. Kl.).

Wer direkt weiter nach GALLE (7 1/2 Std.) und MATARA (8 1/2 Std.) fahren möchte, kann den Zug um 5 Uhr nehmen. Für die zeitraubende Fahrt nach KANDY muss in Polgahawela der Zug gewechselt werden.

Die Umgebung von Anuradhapura

Mihintale

Etwa 13 km östlich von Anuradhapura, wo sich die A 12 in Richtung Trincomalee und die A 9 in Richtung Kandy treffen, liegt Mihintale. Dieser Bergzug ist für Sri Lanka von größter religiöser Bedeutung, denn hier fand die geschichtsträchtige Begegnung zwischen dem König Devanampiya Tissa (reg. ca. 250–210 v. Chr.) und **Mahinda Mahathera** statt. Der zum Mönch ordinierte Sohn des indischen Königs Ashoka (s. S. 89) war nach dem Dritten Buddhistischen Konzil in Pataliputra (um 253 v. Chr.) mit vier Mitbrüdern nach Sri Lanka entsandt worden, um dort den Buddhismus zu verbreiten. Er ließ sich auf dem damals als Missaka Pabbata bekannten Berg unweit der Königsstadt nieder. Als der König eines Tages zur Jagd ausritt, traf er Mahinda und begrüßte ihn aufs freundlichste. Er hatte von der buddhistischen Lehre bereits gehört, wollte aber mehr von ihr wissen. Doch bevor Mahinda mit den Erläuterungen begann, wollte er die Auffassungsgabe des Herrschers prüfen und stellte ihm knifflige Fragen. Diese sollten als der erste dokumentierte Intelligenztest in die Geschichte eingehen. Nach einiger Zeit nahm der König die neue Lehre an, weshalb heute Mihintale als der Geburtsort des srilankischen Buddhismus gilt. Der Tradition nach geschah dies an Poson Poya, dem Vollmondtag im Mai/Juni, weshalb zu dieser Zeit der Ort Tausende von Gläubigen anzieht. Auf Anraten Mahindas verbot Devanampiya Tissa im Gebiet um Mihintale das Töten von Tieren. Damit schuf er das erste Tierschutzgebiet der Welt. Seit 1938 steht ein

10 km² großes Gebiet um den Bergzug wieder unter Naturschutz. Bis zum Untergang Anuradhapuras war Mihintale eine Hochburg des klösterlichen Lebens. Der chinesische Pilger im 5. Jh., Fa Xian, berichtet von 2000 Mönchen, die dort lebten.

Untere Ebene

Noch vor dem Parkplatz sind die Reste einer **Krankenstation** (Vedahala) zu sehen. Inschriften deuten darauf hin, dass sie entweder unter Sena II. (reg. 853–887) oder Mahinda IV. (reg. 956–972) zur medizinischen Versorgung der Mönche errichtet wurde. Die Angestellten arbeiteten nicht für Buddhas' Lohn. Es war exakt festgelegt worden, was ein Arzneihersteller, Astrologe, Krankenpfleger, ja selbst der Barbier verdienten. Rund um einen quadratischen Innenhof mit einem buddhistischen Schrein in der Mitte waren die Zellen für die Patienten gruppiert. Seitlich befand sich das Badehaus, wo sie Kräuterbäder nehmen konnten. Die dazugehörige, einem Sarkophag ähnelnde Steinwanne *(beheth oruwa)* mit einer dem menschlichen Körper angepassten Innenseite ist noch zu sehen. Im südlichen Anschluss konnten die Archäologen noch ein Heißwasserbad, ein Refektorium und einen Lagerraum für die Medizin identifizieren. Dort fanden sie Keramikbehälter und Mörser zum Zerstampfen der Kräuter. Nicht weit entfernt sind kurz vor dem Treppenaufgang linker Hand die Reste von **Klostergebäuden** zu sehen.

In den etwas verstaubten Ausstellungsräumen des an der Zufahrtsstraße gelegenen kleinen **Museums** werden Ausgrabungsfunde gezeigt, darunter die Reste von Keramikbehältern aus China und

Persien, welche Handelskontakte dorthin belegen, Gefäße und Gegenstände aus der Krankenstation sowie Beigaben aus Bronze, die beim Restaurieren der Stupas, vor allem des Mahaseya Dagoba, freigelegt wurden. ⏲ tgl. außer Di und Feiertags 9–17 Uhr, Eintritt frei.

Mittlere Ebene (Meda Maluwa)

Seit ihrer Wiederherstellung um 1940 können Besucher die alte Steintreppe benutzen, um zu den Heiligtümern zu gelangen. Seitlich wurden Frangipani-Bäume (singh. *araliya*) gepflanzt, deren duftende weiße Blüten als „Tempelblumen" gerne Buddha-Figuren geopfert werden. Nach 421 Stufen ist die Mittlere Ebene erreicht, wo sich die Ruinen wichtiger Klosterbauten befinden, wie z. B. linker Hand der Speisesaal, **Dana Salawa** genannt. Das rechteckige Gebäude (54 x 23 m) war zu einem Innenhof hin offen. Am Gebäudeende ist noch das 12,7 m lange „Reisboot" *(bat oruwa)* für die Ausgabe des Reis und links quer daneben die Steinwanne für den Curry *(kenda oruwa)* zu sehen.

Im Anschluss folgt das etwas erhöht liegende Reliquienhaus, der **Dhatuge**. Die aufstrebenden Stützpfeiler für die quadratische, möglicherweise zweistöckige Halle wurden bei der letzten Restaurierung in den 1950er Jahren wieder aufgerichtet, ebenso wie die beiden Inschrifttafeln von Mahinda IV. aus dem 10. Jh. Die beiden den Eingang flankierenden, 2,13 x 1,21 m großen Tafeln sind aus einem einzigen Steinblock geschlagen. Auf ihnen ließ der König auf Singhalesisch genaue Regeln für das Kloster einmeißeln: dessen Tagesablauf und die Bezahlung der Angestellten in Form von Geld oder Land – niemand musste umsonst arbeiten.

Noch etwas weiter südlich liegt der **Sannipata Salawa**, die Versammlungshalle. Hier fanden klosterrelevante Zusammenkünfte statt, die vom Abt oder – in Vertretung – dem ältesten Mönch geleitet wurde. Er nahm auf dem Podest in der Hallenmitte seinen Sitz ein, dessen Reste noch zu sehen sind.

Auf der rechten Seite des Treppenaufgangs befindet sich unweit der alten Zufahrt das Löwenbad, **Sinha Pokuna**. Namensgeber ist eine 2 m große, aufrecht stehende Löwenfigur, die aus einem Fels geschlagen wurde und durch deren Maul das Wasser floss. Oberhalb der Figur bedeckt ein mit Friesen verzierter Steinaufbau den Wassertank, der vom Naga Pokuna gespeist wurde.

Kantaka Cetiya und Östlicher Stupa

Auf halbem Wege der ersten Treppe zweigt rechts ein Aufgang zum **Kantaka Cetiya** ab. Bis zur Freilegung seiner Überreste 1934 war er vollkommen zugewachsen und somit nicht mehr erkennbar. Der Urheber dieses Stupas ist nicht bekannt, jedoch findet er bereits in einer Inschrift aus dem 1. Jh. Erwähnung. Der Mahavamsa berichtet, Devanampiya Tissa habe in der Umgebung des Stupas 68 Höhlenzellen für die Schüler Mahindas gestiftet. Er muss also irgendwann zwischen dem 3. Jh. v. Chr. und dem ersten nachchristlichen Jahrhundert errichtet worden sein. Untersuchungen ergaben, dass er später vergrößert worden ist.

Die heutigen Reste des Stupas haben an dessen Basis einen Umfang von 130 m und eine Höhe von 12 m. Von großer Schönheit sind die vier Vahalkada an den Kardinalpunkten, deren Reliefverzierungen relativ gut erhalten geblieben sind. Diese Altaraufbauten dienten der Verehrung der vier Buddhas des jetzigen Zeitalters *(kalpa)*. Auf den vorgelagerten Steinaltären können Gläubige Blumengaben ablegen. Der untere Bereich der Vahalkada besteht aus Kalkstein, der obere aus gebrannten Ziegeln. Mit Rankenwerk verzierte Stelen flankieren ihre Seiten. An deren Spitze wie auch am unteren Teil der Aufbauten sind an jedem der vier Vahalkadas jeweils andere Tiere dargestellt: an der Ostseite Elefanten, im Süden Stiere, im Westen Pferde, im Norden Löwen. Möglicherweise wird mit ihnen auf die vier heiligen Flüsse angespielt, welche in der indischen Tradition durch diese Tiere symbolisiert werden. Schließlich finden sich auch noch an den Friesen Darstellungen von Gnomen und Hamsa-Vögeln. In der felsigen Umgebung des Kantaka Cetiya sind zudem einige der im Mahavamsa erwähnten Höhlen-Einsiedeleien zu finden. Teilweise weisen Felsinschriften auf deren Bewohner hin, z. B. die „Höhle von Asali, Sohn des Oberhauptes Naga".

Von dem unteren Treppenaufgang führen links Treppen zu einer weiteren **Stupa-Ruine**, deren Alter und Name mangels Inschriften nicht bekannt ist. Schatzjäger haben das Innere der ausgemalten, 3,6 m^2 großen Reliquienkammer geplündert.

Ambasthala Plateau (Ambasthala Maluwa)

Weitere 321 Treppenstufen sind zu erschwitzen, um zum Hauptheiligtum zu gelangen: dem **Ambas-**

thala **Vatadage**, auch Sila Cetiya genannt. Dieser weißgetünchte „Mangobaum-Stupa" (singh. *ambasthala*) wurde spätestens unter Kutakanna Tissa (reg. 44–22 v. Chr.) erstmalig errichtet. Die Säulen (7. Jh.) um ihn herum sind Überbleibsel eines konischen Holzdaches (Vatadage), das den knapp 9 m hohen Stupa umgab. An seiner Stelle soll sich Mahinda befunden haben, als er erstmalig König Devanampiya Tissa traf. Das Plateau des Stupas darf nur unbeschuht betreten werden. Die Schuhe sind gegen einen Obolus von ca. 20 Rs bei der Aufbewahrungsstelle abzugeben. Unweit des Stupas markiert die Statue des Königs dessen Standort bei der Begegnung. Gegenüber überblickt auf einer Anhöhe hinter dem Klostergebäude eine neuere Buddha-Statue das Geschehen. Östlich des Stupas führt ein Aufgang zum **Aradhana Gala**, dem „Fels der Einladung". Dieser Felsmonolith trägt diesen Namen, weil der Legende nach ein Schüler Mahindas namens Sumana dort emporstieg, um die Götter zur ersten Predigt Mahindas auf srilankischem Boden einzuladen.

Von der Felsspitze hat man einen wunderbaren Blick in die Umgebung, vor allem auf den im Morgenlicht erstrahlenden **Mahaseya Dagoba**. Um zu diesem „großen Stupa" (Maha Seya) zu gelangen, muss man den Treppenaufgang im Südwesten des Ambasthala-Plateaus benutzen. Mahadathika Mahanaga (reg. 7–19) gilt laut Mahavamsa als Schöpfer dieses Bauwerks. Mehrere Jahrzehnte flossen ins Land, um diesen von einem überwachsenen Steinhaufen zum heute über 14 m hohen Stupa in Blasenform (Bubbulakara) erstehen zu lassen. Als die Briten 1893 mit der Freilegung begannen, setzten sie Strafgefangene ein. 1951 wurden in der inneren Reliquienkammer zahlreiche Beigaben, u. a. ein Miniaturstupa sowie Menschenknochen gefunden. Sie sollen die sterblichen Überreste von Mahinda Mahathera sein. Von der Plattform des Mahaseya hat man bei klarem Wetter einen Blick bis nach Anuradhapura – allerdings auf Kosten der Füße, die auf der nur unbeschuht zu betretenden, in der Sonne aufgeheizten Plattform etwas gebraten werden.

Nordöstlich führt ein steiniger Pfad zur so genannten **Grotte des Mahinda**, manchmal auch „Mahindas Bett" genannt (Schuhe mitnehmen!). In einer etwas erhöhten Felsnische soll der „große Ältere" (Mahathera) gesessen und meditiert oder eben auch geschlafen haben – sicherlich genoss er auch gelegentlich den herrlichen Ausblick.

Naga Pokuna und Et Vehera

Auf dem Treppenaufgang zum Ambasthala-Plateau zweigt südlich (vom Aufstieg her gesehen rechts) ein Pfad ab, der um den Hügel mit dem Mahaseya Dagoba herum zum **Naga Pokuna** führt. Dieses 11 x 4,6 m große natürliche Wasserbassin wird „Naga-Schlangen-Teich" genannt, weil aus dem dahinter liegenden Fels das Relief einer fünfköpfigen Naga-Schlange herausgearbeitet wurde.

Wer noch etwas Energie hat, kann dem Weg bis zum **Et Vehera** folgen und dabei hinter den Resten eines Klosters 568 Stufen erklimmen. Der nur als Basis erhaltene Stupa liegt auf einer Anhöhe, 309 m über dem Meeresspiegel. Aus unerfindlichen Gründen wird er „Inneres Kloster" (Singh. *ethul vehara*; Pali: *anto vihara)* genannt. Möglicherweise ist mit diesem Stupa jener gemeint, in welchen laut einer in einen nahen Fels gearbeiteten Inschrift Mahadathika Mahanaga (reg. 7–19) die Asche seines älteren Bruders, des Königs Bhatika Abhaya (reg. 22 v. Chr.–7 n. Chr.), einmauern ließ. Wieder ist es vor allem der Ausblick, der für die Mühen des Aufstiegs entschädigt. Unter anderem ist in der Ebene der Kaludiya Pokuna zu sehen.

Indikatu Seya und Kaludiya Pokuna

Wieder zurück am Parkplatz kann man ein Stück die Straße nach Kandy hineinfahren, um zum **Indikatu Seya** zu gelangen. Zu sehen sind neben Fundamentresten die von Mauern umgebenen Basen zweier Stupas. Archäologen fanden Hinweise, dass dieses wahrscheinlich von Sena I. Mitte des 9. Jhs. gestiftete Kloster Mahayana-buddhistisch ausgerichtet war. In den beiden Stupas fanden sie Kupferplatten mit Sutren (Lehrtexte) des „Großen Fahrzeugs" (Mahayana).

Einige hundert Meter weiter, vorbei an einem Bergzug namens **Rajagirilena Kanda** („Königlicher Steinhöhlenberg"), wo Einsiedlergrotten mit Inschriften aus dem 9. Jh. entdeckt wurden, kommt man zum **Kaludiya Pokuna**, dem „Teich des schwarzen Wassers". Er ist über einen von der Hauptstraße abzweigenden Fußweg zu erreichen. In der Tat ist das Wasser des künstlich aufgestauten Reservoirs sehr dunkel. Am Fuße eines kleinen Hügels befinden sich die Reste eines Badehauses, einer Meditationshalle und kleiner Zellen. Das Alter ist nicht ganz klar, möglicherweise ist der Teich identisch mit jenem namens Porodini, den König

Mahinda IV. in einer Inschrift aus dem 10. Jh. erwähnte. Es wurden aber auch Brahmi-Schriftzeichen aus dem ersten vorchristlichen Jahrhundert gefunden. Wie auch immer, der Kaludiya Pokuna ist ein wunderbarer Ort, um die anstrengende Besichtigung von Mihintale ausklingen zu lassen und die beschauliche Atmosphäre zu genießen.

Übernachtung und Essen

Hotel Mihintale, an der A 12 gelegen, ✆ 025-226 6599, ✉ chc@sltnet.lk, 🖥 www.ceylonhotels.lk. Äußerst sympathisches Hotel mit 10 sauberen und stilvoll gestalteten Zi (Bad, AC). Das auch bei Tourgruppen beliebte Restaurant empfiehlt sich für die Einkehr nach der Besichtigung. ❸

Transport

Vom neuen Busbahnhof Anuradhapuras fahren zahlreiche **Busse** in Richtung Mihintale. Mit dem Mietauto sollte eine Besichtigungstour einschließlich Wartezeit 800–900 Rs, mit dem Three-Wheeler 600 Rs kosten.

Tantirimale

„Wenn Du wirklich mal all dem täglichen Stress entfliehen und ein oder zwei Tage die Schönheit von Mutter Natur erleben möchtest, dann ist der beste Platz Tantirimale", heißt es selbstbewusst auf der Webpage des Klosters Raja Maha Vihara Tantirimale, 🖥 www.tantirimale.org. Der etwa 45 km nordwestlich von Anuradhapura am Rande des Wilpattu-Nationalparks liegende Ort blickt auf eine lange Geschichte zurück. Prähistorische Grabfunde aus der mittleren Steinzeit weisen auf eine frühe Besiedlung hin. Im 3. Jh. v. Chr. war er eine der Zwischenstationen des heiligen Bodhi-Baumes auf seinem Weg vom antiken Hafen Jambukola Pattana (dem heutigen Ort Sambiliturai auf der Jaffna-Halbinsel) in die damalige Königsstadt Anuradhapura. Ein Brahmane namens Thivakka soll die Nonne Sanghamitta mit dem Bodhi-Baum kurzzeitig aufgenommen haben und aus Dankbarkeit einen der acht jungen Baumtriebe erhalten haben. Seit dieser Zeit ist die in Chroniken Thivakka Bamunugama genannte Stätte ein wichtiges regionales Wallfahrtsziel.

Der Reiz von Tantirimale (Tamil: „unbezwingbarer Fels") liegt in der kargen felsigen Landschaft, in welcher rund um das Kloster einige buddhistische Heiligtümer verstreut liegen. Diese sind zu Fuß ohne größere Anstrengungen zu erreichen, doch die baumlose Gegend kann zur Mittagszeit sehr heiß werden, daher Kopfbedeckung und genügend Wasser nicht vergessen.

Die beiden höchsten Erhöhungen sind von einem weißgetünchten, 12 m hohen **Stupa** bzw. einem **Bodhi-Baum** gekrönt. Letzterer soll noch der Originalableger des heiligen Bodhi-Baumes aus dem 3. Jh. v. Chr. sein. In den großen Felsengrund, auf welchem der Bodhi-Baum gepflanzt ist, wurde auf der dem Stupa zugewandten Seite eine **liegende Buddha-Statue** gemeißelt. Aufgrund stilistischer Parallelen mit Figuren aus Polonnaruwa wird er ins 11./12. Jh. datiert. Schatzjäger beschädigten den nach Osten weisenden Kopf auf der Suche nach Wertvollem, weshalb die fehlenden Teile aus Beton ersetzt werden mussten.

Auf der anderen Seite des Felsrückens wurde eine 2 m hohe **sitzende Buddha-Figur** in Meditationshaltung (Samadhi-mudra) in den Fels geschlagen. In der sie umgebenden freigelegten Fläche, die 2,5 x 2,75 m misst, sind zwei Löwen und zwei Devatas zu erkennen. Wahrscheinlich entstand die gut erhaltene Statue ebenfalls in der Polonnaruwa-Periode (11.–13. Jh.). Zu ihrem Schutz wurde ein Schrein vorgebaut, dessen Reste noch zu sehen sind.

Vom Bodhi-Baum führt ein Weg zwischen einem natürlichen **Lotosteich** hindurch zum **Pothgula**. Ob die etwas erhöht liegenden, vor eine Felsnische gebauten Mauerreste wirklich einmal zu einer Bibliothek gehörten, wie der Name Pothgula vermuten lässt, ist nicht sicher. Über einen am Ende des Teiches gelegenen Felsrücken führt ein schattiger Weg etwa 400 m geradeaus bis zur so genannten **Freskenhöhle**. Der Name ist irreführend, denn weder handelt es sich um eine Höhle, noch sind Fresken zu finden. Vielmehr ist damit ein über 4 m hoher, pilsförmiger Felsmonolith gemeint. Auf der Vorderseite sind Mauerreste, auf der Rückseite Felsenkritzeleien zu sehen. Es liegt die Vermutung nahe, dass sich hier, wie auch an anderen Stellen in der umliegenden Umgebung, eine Einsiedelei befand. Besteigt man noch die dahinter liegende Felserhöhung, so bietet sich ein schöner Ausblick in die weite Ebene.

Aukana, Stehender Buddha

Transport

Es gibt zwei Möglichkeiten, nach Tantirimale zu gelangen: Man kann von Anuradhapura der A 9 bis ins 27 km entfernte Medawachchiya folgen und dort in die A 14 nach Mannar abbiegen. Nach 18 km führt eine südlich abgehende Sandpiste bis nach Tantirimale. Oder aber man fährt zunächst in Richtung Nordwesten bis nach Nikawewa. Dort zweigt nördlich eine schlechte Straße ab, die nach etwa 15 km den Pilgerort passiert. **Busse** fahren in sehr unregelmäßigen Abständen von Anuradhapuras altem Busbahnhof ab. Wer nicht zu viel Zeit verschwenden möchte, gönnt sich einen **Mietwagen** (um 2500 Rs) und kombiniert den Besuch von Tantirimale mit jenem von Mihintale, (S. auch Karte S. 173).

Aukana

Mit Abstand bestes Beispiel der srilankischen Steinmetzkunst ist der stehende **Aukana-Buddha**, westlich der A 9, etwa auf halbem Wege zwischen Anuradhapura und Dambulla. Trotz seiner 13 m Höhe wirkt der aus einem Fels geschlagene freistehende Buddha aufgrund seiner gerippten, eng anliegenden Robe recht anmutsvoll. In eindringlicher Weise drückt das breite Gesicht Ruhe und Gelassenheit aus. Auf dem *ushnisha*, dem Haarknoten, ragt eine Flamme als Symbol der Erleuchtung empor *(ketumala)*. Mit der linken Hand die Schulter berührend, streckt er die erhobene rechte Hand seitlich aus. Dies ist die Geste der Furchtlosigkeit und Ermutigung (Abhaya-mudra), manchmal auch als Segensgeste (Ashisa-mudra) interpretiert. Das Alter des Aukana-Buddhas ist mangels Inschrift schwer zu bestimmen. Seinen stilistischen Eigenarten zufolge könnte er zwischen dem 5. und 6. Jh. entstanden sein, möglicherweise aber erst 650 Jahre später während der Regentschaft Parakramabahus I. Der Tradition zufolge geht er auf König Dhatusena (reg. 455–473) zurück, der auch den nahe gelegenen **Kala Wewa** graben ließ. Dieses rund 5,2 km lange Reservoir wird durch Zuflüsse des Kala Ganga gespeist und ist mit den Wasserspeichern von Anuradhapura über den ebenfalls von Dhatusena initiierten 80 km langen Jaya Ganga verbunden.

Rund um die Figur sind noch Reste einer früheren Klosteranlage zu sehen. Ihr volkstümlicher Name bedeutet „die Sonne essend" (singh. *avu kana*), was auf ihre Ausrichtung gen Osten, der aufgehenden Sonne entgegen, anspielt. Daneben stehen die neueren Klosterbauten des **Aukana Raja Maha Vihara**, welcher von internationalen Besuchern einen Eintritt von 250 Rs erhebt.

Transport

Trotz der etwas abgelegenen Lage ist die Verkehrsanbindung des Aukana-Buddha gar nicht so schlecht. Wer mit dem **Bus** aus ANURADHAPURA (50 km) oder DAMBULLA (25 km) anreist, steigt in Kekirawa aus und nimmt dort einen der halben Dutzend Busse, die täglich in Richtung Aukana (etwa 5 km) weiterfahren, oder mietet sich dort einen Three-Wheeler.
Nur 2 km vom Buddha entfernt liegt der **Bahnhof** Aukana an der Bahnstrecke (Colombo-) Maho-Trincomalee. Dort halten alle aus Colombo kommenden Züge nach TRINCOMALEE (2.54 und 12.54 Uhr). Über die Gal Oya Junction kann man auch nach POLONNARUWA und BATTICALOA weiterfahren. Die Züge in Richtung COLOMBO halten um 23.27 und 10.52 Uhr.

Sasseruwa und Bodhigara Nillakgama

Nur 18 km vom Aukana-Buddha entfernt befindet sich westlich des Dorfes Negampaha auf dem Gelände eines Höhlenklosters namens **Rasvehera** ein weiterer stehender Buddha, **Sasseruwa** genannt. Er ist nur wenig größer als der Aukana-Buddha und ebenfalls aus einem Granitfels geschlagen. Stilistisch zeigt die Statue Parallelen zum berühmteren Vorbild, doch wurde sie nie vollendet, was zu einer Erzählung inspirierte: Ein Steinmetzmeister und sein Schüler verabredeten einen Wettstreit. Wer als Erster eine stehende Buddha-Statue geschaffen habe, solle eine Glocke läuten. Natürlich siegte der Meister, und der Schüler stellte daraufhin seine Bemühungen ein. Der künstlerische Mangel wird durch die idyllische Lage mehr als wettgemacht. Doch ist die Straße dorthin in äußerst schlechtem Zustand und während der Regenzeit teilweise nicht passierbar.

Etwa 10 km weiter westlich bzw. 10 km östlich des an der A 28 (Kurunegala–Anuradhapura) gelegenen Dorfes Galgamuwa liegen die Reste des **Bodhigara Nillakgama**. Es ist Sri Lankas besterhaltenes Beispiel eines Schreins zur Einfassung eines Bodhi-Baums (Bodhigara). Nach einer grundlegenden Restaurierung 1954 befindet sich die 10,3 x 10,3 m große Umfassungsmauer mit zwei Eingängen wieder in ihrem ursprünglichen Zustand. Sie umschließt eine innere Mauer, welche um den heute verschwundenen Bodhi-Baum gebaut war.

Ritigala

Als Sita auf der Insel Lanka gefangen gehalten wurde, schickte Rama den Affengeneral Hanuman dorthin, um sie zu suchen. Nachdem Hanuman sie entdeckt hatte, sprang er vom Berg Arishta zurück nach Indien, um Rama die Neuigkeit zu berichten. Dieser im Ramayana erwähnte Berg wird in der Tradition mit dem 5 km in Nord-Süd-Richtung verlaufenden Bergzug Ritigala gleichgesetzt. Die dort anzutreffende Pflanzenvielfalt wird mit einer anderen Szene des Ramayana in Verbindung gebracht: Als es zur großen Schlacht von Lanka kam, wurde Ramas Bruder Lakshmana schwer verwundet. Eine ihn rettende Heilpflanze gab es nur im Himalaya. Hanuman eilte dorthin, um sie zu holen, doch da er in der Hektik vergessen hatte, welche es war, nahm er einen ganzen Gipfel mit und ließ ihn auf der Insel zurück.

Der Ritigala ist mit 766 m ü. M. die höchste Erhebung in der flachen Trockenzone der Insel und liegt auf halbem Weg zwischen Anuradhapura und Polonnaruwa, 16 km nordwestlich um Habarana. Der Name wird mit „Fels *(gala)* der Sicherheit *(riti* von skt. *arishti)*" übersetzt. Möglicherweise diente er in Zeiten der Not den srilankischen Herrschern als Refugium. Ein spirituelles Rückzugsgebiet war er spätestens seit dem 9. Jh., als König Sena I. laut Culavamsa für die Pamsukulika (s. S. 270) ein Kloster namens „Arittha Vihara" stiftete. Diese extrem asketische Mönchsgruppe lebte zurückgezogen in Grotten – 70 wurden in Ritigala identifiziert – und verbrachte die meiste Zeit mit Meditationsübungen. Sie lehnte jede Art buddhistischer Symbolik ab, weshalb weder Buddha-Statuen noch Bodhi-Bäume oder Dagobas zu finden sind. Seit dem 12. Jh. ist nichts mehr von den Pamsukulika zu hören. Fast 800 Jahre lag Ritigala vergessen im Dschungel, bis 1872 der britische Kolonialbeamte James Mantell den Berg erforschte, um darauf eine Messstation zu errichten. In einem Report berichtete er von Ruinen am Fuße des Berges. 1893 untersuchte der Archäologe H. C. P. Bell die Stätte grundlegend und fertigte Zeichnungen davon an, die für die Restaurierung Ende der 1960er Jahre von großer Bedeutung sein sollten.

Besichtigung

Seit 1941 genießt ein 15 km² großes Gebiet rund um den Bergzug als „Ritigala Strict Nature Reserve" Naturschutzstatus. Ein Großteil dieses Schutzgebietes darf nur mit Erlaubnis des Department of Wildlife Conservation betreten werden. Problemlos zugänglich sind jedoch die in einem Taleinschnitt an der Ostseite des Berges gelegenen Klosterruinen. Um sie alle zu sehen, muss in etwa 600 m langer Pfad begangen werden, der etwa 150 m Höhenmeter überwindet.

Nicht weit davon entfernt befindet sich ein dem Berg angepasstes, jedoch gebrochenes Wasserbassin, das **Banda Pokuna**. Es diente Mönchen und Pilgern sicherlich als Waschstelle. An Ashoka- und wilden Mangobäumen vorbei führt ein Pfad weiter den Berghang hoch. Kurz hinter einer Brücke zweigt rechts ein schmaler Pfad zu einem **Heilbad** ab. In dem rechteckigen Bau sind noch das Becken sowie ein Mörser zum Zerkleinern der Kräuter zu sehen. Etwa 10 m weiter liegen die Fundamentreste des **Dana Salaya**, einst das Refektorium des Klosters. Nun führt ein wieder instandgesetzter gepflasterter Weg weiter den Berghang hoch, vorbei an den Resten eines **Vihara**. Etwas abseits liegen linker Hand auf einem erhöhten Fels die Ruinen eines als **Bibliothek** identifizierten Gebäudes, das über eine Steinbrücke betreten werden kann. Von ihm bietet sich ein schöner Blick in die Ebene. Botanikfreunde werden von dem alten Baumbestand entzückt sein, darunter finden sich Sri Lankas Nationalbaum, das Ceylonesische Eisenholz *(Mesua ferra,* singh. *Na)*, und das Asiatische Ebenholz *(Diospyros ebenum)*.

Etwas weiter den Steinweg entlang trifft man auf den größten Ruinenkomplex. Dort schließt eine etwa 1 m hohe Mauer drei **erhöhte Plattformen** ein, die miteinander durch Stege verbunden sind. Diese Erhöhung ist typisch für die Waldklöster der Insel. Die beiden Hauptbauten liegen auf einer Ost-West-Achse. Neben der nördlich anschließenden

Plattform ist ein dekorierter Latrinenstein (s. S. 270) zu sehen, der jedoch sicherlich nicht an seinem ursprünglichen Platz liegt. Die Funktion der Gebäude ist nicht ganz klar, wahrscheinlich dienten sie der gemeinsamen Meditations- und Studienpraxis. An der Südseite der Umfassungsmauer begrenzen Steinmarkierungen die Etappe für die Gehmeditationsübungen. Etwa 10 m weiter befindet sich eine weitere Anlage. Dann verliert sich der Weg im Dschungel und darf nur mit Erlaubnis des Wildlife Departments weiter begangen werden. Beeindruckend steht etwas erhöht eine mächtige Würgefeige *(ficus sp.)*, die noch den abgestorbenen Wirtsbaum umschließt.

Es ist durchaus ratsam, für die etwa 1 1/2 Std. dauernde Besichtigung einen Guide zu nehmen (ca. 300 Rs sind angebracht), denn die Ruinenstätte liegt doch recht einsam und wird zudem nicht sehr häufig besucht. Der Zugang erfolgt von den Bungalows des Archäologischen Departments aus, Eintritt US$8 (Kinder von 6–12 Jahre: US$4); es gilt das CCF-Rundticket.

Transport

Ritigala ist nur mit dem **eigenen Fahrzeug** zu erreichen. Von der Anuradhapura-Habarana-Road zweigt beim Dorf Galapitagala, etwas nordöstlich des 13-Kilometer-Postens, eine ungeteerte Straße gen Norden ab. Nach etwa 6 km muss man nach links abbiegen, bis nach weiteren 2,5 km die Bungalows des Archäologischen Departments erreicht werden. Während der Regenzeit ist die Straße gelegentlich unpassierbar.

Habarana

Als Verkehrsknotenpunkt spielt der Ort eine wichtige Rolle, touristisch nicht. Wohl aber eignet er sich wegen seiner zentralen Lage an der Kreuzung von A 11 (Anuradhapura–Polonnaruwa) und A 6 (Kurunegala–Trincomalee) als Ausgangspunkt für den Besuch der nahe gelegenen Nationalparks oder von Dambulla (30 km) und Sigiriya (22 km). Deshalb haben sich auch in Habarana zwei Komforthotels und Touristenrestaurants angesiedelt. Lokale Agenturen bieten Elefantenritte rund um den nahe gelegenen **Habarana Wewa** an. Eine Stunde Rundritt auf den Dickhäutern kostet US$20–30.

Übernachtung und Essen

Billigunterkünfte sind woanders in besserer Qualität zu finden, dafür kommen die Luxustouristen auf ihre Kosten.

Acme Transit Hotel, 90 Polonnaruwa Rd., ✆ 066-2270016. Wird mittags wegen des üppigen Curry-Essens von vielen Tourgruppen besucht. Das charmante Personal gibt eine Einführung in die Welt der Essenszutaten. Die 8 Zimmer sind etwas dunkel, aber sauber. Für AC-Zimmer wird ein Drittel mehr verlangt. ❷–❸

Habarana Rest House, ✆ 066-2270003. Wegen der nahen Verkehrskreuzung nicht leise. Die 4 Zimmer mit Bad und Ventilator in dem rustikalen Gebäude sind ordentlich, aber überteuert. ❷–❸

Rukmali Rest & Guest, Polonnaruwa Rd., ✆ 066-2270059, unweit der Straßenabzweigung nach Sigiriya. Das ebenfalls bei Touristen beliebte Restaurant bietet eine gewaltige Auswahl schmackhafter, allerdings entschärfter Currys zu 400 Rs.

Cinnamon Lodge Habarana, ✆ 066-2270011, 2270072, ✉ 2270073, 🖥 www.cinnamonhotels.com. Die 24 Chalets und 126 Standard-Zimmer mit TV, Minibar und AC verteilen sich in einem 10 ha großen Gelände unweit des Habarana Wewa. Die Hausgäste, darunter viele Touristengruppen, können in den Pool eintauchen oder in die Luft schauen, um die 150 Vogelarten zu beobachten. Je nach Bedürfnis kann man in der Hausdisko tanzen oder sich im „Herbal Aromatherapy Center" massieren lassen. ❻

The Village, ✆ 066-2270047, ✉ 2270046, 🖥 www.johnkeellshotels.com. Die großflächige Bungalowanlage besitzt 106 geräumige Zimmer mit Veranda, Bad und AC. Die Gäste haben die Wahl zwischen Pool, Tennis und Ayurveda. Entlang des benachbarten Habarana Wewa können sie Vögel beobachten oder Rad fahren. ❺–❻

Transport

An der Straßenkreuzung halten alle **Busse** zwischen COLOMBO und TRINCOMALEE oder zwischen dem 52 km nordwestlich liegenden ANURADHAPURA und dem 49 km entfernten POLONNARUWA. Manche fahren weiter bis nach BATTICALOA. Das Problem ist nur, dass viele bereits sehr voll sind, weshalb es sich empfiehlt, relativ früh nach den Bussen Ausschau zu halten. Etwa 1 km außerhalb liegt an der Straße nach Trincomalee der **Bahnhof**. Dort halten die Colombo-Trincomalee-Züge. Eine üppige Auswahl besteht jedoch nicht. Die Züge nach COLOMBO fahren um 9.53 und 22.19 Uhr ab, jene nach TRINCOMALEE um 13.49 und 3.58 Uhr. Ein Zug fährt um 11.05 Uhr über POLONNARUWA (Ankunft 12.40 Uhr) nach BATTICALOA (Ankunft 16 Uhr). In GAL OYA besteht um 11.45 Uhr Anschluss nach TRINCOMALEE (Ankunft 13.40 Uhr).

Minneriya-Nationalpark

Seit 1997 besitzt ein 8889 ha großes Gebiet um den **Minneriya Wewa** Nationalparkstatus. Der 1868 ha große Stausee wurde bereits im 3. Jh. während der Regentschaft des baufreudigen Königs Mahasena gebildet. Seitdem ist er ein Refugium für Wasservögel und Elefanten, die besonders während der Trockenzeit zwischen Juni und Oktober sehr gut zu beobachten sind. Die Zahl der Wildelefanten im Park wird auf 150–200 geschätzt. Mit ihnen tummeln sich am Wasserrand zudem Sambarhirsche *(Cervus unicolor)* und die endemischen Ceylonesischen Axishirsche *(Axis axis ceylonensis)*. Mit Glück lassen sich im Dschungel die ebenfalls nur auf der Insel beheimaten Weißbartlanguren *(Presbytis senex)* entdecken. Die Flora des zwischen 60 m und 500 m über dem Meeresspiegel liegenden Parks wird in den Feuchtgebieten rund um das Reservoir durch Steppen- und Schilfgras, daran anschließend von Niederholz und Dschungel dominiert.

Der Eingang des Nationalparks liegt 9 km östlich von Habarana an der Straße nach Polonnaruwa. Im Büro des Department of Wildlife Conservation, Ambagaswewa, ist die Eintrittskarte zu lösen: US$12 für Erwachsene, US$6 für Kinder. Hinzu kommt eine „Service Fee" von US$6 für den Conservation Fund sowie Fahrzeuggebühren (Auto: 90 Rs, Jeep und Van: 120 Rs). Damit der Fiskus nicht leer ausgeht, werden zu alledem noch 15% Mehrwertsteuer erhoben.

Kaudulla-Nationalpark

Im Einzugsbereich des östlich von Gal Oya gelegenen **Kaudulla Wewa** – er entstand wie der Minneriya Wewa im 3. Jh. n. Chr. – wurde 2002 ein 6656 ha großes Gebiet zum Nationalpark erklärt, um zwischen dem Somawathiya Chaitiya-Nationalpark und dem Minneriya-Nationalpark einen Elefantenkorridor zu errichten. Flora und Fauna sind ähnlich wie in Minneriya, Hauptattraktion sind daher die auf 250 Exemplare geschätzte Elefantenpopulation und etwa 160 Vogelarten. Zudem leben dort Leoparden und Lippenbären *(Melursus ursinus)*. Beste Besuchszeit ist gegen Ende der Trockenzeit im September/Oktober.

Um zum Nationalpark zu gelangen, muss man der A 11 in Richtung Polonnaruwa folgen und am Kilometerstein 43 in Richtung Kaudulla abbiegen, ab hier sind es noch etwa 8 km. Der Eintritt beträgt US$6 für Erwachsene, US$3 für Kinder, außerdem werden eine dem Conservation Fund zukommende „Service Fee" von US$6 sowie Fahrzeuggebühren (Auto: 90 Rs, Jeep und Van: 120 Rs) sowie 15% Mehrwertsteuer (VAT) erhoben.

Giritale

Der nach dem **Giritale Wewa** benannte Ort liegt nur 12 km von Polonnaruwa entfernt und eignet sich daher als alternativer Ausgangspunkt für die Besichtigung der zweiten Königsstadt. Wegen der beschaulichen Lage haben sich an einem das Reservoir überblickenden Hügel einige gute Hotels etabliert. Den Wewa ließ König Aggabodhi II. (reg. 604–614) graben, knapp 600 Jahre später wurde er unter Parakramabahu I. erweitert.

Übernachtung

Hotel The Village, ☎ 027-2247275. Die einfache Unterkunft bietet 5 Zimmer mit Ventilator, Kaltwasser und Veranda und überblickt den Stausee. Speisen kann man im netten offenen Restaurant. ❶–❷

Hotel Hemali, ☎ 027-2246257. Ein freundliches Gästehaus mit 13 zu einer Veranda offenen Zimmern mit Ventilator und Kaltwasser. Einfaches, aber angenehmes Restaurant. Der Besitzer pflegt gute Kontakte zu den Fahrern, weshalb das Hotel gerne von Mietwagen angesteuert wird. Auch „The Village" ist in seiner Hand. ❷

Giritale Hotel, ☎ 027-2246311, ✆ 2246086, ✉ cmslcomp@sri.lanka.net. Etwas nüchternes

Hotel, das an den Berghang gebaut ist, aber gutes Preis-Leistungs-Verhältnis. 42 Zimmer mit Bad, Warmwasser und AC, die „Luxury rooms" auch mit Balkon. Pluspunkte sind die Aussicht auf den Stausee und der große Pool, in dem gelegentlich auch Affen plantschen. ❸–❹

The Royal Lotus Hotel, ✆/✆ 027-2246316, 🖳 www.royallotus.lk. Dieses Hotel bietet von den meisten seiner 54 Zimmer aus einen schönen Blick auf das Reservoir. Bad, AC und Balkon. Wer es exquisiter haben möchte, kann zwischen 2 Königssuiten und 8 Luxusbungalows wählen. Großer Pool, geräumiges Restaurant. ❹

Deer Park Hotel, ✆ 027-2246272, ✆ 2246470, 🖳 www.coloursofangsana.com. Das von „Banyan Tree Resorts" gemanagte Resort in Nachbarschaft zum *Royal Lotus* zieht alle Register, um gestresste Luxustouristen zu verwöhnen. Die zwischen Bäumen gesetzten 70 Cottages sind so ausgesucht und perfekt eingerichtet, dass man den fehlenden Seeblick nicht vermisst. Wer die Deluxe Pool Suite für US$880 bucht, wird kaum an den vielfältigen Ausflugsangeboten des Resorts teilhaben wollen. Die Superior Cottages gibt es ab US$210. Im *Angsana Spa* werden unterschiedliche 90-Minuten-Massagen ab US$44 angeboten. ❻

Transport

Giritale liegt an der A 11, weshalb alle Busse zwischen Habarana und Polonnaruwa auch in Giritale halten. Der Haltepunkt ist südöstlich des Stausees.

Medirigiriya

Knapp 40 km nördlich von Polonnaruwa liegen etwas abgelegen auf einer kleinen Anhöhe buddhistische Klosterruinen mit einem äußerst attraktiven runden Reliquienhaus, dem Vatadage. Während das auch unter dem Namen **Mandalagirika Vihara** bekannte Kloster bereits ab dem 2. Jh. existierte, entstand der Vatadage erst während der Regentschaft Aggabodhis IV. (reg. 667–683). Auf einer hohen runden Plattform umgeben drei Säulenreihen den einstigen Dagoba. Die äußeren Granitsäulen sind von einem gemauerten Geländer umgeben. An den Kardinalpunkten des inneren Rondells

sind vier sitzende Buddha-Figuren in Meditationshaltung (Samadhi-mudra) gruppiert. Von künstlerischer Qualität zeugen die Reliefarbeiten an den achteckigen Säulen und deren Kapitelle.

Im Anschluss an die Vatadage sind auf einem Fels hintereinander drei Gedige („Statuenhäuser") mit den Resten von Buddha-Figuren zu sehen. Neben dem dritten, das einen liegenden Buddha birgt, befindet sich eine Steinwanne *(beheth oruwa)* für die Kräuterbäder. Offensichtlich besaß das Kloster einen „Wellness-Bereich". Die drei nebeneinander stehenden Buddha-Figuren in einem weiteren Statuenhaus sind noch relativ gut erhalten.

Der Eintritt beträgt für Erwachsene US$5, für Kinder von 6–12 Jahre US$2,50. Es gilt das CCF-Rundticket, welches aber nicht vor Ort erworben werden kann.

Transport

Ohne **eigenes Fahrzeug** sind die Ruinen von Medigiriya nur umständlich zu erreichen, denn sie liegen noch einmal 3 km vom gleichnamigen Ort entfernt. **Busse** fahren dorthin mehrmals täglich ab Giritale und dem 24 km südlich an der A 11 gelegenen Ort Minneriya. Eine Zustiegsmöglichkeit besteht zudem in Hingurakgoda.

Polonnaruwa

„Naturidyll zwischen Ruinenmauern". So könnte man Sri Lankas zweite Hauptstadt des alten Königreichs Rajarata charakterisieren. Wie Anuradhapura wartet die heute verschlafen wirkende Provinzstadt mit eindrucksvollen Monumenten auf, die vielerorts von Hainen umgeben sind. Deshalb ist das beste Fortbewegungsmittel das Fahrrad. Denn einerseits liegen die Ruinen teilweise weit auseinander, andererseits gibt es immer wieder Gründe zum Anhalten: Das Äffchen, welches sich über Opfergaben hermacht, die über dem Parakrama-Reservoir versinkende Sonne...

Geschichte

Über 200 Jahre schlug in Polonnaruwa das Herz des alten Königreichs Rajarata. Zwischen 1017 und 1235 regierten 17 Könige, darunter zwei Frauen: Lilivati (reg. 1197–1200, 1209–12) und Kalyanavati (reg.

Medirigiriya, Vatadage

1202–8). Doch war die Stadt aus strategischen Gründen bereits viel früher von Bedeutung, denn von ihr aus war der östlich gelegene Mahaweli Ganga besser zu kontrollieren – Sri Lankas längster Fluss spielte in den regelmäßigen Kämpfen mit der widerspenstigen, im Südosten der Insel liegenden Provinz Rohana eine wichtige Rolle. Bereits ab dem 2. Jh. lag hier ein Armeelager, das spätestens im 6. Jh. zu einem Fort ausgebaut wurde. Dank der nahe gelegenen Reservoirs (Giritale etc.) und Kanäle zogen immer mehr Menschen in die fruchtbare Gegend. Aus diesen Gründen ließ sich auch der südindische Eroberer Rajendra I. (reg. 1014–42) nach erfolgreicher Einnahme Anuradhapuras im Jahr 1017 nicht dort, sondern in Polonnaruwa nieder. Von dieser Stadt aus war der Süden der Insel besser zu beherrschen.

Als es Vijayabahu I. gelang, 1070 die Chola zu vertreiben, ließ er sich zwar in Anuradhapura krönen, wählte jedoch Polonnaruwa zu seiner Residenzstadt. Eine Blütezeit erlebte sie in der zweiten Hälfte des 12. Jhs. unter Parakramabahu I., dem fünften in Polonnaruwa residierenden König. Dieser „weise, ruhelose und ehrgeizige" König, wie ihn der Autor des Culavamsa preist, ließ nach erfolgreicher Einigung des zersplitterten Rajarata in einem ambitionierten Bauprogramm die Stadt umgestalten. Viele der heutigen Ruinen gehen auf seine 33-jährige Herrschaft zurück. Sein gewaltigstes Projekt ist fraglos der 21,65 km² große Stausee Parakrama Samudra im Westen Polonnaruwas, welcher zwei frühere Wewas absorbierte. Auch sein Nachfolger Nissanka Malla (reg. 1187–96) blieb mit zahlreichen Bauten der Nachwelt in Erinnerung, doch setzte nach dessen Tod der Anfang vom Ende Polonnaruwas ein.

Innerhalb der folgenden 19 Jahre wechselte die Krone zwölfmal den Besitzer. Die von 1215–55 während Terrorherrschaft des aus dem südindischen Kalingha stammenden Magha bedeutete ihren rapiden Niedergang. Klöster wurden in Armeelager umgewandelt, Heiligtümer geplündert. Nach dessen Vertreibung machte Parakramabahu II. Polonnaruwa noch einmal zum Mittelpunkt ei-

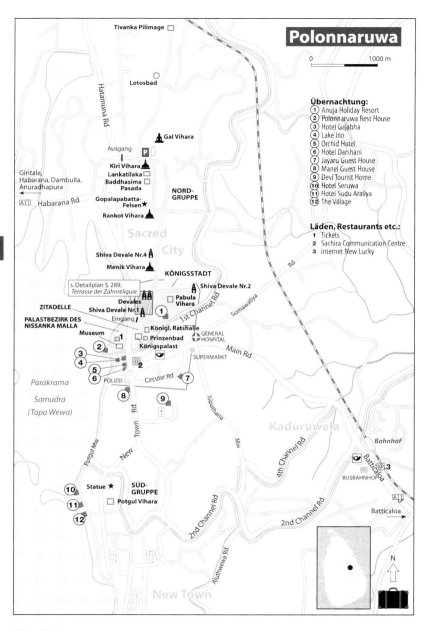

nes srilankischen Reiches. Nachdem Parakramabahu III. (reg. 1287–93) letztmals in der Stadt residierte und sein Nachfolger nach Kurunegala zog, fiel sie dem Dschungel anheim.

Mit dem Niedergang Polonnaruwas übernahm die Natur die „Herrschaft", bis 1820 ein britischer Leutnant namens M. H. Fagan im Dschungel über die Ruinen stolperte. Doch erst auf Anlass des Gouverneurs von 1883–90, Sir Arthur H. Gorden, begann man unter Federführung des Archäologen S. M. Burrows die Ruinen freizulegen. Erste Restaurierungsmaßnahmen läutete in den 1890er Jahren H. C. P. Bell ein. Diese wurden nach der Unabhängigkeit unter Leitung des renommierten srilankischen Archäologen Paranavitana fortgeführt. Heute ist dafür der Central Cultural Fund (CCF) zuständig.

Polonnaruwa

Die zweite Hauptstadt war unter vielen Namen bekannt. Anfänglich hieß sie schlicht *Kandavura*, „Lager". Später nannten sie die Tamilen *Pulanari* und die Singhalesen *Polonnaru*, eine Herleitung aus dem Pali-Wort *Pulatthinagara* („Stadt des Pulashti"). Davon stammt der heute gebräuchliche Name *Polonnaruwa*. Die Cholas gaben ihr während der Besatzung den Namen *Jananatha Mangalam* und die singhalesischen Könige benannten sie nach ihrem Herrschertitel. So hieß die Stadt unter Vijayabahu I. im 12. Jh. Vijayapura.

Orientierung und Besichtigung

Die „Heilige Stadt" (Sacred City) mit den meisten Ruinen liegt im Norden der so genannten „Altstadt" (Old Town), wo auch fast alle Gästehäuser zu finden sind. Etwa 2 km südlich von ihr beginnt die eher ruhige Wohnsiedlung „Neustadt" (New Town). Bahnhof und Busbahnhof liegen im Ortsteil „Kaduruwela", der sich 3 km südöstlich des alten Stadtkerns an der A 11 nach Batticaloa entlang zieht.

Die Ruinen können in vier archäologische Zonen unterteilt werden: Die **Südgruppe** mit dem Potgul Vihara – sie befindet sich am Nordende der New Town –, die **Alte Königsstadt** mit zahlreichen Tempelanlagen, die **Zitadelle** einschließlich des Königspalastes sowie die **Nordgruppe**, welcher Gal Vihara zugeordnet wird.

Sehenswertes
Museum

Einen hervorragenden Einstieg für die Besichtigung bietet das Museum, ⊕ tgl. 9–18 Uhr, welches obendrein während der Mittagshitze dank Klimaanlage etwas Kühlung verschafft. Seine aneinander gereihten Räume sind verschiedenen Themen gewidmet. Fotografien, Originalfunde sowie Baumodelle, darunter eine Gesamtansicht der Stadt Polonnaruwa, Modelle des Königspalastes, des Vatadage oder der Hindu-Devales geben eine Vorstellung von der einstigen Gestalt. Sehenswert sind Exponate aus der Zitadelle, darunter ein Bronzekelch und Schmuck. Aus dem Inneren von Dagobas geborgene Ausstellungsstücke schließen ein Reliquiar, Statuetten und magische Gittersteine (Yantragala) ein. Im Mönchskrankenhaus gefundene medizinische Geräte geben eine Idee über den damaligen Stand der Medizin. Künstlerischer Höhepunkt sind sicherlich die hinduistischen Bronzestatuen im letzten Raum, die von hoher Kreativität zeugen. Zu sehen sind u. a. ein tanzender Shiva, Shiva und Parvati unter einem Glorienschein sowie ein Vishnu.

Palastbezirk des Nissanka Malla

Im nördlichen Bereich des Rest Houses liegen die Ruinen der Palastanlagen von Nissanka Malla aus dem ausgehenden 12. Jh., darunter ein vom Stausee gespeistes **Bad** und etwas nördlich davon eine nicht identifizierte Ruine, für gewöhnlich als Mausoleum bezeichnet. Zu den wichtigsten Gebäuden zählt die 40,5 x 19 m große **Audienzhalle**, welche allerdings außer Fundament- und Säulenresten nicht viel hergibt. Eindrucksvoller ist die **Königliche Ratshalle** schon allein des naturgetreuen Löwenthrons wegen. Aufschluss über Funktion der Ratsmitglieder geben Inschriften in den 48 quadratischen Säulen, die in vier Reihen ein weiteres Stockwerk oder das Dach trugen. Vorne links nahm der Yuvaraja, der Thronfolger, Platz, gefolgt von Prinzen, dem Oberkommandeur der Streitkräfte, den Würdenträgern und Sekretären. Auf der rechten Seite saßen hintereinander die Regionalgouverneure und Geschäftsleute. Erholung von den Beratungen – Nissanka Malla hatte gegen viele Feinde zu kämpfen – bot der **Pavillon der Kühle** (Sitala Maligawa) auf einer kleinen Insel am Rand des Stausees.

Zitadelle

Herzstück der alten Königsstadt war die von einer Mauer eingeschlossene Zitadelle, in welcher die Könige im 12. und 13. Jh. residierten. Vor dem Hauptzugang, dem alten Nordtor, ist linker Hand eine **Stele** des Königs Nissanka Malla zu sehen. Im Innenbereich gehen alle Ruinen im Ursprung auf Parakramabahu I. zurück, darunter die massigen Reste des **Königspalastes**. Nach dem himmlischen Palast des Hindu-Gottes Indra nannte er ihn *Vijayanta Prasada*. „Sieben Stockwerke hoch mit 1000 Kammern" sei der Prachtbau gewesen, so der entzückte Autor des Culavamsa. Offensichtlich ein Intimkenner der königlichen Gemächer, beschreibt der Chronist aus dem 13. Jh. detailfreudig den Schlafraum, der „von zahllosen Perlen glänzt, die so weiß wird wie der Mondschein, und mit goldenen Stehlampen verziert ist, die permanent den Duft von Blumen und Räucherstäben von sich geben, und dessen goldene Glöckchen hier und da den Klang von fünf Musikinstrumenten wiedergeben." Davon ist leider nichts mehr zu sehen, zu riechen oder zu hören, doch die Reste sind eindrucksvoll genug: Die Seitenlängen des quadratischen Hauptpalastes betrugen 46 m. In dessen Inneren ragen die 3 m dicken Seitenmauern des mächtigen Backsteinbaus (31 x 13 m) bis zu 9 m in die Höhe. Dessen obere Stockwerke wurden von 36 Holzsäulen getragen, deren Vertiefungen im Boden noch zu sehen sind. Um den Palast herum gruppieren sich die Fundamentreste zahlreicher Nebengebäude.

Im Südosten der Zitadelle befindet sich die **Königliche Ratshalle** (Rajavesya Bhujanga). Auch sie legt nicht gerade Bescheidenheit an den Tag, was schon die Seitenfriese an der dreifach gestaffelten Basis zeigen. Jeder der in die untere Basis eingearbeiteten Elefanten ist individuell gestaltet. Auch die Löwen und Gnome über ihnen zeugen von großer Kunstfertigkeit. Die nördlich vorgelagerte zweiteilige Treppe wird von Makaras (krokodilartigen Fabelwesen), aus deren Maul die Balustrade „hervorquillt", und oben von zwei Löwen flankiert. Letztere erinnern an die Herkunft der Singhalesen. Das Holzdach über der seitlich offenen Ratshalle wurde von vier Reihen zu jeweils 12 fein verzierten Säulen getragen.

Unterhalb der Ratshalle befindet sich an der Südostseite der Zitadellmauern das **Prinzenbad** (Kumara Pokuna). Ursprünglich war das 13,5 x 11,5 m große Becken Teil des Palastgartens. Zwei Wasserspeier in Form von Makaras an der Westseite füllten das Becken mit dem kühlenden Nass. Mit dem äußeren Wassergraben verbundene unterirdische Kanäle stellten die Versorgung sicher.

Terrasse der Zahnreliquie (Dalada Maluwa)

Etwas nördlich der Zitadelle liegt eine erhöhte ummauerte Terrasse mit den wichtigsten religiösen Bauten Polonnaruwas. Die Heiligkeit des Ortes wird bereits am Eingang deutlich. Den Treppenstufen ist ein längliches Wasserbecken für die Fußwaschung vorgelagert, rechts war ein kleineres Becken für die Handwaschung vorgesehen.

Auf der 100 x 110 m großen Terrasse dominiert an der Südostecke der **Vatadage**. Er ist Sri Lankas schönstes Beispiel eines runden Reliquienhauses. Zwei runde Plattformen mit einem Durchmesser von 36 bzw. 24 m bilden die Basis. Die Außenseite der unteren ist mit Löwen- und Gnomfriesen ausgeschmückt. Der Zugang erfolgt über die nördlich gelegene Treppe, die von zwei Wächtersteinen mit Nagarajas flankiert wird. Geschützt von einer siebenköpfigen Naga-Schlange halten sie wie ihre Vorbilder in Anuradhapura in den Händen eine Vase des Überflusses und Blumen als Symbol des Reichtums. Auch der vor dem Zugang in den Boden eingelassene halbrunde Mondstein folgt älteren Beispielen. Doch aus Respekt vor den Hindus, welche Shivas Reittier, den Bullen Nandi verehren, fehlt in der Tierfolge der Bulle. Die beiden Terrassen werden von einer noch intakten Mauer abgetrennt, welche im späten 12 Jh. nachträglich hinzugefügt wurde. Wie die außerhalb umlaufende Säulenreihe trug sie wohl ein Holzdach, das den Stupa im Zentrum schützte. Er ist fast verschwunden, erhalten geblieben sind jedoch an seinen Achsenpunkten vier Buddha-Statuen in Meditationspose. Der fehlende Faltenwurf ihrer Robe sowie ihre glatten Haare machen sie zu einer Besonderheit unter den srilankischen Figuren.

Neben dem Vatadage steht eine **Bodhisattva-Figur**, welche im Mahayana-Buddhismus als mitleidendes „Erleuchtungswesen" (skt. *bodhisattva*) eine wichtige Rolle spielt. Der volkstümliche Glaube sieht in ihr eine Statue Nissanka Mallas.

Im Südwesten befindet sich der noch gut erhaltene **Thuparama**. Als Statuenhaus (singh.

gedige) birgt das 26 x 16 m große Gebäude im Inneren neben der zentralen Buddha-Figur, die jedoch heute fast völlig zerstört ist, Reste weiterer Skulpturen. Wahrscheinlich entstand der Ziegelbau im 12. Jh. während der Regentschaft Parakramabahus I. Die Tempel oder Schreine darstellenden Reliefs an der Außenmauer gehen auf Vorbilder in Anuradhapura zurück – manche erkennen darin dravidische Einflüsse. Nach oben werden die Mauern immer stärker und tragen ein schweres Steindach, das sich über dem Zentralschrein im Inneren wölbt.

An der Westseite der „Terrasse der Zahnreliquie" fallen in Form von Lotosblumenstängeln gestaltete Granitsäulen auf, deren Kapitelle als halboffene Blüten gestaltet sind. Sie umgeben einen kleinen Stupa und werden von einem Steinzaun umschlossen. Dieser ehemals von einem Holzdach bedeckte offene Pavillon wird **Nissankalata Mandapa**, „Blumenranken-Halle von Nissanka", genannt und diente dem König zur Teilnahme an der Rezitation buddhistischer Texte (singh. *pirit*). Im nördlichen Anschluss folgen die Reste einer länglichen Halle mit einem liegenden Buddha.

Unter Vijayabahu I. war der **Atadage** das wichtigste religiöse Gebäude. Im „Haus der acht Reliquien" verehrte jener König, der 1070 erfolgreich die Chola vertrieben hatte, die heilige Zahnreliquie, welche er aus Anuradhapura hierher brachte. Sie wurde im zweiten aus Holz errichteten Stockwerk verehrt. Es fiel dem Zahn der Zeit zum Opfer, weshalb nur die untere Halle, die zahlreichen mit Rankenwerk verzierten Stützsäulen und eine von ehemals drei stehenden Buddha-Statuen erhalten geblieben sind. Wichtige Informationen gibt eine tamilische Inschrift, derzufolge der im Dienste Vijayabahus stehende südindische Söldner Velaikkara die Reliquie nach dem Tod des Herrschers dem Schutz seiner Truppen unterstellte.

Ab der Herrschaft Parakramabahus I. beherbergte der benachbarte **Hatadage** die Zahnreliquie. Das heutige Gebäude ließ Nissanka Malla errichten – angeblich in 60 Stunden, wie der Name *hata dage* („Haus der Sechzig") gedeutet wird. Obwohl um einiges größer und mit einer Außenmauer versehen, folgt er dem Grundriss des Atadage: Einem quadratischen Bau schließt sich südlich eine Vorhalle mit dem Haupteingang an. Während im Untergeschoss drei Buddhas verehrt wurden, bewahrte man die Reliquie im Obergeschoss aus Holz auf.

An der Ostseite des Hatadage ist das mächtige „Steinbuch", der **Galpota** zu finden. Auf diesem 8 x 1,4 m großen, einem Palmblattmanuskript nachempfundenen Granitblock ließ König Nissanka Malla über 4300 Zeichen lang in selbstgerechter Weise, wie der britische Archäologe Bell bemerkte, seine Großartigkeit preisen. Großartig ist jedenfalls die Leistung der Arbeiter, die den 25 t schweren Monolith von Mihintale nach Polonnaruwa schleppen mussten.

Rechts daneben fällt ein ehemals siebenstufiger Pyramidenbau auf, der **Satmahal Prasada**. Dieser über 9 m hohe quadratische Cetiya mit Nischen an seinen Achsenpunkten zeigt Parallelen zum Wat Kukut im nordthailändischen Lamphun (südlich von Chiang Mai). Doch sind weder etwaige Zusammenhänge noch nähere Umstände über dieses Gebäude bekannt.

In der Königsstadt

Innerhalb der alten Befestigungsanlage – laut Culavamsa bestand sie aus vier Wällen und drei Wassergräben – befinden sich einige hinduistische Heiligtümer, die darauf schließen lassen, dass die tamilische Minderheit ihre Religion gleichberechtigt praktizieren konnte.

Einer der schönsten Hindu-Tempel ist der **Shiva Devale Nr. 1**, nördlich der Zitadelle. Seit er im Anastylose-Verfahren – fehlende Steine werden bei der Wiederherstellung eines Bauwerks nach Ermessen der Restaurateure durch neue ersetzt – restauriert wurde, wird die präzise Verarbeitung des Baumaterials wieder sichtbar. Stilistische Parallelen mit südindischen Tempeln lassen ihn ins 12./13. Jh. datieren. Im ummauerten Sanktuarium, dem Garbha Griha, ist noch das Symbol Shivas, der Lingam zu sehen. Aufgefundene Bronze-Statuen können in Colombos Nationalmuseum und im hiesigen Museum in Augenschein genommen werden.

Gute 100 m nördlich der „Terrasse der Zahnreliquie" ragt auf der Ostseite der Dagoba-Stumpf des **Pubulu Vihara** auf. Parakramabahus Lieblingsfrau Rupavati stiftete den Stupa im 12. Jh., damit er sie „wie ein goldenes Schiff im Meer des Samsara ans rettende Ufer des Nirvana" bringe, so eine Inschrift. Rund um den Stupa sind die Reste von neun Statuenhäuser zu sehen, die teilweise noch gut erhaltene Buddha-Statuen beherbergen.

Nicht weit vom Vihara entfernt steht an der Ostecke der alten Stadtbefestigung der gut erhaltene **Shiva Devale Nr. 2**. Der Tempel ist das älteste hinduistische Bauwerk Polonnaruwas und wurde unter dem Chola-König Rajaraja I. (reg. 985–1014) errichtet, nachdem dieser in Folge einer Invasion im Jahr 993 die wichtigsten Städte der Insel eine Zeit lang besetzt hielt. Das Heiligtum wurde nach Rajarajas Hauptkönigin „Vanavan Madevi Ishvaram Udaiyar" genannt. Dem Vorbild südindischer Tempelbauten folgend ist es vollkommen aus Granitstein errichtet. Im Allerheiligsten, dem Garbha Griha, ist noch der Lingam an seinem angestammten Platz. Hingegen ist von den **drei Devales** am alten Nordtor (beidseitig der alten Straße) außer wenigen Fundamentresten nichts mehr erhalten. Sie waren Shiva, Ganesha und Vishnu geweiht.

Nordgruppe

Im Norden der alten Königsstadt lagen in loser Folge hintereinander die großen Klosteranlagen, z. B. kurz hinter dem Nordtor auf der linken Seite der **Menik Vihara**. Das „Edelstein-Kloster" wird von den Resten einer ummauerten quadratischen Terrasse mit Stupa in der Mitte und einem Statuenhaus (11 x 11 m) dominiert. Nördlich der Terrasse existierte offensichtlich ein größeres Mönchshospital. Ein nahe gelegener quadratischer Schrein aus dem 8. Jh. um einen heute verschwundenen Bodhi-Baum (Bodhigara) lässt vermuten, dass die Ursprünge des Klosters in die Zeit zurückreichen, als Polonnaruwa noch nicht Hauptstadt war.

Vorbei an **Shiva Devale Nr. 4** gelangt man zu einer weiteren Klosteranlage, dem **Rankot Vihara**. Aus seiner Mitte ragt der mächtige halbrunde „Dagoba mit der goldenen Spitze", so der volkstümliche Name, auf. Er wurde in den vergangenen Jahrzehnten grundlegend restauriert und folgt in seiner Gestalt den Vorbildern aus Anuradhapura. Mit 55 m Höhe (einst 61 m) und einem Durchmesser von 56 m ist er das größte Bauwerk der Stadt. Die um ihr Seelenheil besorgte zweite Frau Parakramabahus, Rupavati, initiierte seinen Bau, doch wurde er erst im 12. Jh. unter Nissanka Malla vollendet. Offensichtlich traute der König den Bauarbeitern nicht, denn laut Inschrift hat er von einem östlich des Stupas gelegenen Steintisch aus den Fortgang der Arbeiten beobachtet. Der ursprüngliche Name war Ruvanveli Dagoba („Goldener Sandstupa"). An den Achsenpunkten sind die Altaraufbauten (Vahalkadas) noch einigermaßen erhalten.

Alahana Parivena

Auf dem ehemals 80 ha großen Gelände von Polonnaruwas größtem Klosterkomplex finden sich einige der imposantesten monastischen Bauwerke der Stadt. Dies verwundert nicht, wurde es doch von dem großen Parakramabahu I. gestiftet. Seinen Namen „Kloster beim Verbrennungsplatz" (singh. *alahana pirivena*) verdankt es dem Umstand, dass es auf dem Verbrennungsplatz der Könige errichtet wurde. In der südlich gelegenen Felsgruppe namens **Gopalapabbata** („Berg der Kuhherde") konnten Archäologen 1911 anhand von Brahmi-Schriftzeichen belegen, dass bereits in den ersten nachchristlichen Jahrhunderten hier Einsiedler lebten.

Auf dem höchsten Punkt sind die massigen Reste der **Baddhasima Pasada** zu sehen. Das laut Culavamsa ursprünglich zwölfstöckige Gebäude diente als Wohn- und Versammlungshalle der Mönche (Uposatha Ghara). Rund um das 34,5 x 32 m große Bauwerk waren die Mönchszellen gruppiert. Säulen als Grenzmarkierungen (Sima) umgaben den Versammlungsbereich, in dessen Mitte die obersten Mönche Platz nahmen, um bei den vierzehntägigen Treffen der Rezitation der Mönchsregeln und der Offenlegung der Vergehen durch die Mönche beizuwohnen.

Nicht weniger prächtig muss der **Lankatilaka**, das Statuenhaus, gewesen sein, sind doch die Überreste des „Kleinods von Lanka" eindrucksvoll genug. Massive Säulen flankieren den Eingang des im Inneren 8 m langen und 4 m breiten Ziegelbaus. Heute sind sie über 17 m hoch, ursprünglich maßen sie vermutlich die doppelte Höhe. Am Raumende ist der Torso einer einst über 12 m hohen stehenden Buddha-Statue zu sehen. Sie kann über einen dahinter verlaufenden Gang umschritten werden. Ihr fehlender Kopf kam erst Anfang des 20. Jhs. abhanden. Den Zugang zum Statuenhaus bildete eine offene, von Steinsäulen gestützte Vorhalle aus Holz. Vor dem Eingang weisen die Treppenbalustraden reichliche Verzierungen auf. Die dort zu sehenden Gnome, Löwen, Naga-Königinnen und Makaras sollen den Bau vor bösen Einflüssen schützen. An den Außenmauern ist teilweise noch der Stuck erhalten, der dem Besucher Polonnaruwas vertraute Motive aufweist wie an der Basis Löwen und oben Tempelbauten.

In Nachbarschaft zum Lankatilaka sind die Stümpfe kleinerer Stupas zu sehen, welche die verbrannten sterblichen Überreste der Angehörigen des Königshauses aufnahmen. Etwas nördlich liegt der ebenfalls Vorbildern von Anuradhapura nachgeahmte **Kiri Vihara**. Der „milchweiße Dagoba" – eine Anspielung auf seine ehemals weiße Außenschicht aus einem Kalk-Muschel-Gemisch, die man bei Freilegung des Stupas 1910 stellenweise gut erhalten fand – geht auf eine Stiftung von Subhadra, eine der Frauen Parakramabahus zurück. In Chroniken wird er unter dem Namen Rupavati Thupa erwähnt. Mit 24 m ist er der zweithöchste Stupa von Polonnaruwa und besticht durch seine ausgewogenen Proportionen.

Im Westen des Kiri Vihara sind noch die Fundamentreste einer weiteren **Versammlungshalle** und weiter südlich jene eines rechteckigen Baus (26 x 17 m) zu sehen, den Archäologen dank einer Steinbadewanne *(beheth oruwa)* und medizinischer Instrumente als **Hospital** identifizieren konnten.

Gal Vihara

Wenn die frühe Morgensonne die Ruinenlandschaft in ein sanftes Licht hüllt, ist der Gal Vihara wohl Polonnaruwas schönster Ort. Das sanfte Lächeln der vier aus einem länglichen Granitfels geschlagenen Buddha-Figuren, das Zwitschern der Vögel, die ihre Nester in den umliegenden Bäumen haben, die ersten Gläubigen, welche Blumenopfer darbringen, die fehlenden Touristen... Viele Sri Lanker betrachten diese Figuren als die eindrucksvollsten der ganzen Insel – und sie haben sicherlich recht. Als Teil des „Nordklosters", **Uttarama**, wurden drei der vier Skulpturen in der Ära Parakramabahus I. von meisterhaften Bildhauern geschaffen.

Die südliche 4,6 m hohe Figur, nun von einem wenig schönen Dach geschützt, stellt den meditierenden Buddha dar. Ein in die dahinter liegende Felswand gearbeiteter Zierbogen mit seitlichen Schreinen mit Miniatur-Buddhas sowie Makaras mit Elefantenrüssel und Löwen im Maul mag als magischer Schutz gedacht gewesen sein. Eine zweite sitzende Figur des Erleuchteten befindet sich in einer Nische, in welcher noch Reste von Wandmalereien zu erkennen sind. Über ihr schweben die hinduistischen Gottheiten Brahma (rechts) und Vishnu (links). Sie sollen wohl ausdrücken, dass der Buddha über allen Göttern steht.

Viel Diskussionsstoff bietet die benachbarte stehende Figur, weil ihre Handhaltung nicht den klassischen Mudras der buddhistischen Ikonographie zuzuordnen ist. Ihre fehlende Erwähnung in den Chroniken lässt darauf schließen, dass sie erst später addiert wurde. Da die 7 m hohe Statue in sich versunken, in den Augen mancher Betrachter gar etwas traurig wirkt, soll sie Buddha als „Paradukkha dukkhita", als einer, der die Leiden der anderen annimmt, darstellen. Eine andere Interpretation sieht in der Statue das große Mitgefühl (Maha Karuna) des Erleuchteten allen Wesen gegenüber ausgedrückt. Wie auch immer, ihre elegante Linienführung und feine Verarbeitung wird nur von der nördlich anschließenden 12 m langen Buddha-Figur übertroffen. So entspannt wie sie daliegt, wünschte man sich auch einmal das vollkommene Erlöschen (Parinirvana) zu erreichen. Ob ihre Gelassenheit wohl von dem realitätsnah gearbeiteten Rundkissen mit dem Lotos-Design herrührt?

Lotosbad und Tivanka Pilimage

Folgt man dem nach Norden abzweigenden Weg einige hundert Meter, taucht linker Hand das **Lotosbad**, Nelum Pokuna, auf. Mit einem Durchmesser von 7,6 m und seinen nach unten verjüngenden Lotosblättern ist das unter Parakramabahu errichtete Becken äußerst realitätsnah gestaltet. Möglicherweise war es Teil einer Gartenanlage im Jetavana Vihara.

Zu diesem verschwundenen Kloster gehört auch das Statuenhaus **Tivanka Pilimage**, welches an seinen Außenfassaden Reste feiner Stuckverzierungen aufweist. Vor allem an dessen Südseite sind die Wächterfiguren in Nischen, welche von Gnomen gehalten werden, sowie die Löwen am unteren Band noch gut erhalten. Im Inneren des 40 m langen und 20,6 m breiten Baus sind noch die Ziegelsteinreste der stehenden Buddha-Figur zu sehen. Ein „Elixier für die Augen", wie der Culavamsa aus dem 13. Jh. meint, ist sie wegen ihres schlechten Zustands nicht mehr. Dafür sind die Reste der Wandmalereien noch gut erkennbar. Sie greifen klassische buddhistische Themen auf. In der Vorhalle sind die letzten zehn Jatakas dargestellt, die über die letzten Inkarnationen des Buddha als Prinz berichten, bevor er als Siddharta Gautama wiedergeboren wurde. Im Hauptraum mit der zentralen Statue – er wird von einem Korridor umlaufen – ist an der rechten Wandseite der Abstieg des Erleuchteten aus dem Tavatimsa-Himmel erkennbar. Dort hielt er sich der Legende nach eine Regenperiode auf, um den Göttern zu predigen.

Südgruppe

Eine schöne Fahrradtour führt am Westufer des Parakrama Samudra entlang bis zur südlichen Ruinengruppe, unweit der besten Hotels der Stadt. Wenig ist von dort gelegenen Kloster zu sehen außer die in vier Terrassen angelegten Fundamente des **Potgul Vihara**. Ob das Gebäude wirklich zu einer „Klosterbibliothek" gehörte wie der Name vermuten lässt, ist nicht sicher. Auf der dritten Terrasse sind noch die Reste von neun Zellen auszumachen, auf der obersten Terrasse jene eines runden Bauwerks mit einer heute zusammengefallenen Kuppel.

Viel Stoff für phantasiereiche Spekulationen bietet die aus einer nördlich gelegenen Granitfelswand geschlagene **Statue**. Manche sehen in ihr den König Parakramabahu mit einem Gesetzbuch in der Hand dargestellt. Der lange Bart und die eigentümliche Kopfbedeckung lassen ihn jedoch eher wie einen Asket (Rishi) oder Guru erscheinen, der ein Palmblattmanuskript in den Händen hält. Doch um welchen Gelehrten oder Einsiedler es sich dabei handeln könnte, ist wiederum unklar.

Übernachtung und Essen

UNTERE PREISKLASSE – *Anuja Holiday Resort*, innerhalb der „Sacred City", ✆ 027-2224021. Zum beliebten Mittagsrestaurant ist ein nettes kleines Gästehaus mit drei sauberen 2–4-Bett-Zi mit Bad hinzugekommen. Nette Familie, die nach wie vor zur Einkehr einlädt. Fahrradverleih für 250 Rs. ❶–❷

Hotel Darshani, Habarna Rd., ✆ 027-2223041. Wegen der Nähe zum Verkehrskreisel etwas laut, doch die 10 Zi mit Bad, 2 mit AC, sind einigermaßen sauber. Restaurant. ❶

Devi Tourist Home, Lake View Watte, New Town Rd., etwas hinter der katholischen Kirche, ✆ 027-2223181, ✉ 2223947. Nette Atmosphäre und ideal für Ruhe Suchende. Die 4 Zi mit Bad sind einfach, aber sauber. Auf Wunsch kocht die sympathische Muslim-Familie leckere Curry-Gerichte. Fahrrad- (200 Rs) und Mietwagenverleih. ❶

Hotel Gajabha, Kuruppu Garden, Lake Bund, ✆ 027-2222394, 2224091. Mit Abstand beliebteste Unterkunft und Traveller-Treffpunkt. Das liegt an der Lage unweit des Reservoirs, dem schönen Garten mit Restaurant sowie dem Umstand, dass hier die Fahrer umsonst parken und billig wohnen dürfen. Die insgesamt 23 Zi mit Bad, 12 davon mit AC und Warmwasser, sind sauber und geräumig, was etwas abgewohnt und daher überteuert. Die Curry-Gerichte sind im Gegensatz zum europäischen Essen recht schmackhaft. Auf die Menüpreise werden 10% Service-Charge und 15% MWSt. addiert. ❷

Jayaru Guest House, Circular Rd., ✆ 027-2222 633. 4 einfache Zi mit Bad für wenig Geld. Freundliche Familie. ❶

Vatadage, Nagaraja Wächterstein

Lake Inn, 1st Cannel Rd., ✆ 027-2222321. Die schlichten 3 dunklen Zi und das Gemeinschaftsbad lassen mönchische Gefühle aufkommen – ebenfalls beim Preis. Darüber kann man Freunden über den hauseigenen Internetanschluss (6 Rs/Min.) berichten. Freundliche Familie. ❶
Manel Guest House, New Town Rd., ✆ 027-2222 481. Bei den 5 geräumigen, wenn auch dekorarmen Zi mit Bad stimmt das Preis-Leistungs-Verhältnis. Das ordentliche Essen kann man sich auf der Veranda schmecken lassen. Fahrradverleih. ❶

Orchid Hotel, Habarna Rd., ✆ 027-2225253. An Orchideen denkt man nicht unbedingt bei den 10 angestaubten und karg eingerichteten Zi mit Bad. Angesichts des günstigen Preises aber akzeptabel. ❶

MITTLERE PREISKLASSE – *Polonnaruwa Rest House*, direkt am Stausee, ✆ 027-2222299, ✆ 2225834, 🖥 www.ceylonhotels.lk. Selbst Queen Elisabeth II. war angesichts des traumhaften Ausblicks *amused*, als sie 1954 in Zi Nr. 1 übernachtete. Wer heute im „Queens Room" logieren möchte, darf dafür US$90 hinblättern. Doch auch die anderen 9 Zi (Warmwasser-Bad, AC), mit Seeblick US$15 teurer, lassen bei Nicht-Royalen heimelige Gefühle aufkommen. Wer nicht dort wohnt, kann zum Sundowner unter Frangipani-Bäumen auf der Terrasse relaxen oder mittags das Curry-Buffet stürmen. ❹

Die folgenden drei Unterkünfte liegen etwa 2 km **südlich der Old City** am Stausee.
Hotel Seruwa, New Town, ✆ 027-2222411, ✆ 2222412. Hier besticht die ruhige Lage am See. Doch die 38 Zi mit Seeblick (Warmwasser-Bad, AC) sind etwas in die Jahre gekommen. Pool und gediegenes Restaurant runden das Angebot ab. ❸
Hotel Sudu Araliya, New Town, ✆ 027-2224849, ✆ 2224848, ✉ hotelaraliya@mail.ewisl.net. Bestes und familienfreundlichstes Hotel von Polonnaruwa mit 30 gemütlichen Zi (Warmwasser-Bad, AC). Der schöne große Garten grenzt direkt an den Stausee und bietet viel Auslauf. Die Gäste können sich im Pool (Außenstehende zahlen 100 Rs) oder im Ayurvedic Treatment Centre entspannen. Gutes Restaurant, coole Bar. ❹

The Village, New Town, ✆ 027-2222405, ✆ 2225100, ✉ villapol@sltnet.lk. Komfortable 36 Zi (Warmwasser-Bad, AC) rund um einen Hof mit kleinem Pool. Ruhig gelegen. ❸

Sonstiges

GELD – Banken finden sich in der Old Town, z. B. die *People's Bank* unweit des Verkehrskreisels, als auch in Kaduruwela. Dort verfügen *Hatton National Bank* und *Commercial Bank* über Geldautomaten.

INTERNET – *Sachira Communication Centre*, 70B Habarana Rd., nördlich des Verkehrskreisels, und *Internet New Lucky*, schräg gegenüber der Busbahnhofeinfahrt (etwa 20 m südlich) in Kaduruwela, ⏱ 7.30–21 Uhr.

MEDIZINISCHE VERSORGUNG – *General Hospital*, Main Rd., ✆ 027-2222261, 2222384.

POLIZEI – ✆ 027-2222222, 2222228.

Transport

MIETWAGEN – Entlang der Main Rd. östlich des Verkehrskreisels warten Taxis und Three-Wheeler auf Kundschaft. Wer nach Sigiriya weiterfahren möchte, das nur umständlich mit öffentlichen Verkehrsmitteln zu erreichen ist, muss für die einfache Strecke per Three-Wheeler etwa 1500 Rs einkalkulieren. Eine Rundtour Sigiriya-Dambulla und zurück kostet um 2000 Rs.

BUSSE – Der Busbahnhof befindet sich im Ortsteil Kaduruwela, etwa 3 km südöstlich des alten Stadtkerns an der A 11 nach Batticaloa. Obwohl die meisten Busse durch Polonnaruwa hindurchfahren, empfiehlt es sich dort zuzusteigen, um sich einen Platz zu sichern. Zwischen 8 und 16.45 Uhr fahren nahezu stündlich Busse nach KANDY (78 Rs, 140 km, ca. 3 1/2 Std.). Ebenfalls im Stundentakt verkehren von 8.30–16.20 Uhr Busse nach KURUNEGALA (122 km, 4 Std.). Die Abfahrtszeiten nach COLOMBO (114 Rs, 216 km, 6 Std.) sind: 7.35, 9.05, 10.05, 10.15, 11.45, 15.00, 17.15 und 19.15 Uhr. Busse nach ANURADHAPURA (101 km, 3 Std.)

fahren um 5.30, 8, 10.10, 10.50, 13.15, 13.45 und 14.45 Uhr ab. Nach Kandy und Colombo sind auch IC-Busse mit AC unterwegs.

EISENBAHN – Die zweite Königsstadt liegt an der Strecke Colombo-Batticaloa, etwa 30 km südöstlich der Gal Oya Junction, wo die Eisenbahntrasse nach Trincomalee abgeht. Der Bahnhof liegt nicht weit vom Busbahnhof in Kaduruwela.
Die Züge nach BATTICALOA fahren um 7.30 (Ankunft 10.45 Uhr), 12.40 (Ankunft 16 Uhr) und 15.12 (Ankunft 18.10 Uhr) ab.
In Richtung COLOMBO-FORT halten sie aus Batticaloa kommend um 8.14 und 23.30 Uhr.
Wer nach TRINCOMALEE reisen möchte, nimmt den Zug um 8.14 Uhr, steigt in Gal Oya (Ankunft 9.12 Uhr) aus und fährt mit dem 11.45 Uhr-Zug weiter (Ankunft 13.40 Uhr).

Die Umgebung von Polonnaruwa

Dimbulagala

Ein lohnenswertes Ausflugsziel ist der 16 km südöstlich von Polonnaruwa gelegene Höhenzug Dimbulagala. Die jagdfreudigen Briten nannten diese ehrwürdige Stätte respektlos „Gunners Quoin", Jägerstand. Für singhalesische Besucher ist er als uralte Einsiedelei von Bedeutung, glauben sie doch, dass Buddha selbst bei seinem Besuch einen Fußabdruck hinterlassen hat. Der in Ost-West-Richtung ausgestreckte bewaldete Bergrücken mit 545 m ü.M. an seinem höchsten Punkt war wahrscheinlich schon in den ersten christlichen Jahrhunderten ein populäres Rückzugsgebiet buddhistischer Einsiedler. Königliche Schenkungen können bis ins 4. Jh. zurückverfolgt werden. Im 12. Jh. waren die damals etwa 500 Mönche dafür bekannt, besonders streng die Mönchsdisziplin zu beachten, weshalb sie den Respekt und die Unterstützung des Königshauses erfuhren. Parakramabahu I. ersuchte die Hilfe des obersten Abtes Kassapa Mahathera, den korrupten Mönchsorden des Landes zu erneuern.

Heute können noch einige Reste der Einsiedeleien besucht werden. An der Nordwestseite des Berges befinden sich die Bauten eines modernen **Klosters**, nach dem großen Mönch des 12. Jhs. „Sri Maha Kasyapa Maha Pirivena" genannt. Dort zeigt eine fröhlich-bunt ausgestaltete Grotte naturnahe Darstellungen von Szenen aus dem Leben Buddhas, und in einem runden Pavillon sind geschnitzte Buddha-Figuren aus den 1990er Jahren versammelt.

Ein beschwerlicher Pfad führt etwas seitlich den Berg hinauf zum **Ashmalika Dagoba**. Er ist eigentlich nicht zu verfehlen, man muss nur dem Plastikmüll folgen. Oben sind neben der schönen Aussicht der Stupa und der verehrte Fußabdruck Buddhas von Interesse. Leider ist von dort der weitere Weg durch den Wald nicht ausgeschildert, sodass man eher zufällig auf die höchste Spitze und die weiter östlich gelegenen Einsiedeleien oder gar zu den Stupa-Resten unweit des **Namal Pokuna** stößt. Furchtlose können es auf eigene Faust versuchen – es gibt ja keine Tiger in Sri Lanka, und der Wald spendet Schatten (trotzdem Wasser mitnehmen!).

Wieder unten am Klosterparkplatz angelangt, kann man mit dem eigenen Fahrzeug noch etwa 3 km weiter östlich, vorbei am **Bogas Wewa** fahren, um die wenigen Reste von Malereien in **Pulligoda** zu besuchen. Vom Hinweisschild am Wegesrand sind es noch knapp 500 m bis zu der am Berghang liegenden Grotte. In erstaunlich leuchtenden Farben sind fünf Adoranten zu erkennen, die möglicherweise einer heute verschwundenen Buddha-Figur zugewandt waren.

Transport

Es empfiehlt sich, mit dem eigenen Fahrzeug anzureisen. Entlang der A 11 in Richtung Batticaloa muss man im Dorf Manampitiya gen Süden abbiegen. Dort ist der Dimbulagala-Höhenzug bereits zu sehen. Ein Halbtagsausflug dorthin einschließlich Wartezeit kostet mit dem Mietwagen etwa 1000 Rs bzw. 800 Rs mit Three-Wheeler.

Sigiriya

Die Felsenfestung Sigiriya ist wohl der spektakulärste Ort der Insel. Über 200 m ragt dieser Granitmonolith über der flachen Ebene hinaus und bietet von oben Ausblicke weit über das 18 km südlich gelegene Dambulla hinaus. Es empfiehlt sich unbedingt, entweder frühmorgens oder spätnachmittags die Festung zu besteigen, denn die zahllosen Treppenstufen sind schweißtreibend, und die Sonne brennt gnadenlos.

Geschichte

Der Ursprung der Felsenfestung ist Folge einer der größten innenpolitischen Krisen im ersten nachchristlichen Millennium. Und diese wiederum wurde von einem Familiendrama in Anuradhapura ausgelöst. Kassapa, Sprössling des Königs Dhatusena (reg. 455–473) aus der Verbindung mit einer Konkubine, riss im Jahr 473 zusammen mit dem militärischen Oberbefehlshaber, seinem Cousin Migara, den Thron an sich und ließ seinen Vater ermorden – laut Chronikberichten wurde er bei lebendigem Leib eingemauert. Daraufhin floh sein Halbbruder Moggallana ins südindische Reich der Pandya, wo der legitime Thronfolger eine Allianz zu organisieren versuchte. Aus Sicherheitsgründen ließ Kassapa auf dem uneinnehmbar erscheinenden Berg eine Feste errichten und nannte sie **Simha Giri**, „Löwenberg". Von dort aus vermochte er trotz starker Opposition zumindest Teile des Reiches über 18 Jahre lang zu kontrollieren. Bis es 491 Moggallana I. (reg. 491–508) endlich gelang, mit Unterstützung südindischer Söldner Kassapa zu vertreiben.

Eintritt

Die Besichtigung von Sigiriya, ⏲ 7–17.30 Uhr, ist im **Rundticket** des *Central Cultural Fund* eingeschlossen. Ein Einzelticket kostet **US$20** (Kinder von 6–12 Jahre: US$10) und ist an der Verkaufsstelle in der Nähe des Museums sowie im Rest House erhältlich. Um dem Besucheransturm zu entgehen, sollte man so früh wie möglich die Felsenfestung emporsteigen. Getränke werden zu überteuerten Preisen auf dem Plateau mit der Löwentreppe verkauft, weshalb es sinnvoll ist, genügend Wasser selbst mitzunehmen. Auch ein Sonnenschutz (am besten eine Mütze) ist nicht verkehrt. Insgesamt sind für den Auf- und Abstieg mindestens 2 1/2 Stunden einzukalkulieren.

Die letzte Schlacht Kassapas unweit von Habarana verlief dramatisch. An der Spitze seiner Truppe auf dem Rücken eines Elefanten reitend, wollte er Moggallanas Soldaten ausmanövrieren. Doch er landete in einem Sumpfgebiet, woraufhin seine Mannen in chaotischer Weise den Rückzug antraten. Angesichts seiner Chancenlosigkeit nahm er sich daraufhin das Leben.

Moggallana verlegte seinen Herrschersitz wieder nach Anuradhapura, und Sigiriya versank in der Bedeutungslosigkeit. In der Folgezeit war der Berg bis ins 13. Jh. Rückzugsgebiet für Mönche und im 16./17. Jh. unter den Königen von Kandy ein militärischer Außenposten. Danach geriet die Bergfestung in Vergessenheit. Erst als 1831 mit dem britischen Major Forbes erstmalig ein Vertreter der Kolonialregierung die Festung bestieg, drang dieser außergewöhnliche Ort wieder in das Bewusstsein der Öffentlichkeit. 1895 begannen unter dem Chef-Archäologen H. C. P. Bell die ersten Restaurierungsarbeiten. Sie wurden in den folgenden Jahrzehnten fortgesetzt und dauern bis heute an.

Besichtigung

Sigiriya war nicht nur eine Bergfeste, sondern eine Metropole, die sich in rechteckiger Form östlich des Felsens auf 90 ha und westlich davon auf 40 ha ausbreitete. Die befestigte 15 ha große Zitadelle in der Mitte war von zwei Wassergräben und drei Wallanlagen umgeben, die heute noch teilweise existieren. Auf der Innenseite maß sie 900 x 800 m. Vor dem heutigen Zugang zur einstigen Zitadelle befindet sich ein verstaubtes **Museum**, ⏲ tgl. außer Di 8–17 Uhr, das wenig spannende Exponate birgt, darunter Skulpturen und Reliefs aus Terrakotta.

Königliche Gärten

Auf der Westseite des Felsens – von dort kommen die meisten Besucher – befindet sich der ausgedehnte **Lustgarten**. Die symmetrisch angelegte Parkanlage mit den Wasserspielen wurde bisher nur auf der Südseite restauriert. Raffiniert leiteten die Ingenieure das Wasser über unterirdische Kanäle vom Felsen zu den Gärten. Auf zwei von jeweils einem Wassergraben umgebenen Inseln befanden sich die heute nicht mehr vorhandenen „kühlenden Palais" (singh. *sitala maliga*). Am Fuß des Berges

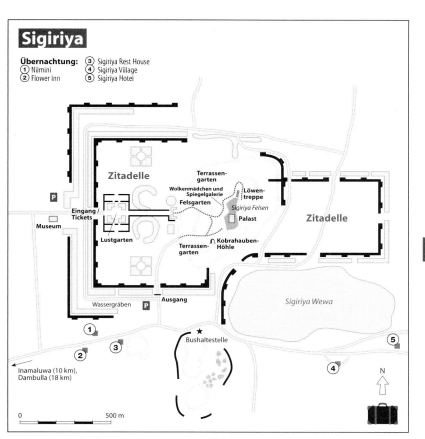

liegt der **Felsgarten** mit einigen markanten Granitblöcken, die auf ihrer Spitze Pavillons trugen: der einer Steinwanne ähnelnde Zisternenfels, der Predigtfels oder der oben abgeflachte Fels der Audienz, in welchen ein 5 m langer Thron herausgearbeitet wurde. Als Übergang zur Bergfeste wurde der stufenförmige **Terrassengarten** angelegt.

Nach dem Abstieg passiert man auf dem Weg in Richtung Parkplatz die **Kobrahauben-Höhle**. Sie trägt ihren Namen, weil über der Grotte der Fels wie eine aufgerichtete Kobraschlange geformt ist. Brahmi-Inschriften datieren ins 3. Jh. v. Chr. und berichten von einer Schenkung eines Mannes namens Naguli an einen Mönch. Von Einsiedlern bewohnt war sie wohl auch 800 Jahre später, wie Reste von Felsmalereien vermuten lassen.

Wolkenmädchen und Spiegelgalerie

Auf etwa halber Höhe gelangt man über eine eiserne Wendeltreppe zu einem Felseinschnitt mit den berühmtesten Wandmalereien Sri Lankas, den **Wolkenmädchen**. Sie stammen aus dem 5. Jh. und sind heute durch ein Gitter nach außen hin abgeschirmt. Man ist über die nach 1500 Jahren immer noch leuchtenden Farben überrascht. Die aus Pflanzen- und Erdpigmenten hergestellten Farben – vorwiegend rot, gelb und grün – wurden auf eine aus Harzen und Kalk bestehende trockene

Putzschicht (Secco-Technik) aufgetragen. Kunsthistoriker sehen trotz stilistischer Parallelen mit den Höhlenmalereien im indischen Ajanta eine eigenständige srilankische Maltradition. Doch Fragen bleiben: Wie kamen die Künstler dazu, sie in einer solch dramatischen Lage zu malen? Wen stellen die barbusigen Schönheiten dar? Viel spricht dafür, dass es sich bei ihnen um die in der süd- und südostasiatischen Kunst populären **Apsaras** handelt, also um himmlische Gespielinnen der Götter, die sie mit Musik, Gesang und Sex unterhalten. Der srilankische Archäologe Paranavitana interpretierte die helleren Gestalten als Gewitterprinzessinnen *(vijju kumari)* und die dunkleren als Wolkenmädchen *(meghalata)*. Folgt man diesen Deutungen, so symbolisiert die Felsenfeste Sigiriya als Ganzes einen himmlischen Palast. Ursprünglich waren etwa 500 Frauenportraits an einen 100 m langen Wandabschnitt gemalt. Heute sind nur noch 22 erhalten – leider.

Die Wolkenmädchen beflügelten bereits die Phantasie früherer Besucher. In der vorgelagerten **Spiegelgalerie**, welche nach außen durch eine 3 m hohe Mauer abgeschirmt ist, konnten Forscher über 800 in die spiegelglatte Wand geritzte Graffitis aus der Zeit zwischen dem 6. und 14. Jh. identifizieren. Darin versuchten die meisten Betrachter, ihre Erregung in poetische Worte zu fassen. So schreibt einer: „Ihre Körper erstrahlen wie der Mond, wandernd im kühlen Wind". An anderer Stelle heißt es unverblümter: „Frauen euresgleichen lassen die Herzen der Männer zerfließen und ihre Körper erbeben. Ihre Haare stehen zu Berge, bis in die Spitzen voller Verlangen." Die Graffitis können als die ältesten Zeugnisse profaner Dichtkunst gelten.

Plateau mit der Löwentreppe

Der Aufstieg zur eigentlichen Bergfeste liegt auf der Nordseite. Über eine Treppe gelangt man zuerst zu einem Plateau, auf dem sich die Ruinen nicht identifizierter Gebäude befinden. Gut erhalten sind nach der Restaurierung jedoch die kolossalen „Löwenpranken", die den Treppenaufgang flankieren. Sie sind das einzige, was von dem ursprünglich etwa 14 m großen Löwen übrig geblieben ist, den Kassapa als Hauptaufgang zu seinem Palast an die Nordwand des Monoliths bauen ließ. Damit spielte der Usurpator sicherlich auf die legendäre Herkunft der Singhalesen an und drückte zugleich seinen Herrschaftsanspruch aus. Wer nicht bei den Wolkenmädchen ins Schwitzen kam, wird dies spätestens bei dem folgende Aufstieg auf die obere Ebene tun. Die in den steilen Fels geschlagenen Treppen und Steigen erfordern etwas Schwindelfreiheit und Ausdauer, auch wenn sie durch Geländer gut gesichert sind.

Palast

Die älteste existierende Palastanlage Sri Lankas auf dem 1,5 ha großen schräg ansteigenden Bergplateau (366 m ü. M.) ist eindruckvoll genug, auch wenn alle Gebäude verschwunden und nur noch Fundamentreste zu sehen sind. Sie war in drei Teile unterteilt: der Untere Palast an der Ostseite des Plateaus, der Obere Palast an der Westseite und die Königlichen Gärten an der Südseite. Alle drei Bereiche grenzten an das 27 x 21 m große Wasserbecken an, das aus dem Fels geschlagen wurde und heute noch mit Wasser gefüllt ist. Herrliche Ausblicke entschädigen die Mühen des Aufstiegs wie z. B. in Richtung Norden auf die benachbarte Erhebung, den Pidurangala, wo sich noch die Reste eines Klosters befinden. Sehr gut kann man auch von oben die Struktur der Königlichen Gärten betrachten.

Übernachtung

In unmittelbarer Nähe von Sigiriya befinden sich eine Reihe von Unterkünften unterschiedlicher Qualität. Wer früh die Bergfestung besuchen möchte, sollte bereits am Vorabend anreisen.

Flower Inn, ✆ 066-8753682. Liegt von der Hauptstraße etwas zurückversetzt. Die nette Familie ist sehr bemüht und serviert auf Bestellung schmackhafte Curry-Gerichte. Die 3 Zi mit Bad sind klein, aber hell und sauber. Eine gute Wahl für wenig Geld. ❶

Nilmini, ✆ 066-2233313. Insgesamt 5 komfortlose Zi, davon 2 mit Gemeinschaftsbad. Kostenloser Fahrradverleih. ❶

Sigiriya Hotel, ✆ 066-2231812, ✉ 2284811, 🖥 www.serendibleisure.com. Liegt in der Nähe des Sigiriya Wewa. Die 80 Bungalow-Zi (Warmwasser-Bad, AC) sind sauber und komfortabel. Traumausblicke auf den Felsen bieten sich vom Swimmingpool (Nichtgäste zahlen 250 Rs) und vom guten Restaurant aus. Für Entspannung sorgen die King Kassapa Bar und das Ayurvedic Health Center. ❺–❻

Sigiriya Rest House, ✆/☏ 066-2231899, 🖳 www.ceylonhotels.lk. Schon die Lage ist das Geld wert. Das häufig ausgebuchte Haus liegt nur wenige hundert Meter von der Felsenfeste entfernt, 17 freundliche Zi mit Warmwasser-Bad. Die AC-Räume kosten derzeit US$50. Nettes Restaurant, allerdings nicht billig. ❸–❹

Sigiriya Village, ✆ 066-2231803, ☏ 2231805, ✉ hotel.svhl@lanka.ccom.lk, 🖳 www.sigiriyavillage.lk. Top-Resort in Nachbarschaft zum *Sigiriya Hotel* mit 120 elegant gestalteten Zi in drei Kategorien. Schöne Lage mit verschiedenen Ausblicken auf den Fels. Großer Pool. Ayurveda Center und Gartenanlage laden zum Verweilen ein. ❻

Einige Unterkünfte liegen **in der weiteren Umgebung** und sind am besten mit dem eigenen Fahrzeug zu erreichen.

Grand Tourist Holiday Resort, Sigiriya Rd., etwa 6 km von Sigiriya entfernt. Geräumige Zi mit Warmwasser-Bad, die ihr Geld wert sind. Gemütlicher Garten und rühriger Eigentümer. ❶

Inamaluwa Inn, Sigiriya Rd., Inamaluwa, ✆ 066-2284533. Liegt etwa 8 km von Sigiriya entfernt an der von der A 9 abgehenden Straße zur Felsenfestung. Die 10 Zi mit Bad sind sauber und freundlich. ❶–❷

Eden Garden, Sigiriya Rd., Inamaluwa, ✆ 066-2284635. Etwa 100 m von der Kreuzung entfernt. Hinter der nicht gerade attraktiven Hausfassade verbergen sich 25 gemütliche Zi (Warmwasser-Bad, Ventilator oder AC), teilweise mit Balkon. Schöner Garten, der wohl zum Hotelnamen inspiriert hat. Pool, den Nichtgäste für 150 Rs benützen dürfen. Insgesamt aber etwas überteuert. ❸

The Teak Forest, etwa 11 km von Sigiriya entfernt im Dorf Audangawa. Nur mit eigenem Fahrzeug zu erreichen. Buchung über *Jetwing Eco Holidays*, ✆ 011-2381201, ☏ 2441289, ✉ eco@jetwing.lk, 🖳 www.jetwingeco.com. Das Richtige für Öko-Freaks. 5 Bungalow-Hütten mit Warmwasser-Bad aus Teak verteilen sich in einem Teakbaum-Hain. In unmittelbarer Nähe liegt der Audangawa Wewa mit einer reichen Vogel-fauna. Schöner Blick auf Sigiriya und Pidurangala. Halbpension US$50. ❹

Vil Uyana, etwa 10 km westlich von Sigiriya. Buchung unter ✆ 011-2345700, 🖳 www.jetwing.net. Neue Edel-Lodge inmitten von Reisfeldern mit 24 Bungalow-Einheiten. Von der renommierten Jetwing-Gruppe für Wildlife-Enthusiasten konzipiert. ❻

Sonstiges

GESUNDHEIT – Das *Health & Beauty Culture Resort* im Dorf Audangawa an der A 6 (Habarana–Dambulla), ✆ 077-6202720, ⏲ tgl. 8.30–20 Uhr, bietet Dampfbäder und Massagen (2100 Rs für 1 1/2 Std.).

ÖKO-TOURISMUS – Das *Centre for Eco-cultural Studies* (CES) unterhält ein Informationszentrum an der Straße südlich des Sigiriya Wewa. Dort können „Jumbo-Safaris" nach Minneriya und Kaudulla oder Öko-Touren rund um den Sigiriya Wewa gebucht werden. 25% des Profits gehen in Dorfentwicklungsprojekte und 75% in die Forschungsaktivitäten von CES. Infos unter ✆ 078-8753710, ✉ centeco@sltnet.lk, 🖳 www.cessrilanka.org.

Transport

Direktbusse fahren ab 7 Uhr etwa alle halbe Stunde (ab Mittag unregelmäßiger) zwischen Sigiriya und Dambulla (etwa 3/4 Std., 12 Rs). Wer mit dem Bus von Anuradhapura, Habarana oder Polonnaruwa kommt, muss in Inamaluwa aussteigen und dort auf den Bus aus Dambulla warten. Mit dem **Three-Wheeler** kostet die Fahrt von Dambulla (18 km) etwa 300 Rs, von Habarana etwa 400 Rs und von Polonnaruwa etwa 1500 Rs.

Dambulla

Das geschäftige Städtchen ist als Verkehrsknotenpunkt und Umschlagplatz für Gemüse von Bedeutung, das dank eines ausgefeilten Bewässerungssystems in der Region vermehrt angebaut wird. Hier treffen die A 9 (Kandy–Jaffna) und die A 6 (Kurunegala–Trincomalee) aufeinander. Entsprechend finden sich dort auch Banken und zahlreiche Unterkünfte. Letztere sind jedoch auch wegen der berühmten Höhlentempel vorhanden. Außer ihnen lädt der Ort nicht zu längerem Verweilen ein und kann auch im Rahmen von Tagestrips von Kandy, Sigiriya oder Polonnaruwa aus besucht werden.

Höhlentempel

Die Höhlentempel des Dambulla Raja Maha Vihara liegen im südlichen Teil der Ortschaft an einem felsigen Bergrücken (341 m ü. M.), der sich knapp 200 m über die umliegende Ebene erhebt. Das unter den Singhalesen auch als **Rangiri Vihara**, "Goldenes Kloster", bekannte Heiligtum blickt auf eine über 2000jährige Geschichte zurück. Während einer Tamilen-Invasion im 1. Jh. v. Chr. floh König Vattagamani Abhaya aus Anuradhapura nach Dambulla. Nach seiner erfolgreichen Rückkehr in die Königsstadt, 14 Jahre später, wandelte er sein temporäres Exil in ein Kloster um. Seitdem lebten in den Höhlen unter dem Schutz der Könige Einsiedlermönche. Brahmi-Inschriften datieren ins 1. Jh. v. Chr. und geben Hinweise auf Schenkungen, u. a. durch Nonnen.

Im Laufe der Zeit ließen die Herrscher immer wieder die Höhlen renovieren und mit neuen Buddha-Figuren versehen. So auch König Nissanka Malla (reg. 1187–96), der laut Inschrift "die liegenden, sitzenden und stehenden Statuen in den Höhlen Dambullas vergolden und ihnen zu Ehren einen Puja im Wert von 700 000 Goldstücken abhalten ließ (...) und ihnen den Namen Swarna Giriguhave (Goldene Felshöhle) gab". Aus diesem Grund errichtete man eine Statue zu seinen Ehren. Die Schenkungen gingen auch unter den Königen von Kandy weiter, wie z. B. unter Kirti Sri Rajasimha (reg. 1747–82), der die Ausgestaltung der Grotte Nr. 3. (Maha Aluth Vihara) veranlasste.

In den letzten Jahrzehnten wurden sowohl die Grotten als auch das dazugehörige Kloster am Fuß des Felsrückens unter Führung des regen Mönches Inamaluwe Sri Sumangala Thero grundlegend restauriert – nicht unbedingt nach jedermanns Geschmack. So ist der fast 30 m hohe goldfarbene Buddha zwar mächtig, aber nicht schön. Das Kloster versteht sich als Speerspitze eines modernen Buddhismus. Zu seinen Einrichtungen gehören eine Schule, eine Ausbildungsstätte für Mönche, Internet-Service und ein **Buddha Museum**, ◴ 7.30–23.30 Uhr, Eintritt 100 Rs.

Geschichte schrieb der Dambulla Raja Maha Vihara, als in seinen Mauern am 12. März 1998 nach fast einem Millennium erstmalig wieder in Sri Lanka Nonnenordinationen durchgeführt wurden. In einer feierlichen Zeremonie verpflichteten sich 22 Samaneris (Novizinnen) auf die von Buddha vorgelegten 311 Nonnenregeln. In einem Ausbildungszentrum im 8 km entfernen Kalundewa werden die Mitglieder des *Bhikkhuni Sasana Mandalaya* in Meditationstechniken, Englisch und der buddhistischen Lehre unterrichtet. Am Tag vor dem Vesak Poya, dem höchsten buddhistischen Feiertag am Vollmond im April/Mai, wird das **Rangiri Dambulla Maha Perahera** zelebriert. Wie bei Peraheras üblich zieht dazu eine Prozession mit Elefanten durch die Straßen.

Für den Besuch der Höhlen wird ein Eintritt von 500 Rs erhoben. Es gilt **nicht** das Rundticket des CCF. Fotografieren ist zwar erlaubt, doch sollte man wegen der Malereien im Inneren nicht blitzen!

Grotte Nr. 1 – Devaraja Viharaya

In dieser recht beengten ersten Grotte ist eine 15 m lange liegende Figur des Erleuchteten im Parinirvana zu finden. Zu seinen Füßen wacht der langjährige Schüler Ananda. Der Name Devaraja ("König der Götter") bezieht sich wahrscheinlich auf Vishnu, dessen Statue sich neben sitzenden Buddha-Figuren am Kopfende des Liegenden befindet und dem außerhalb der Grotte ein Devale gewidmet ist. Der Legende nach soll dieser Hindu-Gott bei der Schaffung der Höhlen mitgeholfen haben.

Grotte Nr. 2 – Maharaja Viharaya

Mit etwa 37 m Länge, 23 m Tiefe und bis zu 7 m Höhe ist die Grotte Nr. 2 die größte und interessanteste. Ihren Namen "Großer König" erhielt sie wohl aufgrund der Standbilder der Monarchen Nissanka Malla und Vattagamani Abhaya. Dominiert wird der Raum von annähernd 60 lebensgroßen Statuen – vorwiegend des Erleuchteten – sowie einen Stupa, um den sich wiederum 10 sitzende Buddha-Darstellungen gruppieren. Zudem sind Sri Lankas Schutzgottheiten Nata, Upulvan, Kataragama und der zukünftige Buddha Maitreya zu finden.

Am beindruckendsten sind jedoch die Wandmalereien, die Decke und Wände ausfüllen. Wahrscheinlich sind sie in der zweiten Hälfte des 18. Jhs. auf ältere Malereien aufgetragen worden. Sie stellen auf der linken Seite Jataka-Geschichten und Szenen aus dem Leben Buddhas sowie rechts zentrale Ereignisse des frühen srilankischen Buddhismus dar. In der rechten Ecke der Grotte sammelt ein Behälter das Kondenswasser, dem Gläubige heilende Funktion zuschreiben.

Grotte Nr. 3 – Maha Aluth Viharaya

Den „Großen Neuen Tempel" gestalteten Künstler auf Initiative von Mönchen aus Kandy in den 1770er Jahren während der Regentschaft Kirti Sri Rajasimhas aus. Zwei Eingänge mit als Torbogen gestalteten krokodilartigen Wesen (Makara Torana) führen ins Innere. Der Tradition seiner Vorgänger folgend wurde vom stämmigen vollbärtigen Stifterkönig auf der rechten Seite der Grotte eine Statue angefertigt. Ansonsten ist der 27 m lange und 25 m tiefe Raum mit einem liegenden, 15 sitzenden und 42 stehenden Buddha-Figuren ausgefüllt. Zudem schmückten Maler die Decke mit zahllosen Figuren des Erleuchten aus.

Grotte Nr. 4 – Pachima Viharaya

Nur eine Zwischenwand trennt diese 16 m lange „Westliche Grotte" vom Maha Aluth Viharaya. In ihr ragt eine sitzende Buddha-Figur in meditierender Haltung, eingerahmt von einem Makara Torana heraus. Im Glauben, die Kronjuwelen von Somawathie zu entdecken, beschädigten Diebe vor geraumer Zeit den Stupa. Der Tradition nach soll er die sterblichen Überreste der ersten Königin von Vattagamani Abhaya enthalten.

Grotte Nr. 5 – Deveni Aluth Viharaya

Diese jüngste Grotte war ursprünglich ein Lagerraum und erfuhr eine grundlegende Renovierung im Jahr 1915. Der „Zweite Neue Tempel" enthält 11 Figuren des Erleuchteten, darunter einen großen liegenden Buddha. Als ihre „Aufpasser" ließen Gläubige zudem Figuren von Vishnu, Kataragama und einer lokalen Gottheit namens Devata Bandara aufstellen. Manche mögen die Buddha gefüllten Grotten als kitschig empfinden, nichtsdestotrotz sind sie Zeugen einer über 2000 Jahre währenden Religiosität. Aufgrund dieser spirituellen und historischen Bedeutung verlieh die UNESCO 1991 den Höhlentempeln Welterbestatus.

Übernachtung und Essen

Chamara Guest House, Kandy Rd., ✆ 066-2284 488. Eine gute Wahl: freundlicher Eigentümer, nette 8 Zi mit Bad, ruhige Lage, ein Steinwurf vom Tempel entfernt, schmackhaftes Essen. ❶

Dambulla Rest House, Anuradhapura Rd., ✆ 066-2284799. Die 4 dunklen Zi (Bad, Ventilator) sind o. k., aber etwas überteuert. Dafür stimmt wie häufig bei den Rest Houses die Lage. ❷

Gimanhala Transit Hotel, Anuradhapura Rd., 066-2284864, 2284817, gimanhala@sltnet.lk. Sympathisches Hotel am Nordende von Dambulla mit 17 sauberen Zi (Bad mit Warmwasser, AC). Netter Pool (Nichtgäste 150 Rs), gemütliches Restaurant und kostenloser Mountainbike-Verleih. ❸–❹

Palvehera Village, 066-2284281. Etwa 3 km nördlich von Dambulla, unweit der Abzweigung nach Habarana gelegen. Die 16 Zi (Warmwasser-Bad, Ventilator oder AC) sind freundlich und sauber. 500 Rs AC-Zuschlag. Bei Touristengruppen beliebtes Restaurant mit schmackhaften, wenn auch abgemilderten Curry-Gerichten. ❷–❸

Kandalama – Luxus in Grün

Es war eine der größten beruflichen Herausforderungen von Rani de Silva. Mitten in das ökologisch sensible Gebiet um das Kandalama Reservoir zwischen Dambulla und Sigiriya sollte der Projektmanager der Aitken Spence-Hotelgruppe ein Luxushotel errichten. Der Protest war vorprogrammiert. Die Bewohner des nahe gelegenen Kandalama-Dorfes waren dagegen, befürchteten sie doch die Verschmutzung des fischreichen Reservoirs. Umweltgruppen warnten vor dem drohenden Öko-Desaster; selbst Politiker und ausländische Touristikunternehmen schlossen sich der Kritikerfront an. Doch de Silva ließ sich nicht beirren. Mehrere Monate lebte er im Dorf und versuchte die Bewohner umzustimmen, indem er ihre Besorgnisse Ernst nahm und ihnen Jobs versprach. Mit Erfolg. Nach Plänen des renommierten srilankischen Architekten Geoffrey Bawa wurde der Bau in 22 Monaten unter hohen Umweltauflagen hochgezogen – Bäume wurden umgepflanzt und abgestorbene durch neue ersetzt. Im Juni 1994 war der 162-Betten-Komplex fertig.

Heute ist das Kandalama eines der profitabelsten der Hotelgruppe und in seiner Kategorie eines der umweltfreundlichsten Sri Lankas. Alle Arbeitsabläufe unterliegen dem „3-R-Prinzip" (reuse, reduce, recyle) – wiederverwenden, reduzieren, wiederverwerten – und werden zweimal jährlich von zehn nach Themenschwerpunkten gebildeten Umweltkomitees überprüft. Dort sind nach dem Motto „Umwelt geht jeden etwas an" vom Direktor bis zum Rezeptionisten alle Hotelabteilungen vertreten. Müll soll keine Kosten verursachen, sondern nach Möglichkeit Gewinn bringen, weshalb er nach der Kompostierung im hauseigenen Klärwerk an die Bauern verkauft wird. Diese erhalten zudem die Essensabfälle als Tierfutter. Durch Erziehungsprogramme will man auch die Bewohner in der Umgebung zu nachhaltigem Wirtschaften anhalten. Dazu wurde ein Verbund von fast 40 Schulen gebildet, in denen die Kinder durch Seminare und Aktivitäten in der Natur zu umweltfreundlichem Verhalten erzogen werden sollen. Ein Fünftel des Profits wird für Entwicklungsprojekte und Bildungsprogramme in den Dörfern aufgewendet. Um der Abwanderung der Jugend in die Städte entgegen zu wirken, wird ein hoher Anteil der Angestellten (derzeit weit über ein Drittel) aus den Bewohnern der Region rekrutiert.

Doch auch die Hausgäste sollen zu umweltfreundlichem Verhalten angehalten werden. Dazu dient der 1998 etablierte Ökopark, in welchem u. a. die Prinzipien der Kläranlage und des Recyclingsystems erläutert werden. Als eine der größten Herausforderungen gilt der hohe Stromverbrauch – vorwiegend wegen der Klimaanlagen. Dem will das Management durch Energieeinsparung und die Nutzung von Sonnenenergie entgegenwirken. Nach dem Motto „Green the Chain" sollen auch die anderen 11 Hotels von Aitken Spence dem Vorbild von Kandalama folgen. Ob das gelingt, liegt vor allem an der Motivation und Qualifizierung der Angestellten. Mit ihnen, so der heutige Umweltmanager Rani de Silva, steht und fällt nun mal die Qualität eines jeden Hotels. Die Bemühungen wurden durch mehrfache Auszeichnungen belohnt, u. a. mit dem „Green Globe 21"-Award. Zudem ist das Kandalama nach dem Umweltmanagementsystem ISO 14001 zertifiziert.

Martin H. Petrich

Samans's Restaurant, Matale Rd., ✆ 066-2284
412. Der emsige Eigentümer macht sein Geld vor allem wegen seines Restaurants, das mittags von Touristengruppen angesteuert wird. Doch auch die 8 Zi mit Bad im hinteren Gebäudebereich können sich sehen lassen. ❶

Sena Tourist Inn, Matale Rd., ✆ 066-2284421. Die 6 Zi mit Bad sind das Richtige für Bedürfnislose. ❶

The Oasis Welfare Centre, Matale Rd., ✆ 066-2284388. Mit dem Spruch „For all your needs and problems" lockt das einfache Gästehaus gegenüber dem Dambulla Raja Maha Vihara die Kunden. Nett wäre es, die Inhaber würden sich etwas mehr um die „needs" der 5 Zi (ohne Bad) kümmern. Immerhin gehört das Gästehaus zu den günstigsten von Dambulla. ❶

Nordöstlich von Dambula liegen rund um das **Kandalama Wewa** einige weitere Unterkünfte, darunter mit dem Kandalama eines der erstklassigsten Hotels der Insel.

Little Dream Travellers' Resort, 8 km nordöstlich von Dambulla. Am Ufer des Reservoirs gelegene Unterkunft mit sauberen sympathischen Zi mit Bad. Der richtige Ort zum Ausspannen. Mit dem Three-Wheeler kostet eine Fahrt vom Höhlentempel etwa 100 Rs. ❶

Amaya Lake, knapp 10 km nordöstlich von Dambulla, am Kandalama Wewa, ✆ 066-4468100, ✉ 2231932, 🖳 www.amayaresorts.com. Weitläufige 12 ha große Anlage mit 92 luxuriösen Chalets (Bad mit Warmwasser, AC). „Ökos" können nun auch in einem der 11 Eco-Lodges übernachten, die mit traditionellen Materialien errichtet wurden und deren Wasser mit Solarenergie erhitzt wird. Ein vielfältiges Angebot lädt zum Verweilen ein: 1 Swimmingpool, 2 Restaurants, 3 Bars, Vogelbeobachten, Joggen, Ayurvedic Health Center. ❻

Kandalama Hotel, ✆ 066-2284100, ✉ 2284109, 🖳 www.aitkenspencehotels.com. Vereint in seinen 162 Zi (Bad, AC) Luxus mit Umweltschutz. Vor einem Bergzug am Ufer des Kandalama Wewa errichtet, lässt es mit seinen 3 Pools, 3 Restaurants, 2 Bars und Health Center kaum Wünsche offen. Die Gäste können aus einer Vielzahl von Angeboten wählen, darunter Vogelbeobachtung, Elefantenreiten, Trekking, Fahrradfahren und den Besuch des Ökoparks. S. auch Kasten. ❻

Sonstiges

INTERNET – *Golden Temple Internet and E-Mail Service*, Dambulla Raja Maha Vihara, 5 Rs/Min.

Transport

Die Verkehrsanbindung Dambullas ist gut, da hier die A 6 (Colombo–Kurunegala–Trincomalee) und die A 9 (Kandy–Jaffna) aufeinandertreffen. Folglich halten alle **Busse** von Kandy in Richtung Norden und Colombo in Richtung Nordosten bzw. umgekehrt in Dambulla.
Mindestens stdl. fahren Busse ins 66 km entfernte POLONNARUWA (1 1/2 Std.), nach KANDY (72 km, 2 Std.) und nach ANURADHAPURA (66 km, 2 Std.). Halbstündlich passieren CTB-Busse aus Colombo kommend (148 km, gute 4 Std.) den Ort. Zudem starten tagsüber im 30-Minuten-Takt Busse nach SIGIRIYA (18 km, knapp 45 Min.). Der nächste **Bahnhof** liegt im 23 km nördlich gelegenen Habarana.
Auf dem Gelände des Gimanhala Transit Hotels befindet sich ein Büro von *Sri Lankan Airlines*, ✆ 066-2285444, ⌚ Mo–Fr 8.30–17 Uhr.

Nalanda

Auf etwa halbem Wege zwischen Dambulla und Matale liegen unweit der A 9 die selten besuchten Ruinen des buddhistischen Nalanda-Klosters. Weniger aufgrund seiner Größe, ist es vor allem wegen der architektonischen Ähnlichkeiten mit den Hindu-Tempeln aus dem 7. Jh. im südindische Mahabalipuram von Bedeutung. Um den Nalanda nicht in den Fluten des Mahaveli-Bewässerungssystems untergehen zu lassen, wurden die Ruinen in den 1970/80er Jahren abgebaut und an gleicher, aber erhöhter Stelle rekonstruiert.

Der ins 8.–10. Jh. datierte Klosterkomplex besteht aus einem Gedige (Statuenhaus) und einem Stupa. Von besonderem Reiz ist der **Gedige**, vermischt doch seine Architektur in origineller Weise hinduistische und buddhistische Elemente. Der auf einer Ost-West-Achse ausgerichtete Bau ist von einer Mauer umgeben und besteht aus dem Sanktuarium mit Vorbau. Während vom Vorbau nur noch die verzierten Säulenreihen vorhanden sind, konnte das Sanktuarium nahezu komplett wiederhergestellt werden. Das karg gehaltene Innere des 9 m hohen Tempelturms dominierten ursprünglich drei stehende Buddha-Figuren, von denen jedoch nur noch die mittlere erhalten geblieben ist. An der rechten Seite des halbrunden Daches ist eine sitzende Figur auszumachen, bei der es sich vermutlich um den Hindu-Gott des Reichtums, Kubera, handelt. Während die Außenseite u. a. ein verwittertes Relief mit wilder Sexszene ziert, geht es über dem Eingang zum Sanktuarium keuscher zu: auf dem dortigen Türsturz reihen sich zwischen Schreinen meditierende Buddhas nebeneinander. Vom benachbarten **Stupa** – er ruht auf einer quadratischen Plattform (13,7 x 13,7 m) aus Kalkstein – sind nur noch wenige Reste vorhanden.

Der Eintritt zur Anlage beträgt US$5 (Kinder von 6–12 Jahre: US$2,50). Es gilt das CCF-Rundticket, welches jedoch vor Ort nicht erworben werden kann.

Übernachtung

Nalanda Rest House, an der Dambulla-Matale-Rd., ✆ 066-2246199. Hinter den Fassaden eines gemütlichen Kolonialbaus verbergen sich 5 einfache, aber saubere Zi mit Bad. Schöner Garten. ❶
Country Side Hotel, an der Dambulla-Matale-Rd., ✆ 066-2246241. Mitten im Gewürzgarten des „Island Spice Grove 125" liegen 16 Cabanas mit ebenso vielen gemütlichen Zi (Bad mit Warmwasser, Ventilator). Nettes Restaurant. ❶–❷

Transport

Alle zwischen Dambulla und Matale oder Kandy verkehrenden **CTB-Busse** halten nach Bedarf in Nalanda. Die Fahrt von Matale (25 km) bzw. Dambulla (20 km) dauert etwa 40 Min. (12 bzw. 10 Rs). Die Ruinen liegen 1,2 km östlich der A 9. Die Abzweigung ist unweit des Kilometersteins 49.

Matale

Diese mittelgroße Stadt liegt inmitten einer Hügellandschaft mit üppiger Vegetation auf etwa 300 m Meereshöhe. Wegen des angenehmen Klimas und des fruchtbaren Bodens haben sich in der Umgebung zahlreiche **Gewürzgärten** angesiedelt. Sie sind ein beliebter Stopp der Touristenbusse auf ihrem Weg ins nur 26 km entfernte Kandy. Hauptattraktion von Matale ist jedoch das im nördlichen Außenbezirk gelegene Höhlenkloster **Aluvihara**. Wer etwas Zeit hat, kann den 100 m nördlich des Busbahnhofs gelegenen **Sri Muthumariamman Thevasthanan** besuchen. Dieser Hindu-Tempel (Eintritt 100 Rs) ist vor allem zu den Pujazeiten um 6.30, 11.45, 17 und um 19.45 Uhr interessant, wenn zum Klang der Trommeln und Hörner in einer feierlichen Prozession die Hindu-Statuen vor das Sanktuarium getragen werden. Nach Zerstörungen während der anti-tamilischen Unruhen im Juli 1983 wurde er umfassend modernisiert. Auf dem weitläufigen Gelände stehen, von Gebäuden geschützt, fünf große Prozessionswagen, welche zum alljährlichen Tempelfest durch die Straßen gezogen werden.

Aluvihara

Die Bedeutung des Höhlenklosters Aluvihara (von *aloka lena*, „leuchtende Höhle") für den Theravada-Buddhismus kann nicht hoch genug eingeschätzt werden, war es doch dort, wo der **Palikanon** (s. S. 106) nach über 400 Jahren mündlicher Überlieferung erstmalig schriftlich niedergelegt wurde. „Als sie sahen, dass die Menschen sich immer weiter von der Lehre entfernten, kamen die Mönche zusammen und, damit die wahre Lehre weiterbestehen bliebe, schrieben sie sie in Bücher auf", heißt es dazu im Mahavamsa. Dies geschah zur Zeit des Königs Vattagamani Abhaya (reg. 103 u. 89–77 v. Chr.), der infolge einer Tamilen-Invasion aus Anuradhapura nach Dambulla geflohen war. Etwa 500 Mönche versammelten sich im Schutz der Höhle zum Vierten Buddhistischen Konzil, um doktrinäre Unstimmigkeiten zu diskutieren. Anschließend schrieben sie den Text auf Ola-Blättern auf, wozu sie der Tradition zufolge 7 Monate benötigten. Im 5. Jh. hielt sich in Aluvihara auch der vermutlich aus Indien stammende Mönchsgelehrte **Buddhaghosa** auf. Aus dessen Feder stammen einige der wichtigsten Kommentare zum Palikanon, u. a. das noch heute bedeutende Standardwerk Visuddhimagga („Weg zur Reinheit"). Abgesehen von einigen Inschriften, die auf Renovierungen hinweisen, ist über die Geschichte des Klosters in den späteren Jahrhunderten fast nichts bekannt.

Als 1848 britische Armeeeinheiten zur Niederwerfung einer Rebellion die im Kloster verschanzten Aufständischen angriffen, gingen die Bibliothek und das Statuenhaus in Flammen auf. Obwohl die Kolonialmacht die angerichteten Schäden um die Jahrhundertwende wieder gutmachte, gingen einige wichtige Schriften für immer verloren. Zwischen 1981 und 1991 waren Mönche damit beschäftigt, den gesamten Palikanon wieder auf Ola-Blättern zu schreiben. Insgesamt ritzten sie 9 464 000 Zeichen auf 10 360 Blätter (66 x 7,7 cm groß), die in 17 Büchern zusammengefasst wurden. Eine weitere Abschrift erfolgte zwischen 1993 und 2003 auf Bitten der koreanischen „Tipitaka Tempelgesellschaft". Alljährlich wird zum Poson Poya, dem Vollmondtag im Juni, über zwei Tage hinweg das pompöse Sangayana Perahera mit Elefantenparaden abgehalten.

Besichtigung

Angesichts der historischen Bedeutung des Aluvihara mögen manche Besucher von den Baulichkeiten enttäuscht sein (Eintritt 100 Rs). Das Innere der Höhlen ist erst in jüngerer Zeit bemalt worden, und auch das angeschlossene Museum könnte spannender aufgemacht sein. Umso attraktiver ist dagegen die Lage: Das Kloster liegt 3 km nördlich von Matale an einem Berghang mit hoch auftürmenden Felsen.

Eine der Höhlen ist eher eine Hölle – und von daher nicht gerade kinderfreundlich. In ihrem Inneren sind in realistischen Darstellungen die 32 Höllenstrafen dargestellt. Darunter wird ein Sexualverbrecher gezeigt, dem die Folterknechte das Hirn gespalten haben, um genussvoll glühende Steine hineinzuleeren. Weitere Grotten sind mit Buddha-Darstellungen ausgefüllt, eine ist dem großen Gelehrten Buddhaghosa gewidmet. Seine Statue stiftete 1992 der Abt des Wat Pak Nam im thailändischen Bangkok.

Einen schönen Blick in die umgebende Hügellandschaft kann man – allerdings unbeschufft – von einem Felsen genießen, dessen Spitze ein harmonisch gestalteter Dagoba ziert. Im **Museum** wird gegen eine kleine Spende das Beschriften der Ola-Blätter demonstriert. Ansonsten sind Schreibgriffel, buddhistische Schriften und Buddha-Statuen ausgestellt.

Ola-Blätter

Zur Herstellung der Ola-Blätter wird das junge Blatt einer Talipotpalme *(Corypha umbraculifera)* verwendet, das in einem mit Wasser und Ananas-Blättern, Papaya- und Avocado-Schnitzen gefüllten Tongefäß drei Stunden lang gekocht wird. Der Trocknungsprozess dauert etwa drei Tage. Zuerst mit Kokosnussöl bestrichen, wird das Blatt anschließend mit einem Stab aus dem Holz des Ditabaumes *(Alstonia scholaris)* geglättet. Dadurch wird es rissfest und bleibt geschmeidig. Dann ritzen die Schreiber mit spitzen Griffeln die Schrift in das Palmblatt. Zu ihrer Hervorhebung tragen sie eine Mischung aus zerriebener Holzkohle und Kokosnussöl auf. Nach dem Abreiben mit einem feinen Tuch bleibt die dunkle Paste in den Ritzen haften und kann bei normaler Lagerung auch noch nach mehreren Jahrhunderten gelesen werden. Nicht nur der Palikanon, sondern auch literarische Werke und Chroniken wurden auf Ola-Blättern niedergeschrieben.

Übernachtung

Wegen der Nähe zu Kandy nächtigen nur wenige Reisende in Matale, was gerade für diejenigen von Reiz sein mag, die den Touristenströmen aus dem Weg gehen wollen.

Rock House, 17/16 Hulangamuwa Rd., ✆ 066-2223239. Der Weg ist ausgeschildert. Die 7 Zi mit Bad sind sauber und ordentlich. Im offenen Restaurant des zweistöckigen Gebäudes werden schmackhafte Curry-Gerichte serviert. Netter Garten, freundliches Personal. ❶–❷

Matale Rest House, Park Rd, ✆ 066-2222299, ✆ 2232911, ✉ thilanka@ids.lk. Etwas angeschmuddelte Unterkunft unweit des Millenium Parks. 14 Zi (Bad mit Warmwasser, Balkon), davon eines mit AC, in nüchternem Haus. Pluspunkte: ruhige Lage, Restaurant und Bar. Für eine Nacht durchaus o. k. ❶–❷

Glover Grange, 95 King St., ✆ 066-2231144, ✆ 2230406, ✉ nihal200@sltnet.lk. Mit Abstand die stilvollste Herberge von Matale. Zentral gelegen. Die 6 komfortablen Zi (Warmwasser-

Bad, Ventilator) sind in einem fast 100 Jahre alten Bungalow untergebracht. Geräumiges Restaurant mit guten Gerichten, ein netter Garten. ❷

Grassmere Holiday Home, Alupothuwela, Ukuwela, ✆ 081-2475947, ✆ 2475306, ✉ grass@kandy.ccom.lk, 🖥 www.ccom.lk/grassmere. Liegt an der Kandy-Wattegama-Matale Rd., etwa 19 km nördlich von Kandy und 10 km südöstlich von Matale (an der Busroute Nr. 636). Genau das Richtige für jene, die schon immer mal in einer Kaffee- und Gewürzplantage übernachten wollten. Die beiden komfortablen DZ und das EZ (Bad mit Warmwasser) sind in einem Privathaus untergebracht. Üppige-Essenspreise (Frühstück US$5, Dinner US$9). ❷–❸

Essen

Fürs gepflegte Candlelight-Dinner mag Matale der falsche Ort sein, doch gibt es eine Reihe recht ordentlicher „Hotels" mit einer guten Auswahl an Curry-Gerichten.

Arunaloka Hotel, Prince St., unweit des Uhrturms. Das immer gut besuchte Restaurant ist für seine Currys bekannt. Leckere Hopper und Gebäckstückchen. ⓘ tgl. 6–20 Uhr.

Persian Hotel & Bakery, Prince St., unweit des Uhrturms. Bietet eine ähnlich gute Auswahl wie das benachbarte Arunaloka Hotel. ⓘ tgl. 6–20 Uhr.

A&C Restaurant, 3/5 Richard Aluvihara Mw., ✆ 066-2232717. Etwa 2 km nördlich von Matale. Beliebter Mittagessensstop für Touristen mit Mietwagen und etwas gehobeneres Preisniveau. Aber durchaus gute Küche.

Sonstiges

GELD – Umtauschmöglichkeiten bieten die **Commercial Bank** in der King St., etwa 100 m nördlich des Uhrturms, und die **Seylan Bank**, 166 Main St.; beide haben Geldautomaten.

INTERNET – **Crystal Cyber Café**, 3 King St., knapp 200 m südlich des Uhrturms, 75 Rs/Std. ⓘ tgl. 8.30–21 Uhr.

Transport

Dank der günstigen Lage Matales an der A 9 (Kandy–Jaffna) halten hier alle **Busse** aus bzw. nach Kandy. Deshalb muss man tagsüber nicht lange auf eine Fahrmöglichkeit in die jeweilige Richtung warten. Der Busbahnhof liegt an der King St., etwa 150 m nördlich des Uhrturms. Dort starten alle 30 Min. Busse nach Dambulla (47 km, 1 Std.).

Insgesamt 6 **Züge** fahren täglich von Matale nach Kandy: um 5.15, 7.05, 10.20, 14.20, 17.10 und 18.50 Uhr. Die landschaftlich ausgesprochen reizvolle Fahrt dauert gut 1 1/2 Std.

Wer vom Zentrum Matales aus das 3 km nördlich auf der linken Straßenseite gelegene **Felsenkloster Aluvihara** besuchen möchte, kann in jeden vorbeikommenden Bus gen Norden einsteigen. Mit dem Three-Wheeler kostet die Fahrt dorthin etwa 100 Rs.

Kandy
und Umgebung

Pinnawala – den Elefanten beim Baden zusehen   S. 308
Kandy – zum Puja in den Zahntempel   S. 312
Peradeniya – Flanieren durch das Tropenparadies   S. 333
Tempeltour nach Embekke, Lankatilake und Gadaladeniya   S. 335
Knuckles Range – Wanderungen durch üppiges Grün   S. 338

Zwischen Colombo und Kandy

Seit 1825 führt die A 1 von der Hauptstadt in die 116 km entfernte Königsstadt. Teilweise windet sie sich spektakulär entlang der Berge wie etwa bei Kadugannawa, wo sich ein herrlicher Blick auf den 798 m hohen Batgala bietet. Wegen seiner abgeflachten Spitze wird der Berg auch „Bible Rock" genannt. Die Straße ist eine für damalige Verhältnisse eindrucksvolle Ingenieursleistung des britischen Straßenbauers W. F. Dawson, dem man in Kadugannawa ein Denkmal gesetzt hat. Leider ist die A 1 meist sehr stark befahren, was das Fortkommen etwas erschwert. Entlang der Straße liegen einige interessante Sehenswürdigkeiten, die eine Fahrtunterbrechung durchaus wert sind, allen voran der Botanische Garten Henaratgoda bei Gampaha und das Elefanten-Waisenhaus in Pinnawala.

Botanischer Garten Henaratgoda

In der Nähe von **Gampaha**, etwa 30 km nordöstlich von Colombo, befindet sich der Henaratgoda Botanic Garden. Nur wenige Touristen verlieren sich in dem 14,4 ha großen Gelände, da der 1876 gegründete Park im Schatten seines weit bekannteren (und auch schöneren) Gegenstücks in Peradeniya steht.

Für die Entwicklung der asiatischen **Kautschuk**-Wirtschaft – sie dominiert heute mehr als 95% des Welthandels – ist die Bedeutung Henaratgodas jedoch nicht hoch genug einzuschätzen, war es doch hier, wo 1876 erstmals außerhalb Südamerikas 1700 Samen der auch als Para-Kautschuk bekannten *Hevea brasiliensis* gediehen und somit Kautschukbäume kultiviert werden konnten. Als ab 1881 die ersten Samen aus Henaratgoda in die asiatischen Kolonien Englands und später Frankreichs geliefert wurden und dort riesige Plantagen entstanden, war das Monopol der Kautschukbarone im brasilianischen Amazonasgebiet endgültig zerbrochen (s. S. 95). Der letzte Kautschukbaum aus der ersten Generation fiel 1988 einem Sturm zum Opfer, doch stehen am Ort der ersten Pflanzung noch Vertreter seiner erstaunlich reichen Artverwandtschaft: der Panama-Kautschuk *(Castilla elastica),* der Guttaperchabaum *(Palaquium gutta),* der Balatabaum *(Mimusops globosa)* und die in Westafrika als Yamoa bekannte *Funtumia elastica.*

Ein Rundgang durch den Park ist vorwiegend für Botanikfreunde ein Genuss. Sie werden möglicherweise besonders an der **Amherstia Avenue** Gefallen finden, wo einige ansehnliche Exemplare des **Tohabaum**es *(Amherstia nobilis)* stehen. Er gilt seit seiner Entdeckung 1826 in Birma als einer der attraktivsten Blütenbäume, weshalb die Briten ihn auch „Pride of Burma" oder die „Queen of Flowering Trees" nennen. Seinen lateinischen Namen verdankt er der Gattin des damaligen Generalgouverneurs von British India, Earl William Pitt Amherst (1773–1857). ◷ tgl. 8–17.45 Uhr, Eintritt 300 Rs, Kinder bis 12 Jahre 200 Rs.

Transport

Gampaha liegt an einer Nebenstraße der A 1 (Colombo–Kandy), weshalb man am besten mit dem **Bus** in Richtung COLOMBO bzw. in Richtung KANDY fährt und von der Abzweigung für die restlichen 5 km einen **Three-Wheeler** nimmt. Die Stadt besitzt auch eine Haltestation an der **Bahnlinie** Colombo–Kandy.

Pinnawala Elefanten-Waisenhaus

Etwa 10 km nordöstlich von **Kegalle** und 40 km westlich von Kandy liegt das bekannte Pinnawala Elephant Orphanage. Seit seiner Eröffnung 1975 avancierte es zu einer der populärsten Touristenattraktion Sri Lankas. Kaum ein Inselgast, der nicht den Weg zu den Dickhäutern findet. Waren es zu Beginn nur 7 verwaiste Elefantenbabys, die in der ehemaligen Kokosnuss-Plantage eine neue Heimat fanden, so leben heute über 65 Tiere auf dem 9 ha großen Gelände am Ma Oya. Die meisten von ihnen sind Opfer eines schwer lösbaren Konfliktes mit der zunehmenden Landbevölkerung. Weil ihr Lebensraum immer weiter eingeengt wird, zerstören Elefantenherden Felder oder gar Häuser der Bauern. Durch Feuer oder gar Gewehrschüsse versuchen die Bewohner die grauen Riesen zu vertreiben. Nicht wenige kommen dabei ums Leben oder werden schwer verletzt – aber auch Menschen kommen zu Schaden.

Die zu Waisen gewordenen Elefantenjungen werden in die Obhut des unter dem Management

Verehrt und verjagt – ein Symbol auf dem Rückzug

Er hat den ehrenwertesten Job der Insel: Beim jährlichen **Esala Perahera** darf Sri Lankas schönster und mächtigster Elefant als „Maligawa Atha" die Kopie der Zahnreliquie durch die Straßen Kandys tragen – in edelstes Tuch gehüllt, begleitet von ebenfalls mit feinsten Stoffen dekorierten Artgenossen. Keinem anderen Tier wird so viel Ehre zuteil, und keines ist mit dem Leben der Sri Lanker so eng verwoben wie der Elefant – ob in der Religion, Kunst oder Geschichte. Der Elefantengott Ganesha gilt als Beschützer des Dschungels, ein weißer Elefant zählte früher zum Glücksgaranten der Könige. Zahlreiche Heiligtümer sind mit Elefantenreliefs- und skulpturen verziert. Zudem weisen viele Chronikpassagen auf *aliya* oder *yanai* hin, wie der Dickhäuter auf Singhalesisch bzw. Tamil genannt wird.

Kein Krieg und kein Fest fand ohne seinen Einsatz statt. Im Jahr 1586 belagerte König Rajasimha I. mit seiner Armee und 2200 „exzellent trainierten" **Elefanten** das portugiesische Fort in Colombo – allerdings ohne Erfolg. Die gute Ausbildung der ceylonesischen Jumbos war über die Grenzen hinaus bekannt, weshalb sie ein begehrtes Exportgut waren. Selbst der Pontifex Maximus und Martin Luther-Verächter, Leo X., erhielt 1514 vom König Portugals einen Elephas maximus zum Geschenk. „Hanno", wie ihn die Römer nannten, starb leider bereits zwei Jahre später in den Armen des Medici-Papstes.

Das Elfenbein machte den Elefanten jedoch für die kolonialen Großwildjäger zur beliebten Jagdbeute, wie etwa für einen Major namens Thomas Rogers, der sich damit brüstete, innerhalb von vier Jahren 1500 Exemplare erlegt zu haben. Manche Experten sehen in der langjährigen extensiven Jagd einen der Hauptgründe dafür, dass nur 5 % der männlichen Elefanten auf Sri Lanka Stoßzähne besitzen, während es in Südindien noch fast 90 % sind.

Zwei Unterarten des asiatischen Elefanten sind auf der Insel verbreitet: der Ceylonesische Elefant *(Elephas maximus maximus)* und der Ceylonesische Marschelefant *(Elephas maximus vilaliya)*. Seit Beginn des 20. Jhs. hat sich ihre Zahl um über zwei Drittel auf geschätzte 3100–4400 Exemplare reduziert. Dazu leben noch etwa 400 bis 600 domestizierte Elefanten auf der Insel, vorwiegend als „Arbeiter" in den Kautschuk- und Kokosplantagen. War in der Vergangenheit vor allem die Jagd für ihre Dezimierung verantwortlich, so ist es heute der Schwund ihrer natürlichen Lebensräume. Im Zuge des Mahaweli-Entwicklungsprojektes wurden im trockenen Osten der Insel seit den 1970er Jahren 3642 km^2 Primärwald in landwirtschaftliche Nutzflächen verwandelt. Fast zwei Drittel des Waldes dienten den Elefanten als wichtiger Habitat. Den Verlust konnten die als Ersatz geschaffenen Schutzgebiete und Korridore, darunter die Nationalparks Minneriya und Kaudulla, jedoch nur bedingt kompensieren.

Ihre Vorliebe für Bananen, Reispflanzen und Zuckerrohr machen sie nicht gerade zum Freund der Bauern. Durchschnittlich 200 kg verschlingt ein ausgewachsener 5 t schwerer Jumbo. Kaum ein Tag vergeht, an dem nicht eine Herde – bis zu 40 Tiere können das sein – die Felder heimsucht und zerstört. Beim Versuch, sie zu vertreiben, kommen regelmäßig Dickhäuter ums Leben – in manchen Jahren waren es im Schnitt über zwei pro Woche. Schätzungen des World Wide Fund for Nature (WWF) zufolge sterben 6 % der wildlebenden Elefanten pro Jahr. Bei einer Geburtenquote von 5 % heißt dies, dass ihre Zahl weiter abnimmt. Mehr denn je benötigen die sensiblen Dickhäuter den Schutz der Menschen – und des Elefantengottes Ganesha.

Martin H. Petrich

des National Zoological Gardens stehenden Elefanten-Waisenhauses gebracht und dort aufgezogen. Sie finden nach einiger Zeit wieder ihren Weg in die Wildnis oder beginnen eine „Karriere" als Arbeitselefant. Einige der Dickhäuter sind auch Opfer des langen Bürgerkriegs geworden wie etwa die junge Elefantendame „Sama", die 1995 ein Bein durch eine Landmine verlor (s. auch 💻 www.luckysama.de). Dass sich die Schwergewichte hier durchaus wohl fühlen, zeigt sich auch darin, dass fast jährlich neue Elefantenbabys zur Welt kommen – eine Schwangerschaft kann bis zu 22 Monate dauern. Damit ist Pinnawala eine der erfolgreichsten Elefantenzuchtstationen Asiens.

Die beste **Besuchszeit** ist zur Fütterung der Elefantenbabys um 9.15, 13.15 und 17 Uhr oder zur ausgiebigen Badezeit der Dickhäuter im Ma Oya-Fluss von 10–12 Uhr und 14–16 Uhr. ⊙ tgl. 8.30–18 Uhr, Eintritt 500 Rs, Kinder bis 12 Jahre 250 Rs, Video-Gebühr 500 Rs.

Weitere Sehenswürdigkeiten

In der Nähe von Pinnawala liegen einige sehr touristische **Gewürzgärten**. Zudem können auch noch wenig bekannte, doch recht sehenswerte buddhistische Heiligtümer besucht werden wie etwa der Höhlentempel **Kele Dambulla**, der **Daluggala-Tempel** oder der schöne Stupa von **Kota Vihara**.

Übernachtung und Essen

Ein Großteil der Besucher, darunter sehr viele Reisegruppen, besucht Pinnawala im Rahmen eines Ausflugs von Kandy aus. Wer die Stimmung am Ma Oya jedoch in Ruhe genießen möchte, kann hier auch übernachten. Die genannten Unterkünfte befinden sich alle in unmittelbarer Nähe zum Elefanten-Waisenhaus, allerdings sind sie für den gebotenen Standard etwas überteuert.

Hotel Elephant View, ✆ 035-2265292, 💻 www.elephantview.com. Die insgesamt 16 AC-Zi mit Warmwasser-Bad sind freundlich und gemütlich eingerichtet. ❷

Hotel Elephant Park, ✆ 035-2266171. Restaurant und Unterkunft in Flussnähe. 6 nette saubere Zi mit Warmwasser-Bad. ❷–❸

Pinnalanda Restaurant, ✆ 035-2265742, 📧 226 5297. Das sehr beliebte Restaurant direkt am Ma Oya wird von vielen Reisegruppen frequentiert. Es bietet jedoch auch 2 Zi (Warmwasser-Bad) mit schönem Flussblick. ❸

Transport

Das Elefanten-Waisenhaus liegt nur 2 km nördlich von der A 1 (Colombo–Kandy). Die gängigste Option ist ein **Mietwagen** von Kandy aus, was je nach Wagenqualität etwa 1500 bis 2000 Rs kostet. Auch die geschäftstüchtigen Three-Wheeler-Fahrer bieten Halbtagstouren ab Kandy an. Dies ist zwar etwas günstiger – ca. 1300 Rs – jedoch auch angesichts der sehr belebten A 1 um einiges ungemütlicher und zudem ungesünder.

Man kann auch von Kandy mit dem **Bus** in Richtung KEGALLE fahren. Die privaten Busse starten von Goods Shed im Viertelstundentakt und benötigen etwa 1 Std. bis UDAMULLA, das ca. 4 km vor Kegalle liegt. Dort muss man aussteigen und auf einen der alle 20 Min. zwischen Kegalle und Rambukkana verkehrenden Busse (Nr. 681) warten. Die Weiterfahrt bis ins 2 km weiter nördlich

---

Papier aus Elefantendung

Die Nutzbarkeit von Elefanten umfasst sogar ihre Hinterlassenschaften. Dass die Handball-großen Haufen gute Dünger sind, ist bekannt. Dass sie jedoch auch für die Papierherstellung verwendet werden können, ist eine relativ neue Errungenschaft. Der Dung wird mit Reisschrot, Teeabfällen, Altpapier und – ganz wichtig – Zimt gemischt, zerstampft, gekocht und anschließend für zwei Tage getrocknet. Das entstandene faserige Papier wird dem Bedarf entsprechend zugeschnitten und weiter verarbeitet. Als Geschenk- und Briefpapier, als Lampenschirm oder Fotoalbum findet es seine Abnehmer im ganzen Land. Für die Bewohner aus der Umgebung ist die Papierherstellung eine willkommene alternative Einkommensmöglichkeit. Eine gute Produktauswahl findet sich in der Millennium Elephant Foundation oder in den Souvenirshops von Pinnawala.

Pinnawala, badende Elefanten

gelegene Pinnawala dauert nur 10 Min. Wer nicht warten will, kann für etwa 100 Rs mit dem Three-Wheeler weiterfahren.

Mit Ausnahme des Intercity Express halten alle **Züge** zwischen Kandy und Colombo im etwa 3 km nördlich von Pinnawala gelegenen Bahnhof RAMBUKKANA. Abfahrtszeiten in Kandy sind um 5.20 und 10.30 Uhr. Die Fahrzeit beträgt etwa 1 Std. In Rambukkana kann man einen Bus in Richtung Kegalle nehmen oder für etwa 200 Rs mit dem Three-Wheeler bis zum Elefanten-Waisenhaus fahren.

Millennium Elephant Foundation

Fraglos ist Pinnawala angesichts der dortigen großen Elefantenpopulation der eindrucksvollere Besuchsort, doch die qualifizierteren Informationen über das Leben des *Elephas maximus* erhält man in der Millennium Elephant Foundation (MEF). Die Stiftung liegt an der Straße zum Pinnawala Elefanten-Waisenhaus, weshalb der Besuch gut kombiniert werden kann. Seit ihrer Gründung 1999 bemüht sich die Organisation mit ihrer mobilen Veterinärseinheit um das Wohlergehen der Elefanten in ganz Sri Lanka. Derzeit sind sieben Elefantenkühe hier untergebracht, darunter die Enddreißigerin Lakshmi mit ihrer 1984 geborenen Tochter Pooja sowie die selbstbewusste Rani.

Ein **Museum** gibt wichtige Einblicke in den Lebenszyklus des Dickhäuters. Wer will, kann auf dem Rücken der eindrucksvollen Kolosse durch die Gegend touren – oder in luftiger Höhe gar den Bund fürs Leben schließen. Die Stiftung ist auch ein beliebter Ort für Volontäre, vor allem für Studenten der Tiermedizin. Nebenan ist zudem eine Werkstätte zur Herstellung von Elefantenpapier eingerichtet.

The Millennium Elephant Foundation, Randeniya, Hiriwadunna, Kegalle, ✆/✆ 035-2265377, ✉ elefound@sltnet.lk, 🖥 www.eureka.lk/elefound. ⏱ tgl. 8–17 Uhr, Eintritt 300 Rs.

Kandy

„Die stolze Königsstadt Kandy könnte eigentlich besser als ein bescheidenes Dorf bezeichnet werden, dessen wenige Straßen mehr singhalesische Erdhütten als europäische Bungalows enthalten", notierte der deutsche Biologe Ernst Haeckel enttäuscht, als er am 6. Dezember 1881 erstmalig Kandy betrat. Damals lebten dort gerade mal um die 20 000 Menschen. Zwar ist heute in der mit etwa 160 000 Einwohnern zweitgrößten Stadt der Insel von dieser dörflichen Beschaulichkeit zumindest im Zentrum wenig zu spüren, trotzdem ist sie auch weit von der typischen Hektik asiatischer Metropolen entfernt.

Nicht nur wegen des vergleichsweise moderaten Klimas lässt sich ein Aufenthalt in der auf durchschnittlich 500 m ü. M. gelegenen Stadt am Mahaweli recht angenehm gestalten, sondern auch wegen der Tatsache, dass sie von allem etwas zu bieten hat – und das auf völlig unspektakuläre Weise: etwas Geschichte und Kultur, reichlich Natur, ein bisschen koloniales Flair und dazu einen Hauch Urbanität.

Für viele Sri Lanker ist Kandy das Synonym für singhalesische Kultur und Identität. Mit Stolz verweisen sie auf die Tatsache, dass sich die alte Königsresidenz über mehrere Jahrhunderte hinweg den Eroberungsversuchen der Kolonialmächte zu widersetzen vermochte und die kulturelle Eigenständigkeit bewahren konnte. Von diesem Selbstbewusstsein ist noch manches zu spüren: bei den kunstvollen **Kandy-Tänzen**, beim Puja im berühmten **Zahntempel** und ganz besonders während des bedeutendsten Festes von Sri Lanka, dem **Esala Perahera**.

Bei seinem Besuch 1911 fühlte sich Hermann Hesse vor allem von den dicht bewaldeten Bergen angezogen, führen doch „von Kandy weg nach allen Seiten die schönsten Spazierwege der Welt in eine wundervolle Landschaft hinaus", wie er notierte. Tatsächlich liegt der Reiz Kandys vor allem im Umland. Während die meisten Besucher den Botanischen Garten von **Peradeniya** und das **Pinnawala Elefanten-Waisenhaus** aufsuchen, bereisen nur wenige die äußerst stimmungsvolle Umgebung der interessanten Tempel **Embekke**, **Lankatilake** und **Gadaladeniya** südwestlich von Peradeniya oder den Osten Kandys mit den ebenfalls sehenswerten Heiligtümern **Gangarama**, **Degaldoruwa** und **Galmaduwa**. Outdoor-Fans kommen in der **Knuckles Range** und Freunde des gepflegten Ballspiels im **Victoria Golf & Country Resort** auf ihre Kosten.

Geschichte

Verglichen mit den anderen Königsstädten Sri Lankas ist Kandy noch recht jung. In einer Phase, als die Insel in verschiedene Machtzentren zerfallen war, gründete der in Gampola residierende Vikramabahu III. (reg. 1357–74) am Ufer des Mahaweli die Stadt „Senkadagalapura". Einer Legende nach diente ein dort lebender Eremit namens Senkada als Namensgeber. Doch zur Königsstadt avancierte sie erst im späten 15. Jh. unter Senasammata Vikramabahu. Damals war die Region als **Kanda Uda Pas Rata**, „Königreich der fünf Berge" – verkürzt Kanda Uda Rata oder schlicht Udarata – bekannt. Von diesem Namen ableitend nannten die Portugiesen die Stadt „Kanda". Später machten die Briten „Kandy" daraus. Bis heute verwenden noch viele Alteingesessene zudem die allgemeine Bezeichnung **Maha Nuwara**, „Große Stadt".

Insgesamt zwölf Herrscher regierten von Kandy aus das kleine Reich. Politisch war Udarata seit der Ankunft der Portugiesen Anfang des 16. Jhs. jedoch stark geschwächt. Eine Verbesserung erhoffte sich Rajasimha II. (reg. 1635–87) durch einen 1638 mit der VOC (Vereenigde Oostindische Compagnie) ausgehandelten Vertrag, der den Holländern im Gegenzug zu militärischer Hilfe das Monopol im Zimthandel zugestand. Doch diese Hoffnung erwies sich als trügerisch, denn die VOC brachte Schritt für Schritt die ganze Küstenregion unter ihre direkte Kontrolle. 1765 besetzten ihre Truppen sogar für neun Monate Kandy. Das kleine Königreich war isoliert und vollkommen von den Europäern abhängig, weshalb es sich verstärkt nach innen wandte und auf die kulturellen Wurzeln besann. Als Stadt des heiligen Zahns verstand sich Kandy als der Hort des Buddhismus.

Nach einem kläglich gescheiterten Invasionsversuch der Briten, 1803, war der Untergang des letzten srilankischen Königreiches Udarata jedoch endgültig besiegelt, als das Empire am 2. März 1815 Sri Vikrama Rajasimha zur Abdankung zwang und ins südindische Exil schickte. Zum Sturz des Regenten trug wesentlich der Kolonialbeamte Sir John D'Oyly (1774–1824) bei. Wortgewaltig und mit Gespür für Stimmungen vermochte er dank seiner exzellenten Sinhala-Kenntnisse die unzufriedene, aber zersplitterte Aristokratie in ihrer Opposition gegen den ungeliebten Autokraten zu einen. Ohne dass es zu bemerkenswerten Kämpfen kam, nahmen die Briten die Stadt ein.

Als Verwaltungssitz hatte Kandy fortan nur noch geringe Bedeutung, denn der Sitz des britischen Gouverneurs war Colombo. Umso mehr spielte sie als Zentrum der aufkommenden Plantagenwirtschaft eine wachsende Rolle. Entsprechend wurde die Infrastruktur ausgebaut. 1825 war die bislang schwer zugängliche Königsstadt mit dem 116 km entfernten Colombo durch eine Straße verbunden, ab 1867 auch an das Eisenbahnnetz angeschlossen. Heute ist Kandy nicht nur ein wichtiger Ort für Verwaltung und Bildung – in **Peradeniya** hat eine der besten Universitäten des Landes ihren Sitz –, sondern auch wegen des Klimas ein zunehmend beliebter Wohnsitz für die Inselbewohner.

Orientierung

Herzstück der Stadt ist fraglos der **Kandy Lake** mit dem nördlich von ihm liegenden **Zahntempel**. Auf der Anhöhe südlich des Sees befinden sich die meisten Billigunterkünfte. Im Westen breitet sich das Stadtzentrum mit den Geschäftsstraßen aus; dort liegen auch Bahnhof, Hauptpost, Markt und der Busbahnhof Goods Shed. Aufgrund der Bevölkerungszunahme wachsen die Wohngebiete der Stadt immer weiter in die umliegenden Täler und Anhöhen hinein.

Sehenswertes
Kandy-See

Die angenehme Atmosphäre hat Kandy außer den umliegenden Bergen vor allem seinem Stadtsee zu verdanken. Der letzte König, Sri Vikrama Rajasimha, ließ ihn zwischen 1810 und 1812 anstelle von Reisfeldern anlegen und nannte ihn in Anlehnung an das kosmische Milchmeer aus der Hindu-Mythologie „Kiri Muhuda" *(kiri* = Milch, *muhuda* = Gewässer). In der Behandlung der unloyalen Aristokraten, welche sich weigerten, ihre Untertanen für die Erdarbeiten zur Verfügung zu stellen, war der religiöse Regent jedoch wenig pietätvoll. Er ließ sie pfählen und im See versenken. Dafür zeigte er sich seinen Hofdamen gegenüber um so großherziger. Ihnen errichtete er auf einer künstlichen Insel einen Lustpavillon.

Nach der Einnahme Kandys nutzten die pragmatischen Briten den Pavillon für die Lagerung von Munition. Um mehr Platz für die Stadt zu schaffen, schütteten sie den Westteil des Sees zu. Zum Flanieren legten sie den etwa 4 km langen Uferweg an. Geht man ihn an der Südseite des Sees entlang, so bietet sich im Schatten alter Bäume ein wunderbares Fotomotiv mit dem sich im Wasser spiegelnden **Zahntempel**.

Sri Dalada Maligawa – Tempel des Heiligen Zahns

Der „Palast des heiligen Zahns", Sri Dalada Maligawa, ist fraglos das Wahrzeichen Kandys. Elegant wurden seine Gebäude an die natürlichen Gegebenheiten angepasst. Im Hintergrund beginnen die bewaldeten Berge des Udawattakelle-Schutzgebiets, südlich von ihm breitet sich der Kandy-See aus. Wenn auch nicht architektonisch spektakulär, so beeindruckt doch die für Kandy so typische Architektur. Besonders wenn die zum Puja geschlagenen Trommeln von den umliegenden Höhen widerhallen, geht von dem Tempel eine besonders würdevolle Stimmung aus.

Der Tradition seiner Vorgänger in den anderen Königsstädten folgend ließ Vimala Dharma Surya I. (reg. 1591–1604) auf dem Gelände seines Palastes für die von ihm nach Kandy mitgebrachte Reliquie einen Tempel errichten. Doch von diesem ist nichts mehr zu sehen. Der heutige Hauptbau stammt aus der Regentschaft von Vimala Dharma Surya II. (reg. 1687–1707), wurde jedoch in der Folgezeit immer wieder verändert. So ließ der letzte Kandy-König die Anlage mit einem Wassergraben umgeben und an das Hauptgebäude den markanten achtseitigen Turm anbauen. Das leuchtend gelbe Dach entstand 1987 auf Anlass des damaligen Präsidenten Premadasa. Fast die gesamte Front wurde jedoch völlig zerstört, als im Januar 1998 Mitglieder der LTTE mit einem Lkw voller Sprengstoff in das Gebäude hineinrasten. Heute sind die Schäden komplett beseitigt.

Auf dem großen Vorplatz werden alle Besucher zweimal einer strengen Kontrolle unterzogen. Vor dem Gebäudekomplex müssen die Schuhe ausgezogen werden, die gegen einen Obulus aufbewahrt werden. Man sollte darauf achten, nur mit dezenter Kleidung das Heiligtum zu betreten. Empfehlenswert ist ein Besuch zu den 1 1/2 Stunden dauernden Pujas um 6, 10 und 19 Uhr. ☉ tgl. 6–20 Uhr, Eintritt 200 Rs, Kamera-/Videogebühr 100/300 Rs.

Der heilige Schrein

Der Tempelkomplex besteht aus einem zweistöckigen U-förmigen Bau, der einen Innenhof mit dem ebenfalls doppelstöckigen Schrein einschließt, in dem sich die Zahnreliquie befindet. Den Abschluss bildet ein dreigeschossiges Quergebäude, das sich vor dem auf der Ostseite gelegenen bewaldeten Hügel optisch gut abhebt.

Vorbei am ummauerten Wassergraben passiert man rechter Hand den achteckigen Turm namens **Pattirippuwa**. Hier hielt der letzte König von Kandy gelegentlich öffentliche Audienzen ab und wohnte dem Esala Perahera bei. Heute noch ist es Tradition, dass der neu gewählte Präsident von ihm aus seine Antrittsrede hält. Im Inneren werden zudem Schriften aus dem Palikanon aufbewahrt. Der Eingang in den Tempelkomplex erfolgt durch das „Große Tor", **Maha Vahalkada**, welches ursprünglich auch als Hauptportal des Königspalastes diente.

Über eine im rechten Winkel abgehende Treppe geht es ins sehr unübersichtlich wirkende Innere. Dort befindet sich auch die **Eingangskasse**. Ein

Asiens größtes Buddha-Fest – Esala Perahera

Im Mondmonat Esala (Juli/August), wenn die gelben Blüten des Indischen Goldregens *(Cassia fistula)* sich voll entfalten, feiern die Bewohner Kandys Asiens größtes Fest zu Ehren Buddhas, das Esala Perahera. Die exakten Termine der 15-tägigen Feierlichkeiten werden vom obersten Verwalter des Zahntempels, dem Diyawadana Nilame, bestimmt und sind in drei Abschnitte unterteilt:

Kap Situvima: Zur Eröffnung schneidet man in der Neumondnacht von Esala vier Zweige eines Goldregenbaums ab – heute nimmt man dazu auch die Zweige eines Ditabaumes *(Alstonia scholaris)* oder eines Jackfruchtbaumes *(Artocarpus integrifolia)* – und bringt sie in Begleitung von Trommelschlägen zu den vier **Devales** (s. S. 319), um sie dort in Tontöpfe einzupflanzen. Mit diesem *Kap Situvima*, dem „Pflanzen *(situvima)* des Wunschbaumes *(kapa)*", sollen die vier Schutzgötter der Insel, Natha, Vishnu (Upulvan), Kataragama und Pattini, gnädig gestimmt werden. Zu ihren Ehren finden an den folgenden vier Tagen auf dem Gelände der vier Tempel kleinere Prozessionen (Perahera) statt.

Kumbal Perahera: Von der 6. bis 10. Nacht weiten sich die Prozessionen zum Kumbal Perahera aus – benannt nach den Tongefäßen *(kumbal)*, in welche die Bäume gepflanzt sind. Von Nacht zu Nacht werden die Perahera pompöser und länger.

Randoli Perahera: In den letzten fünf Tagen bis zum Esala-Vollmond ist die Pracht der nächtlichen Prozessionen kaum zu überbieten. In ihrem Zentrum schreitet die so genannte Dalada-Gruppe mit dem **Ehrenelefanten** (Maligawa Atha), der den Behälter der Zahnreliquie auf dem Rücken trägt, flankiert von zwei weiteren Elefanten. Vor ihm marschiert eine Gruppe von Sängern, welche die Lobtlieder zu Ehren der Zahnreliquie intonieren. Träger halten traditionelle Waffen und Insignien in ihren Händen. Dann folgen die Sektionen der vier Devales, ebenfalls mit einem Ehrenelefanten in der Mitte, der die Insignien des jeweiligen Schutzgottes trägt. Zuerst die Gruppe aus dem Natha Devale, gefolgt von jener aus dem Vishnu, Kataragama und Pattini Devale. Die Sektion zu Ehren Pattinis besteht vorwiegend aus Tänzerinnen. Das Ende des Perahera bilden Frauen, welche die Sänften *(randoli)* mit den Insignien der Schutzgötter tragen. Diese Randolis sind auch die Namensgeber dieser Perahera.

Die letzte nächtliche Prozession führt zum etwas nördlich der Stadt gelegenen Adahana Maluwa Gedige Vihara, um dort für einige Stunden den **heiligen Zahn** zu präsentieren. Damit soll an die Zeit erinnert werden, als die Reliquie zeitweise in diesem Kloster aufbewahrt wurde. Zum Abschluss der Zeremonien finden sich die Vorsteher der vier Devales mit Lotosblumen-Motiven bemalter Gang führt zum **Hewisi Mandapaya**, dem Hof der Trommler, die hier eindringlich dreimal täglich zum Puja einladen – das Trommeln ist weit über den Tempelbezirk hinaus zu vernehmen. Vor den Stufen sind Mondsteine mit schönen floralen Mustern in den Boden eingelassen.

Eingezwängt in diesen Hof befindet sich der zweistöckige längliche Schrein mit der Zahnreliquie im oberen Stock. Seiner Bedeutung angemessen heißt er „Himmlischer Wohnsitz", **Vadahitina Maligawa**. Die untere Kammer des Schreins ist von einem vergoldeten Zaun eingefasst und wirkt mit ihrer geschwungenen Pforte und reichen Verzierungen besonders eindrucksvoll. Flankiert wird die meist verschlossene Tür von zwei mächtigen Stoßzähnen – ein beliebtes Dekor im Zahntempel. Die Außenwände der Kammer sind fast vollständig bemalt; bevorzugtes Motiv sind Ranken sowie Löwen und andere Tiergestalten. Im Inneren des Raums werden wertvolle Opfergaben aufbewahrt.

Zum oberen Bereich mit der Reliquienkammer führen links vom Schrein abgehende Treppen. Vorbei an einem Behälter für die Reliquienkopie sowie Flaggen und Fächer – sie werden beim Esala Perahera mitgetragen – gelangt man oben zu einem Durchgang namens **Handunkudama**. Hier

morgens in Gedambe bei Peradinya ein, um dort die „Zeremonie des Wasserschneidens" *(diya kapilla)* abzuhalten. Sie waten in den Mahaweli, „schneiden" mit dem Schwert symbolisch einen Kreis ins Wasser und füllen es in einen Kupferkessel, nachdem sie das Wasser des Vorjahres zurück in den Fluss geschüttet haben. Dieses Wasser soll den Schutz für das kommende Jahr garantieren. Dann sammeln sie sich im Adahana Maluwa Gedige Vihara, um von dort die Zahnreliquie wieder abzuholen und sie beim einzigen am Tage stattfindenden Perahera zurück in den Zahntempel zu bringen.

Das Esala Perahera geht in der heutigen Form auf den Regenten Kirti Sri Rajasimha (reg. 1747–82) zurück. In seinen Bemühungen um die Erneuerung des Buddhismus hatte er hochstehende Mönche aus Siam nach Kandy eingeladen, welche bei ihrem Besuch des Perahera mit Erstaunen beobachteten, dass dort nur hinduistische Gottheiten herumgetragen wurden – und dies in einem buddhistischen Land. Auf ihr Anraten hin veranlasste er 1775, dass von nun an beim Perahera auch die Zahnreliquie mitgeführt werden sollte. Seine Nachfolger und selbst die britischen Kolonialherren behielten die Tradition bei. Seit 1848 wird jedoch aus Sicherheitsgründen nur noch ein Duplikat der bedeutendsten buddhistischen Reliquie mitgetragen.

Die Prozession mit der Zahnreliquie hatte jedoch auch in den früheren Königsstädten ihre Tradition, allen voran in Anuradhapura. So berichtet der Mahavamsa, dass König Sirimeghavanna (reg. 301–28) in einem Dekret veranlasst habe, die Reliquie einmal jährlich durch Anuradhapura zu tragen. Der chinesische Pilger aus dem 5. Jh., Fa Xian (Fa Hsien), beobachtete, wie in der Mitte des dritten Mondmonats die Reliquie in einer Prozession zum Abhayagiri Vihara gebracht wurde und dort über 90 Tage und Nächte hinweg ununterbrochen „Mönche und Laien in großer Zahl Räucherwerke und Lichter entzündeten und religiöse Zeremonien durchführten." Peraheras zu Ehren der hinduistischen Schutzgottheiten sind seit dem 13. Jh. nachgewiesen.

Die Termine des Esala Perahera kann man unter 🖥 www.sridaladamaligawa.lk erfahren. Da die Hotels in dieser Zeit völlig ausgebucht sind, empfiehlt sich eine frühzeitige Reservierung. Wer nicht stundenlang in der Volksmenge am Straßenrand auf die zwischen 20 und 21 Uhr beginnenden Peraheras warten will, kann über die Hotels einen der begehrten Sitzplätze erwerben. Allerdings sollte man sich vorher über den Standort des Platzes erkundigen, bevor man die bis zu US$60 teuren Tickets kauft.

halten sich die Gläubigen auf, bis sie in Richtung Reliquienkammer weitergehen können. Diese wird poetisch **Gandha Kuti**, „Kammer des Wohlgeruchs", genannt. Beim Ausschmücken der durch geschwungene Pforten dreigeteilten Reliquienkammer scheute der letzte König keine Mühen. Feinstes Rankendekor aus Elfenbein und Silberbeschläge zieren Türen und Seitenwände, der Rest ist üppig bemalt.

Die Kammer ist nicht zugänglich und wird nur zu den drei Pujazeiten geöffnet. Dann kann man einen Blick auf den Behälter mit der Reliquie erhaschen, bevor man von den nachfolgenden Gläubigen weitergedrängt wird. Der Zahn selbst ist nicht zu sehen, weil er in eine Elfenbeinkapsel eingeschlossen ist, über die sich sechs Dagoba-förmige Behälter stülpen. Nur wenn der drei Schlüsselträger – die Vorsteher des Zahntempels und der Klöster Malwatta und Asgiriya – anwesend sind, können die Behälter geöffnet werden.

Alut Maligawa und Sri Dalada Museum

Das dreistöckige Rückgebäude **Alut Maligawa** bildet den östlichen Abschluss des Tempelkomplexes und wurde 1956 zum Gedenken an den 2500. Todestag Buddhas errichtet. In einem großen länglichen Raum sind zahlreiche in Thailand angefertigte Buddha-Statuen ausgestellt, die von einer Kopie des berühmten, von Feuerflammen umgebenen „siegreichen" Buddha Jinnaraj aus dem thailändischen Phitsanulok dominiert werden. Mit den gestifteten Statuen will das südostasiatische Land seine enge Verbundenheit mit Sri Lanka ausdrücken. An den Wänden illustrieren 21 etwas naive Malereien die abenteuerlichen Wege des heiligen Zahns.

Über den Hinterausgang gelangt man zum **Sri Dalada Museum**, das sich in den beiden oberen Stockwerken des Alut Maligawa befindet, ◷ tgl. 9–17 Uhr, Eintritt 100 Rs. Im ersten Stockwerk dokumentieren Fotos jene Orte in Sri Lanka, an denen die Zahnreliquie in ihrer langen Geschichte aufbewahrt wurde. Zudem werden auch die verheerenden Zerstörungen durch den LTTE-Anschlag von 1998 gezeigt. Interessanter sind die im zweiten Stockwerk in Vitrinen ausgestellten Geschenke, darunter Schmuck aus Kandy, ein Zeremonialfächer aus Birma und ein Miniatur-Stupa aus Indien.

Audienzhalle und Raja Tusker Museum

Im Norden des Tempelkomplexes befindet sich noch innerhalb von Außenmauer und Wassergraben die königliche **Audienzhalle** (Magul Maduwa), eine attraktive Konstruktion mit zahlreichen verzierten Holzsäulen, die das schwere Walmdach im Kandy-Stil stützen. Sie wurde 1784 vom zweitletzten Kandy-König errichtet und 1803 bei einer Invasion der Briten schwer beschädigt. Von historischer Bedeutung ist sie vor allem deswegen, weil hier am 2. März 1815 mit der Abdankungserklärung von Sri Vikrama Rajasimha der Untergang der Monarchie und das Ende der srilankischen Unabhängigkeit besiegelt wurden.

Manche mögen jedoch das kleine **Museum** zu Ehren „Rajas" spannender finden. Über 50 Jahre hatte der „Tusker" (Elefant mit Stoßzähnen) die Ehre, beim jährlichen Perahera als **Maligawa Atha** die Zahnkopie zu tragen. 1988 starb er im Alter von 63 Jahren und wirkt auch noch im ausgestopften Zustand sehr würdevoll. Das Museum ist in einem schönen alten Palastgebäude nordwestlich der Audienzhalle untergebracht.

Nationalmuseum und Umgebung

Außer der Audienzhalle gibt es noch weitere zum ehemaligen Königspalast gehörende Gebäude. Sie liegen etwas erhöht im Osten des Zahntempels und sind über einen von der Angarika Dharmapala Mw. abgehenden Weg zu erreichen. Als erstes gelangt man zum rechter Hand liegenden Nationalmuseum, ◷ Di–Sa 9–17 Uhr, Eintritt 500 Rs, Studenten 300 Rs. Es gilt das CCF-Rundticket.

In den dortigen Räumlichkeiten lebte die Königin samt Gefolge in wohl eher bescheidener Weise. Bei seinem Besuch 1881 fand Ernst Haeckel ein „ebenerdiges düsteres Gebäude" vor, „dessen dunkle modrige Räume weder innerlich noch äußerlich irgend etwas Bemerkenswerthes darbieten". Zwar ist es nunmehr restauriert, doch noch immer wirkt es eher unscheinbar. Trotzdem lohnt sich der Rundgang, weil die Exponate einen Eindruck von der Handwerkskunst zur „guten alten Königszeit" vermitteln. Zu sehen sind Schmuck und Kleidungsstücke vom Königshof, Lackwaren und Ola-Blätter mit astrologischen und medizinischen Erläuterungen. Eine alte String-Hopper-Presse aus Holz ist ebenso ausgestellt wie Betelnuss-Behälter und Wasseruhren: Kleine Kupferschalen mit einem kleinen

Zahntempel und Audienzhalle

Loch, die nach genau 24 Minuten gefüllt sind und im Wasser versinken. Historisch interessant ist auch der Auszug aus dem Zwölf-Punkte-Vertrag vom 2. März 1815, wo ein schlichter Satz in Artikel 4 den Untergang des Königreichs besiegelt: „Die Herrschaftsgewalt über die Provinz Kandy wird dem Souverän des Britischen Empires übertragen".

In Nachbarschaft des Museums liegt ein etwas heruntergekommenes, ebenfalls seinerzeit von der Königin genutztes Gebäude, die **Queen's Chamber**. Heute dient es als Werkstätte. Das große Haus im Anschluss wurde 1880 unter Sir James Longden als **Gouverneurssitz** errichtet und diente bis 2005 dem High Court, der Obersten Zivilkammer, für seine Sitzungen. Das Bezirksgericht, der District Court, tagte ebenfalls bis 2005 in einer anschließenden offenen **Audienzhalle**. Was mit beiden derzeit leer stehenden Gebäuden geschieht, ist noch unklar.

Unter König Vimala Dharma Surya I. (reg. 1591–1604) entstand das längliche Gebäude im nördlichen Anschluss an den Zahntempel. Heute ist dort das **Archäologische Museum**, ⏰ Mi–Mo 8–17 Uhr, untergebracht. Der Zugang erfolgt über die Straße unterhalb des Vishnu Devales. Allerdings lohnt sich der Besuch mangels interessanter Exponate kaum. Theoretisch ist der Eintritt im Cultural Triangle Ticket des CCF eingeschlossen, jedoch wird kaum danach gefragt. Für ein Trinkgeld wird man gerne herumgeführt.

Der Eckzahn Buddhas

Als der Erleuchtete im Alter von 80 Jahren im nordindischen Kushinara verstarb, wurde seine Leiche nach alter Tradition verbrannt. Der Überlieferung nach verteilte man die Knochenreste an acht Nachbarstaaten, wo sie in Stupas eingeschlossen wurden. Es blieben aber noch die vier Eckzähne des Buddha übrig. Sie gingen an Shaka, den „König der Götter" und Schutzgott des Buddhismus, an die Nagas (Schlangengeister), den König von Gandhara (im heutigen Pakistan) und den König von Kalinga im ostindischen Orissa – so berichtet zumindest das Buch Digha Nikaya aus dem Palikanon. In Kalinga wurde die heilige Reliquie über viele Jahrhunderte verehrt, bis der fromme König Guhasiva angesichts eines drohenden Krieges sie seiner Tochter Hemamali anvertraute, um sie einem befreundeten König, dem in Anuradhapura residierenden Sirimeghavanna, zu übergeben. In Hemamalis Haarknoten versteckt, gelangte der Zahn um etwa 310 n. Chr. auf die Insel.

Weit über ein halbes Jahrtausend blieb die Reliquie in Anuradhapura, bis sie im 11. Jh. in das unter Vijayabahu I. zur neuen Königsstadt aufgestiegene Polonnaruwa gelangte. Das folgende Auf und Ab in der Geschichte des 14. und 15. Jhs. ist auch an den weiteren Stationen der Zahnreliquie abzulesen. Eine Zeit lang wurde sie in Dambadeniya aufbewahrt, dann in Yapahuwa, von wo sie kurzzeitig nach Indien „entführt" wurde, und nach einem Kurzaufenthalt in Polonnaruwa landete sie in Kurunegala. Unter dem König Bhuvanekabahu IV. (reg. 1341–51) gelangte sie erstmalig in die Berge, wo der Monarch in Gampola bei Kandy seine Residenz etablierte. Auch in Kotte (bei Colombo) fand sie zeitweilige Heimstatt und soll dort im frühen 16. Jh. in die Hände der Portugiesen gefallen sein. Widersprüchlichen Informationen zufolge ist sie von den Portugiesen nach Goa gebracht, dort zermahlen und ins Meer geworfen worden. Dagegen wird behauptet, die fanatisch katholischen Südeuropäer hätten nur eine Kopie vernichtet und der Originalzahn habe die Insel nie verlassen.

Wie auch immer, unter Vimala Dharma Surya I. erreichte die Reliquie 1592 schließlich Kandy. Der König erbaute zu ihrer Verehrung unweit seines Palastes einen eigenen Tempel, der baulich immer wieder verändert wurde. Zwar musste die Zahnreliquie auch in der Folgezeit gelegentlich außerhalb Kandys in Sicherheit gebracht werden, sie kam jedoch immer wieder bald zurück. Nach dem Fall der Königsstadt an die Briten übernahmen die Kolonialherren das Patronat über den Eckzahn. Heute ist er dem Schutz des Präsidenten unterstellt.

Die vier Devales

Wie sehr in Sri Lanka hinduistische Vorstellungen Aufnahme in den Buddhismus gefunden haben, zeigt sich ganz besonders deutlich bei den vier Devales von Kandy. So wie die gesamte Insel ist auch die alte Königsstadt unter den Schutz der vier Gottheiten gestellt: Natha, Upulvan (Vishnu), Pattini und Kataragama (s. S. 113). Sie spielen besonders beim Esala Perahera eine wichtige Rolle. Die Devales der ersten drei genannten Gottheiten befinden sich auf dem Gelände des Zahntempels, letzterer in der Innenstadt.

Pattini Devale

In einem ummauerten Bezirk nördlich der Temple Street liegt der Devale zu Ehren Pattinis. Der Eingang zum Gelände befindet sich neben dem Büro des Sri Lanka Tourist Board an der Deva Veediya. Pattini wird als Idealbild der ergebenen und tugendhaften Gattin vor allem von Frauen einfacher Herkunft verehrt – was mit ihrer Ursprungsgeschichte zu tun hat: Es lebte ein bescheidenes Mädchen namens Kannakai im südindischen Madurai und war glücklich mit Kovalan verheiratet. Doch ihr Mann begann nach einiger Zeit eine Affäre mit einer Tempeltänzerin. Eines Tage bat jene ihn um Geld, um Schulden bezahlen zu können. Kovalan ging zu seiner Frau, die ihm ohne Zögern ihren goldenen Fußschmuck gab. Bei einem Goldschmied konnte er den Schmuck gegen Geld einlösen, gerade zu einer Zeit, als die Königin verkünden ließ, sie habe ihre Fußringe verloren. Kovalan wurde des Diebstahls bezichtigt und sofort hingerichtet. Wutentbrannt eilte Kannakai daraufhin zum Königspalast, verlangte vom Herrscherpaar Rechenschaft, riss sich ihre Brüste heraus und schleuderte sie ihnen entgegen. Die Audienzhalle ging in Flammen auf und innerhalb kurzer Zeit waren der gesamte Palast samt Königsgefolge vernichtet. Kannakai wurde in den Himmel aufgenommen und zur mächtigen „Göttin der Ergebenheit", Pattini.

Der Schrein selbst ist eher bescheiden, doch weist der Eingang eine schöne, mit Messing beschlagene Tür auf, flankiert von Wächterfiguren und Makaras. Kleinere Nebenschreine sind Kali und Mariamman geweiht. Pujas zu Ehren Pattinis werden um 5.40, 10.15 und 19.15 Uhr abgehalten.

Im Norden des Devales steht ein mächtiger ummauerter Bodhi-Baum, **Wel Bodhiya**. Der Sprössling des berühmten Baumes aus Anuradhapura soll im frühen 18. Jh. von König Narendra Simha gepflanzt worden sein.

Natha Devale

In Nachbarschaft zum Pattini-Schrein liegt ebenfalls innerhalb des ummauerten Bezirks der Natha Devale. Dieses stadtälteste Heiligtum wurde im 14. Jh. von Vikramabahu III. gestiftet, als Kandy noch keine Königsresidenz war. Dennoch spielte der Devale in späterer Zeit eine wichtige Rolle für das Königshaus, denn bei der Einführung eines neuen Regenten wurden ihm hier der offizielle Königstitel verliehen und das Schwert übergeben. Vor der Statue Nathas, welcher ja mit dem zukünftigen Buddha Maitreya identisch ist, sollte der neue Herrscher unter dessen Schutz gestellt werden. Der Name Maitreya (skt. „All-Liebender") wird häufig mit dem Suffix „-natha" (skt. beschützen) verknüpft, was dann so viel wie „der allliebende Beschützer" bedeutet.

Der gedrungen wirkende Hauptschrein erinnert mit dem runden Dachabschluss (Shikhara) an die Hindu-Tempel Polonnaruwas, welche wiederum starke südindische Einflüsse aufweisen. Ihm vorgelagert ist ein geschlossener Vorbau mit schönen Malereien an seiner Eingangsseite und eine längliche Säulenhalle *(digge)*. Beide sind mit dem für Kandy markanten abgeknickten Walmdach bedeckt. Auf der Südostseite des Devales befindet sich ein weißer Stupa.

Vishnu Devale

Der Tempel zu Ehren Vishnus liegt im Nordwesten des ehemaligen Palastgeländes an der Raja Veediya. Wegen der Bedeutung Vishnus – er zählt zu den zentralen Hindu-Gottheiten und ist zugleich Patron des Buddhismus – wird das Heiligtum auch „Maha Devale" (Großer Tempel) genannt. Seine Ursprünge gehen auf das 18. Jh. zurück, doch wurden die Gebäude 1957 umfassend erneuert. Er ist architektonisch wohl der interessanteste Tempelbau. Von ornamentierten Mauern flankierte Treppen führen zum erhöht liegenden Hauptkomplex. Er besteht aus dem Vishnu-Schrein, dessen auf allen Seiten abgeflachtes Walmdach sehr typisch für die traditionellen Kandy-Bauten ist. Die vergoldete Vishnu-Statue und weitere Abbilder der Gottheit finden sich im hinteren Bereich. Ihm ist ein offener *digge* mit verzierten Säulen aus Ceylonesischem Eisenholz vorgelagert. Ein weiterer Schrein zur Linken der Haupthalle ist Dadimunda (Devata Bandara) gewidmet, der etwa seit dem 17. Jh. als „General" Vishnus Verehrung findet. Seine Statue ist am Stab und dem traditionellen Kostüm der Aristokratie von Kandy zu erkennen. Die halbstündigen Pujas werden um 6, 10.45 und 18 Uhr abgehalten.

Kataragama Devale

Als einziger der vier Devales liegt der Schrein zu Ehren Kataragamas bzw. Skandas außerhalb des Zahntempelbezirks in der Kotugodelle Veediya. Trotz des großen bunten Eingangspavillons mit hölzernem Dachaufsatz ist er angesichts der vielen ebenso farbenfrohen Geschäfte in dieser Straße leicht zu übersehen. In diesem Tempel finden sich vorwiegend tamilische Hindus ein, unter denen der Kriegsgott Kataragama besonders populär ist. Sein Hauptschrein ist von einer schönen Balustrade umgeben. Die sechsköpfige Statue mit zwölf Händen – in jeder mit jeweils einer anderen Waffe – sitzt auf dem für Kataragama typischen Reittier, dem Pfau. Weitere Schreine sind u. a. dem Elefantengott Ganesha, der schwarzgesichtigen Durga und auch Buddha gewidmet. Ein schöner Bodhi-Baum spendet Schatten im gepflegten Innenhof.

British Garrison Cemetery

Nicht weit vom Nationalmuseum entfernt liegt in einer Seitenstraße der Anagarika Dharmapala Mw. der 1822 etablierte **Britische Garnisonsfriedhof**. Erst 1998 wurde er im Auftrag einer Bürgerinitiative restauriert, nachdem die längliche Anlage mit insgesamt 195 Gräbern immer mehr verwahrloste. Bis zur Schließung des Friedhofs in den 1870er Jahren fanden hier einige prominente Persönlichkeiten ihre letzte Ruhe, jedoch häufiger arme Schlucker, die fern ihrer Heimat in jungen Jahren starben. Wie etwa John Spottiswood Robertson, der 23-jährig von einem wild gewordenen Elefanten zertrampelt wurde, oder A. McGill, dem 1873 ein Hitzschlag ein vorzeitiges Ende bereitete. Der 38-jährige David Findlay wurde unter seinem einstürzenden Haus begraben und J. P. L. Hardy 1830 von der Malaria dahingerafft, als er die Länge des Mahaweli erforschen wollte. Zwar überlebte Captain James McGlashan die große Schlacht von Waterloo, nicht jedoch eine tropische Erkältung, die ihn 1817 in Trincomalee befiel. Die prominenteste Gestalt ist sicherlich Sir John D'Oyly, der 1815 beim Vertrag von Kandy das Empire vertrat. 1824 starb er zurückgezogen im Alter von 50 Jahren. Auch eine Gouverneursgattin fand hier ihre letzte Ruhestätte: Lady Elizabeth Gregory, Frau von William Henry Gregory (reg. 1872–77).

Das Büro des Friedhofs ist in der ehemaligen Kapelle untergebracht. ⏱ Mo–Sa 8–17 Uhr. Der Eintritt ist frei, doch sind Spenden zum Erhalt der Anlage gern gesehen.

Weitere buddhistische Heiligtümer

Eines der beiden bedeutendsten buddhistischen Klöster der Stadt ist der **Malwatta Maha Vihara** am Südufer des Kandy-Sees an der Sangaraja Mawatha. Es entstand auf dem Gelände eines königlichen Lustgartens nach einer Initiative von Kirti Sri Rajasimha (reg. 1747–82). Der König hatte Mönche aus Siam eingeladen, um den in eine Krise geratenen buddhistischen Orden zu reformieren. Hier empfingen 1753 die ersten Mönche die höhere Ordination aus der Hand dieser siamesischen Bhikkhus. Daher gehören die Angehörigen des Klosters dem so genannten „Siyam Nikaya" an, einem der drei buddhistischen Orden Sri Lankas. Allerdings ist der Vihara für Besichtigungen weniger interessant, weshalb sich hier auch kaum Touristen aufhalten.

Etwas mehr ausländische Besucher zählt das zweite bedeutende Kloster, der **Asgiriya Maha Vihara**. Dies liegt einerseits an seiner schönen Lage an der Nordseite des Bahirawakanda-Hügels und zum anderen an einer Statue des liegenden Buddha, die dort in einem Vihara verehrt wird. Das Kloster ist wahrscheinlich bereits im frühen 14. Jh. von dem in Kurunegala residierenden König Parakramabahu IV. gegründet worden. Der Name „Asgiriya" leitet sich vom Ortsnamen Walasgala bei Yapahuwa ab, woher die ersten Mönche stammten. Auf dem Klostergelände befinden sich verschiedenste Viharas, darunter der Adahana Maluwa Gedige Vihara, wo die königlichen Leichname aufgebahrt und später verbrannt wurden. Zum Kloster gelangt man über die Wariyapola Sri Sumangala Mawatha. Nebenan befindet sich das Asgiriya Stadion.

Am besten besucht man die beiden Klöster zum Puja gegen 16.30 Uhr, weil dann die Wahrscheinlichkeit am größten ist, dass die Gebäude geöffnet sind. Um diese Zeit ist auch wegen des nachmittäglichen Lichtes ein Aufstieg zum **Bahirawakanda Buddha** von Reiz. Von der 28 m hohen Statue reicht die Aus-

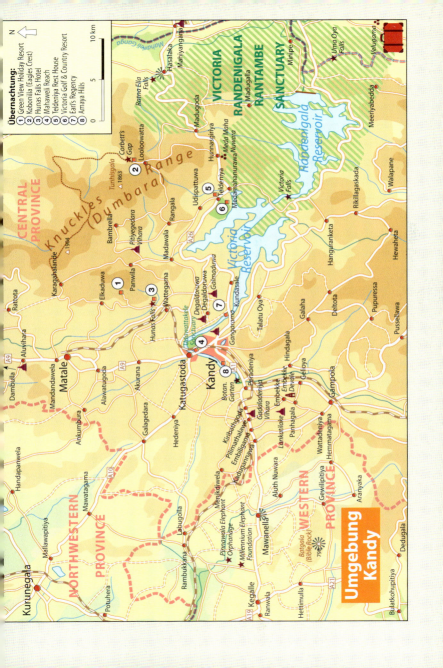

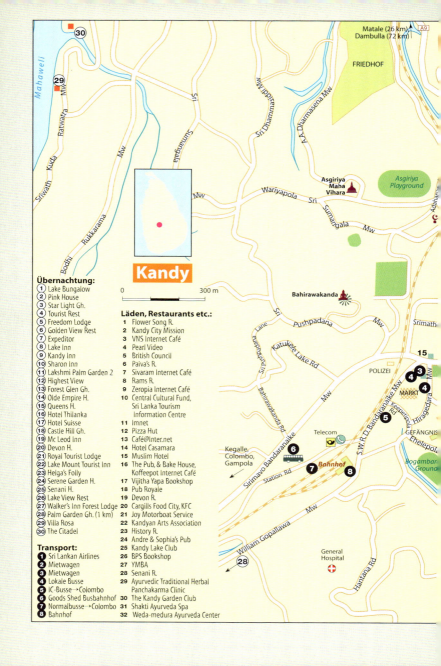

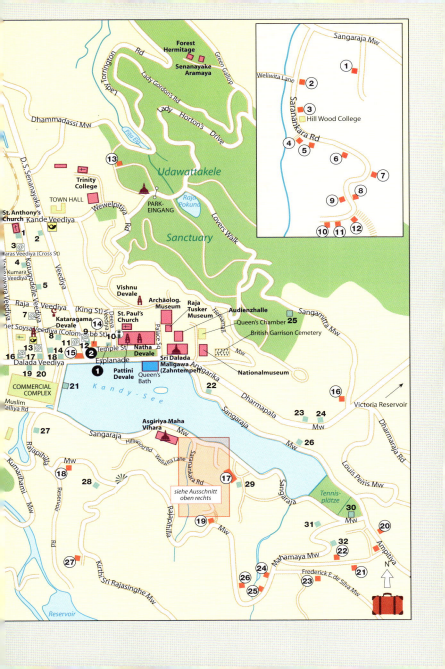

Kandy, Natha Devale; Ratnapura, Korbladen

Pedro Estate bei Nuwara Eliya, Teepflückerin

Jaffna, Nallur Kandaswamy Kovil; Jaffna, Kleiderladen

Jaffna-Halbinsel, Vallipuram, Hindugläubige; Arugam Bay

Trincomalee, Foul Point, zerstörter Leuchturm

sicht bis zu der östlich gelegenen Knuckles Range. Die weiße Figur thront seit 1993 über der Stadt, als sie nach über 15-jähriger Bauzeit endlich fertiggestellt war. Der etwa 20-minütige Aufstieg beginnt westlich des Uhrturms an der Sirimavo Bandaranaike Mw. Von dort folgt man der Sri Pushpadana Mw. und biegt nach ca. 5 Minuten in einen rechts abgehenden steilen Weg ein. Den Eintritt von 200 Rs kann man sich jedoch sparen, wenn man außerhalb des Geländes bleibt – die Aussicht ist genauso gut.

Christliche Kirchen

Auch die Kirchen von Kandy haben durchaus ihren Reiz, wie etwa die **St. Paul's Church** südlich des Raja Veediya. Der massive neo-gotische Ziegelbau wurde 1843 zur Provokation der Buddhisten unweit des Zahntempels erbaut und weist einen strengen, aber sehr harmonischen Chorraum mit bemalten Glasfenstern auf. An den Wänden hängen zahlreiche Grabtafeln. Sonntägliche Gottesdienste finden um 6.45 und 7.45 Uhr statt.

Etwas beschwingt-barocker ist die Atmosphäre in der katholischen **St. Anthony's Church** in der Kotugodelle Veediya. Nach nur eineinhalbjähriger Bauzeit wurde sie zur Adventszeit 1876 eingeweiht. Englischsprachige Gottesdienste finden Sa und So um 17 Uhr statt.

Ein interessanter Versuch, die traditionelle Architektur Kandys mit dem christlichen Glauben zu verbinden, lässt sich auf dem Gelände des **Trinity College** studieren. Das College wurde 1822 von der Christlichen Missionarsgesellschaft gegründet und war seinerzeit eine der besten Schulen. Die dazu gehörende Kirche wurde den offenen Versammlungshallen der Könige von Kandy nachempfunden. Mächtige Holzsäulen stützen das schwere Satteldach. Das College liegt an der Zufahrtsstraße zum Udawattakele-Schutzgebiets. Zum Betreten des Geländes muss man die Passnummer in ein Buch eintragen.

Royal Palace Park

Wen es mehr ins Grüne zieht, der kann durch den Royal Palace Park spazieren. Auch er ist dem schaffensfreudigen Sri Vikrama Rajasimha (reg. 1798–1815) zu verdanken. Der „Wace Park", wie er auch genannt wird, liegt etwas südlich der Rajapihilla Mw., die auf der Anhöhe südlich des Kandy-Sees entlangführt und sehr schöne Ausblicke auf die Stadt bietet. ⌚ tgl. 8.30–16.30 Uhr, Eintritt 25 Rs.

Kandy-Tänze

Zum Besuch der alten Königstadt gehört auch eine Vorführung der „Kandy-Tänze". Auch wenn sie sehr touristisch sind, so zeigen sie doch sehr gut das akrobatische Können der Tänzer und Trommler. Zudem geben sie einen Einblick in die Tanzkunst Sri Lankas (s. S. 120). In Kandy kann man an drei Orten die etwa einstündigen Vorstellungen besuchen:

Kandyan Arts Association, 321 Ampitiya Rd., am Nordufer des Sees, ✆ 081-2239118. 18 Uhr, 300 Rs.

Kandy Lake Club, Sangamitta Mw., nordöstlich des Sees. 18 Uhr, 300 Rs.

YMBA, Westende der Rajapihilla Mw., südwestlich des Sees. 17.45 Uhr, 300 Rs.

Die erstgenannten werden häufig von Reisegruppen besucht, weshalb man rechtzeitig vor Ort sein sollte, um noch gute Plätze zu ergattern. Im YMBA ist die Show weniger spektakulär, dafür in einer etwas intimeren Atmosphäre.

Udawattakele-Schutzgebiet

In den Bergen nordöstlich des Kandy-Sees breitet sich das 104 ha große Udawattakele-Schutzgebiet aus. Bis zum Untergang der Monarchie, 1815, war dieser dichte Urwald als Park dem Herrscherhaus vorbehalten. 1834 ließ der Gouverneur A. D. Horton den Hauptweg anlegen und benannte ihn nach seiner Frau. Die Briten erklärten das Gebiet in einem Dekret aus dem Jahre 1938 zum Schutzgebiet. Von besonderem Reiz sind der dichte alte Baumbestand und die Vogelwelt – zu deren Beobachtung ein Fernglas von Nutzen ist. Auch Affen säumen gelegentlich die gut ausgebauten Wege und hoffen, von den Passanten gefüttert zu werden – was man jedoch nicht tun sollte. Ansonsten halten sich hier vorwiegend junge Liebespaare auf. Wo sonst können sie so ungestört sein? Zu den unangenehmen Begleiterscheinungen gehören die Blutegel nach einem Regenguss und der völlig überzogene Eintrittspreis (Erwachsene 575 Rs, Kinder bis 12 Jahre 290 Rs plus 15%).

Wer alleine unterwegs ist, sollte sich nur auf den gut ausgebauten Hauptwegen aufhalten. Der

Haupteingang ist über die Wewelpitiya Rd. zu erreichen, welche auf der Höhe des Rathauses rechts von der D. S. Senanayaka Veediya abzweigt. Vom Stadtzentrum sind es etwa 2–3 km. Am Buddhismus Interessierte können auch zur einstigen Einsiedelei des 1994 verstorbenen deutschen Mönchs **Nyanaponika** (s. S. 324, Kasten) spazieren. ⊕ tgl. 7–17 Uhr.

Tee-Museum

Wer nicht ins Hochland fährt und dort eine der Tee-Plantagen besucht, kann im nur 5 km südwestlich von Kandy gelegenen **Hantane** das „Tea Museum" besichtigen. Es wurde auf Initiative des *Sri Lanka Tea Board* und der *Planters' Association of Sri Lanka* in der stillgelegten „Hantane Tea Factory" eröffnet. In dem vierstöckigen Fabrikgebäude aus dem Jahre 1925 sind antiquierte Gerätschaften ausgestellt, und Besucher können anhand von Dokumentationen die Entwicklungsgeschichte der Teeproduktion im kolonialen Ceylon verfolgen. Im Vordergrund steht hier vor allem die Pionierarbeit des James Taylor (s. S. 354), der im nahen Loolecondra 1867 die erste kommerzielle Plantage anlegte. Unter den Ausstellungsstücken ist eine Trockenwalze, die der Teepionier benützt haben soll. Vom Restaurant im vierten Stock bietet sich zudem ein herrliches Panorama auf die Berglandschaft.

Das Museum ist über die Straße nach **Peradeniya** zu erreichen, von welcher die Hantane Road südlich abzweigt. ⊕ tgl. 8.15–16.45 Uhr, Eintritt 250 Rs.

Übernachtung

An Übernachtungsmöglichkeiten herrscht wahrlich kein Mangel. Es ist für jeden Geldbeutel etwas dabei. Ein Großteil der günstigen Unterkünfte liegt südlich des Sees, die meisten Luxushotels haben sich in die schöne Berglandschaft rund um Kandy angesiedelt. Während des Esala Perahera im Juli/August muss man mit empfindlichen Aufschlägen rechnen. Oft sind die Hotels schon Monate vorher ausgebucht, weshalb eine frühzeitige Reservierung empfehlenswert ist.

Wer mit dem Three-Wheeler auf Unterkunftssuche ist, sollte argwöhnisch werden, falls der Fahrer einem weismachen möchte, das gewünschte Gästehaus sei voll, miserabel oder gar geschlossen. Falls er dann mit einer „Super-Alternative" daherkommt, ist klar: ihm geht es nur darum, eine Provision zu kassieren.

IM NORDEN UND WESTEN VON KANDY –

Untere Preisklasse: *Olde Empire Hotel*, 21 Temple St., ☎ 081-2224284. Seit das Empire untergegangen ist, hat sich in diesem originellen Bau wenig verändert. Trotzdem findet es aufgrund seines antiquierten Ambientes und seiner Toplage in der Nähe des Zahntempels seine Liebhaber. Die 20 Zi mit Gemeinschaftsbad sind ebenso bescheiden wie der Preis. Etwas für nostalgische Asketen, die sicher auch das Bier im rustikalen Restaurant zu schätzen wissen. ❶

Palm Garden Gh., William Gopallawa Mw., 8 Bogodawatte Rd., ☎ 081-2233903, 2203512, ☎ 220 2080, ✉ maliktsl@yahoo.com, 🖳 www.palmgardenkandy.com. Liegt in einer Seitenstraße, 1 km westlich vom Hospital. Netter 2-stöckiger Bau mit 11 sehr geschmackvollen Zi mit Balkon (Bad, TV, teilweise AC). Gutes Dachrestaurant. Sehr gutes Preis-Leistungs-Verhältnis. Malik, der Eigentümer, vermietet Fahrzeuge und Motorräder. ❷

Prasanna Village Inn, 94 Sudharshanarama Mw., Nagastenna, ☎ 081-4479869, 2232343. Sehr freundliche Unterkunft in einer von der William Gopallawa Mw. abgehenden Seitenstraße. In fast dörflichem Ambiente können die Gäste dem Rauschen des nahen Stromes lauschen. Für jeden etwas: 2 Zi mit Gemeinschaftsbad, 7 Zi mit Bad, 6 große AC-Zi. Schönes Restaurant mit Terrasse. Internetzugang. ❶–❷

Forest Glen, 150/6 Lady Gordon's Drive, ☎ 081-2222239, 🖳 www.forestglenkandy.com. Am Rande des Udawattakele-Schutzgebiets gelegenes Gästehaus mit 8 Zi (Warmwasser-Bad), das kostenbewusste Naturfreunde begeistern wird. Beim Frühstück kann man dem Vogelgezwitscher lauschen. Pick-up Service auf Anfrage. ❶–❷

Gem Inn II, 102/90 Hewaheta Rd., Thalwatta, ☎ 081-2224239, ✉ geminn@ispkandyan.lk, 🖳 www.geminn.com. Etwa 2,5 km nordöstlich der Stadt in Richtung Mahiyangana an einem Berghang oberhalb des Mahaweli. 7 saubere Zi mit Warmwasser-Bad und Balkon. Großer

Pattini Devale, Türmalerei

Garten und gute Küche. Sehr beliebte Adresse bei Ruhesuchenden, allerdings schwer zu finden. Am besten vorher anrufen! Mit dem Three-Wheeler kostet eine Fahrt etwa 150 Rs. Alternativ kann man vom Uhrturm mit Bus Nr. 698 in Richtung Haragama oder Gurudeniya fahren und in Thalwatta aussteigen. ❷

Royal Garden Hotel, 903/18 William Gopallawa Mw., 081-2387162, ✆ 2387163, ✉ rghmall@kandy.lanka.net. Etwa 3 km westlich vom Uhrturm an der Straße nach Peradeniya. Insgesamt 10 saubere Zi mit Bad, teilweise AC, in modernem Haus, das im unteren Bereich einen Supermarkt hat. Freundliche Familie. ❷–❸

Mittlere und obere Preisklasse: *Queens Hotel*, Dalada Veediya, ✆ 081-2222813, ✆ 2232079, ✉ queens@kandy.ccom.lk. Seit seiner Eröffnung 1844 hat dieser ehrwürdige Kolonialbau viele Berühmtheiten ein- und ausgehen sehen, darunter 1911 Hermann Hesse. Die 76 Zi mit Bad, einige davon mit AC, mögen manche etwas kitschig empfinden. Wer es etwas ruhiger haben möchte, sollte die Zi in Richtung Innenhof nehmen. Zwei Restaurants und eine urige Bar gehören ebenso zur Einrichtung wie Pool und „Royal Ballroom". ❸–❹

Hotel Thilanka, 3 Sangamitta Mw., ✆ 081-447 5201, 2232429 ✆ 2225497, ✉ thilanka@ids.lk, 🖳 www.hotelthilanka.com. Liegt auf einer Anhöhe südlich des Kandy-Sees und wird besonders von Reisegruppen frequentiert. Die billigeren 45 non-AC-Zi liegen im „Heritage Wing", die 50 besseren AC-Zi im „Deluxe-Wing". Dazu gibt es noch 7 Suiten, Pool und Restaurant. Auf dem großzügigen Gelände liegt etwas abgelegen das architektonisch sehr originelle Ayurveda-Zentrum. ❹–❺

Villa Rosa, 71/18 Dodanwella Passage, Asgiriya, ✆/✆ 081-2215556, ✉ rosa@slt.lk, 🖳 www.villarosa-kandy.com. Am westlichen Stadtrand gelegene Villa in Toplage. Vom Garten hat man einen atemberaubenden Blick auf den Mahaweli. 6 sehr geschmackvolle Zi mit allen Annehmlichkeiten. Für den professionellen freundlichen Service sorgt der deutsche Eigentümer Volker Bethke. Ein Paradies für individuelle Genießer, denen sicherlich auch die vielfältigen Ausflugsangebote zusagen. Doch der Luxus hat seinen Preis. ❻

The Citadel, 124 Srimath Kuda Ratwatte Mw., ✆ 081-2234365, ✉ htlres@keells.com, 🖳 www.johnkeellshotels.com. Ein romantischer Rückzugsort direkt am Mahaweli, etwa 5 km westlich des Stadtzentrums. Die Gebäude wurden an einen Berghang gebaut, weshalb alle 122 Zi und 5 Suiten mit Balkon dem Fluss zugewandt sind. Die sehr geschmackvollen Einrichtungen verbinden modernes und traditionelles Design. Beliebt sind Bootstouren auf dem Mahaweli. Großer Pool, der gegen Gebühr auch von Außenstehenden genutzt werden kann. ❻

SÜDLICH DES SEES – Ein Großteil der Billigunterkünfte hat sich entlang der Saranankara Road angesiedelt. Die Konkurrenz belebt das Geschäft und hat ein gutes Preis-Leistungs-Verhältnis zur Folge. Wer Zimmer mit Aussicht möchte, sollte sich bei den höher gelegenen Gästehäusern umschauen oder in die Rajapihilla Mawatha ausweichen.

Untere Preisklasse: *Mc Leod Inn*, 65A Rajapihilla Mw., ✆ 081-2222832. Zurecht eine der bevorzugten Low-Budget-Unterkünfte, denn hier stimmen Service und Preis. 8 Zi mit Warmwasser-Bad, davon 2 für nur 100 Rs extra mit toller Aussicht. Die genießt man auch vom guten Restaurant aus. ❶

Kandy Inn, 70 Saranankara Rd., ✆ 081-2239406. Die 7 Zi mit Bad sind recht bescheiden, aber für den Preis o. k. Zum Essen muss man allerdings zu den umliegenden Gästehäusern gehen. ❶

Lakshmi Palm Garden II Gh., 57 Saranankara Rd., ✆ 081-2222154. Seit einem Lifting ist diese einfache Unterkunft mit 11 Zi – 6 davon mit Warmwasser-Bad – akzeptabel. Vom Gemeinschaftsbalkon bieten sich schöne Ausblicke. ❶

Star Light Gh., 15/A Saranankara Rd., ✆ 081-223 3573. Freundliche Herberge mit 7 Zi (Warmwasser-Bad). Familien können den ganzen Bungalow mieten und die Kinder auf dem Hof herumtollen lassen. Die Besitzer arrangieren Ausflüge mit dem hauseigenen Minibus. ❶–❷

Tourist Rest, 22/3 Saranankara Rd., ✆ 081-223 2665. Der kleine Garten, der freundliche Service und die Veranda machen dieses Gästehaus zu einer populären Traveller-Adresse. Die 10 Zi mit Warmwasser-Bad, davon 1 Familienzimmer und 2 Zi mit Gemeinschaftsbad, sind gut, was

Ein Leben für die Weisheit – der deutsche Mönch Nyanaponika Mahathera

Der Weg in die Freiheit ist ein beschwerlicher Weg, weil er von uns verlangt, die selbstgewählten Fesseln unserer Gier und unseres Hasses, unserer Vorurteile und Dogmen – Fesseln, die wir dummerweise als Zierrat pflegen – zu zerschlagen.

Nyanaponika

Als der junge Siegmund Feniger am 4. Februar 1936 mit dem Schiff im Hafen von Colombo einlief, war es, als hätte er endlich seine wahre Heimat gefunden. Der einzige Sohn moderat gläubiger Juden wurde 1901 in Hanau geboren. Bereits sehr früh kam er mit dem Buddhismus in Kontakt und nahm als 20-Jähriger seine Zuflucht zum Erleuchteten. In Berlin, wohin er mit seinen Eltern 1922 gezogen war, engagierte er sich in buddhistischen Kreisen. Dort traf er auch erstmals den in Ceylon lebenden deutschen Mönch **Nyanatiloka Mahathera**. Dessen Übersetzungen aus dem Palikanon hatten ihn so sehr inspiriert, dass er sich ganz dem Buddhismus hingeben wollte. Von 1924–32 führte er im ostpreußischen Königsberg den elterlichen Laden, der gleichzeitig als buddhistische Leihbibliothek fungierte. Über den von ihm gegründeten Studienkreis pflegte er auch enge Kontakte mit dem renommierten Indologen **Helmuth von Glasenapp**, der zeitweilig an der Königsberger Universität lehrte.

Nachdem ab 1933 sein Leben in Nazi-Deutschland immer unerträglicher wurde – er engagierte sich im „Zentralausschuss der deutschen Juden für Hilfe und Aufbau" –, fasste er den Entschluss, zusammen mit seiner Mutter nach Ceylon auszuwandern. Die erste Zeit lebte er bei seinem Lehrer Nyanatiloka in der Island Hermitage bei Dodanduwa, die in einer Lagune südlich von Hikkaduwa liegt. Dort wurde er am 29. Juni 1937 zum Mönch geweiht. Sein Lehrer gab ihm den Palinamen *Nyanaponika* („der Weisheit zugeneigt"). Wegen der Hitze zog es ihn jedoch ein Jahr später nach Gampola. Während des Zweiten Weltkrieges wurde er von den Engländern zunächst in einem Lager in Sri Lanka und ab Ende 1940 im nordindischen Dehra Dun am Fuße des Himalaya interniert. Dort erlebte er mit anderen internierten Buddhisten, allen voran mit **Lama Anagarika Govinda**, eine intensive Austauschphase.

Nach dem Krieg konnte er auf die Insel zurückkehren. An der Vorbereitung der sechsten buddhistischen Synode in Birma – sie fand von 1954–56 statt – war er zusammen mit Nyanatiloka wesentlich beteiligt. Die Begegnung mit dem dort lebenden Meister der Vipassana-Meditation, Mahasi Sayadaw, führte zur Niederschrift des heutigen Klassikers *The Heart of Buddhist Meditation* (dt. *Geistestraining durch Achtsamkeit*).

Einem größeren Publikum wurde Nyanaponika durch die Gründung der Buddhist Publication Society (BPS) im Januar 1958 bekannt. Damals lebte er in einer Einsiedelei im Udawattakele-Schutzgebiet bei Kandy. Was als einfacher Verlag begann, avancierte mit den Jahren zu einer der führenden buddhistischen Buchgesellschaften Sri Lankas. Zum einen widmete sich die BPS den Übersetzungen einiger Schriften aus dem Palikanon, zum andern wurde sie zur Plattform bedeutender Diskussionen zu Fragen der Ethik, der buddhistischen Lehre und Geschichte. Aus der Feder Nyanaponikas stammen einflussreiche Publikationen wie *The Power of Mindfulness*, *The Roots of Good and Evil* und *The Vision of Dhamma*. Einige Bücher wurden auch ins Deutsche übersetzt.

Während der Mönchsgelehrte immer mehr mitteleuropäische Schüler um sich sammelte, begann er ab den 1980er Jahren regelmäßig nach Deutschland und in die Schweiz zu reisen. Hochbetagt und hochgeehrt – seit 1978 war er Ehrenmitglied der Deutschen Morgenländischen Gesellschaft – starb er am 19. Oktober 1994. Seine sterblichen Überreste ruhen in der Island Hermitage.

Martin H. Petrich

auch für das Essen gilt. Internet-Service. ❶–❷

Lake Bungalow, 22/2 Sangaraja Mw., ✆ 081-2222075, ✉ shiyan-d@ispkandyan.lk. Familien können für 3500 Rs das gesamte Apartment mieten (eigene Küche), ansonsten sind die 6 Zi mit Bad – eines mit Badewanne und Balkon – auch individuell buchbar. Die sehr freundliche Eigentümerfamilie wohnt im geschichtsreichen, 150 Jahre alten Nachbarhaus. Daneben sorgt der Montessori-Kindergarten für Belebung. ❶–❷

Lake Mount Tourist Inn, 195A Rajapihilla Mw., ✆ 081-2233204, ✆ 2235522, ✉ hirokow@sltnet.lk. Die 8 Zi, einige mit Warmwasser-Bad, sind etwas klein, aber recht sauber. Netter Gemeinschaftsbalkon mit guter Aussicht. Kostenloser Abholservice aus dem Stadtzentrum. ❶–❷

Walker's Inn Forest Lodge, 32/3 Keerthi Sri Rajasingha Mw., ✆ 081-2235407. Die steile Straße geht von der Rajapihilla Mw. ab. Die 4 Zi mit Warmwasser-Bad sind eine gute Wahl. Vom Frühstücksraum – dem Wohnzimmer der Familie – kann man den Blick in die Gegend schweifen lassen. Die ländliche Umgebung kompensiert die abgelegene Lage. ❶–❷

Helga's Narrheit

„An eccentric mess of a hotel", „bizarr", „eine erfrischende Abwechslung": die Kommentare der Hausgäste sind so widersprüchlich und schillernd wie die 40 individuell eingerichteten Räume. Auf deren Toiletten wurden Modezeitschriften zu Tapeten verarbeitet. „Helga's Narrheit", so hat die illustre Eigentümerin, Helga de Silva, ihr „Anti-Hotel" nicht umsonst genannt. Im Dschungel-umrankten Pool kann man im Blickfeld von Fantasy-Figuren in die Feenwelt abtauchen. Wem die Übernachtung zu teuer ist, kann hier bei Kerzenlicht im lauschigen Restaurant speisen. Das Menü kostet US$14.

Helga's Folly, Frederick E. De Silva Mw., Seitenstraße der Mahamaya Mw., ✆ 081-223 4571, ✆ 4479370, ✉ chalet@sltnet.lk, 🖥 www.helgasfolly.com. ❻

Golden View Rest, 46 Saranankara Rd., ✆ 081-2239418, ✉ goldenview@ispkandyan.lk. Der Ausblick ist nicht so „golden" wie der Name verspricht. Doch die 10 Zi mit Kaltwasser-Bad sind sauber und nett. Der engagierte Eigentümer bemüht sich erfolgreich um eine gute Küche und hat auch Ayurveda im Angebot. ❷

Freedom Lodge, 30 Saranankara Rd., ✆ 081-222 3506. Nette Unterkunft mit 4 recht sauberen Zi mit Kaltwasser-Bad. Die Räume befinden sich im Haus der Familie. ❷

Lake Inn, 43 Saranankara Rd., ✆ 081-2222208. Die 8 Zi mit Warmwasser-Bad sind durchwegs in Ordnung. Von den vorderen mit Gemeinschaftsbalkon hat man einen schönen Seeblick, zahlt dafür auch etwas mehr. ❷

Expeditor, 58A Saranankara Rd., ✆ 081-2238316, ✉ expeditorkandy@hotmail.com. Beliebte Unterkunft mit 8 sauberen Zi mit Balkon und Warmwasser-Bad. Auch die Küche kommt gut an. Der Eigentümer, Mr. Sumane Bandara Illangantilake, arrangiert Trekkingtouren in die Umgebung, vor allem zur Knuckles Range. ❷

Sharon Inn, 59 Saranankara Rd., ✆ 081-2222416, 2222446, ✆ 2225665, ✉ sharon@sltnet.lk. Eine der besten Adressen in diesem Viertel. Die 10 Zi mit Bad sind wie der Rest des Hauses klinisch sauber und geschmackvoll. Fast alle bieten eine exzellente Aussicht. Auch wer nicht hier wohnt, sollte den täglich in anderen Variationen gebotenen Curry probieren. Internet-Service (300 Rs/Std.). ❷–❸

Highest View, 129/3 Saranankara Rd., ✆ 081-2233778. Der Name passt, denn von den meisten der 9 Zi mit Bad, 6 mit Gemeinschaftsbalkon, hat man einen wunderbaren Panoramablick. Manche sind etwas klein, jedoch alle sehr sauber. Dafür sorgt Tony, der lange in der Schweiz gearbeitet hat. Gutes Restaurant mit ebenfalls exzellenter Aussicht. ❷–❸

Royal Tourist Lodge, 93 Rajapihilla Mw., ✆ 081-2222534. Die Familie vermietet in ihrer großen Villa 3 geräumige Zi mit Bad. Ruhig gelegen, schöner großer Garten. Das Essen sollte man vorher bestellen. ❷–❸

Lake View Rest, 71 Rajapihilla Mw., ✆/✆ 081-2239420, ✉ lakehtl@sltnet.lk. Ein etwas groß geratener Kasten mit 20 sauberen, wenn auch optisch wenig aufregenden Zi mit Warmwasser-

Bad, die alle jedoch eine gute Aussicht gewähren. ❷

Mittlere und gehobene Preisklasse: *Senani Hotel*, 167/1 Rajapihilla Mw., ✆ 081-2235118, 📠 447 3110, ✉ senaniho@sltnet.lk, 🖥 www.senanihotels.com. Ein empfehlenswertes Mittelklassehotel. Die 16 Zi mit Warmwasser-Bad, TV und Minibar, teils mit AC, sind nett eingerichtet. Leider ist das Restaurant etwas dunkel. ❸–❹
Castle Hill Gh., 22 Rajapihilla Mw., ✆/📠 081-222 4376, ✉ ayoni@sltnet.lk. Wunderschönes Beaux-Art-Haus aus den 1920ern mit großem Garten und Traumblick auf die Stadt. Dies kompensiert etwas die 4 eher kargen, wenn auch riesigen Zi mit Warmwasser-Bad. ❸
Devon Hotel, 51 Ampitiya Rd., ✆ 081-2235164, 📠 2235167, ✉ devon@sltnet.lk, 🖥 www.devonsrilanka.com. Ein solides Mittelklassehotel südwestlich des Kandy-Sees mit 25 komfortablen Zi: TV, Bar, Warmwasser-Bad und Balkon. ❸–❹
Serene Garden Hotel, 173/5 Rajapihilla Mw., ✆ 081-2235268, 📠 2234952, ✉ sereneky@sltnet.lk. Beschauliche Unterkunft mit 12 Zi (Warmwasser-Bad, TV), davon 6 mit Balkon. Freundlicher Service. ❹
Hotel Suisse, 30 Sangaraja Mw., ✆ 081-2233024, 📠 2232083, ✉ suisse@kandy.ccom.lk. Das Gebäude aus dem 19. Jh. diente dem legendären Lord Louis Mountbatten von 1943–45 als Hauptquartier für die in Südostasien stationierten Truppen des Empires. Heute ist es zu Recht eine der populärsten Mittelklasse-Unterkünfte, allein schon wegen der Lage am Kandy-See. Die 6 Suiten und 94 AC-Zi mit Bad und TV sind geschmackvoll eingerichtet, manche mit kolonialem Flair. Gutes Restaurant, Bar mit Billardtisch, Pool. ❹–❺

UMGEBUNG VON KANDY – Das Umland Kandys ist nicht nur für Ausflüge interessant, sondern auch zum Wohnen. Hier sind einige der schönsten Unterkünfte zu finden. Zuweilen liegen sie jedoch recht isoliert, weshalb ein eigener fahrbarer Untersatz unabdingbar ist.

Peradeniya Rest House, Peradeniya, ✆/📠 081-2388299. Liegt schräg gegenüber dem Eingang zum Botanischen Garten, knapp 6 km südwestlich von Kandy. Die 12 Zi mit Kaltwasser-Bad sind soweit o. k., jedoch recht gesichtslos. Bei Reisegruppen beliebtes Restaurant. ❷
Amaya Hills, Heerassagala, Peradeniya, ✆ 081-2233521, 📠 2233948, 🖥 www.amayaresorts.com. Die meisten der 100 AC-Zi haben von ihrem Balkon aus eine schöne Aussicht auf das umgebende Bergpanorama. Dies kann man auch beim Drink von der Kandurata-Terrasse genießen. Zahlreiche Sportmöglichkeiten, darunter Tennis. Auch Swimmingpool und Ayurveda-Spa gehören zum Angebot. ❻
Mahaweli Reach, 35 P. B. A. Weerakoon Mw., ✆ 081-4472727, 📠 2232068, 🖥 www.mahaweli.com. Das edle Fünf-Sterne-Resort liegt ca. 4 km nördlich von Kandy am Mahaweli. Hinter den Fassaden des weißen Palastes verbirgt sich jeder Komfort mit entsprechend luxuriös eingerichteten 114 Zi und 2 Präsidenten-Suiten. Besonders schön sind Pool und Restaurants. ❻
Earl's Regency, ✆ 081-2422122, 📠 2422133 ✉ erhotel@sltnet.lk 🖥 www.aitkenspencehotels.com. Das Luxusresort liegt ca. 4 km östlich von Kandy oberhalb des Mahaweli mit traumhaftem Bergpanorama. Zu den vielen Annehmlichkeiten gehören Pool, Ayurveda-Center und stilvolle Restaurants. Der Service ist entsprechend der renommierten Aitken Spence-Gruppe exzellent. ❻

Essen

Abgesehen von den großen Hotels bieten auch die meisten günstigeren Unterkünfte warme Küche, was man nach einem langen Besichtigungstag zu schätzen weiß. Das *Sharon Inn*, 59 Saranankara Rd., hat täglich wechselnde schmackhafte Curry-Gerichte im Angebot. Die USA hat auch Kandy ihren kulinarischen Stempel aufgedrückt: *KFC* gibt es in der Dalada Veediya, *Pizza Hut* an der D. S. Senanayaka Veediya, Ecke Temple Street.
The Pub, 36 Dalada Veediya. Wem nach frischem Salat, Pasta oder guten Fleischgerichten ist, wird sich hier wohlfühlen. Zum Bier kann man im unterkühlten Raum Musikclips oder Fußball auf dem riesigen Bildschirm verfolgen oder in schönen Rattansesseln auf dem Balkon entspannt das Straßenleben beobachten. ⊙ tgl. 11–23 Uhr.

Udawattakele-Schutzgebiet, Riesenbambus

Bake House, 36 Dalada Veediya. Im Erdgeschoss des Pub. Hauptbesuchsgrund ist für viele das Koffeepot Internet Café im hinteren Bereich, doch kann man vorne auch ganz gut den kleinen Hunger stillen.

History Restaurant, 27A Anagarika Dharmapala Mw., ℡ 081-2202109. Hier wird ein guter Mix von asiatischer und westlicher Küche geboten. Umgeben von historischen Aufnahmen aus dem 19. bis frühen 20. Jh. kann man sich z. B. „Fish a La Veronique" oder „Thai Dancing Shrimps" munden lassen, bevor man zum „White Amaretto Mousse" übergeht. Gelegentlich lässt sich die Zubereitung im „Show Kitchen" verfolgen. ⊕ tgl. 11–23 Uhr.

Muslim Hotel, Dalada Veediya, etwa 10 m nordöstlich des Uhrturms. Das ständige Kommen und Gehen der Gäste zeugt von seiner großen Beliebtheit. Für den kleinen Hunger gibt es Tee und Gebäck, ansonsten ist man mit Roti, Biryani und verschiedenen Currys gut bedient. ⊕ tgl. 6–22.30 Uhr.

Paiva's Restaurant, 37 Yatinuwara Veediya. Einfache Gaststätte, die besonders mittags gut besucht ist. Hier ist vor allem die nordindische Küche zu empfehlen. Neben schmackhaften vegetarischen Gerichten gibt es auch gediegene chinesische Hausmannskost.

Kandy City Mission, D. S. Senanayaka Veediya, 200 m nördlich der Cross St. Wer in dieser Ecke weilt, kann hier als Zwischenmahlzeit ordentliches Gebäck und Sandwiches erstehen.

Rams, 87 Srimath Bennet Soysa Veediya (Colombo St.). Angesichts der günstigen Preise werden Pfennigfuchser genauso zufrieden herausgehen wie Liebhaber südindischer *dosas*. Auch für Vegetarier eine gute Adresse. Die meisten Gerichte kosten weit weniger als 200 Rs. ⊕ tgl. 7.30–22 Uhr.

Devon Restaurant, Dalada Veediya. Guter Ort zum satt werden mit einer reichen Auswahl an indischer und chinesischer Küche. Beliebt ist auch die Bäckerei im gleichen Haus.

Flower Song, 137 Kotugodelle Veediya. Das wohl beste China-Restaurant von Kandy, wo die Ober ihr Handwerk verstehen. Ruhige, angenehme Atmosphäre. Zu Süß- oder Scharf-Saurem kann man aus einer vielfältigen Weinliste wählen. Die Portionen sind üppig. ⊕ tgl. 11–22.30 Uhr.

Senani Restaurant, 30 Rajapihilla Mw., ℡ 081-2202725. Hier wird solides asiatisches und europäisches Essen geboten – das kalt zu werden droht, falls man zu lange verträumt den schönen Panoramablick auf den Kandy-See genießt.

Unterhaltung

Entsprechend dem eher gediegenen Ambiente Kandys dominiert hier vor allem ruhigere Unterhaltung. An den monatlichen Poya-Tagen muss man auf Alkohol verzichten.

The Pub, 36 Dalada Veediya. Sehen und gesehen werden heißt das Motto des vor allem bei Travellern angesagten Pubs. Der gute Service, die Musik und vor allem das Fassbier zaubern die entsprechende Atmosphäre. ⊕ tgl. 11–23 Uhr.

Pub Royale, Dalada Veediya, neben dem Queens Hotel. Wie das benachbarte Hotel strahlt es eine etwas morbide Stimmung aus. Genau das Richtige, um beim billigen Bier über Buddha und die Welt nachzusinnen und zu diskutieren.

The Kandy Garden Club, Sangaraja Mw., am Ostende des Kandy-Sees. Dieser „Club der ehrenwerten Herren" hat seit seiner Gründung 1878 sicherlich schon bessere Zeiten gesehen, doch kann man hier bei Billard und Bier ganz gut mit den einheimischen Herrschaften ins Gespräch kommen – und für 100 Rs Gebühr behaupten, zumindest temporär Mitglied eines alten britischen Clubs gewesen zu sein.

Andre & Sophia's Pub, 29A Anagarika Dharmapala Mw. In diesem auch als Bamboo Garden Chinese Restaurant bekannten Laden lässt es sich ganz nett relaxen. Vielleicht haben manche gar Lust, nach dem zweiten Lion Bier in der Karaoke-Bar einige Liedchen zu trällern.

Hotel Casamara, 12 Kotugodelle Veediya. Auf der Dachterrasse kann man ganz gut das Leben in den Straßen von Kandy beobachten.

Sonstiges

APOTHEKEN – ***Sri Lanka Pharmacy***, 39 D. S. Senanayaka Veediya, ⊕ Mo–Sa 8.30–19.30 Uhr.

AUTO- UND MOTORRADVERMIETUNG – Ein sehr guter Kontakt ist Malik vom ***Palm Garden Gh.***, William Gopallawa Mw., 8 Bogodawatte Rd., ℡ 081-2233903, 2203512, ✉ maliktsl@yahoo.com, 🖥 www.palmgardenkandy.com. Er vermietet Autos, Fahrräder und Motorräder, ja sogar Three-Wheeler zum Selberfahren. Für ein 250 cc-Motorrad verlangt er einschließlich Versicherung 1500 Rs/Tag, für ein 125 cc-Motorrad 1000 Rs/Tag. Autos mit Fahrer kosten im Schnitt 3500–4000 Rs/Tag, ohne etwa 2500 Rs.

Wegen der hohen Konkurrenz lohnt es sich immer, bei ein- bis mehrtägigen Ausflügen verschiedene Angebote einzuholen. Fahrer warten mit ihren Wagen an dem Parkplatz zwischen Queens Hotel und Zahntempel sowie am Markt. Ein ausgesprochen freundlicher und bewährter Chauffeur ist Asitha N. Karandawala von *Safe Journey*, ✆ 077-3015306, ✉ safejourneyasitha@yahoo.com. Pro Tag sind etwa 3500–4000 Rs zu veranschlagen.

Three-Wheeler verlangen für die einfache Fahrt nach Peradeniya etwa 150–200 Rs, für eine Rundreise zu den drei Tempeln Embekke, Lankatilake und Gadaladeniya 600 Rs und nach Pinnawala 1200 Rs. Ein Besuch des Elefanten-Waisenhauses kostet mit Mietwagen 2000 Rs. Die Fahrt von Kandy nach Colombo oder zum Internationalen Flughafen schlägt mit mindestens 3500 Rs zu Buche.

AYURVEDA – Fast alle großen Hotels verfügen über ein Ayurveda-Center. Darüber hinaus gibt es jedoch einige sehr gute Einrichtungen, die zwar nicht so edel, dafür aber auch weitaus günstiger sind – und trotzdem professionell. Für die übliche 1 1/2-stündige Massage-mit-Dampfbad-Behandlungen muss man mit 3000 Rs rechnen.

Ayurvedic Traditional Herbal Panchakarma Clinic, 32/4 Sangaraja Circular Rd., neben dem *Hotel Suisse*, ✆ 081-2223101. Die Räume sind nach Geschlechtern getrennt. Es stehen weibliche und männliche Mitarbeiter für die Behandlungen zur Verfügung.

Weda-medura Ayurveda Center, 7 Mahamaya Mw., ✆ 081-4479484, 🖳 www.ayurvedawedamedura.com. Im Südosten des Sees gelegenes Zentrum mit gutem Ruf. Offeriert ein breites Behandlungsspektrum, das von der halbstündigen Gesichtsmassage für 1000 Rs bis zur 4-wöchigen Panchakarma-Kur für US$2000 reicht.

Shakti Ayurveda Spa, 1/1 Mahamaya Mw., ✆ 081-4473678. Liegt im Südosten des Sees mit ähnlichem Angebot.

BUCHLÄDEN – *Vijitha Yapa Bookshop*, 5 Kotugodelle Veediya, hat eine gute Auswahl an englischsprachigen Büchern und Zeitschriften, vor allem auch zum Thema Sri Lanka. ◷ Mo–Fr 9–18, Sa 9–19 Uhr.

Central Cultural Fund, 16 Deva Veediya, verkauft Bücher über Kunst und Kultur des kulturellen Dreiecks. ◷ tgl. 9–16.30 Uhr.

EINKAUFEN – In den wuseligen Straßen nördlich der Dalada Veediya finden sich zahlreiche kleine Geschäfte aller Art. Wer etwa CDs und DVDs kaufen will – ob Bolly- oder Hollywood –, hat im *Pearl Video*, Nabesha Komplex, 135/4 Kotugodelle Veediya, eine gute Auswahl.

Der bunte **Zentralmarkt** liegt in der Nähe des Bahnhofs an der S. W. R. D. Bandaranaike Mw. und ist der geeignete Ort für den Gewürzkauf. Allerdings tendieren die Händler dazu, bei Touristen völlig überzogene Preise zu verlangen. Hier ist hartes Handeln angesagt.

Unter den **Supermärkten** ist *Cargills Food City* in der Dalada Veediya, ◷ tgl. 8–21 Uhr, die beste Adresse. Ebenfalls gut bestückt ist der an der Straße nach Peradeniya liegende *Royal Mall*, 903/18 William Gopallawa Mw., mit einem Supermarkt im Erdgeschoss. Ein großer **Shopping-Komplex** entsteht derzeit westlich des Kandy-Sees.

Freunde des **Kunsthandwerks** werden im *Kandyan Art Association & Cultural Centre* nördlich des Sees fündig, das in etwas verstaubter Atmosphäre eine große Auswahl an Lack- und Metallarbeiten sowie Batik bietet. Ebenfalls etwas behäbig mit ähnlichem Angebot ist der staatseigene *Laksala* an der westlich des Sees verlaufenden Straße.

Von Kopf bis Fuß auf Touristen eingestellt sind mehrere private Geschäfte in der Rajapihilla Mawatha, die auf der Anhöhe südlich des Sees verläuft, darunter die *Senani Silks Factory*, 30 Rajapihilla Mw., mit schönen Stoffen, *Kandy Souvenirs*, 61 Rajapihilla Mw., mit Schnitzereien, Masken und Schmuck oder *Gunatilake Batiks*, 173A Rajapihilla Mw., mit einer reichhaltigen Auswahl an Batikstoffen. Weitere gute Souvenirgeschäfte liegen an der Straße nach Peradeniya.

GELD – Die meisten Banken finden sich entlang der Dalada Veediya wie etwa die **Hatton National Bank** und die beiden Filialen der *Bank of Ceylon*.

Die **Bank of Ceylon**, 2nd City Branch, an der Ecke zur Kotugodelle Veediya, tauscht Bargeld und Reiseschecks tgl. 8.30–22 Uhr, an Feiertagen 14–22 Uhr, akzeptiert jedoch an ihrer ATM nur Visa Card. Die Hauptfiliale der Bank of Ceylon befindet sich nördlich des Uhrturms.

An der Kotugodelle Veediya liegen die Filialen der **Commercial Bank** und **HSBC**. Alle genannten Geldinstitute verfügen über Geldautomaten.

INFORMATION – Das *Sri Lanka Tourism Information Centre* des Sri Lanka Tourist Board befindet sich in einem schönen gelblichen neo-klassizistischen Gebäude, 16 Deva Veediya, am Ende der Srimath Bennet Soysa Veediya (Colombo St.), ✆ 081-2222661. Die freundlichen Angestellten helfen gerne mit Tipps und Unterkünften. Im gleichen Gebäude ist der **Central Cultural Fund** (CCF) untergebracht, welcher die Rundtickets für das Kulturelle Dreieck verkauft (s. S. 352). In Kandy werden folgende Orte damit abgedeckt: Das Nationalmuseum und das Archäologische Museum, die vier Devales und die beiden Klöster Asgiriya und Malwatta. In der Realität wird man jedoch selten nach dem CCF-Ticket gefragt. Das Nationalmuseum verlangt von Besuchern ohne CCF-Ticket 500 Rs Eintritt, in den religiösen Stätten sind Spenden willkommen. Im CCF sind zudem auch Broschüren und Bücher erhältlich. ◷ tgl. 9–16.45 Uhr.

INTERNET – Im Bake House, 36 Dalada Veediya, befindet sich das **Koffeepot Internet Café** mit guten schnellen Computern, ◷ tgl. 8–20 Uhr (4 Rs/Min.).

Billiger, aber etwas langsamer sind das **Zeropia Internet Café** neben Pizza Hut, 16 D. S. Senanayaka Veediya, ◷ tgl. 7–24 Uhr (1 Rs/Min.), und gegenüber das **Imnet**, 7 D. S. Senanayaka Veediya, ◷ tgl. 7–21.30 Uhr (1,5 Rs/Min.).

Gute Läden gibt es in der Kotugodelle Veediya wie etwa das **Sivaram Internet Cafe**, 7 Kotugodelle Veediya, ◷ tgl. 8.30–21.30 Uhr (60 Rs/Std.), und das **VNS Internet Café** an der Ecke Cross St. (50 Rs/Std.).

Buddhist Publication Society

Für viele Buddhismus-Interessierte gehört möglicherweise das Stöbern im BPS Bookshop am Nordufer des Kandy-Sees zu den Höhepunkten ihres Kandy-Aufenthaltes. Denn eine größere Auswahl an buddhistischen Publikationen bietet sonst kaum ein anderer Buchladen Sri Lankas. 1958 hatte der deutsche Mönch **Nyanaponika Mahathera** (1901–94) mit zwei engagierten Laien-Buddhisten zusammen die Buddhist Publication Society (BPS) gegründet, um die umfangreiche Lehre Buddhas samt vieler Kommentare auch westlichen Lesern zugänglich zu machen. Im geräumigen Buchladen finden sich englischsprachige Übersetzungen des Palikanon und der alten srilankischen Chroniken ebenso wie fachspezifische Themen. Auch einige deutschsprachige Bücher sind im Angebot. Ein Eldorado für Bücherwürmer ist die angeschlossene Bibliothek.

BPS Bookshop, 54 Sangaraja Mw., ✆ 081-2237283, ✉ bps@sltnet.lk, 🖥 www.bps.lk. ◷ Mo–Fr 9–16.30 Uhr, Sa 9–12.30 Uhr.

Das **Café@Inter.net**, 77 Kotugodelle Veediya, ist mit 120 Rs/Std. ebenfalls eine gute Adresse.

KULTURZENTREN – *Alliance Française*, 642 Peradeniya Rd., ✆ 081-2224432, 🖥 www.alliancefr.lk, südwestlich der Stadt an der Straße nach Peradeniya. Das französische Kulturinstitut veranstaltet regelmäßig Filmabende, ◷ Mo–Sa 8.30–18 Uhr.

British Council, 88/3 Kotugodelle Veediya, ✆ 081-2222410, 2234634, 🖥 www.britishcouncil.lk. In den (veralteten) Zeitungen kann man sich über den letzten Klatsch der Royals informieren. Gelegentlich werden auch Filme gezeigt. ◷ Di–Sa 9.30–17 Uhr.

MEDITATION – In der Umgebung Kandys gibt es einige sehr bekannte Meditationszentren, darunter das populäre **Nilambe Meditation Centre**, ✆ 081-2225471, etwa 20 km südlich von Kandy, dessen Filiale in Kandy, das **Lewella Meditation**

Centre, 160 Dharmashoka Mw., und das **Rockhill Hermitage** in der Nähe von Wegiriya, ☏ 081-231 6448.
Nähere Informationen und genauere Adressen s. S. 64.

MEDIZINISCHE VERSORGUNG – *Lake Side Adventist Hospital*, 40 Sangaraja Mw., ☏ 081-2223466, etwa 100 m östlich des Hotel Suisse; bietet professionellen Service, auch bei Zahnschmerzen.

POLIZEI – Sirimavo Bandaranaike Mw., ☏ 081-2352222, 2352227.

POST – Die **Hauptpost** mit kostenlosem Poste restante Service befindet sich an der S. W. R. D. Bandaranaike Mw. gegenüber dem Bahnhof, ⏰ Mo–Sa 7–21 Uhr.

Zugfahrplan

Zug-Nr.	40*	30**	36	24	10*	20	26
Kandy	5.20	6.25	6.40		10.30	15.00	15.35	17.35
Colombo	8.30	9.05	10.10		14.00	17.40	18.50	21.00

Preise: 1. Kl. 209 Rs, 2. Kl. 114 Rs
* weiter nach Galle-Matara
** Intercity Express (1. Kl. 250 Rs, 2. Kl. 125 Rs)

Kandy	5.35	7.05	10.05	14.25	17.20	18.55
Matale	6.50	8.28	11.40	15.48	18.30	20.18

Preise: 2. Kl. 28 Rs, 3. Kl. 15 Rs

Zug-Nr.	126	5*	15**	45
Kandy	3.50	8.29		23.10
Peradeniya	4.07	8.45	12.21	
Gampola	4.34	9.01	12.45	23.40
Hatton	7.30	11.05	14.32	1.38
Nanu Oya	9.55	12.40	16.00	3.00
Haputale	12.30	14.13	17.34	4.32
Band'wela	13.15	14.40	18.00	5.02
Ella	13.50	15.10	18.30	5.32
Badulla	14.50	16.00	19.20	6.30

Preise (2. Kl.): Nanu Oya 94 Rs, Bandarawela 141 Rs, Ella 152 Rs, Badulla 171 Rs
* Podi Menike aus Colombo, in Peradeniya umsteigen!
** Udarata Menike aus Colombo, in Peradeniya zusteigen!

Etwas zentraler liegt das **Seetha Agency Post Office**, 29 Kotugodelle Veediya, ⏰ Mo–Sa 7–22 Uhr.

Nahverkehrsmittel

Wem die Steigungen keine Probleme bereiten, kann sich im **Palm Garden Gh.**, William Gopallawa Mw., 8 Bogodawatte Rd., für 150 Rs/Tag ein **Fahrrad** ausleihen. Ansonsten bieten sich die allzeit bereiten **Three-Wheeler** an. Zu den Gästehäusern in der Saranankara Road sollte die Fahrt vom Bahnhof oder Goods Shed-Busbahnhof etwa 80 bzw. 100 Rs kosten.
Wer es komfortabler haben möchte, kann sich bei *Radio Cabs*, ☏ 081-2233322, ein **Taxi** rufen lassen.

Transport

BUSSE – Es ist eine Wissenschaft für sich, den genauen Abfahrtsort der Busse herauszufinden. Mit einigen Ausnahmen gilt, dass vom chaotischen Busbahnhof **Goods Shed** nördlich des Bahnhofs die Überlandbusse und vom einige hundert Meter weiter östlich gelegenen **Uhrturm** an der Dalada Vediya die Busse in die nähere Umgebung abfahren.
Richtung Westen: Die privaten Intercity-Busse nach COLOMBO fahren schräg gegenüber der Hauptpost ab: 4.30–20.30 Uhr alle 20 Min. (135 Rs, 116 km, 3–4 Std.).
Die normalen CTB-Busse nach Colombo verlassen ihre Station gegenüber Goods Shed bis 19.30 Uhr alle 15 Min. (67 Rs, ca. 4 Std.), nach Negombo bis 17.30 Uhr alle 30 Min. (67 Rs).
Nach KEGALLE sind die von 6–19 Uhr im Viertelstundentakt verkehrenden CTB-Busse ab Goods Shed 1,5 Std. unterwegs.
Nach Norden: IC-Busse fahren in Richtung KURUNEGALA tagsüber bis 21.30 Uhr alle 30 Min. (60 Rs, 42 km, 1 1/4 Std.), CTB-Busse alle 10 Min. Die 72 km bzw. 138 km weite Strecke nach DAMBULLA und ANURADHAPURA wird sowohl von IC-Bussen (100 Rs/150 Rs) als auch CTB-Bussen (35 Rs/81 Rs) zwischen 5 und 19 Uhr im 30-Minutentakt bedient. Fahrtdauer etwa 2 Std. bzw. 4 Std.
Nach POLONNARUWA, 140 km entfernt, bestehen alle 20 Min. CTB-Bus-Verbindungen über Dambulla und Habarana (ca. 3 1/2 Std., 78 Rs).

Ins Hochland: NUWARA ELIYA wird von IC- und CTB-Bussen ganztägig bis 18.30 Uhr alle 30–40 Min. angefahren (125 Rs/65 Rs, 77 km, 2 1/2 Std.). Nach BANDARAWELA, ELLA und BADULLA fahren die IC-Busse von 5.30–16.30 Uhr alle 40 Min. Eine ermüdende Fahrt haben Reisende mit Ziel AMPARA vor sich: für die etwa 170 km lange, teils miserable Strecke benötigen die bis 14 Uhr alle 45 Min. startenden Busse etwa 6 Std. (210 Rs). Bei Fahrten ins Hochland schalten die IC-Busse sehr häufig vor Steigungen die Klimaanlage aus, was den Fahrgenuss doch stark mindert.

Ins Umland: Vom Uhrturm starten u. a. Bus Nr. 652 und 654 nach PERADENIYA. Bus Nr. 593 sowie im Stundentakt verkehrende klimatisierte IC-Busse steuern MATALE an.

EISENBAHN – Bei den Zugfahrten Richtung Colombo zeigt sich das schönere Panorama im Süden, ist also am besten von den Sitzen auf der linken Fahrseite zu sehen. Die IC-Züge (Kandy–Colombo), Zug Nr. 5 und Nr. 15 (Colombo–Badulla) führen als Schlusswaggon den „Observation Saloon" mit sich. Wer an der großen Scheibenfront sitzen möchte, sollte bei den Aussichtswaggons mit 24 Plätzen die Sitznummern 11, 12 und 23, 24, bei den Aussichtswaggons mit 44 Plätzen die Sitznummern 21, 22 und 43, 44 reservieren. Unabhängig von der Entfernung kostet die Fahrt im Observation Saloon 250 bzw. 580 Rs. (Zugfahrplan s. Kasten).

FLÜGE – *Sri Lankan Airlines*, 17 Temple St., ✆ 081-2233123, 2232495. ◷ Mo–Fr 8.15–18, Sa 8.15–13 Uhr.
Die Fahrt mit einem Mietwagen von Kandy zum Internationalen Flughafen bei Colombo kostet mindestens 3500 Rs.

Die Umgebung von Kandy

Ein Aufenthalt in Kandy wäre unvollständig ohne Ausflüge in die attraktive Umgebung der Stadt. Für Freunde der tropischen Flora ist sicherlich ein Spaziergang durch den Botanischen Garten von **Peradeniya** einer der Höhepunkte ihrer Reise. Herrliche Wanderungen lassen sich in der **Knuckles Range** unternehmen. Und Liebhaber srilankischer Sakralkunst werden beim Besuch der im Umland gelegenen **Tempel** mehr als auf ihre Kosten kommen – hier liegen noch kaum bekannte architektonische Perlen verstreut!

Kriegsgräber und Elefanten

Etwa 3 km südwestlich von Kandy liegt an der Deveni Rajasinghe Mw. der **Kandy War Cemetery** (1939–1945). In der gepflegten Anlage fanden 203 während des Zweiten Weltkrieges im Dienste des Empire gefallene Soldaten ihre letzte Ruhestätte, darunter auch Inder und Sri Lanker. ◷ tgl. 7.30–16 Uhr.

Nicht sehr weit entfernt können sich Besucher im direkt am Mahaweli gelegenen **Riverside Elephant Park** mit derzeit sechs Dickhäutern vergnügen: Mit ihnen im Fluss baden oder auf ihnen eine kurze Runde drehen (im Eintrittspreis inbegriffen). Es werden auch Elefantenausritte arrangiert (ca. 2000 Rs). Auf einer kleinen Insel im Mahaweli befindet sich ein nettes Restaurant. ◷ tgl. 7.30–16.30 Uhr, Eintritt 400 Rs.

Botanischer Garten Peradeniya

Knapp 6 km südwestlich von Kandy liegt in einem Knie des Mahaweli der **Botanic Garden Peradeniya**. Mit 62 ha ist er der zweitgrößte botanische Garten Asiens – und zweifelsohne einer der schönsten. Der Name setzt sich aus den beiden Wörtern *pera* (Guave) und *deniya* (Ebene) zusammen. Bereits 1371 ließ auf dieser vom Fluss umspülten Landzunge der in Gampola residierende Vikramabahu III. einen Lustgarten anlegen. Kirti Sri Rajasimha etablierte im späten 18. Jh. seine Residenz, und auch seine beiden Nachfolger hielten auf der Halbinsel gerne Hof. Von Truppen des Empires wurden die königlichen Gebäude 1803 im Zuge einer gescheiterten Invasion zerstört.

Nachdem die Briten in Kandy endgültig die Macht übernehmen konnten, verlegten sie 1821 die zuvor auf Slave Island in Colombo und später in Kalutara etablierte **botanische Forschungsstation** hierher. Der fruchtbare Schwemmboden schien ihnen für die Kultivierung von Nutzpflanzen hervorragend geeignet. Ab 1824 experimentierten sie mit dem Anbau von Teesträuchern, die sie aus China bezogen hatten. Knapp 40 Jahre später bezog der Tee-Pionier James Taylor seine ersten Büsche aus

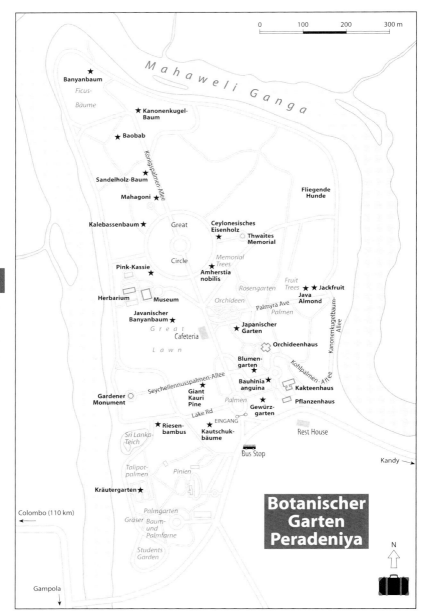

Peradeniya und begründete den kommerziellen Teeanbau. Von keinem Erfolg beschieden waren jedoch die Versuche der Pflanzenforscher, der ab 1869 in den Kaffeeplantagen grassierenden Blattkrankheit Herr zu werden. Einige der Direktoren des „Royal Botanic Gardens" machten sich auch als Pioniere der botanischen Wissenschaft einen Namen. Aus der Feder des Leiters von 1849–80, **Dr. Thwaites**, stammt ein renommiertes Nachschlagewerk über die Flora der Insel. An den Wissenschaftler erinnert heute noch ein Denkmal.

Ein Spaziergang durch die verschiedenen Alleen ist eine gute Möglichkeit, sich die riesige Vielfalt der tropischen Flora vor Augen zu führen. Über 4000 Pflanzenarten und 10000 Bäume sind in Peradeniya zu finden. Leider ist die Beschriftung oft unzureichend. Nicht selten beschränkt sie sich nur auf die botanischen Namen. In den Baumkronen halten sich einige nur in Sri Lanka beheimatete Vogelarten auf, darunter Alexandersittich, Blauschwanzsittich und Blumenpapagei. Was bei einigen Bäumen wie große Früchte aussieht, sind in Wirklichkeit mit dem Kopf nach unten hängende Flughunde – wegen ihrer Kopfform auch „fliegende Füchse" genannt.

Der hufeisenförmige Garten wird von zahlreichen Wegen und Alleen durchquert. Die umfangreichste Tour führt entlang des Mahaweli Ganga. In der Nähe des Eingangsbereiches sind vor allem der rechter Hand liegende **Gewürzgarten** und das **Orchideenhaus** von Interesse. Der westlich eines kleinen Rondells liegende üppige **Blumengarten** bietet ebenso einen schönen Anblick wie eine stattliche *Bauhinia anguina*, die wegen ihres Wirrwarrs an Luftwurzeln im Englischen *snake creeper* genannt wird. Im Osten macht die **Kanonenkugelbaum-Allee** einen Knick nach Norden und geht in die 1905 gepflanzte **Kohlpalmen-Allee** über. Ihren Namen trägt die aus Panama stammende Palmart (*Euterpe oleracea*) wegen der Verdickung am Fuß des Stammes. Dieser äußerste Weg verläuft parallel zum Mahaweli und macht wie jener einen Knick nach Nordwesten. Linker Hand sind einige Bäume mit Flughundkolonien bevölkert.

Am Nordende des Parks ist die **Ficus-Abteilung** mit einem enormen Banyanbaum (*Ficus benjaminus*) – 1891 vom russischen Zar gepflanzt – zu finden. Durch die 1950 neue bepflanzte **Königspalmen-Allee** geht es zurück ins Zentrum des Parks, wo sich um ein Rondell zahlreiche Ehrenbäume gruppieren. Hier haben Staatsgäste ihren Besuch verewigt: 1922 der Prinz of Wales mit einem Ceylonesischen Eisenholz-Baum; 1925 der König von Belgien mit einer „Königin der Blütenbäume", *Amherstia nobilis;* 1967 der deutsche Kanzler Georg Kiesinger mit einer Pink-Kassie *(Cassia nodosa)*. Auf einem südlich anschließenden freien Gelände – unweit der Cafeteria – steht seit 1861 der mächtigste Baum des Parkes: ein Javanischer Banyanbaum, dessen Fläche von 2420 m^2 überschattet. Gerne picknicken in seinem Schatten Studenten aus der nahen Universität von Peradeniya.

Vorbei an der weniger imposanten **Seychellennusspalmen-Allee** führen verschiedene Wege zum schön gelegenen „Sri Lanka-Teich", dem gegenüber sich der **Riesenbambus** in teilweise 40 m Höhe im Wind wippt. Der *Dendrocalamus giganteus* ist die größte der rund 1000 weltweiten Bambusarten und vorwiegend in Birma verbreitet. Sehr eindrucksvolle **Talipotpalmen** säumen den folgenden Wegabschnitt. Diese Fächerpalmart diente in der Vergangenheit zur Herstellung der Palmblattmanuskripte. Linker Hand liegt der etwas bescheiden wirkende **Kräutergarten** und entlang eines parallel verlaufenden Weges der **Palmgarten** mit schönen Sagopalmen. Rund um den netten **Students Garden** finden sich ansehnliche **Baum- und Palmfarne**. ⊕ tgl. 8–17.45 Uhr, Eintritt 300 Rs, Kinder bis 12 Jahre 200 Rs.

Transport

Alle **CTB-Busse** ab Kandy in Richtung Kegalle passieren auch Peradeniya, darunter vom Uhrenturm Bus Nr. 652 und 654. Mit dem **Three-Wheeler** kostet eine einfache Fahrt etwa 150–200 Rs.

Die westlichen Tempel

In der beschaulichen Hügellandschaft südwestlich von **Peradeniya** eingebettet liegen drei äußerst geschichtsträchtige und sehenswerte Tempel aus dem mittleren 14. Jh., als die Könige für mehr als 70 Jahren von **Gampola** aus regierten. Ihre Besichtigung kann problemlos mit dem Besuch des Botanischen Gartens verbunden werden. Eine Three-Wheeler-Rundfahrt von Kandy aus kostet etwa 1500 Rs.

Embekke Devale

Der kleine Hindu-Schrein ist dem Kriegsgott Kataragama geweiht und vor allem wegen der fein geschnitzten Säulen aus Ceylonesischem Eisenholz (singh. *na*) in der Trommelhalle *(digge)* interessant. Sie stammen aus dem 14./15. Jh. und waren möglicherweise Teil der Audienzhalle der in Gampola residierenden Könige. Die Motive der Schnitzereien zeigen u. a. Tänzerinnen, Ringer und stillende Frauen, geometrische Muster und Fabelwesen wie Doppeladler und Vogelmenschen. Die Abschlüsse der Dachbalken sind mit Lotosblumen verziert. Sehr schöne Schnitzereien mit Blumenmustern sind auch an der geschwungenen Holztüre zu sehen, die zum Schreininneren führt. Die Pujazeiten sind um 6, 11 und 19 Uhr. Zehn Tage vor dem September-Vollmond wird hier das Embekke-Perahera gefeiert. Eintritt 100 Rs.

Bus Nr. 643 fährt von Goods Shed etwa alle 20 Min. in Richtung **Wattadeniya** und passiert auch das Dorf Embekke (ca. 1 Std.).

Lankatilake Raja Maha Vihara

Knapp 1,5 km nördlich von **Embekke** thront über einem pittoresken Tal mit Reisfeldern und Teeplantagen das schönste Heiligtum in der Region. Bereits von weitem ist der strahlend blau leuchtende Lankatilake-Tempel zu sehen. Er geht auf den König Bhuvanekabahu IV. zurück, der 1341 im nahen Gampola seine Residenz etablierte. In einen Felsen ließ der Monarch in tamilischer und singhalesischer Schrift festhalten, dass er in seinem dritten Regierungsjahr, also 1344, dieses Heiligtum gestiftet habe. Unverkennbar wurde das abgeknickte Dach später hinzugefügt. Das Heiligtum ist eine interessante interreligiöse Kombination: Während der Ostteil buddhistisch ist, werden im westlichen Bereich Hindu-Gottheiten verehrt.

Besonders dekorativ ist der **Makara Torana** des massiven Eingangs zum buddhistischen Teil des Sanktuariums. Aus den aufgerissenen Mäulern eines Löwenkopfes und zweier Makaras – krokodilartigen Fabelwesen – strömen Girlanden mit kleinen Figuren. Die Wandmalereien im Inneren wurden im 18. Jh. auf Initiative von Kirti Sri Rajasimha geschaffen. Während der Vorraum Tänzer und die 24 Buddha-Existenzen vergangener Zeitperioden ausfüllen, ist der Hauptraum mit zahlreichen Adoranten verziert: dem großen sitzenden Samadhi-Buddha zugewandte verehrende Figuren, darunter die Hindu-Gestalten Ganesha und Hanuman. Offensichtlich wollten die Künstler damit die Überlegenheit des Erleuchteten ausdrücken. Sehr fantasiereich ist der Makara Torana über dem meditierenden Buddha gestaltet, denn die Körperteile des Makaras sind sieben verschiedenen Tieren entlehnt: Krokodilmaul, Elefantennase, Löwenfüße, Schweineohren, Affenaugen, Fischkörper und Pfauenschwanz. Die Originaltüren sind aus Jackfruchtholz.

Die Rückseite des Sanktuariums ist ein massiver quadratischer Ziegelanbau, in dessen Inneren ein Korridor mit vier Nischen verläuft. In ihnen werden einige der hinduistischen Schutzgottheiten Sri Lankas verehrt: im Westen Vishnu und Lakshmi; im Norden Saman und Sri Suvanna; im Osten Kataragama auf dem Pfau und in einem Extraschrein der Elefantengott Ganesha; im Süden Vibishana und Shakti. Der mächtige Bodhi-Baum auf dem Gelände ist möglicherweise von dem Gründerkönig selbst gepflanzt worden. Eintritt 100 Rs.

Der Tempel ist mit Bus Nr. 666 von Kandys Goods Shed-Busbahnhof zu erreichen (ca. 1 Std.).

Gadaladeniya Raja Maha Vihara

Der „Große königliche Tempel" Gadaladeniya liegt knapp 2 km südlich der A 1 auf einem Felsrücken in der Nähe des Dorfes **Kiriwalula**. Viele Bewohner leben von der Messingverarbeitung, wovon die vielen Geschäfte entlang der Straße zeugen. Das buddhistische Sanktuarium ist ebenfalls eine Gründung des Königs Bhuvanekabahu IV. aus dem Jahr 1344. Inschriften zufolge war der Architekt ein Tamile namens Ganeshvarachari. Wohl deshalb zeigen sich im Heiligtum so eindeutig Einflüsse südindischer Hindutempel. Es besteht aus einem quadratischen Hauptbau mit östlich vorgelagertem Vorbau. Die Außenwände sind mit so genannten „blinden Fenstern" umgeben, die Sockelfriese des Vorbaus mit Musikanten und Tänzern verziert. Elefantenfiguren flankieren die ebenfalls reichlich dekorierten Treppenstufen. Besonders bemerkenswert ist auch die achtseitige Kuppel als Dachaufsatz, die eine massive sitzende Buddha-Figur aus Bronze im Inneren schützt. Dort sind auch noch Reste von Wandmalereien zu sehen und an einer Säule ein tanzender Shiva. Dem Hindugott Vishnu ist ein weiterer Schrein gewidmet.

Dass der Tempel auch später noch eine Bedeutung gehabt haben muss, zeigt eine in einen Felsen geschlagene Inschrift aus dem achten Regierungsjahr des Königs Senasammata Vikramabahu (reg. 1469–1511). Künstliche Becken dienen als Lotosteiche. Etwas seitlich, unweit eines Bodhi-Baumes befindet sich ein überdachter Stupa, der an seinen Achsenpunkten von Schreinen, die mit kleineren Stupas gekrönt sind, umgeben ist. Etwa im September, nur wenige Wochen nach dem Esala Perahera in Kandy, wird hier pompös das Gadaladeniya Perahera gefeiert. Eintritt 100 Rs.

Alle CTB-Busse von Kandy in Richtung **Kegalle** passieren die etwa 1 km vor dem Ort **Kadugannawa** gelegene Abzweigung in Richtung Gadaladeniya-Kiriwalula. Die restlichen 2 km kann man entweder zu Fuß oder mit dem Three-Wheeler zurücklegen.

Tempel im Norden und Osten

In der nördlich und östlich von der alten Königsstadt gelegenen Berglandschaft finden sich weitere sehenswerte Tempel mit teilweise exzellent erhaltenen Wandmalereien. Sie gehen alle auf den baufreudigen Regenten Kirti Sri Rajasimha (reg. 1747–82) zurück und können je nach Zahl der besuchten Heiligtümer im Rahmen einer Halb- oder Ganztagsfahrt besichtigt werden. Abhängig vom Umfang der Besichtigung kostet eine Three-Wheeler-Rundtour 1500–2000 Rs.

Gangarama

Etwa 2 km östlich von Kandy, an der Straße nach **Madawala** am Mahaweli, befindet sich der 1747 vollendete **Gangarama Vihara**. Sehenswert ist das kleine Kloster vor allem wegen seines an eine Felswand gebauten Statuenhauses *(gedige)* mit einer knapp 6 m großen, aus dem Fels geschlagenen stehenden **Buddha-Figur** im Inneren. Die Wandmalereien sind noch in hervorragendem Zustand. Während die rechte Wandseite Szenen aus dem Leben des Erleuchteten dominieren, sind auf der linken vorwiegend Darstellungen Buddhas als Lehrer zu finden. Der obere Wandbereich ist von zahlreichen goldfarbenen Buddha-Figuren auf rotem Grund ausgefüllt. Die Szenen reflektieren gleichzeitig das zeitgenössische Leben in Kandy, was besonders an der Tracht der Akteure zu sehen ist. Dem Statuenhaus vorgelagert ist eine Trommelhalle *(digge)*. Ein heute mit Wasser gefüllter Tunnel führt vom ummauerten Klostergelände zum Mahaweli und diente als Fluchtweg.

Degaldoruwa

Nur wenige Kilometer vom Gangarama Vihara entfernt liegt einer der schönsten Sakralbauten in Kandys Umland, der **Degaldoruwa Vihara**. Besu-

---

Tempelwanderung

Immer größerer Beliebtheit erfreut sich eine Tempelwanderung von Embekke über Lankatilake zum Gadaladeniya-Tempel. Dazu fährt man von Goods Shed mit Bus Nr. 643 in Richtung Wattadeniya bis zum Dorf Embekke. Von dort führt ein Weg über eine Bergkuppe hinunter zum 1 km entfernten **Embekke Devale**.

Um weiter zum Lankatilake zu gehen, muss man den gleichen Weg zurück in Richtung Embekke wandern, nach etwa 200 m jedoch auf der Anhöhe links abbiegen und dem ansteigenden Weg weiter den Berg hinauf folgen. Der Weg verläuft etwa 500 m am Rande des Dorfes entlang, bis man am Ende der Ortschaft einen mächtigen Bodhi-Baum und etwas später rechter Hand einen Felsvorsprung passiert. Vorbei an Reisfeldern erreicht man etwa 500 m hinter dem Dorf eine Weggabelung, biegt rechts ab und überquert eine Bergkuppe. Von dort ist bereits der auf einer Anhöhe liegende markante blaue **Lankatilake-Tempel** zu erkennen. Weiter geht es wieder hinunter durch Reis- und Teefelder bis zum Fuß dieser jetzt linker Hand liegenden Anhöhe. Der Weg stößt auf die Zufahrtsstraße zum Tempel.

Nach der Besichtigung geht man wieder etwas den Berg hinunter und folgt der sich links eine Anhöhe hochwindenden Straße in Richtung Norden. Sie mündet schon sehr bald in eine größere Straße. Hier geht es links ab und immer die belebte Straße entlang bis zum **Gadaladeniya-Tempel**. Insgesamt sind etwa 3 km zurückzulegen. Von dem Tempel kann man mit dem Three-Wheeler bis zur 2 km entfernten A 1 fahren und dort einen Bus zurück nach Kandy nehmen.

cher verirren sich eher selten hierher. Zu Unrecht, enthält dieses künstlerische Juwel **Wandmalereien**, die zu den bedeutendsten von ganz Sri Lanka zählen und problemlos mit jenen von Dambulla konkurrieren können.

Der Tempel ist an und in eine Felswand gebaut. Einer Säulenhalle *(digge)* ist eine Vorkammer angeschlossen, durch deren mit einem Makara Torana eingerahmte Tür man in die vollständig in den Fels gearbeitete Hauptkammer kommt. Dort finden sich mehrere Buddha-Figuren aus Stein, darunter eine liegende. Die Trennwand zwischen Vor- und Hauptkammer ist auf beiden Seiten komplett bemalt und illustriert den spirituellen Weg des Erleuchteten. Sehr detailvoll ist der Angriff des Dämons Mara mit seiner Armee auf den Meditierenden dargestellt, ebenso wie vier Jataka-Geschichten, darunter die vorletzte Inkarnation als Prinz Vessantara. Die Malereien stammen aus dem Jahr 1771 und werden dem Künstlermönch Devaragampola Silvatenne und seinen Mitarbeitern Nilagama Patabenda und Koswatte Hitaranayide zugeschrieben. Silvatenne gilt als bedeutendster Vertreter der Malschule von Kandy. Auf dem Klostergelände steht noch ein kleiner Glockenturm.

Galmaduwa

Von Degaldoruwa zurück zur A 26 in Richtung **Mahiyangana** und nach etwa 5 km in eine nördlich abgehende Nebenstraße hinein, liegt im Dorf **Kalapuraya** der ungewöhnliche **Galmaduwa-Tempel**. Das unvollständige Bauwerk ist ein eigentümlicher architektonischer Mix: Auf das untere, aus Natursteinen erbaute quadratische Statuenhaus *(gedige)* mit markanten gewölbten Fensteröffnungen wurde eine weiß gestrichene siebenstufige Pyramide aus Ziegelstein gesetzt. Sie erinnert entfernt an die südindischen Gopuras.

Golfsport am Victoria-Stausee

Das 1989 fertig gestellte Victoria Reservoir ist für die Energiewirtschaft Sri Lankas nicht hinwegzudenken. Mit drei weiteren Stauseen ist es Teil des umfangreichen **Mahaweli-Projektes**, das die Wasserversorgung weiter Landstriche sicherstellt und fast Zweidrittel des landesweiten Strombedarfs deckt. Für den Touristen ist das künstliche Gewässer vor allem aufgrund seiner Lage inmitten einer pittoresken Berglandschaft von Interesse. Besonders schöne Ausblicke kann man bei der Fahrt entlang der A 26 in Richtung **Hunnasgiriya** genießen.

Für die Freunde des gepflegten Ballspiels bietet der Stausee einen besonderen Reiz, da an seinem Nordrand seit 1999 der beste Golfplatz der Insel liegt: das **Victoria Golf & Country Resort**. Die *Green Fee* beträgt derzeit US$35 am Tag. Unter der Woche ist keine Reservierung notwendig. Das Equipment kann komplett gegen Gebühr ausgeliehen werden. Es gibt dort auch eine Übernachtungsmöglichkeit (mit Pool) in den drei schönen *Victoria Chalets* ❸ mit jeweils zwei Räumen. Nobler wohnt man im *Clingendael* ❻, das sich ebenfalls auf dem Golfgelände befindet. Die Villa mit 5 Räumen wurde im holländisch-kolonialen Stil errichtet und bietet alle Annehmlichkeiten wie Pool und Butler-Service. Kontakt über 🖥 www.theclingendael.com.

Allgemeine Infos zum Golfsport unter: *Victoria Golf & Country Resort*, Rajawella, ☎ 081-2376376, ✉ victoriagolf@kandy.ccom.lk, 🖥 www.srilanka golf.com.

Knuckles Range – Gorbett's Gap

Nordöstlich von Kandy erhebt sich die oft in Wolken gehüllte **Knuckles Range** mit dem 1863 m hohen Tunhisgala als höchste Erhebung. Die Form der Bergmassivs erinnerte die britischen Kolonialherren offensichtlich an die Fingerknöchel (eng. *knuckles*) einer geballten Faust. Auf Singhalesisch heißt es **Dumbara**, „von Nebel eingehüllte Berge". Bislang lockt die abgelegene Bergwelt nur wenige Touristen an, obwohl dort noch teilweise unberührte Nebelwälder und eine seltene Fauna zu finden sind. Aufgrund der hohen Zahl endemischer Vögel ist das 155 km^2 große Gebiet auch ein beliebtes Ziel für Ornithologen. Der über 1500 m hoch gelegene Teil des Massivs steht unter Naturschutz.

Den besten Zugang zum Bergmassiv hat man über den im östlichen Bereich gelegenen **Gorbett's Gap**. Der etwas über 1100 m hoch gelegene Ort ist über das 1 km entfernte **Looloowatta** zu erreichen, das mit dem an der A 26 gelegenen Hunnasgiriya durch eine mäßig gute Straße verbunden ist. In **Hunnasgiriya** befindet sich ein Büro des Forest Department, das für den Besuch von Gorbett's Gap eine Gebühr von 575 Rs erhebt. Traveller mit wenig Zeit können in Hunnasgiriya den Bus um 9 Uhr nehmen und nach seiner Ankunft gegen 11 Uhr in Looloowatta bis zum Gorbett's Gap wandern. Allerdings geht der letzte Bus bereits um 14 Uhr zurück.

Gute Ausgangspunkte für Ausflüge in die Knuckles Range sind zudem die am westlichen Rand des Massivs unweit der **Hunas Falls** (761 m ü. M.) gelegenen Unterkünfte, die auch Touren arrangieren. Zu ihnen gelangt man über die von Wattegama nach Elkaduwa führende Straße. Nahe der Hunas Falls liegt auch das staatliche **Hunnasgiriya Estate** mit einer schönen Tee- und Nelkenbaum-Plantage.

Übernachtung

Kobonilla (Eagles Crest), Corbett's Gap, ✆ 041-2222402. Einfache Hütte mit acht Betten ohne Bad. Wasser gibt es im nahen Strom. Proviant und Schlafsack sollten mitgebracht werden (Decken vorhanden). ❶

Deenston Conservation Centre, 11 km vom Corbett's Gap entfernt. Buchung: Forest Department in Colombo, ✆ 011-2866616, oder in Kandy, 17 Sangamitta Mawatha. Einfaches Drei-Bett-Zimmer mit Bad. ❶

Teldeniya Rest House, Teldeniya, ✆ 081-2374916. 4 Zi mit Bad. Die Herberge bietet schöne Ausblicke auf den Victoria-Stausee. ❶–❷

Green View Holiday Resort, Karagahahinna, ✆ 0777-840001, 811881, ✉ blueheaven@kandyan. net. Das Hotel nahe der Hunas Falls bietet eine grandiose Aussicht auf die umliegende Berglandschaft. Die 10 Zi mit Warmwasser-Bad und Balkon sind sauber und freundlich. Guter Service, arrangiert Touren zur Knuckles Range. Ein Traumort zum Entspannen. ❷

Hunas Falls Hotel, Elkaduwa, ✆ 081-2470041, ✉ hunasfalls@eureka.lk, 🖥 www.jetwing.net. Luxuriöseste Bleibe in der Nähe der Hunas Falls mit schönem Bergpanorama. Sri Lanker verbringen hier gerne ihre Flitterwochen. Zwei unterschiedlich eingerichtete Suiten: schottisch (Highlander) oder japanisch (Katsura); doch auch bei den 26 AC-Zi mit Warmwasser-Bad wird am Luxus nicht gespart. Beim Minigolf- und Tennisspiel kann man genauso die schöne Landschaft genießen wie beim Schwimmen im Pool oder Wandern. Wem es abends zu kühl wird, kann in die Sauna entschwinden. ❻

Transport

Mit dem Bus kann man von Kandy aus die pittoreske A 26 entlang bis TELDENIYA oder HUNNASGIRIYA fahren. Dort fahren CTB-Busse in 2 Std. bis nach LOOLOOWATTA. Bis zum Corbett's Gap sind es noch 1 km steiler Fußweg.

Mahiyangana

Östlich von Hunnasgiriya fallen die Berge abrupt ab und es folgt die weite Tiefebene. Wer die A 26 entlang fährt, wird herrliche Ausblicke in die Ebene genießen können – falls ihm die steilen Serpentinen und der bedenkliche Fahrstil mancher Busfahrer nichts ausmachen. Schwindelanfällige sollten eine eventuelle Reisetablette zu sich nehmen. Bei **Hasalaka** bietet sich ein schöner Blick auf die 111 m hohen **Ratna Ella Falls**. Eine weniger steile Straße führt von Kandy südöstlich um die Stauseen Victoria und Randenigala herum. Allerdings wird sie ab 18 Uhr gesperrt, weil sie durch das Victoria-Randenigala-Rantambe-Sanktuarium führt und hier nicht selten Wildelefanten die Wege kreuzen.

In der Ebene geht der Regen spärlich nieder, weshalb im Zuge des ambitionierten Mahaweli-Projektes seit den 1970er Jahren einige große Stauseen zur Bewässerung angelegt wurden. Ein wichtiger Verkehrsknotenpunkt ist Mahiyangana. Für die srilankischen Buddhisten ist die 223 m ü. M. gelegene Kleinstadt am Mahaweli von großer Bedeutung, weil sie jenen Ort markiert, an dem Buddha beim ersten seiner insgesamt drei legendären Besuche auf der Insel geweilt haben soll – die anderen beiden sind Nagadipa (die Insel Nainativu bei Jaffna) und Kalyani (Kelaniya bei Colombo).

An der vermeintlichen Stelle, etwa 1 km südlich der Stadt, steht heute der 30 m hohe weiße Stupa des **Mahiyangana Raja Maha Vihara**. Der Mahavamsa, die „Große Chronik" Sri Lankas aus dem 6. Jh., erzählt von diesem Besuch: Als der Erleuchtete hörte, dass am „lieblichen Ufer des Mahaweli, im schönen Mahanaga-Waldpark", eine große Versammlung von Yakshas (Dämonen) stattfand, eilte er zu diesem Treffen und blieb über den Köpfen der Yakshas schwebend stehen. Durch Regen, Sturm und Finsternis schüchterte er die Herzen der Dämonen ein. „Und wenn wir Dir, oh Herr, sogar die ganze Insel geben müssen. Aber befreie uns von

> **Idylle am See**
>
> 15 km nordöstlich von Mahiyangana liegen am Rand des Madura Oya-Nationalparks die beiden Reservoirs **Ulhitiya** und **Ratkinda**. Am frühen Morgen sieht man auf dem gegenüber liegenden Ufer des Ulhitiya-Sees häufig wilde Elefanten. Die Gegend ist auch sehr gut für Fahrradtouren geeignet, da es kaum Verkehr gibt. *Rolf Hainbach*

unserer Furcht!", flehten ihn die Yakshas an. Daraufhin legte der Erleuchtete ihnen seine Lehre dar und viele ließen sich bekehren. Zum Abschied überreichte er dem ebenfalls anwesenden „Prinzen aller Dämonen" Mahasumana (Saman) auf dessen Wunsch hin eine Hand voll Haare. Zur Erinnerung errichteten die Dämonen einen Stupa und schlossen darin eine goldene Urne mit den Haarreliquien ein.

Aufgrund dieser Geschichte wird das Heiligtum als erster buddhistischer Kultbau Sri Lankas betrachtet. Ein Mönch namens Sarabhu soll den Stupa vergrößert und ein Stück Schlüsselbein des Buddha darin verschlossen haben. Zahlreiche Könige Anuradhapuras – von Dutthagamani (reg. 161–137 v. Chr.) bis Vijayabahu I. (reg. 1055–1110) – ließen ihn restaurieren und erweitern. Das setzte sich auch in der Folgezeit bis in die Gegenwart fort. Das landesweit bekannte Pagodenfest wird zum Binara Poya, dem Vollmond im September begangen.

Ansonsten hat Mahiyangana nichts zu bieten. Bis ins 17. Jh. war der Ort als Verkehrsknotenpunkt von Bedeutung, weil Reisende nach ihrer Ankunft im Hafen von Trincomalee mit dem Boot über den Mahaweli bis nach Mahiyangana fuhren und von dort nach Kandy weiterreisten. Der aus Holland stammende kalvinistische Missionar François Valentijn pries sie in seinen 1726 erschienen Reisebeschreibungen *Oud en Nieuw Oost-Indiën* als eine der prächtigsten Städte der Insel. Doch im Zuge der Niederschlagung der Uva-Rebellion, 1817/18, machten die Briten Mahiyangana wie viele andere Hochburgen der Aufständischen dem Erdboden gleich.

Übernachtung

The Nest, Padiyathalawa Rd., ✆ 0777-652670, ✉ lalithset@wow.lk, 🖥 www.nest-srilanka.com. Etwa 2 km östlich des Uhrturms, nahe dem 75 km-Posten. Bei all dem Grün drum herum ist diese Familienunterkunft wahrlich ein heimeliges Nest. 4 saubere und große Zi mit Bad und Terrasse. Moskitonetze vorhanden. Im offenen rustikalen Restaurant werden gute Gerichte serviert. Herr Settinayake, der freundliche Besitzer, hilft auch beim Organisieren interessanter Touren zu den Veddas. Er arrangiert zudem Mountainbike- und Dschungeltrips. ❶

Venjinn Gh., 42 Rest House Rd., ✆ 055-2257151. Hat 10 akzeptable Zi mit Bad, teilweise mit AC. Restaurant und Bar. ❶

Tharuka Inn, 89/1 Padiyathalawa Rd., ✆ 055-225 7631. An der Straße nach Ampara gelegene Herberge mit gesichtslosen, aber annehmbaren Zi mit Bad. ❶

New Rest House, ✆/✆ 055-2257304. Direkt am Mahaweli gelegen, mit geräumigen AC-Zi mit Bad. Gute Option, allerdings übertteuert. ❷–❸

Transport

Die Anbindung von Mahiyangana ist gut. Es fahren regelmäßig Busse nach KANDY, BADULLA, POLONNARUWA und AMPARA. Wer in Richtung Arugam Bay möchte, nimmt die CTB-Busse über Bibile (evtl. umsteigen) nach MONARAGALA, das an der A 4 nach Pottuvil liegt.

Umgebung von Mahiyangana

Als möglicher Zwischenstopp auf der Weiterfahrt nach Norden oder Süden ist das Städtchen auch für Touristen von gewisser Bedeutung. Es ist ein geeigneter Ausgangspunkt für den Besuch des **Maduru Oya-Nationalparks**. Das 588,5 km² große Schutzgebiet zwischen Kandy und Batticaloa ist eine der letzten Refugien der Vedda (s. S. 87). Zudem bieten sich abwechslungsreiche Safaris im **Wasgomuwa-Nationalpark** an oder eine Bootstour auf dem nahen **Sora Bora Wewa**. Dieser Stausee soll bereits während der Regierungszeit des Königs Dutthagamani im 2. Jh. v. Chr. entstanden sein und ist seitdem mit Wasser gefüllt. Noch gut erhalten ist der Schleusenschacht *(bisokotuva)* zur Regulierung des Wasserflusses. Hier kommen vor allem Vogelfreunde auf ihre Kosten.

Das Hochland

Adam's Peak – auf Pilgerpfaden zum heiligsten Berg der Insel   S. 342
Nuwara Eliya – Leben wie die Briten zur Zeit des Empires   S. 347
Horton Plains – durch urtümliche Landschaften ans Ende der Welt   S. 356
Ella – Wanderungen in einer traumhaft schönen Berglandschaft   S. 367
Ratnapura – von Bergen umschlossene Edelsteinstadt   S. 374
Sinharaja – einzigartige Dschungeltouren durch unberührten Regenwald   S. 380

Eine Reise ins Hochland ist klimatisches Kontrastprogramm. Tee und Kiefern ersetzen Reis und Palmen, Pullover und Wanderstiefel das T-Shirt und die Badeschlappen. Es ist schon erstaunlich, wie sich von Kilometer zu Kilometer die Landschaft verändert. Teeplantagen überziehen wie grüne Teppiche die Hügel – nirgendwo sonst auf der Insel hat das Empire dermaßen die Kulturlandschaft geprägt. Das gilt ganz besonders für das über 1800 m hoch gelegene **Nuwara Eliya**. Dort ist nicht nur das Stadtbild, sondern auch das Klima „very british".

Outdoor-Begeisterte werden mehr als einmal auf ihre Kosten kommen: beim nächtlichen Aufstieg zum **Adam's Peak**, beim Ausflug in die **Horton Plains**, beim Rafting in **Kitulgala** oder bei der Wanderung durch die pittoreske Landschaft rund um **Ella**, **Haputale** oder **Bandarawela**. Der Besuch des **Sinharaja Forest Reserve** ist wegen der Vielfalt an endemischen Flora und Fauna vor allem für Naturfreunde ein Vergnügen. Auf ganz eigene Weise zeugt die Stadt der Edelsteine, **Ratnapura**, vom Reichtum dieser Insel.

Allen Religionen heilig – der Adam's Peak

Muslime und Christen glauben, dass auf dem heiligen Berg **Adam** nach seiner Vertreibung aus dem Paradies seinen Fußabdruck hinterlassen hat; manche Christen denken zudem, es sei der große Apostel und Indienmissionar **Thomas** gewesen. Für die Hindus ist sicher, dass Gott **Shiva** auf dem Berg seine Spur hinterließ, weshalb die Tamilen ihn *Siva noli patha malai* nennen, was so viel wie „Shivas Fußabdruck auf dem Berg" bedeutet.

Singhalesischen Buddhisten wiederum ist der Berg als **Sri Pada** bekannt, da für sie der heilige *(sri)* Fußabdruck *(pada)* von **Buddha** stammt. Der Erleuchtete habe ihn, so berichtet der Mahavamsa, bei seinem dritten Besuch auf der Insel hinterlassen, nachdem er in Kalyani, dem heutigen Kelaniya bei Colombo, seine Lehre dargelegt habe. Der Berg ist in der „Großen Chronik" als **Samanala Kanda** oder **Samana Kuta** bekannt, da „der Gipfel des Saman" auch Heimat des Schutzgottes Mahasumana (Saman) ist.

Adam's Peak – Sri Pada

Der aus dem Paradies vertriebene Adam soll auf dem heiligen Berg gewesen sein und ebenso Buddha. Shiva war hier; aber auch Normalsterbliche zählen zu den Gipfelstürmern, darunter illustre Gestalten wie im 14. Jh. der arabische Weltreisende Abu Abdullah Mohammed ibn Batutta und ein halbes Jahrhundert zuvor der Venezianer Marco Polo. Ja selbst Alexander der Große habe hier vorbei geschaut, sind manche überzeugt. Kein Wunder, dass der Adam's Peak, 16 km nordöstlich von Ratnapura am Südwestrand des Hochlandes, wohl das wichtigste Pilgerziel Sri Lankas ist.

Gewiss spielt auch die markante Form des 2243 m hohen Berges eine Rolle für seine Bedeutung. Wie ein Kegel ragt er aus der Umgebung heraus und ist daher von weitem sichtbar. Einer Rauchsäule gleich steige der „Berg von Serendib" von der Insel empor, berichtet Seefahrer Ibn Batutta. Vieles spricht dafür, dass die Erhebung bereits zu Urzeiten von religiöser Bedeutung war. Die früheste Erwähnung findet sie im 11. Jh. in einer Inschrift des Königs Vijayabahu I. Dort ordnet der Monarch an, dass ein Dorf namens Gilimale für die Versorgung der Pilger verantwortlich sein müsse. Er selbst hat sich auf den Gipfel bemüht wie viele andere Könige nach ihm. Nissanka Malla aus Polonnaruwa veranlasste im 12. Jh. die Errichtung von Rasthäusern. Die im 16./17. Jh. anwesenden Portugiesen nannten den Berg „Pico de Adam", woraus sich der englische Name ableitet. Von Narendra Simha, dem König von Kandy, wird berichtet, er habe im mittleren 18. Jh. 780 Treppenstufen gestiftet. Der erste bekannte europäische Bergbesteiger war 1816 ein Leutnant namens Malcolm.

Heute sind zwischen Dezember und Februar an manchen Wochenenden und Vollmondtagen mehr als 20 000 Menschen unterwegs. Die offizielle Pilgersaison beginnt mit **Unduvap**, dem Vollmondtag im November/Dezember, und endet im April/Mai mit dem **Vesak-Fest**. Ziel ist der heilige Fußabdruck auf dem Gipfel – eine Vertiefung in rötlichem Gestein mit 1,56 m Länge und 76 cm Breite. Mit Freude und Erleichterung legen die Pilger Blumen darauf und schlagen die Glocke so oft wie sie den Gipfel bisher erreicht haben. Dazu rufen sie *sadhu, sadhu, sadhu*, „heilig, heilig, heilig". Währenddessen hüllt die zügig aufgehende Sonne das

Umland in sanftes Licht und wirft auf die weiter unten schwebenden Nebelwolken den Schatten des Bergkegels wie auf eine Leinwand – alle Mühen scheinen verflogen.

Der Aufstieg

Die meisten Pilger starten von **Dalhousie** („Delhaus" gesprochen). Der Ort liegt an der Nordostseite des Adam's Peak und verfügt über eine Reihe von Unterkünften und Restaurants. Kurz hinter der Brücke über den Strom beginnt von der Maskeliya Road abgehend rechter Hand der Aufstieg. Zuerst steigt der Weg sanft an und führt durch Teeplantagen vorbei an heiligen Schreinen bis zu einem großen **Torbogen** in Form einer Makara Torana.

Nach ungefähr einer halben Stunde passiert man die von Japan in den 1970er Jahren gestiftete **Friedenspagode**. Ab dann wird es für den Rest des Aufstiegs ziemlich steil, und bald beginnen die Treppen. Während der Pilgersaison ist der Aufgang beleuchtet, ansonsten ist beim nächtlichen Aufstieg eine Taschenlampe unabkömmlich. Immer wieder gibt es kleine Teestuben für eine Erholungspause. Die Treppen werden immer steiler und enger. Dort, wo das Geländer beginnt, sind es „nur" noch 1500 Stufen bis zum Gipfel. Oben auf der Spitze drängen sich die Pilger, und der Wind pfeift einem um die Ohren.

Der Abstieg geht zwar schneller – gut 2 1/2 Std. –, dafür werden die Knie viel mehr belastet. Wer damit ernste Probleme hat, sollte auf den Aufstieg ganz verzichten oder entsprechende Vorsorge (Bandagen, etc.) treffen. Im Laufe des Vormittags brennt die Sonne auch immer heißer, entsprechend sinnvoll ist ein Sonnenschutz.

Übernachtung

Die Übernachtungsmöglichkeiten im Umkreis des Adam's Peak sind nicht üppig gesät. Der nächste Ort am Fuß des Berges heißt **Dalhousie**. Er liegt zwar sehr schön, ist aber insgesamt eher unansehnlich. Hier gibt es noch die größte Zahl an einfachen Unterkünften. Ansonsten kann man auf **Dickoya** ausweichen, wo einige luxuriösere Kolonialvillen auf Gäste warten. Während der Pilgersaison sollte man an Wochenenden und Poya-Tagen unbedingt reservieren.

Tipps für den Aufstieg

Wer den Sonnenaufgang gegen 6 oder 6.30 Uhr erleben möchte, sollte etwa um 2.30 Uhr aufbrechen. Am Abend zuvor empfiehlt sich ein herzhaftes, aber nicht allzu schweres Mahl. Zudem sind ein paar Stunden Schlaf unabkömmlich. Da selbst geübte Bergsteiger angesichts der über 5000 Treppenstufen aus der Puste kommen, sollte man nicht zu schnell gehen, sondern für den 7 km langen Aufstieg einen gleichmäßigen Rhythmus finden. Kurzbeinigen empfiehlt sich, die Stufen diagonal zu gehen. Bei dem drei- bis vierstündigen Aufstieg helfen regelmäßige kurze Pausen, etwa bei den vielen Teestuben. Genügend Proviant (Snacks und Wasser), warme windfeste Kleidung und rutschfeste bequeme Schuhe sind ebenso zu empfehlen wie eine Taschenlampe (für den Aufstieg) und Sonnenschutz (für den Abstieg). Zwischen Dezember und Februar werden nachts nicht selten nur wenige Grad über Null gemessen. Am Tage wiederum wird es sehr schnell heiß. Wer ungern im Pilgerstau steht, sollte die Wochenenden und Vollmondtage zwischen November und Mai meiden. Alleinreisende können über die Gästehäuser für etwa 500 Rs einen Guide arrangieren.

DALHOUSIE – *Green House*, ☏ 052-2277204. Am Dorfende gelegen und wirklich grün. Beliebte Pension mit 9 schlichten Zi, davon 7 mit Gemeinschaftsbad. Die engagierte Eigentümerin serviert kräftige Kost und bereitet nach dem Abstieg für 100 Rs ein wohltuendes Kräuterbad. Arrangiert bei Bedarf auch Mietwagen, ist aber bei Rikschafahrern unbeliebt, da sie keine Provision bezahlt. ❶

Achinika Guesthouse, ☏ 052-2277131. Ruhig, da abseits der Straße. 18 Zi mit Warmwasser-Bad, Moskitonetz und Veranda. Schmackhafte Hausmannskost, eine gute Wahl. Anbei ist ein kleiner Laden für Reiseproviant. ❶

White House, ☏ 0777-912009. Bescheidene 6 Zi mit Kaltwasser-Dusche und Plumpsklo. Dafür sehr ruhig. ❶

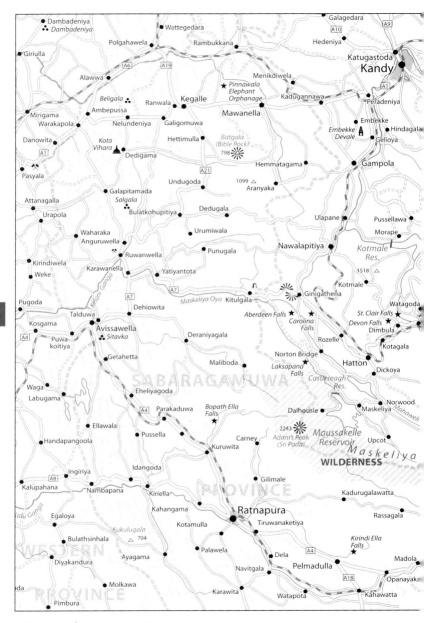

Punsisi Rest, ☏ 0777-665401. Einfache Pension mit Blick auf den Berg. Die 14 Zi mit Warmwasser-Bad sind eher bescheiden, einige nur mit Fenster zum Gang. Am besten sind die neueren. ❶–❷

River View Wathsala Inn, ☏ 052-2277427, 🖥 www.wathsalainn.net. Ein nüchterner Bau an der Straße mit 25 recht sauberen Zi, die meisten mit Warmwasser-Bad, einige mit Balkon. Gutes Restaurant mit freundliches Personal. ❷

DICKOYA – **Upper Glencairn**, ☏ 051-2222348. Nette alte Villa aus dem Jahr 1906 in wunderschöner Umgebung, die man von der Terrasse-aus genießen kann. Gemütliche Lobby und 5 saubere Zi mit Warmwasser-Bad. An Wochenenden reservieren. ❷

Lower Glencairn, ☏ 051-2222342. Ebenfalls eine ehemalige Landvilla britischer Plantagenbesitzer, jedoch in schlechterem Zustand als der weiter oben liegende Namensvetter. Die Zimmer mit Bad sind überteuert. ❷

Transport

TAXI – Ein Three-Wheeler zwischen Hatton und Dalhousie (31 km) kostet etwa 600 Rs, ein Mietwagen ungefähr 900–1000 Rs.

Zugfahrplan

Zug Nr.	45	47	126	5	15
Hatton	1.38	3.45	7.30	11.05	14.32
Nanu Oya	2.50	5.15	9.15	12.30	15.55
Band'wela	4.58	7.15	13.00	14.38	17.58
Ella	5.30	7.54	13.45	15.08	18.28
Badulla	6.30	8.45	14.50	16.00	19.20

Zug Nr.	16*	6**	596	46	48*
Hatton	11.02	13.53	19.06	23.05	0.33
Gampola	12.41	15.56	21.36	0.46	2.43
Peradeniya		16.13	22.00	1.06	
Kandy				22.21	1.20
Col-Fort	15.40	19.25		4.50	5.55

* Für Kandy in Gampola umsteigen!
** Für Kandy in Peradeniya umsteigen!

BUSSE – In der Pilgersaison verkehren einmal täglich Direktbusse von KANDY, NUWARA ELIYA und sogar COLOMBO nach Dalhousie. Ansonsten nimmt man einen Bus nach HATTON. Von dort fahren in der Pilgersaison Busse im 30-Min.-Takt über Maskeliya direkt nach Dalhousie (31 km, 1 1/2 Std.). In den anderen Monaten muss man nochmals in MASKELIYA umsteigen und dann weiter nach Dalhousie (45 Min.) fahren.

EISENBAHN – **Hatton** ist der nächste Haltepunkt auf dem Weg zum Adam's Peak und liegt an der Strecke Colombo–Kandy–Badulla.
(Zugfahrplan s. Kasten)

Von Kandy nach Nuwara Eliya

Die 80 km lange Strecke von der letzten ceylonesischen Königsstadt in die alte britische Sommerfrische führt durch das pittoreske südliche Hochland. Insgesamt sind 1400 m Höhenunterschied zu überwinden, wobei es erst nach der zweiten Hälfte besonders steil wird. Zwar ist man mit dem Bus doppelt so schnell wie mit dem Zug (ca. 5 Std.), doch zählt die Bahnstrecke hier zu den schönsten der Insel.

Wer mit dem eigenen Fahrzeug unterwegs ist, kann auf der Strecke nach 58 km einen Halt bei den **Ramboda Falls** einlegen. Vom gleichnamigen Hotel (gutes Essen) führt ein Weg zum Fuß des Wasserfalls. Auf der anderen Straßenseite kann man einen Blick auf das seinerzeit beim Bau umstrittene **Kotmale Reservoir** werfen.

Viele Reisegruppen machen auch Halt beim durchschnittlich auf 1500 m Höhe gelegenen **Labookellie Tea Estate**. Mit über 1000 ha ist sie Sri Lankas zweitgrößte Teeplantage und wird von *Mackwoods Plantations*, 🖥 www.mackwoods.lk, geführt. Das Traditionsunternehmen wurde 1841 von dem Schotten Capt. W. M. Mackwood gegründet und ist in vielen Geschäftsbereichen aktiv. Durchschnittlich sind 1500 Teepflückerinnen beschäftigt, in der Teefabrik arbeiten weitere 50 Leute. Die Plantage liegt direkt an der Hauptstraße und ist mit dem Wagen einfach zu erreichen. Bei einem Rundgang kann man den Herstellungsprozess verfolgen (s. S. 354) und sich im Labookellie Tea Centre entsprechend mit Tee und Souvenirs eindecken. Auch ein rustikales Restaurant ist zu finden.

Die verbleibenden 15 km bis nach Nuwara Eliya sind sehr steil und kurvenreich. Wem sich nicht der Magen umdreht, kann die schöne Berglandschaft genießen – Teesträucher soweit das Auge reicht. Vor Sri Lankas höchst gelegener Stadt mehren sich die Gemüseplantagen, am Straßenrand werden die Produkte feilgeboten. Und schon ist man in der „Stadt des Lichts".

Übernachtung

Ramboda Falls Hotel, 76 Rock Fall, ℡ 052-225 9653, 🖷 2259582. Beliebter Mittagessensstopp für Touristen mit tollem Blick auf die Wasserfälle. Die 22 Zi mit Bad sind sauber, wenn auch funktional eingerichtet. ❸

Nuwara Eliya

Nirgendwo ist Sri Lanka britischer als in der am höchsten gelegenen Stadt der Insel. Hier erinnert noch vieles an die Zeit des untergegangenen Empires. Wie etwa das ehrwürdige Grand Hotel, der Golfplatz inmitten der Stadt oder die Pferderennbahn. Doch nicht genug: Man könnte meinen, die Briten hätten auch das Wetter von ihrer Insel mitgebracht. Die häufig in Wolken gehüllten umliegenden Berge und der kühle Regen lassen alles andere als tropische Gefühle aufkommen – und können gelegentlich auf das Gemüt schlagen. Niederschläge fallen hier das ganze Jahr über, und nicht selten nähert sich die Quecksilbersäule nachts gefährlich nah dem Gefrierpunkt. Entsprechend muss man sich warm anziehen. Im Bett freut man sich eher über eine Wärmeflasche als über eine Klimaanlage.

Kein Wunder, dass der hitzegeplagte Kolonialbeamte Sir James Emmerson Tennent „Nurelia", wie die durchschnittlich 1890 m hoch gelegene Sommerfrische verkürzt genannt wird, als das „Elysium von Ceylon" betrachtete. Zumeist wird ihr Name mit „Stadt des Lichts" übersetzt. Möglicherweise bedeutet er aber auch „Stadt *(nuwara)* der weiten Ebene *(eliya)*". Wie auch immer, großer Beliebtheit erfreut sich Nuwara Eliya auch heute noch. Besonders in den beiden Wochen nach Aluth Avurudu, dem srilankischen Neujahrsfest Mitte April, entfliehen viele betuchte Einheimische der Hitze in den Ebenen. Sie vergnügen sich beim Pferderennen, flanieren im Victoria Park oder machen

Luxusbetten auf Teeplantagen

Mit dem nötigen Kleingeld kann man in den Hügeln rund um Dickoya und Norwood inmitten von Teeplantagen wunderbar wohnen. Die **Agentur Tea Trails**, 46/38a, Nawam Mawatha, Colombo 2, ℡ 011-2303888, 🖷 230 3999, 🖳 www.teatrails.com, vermittelt Halbpension-Arrangements in mehreren luxuriös sanierten Bungalows ehemaliger kolonialer Plantagenverwalter:

Castlereagh Bungalow, ℡ 051-4920401, 222 3892. Auf 1227 m Höhe gelegen mit Blick auf den Castlereagh-Stausee. Es gibt 3 Garden Suites und 2 Luxury Rooms. Zu den Annehmlichkeiten gehören ein Pool und Abendessen im Garten. ❻

Summerville Bungalow, ℡ 051-4920402. Über 80 Jahre altes Haus am Berghang unweit des Castlereagh-Stausees. Nur 4 Zi mit allem Komfort. Was gibt es Besseres, als nach der Adam's Peak-Besteigung ein Bad in der freistehenden Wanne zu nehmen? Schöner Garten. ❻

Norwood Bungalow, ℡ 051-4920400. Gute 4 km von der Norwood Junction entfernt auf 1310 m Höhe gelegen. Schöne Aussicht auf das östliche Ende des Bogawantalawa-Tales. 5 Suiten, netter Pool, Lesezimmer und großer Garten. ❻

Tientsin Bungalow, ℡ 051-4920403. Im Stil „very british": der Garten, der Tennisplatz und die 6 Zi. Etwa 8 km von der Norwood Junction entfernt. ❻

einen Einkaufsbummel. Ausländische Touristen werden vor allem die pittoreske Umgebung zu schätzen wissen, die Hermann Hesse bei seinem Besuch 1911 so sehr an den heimischen Schwarzwald erinnerte.

Geschichte

Erstmalig hörten die Kolonialherren von dem 6,5 km langen Hochtal, als der Beamte Dr. John Davy 1818 mit einigen Offizieren bei einer Elefantenjagd hier vorbeikam. Zehn Jahre später eröffnete der damalige Gouverneur **Sir Edward Barnes** (1824–31) für die an Tropenkrankheiten leidenden Engländer ein Sanatorium und ließ die Straße dorthin anlegen. Schnell etablierte sich der Ort am Fuß des höchsten Berges der Insel zu einer beliebten Sommerfrische mit den entsprechenden Einrichtungen.

Unter dem tatkräftigen Naturkundler **Samuel W. Baker** wurde das Gebiet ab 1846 auch zu einem wichtigen Anbaugebiet für Gemüse. Baker lebte hier bis 1855, bevor er zu seiner berühmt gewordenen Afrika-Expedition zur Erforschung des Nils aufbrach. Als 28jähriger gründete er 1849 am Fuß des Lovers Leap-Wasserfalls Sri Lankas erste Brauerei, aus der 1911 die Ceylon Brewery hervorging.

Nach dem Niedergang des Kaffeeanbaus in der zweiten Hälfte des 19. Jhs. avancierte Nuwara Eliya zum Zentrum der Teeproduktion. Für die Lieblingssportarten der Kolonialherren wurde 1875 die Pferderennbahn angelegt, 1889 der Golfplatz. Um die Jahrhundertwende kam der Victoria Park hinzu, für den einige hundert Kriegsgefangene aus Südafrika zu schuften hatten. Ein wichtiges Agrar- und Erholungszentrum ist die Stadt auch heute noch. Nun entfliehen vorwiegend betuchte Sri Lanker in die Kühle der Berge.

Sehenswürdigkeiten

Die Stadt erstreckt sich im Hochtal von Norden in Richtung Süden und zieht sich weit in die Seitentäler hinein. Das Zentrum mit dem **Markt** und vielen kleineren Geschäften entlang der **New Bazaar Street** wird südlich vom Victoria Park begrenzt. Dort liegt auch der **Busbahnhof**. Da die meisten Unterkünfte ziemlich verstreut liegen – viele konzentrieren sich am Berghang gegenüber der Pferderennbahn –, muss man nicht selten weite Wege zurücklegen. Der Charme von Nuwara Eliya liegt vorwiegend in ihrer Lage und Umgebung. Die Stadt selbst hat nicht viel Sehenswertes zu bieten.

Ein Gang durch den **Victoria Park** lohnt sich jedoch allemal, besonders zwischen März und Mai sowie im August, wenn die Blumenpracht am schönsten ist. Der Eingang liegt südlich des Busbahnhofs, schräg gegenüber der Post. ☉ tgl. 8–17 Uhr, Eintritt 20 Rs. Die 1924 erbaute **St. Xavier-Kirche** wird vorwiegend von tamilischen Katholiken besucht. Täglich findet um 17 Uhr eine Messe in englischer Sprache statt.

Ansonsten locken Wanderungen in die Umgebung. Ein beliebtes Ziel ist der 2524 m hohe Pidurutalagala. Der zungenbrecherische Name bedeutet „Matten *(piduru)* – Gewebe *(tala)* – Felsen *(gala)*" und bezieht sich auf die dort wachsenden Binsen, die zum Weben von Matten verwendet werden. Um ihre Zunge zu schonen tauften die Briten den Hausberg der Stadt schlicht „Mount Pedro". Leider ist seine Spitze nicht zugänglich, da sich dort schwer beschützte Sendeanlagen befinden. Doch der Reiz liegt sowieso eher in einer Tour durch den dichten Nebelwald mit seiner typischen Flora und Fauna. Neben Baumfarnen wachsen hier auch Rhododendren. Ein Exemplar der dort lebenden Leoparden bekommt man selten zu Gesicht.

Wer sich für die Pflanzen- und Tierwelt interessiert, sollte sich einen erfahrenen Guide nehmen. Interessante Touren – auch mit Mountainbike – arrangiert Alpine Eco Adventure Tours vom Alpine Hotel. Sehr professionell arbeiten auch die Naturführer des St. Andrew's Hotels. Sie können die Touren auf besondere Interessensschwerpunke (Wildblumen, Schmetterlinge, Vögel etc.) abstimmen.

Ein schöner Rundblick bietet sich bei gutem Wetter von der Spitze des **Single Tree Hills**. Der Aufstieg beginnt südlich der Pferderennbahn von der Straßenabzweigung beim Clifton Inn. Von dort führt der Weg durch Teeplantagen bis zu einer Umspannstation an der Spitze.

Schließlich ist auch noch **Shantipura**, „die Stadt des Friedens", ein lohnenswertes Ausflugsziel. Eher ein beschauliches Dorf 4 km südwestlich von Nuwara Eliya, liegt die von Tamilen bewohnte Siedlung auf 2050 m Meereshöhe. Vom Busbahnhof fahren stündlich Minibusse ab. Im Rahmen einer zünftigen Wanderung ist der Ort auch über den Single Tree Hill zu erreichen. Von dessen Spitze geht es über die Anhöhe wieder etwas hinunter vorbei an einem kleinen Hindu-Tempel nach Shantipura.

Wer in guter Kondition ist, kann die durch Teeplantagen führende Wanderung auch noch bis zum Aussichtspunkt in **Uda Radella** fortsetzen. Von dort hat man bei gutem Wetter eine fantastische Aussicht. Die gesamte Tour nimmt einen ganzen Tag in Anspruch. Um nicht verloren zu gehen, sollte man einen Guide wie etwa vom Gästehaus *Victoria Inn,* 15/4 Park Rd., ✆ 052-2222321, nehmen oder dort zumindest genaue Infos einholen!

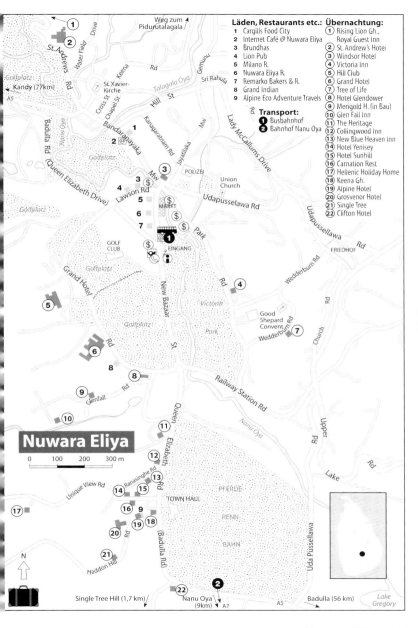

> **Tipp**
>
> Vor dem **Einchecken** im Hotel sollte man unbedingt testen, ob es im Bad auch wirklich Warmwasser gibt. Auch ein Blick in Bett und Schrank lohnt sich, um zu schauen, dass genügend Zusatzdecken für die kalte Nacht bereit liegen. Bei anhaltenden Regenfällen wird man sich möglicherweise länger als vorgesehen im Hotel aufhalten. Daher ist es empfehlenswert, ein Zimmer zu nehmen, in dem man sich wohl fühlt.
> Schließlich ist eine **Taschenlampe** für unterwegs nicht verkehrt, denn die Straßen und Wege von Nuwara Eliya sind nachts ziemlich schlecht beleuchtet.

Übernachtung

Es gibt eine große Zahl guter Unterkünfte und sie nimmt weiter zu. Allerdings sind die Zimmerpreise höher als in anderen Orten des Hochlandes. In den beiden Wochen nach dem srilankischen Neujahrsfest Mitte April schießen die Preise in die Höhe. Wer Geld sparen will oder muss, sollte diese Zeit ebenso meiden wie verlängerte Wochenenden.

UNTERE PREISKLASSE – *Victoria Inn*, 15/4 Park Rd., ✆ 052-2222321. Die 10 Zi sind etwas verwohnt und nicht gerade sauber. Nur einige sind mit Bad. Jedoch freundliche Eigentümer, die auch Touren organisieren können. ❶

Royal Guest Inn, 221 St. Andrew's Drive, ✆ 052-2234197. Eine akzeptable Herberge für „königliche Gäste" mit kleinem Geldbeutel. Die 9 Zi mit Warmwasser-Bad sind etwas dunkel. ❶

New Blue Heaven Inn, 120/2 Ranasinghe Mw., ✆ 052-2223707. Überschaubares Gästehaus mit 8 Zi mit Warmwasser-Bad. Ganz gut und gemütlich. ❶ – ❷

Single Tree, 1/8 Haddon Hill Rd., ✆ 052-2223009. 11 Zi mit Warmwasser-Bad und TV, davon zwei mit Balkon. Gutes Preis-Leistungs-Verhältnis und daher empfehlenswert. Der Eigentümer arrangiert interessante Touren. ❶ – ❷

Rising Lion Guesthouse, 3 Piyatissa Pura, St. Andrew's Drive, ✆ 052-2222083, 2234042. Langer ansteigender Weg zu dieser äußerst sympathischen Bleibe im Norden der Stadt. Als Belohnung kann man das Traumpanorama von der Terrasse oder dem Restaurant aus genießen. 15 gute Zi mit Ofen. Warmwasser gibt es im Bad rund um die Uhr. Das Personal ist sehr hilfreich und offeriert nach Voranmeldung freien Shuttle-Service zum Busbahnhof. ❶ – ❷

Hellenic Holiday Home, 49/1 Unique View Rd., ✆/✆ 052-2234437. Erfordert einen 10-Min.-Marsch den Berg hinauf. Zur Belohnung gibt es eine schöne Aussicht. Auch die 10 Zi mit Warmwasser-Bad sind in Ordnung. ❷

Hotel Sunhill, 18 Unique View Rd., ✆ 052-2222878, 2222330. Populäre Traveller-Bleibe mit sauberen, wenn auch recht nüchternen Zi mit Bad. Die besseren Räume haben TV und teilweise einen schönen Ausblick. Wer friert, kann sich in der „Unique View Lounge" mit Karaoke warm singen. ❷

Carnation Rest, 1 Unique View Rd., ✆ 060-252 2236. Die 8 Zi mit Warmwasser-Bad einschließlich eines *Family Room* sind ganz passabel. ❷

Glen Fall Inn, 33/3 Glen Fall Lane, ✆/✆ 052-223 4394. Ruhig gelegen, strahlt das Haus durch die üppige Holzvertäfelung eine wohlige Atmosphäre aus. 9 Zi mit Warmwasser-Bad, stilvolles Restaurant. ❷

Collingwood Inn, 112 Queen Elizabeth (Badulla) Rd., ✆ 052-2223550, ✆ 2234500. Gemütliches Gästehaus mit viel kolonialem Flair. Zi mit schönem Mobiliar und Warmwasser-Bad. Gelobt wird das Restaurant. ❷ – ❸

Hotel Yenisey, 16B Unique View Rd., ✆ 052-222 3400. Die etwas teureren der 13 Zi mit Warmwasser-Bad sind recht wohnlich, insgesamt eine gute Wahl. ❷ – ❸

Grosvenor Hotel, 6 Haddon Hill Rd., ✆ 052-222 2307. 10 geräumige Zi mit Warmwasser-Bad in einem über 100 Jahre altem Haus. Eine der ersten Adressen in dieser Preisklasse. Netter Aufenthaltsraum. ❷ – ❸

MITTLERE PREISKLASSE – *Alpine Hotel*, 4 Haddon Hill Rd., ✆ 052-2223500, ✉ alpinene@sltnet. lk. Sympathische Unterkunft mit 25 komfortablen Zi mit Warmwasser-Bad. Von einigen bietet sich ein schöner Ausblick. Die angeschlossene Agentur „Alpine Eco Adventure Travels" offeriert interessante Öko-Touren. Mountainbike-Verleih für 750 Rs/Tag. Freier Pick-up-Service vom Bahnhof; Internet. ❸

Hotel Glendower, 5 Grand Hotel Rd., ✆ 052-222 2501, ℻ 2222749, ✉ glendower@sltnet.lk. Sympathisches koloniales Mittelklassehotel aus dem Jahr 1895. Die 6 Zi und 3 Suiten mit Warmwasser-Bad strahlen eine gemütliche Atmosphäre aus. Guter Service und exzellente Küche; besonders die Thai-Gerichte finden Anklang. Großer Billardtisch und schöner Garten. Die beste Option in dieser Preisklasse. Reservieren! ❸

Keena Guesthouse, Badulla Rd., ✆ 052-2223821, ✉ vijithak@sltnet.lk. 18 komfortable Zi – davon 2 *Family Room* – mit Warmwasser-Bad. Nachteil: liegt direkt an der Straße nach Badulla. ❸

The Heritage, 96 Queen Elizabeth Rd., ✆ 052-2235750, ℻ 2235725, ✉ hritage@sltnet.lk. Hier logierten die britischen Gouverneure. Heute kann dies in den 20 großen Räumen jeder tun. Schöner Garten, ruhige Lage. ❸–❹

Tree of Life, 2 Wedderburn Rd., ✆ 052-2223684, ℻ 2223127. 100 Jahre alte Kolonialvilla mit 5 lauschigen, wenn auch etwas betagten Zi (Warmwasser-Bad). Schöner Garten, sehr entspannte Atmosphäre. ❸–❹

Windsor Hotel, Bandaranayaka Mw., ✆ 052-2222554, ℻ 2222889. Von außen nicht unbedingt eine Schönheit, bietet das Windsor alle Annehmlichkeiten eines Drei-Sterne-Hotels: 50 große helle Zi mit Warmwasser-Bad, Restaurant, Spielraum und Bar. ❹

GEHOBENE PREISKLASSE – *St. Andrew's Hotel*, 10 St. Andrew's Drive, ✆ 052-2222445, ℻ 222 3153, ✉ standrew@eureka.lk, 🖳 www.jetwinghotel.com. Nurelias beste Wahl. Dieses Boutique-Hotel aus dem frühen 20. Jh. versprüht viel kolonialen Charme. Die 47 Zi und 5 Suiten bieten alle Annehmlichkeiten, bei Bedarf wird ein Elektro-Ofen bereit gestellt. Rustikales Restaurant, in dem Gemüse und Kräuter aus dem eigenen Garten serviert werden. Beim Transport des aus den 1880er Jahren stammenden riesigen Billardtisches kamen die Träger wohl gehörig ins Schwitzen. Absolut empfehlenswert: eine Wanderung mit dem hauseigenen Naturführer. ❻

Grand Hotel, Grand Hotel Rd., ✆ 052-2222881, ℻ 2222264, ✉ thegrand@sltnet.lk, 🖳 www.tangerinehotels.com. Nurelias *Grand Dame*. Als „Barnes Hall" begann es seine Karriere unter dem gleichnamigen Gouverneur als dessen Residenz. Seit 1891 empfängt es unter dem heutigen Namen Gäste aus aller Welt. Leider verlor es durch vielfältige Umbauarbeiten etwas an Charme. Auch geht der Massenbetrieb auf Kosten des Service. Von den 156 Zi liegen die besten im Golf Wing. 6 große Suiten. Neben einem schönen Garten bietet das Grand Hotel alle Annehmlichkeiten von Billard bis Sauna. ❹–❺

Hill Club, Seitenstraße der Grand Hotel Rd., ✆ 052-2222653, ✉ hillclub@sltnet.lk, 🖳 www.hillclubsrilanka.com. Nurelias versnobteste Bleibe. Ein Kaffee-Plantagenbesitzer ließ das Gebäude 1876 errichten, um mit seinen Freunden unter sich zu sein – Damen haben erst seit den 1970ern Zutritt zu allen Räumen. Heute noch wird das „Gentlemen's Feeling" genüsslich zelebriert: beim Billard- und Dartspiel, im „Reading Room", in der „Men's bar" und beim Dinner mit Krawattenzwang. Nicht alle der 39 Zi werden jedoch dem elitären Ambiente gerecht, ihre Standards variieren erheblich. ❹–❻

AUßERHALB VON NUWARA ELIYA – *Humbugs*, Badulla Rd., Hakgala, ✆ 052-2222709. Unweit des Eingangs zum Botanischen Garten. Gut geführtes Gästehaus mit vielen Pluspunkten: tolle Aussicht, freundliche Zi mit Warmwasser-Bad, schmackhafte Curry-Gerichte. Erdbeerliebhaber können ihre Gaumen mit Shake und Eiscreme entzücken. ❷

Hotel Silver Falls, 23 Nanu Oya Rd., Windy Corner, Blackpool, ✆/℻ 052-2234439, ✉ hotelsf@sltnet.lk. Liegt 2 km außerhalb der Stadt an der Straße nach Nanu Oya. Freundliches Mittelklassehotel mit 27 sauberen Zi mit Warmwasser-Bad und TV. Großes Restaurant. ❹

The Tea Factory, Kandapola, ✆ 052-2229600, ℻ 2229606, ✉ tfactory@slt.lk, 🖳 www.aitkenspenceholidays.com. Zur preisgekrönten Luxusherberge umgebaute Teefabrik. Das Hotel liegt etwa 14 km östlich von Nuwara Eliya in herrlicher Berglandschaft auf etwa 2000 m Höhe. Die alten Gerätschaften der ehemaligen Hethersett Estate Tea Factory wurden raffiniert ins Gebäude integriert. Auch die 57 Luxusräume folgen dem geschmackvollen Ambiente. Von Spa bis Pool ist alles vorhanden. Wohnen wird zum Erlebnis. ⑥

Essen

Die besten Restaurants befinden sich in den Hotels. Gelobt wird die Küche des **Glendower** und des **St. Andrew's**. Gute Lokale für eine Mittagspause liegen entlang der New Bazaar Street. Im Cargills Food City gibt es ein **Tea Centre**.
Grand Indian, Grand Hotel Rd. Das vor der Zufahrt zum *Grand Hotel* gelegene Lokal hat zwar das Ambiente eines Fastfood-Lokals, bietet jedoch solide indische Gerichte zu günstigen Preisen. ⊙ tgl. 11–15, 18–23 Uhr.

Dinner im Hill Club

Das Licht ist gedämpft, im Kamin knistert das Holzfeuer. Der Kellner mit dem penibel geschnittenen Schnauzer und der frisch gestärkten weißen Jacke bringt eine Flasche Rotwein an den Tisch. Mit Kennerblick lässt sich der Herr in Krawatte den ersten Schluck des edlen Tropfens munden. Vom Foto an der Wand blickt die noch junge Queen Elizabeth II. auf die Gäste. Eine Szene, die sich in jedem schottischen Landgasthof abspielen könnte. Doch findet sie im Hill Club von Nuwara Eliya statt. Dort wird ein Dinner zum unvergesslichen Erlebnis.
Wichtig für jene, die sich dieses Erlebnis nicht entgehen lassen möchten: ab 19 Uhr herrscht für Männer Jackett- und Krawattenzwang – 70er Jahre Modelle können ausgeliehen werden –, alternativ dürfen sie srilankische Nationaltracht tragen. Frauen sollen in passender Garderobe erscheinen, „die jener der Herren angemessen ist", wie es in der „Dresscode-Ordnung" verlangt wird. Sie bestimmt auch, dass Buben ab 12 Jahre in Krawatte und langen Hosen erscheinen sollen. Dann kann es losgehen mit dem Verzehr der schmackhaften Fleisch- und Wildgerichte à la carte oder den Drei-Gänge-Menüs ab US$15. Für den Aperitif oder Verdauungstrunk geht es in die Mixed Bar.

Milano Restaurant, 24 New Bazaar St. Vom gesichtslosen Bau sollte man sich nicht abschrecken lassen. In der Bäckerei im Erdgeschoss gibt es eine reichliche Auswahl an Backwaren. Im Restaurant im 1. Stock werden preiswerte chinesische und srilankische Gerichte serviert. Die Portionen sind reichlich. ⊙ tgl. 8–22 Uhr.
Remarko Bakers & Restaurant, New Bazaar St. Ebenfalls schmackhafte und günstige Reis-Gerichte à la carte. Außerdem gibt es gutes Gebäck. ⊙ tgl. 5.30–22.30 Uhr.
Nuwara Eliya Restaurant, New Bazaar St. Ein gut frequentiertes Lokal mit günstiger chinesischer Küche. Im 1. Stock kann man sich zu den lokalen Barbesuchern gesellen.
Brundhas, 41 Lawson Rd. Einfaches Interieur, gute srilankische Gerichte. ⊙ tgl. 7–20.30 Uhr.
Lion Pub, Lawson Rd. Eine bei einheimischen Männern populäre Bierhöhle mit Lion-Bier vom Fass für 35 Rs. ⊙ tgl. 11–22 Uhr.

Sonstiges

AUSFLÜGE – Nuwara Eliya ist ein guter Ausgangspunkt für Tagestouren in die weitere Umgebung, allen voran zu den Horton Plains. Eine Fahrt dorthin sollte etwa 1800 Rs kosten. Ein bewährter Veranstalter ist **Alpine Eco Adventure Travels**, s. Alpine Hotel.

AUTOVERMIETUNG – Mietwagen warten in der Nähe der Post an der Badulla Road auf Kundschaft. Man sollte sich auf jeden Fall in hartem Handeln üben.

EINKAUFEN – Zahlreiche Geschäfte reihen sich entlang der New Bazaar Road und der Bandaranayaka Mawatha aneinander. In letzterer ist auch *Cargills Food City*, ⊙ tgl. 8–21 Uhr, zu finden. Hier gibt es nicht nur das übliche Supermarkt-Sortiment, sondern auch Bücher und das *Mlesna Tea Centre*.

GELD – An Banken herrscht kein Mangel, alle genannten haben Geldautomaten: *Seylan Bank*, *Peoples Bank* sowie *Commercial Bank* in der Bandaranayaka Mawatha und die *Hatton Bank* in der Badulla Road unweit der Post.

GOLF – In Nuwara Eliya liegt einer der ältesten Golfplätze auf der Insel. 1889 gegründet, prägt der *Nuwara Eliya Golf Club* aufgrund seiner Lage das Gesicht der Stadt. Nichtmitglieder können für 100 Rs/Tag eine temporäre Mitgliedschaft erhalten. Die Green Fee beträgt Mo–Fr etwa US$20, am Wochenende umgerechnet US$25. Von Schuh bis Schläger kann alles gegen Gebühr ausgeliehen werden. Es wird dezente Kleidung (Polo-Shirt) erwartet. Informationen im Golf Club-Gebäude und unter ✆ 052-2222835, ✆ 2234600. Nach Wunsch kann man auch eine Einführung erhalten.

INTERNET – Beste Option ist das *Internet Café @ Nuwara Eliya,* im 1. Stock des Cargills Ground, Bandaranayaka Mw., gegenüber von Cargills Food City (30 Rs/15 Min.). Weitere Möglichkeiten gibt es im Busbahnhof, z. B. im 1. Stock *Achala Communications*, ⓘ tgl. 8.30–22 Uhr, und das *K. D. N. CD House*, ebenfalls im 1. Stock, ⓘ tgl. 9–22 Uhr. In letzterem kann man auch CDs brennen lassen und internationale Ferngespräche führen.

POLIZEI – Jayatilaka Mw., Nähe Windsor Hotel, ✆ 052-2222222.

POST – Untergebracht in einem schönen Landhaus, liegt es an der Einmündung der Badulla Rd. in die New Bazaar Rd., gegenüber dem Eingang zum Victoria Park. ⓘ Mo–Sa 7–21 Uhr.

TENNIS – Wer den Schläger schwingen will, kann dies beim **Hill Club** tun.

Transport

BUSSE – Der überschaubare Busbahnhof liegt relativ zentral an der New Bazaar Street am Nordende des Victoria Parks. Ins 180 km entfernte COLOMBO verkehren IC-Busse von 4.45–19 Uhr im 30-Minuten-Takt (6 Std., 195 Rs). Nach KANDY, 77 km, starten sie zwischen 7 und 18.30 Uhr alle 40 Min. (2 1/2 Std., 110 Rs), nach HATTON im gleichen Zeitraum alle 30 Min. In Richtung BADULLA, 56 km, fahren die Busse zwischen 7 und 17 Uhr stündlich ab (46 Rs), ebenso ins 56 km entfernte ELLA. Wer nach MATARA, 245 km, fahren möchte, kann um 7.30 Uhr einen AC-Direktbus nehmen oder um 8 Uhr einen Non-AC-Bus (8 Std., 250 Rs bzw. 150 Rs). Ansonsten muss man in Ella umsteigen.

EISENBAHN – Nuwara Eliya verfügt über keine eigene Bahnstation. Der nächste Haltepunkt liegt im 9 km entfernten **Nanu Oya**. Viele Unterkünfte offerieren kostenlos oder für eine Gebühr einen Shuttle-Service. Zudem gibt es reichliche Busverbindungen. (Zugfahrplan s. Kasten)

Zugfahrplan

Zug Nr.	45	47	126	5	15
Col-Fort	19.40	22.15		5.55	9.45
Nanu Oya	3.00	5.15	9.55	12.40	16.00
Haputale	4.29	6.44	12.16	14.12	17.32
Band'wela	4.58	7.15	13.00	14.38	17.58
Ella	5.30	7.54	13.45	15.08	18.28
Badulla	6.30	8.45	14.50	16.00	19.20

Zug Nr.	524	16*	6**	596	46	48*
Nanu Oya	6.00	9.40	12.35	17.35	21.55	23.15
Hatton	7.27	10.57	13.52	19.04	23.02	0.29
Gampola	10.11	12.41	15.56	21.36	0.46	2.43
Peradeniya	10.34		16.13	22.00	1.06	
Kandy	11.00			22.21	1.20	
Col-Fort		15.40	19.25		4.50	5.55

* Für Kandy in Gampola umsteigen!
** Für Kandy in Peradeniya umsteigen!

Umgebung von Nuwara Eliya

Der Reiz der Stadt liegt in erster Linie in seiner pittoresken Umgebung. Das sanfte Grün der Teesträucher gibt der Landschaft um Nuwara Eliya ein ganz eigenes Gepräge – und selbst bei tief hängenden Wolken wunderbare Fotomotive. Eine gute Gelegenheit, mehr über Sri Lankas berühmtestes Agrarprodukt zu lernen, bietet der Besuch einer Teeplantage.

Pedro Tea Estate

Das Pedro Tea Estate liegt nur 3 km nördlich der Stadt am Rand des 2524 m hohen Pidurutalagala. Dessen englische Bezeichnung – Mount Pedro – gab der 1885 gegründeten Plantage ihren Namen.

Bis zur Verstaatlichung 1975 blieb sie in britischer Hand, heute wird sie von „Kelani Valley Plantations Ltd." bewirtschaftet. Derzeit sind etwa 1000 Pflückerinnen auf dem 267 ha großen Gelände beschäftigt. Wie in anderen Teeplantagen auch ist sehr häufig deren Arbeitsplatz zugleich ihr Wohnsitz. Auf dem Pedro Estate leben 3000 Familien, für die Kinder ist eine eigene Schule eingerichtet.

Die geernteten Blätter werden in die dreistöckige Teefabrik gebracht und dort verarbeitet. Unter den Handelsnamen „Lovers Leap" und „Mahagastotte" – benannt nach der Lage der Teebüsche – finden sie ihren Weg nach Colombo zur wöchentlichen Versteigerung und von dort in alle Welt. Ein Angestellter führt die Besucher durch die Anlage.

Zum Schluss kann man eine Teepackung auch im Shop erwerben. Mit einem Three Wheeler kostet die Fahrt einschließlich Wartezeit 500 Rs. ⊕ tgl. 8–11 Uhr und 14–16 Uhr, Eintritt 50 Rs.

Botanischer Garten Hakgala

Die Gartenanlage am Fuß des Hakgala-Felsens liegt etwa 10 km südöstlich von Nuwara Eliya an der Straße nach Badulla. In der Kolonialzeit war Hakgala nach Peradeniya die zweite Forschungsstation für Nutzpflanzen. Der Direktor von Peradeniya, Dr. Thwaites, ließ sie 1861 anlegen, um mit dem aus Südamerika stammenden Chinarindenbaum *(Cinchona)* zur Gewinnung des natürlichen Anti-Malariamittels **Chinin** zu experimentieren.

Der Ceylon-Tee

Als 1788 **Sir Joseph Banks** der britischen East India Company berichtete, dass im Nordosten Indiens, vor allem in Assam und Darjeeling, hervorragende Bedingungen für Teepflanzungen bestünden, stieß der Botaniker innerhalb der Handelsgesellschaft zunächst auf taube Ohren. Der Export aus China genügte damals, den Bedarf an dem edlen Gebräu zu decken. Erst als 1833 das Handelsmonopol der East India Company auf Tee abgeschafft wurde, schien der Markt interessanter zu werden. In Madras und Assam wurden Teeplantagen angelegt. Fünf Jahre später gelangten die ersten Teelieferungen aus British India nach England. Zwar kamen die ersten Teesträucher der Sorte *Camellia sinensis* bereits 1824 aus China nach Ceylon, wo man mit ihnen im Botanischen Garten **Peradeniya** zu experimentieren begann. Doch war das Interesse dafür anfänglich gering, da die Plantagenbesitzer mit Kaffee ihr Geld verdienten. Erst als ab 1869 eine Blattkrankheit zum rasanten Niedergang des Anbaus der schwarzen Bohne führte, begannen sie sich für die grünen Sträucher zu interessieren.

Als Pionier des kommerziellen Teeanbaus in Ceylon gilt der Schotte **James Taylor**. Er gründete 1867 in Loolecondra südöstlich von Kandy die erste kommerzielle Plantage. Rasch breiteten sich die grünen Teefelder in den Gebieten um Kandy, Nuwara Eliya, Ratnapura und in der Provinz Uva aus. 1873 ließ Taylor seine ersten 23 Pfund Tee nach London verschiffen. Von nun an konnten die Briten ihre „Teatime" auch mit **Ceylon-Tee** abhalten. Vor allem Schotten machten mit dem neuen Getränk ein Geschäft, darunter Captain William Mackwood und **Sir Thomas Lipton**, dessen Name auch im 21. Jh. noch ein Synonym für Tee ist.

Heute ist Tee mit Abstand wichtigstes Agrarerzeugnis der Insel. Auf fast 1900 km^2 Fläche werden die etwa 1 m hohen Sträucher angebaut. Im Jahr 2000 wurden erstmals über 300 000 t produziert. Weltweit liegt Sri Lanka an dritter Stelle der Teeproduktion und ist Nr. 1 im Export. Hauptabnehmer sind gegenwärtig Russland, die Vereinigten Arabischen Emirate und Syrien. Als erstes europäisches Land kommt Finnland an neunter Stelle. Die aktuellsten Exportzahlen werden vom *Sri Lanka Tea Board,* 🖳 www.pureceylontea.com, herausgegeben.

Die Qualität des Teeblattes ist abhängig von der Lage der Plantagen. Auf einer Höhe um 600 m ü. M. wachsen die Blätter an den Teesträuchern zwar schneller, jedoch ist ihr Aroma wesentlich schwächer. Eine höhere Güteklasse lässt sich auf Plantagen bis zu 1200 m

Unter dem langjährigen Direktor William Nock (1882–1904) wurde die Station zum Botanischen Garten erweitert. Seitdem lässt es sich in der 27 ha großen Anlage wunderbar flanieren. Wegen seiner ureigenen Flora hat der Botanische Garten einen ganz anderen Charakter als jener in Peradeniya. Zu den Attraktionen zählen mit über 100 Arten der Rosengarten – vor allem zur Blüte zwischen April und August –, Baumfarne, Zedern, Eichen und über 100 Jahre alte Monterey-Zypressen *(Cupressus macrocarpa)*. Der Garten grenzt an das knapp 12 km² große „Hakgala Strict Nature Reserve" mit einigen Teilen intakten Nebelwaldes. Allerdings darf es nur mit besonderer Genehmigung besucht werden.

Der Name Hakgala (Maulfelsen) bezieht sich auf eine Szene aus dem berühmten Epos Ramayana. Nachdem bei der letzten großen Schlacht von Lanka Ramas Bruder Lakshmana schwer verwundet wurde, machte sich der Affengeneral Hanuman auf, um eine nur im Himalaya vorkommende Heilpflanze zu holen. Als er in der Aufregung vergessen hatte, um welche es sich handelte, schleppte er einen ganzen Gipfel in seinem Maul mit zurück. Dieser verstreute sich an verschiedenen Orten der Insel, neben Hakgala auch in Ritigala und Rumassala bei Unawatuna.

◷ tgl. 8–17.45 Uhr, Eintritt 300 Rs, Kinder bis 12 Jahre 200 Rs. Zur Einkehr lädt das in der Nähe des Parkeingangs gelegene **Humbugs Restaurant**

ü. M. erzielen. Am besten ist das Aroma bei Pflanzungen auf über 1200 m.

In der Trockenzeit einmal wöchentlich, in der Regenzeit alle drei Tage, pflücken die zumeist tamilischen Frauen die beiden frischesten Blätter samt Blütenspitzen am Ende eines Triebes. Für etwa 13 kg, die sie pro Tag ernten, erhalten sie magere 1,50 €. Nachdem die Blätter in die Teefabrik gebracht wurden, müssen sie zuerst etwa 13 Stunden lang luftgetrocknet und anschließend durch Rütteln und Walzen zerkleinert werden. Bei hoher Luftfeuchtigkeit werden sie nun fermentiert, denn durch die Verbindung mit Sauerstoff erhält der Tee sein Aroma. Weitere Trocken- und Sortierdurchgänge sind nötig, um einen entsprechenden Qualitätsgrad zu erreichen. Bevor die fertigen Produkte zur Auktion nach Colombo gebracht werden und von dort in Teeballen oder Beutel verpackt in alle Welt gelangen, testen die Teeprüfer das Getränk im Labor.

Blattqualität:
Orange Pekoe (OP): wird aus den ersten länglichen Blättern der jungen Teetriebe gewonnen.
Pekoe (P): einer der feinsten Tees, weil er aus den zarten jungen Blättern gewonnen wird. Ist besonders in arabischen Ländern geschätzt. „Pekoe" leitet sich vom südchinesischen *bai hao* (chin. *yin hao*) ab, was soviel wie „weiße Härchen" bedeutet. Dies bezieht sich auf den silbrig-weißlichen Flaum, den die jungen Blätter tragen.
Souchong (S): feste große Blätter, die grob zerkleinert werden. Das Wort leitet sich vom chinesischen *xiao zhong* ab und bedeutet „kleine Art" oder „Unterart". Damit ist auch ein geräucherter Schwarztee gemeint.

Zerkleinerungsgrade:
Broken Orange Pekoe (BOP): er wird aus jungen Blättern und Blüten hergestellt und ist sehr mild.
Flowery BOP: Oberste Güteklasse. Es werden ausschließlich die Spitzen der am Zweigende sitzenden Blattknospen verwendet.
Broken Pekoe (BP): gebrochene (engl. *broken*) Blätter von mittlerer Größe ohne Blüten.
Broken Pekoe Souchong (PS): grob zerkleinerte große Blätter.
Fannings: etwa 1 mm große Teepartikel, die für Teebeutel Verwendung finden.
Dust: je nach Qualität unterschiedlich fein gemahlen und daher sehr stark. Wird ebenfalls fast nur für die Teebeutel verwendet.

Martin H. Petrich

ein, wo es Erdbeer-Shake und andere Köstlichkeiten gibt.

Ein weiterer Ort, der mit dem Ramayana in Verbindung gebracht wird, ist der **Seetha Amman Kovil**. Der üppig-bunte Hindu-Tempel im Ort Sita Eliya liegt ebenfalls an der Straße nach Bandulla, etwa 5 km südöstlich von Nuwara Eliya bei Kilometerstein 83. Hier lag der legendäre Ashokahain, in welchem der Dämonenkönig Ravana seine Gefangene Sita festgehalten haben soll. Später, so glaubt man, habe er sie in der Rawana-Höhle bei Ella versteckt. Die Vertiefungen in den Felsen am nahe gelegenen Strom sollen die Fußabdrücke von Ravanas Elefanten sein. Ansonsten ist der Sita geweihte Tempel wie üblich reichlich mit Gottheiten und Dämonen verziert. Zu sehen sind darunter Shiva und Uma in trauter Zweisamkeit. Ein neuerer Tempel ist dem Affengeneral Hanuman gewidmet.

Alle Busse in Richtung Welimada und Badulla passieren den Tempel und den Botanischen Garten.

Ans Ende der Welt: Horton Plains und World's End

Zwischen Nuwara Eliya und Haputale breitet sich eine der eigentümlichsten Landschaften Sri Lankas aus, die Horton Plains. Der kühle Wind mit den schnell dahinziehenden Wolken, das Steppengras, die zerzausten Bäume und die leicht hügelige Hochebene lassen eher Erinnerungen an schottische

> **Tipps zum Besuch von World's End**
>
> Im Laufe des Vormittags, zwischen 10 und 11 Uhr, legt sich nicht selten eine Wolkendecke über die Horton Plains. Am World's End stehen die Besucher dann vor einer Nebelwand. Daher sollte man die Tour früh beginnen. An Wochenenden und Feiertagen fahren viele Einheimische zu den Horton Plains. Wer Ruhe sucht, sollte diese Tage meiden. Es ist zudem ratsam, feste Schuhe und warme Kleidung dabei zu haben, auch eine Sonnencreme und genügend Wasser sind nicht verkehrt. Wer mehr über die Flora und Fauna wissen möchte, kann für etwa 400 Rs am Parkeingang einen Naturführer engagieren.

und nordamerikanische Gegenden aufkommen. Die Tropeninsel zeigt sich hier von ihrer wildesten Seite. Wegen ihrer offenen Weite nennen sie die Sri Lanker *maha eliya*, „die weite Ebene".

Es ist der Jagdleidenschaft der Engländer zu verdanken, dass dieser Landstrich bis heute weitgehend erhalten geblieben ist. Benannt nach **Sir Robert W. Horton**, Ceylons Gouverneur von 1831–37, nutzten die Kolonialherren das durchschnittlich auf 2100 m Höhe gelegene Hochplateau als Jagdgrund für Leoparden und Elefanten. Daher beließen sie einen Teil der ursprünglichen Vegetation.

Seit 1969 steht das 3160 ha große Gebiet unter Naturschutz, 1988 wurden die Horton Plains zum Nationalpark erklärt. Hier sind Sri Lankas zweit- und dritthöchste Gipfel zu finden: **Kirigalpota** (2389 m) und **Thotupola Kande** (2357 m). Zudem entspringen auf dem regenreichen Plateau mit durchschnittlich 5000 mm Niederschlag pro Jahr einige der wichtigsten Flüsse: neben dem längsten Strom der Insel, dem Mahaweli Ganga, der Kelani Ganga und der Walawe Ganga. Die landschaftlichen Höhepunkte der Horton Plains sind fraglos die Baker's Falls und World's End.

Neben **Sambarhirschen** und **Leoparden** ist auf den Plains der endemische **Weißbartlangur** heimisch. Unter Primatenforschern ist die Hochebene auch wegen des äußerst seltenen und extrem bedrohten **Ceylon-Bergschlankloris** *(Lori lydekerianus grandis)* bekannt, der nur 30 cm groß wird. Nach über 50 Jahren wurde erstmalig wieder 2002 ein Exemplar gesichtet. Der Name Lori leitet sich von dem alt-holländischen Wort für Clown („Loeri") ab, was sich auf das markante Gesicht dieser nachtaktiven Primatenart bezieht.

Zu **Vogelbeobachtungen** ist die Hochebene ebenfalls geeignet, denn sie ist Heimat einiger seltener endemischer Arten, allen voran der Ceylonpfeifdrossel (engl. *Sri Lanka Whistling Thrush*, lat. *Myophonus blighi*) und der Ceylonesischen Erddrossel (engl. *Ceylon Scaly Thrush*, lat. *Zoothera dauma imbricata*). Beide Arten halten sich gerne rund um den Arrenga-Teich unweit des Parkeingangs auf. Unter den anderen endemischen Spezies sind Sri Lankas Nationalvogel, das Lafayette-Huhn (lat. *Gallus lafayettii),* und der Ceylonbrillenvogel (engl. *Sri Lanka White-eye*, lat. *Zosterops ceylonensis*) anzutreffen.

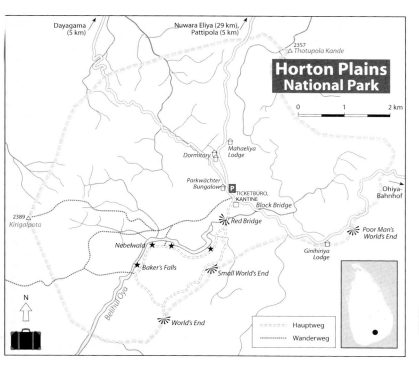

In der **Flora** dominieren Steppengras, Bambus, Baumfarne, Rhododendren und die hohen Kina-Bäume (singh. *keena*, lat. *Calophyllum Walkeri*), leicht zu erkennen an ihren schirmartigen Kronen. Am Wegesrand fallen die zarten Blüten des Blauen Sterns *(Saristea ecklini)* und die grünvioletten grobfasrigen Blätter einer in Sri Lanka „Nellu" genannten Strobilanthes-Art *(Strobilanthes sp.)* auf. Ebenfalls sehr apart wirken die weißen, blauen oder violetten Blüten der als „Binara" bekannten fünf einheimischen Blumenarten (lat. *Exacum*). Sie blühen meist im September, weshalb sie den singhalesischen Namen des entsprechenden Mondmonats tragen.

Ein Rundgang

Die vom Parkeingang aus gerechnet insgesamt knapp 10 km lange Rundtour nimmt durchschnittlich drei Stunden in Anspruch. Zu Beginn durchwandert man eine offene Ebene und kommt dann zu einem attraktiven Stück Nebelwald. Nach einigen Kilometern ist das **Small World's End** erreicht, wo das Plateau 500 m abfällt. Von dort sind es nur einige hundert Meter bis zum berühmten **World's End**, das ca. 4 km vom Eingang entfernt liegt. Hier fällt das Plateau fast 900 m schräg ab und lässt einen atemberaubenden Blick frei, der bei guter Sicht bis zur Südküste reichen kann. Zudem ergeben sich schöne Ausblicke auf die Gipfel des Kirigalpota und des Thotupola Kande.

Nach einigen hundert Metern macht der Weg eine weit geschwungene Rechtskurve. Dem Weg weiter folgend gelangt man nach nahezu 2 km zu einer Abzweigung, die zu den **Baker's Falls** führt. Für manche mag der Wasserfall zwar enttäuschend sein, doch ist er für srilankische Verhältnisse ziemlich eindrucksvoll. Seinen Namen erhielt er von dem britischen Abenteurer Samuel W. Baker (s. Geschichte von Nuwara Eliya). Vom Wasserfall zurück zum Parkeingang sind es noch weitere 2 km.

Vor einiger Zeit war es noch möglich, vom Parkeingang aus zum etwa 3 km entfernten **Poor Man's World's End** zu wandern und damit das saftige Eintrittsgeld zu sparen. Denn auch dort bietet sich ein Traumpanorama. Doch die Parkverwaltung ließ den Zugang sperren. Wer es trotzdem versucht, geht auf eigenes Risiko. ⓘ tgl. 6–16 Uhr (Kasse), Eintritt US$17 für Erwachsene, ermäßigt US$6.

Übernachtung und Essen

Wer in den Horton Plains übernachten möchte, kann dies nur in den Unterkünften des Wildlife Conservation Department tun. Buchung über: **DWLC**, 18 Gregory's Rd., Colombo 7, ✆ 011-269 4241, 🖥 www.dwlc.lk.
Neben den beiden Lodges mit jeweils 4 Zi, **Ginihiriya** (Anderson Lodge) und **Mahaeliya** (US$30 p. P.), gibt es noch zwei separate **Dormitorien** (Vana Nivahana). Campern stehen einige Plätze zur Verfügung, allerdings müssen sie ebenfalls vorher die Erlaubnis der Schutzbehörde einholen.
In der Kantine am Parkeingang gibt es einfache Snacks und Getränke.

Transport

Die mit Abstand einfachste Option ist ein **Mietwagen**. In Nuwara Eliya oder Haputale gibt es genügend Anbieter, die für die Hin- und Rückfahrt um die 1800 Rs verlangen. Die Fahrtzeit beträgt von beiden Orten aus 1 1/2 Std. Es ist empfehlenswert, die Tour sehr früh zu beginnen – zwischen 5.30 und 7 Uhr –, um nicht im Nebel zu stehen. Zudem ist die Fahrt am frühen Morgen äußerst pittoresk.

Tipps für Wanderausflüge

Das Wetter ist rund um Haputale recht wechselhaft. Schien gerade noch die Sonne, sorgen schnell aufkommende Wolken für plötzliche Abkühlung oder gar Regen. Neben Verpflegung und reichlich Wasser sollten daher auch unbedingt Regenschutz und Pullover in den Rucksack.

Wer auf den Pfennig schauen muss, kann auch mit dem **Zug** fahren. Allerdings ist dies sehr umständlich, denn die nächstgelegene Bahnstation **Ohiya** liegt vom Eingang zu den Horten Plains mehr als 11 km entfernt. Der Fußmarsch ist jedoch wegen der schönen Ausblicke durchaus reizvoll. Für den Aufstieg bis zum Parkeingang sollte man 3 Std. einkalkulieren, für den Abstieg etwa 2 Std. Wer von Nuwara Eliya kommt, muss bereits am Vortag anreisen, denn vormittags gibt es keine Zugverbindung. In Haputale fährt ein Zug um 7.57 Uhr ab und ist um 8.35 Uhr in Ohiya.

Haputale

Von den größeren Orten an der Südseite des Hochlands liegt Haputale wohl am schönsten. Zwischen 400 und 500 m ü. M. zieht es sich einen Bergkamm entlang und fällt südlich dramatisch ab. Wegen seiner Hanglage ist das Wetter hier jedoch recht wechselhaft. Im Laufe des Tages legt sich häufig eine Wolkendecke über den Ort, und eine überraschend kühle Brise lässt eine Gänsehaut entstehen. Nachmittags ist nicht selten ein Regenschirm nötig, denn Niederschläge sind hier das ganze Jahr über zu erwarten. Bei klarer Sicht jedoch reicht der Blick von Haputale bis weit in den Süden – die Küste ist in Luftlinie keine 100 km entfernt.

Teeplantagen prägen das Landschaftsbild. Die meisten Bewohner sind während der Kolonialzeit eingewanderte Tamilen, viele darunter muslimisch. Der Ort selbst ist wenig interessant und vor allem für die alltäglichen Besorgungen von Relevanz.

Hauptgrund für einen Aufenthalt – der nicht selten länger dauert als ursprünglich geplant – ist die wunderschöne Umgebung. Eines der beliebtesten Ausflugsziele ist der **Lipton's Seat** unweit der ebenfalls gern besuchten **Dambatenne-Teeplantage**, von dem sich ein traumhafter Rundblick bietet. Eine schöne Wanderung führt über das **Adisham-Kloster** nach **Idalgashinna**. Auch der 30 km entferne **Diyaluma-Wasserfall** (s. S. 363) ist ein gerne aufgesuchter Ort.

Die Stadt

Sehenswürdigkeiten sucht man in Haputale vergeblich. Im Zentrum befinden sich zahlreiche kleinere Geschäfte sowie ein netter **Markt**. Südlich des Busbahnhofes liegen sich **Post** und **People's Bank**

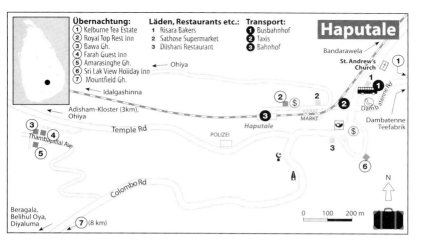

schräg gegenüber. Eine Filiale der **Bank of Ceylon** hat sich an der Station Road unweit des Bahnhofs etabliert. An die koloniale Vergangenheit erinnert noch die **St. Andrew's Church** im Norden des Städtchens. Der an der Straße nach Bandarawela gelegene neugotische Bau besticht in seinem Inneren durch schöne Holzvertäfelungen; im Kirchhof liegen koloniale Teepflanzer begraben. Wanderausflüge

Dambatenne-Teefabrik

Wer kennt sie nicht, die Teebeutel mit dem markanten gelben Label und der roten Schrift. In aller Welt ist der „Lipton Tea" verbreitet. Etwa 10 km östlich von Haputale liegt in **Dambatenne** eine der Wiegen dieser weltberühmten Teemarke. Die Geschichte ihres Erfolgs begann im Jahre 1890, als der Kaufmann **Thomas Johnstone Lipton** (1850–1931) in das lukrative Tee-Geschäft einstieg und in Ceylon fünf Teeplantagen kaufte, darunter die Pflanzungen bei Dambatenne. Bereits Ende des 19. Jhs. war der Sohn eines Glasgower Gemischtwarenhändlers Besitzer von 2200 ha, die er für die eigene Teeproduktion nutzte. Unter dem Motto „Direct from the Tea Gardens to the Teapot" schuf er innerhalb weniger Jahre ein riesiges Tee-Imperium. Sein Name Thomas Lipton war dank einer innovativen Vermarktungsstrategie – als einer der ersten schaltete er Anzeigen in den Printmedien – sehr bald unverwechselbar mit dem Tee verbunden. 1898 wurde der königliche Hoflieferant von Queen Victoria geadelt. Bis zu seinem Tod 1931 besuchte „Sir Thomas" immer wieder Dambatenne, das er besonders wegen der schönen Lage liebte.

Gerne erklomm der lebenslange Junggeselle den nach ihm benannten, 1935 m hohen **Lipton's Seat**, von dem sich ein herrlicher Ausblick bietet. Der Aufstieg zum etwa 7 km entfernten Aussichtspunkt ist kein gemütlicher Spaziergang, aber ohne Frage die Mühe wert. Oben angelangt, öffnet sich der fast senkrechte Abgrund dramatisch vor den Füßen des Besuchers – fast so wie in World's End, nur ohne den saftigen Eintrittspreis. Den je nach Kondition 1 1/2- bis 2-stündigen Aufstieg sollte man früh beginnen, da sich der Berg am späten Vormittag häufig in Wolken hüllt. Für 100 Rs pro Person kann man das längliche weiße **Fabrikgebäude** besichtigen und Spaziergänge durch die Teeplantage unternehmen. Unverständlicherweise wird aber kein hauseigener Tee verkauft.

Entlang der Bahngleise

Besonders interessant ist eine Wanderung entlang der Bahngleise Richtung Westen bis nach **Idalgashinna** (9 km) mit Rückfahrt nach Haputale. So kommt man zum Vergnügen einer Bahnreise und kann unterwegs einige Züge filmen oder fotografieren.

Oliver Eichelberg

Teepflückerin

Von der Südseite des Busbahnhofs in Haputale, gegenüber dem Muslim Hotel, fahren halbstündlich **Busse** in Richtung Dambatenne ab. Mit dem **Three-Wheeler** kostet eine Tour hin und zurück etwa 400 Rs.

Adisham-Kloster und Idalgashinna

Ein schöner einstündiger Fußmarsch führt westlich von Haputale zum 3 km entfernten **Adisham Monestary**. Zuerst muss man der Temple Road ungefähr 2 km bis zu einer Abzweigung mit Hinweisschild folgen. Dann geht es etwas den Berg hinauf, vorbei an dem nicht zugänglichen Vogelschutzgebiet **Tangamalai**. Das Klostergemäuer wurde während der Kolonialzeit von einem gewissen Sir Thomas Villiers erbaut. Mit dem recht finster wirkenden Haus aus Granitstein und Fenstern im Tudor-Stil verwirklichte der britische Pflanzer sein eigenes „castle" und benannte es nach seinem Geburtsort. Seit den 1960er Jahren ist es in Besitz des Benediktinerordens und kann an Wochenenden und Feiertagen besichtigt werden. Im **Klosterladen** verkaufen die Mönche Produkte aus eigener Herstellung, darunter Honig, Öle und Marmeladen. Einen *Adisham Shop* gibt es auch an der Straße nach Bandarawela. ⊙ Sa, So und Feiertage 9–12, 14–16.30 Uhr, Eintritt 60 Rs.

Vom Kloster kann man weiter bis zum Dorf **Idalgashinna** (insgesamt ca. 8 km) wandern. Der idyllische Weg führt zuerst über 3 km einen Bergkamm entlang durch Wald und Heide. Gruppen mit Eukalyptusbäumen säumen den Weg. Im Tal sind die Bahngleise und die Glenanore-Teefabrik zu sehen. Weiter geht es den Berghang hinunter, wo man auf die Bahnlinie trifft. An ihr entlang sind es noch ca. 5 km bis zum Dorf. Alternativ kann man auch ins 4 km entfernte Haputale zurückwandern.

Übernachtung

Royal Top Rest Inn, 22 Station Rd., ✆ 057-226 8178. 8 Zi, davon 4 mit Warmwasser-Bad in unterschiedlicher Größe. Vorteil dieser eher gesichtslosen Bleibe ist die Nähe zum Bahnhof. ❶
Sri Lak View Holiday Inn, A. W. Arthur Sirisena Mw., ✆ 057-2268125, ✉ srilakv@sltnet.lk, 🖥 www.srilakviewholidayinn.com. Hier wohnt man gut. Insgesamt 11 solide Zi mit Warmwasser-Bad, die meisten mit guter Aussicht, 4 davon mit Balkon. 2 *Family Rooms*. Internet für 8 Rs/Min. Restaurant mit großer Menüauswahl. ❶
Bawa Guesthouse, Temple Rd., ✆ 057-2268 260. Am Berghang unterhalb der Temple Rd.; 5 schlichte, aber saubere Zi, davon 3 mit Bad. Freundliche Eigentümer. ❶
Farah Guest Inn, Temple Rd., ✆ 057-2268076, 2268171. Haus am Berghang mit 4 schönen Zi mit Warmwasser-Bad. Die nette Familie ist mit den Eigentümern des benachbarten Bawa Guesthouse verwandt. Wunderschöner Ausblick. ❶
Amarasinghe Guesthouse, Thambapillai Ave., ✆ 057-2268175, ✉ agh777@sltnet.lk. Eine der besten Unterkünfte im Ort. 10 Zi mit unterschiedlichen Standards, davon 7 mit Warmwasser-Bad und Balkon. Ein Family Room mit 4 Betten. Alle Räume sind mit Holzfußboden und oranger Wandfarbe ausgestattet. Internet für 7 Rs/Min. Pick-up-Service. Die sehr freundlichen Eigentümer organisieren Touren. In der Hauptsaison oft ausgebucht. ❶
White Monkey / Dias Rest, Thotulagala, 3 km östlich von Haputale, ✆ 071-2591361. ✉ mail vaganamdias@yahoo.com. In Toplage auf 1500 m Höhe umgeben von Teeplantagen, bietet einen Panoramablick bis tief in den Süden. Wird von

---

Tempel mit Ausblick

Kurz hinter der Teefabrik von Dambatenne führen Hunderte betagter Treppenstufen hinauf zu einem Plateau. Folgt man oben dem gemauerten Weg bis zu einem offenen Gebäude – es ist eine Sammelstelle für Teepflückerinnen – und geht links den Sandweg weiter bis zum Wendeplatz, erreicht man über einen kurzen Pfad einen weiß ummauerten Felsvorsprung mit herrlichem Ausblick. Folgt man dem zugewucherten Weg hinter der Plattform und steigt die verwilderten Stufen etwa 20 m hinab, gelangt man zu einer anderen Plattform mit einem alten Tempel. Dort kann jeder Besucher durch Glockenschlag die Anzahl seiner Besuche kundtun. Hinter dem Tempel führen andere Stufen wieder nach oben – insgesamt ein abwechslungsreicher Rundweg.

Oliver Eichelberg

dem (umwelt-)freundlichen Herrn Dias und seiner Familie geführt. Im Nebenhaus sind 2 geräumige Zi mit Bad und eine große Dachterrasse. Kartentelefon für internationale Gespräche. Für warmes Wasser sorgt die Solaranlage. ❶
Mountfield Guesthouse, Haldumulla, 9 km westlich von Haputale an der Belihul Oya Rd., ✆ 057-2268463. Schöne Unterkunft inmitten einer Plantage mit 2 Zi mit Warmwasser-Bad und kleiner Kochgelegenheit. Eine gute Option für Familien mit eigenem Fahrzeug. ❶
Kelburne Tea Estate, 2 km östlich der Stadt, ✆ 011-2573382 (Colombo-Büro), ✉ kelburne@eureka.lk. Haputales Nr. 1, aber auch die teuerste Option. Eine wunderschöne Anlage mit drei Bungalows: das „Aerie Cottage" mit 2 Zi, das „Wildflower Cottage" mit 3 Zi und Kamin sowie das „Rose Cottage" mit 3 Zi. Tolle Aussicht und exzellenter Butler-Service. Sehr familienfreundlich. Gutes Restaurant mit nettem Ambiente. ❹

Essen

Die Auswahl an Gaststätten ist äußerst dürftig. Am besten isst man in den Unterkünften. Wer Lust auf Gebäck hat, kann sich bei *Risara Bakers* am Busbahnhof eindecken. In dessen Nähe gibt es auch einige einfache Restaurants. Für ein einfaches Curry-Gericht zu Mittag bietet sich das preisgünstige *Dilshani Restaurant*, 27 Colombo Rd., an.

Transport

MIETWAGEN – Tagesausflüge zu den Horton Plains kosten um die 1500 Rs. Einige der Gästehäuser wie das *Amarasinghe Guesthouse* oder das *Bawa Guesthouse* können Wagen mit Fahrer organisieren.

BUSSE – Nach COLOMBO verkehren CTB-Busse um 7, 7.30, 10.30, 14.30 und 17 Uhr. Die etwa 6-stündige Fahrt kostet normal 190 Rs. Besser sind die IC-Busse für 250 Rs um 6.30, 7, 8, 8.30 und 9 Uhr.
Direktbusse nach NUWARA ELIYA starten um 7.30 und 13 Uhr (55 Rs). Ansonsten kann man mit einem der Busse nach WELIMADA fahren und dort nach Nuwara Eliya umsteigen.
Im Halbstundentakt bis 19 Uhr verkehren CTB-Busse nach BANDARAWELA (ca. 30 Min.). Stündlich sind die Busse von 5.30–17 Uhr in Richtung WELLAWAYA (ca. 1 1/2 Std.) unterwegs. Dort hat man Anschluss nach Matara und Galle.

EISENBAHN – Haputale liegt an der Strecke Colombo–Kandy–Badulla.
(Zugfahrplan s. Kasten)

Zugfahrplan

Zug Nr.	45	47	126	5	15
Col-Fort	19.40	22.15		5.55	9.45
Haputale	4.32	6.49	12.30	14.13	17.34
Band'wela	4.58	7.15	13.00	14.38	17.58
Ella	5.30	7.54	13.45	15.08	18.28
Badulla	6.30	8.45	14.50	16.00	19.20

Zug Nr.	16*	6**	596	46	48*
Haputale	7.57	10.53	15.30	20.13	21.34
Nanu Oya	9.32	12.28	17.28	21.46	23.07
Hatton	10.57	13.52	19.04	23.02	0.29
Gampola	12.41	15.56	21.36	0.46	2.43
Peradeniya		16.13	22.00	1.06	
Kandy				22.21	1.20
Col-Fort	15.40	19.25		4.50	5.55

* Für Kandy in Gampola umsteigen!
** Für Kandy in Peradeniya umsteigen!

Wellawaya

Der Ort ist laut, staubig und wenig attraktiv. Zudem liegt er nicht mehr im Hochland. Trotzdem kann er für Besucher des Berglandes von Bedeutung sein, denn hier kreuzen sich die Bundesstraßen A 4 (Colombo–Ratnapura–Monaragala–Pottuvil) und A 2 (Ella–Hambantota–Matara). Jeder also, der in Richtung Süd- oder Ostküste unterwegs ist oder von dort kommt, wird Wellawaya zwangsläufig passieren. In der Nähe liegen auch zwei Attraktionen: Die **Diyaluma Falls** und die Felsenreliefs von **Buduruwagala**.

Der Busbahnhof liegt ziemlich zentral, in seiner Nähe befinden sich Filialen der **Hatton National Bank** und der **Bank of Ceylon**.

Übernachtung

Das Angebot an Unterkünften ist bescheiden.
Saranga Holiday Inn, 37 Old Ella Rd., ✆ 055-2274891. Liegt nördlich des Marktes. Die 14 Zi mit Bad, davon 2 mit AC, sind relativ sauber und für eine Nacht annehmbar. Das angeschlossene Restaurant bietet durchschnittliche Küche. ❶–❷

New Rest House, Ella Rd., ✆ 055-2274899. 500 m nördlich des Ortszentrums an der Straße nach Ella. Wirkt ziemlich vernachlässigt. Der Aufenthalt in den 6 Zi mit Bad weckt nicht unbedingt Glücksgefühle. ❶–❷

Transport

BUSSE – Als Verkehrsknotenpunkt ist Wellawaya vor allem eine gute Basis für Fahrten in den Süden oder Osten. So fahren vom zentralen Busbahnhof alle 30 Min. CTB-Busse nach MONARAGALA (1 1/4 Std.), wo es Umsteigemöglichkeiten nach Pottuvil gibt.
Nach TISSAMAHARAMA (59 km, 2 Std.) fahren die Busse im Stundentakt ab. Ansonsten kann man für Fahrten gen Süden die alle 30 Min. startenden Busse nach PANNEGAMUWA nehmen (1 3/4 Std.) und dort umsteigen.
Ebenfalls im Stundentakt verkehren Busse in die Edelsteinstadt RATNAPURA (121 km, 4 Std.).
ELLA (29 km, 45 Min.) wird von den gelben CTB-Bussen alle 15 Min. angesteuert. BANDARAWELA (37 km, 45 Min.) ist alle 30 Min. und HAPUTALE (40 km, 1 Std.) jede Stunde Ziel eines Busses. Wer nach KANDY (164 km) will, muss in NUWARA ELIYA (87 km, 5 Std.) umsteigen.

Umgebung von Wellawaya
Diyaluma-Wasserfall

Etwa 12 km westlich von Wellawaya – und 30 km östlich von Haputale – befindet sich auf der Nordseite der A 4 der Diyaluma-Wasserfall. Mit 200 m ist er einer der höchsten Sri Lankas, auch wenn der Fall an sich eher schmal ist und sich in der Trockenzeit auf nicht viel mehr als ein Rinnsal reduziert. Trotzdem ist der Ausflug allein schon wegen der landschaftlichen Reize lohnend. Wer in guter Kondition ist, kann einen steilen und daher anstrengenden Pfad nach oben klettern. Dort befinden sich einige Naturbecken zum Baden.
Von Wellawaya aus gelangt man zum Wasserfall, indem man einen der Busse in Richtung Beragala nimmt. Wer aus Haputale kommt, setzt sich in einen Bus Richtung Wellawaya. Ansonsten verlangen Three-Wheeler-Fahrer um die 500 Rs für die Rundtour.

Buduruwagala

Ungefähr 5 km südlich von Wellawaya führt von der A 2 eine schmale Straße weitere 5 km in Richtung Westen zu den geheimnisvollen Steinreliefs Buduruwagala. Die „Stein- *(gala)* bilder *(ruwa)* des Buddha *(budu)*" wurden in einen Granitfelsrücken geschlagen, der in einer für die Trockenzone typischen Landschaft unweit des Buduruwagala Wewa liegt.

Insgesamt handelt es sich um sieben Figuren. Sie werden von einem stehenden **Buddha** in der Mitte dominiert, der mit fast 17 m der größte auf der Insel ist; allerdings sind die Reliefs nicht sehr tief in den Felsen geschlagen. Für ein Theravada-buddhistisches Land wie Sri Lanka sehr ungewöhnlich sind die den Buddha flankierenden Figuren. Bei ihnen handelt es sich vorwiegend um **Bodhisattva**-Darstellungen, wie sie im Mahayana Buddhismus bekannt sind. Ihre Datierung fällt schwer. Wahrscheinlich wurden sie zwischen dem 7. und 10. Jh. angefertigt, als der Mahayana-Buddhismus im Reich von Anuradhapura eine wichtige Rolle spielte.

Vom Betrachter aus gesehen linker Hand wird die Dreiergruppe in der Mitte von dem weiß getünchten Bodhisattva des Mitgefühls, Avalokiteshvara, bestimmt. Ihm zugeordnet sind Tara, die „Retterin", die aus einer von Avalokiteshvara vergossenen Träne des Mitleids entstanden ist (rechts), und eine unbekannte Figur zu dessen Linken. In der Mitte der rechten Dreiergruppe steht der gekrönte zukünftige Buddha Maitreya, flankiert zur Rechten von dem Bodhisattva Vajrapani mit dem Diamantzepter – er ist vor allem im tibetischen Buddhismus als Wächter der Lehre von Bedeutung – und zur Linken von einer nicht klar identifizierbaren Figur. Sowohl Buddha als auch die Bodhisattvas sind mit der beschwichtigenden Handhaltung (Abhaya-Mudra) dargestellt, welche die Gläubigen von ihrer Furcht befreien soll.

Mit dem Three-Wheeler sollte die Fahrt hin und zurück einschließlich Wartezeit 400–500 Rs kosten.

Bandarawela

Zwischen Haputale (10 km) und Ella (8 km) liegt auf 1225 m Höhe Bandarawela. Der Ort ist ein wichtiger regionaler Verkehrsknotenpunkt und geschäftiger Umschlagplatz für Agrarprodukte. Von den Touristen wird er jedoch gerne links liegen gelassen, sie zieht es eher nach Ella oder Nuwara Eliya. Bandarawela bietet sich jedoch als gute Ausgangsbasis für Touren in die Umgebung an. Zudem verfügt der Ort über eine Reihe passabler Unterkünfte, allen voran das geschichtsträchtige **Bandarawela Hotel**. Den Plantagenbesitzern diente das ehrwürdige Gebäude aus dem Jahr 1893 über viele Jahrzehnte als Treffpunkt, wo sie unter sich waren, um am wärmenden Kaminfeuer zur Tea Time den neuesten Tratsch auszutauschen und über die aktuellen Teepreise zu diskutieren.

Der lebendige Marktflecken mag nicht den kolonialen Charme von Nuwara Eliya besitzen und auch nicht die landschaftlichen Reize von Ella, doch lohnt es sich hier mehr als nur ein paar Stunden zu verweilen – und sei es auch nur um die verglichen mit anderen Bergorten angenehmeren Temperaturen zu genießen.

Ein Ausflug führt zur **Uva Spice-Gewürzfabrik** in Ambegoda, ⏱ Mo–Fr 8–17 Uhr, etwa 7 km an der Straße nach Welimada. Vom unermüdlichen Pastor Harry Haas (s. Kasten: Woodlands Network) gegründet, werden hier Kräuter und Gewürze angebaut und verarbeitet. Wer daran Interesse hat, kann einen Bus in Richtung Welimada nehmen oder zu Fuß dorthin gehen. Allerdings sollte man nicht zu viel erwarten, denn die gesamte Anlage wirkt leider etwas vernachlässigt.

Ein netter Spaziergang führt nördlich der Tankstelle entlang der Senenayake Mawatha zum **Nazareth Convent**. Architekturfreunden wird möglicherweise der Besuch des **Good Shepherd Convents** zusagen, dessen Kirche 1961 von dem renommierten Architekten Geoffrey Bawa entworfen wurde.

Woodlands Network

Das 1995 mit dem renommierten *To Do Award*, dem internationalen Preis für sozialverantwortlichen Tourismus (s. 🖥 www.todo-contest.org), ausgezeichnete Tourismusprojekt bietet exzellente Möglichkeiten, im Rahmen seiner Angebote Land und Leute kennen zu lernen. 1994 wurde das vorwiegend von Frauen getragene Netzwerk auf Initiative des 2002 verstorbenen holländischen Pfarrers **Harry Haas** gegründet. Seitdem ermöglicht es durch Homestay- und Volontärprogramme Gästen die Begegnung mit den Menschen in dieser Bergregion. Besonders beliebt sind die angebotenen Kochkurse und geführten Wandertouren. Etwa durch Reisfelder und Teegärten nach **Komarikagoda** (1 1/2 Std.), zum **Ellathota Reservoir** (2 Std.) oder durch lauschige Dörfer und mit schönen Aussichten nach **Poonagalla** (1 1/2 Std.). Bei Interesse kann auch der Besuch einer Teeplantage oder eines Biohofes arrangiert werden. Nähere Informationen unter:
Woodlands Network, 38 1/C Esplanade Rd., Bandarawela, ☎ 057-2232328, 2232668, ✉ woodlands@sltnet.lk.

Dowa-Felsentempel

In einem bewaldeten Seitental am Badulu Oya, etwa 6 km östlich von Bandarawela, an der Straße nach Badulla, liegt der kleine aber feine Felsentempel **Dowa Raja Maha Vihara**. Bekannt ist das buddhistische Sanktuarium wegen einer etwa 10 m hohen, aus dem Granitfelsen geschlagenen stehenden Buddha-Statue. Sie soll von dem in Anuradhapura residierenden König Vattagamani Abhaya (reg. 103 u. 89–77 v. Chr.) gestiftet worden sein, als er sich auf seiner Flucht vor tamilischen Invasoren hier aufgehalten hat. Falls dies stimmt, wäre die unvollendet gebliebene Statue über 2100 Jahre alt.

Um einiges jünger sind die Malereien im dazugehörenden Vihara. Die ältesten stammen aus dem 17. Jh., doch viele sind deutlich neueren Datums – und ziemlich kitschig. Eine der farbenfrohen Darstellungen zeigt die um den meditierenden Buddha tanzenden „drei Töchter des Mara", welche als Symbol für Gier, Hass und Verblendung den kurz vor der Erleuchtung Stehenden von seinem Weg abbringen wollen.

Mit dem **Bus** kann man in Richtung Ella fahren. Da der Dowa-Tempel jedoch etwas versteckt liegt, sollte man den Busfahrer bitten, rechtzeitig anzuhalten. Ein Three-Wheeler kostet hin und zurück etwa 300 Rs.

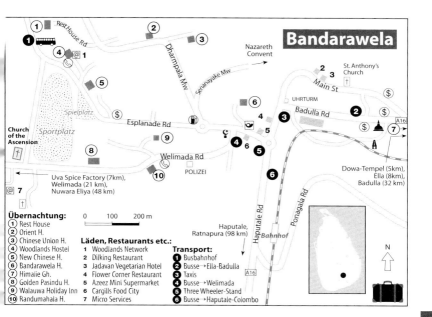

Übernachtung

Woodlands Hostel, 38 1/C Esplanade Rd., ✆ 057-2232328, ✉ woodlands@sltnet.lk. Herberge im Center des Woodlands Network mit 3 einfachen Zi mit Warmwasser-Bad. Ideal für jene, die mehr über die Arbeit dieser Nichtregierungsorganisation wissen möchten. Internet. ❶

Walauwa Holiday Inn, Welimada Rd., ✆ 057-2222212. Kolonialvilla aus den 1920er Jahren in nettem Garten und mit viel Charme. Die 4 Zi – drei davon mit Warmwasser-Bad – sind enorm geräumig. Die Einrichtung hat Stil wie auch der achteckige Sitzraum mit knallroten Sesseln und TV. ❶

New Chinese Hotel, 32 Park Rd., ✆ 057-2231767, ✆ 2223125. Alles recht glanzlos, doch die 4 Zi mit Warmwasser-Bad im 1. Stock sind sauber und geräumig. Möglicherweise werden sich manche an dem lauten Restaurant im Erdgeschoss stören. ❶

Chinese Union Hotel, 8 Dharmapala Rd., ✆ 057-2222502. Eine etwas angegraute Kolonialvilla mit 4 Zi mit Warmwasser-Bad, aber für den Preis o. k. ❶

Orchids Holiday Inn, 32/9 Esplanade Rd., ✆ 057-2222328. Schöner Kolonialbau mit stilvollen Spiegelschränken im Inneren. Die 7 Zi, teilweise mit Warmwasser-Bad, sind jedoch recht karg. Ein *Family Room* mit 6 Betten. ❶–❷

Rest House, Rest House Rd., ✆ 057-2222299. Die 9 Zi mit Warmwasser-Bad sind ganz o. k., vier davon eignen sich für Familien. Restaurant in dunkler Halle. ❷

Randumahala Hotel, 21 Welimada Rd., ✆ 057-2231115. Kolonialer Flachbau mit 10 Zi mit Warmwasser-Bad. Netter Garten. ❶–❷

Himalie Guesthouse, Bidunuwewa, Badulla Rd., ✆ 057-2222362. Liegt auf einer Anhöhe, etwa 3 km in Richtung Badulla. Gemütliches Häuschen mit Garten. Schöne, wenn auch einfach Zi mit Warmwasser-Bad. ❷

Golden Pasindu Hotel, 82 1/10 Welimada Rd., ✆ 057-2232547, ✆ 4496064. Sollte eigentlich „lila Pasindu" heißen, denn das ist die Farbe des mehrstöckigen Baus. Alle 14 Zi sind mit Warmwasser-Bad und Balkon ausgestattet. Nett eingerichtet und sauber. Im 4. Stock gibt es eine große Terrasse. Insgesamt eine gute Wahl. ❸

Orient Hotel, 12 Dharmapala Mw., ℡ 057-2222 407, 2222377, ✉ orient-bwela@eureka.lk. Mittelklasse-Hotel mit 35 Zi mit Warmwasser-Bad, Minibar, TV – und etwas miefigem Teppich. Auch der Service könnte besser sein. Großes Restaurant, nette Bar. ❸

Bandarawela Hotel, 14 Welimada Rd., ℡ 057-2222501, ℻ 2222834, ✉ bwhotel@sltnet.lk, 🖥 www.aitkenspencehotels.com. Mit Abstand schönste Bleibe in der näheren Umgebung und ein guter Grund, hier länger zu verweilen. Kolonialbau von 1893 mit 33 Zi, Restaurant und Bar, umgeben von einem schönen großen Garten. Rustikale Räume mit Komfort. Und das alles zu durchaus moderaten Preisen. ❸–❹

Greystones Villa, Diyatalawa, Kontakt: *Nandhi Ayurvedic Therapies GmbH,* Christophstr. 5, 70178 Stuttgart, ℡ 0711-2348144, 🖥 www.greystones-villa.de. Die alte Kolonialvilla liegt auf einer Höhe von 1400 m am Rand des Dorfes Diyatalawa, etwa 10 km westlich von Bandarawela. Seit 1992 bietet die unter deutscher Leitung stehende Greystones Villa ayurvedische Panchakarma-Kuren an. Das moderate Klima eignet sich hervorragend für hitze-empfindliche Europäer. Die Teilnehmerzahl ist auf 16 beschränkt. ❻

Zugfahrplan

Zug Nr.	45	47	126	5	15
Col-Fort	19.40	22.15		5.55	9.45
Band'wela	4.58	7.15	13.00	14.38	17.58
Ella	5.30	7.54	13.45	15.08	18.28
Badulla	6.30	8.45	14.50	16.00	19.20

Zug Nr.	16*	6**	596	46	48*
Band'wela	7.27	10.21	14.45	19.37	21.00
Haputale	7.56	10.51	15.20	20.09	21.30
Nanu Oya	9.32	12.28	17.28	21.46	23.07
Hatton	10.57	13.52	19.04	23.02	0.29
Gampola	12.41	15.56	21.36	0.46	2.43
Peradeniya		16.13	22.00	1.06	
Kandy			22.21	1.20	
Col-Fort	15.40	19.25		4.50	5.55

* Für Kandy in Gampola umsteigen!
** Für Kandy in Peradeniya umsteigen!

Essen

Das Angebot außerhalb der Hotels ist eher bescheiden, es gibt aber entlang der **Main Street** einige günstige Lokale wie das **Dilking Restaurant** oder das **Flower Corner Restaurant** im Obergeschoss des *New Shopping Centre.* Vegetarische Gerichte gibt es im **Jadavan Vegetarian Hotel**.

Sonstiges

EINKAUFEN – Die größte Auswahl an Waren ist im **Cargills Food City** gegenüber der Post zu finden. Dort gibt es auch eine **Apotheke**. Neben der Post liegt der **Azeez Mini Supermarket**.

GELD – **Bank of Ceylon** und **Hatton National Bank** liegen an der Badulla Road, die **People's Bank** an der Esplanade Rd.

INTERNET – Gibt es im **Micro Services**, südlich der Church of the Ascension, und im Büro von **Woodlands Network** (6 Rs/Min.).

Transport

BUSSE – Die Überlandbusse haben verschiedene Abfahrtsstellen. Von der Badulla Road (gegenüber Hatton Bank) starten die Busse nach BADULLA tagsüber alle 10 Min., nach ELLA und WELLAWAYA alle 30 Min.
In Richtung Haputale, Ratnapura und Colombo fahren die Busse von der Haputale Road los. Nach RATNAPURA und COLOMBO verkehren die IC-Busse zwischen 4 und 20 Uhr im 30-Min.-Takt (197 km, 6 Std.).
Wer nach NUWARA ELIYA möchte, muss in WELIMADA (21 km) umsteigen. Dorthin fährt man besser mit dem Zug.
Alle Busse in Richtung Süden starten vom Busbahnhof an der Esplanade Road. Nach MATARA gibt es einen direkten AC-Bus um 6.20 und 9.30 Uhr (195 km, 6–7 Std.). In Richtung TISSAMAHARAMA muss man zuerst nach Wellawaya fahren; in Richtung OSTKÜSTE geht es über Badulla nach Monaragala.

EISENBAHN – Bandarawela liegt an der Strecke Colombo–Kandy–Badulla. (Zugfahrplan s. Kasten)

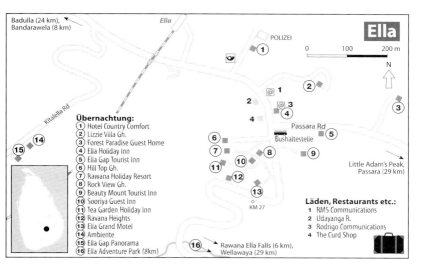

Ella

Auf der Popularitätsskala der Reisenden rangiert Ella ganz weit oben. Die Gründe liegen auf der Hand: Der Ort liegt in traumhaft schöner Berglandschaft auf durchschnittlich 1000 m Meereshöhe und bietet Ausblicke tief in den Süden – an guten Tagen bis zum über 100 km entfernten Leuchtturm im Meer vor Kirinda. Ella ist überschaubar und offeriert eine Reihe attraktiver und erschwinglicher Unterkünfte. Zudem liegen reizvolle Ziele in der näheren Umgebung, die zu ausgedehnten Wanderungen einladen – sei es entlang des sich nach Süden ziehenden Tales **Ella Gap**, auf den 1350 m hohen **Ella Rock**, den **Little Adam's Peak** oder etwas entspannter durch die **Teeplantagen** rund um den Ort. Ein beliebtes Ausflugsziel ist der auch 10 km entfernte **Dowa-Felsentempel** (s. Bandarawela). Ella bietet sich jedoch auch hervorragend an, einfach mal nichts zu tun.

Einige der Orte bei Ella werden in der srilankischen Tradition mit dem indischen Ramayana-Epos in Verbindung gebracht. So soll Ravana (auch „Rawana" geschrieben) nach der geglückten Entführung seine angebetete Gefangene Sita in einer Höhle versteckt gehalten haben. Immer wieder taucht der Name des Dämonenherrschers auf, bei einigen Unterkünften und bei den **Rawana Ella Falls**.

Übernachtung

Forest Paradise Guest Home, ☎/✆ 057-2228797. Sehr familienfreundliche Unterkunft mit 4 recht kleinen Zi mit Bad. Sehr schön am Waldrand gelegen. Zum Frühstück gibt es „all you can eat". Der engagierte Besitzer arrangiert interessante Touren, etwa zu den Namunukula Hills, einschließlich BBQ-Lunch. ❶

Beauty Mount Tourist Inn, ☎ 057-2228799. Nicht die beste Wahl, doch die 4 Zi mit Bad sind in Ordnung. Auch der Eigner ist sehr bemüht. ❶

Rawana Holiday Resort, ☎ 057-2228561. Lauschige Familienbleibe mit 4 einfachen Zi mit Bad. Von der Veranda gibt es nette Aussichten. Gerühmt wird die servierte Hausmannskost. ❶

Lizzie Villa Guesthouse, ☎ 057-2228643. Liegt knapp 200 m von der Main Street entfernt. Modernes Haus in nettem Garten mit 9 nüchternen, aber sauberen Zi mit Warmwasser-Bad. Die Standards variieren. Die Gewürze kommen aus dem eigenen Garten. ❶

Rock View Guesthouse, ☎ 057-2228561. Etwas angegrautes Gästehaus mit 4 blanken Zi mit Bad. Für das Karge entschädigt der tolle Ausblick. ❶

Tea Garden Holiday Inn, ☎ 057-2228860. Freundliches dreistöckiges Gebäude mit 11 Zi (Bad), davon 3 mit Balkon. Besitzer arrangiert Touren mit hauseigenen Fahrzeugen. Pro Tag werden je nach Entfernung 1800–2000 Rs pro Tour verlangt. ❶–❷

Hill Top Guesthouse, ☎ 057-2228780. Am Hang gelegen, doch der Ausblick wird etwas von den Bäumen beeinträchtig. Die großen Zi mit Bad sind akzeptabel und eine Spur überteuert. ❶–❷

Sooriya Guest Inn, ☎ 057-2228906. 9 saubere Zi mit Bad, Gemeinschaftsbalkon. Ruhig gelegen, nette Atmosphäre. ❷

Ella Holiday Inn, ☎ 057-2228615, 📠 2228723, 🖥 www.ellaholidayinn.com. Schönes Gästehaus. Nach hinten ausgerichtete 6 Zi mit Warmwasser-Bad und daher ruhig. Die Gäste schätzen die guten Curry-Gerichte, auch die Fischspeisen sind zu empfehlen. Der agile Eigentümer, Suresh Rodrigo, arrangiert Touren. Internet für 5 Rs/Min. ❷

Ella Gap Tourist Inn, ☎ 057-2228528. Gut etabliertes Gästehaus mit 7 Zi, einige davon jedoch ziemlich abgewohnt. 2 nette große Zi mit Warmwasser-Bad. Schöner Garten, gelobtes Restaurant, darunter die „Ella Gap Spezialität" Lampries: In Bananenblätter gewickeltes und gebackenes Rind, Fisch oder Huhn für 500 Rs. ❷

Zugfahrplan

Zug Nr.	45	47	126	5	15
Col-Fort	19.40	22.15		5.55	9.45
Band'wela	4.58	7.15	13.00	14.38	17.58
Ella	5.30	7.54	13.45	15.08	18.28

Zug Nr.	16*	6**	596	46	48*
Ella	6.53	9.48	13.10	19.02	20.25
Band'wela	7.25	10.20	13.53	19.33	20.56
Haputale	7.56	10.51	15.20	20.09	21.30
Nanu Oya	9.32	12.28	17.28	21.46	23.07
Hatton	10.57	13.52	19.04	23.02	0.29
Gampola	12.41	15.56	21.36	0.46	2.43
Peradeniya		16.13	22.00	1.06	
Kandy				22.21	1.20
Col-Fort	15.40	19.25		4.50	5.55

* Für Kandy in Gampola umsteigen!
** Für Kandy in Peradeniya umsteigen!

Ella Gap Panorama, ☎ 057-2228528. Gleicher Besitzer wie Ella Gap Tourist Inn, unweit des Ambiente und entsprechend toller Ausblick. 3 schöne Zi mit Balkon. ❸

Sky Green Resort, ☎ 057-4920385, 📠 4920386, ✉ neptunbay@eureka.lk. 10 komfortable Zi in Bungalows mit Balkon, TV, Minibar, Warmwasser-Bad und Moskitonetzen. ❸–❹

Ambiente, Kitalella Rd, ☎ 057-2228867, ✉ ambiente@sltnet.lk, 🖥 www.ambiente.lk. Schöner könnte ein Gästehaus nicht liegen, die Aussicht ist schlicht traumhaft. Manche bleiben hier länger als geplant. Eine Vorreservierung ist nicht schlecht. Die 8 Zi (meist mit Warmwasser-Bad) sind unterschiedlichen Standards und teilweise recht klein. Gutes Essen und freundlicher Service. ❷–❸

Hotel Country Comfort, 32 Police Station Rd, ☎ 057-2228500, 🖥 www.hotelcountrycomfort.lk. Ein sympathisches Mittelklasse-Hotel mit 8 Zi in 60 Jahre alter Kolonialvilla und 12 Zi in neuerem Gebäude. Alle recht sauber und nett eingerichtet. Netter Garten, schöne Ausblicke, gutes Restaurant. ❸

Ravana Heights, Wellawaya Rd, gegenüber 27th Miles Post, ☎ 057-2228888, 🖥 www.ravanaheights.com. Eine der attraktivsten Unterkünfte Ellas. Die 4 Zi mit Warmwasser-Bad sind geschmackvoll eingerichtet. Von 3 Räumen hat man tolles Panorama mit Blick auf den Ella Rock. ❹

Ella Grand Motel, ☎ 057-2228536, 2228655. Ein angenehmer Platz zum Wohnen. Der Garten des früheren *Rest House* ist nicht nur schön, sondern bietet auch Traumausblicke. Die 14 Zi mit Warmwasser-Bad, TV und teilweise Balkon sind allerdings überteuert. ❹–❺

Ella Adventure Park, 10 m südlich von Ella an der Straße nach Wellawaya, ☎ 057-2287263, 🖥 www.wildernesslanka.com. Wer es rustikal liebt, wird sich hier wohlfühlen. In dem Resort dominieren die Baumaterialien Holz und Bambus. Das gilt auch für die 9 Bungalows mit Warmwasser-Bad und das Baumhaus. „We are not a hotel, but a life-style", bewirbt der Eigentümer diese Unterkunft und bietet als Programm allerlei Survival-Trainings-Aktivitäten. Der Ökospaß kommt aber nicht ganz billig. ❹–❺

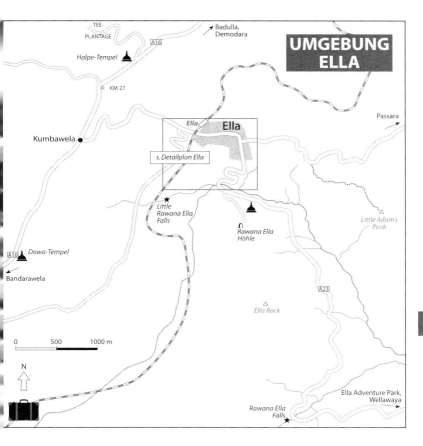

Essen

Die Konkurrenz unter den Gästehäusern schlägt sich auch in einer kreative Küche nieder, wie etwa bei *Ella Gap Tourist Inn*, *Ravana Heights* (Essen am späten Nachmittag vorbestellen!) und *Ella Holiday Inn*. Lunch mit Aussicht können Nicht-Hausgäste im *Ambiente* genießen.

Udayanga Restaurant serviert reichhaltige Reis- und Curry-Gerichte ab 100 Rs.

The Curd Shop wird nicht nur wegen des leckeren Joghurts (mit/ohne Sirup) aufgesucht, sondern auch wegen der guten und billigen Reis- und Curry-Gerichte; auch gut zum Frühstücken.

Sonstiges

GELD – Die nächsten Banken mit Wechselschaltern befinden sich in Bandarawela.

INTERNET – Gibt es an der Hauptstraße bei *Rodrigo Communications* und *RMS Communications*, ⏲ tgl. 9–20 Uhr, 6 Rs/Min.

MIETWAGEN – Einige Gästehäuser wie *Forest Paradise Guest Home* oder *Tea Garden Holiday Inn* besitzen einen eigenen Mietwagen.

Ella Holiday Inn, 🖥 www.ellaholidayinn.com, offeriert eine attraktive Tagestour, die u. a. zum Rawana Ella-Wasserfall, den Felsenreliefs von Buduruwagala und dem Diyaluma-Wasserfall führt.

Transport

BUSSE – Ella ist nicht der beste Ausgangspunkt für Reisen in die weitere Umgebung. Der Ort ist eine Durchgangsstation, weshalb die Fernbusse nicht selten bereits bei Ankunft voll sind.
Über *Rodrigo Communications* an der Hauptstraße kann man bei manchen Fernverbindungen vorab gegen Gebühr ein Ticket erwerben, ansonsten sollte man zunächst nach BADULLA (24 km) oder BANDARAWELA (8 km) fahren und dort einen der Überlandbusse nehmen.
Wer an die Südküste möchte, sollte recht früh nach WELLAWAYA (29 km, ca. 45 Min.) fahren – Busse dorthin gibt es im Viertelstundentakt – und von dort weiterreisen.
Direktbusse nach MATARA (187 km, 7 Std., 250 Rs) gibt es um 8.30 (aus Badulla kommend), 9.30 (aus Nuwara Eliya) und 12.30 Uhr.
Nach NUWARA ELIYA oder KANDY empfiehlt sich die Weiterfahrt mit dem Zug.

EISENBAHN – Ella liegt an der Strecke Colombo–Kandy–Badulla und verfügt über einen liebevoll gestalteten kleinen Bahnhof.
(Zugfahrplan s. Kasten)

Umgebung von Ella

Der Ort Ella besteht aus nicht viel mehr als der Hauptstraße und verstreut liegenden Häusern. Vom Zentrum aus sind es etwa 1 1/2 km entlang der Straße in Richtung Wellawaya bis zu einer Abzweigung. Von dort führt rechter Hand ein steiler Weg zu einem kleinen **Tempel** und der sogenannten **Rawana Ella-Höhle** (eher eine Grotte), in welcher der Dämonenherrscher die schöne Sita festgehalten haben soll. Allerdings ist der Ort für Ramayana-Enthusiasten eher enttäuschend, denn es gibt kaum etwas zu sehen.

Da sind die über 100 m hohen **Rawana Ella Falls** wesentlich beeindruckender. Der auch „Bambaragama" genannte Wasserfall liegt etwa 6 km südöstlich an der Straße nach Wellawaya. Wer beim Anblick durstig wird, kann sich von den fliegenden Händlern Softdrinks besorgen. Die sind mehr wert, als die billigen Edelsteinimitate, die ebenfalls angeboten werden. Mit dem Three-Wheeler sollte die Fahrt von Ella aus inklusive Wartezeit 250–300 Rs kosten.

Little Adam's Peak und Ella Rock

Eine schöne Tour führt zum **Little Adam's Peak** südöstlich von Ella. Der Aufstieg ist relativ leicht; wegen der später aufziehenden Wolken sollte man ihn am frühen Morgen beginnen. Zuerst folgt man 1 km der östlich von Ella abgehenden Straße nach Passara. Hinter der 1-km-Markierung zweigt bei einer scharfen Linkskurve rechter Hand ein Weg ab. Ihn geht man geradeaus durch eine Teeplantage und hält sich bei einer Abzweigung nach 500 m links. Nach weiteren 500 m ansteigendem Weg – die Aussicht wird immer schöner – gehen rechter Hand kurz hintereinander zwei Wege ab. Dem zweiten Weg folgend erreicht man nach 1 km den Gipfel des Berges. Für die Rundwanderung sollte man etwa zwei Stunden kalkulieren.

Doppelt so lange dauern Auf- und Abstieg auf den **Ella Rock**, die markanteste Erhöhung in der Umgebung von Ella. Der Aufstieg ist auch bei weitem anstrengender, wenn auch die Mühen durch eine herrliche Aussicht belohnt werden. Es gibt mehrere Aufstiegsmöglichkeiten, wie etwa entlang der Eisenbahngleise in Richtung Süden. Nach 2,5 km eine Eisenbahnbrücke passierend – dort sieht man die **Little Rawana Ella Falls** – geht man weiter, bis kurz vor dem 166 1/4 km-Zeichen ein Weg links abbiegt. Er führt über einen kleinen Strom und durch eine Siedlung weiter bis auf den Gipfel. Eine alternative Route beginnt unterhalb des Dorfes unweit des Gästehauses *Ravana Heights*. Bei beiden Touren sollte man gutes Schuhwerk, genügend Proviant und je nach Witterung Sonnen- oder Regenschutz dabei haben. Frauen sollte nicht alleine unterwegs sein.

Badulla

Die Hauptstadt der **Provinz Uva** liegt auf der Ostseite des Hochlandes. Eingebettet in eine fruchtbare Landschaft ist die auf durchschnittlich 700 m ü. M. liegende Stadt ein wichtiges Landwirtschaftszentrum. Der Tee aus dieser Region gilt als einer

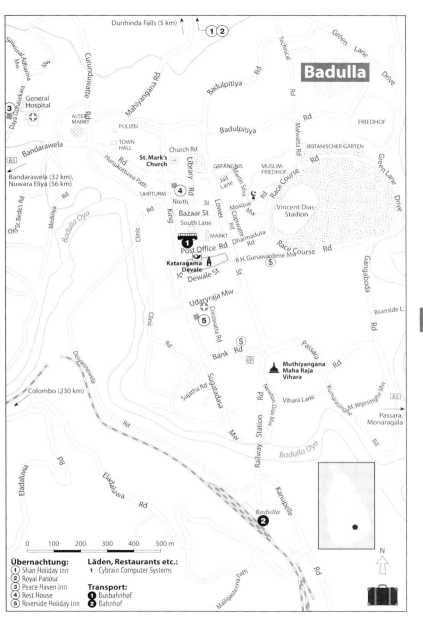

der besten des Landes. Gleichzeitig ist die knapp 50 000-Seelen-Gemeinde ein bedeutender Verkehrsknotenpunkt. Hier endet die „Main Line" der Sri Lanka Railways, welche von Colombo über Peradeniya bei Kandy nach Badulla führt. Zudem ist Badulla das Tor zur Ostküste: Die A 5 führt nach Nordosten in Richtung Batticaloa, die A 22 (später A 4) über Monaragala nach Pottuvil und Arugam Bay.

Nichts erinnert daran, dass die Stadt eine der ältesten Sri Lankas ist. Spuren reichen bis ins dritte vorchristliche Jahrhundert zurück. Während der **portugiesischen Epoche** (1505–1658) war sie mehrmals Ziel von Angriffen, so im Januar 1615, als die Südeuropäer weite Teile des Hochlandes besetzten. Der streitbare Oberkommandeur General Constantino de Sa ließ Badulla 1627 gar niederbrennen. Nur die Tempel blieben stehen, wie der Brite Robert Knox ein halbes Jahrhundert später beobachtete. Als Constantino de Sa 1630 einen weiteren Angriff auf Badulla startete, wurden er und seine Armee von einer 21 000 Mann starken Truppe des Königs von Kandy, Senarat (reg. 1604–35), in Randeniwela bei Wellawaya vernichtend geschlagen. Später bauten die Briten die Stadt zum Teezentrum aus und ließen Kirchen, Landhäuser und eine Pferderennbahn errichten. Doch lässt Badulla heute den Charme anderer Hochland-Städte missen.

Die Stadt

Die bedeutendste buddhistische Stätte der Provinz Uva ist der **Muthiyangana Maha Raja Vihara** am Nordende der Railway Station Road. Das Heiligtum ist eine Stiftung des großen Königs Devanampiya Tissa aus dem 3. Jh. v. Chr., der von Anuradhapura aus in seinem Reich die Religion des Buddha verbreiten ließ. Dem Glauben nach soll der Erleuchtete selbst hier für einige Zeit gerastet und meditiert haben. Architektonisch ist der Tempel jedoch nicht spektakulär, doch bietet er sich an, dem Vorbild Buddhas zu folgen und sich eine Ruhepause zu gönnen.

Südlich des Busbahnhofs liegt zwischen King Street und Lower Street der **Kataragama Devale**. Er stammt aus dem ausgehenden 18. Jh. und ist mit den typischen Walmdächern eindeutig von der Kandy-Architektur beeinflusst. Der Eingang erfolgt von der Lower Street im Osten her. Von Interesse sind die Malereien und die hinter einem Vorhang verborgene Statue des Kriegsgottes Kataragama.

„Very british" ist der schwerfällig wirkende Bau der **St. Mark's Church**. Im Inneren erinnert noch eine Tafel an den legendären Elefantenjäger Major Thomas Rogers.

Dunhinda Falls

Hauptgrund für den Aufenthalt in Badulla ist fraglos der Besuch des **Dunhinda-Wasserfalls**. Er liegt knapp 5 km nördlich der Provinzhauptstadt in der Nähe der Straße nach Mahiyangana. Etwa 60 m stürzen die Wassermassen mit Getöse in die Tiefe. Damit zählt Dunhinda zu den höchsten Wasserfällen Sri Lankas. Am wasserreichsten ist er zwischen Juni und August.

Von der Hauptstraße führt ein etwa 1,5 km langer Fußweg zu einer Aussichtsplattform, wo man bei gekühlten Getränken dem tobenden Wasser zuschauen und lauschen kann. Insgesamt ein sehr schönes Fleckchen Erde, das die Einheimischen an Wochenenden und Feiertagen gerne aufsuchen. Ruhe Suchende sollten diese Tage meiden. Busse fahren jede halbe Stunde von Badullas Busbahnhof in Richtung Dunhinda, mit dem Three-Wheeler sollte die Fahrt hin und zurück etwa 400 Rs kosten.

Bogoda-Brücke

Ein weiteres hübsches Ausflugsziel ist die etwa 300 Jahre alte Bogoda-Brücke, ungefähr 15 km südwestlich von Badulla. Sie ist über den Verkehrsknotenpunkt Hali-Ela zu erreichen, der an der A 16 in Richtung Bandarawela–Haputale liegt. Die bei den Einheimischen als „Bogoda Palama" bekannte Brücke ist überdacht und vollständig aus Holz errichtet, ohne dabei einen Nagel zu verwenden. Auf 15 m Länge überspannt sie den Gallanda Oya und war Teil einer alten Handels- und Pilgerstraße.

In unmittelbarer Nähe liegt der **Bogoda Raja Maha Vihara**, dessen Entstehung in das erste vorchristliche Jahrhundert zurückgehen soll. Aus dieser Zeit wurden in den Fels geschlagene Brahmi-Inschriften gefunden. Möglicherweise befand sich hier eine Einsiedelei. Zu sehen sind ein liegender Buddha und Reste von Wandmalereien. Reizvoll ist jedoch in erster Linie die stimmungsvolle Umgebung. Mit dem Three-Wheeler sollte die Rundtour von Badulla aus um die 1000 Rs kosten.

Übernachtung und Essen

Insgesamt offeriert Badulla ein ziemlich dürftiges Angebot an Unterkünften und Restaurants. Eine Vielzahl von „Hotels" mit günstigen Curry- und Reisgerichten gibt es rund um den Uhrturm und gegenüber dem Busbahnhof.

Peace Haven Inn, 18 Old St. Bede's Rd., ✆ 055-2222523. Fast am Stadtrand gelegene Bleibe, deren Zi mit Bad nicht unbedingt eine Friedensoase sind, aber für den Preis hinnehmbar. ❶

Rest House, King St., ✆ 055-2222299. Zentral gelegen, doch vom Standard und Service ziemlich bescheiden. Dunkle Zi (Bad), dafür helles Bier. ❶–❷

Royal Parlour, 74 Mahiyangana Rd., ✆ 055-222 9695. Freundliches Gästehaus mit 6 relativ sauberen Zi mit Warmwasser-Bad. Gutes Restaurant. ❷

Riverside Holiday Inn, 27 Lower King St., ✆ 055-2222090. Den Namen sollte man nicht zu ernst nehmen, doch die Zi mit teilweise Warmwasser-Bad sind in Ordnung. In dem Dachrestaurant werden gute srilankische Gerichte serviert. Die beste Option in der Stadt. ❷

Shan Holiday Inn, Nähe Dunhinda Falls, ✆ 055-2224889. Vier Zi mit Bad, davon 2 Family Rooms. Etwas dunkel, aber sonst akzeptabel. Vom Eingang toller Blick ins Tal. ❷–❸

Sonstiges

GELD – Die *Bank of Ceylon* in der Bank Road und die *People's Bank* östlich des Kataragama Devale verfügen über Bankautomaten.

INTERNET – Surfen kann man im *Cybrain* in einem Seitenweg südlich der Bank Road für 4,50 Rs/ Min.; ⏲ tgl. 9–19 Uhr.

Transport

BUSSE – Der zentral gelegene Busbahnhof ist überraschend übersichtlich. Von dort starten zwischen 5.30 und 12.30 Uhr etwa alle 40 Min. klimatisierte IC-Busse nach COLOMBO (230 km, 6–7 Std., 265 Rs), nach KANDY zwischen 5.30 und 17.15 Uhr ebenfalls alle 40 Min. (134 km, 4–5 Std., 155 Rs).

Zugfahrplan

Zug Nr.	16*	6**	596	46	48*
Badulla	5.55	8.50	12.00	17.50	19.25
Ella	6.52	9.47	13.07	19.00	20.23
Band'wela	7.25	10.20	13.53	19.33	20.56
Haputale	7.56	10.51	15.20	20.09	21.30
Nanu Oya	9.32	12.28	17.28	21.46	23.07
Hatton	10.57	13.52	19.04	23.02	0.29
Gampola	12.41	15.56	21.36	0.46	2.43
Peradeniya		16.13	22.00	1.06	
Kandy			22.21	1.20	
Col-Fort	15.40	19.25		4.50	5.55

* Für Kandy in Gampola umsteigen!
** Für Kandy in Peradeniya umsteigen!

Nach GALLE besteht eine Direktverbindung mit CTB-Bussen um 7.20 und 18.10 Uhr. Wer in den Süden möchte, muss sonst mit Bus Nr. 998 über ELLA (24 km) nach WELLAWAYA (53 km, 1 1/2 Std.) fahren und dort umsteigen.
CTB-Busse steuern BANDARAWELA (32 km) zwischen 5.40 und 19.20 Uhr im 20-Min.-Takt an.

EISENBAHN – Zugfahrplan s. Kasten

Kitulgala

Das Gebiet um Kitulgala ist Naturerlebnis pur. Bereits die Fahrt entlang der Bundesstraße A 7 – sie führt von Avissawella über Hatton nach Nuwara Eliya – ist spektakulär. Streckenweise verläuft sie parallel zum **Kelani Ganga**, der sich hier ziemlich wild gebärdet und daher hervorragend für **Wildwasserfahrten** geeignet ist. Im Kitulgala (Kelani Valley) Rainforest Reserve kommen Wanderer und Vogelfreunde auf ihre Kosten.

Cineasten indes pilgern zu den Drehorten des David Lean Klassikers „**Bridge over the River Kwai**". Der 1991 verstorbene britische Erfolgsregisseur verfilmte hier zwischen Januar und November 1956 den gleichnamigen Roman des französischen Autors Pierre Boulle. Er beschreibt das grauenvolle Schicksal der alliierten Kriegsgefangenen, die 1942/43 von den japanischen Besatzern gezwungen worden waren, eine Eisenbahnlinie von Thailand nach Birma zu bauen. Damals kamen 12 000 vorwiegend britische und australische Soldaten ums Leben. Leans zwölfter Film wurde zum Kassenschlager des Jahres 1957 und brachte sieben Oskars ein. Einige Memorabilien sind im Rest House ausgestellt, die Brückenkonstruktion existiert nur noch im Film. Etwa 1 km östlich des Plantation Hotels führt von der Hauptstraße ein Pfad zu ihrer einstigen Lage. Wer den Originalschauplatz besuchen möchte, muss ins thailändische Kanchanaburi reisen.

Kitulgala (Kelani Valley) Rainforest Reserve

In diesem kleinen Schutzgebiet gibt es noch Reste ursprünglichen Regenwaldes. Wer es besuchen möchte (derzeit keine Eintrittsgebühr), nimmt unweit des Rest Houses die **Fähre** über den Fluss. Auf der anderen Uferseite führt ein Weg zunächst durch ein Dorf weiter in den Wald. Vogelfreunde sollten ein Fernglas mitnehmen. Mit Glück erspähen sie dann eine der einheimischen Vogelarten wie die Ceylondrossel *(Zoothera spiloptera),* den Ceylonkuckuck *(Centropus chlororhynchus)* oder den grauen Ceylontoko *(Ocyceros gingalensis)* mit seinem sichelförmigen gelben Schnabel. Das Rafter's Retreat vermittelt Guides.

Übernachtung

Alle genannten Unterkünfte sind auf Natur- und Adventure-Touristen eingestellt und arrangieren Raftingtrips oder Naturführer.
Kitulgala Rest House, ✆ 036-2287783, 2287528, 🖥 www.ceylonhotels.lk. Insgesamt 20 komfortable Zi mit TV und Warmwasser-Bad. Die Terrasse liegt wunderbar am Fluss. Gutes Essen im *David Lean Restaurant.* Etwas überteuert. ❸
Plantation Hotel, 250 Kalu Kohlithenne, zwischen Kilometerstein 38 und 39, ✆ 036-2287574, 2287575. Eine wunderbare Bleibe direkt am wilden Kelani-Fluss. Die 8 AC-Zi mit Warmwasser-Bad sind sauber und stilvoll gestaltet. Im Restaurant ist nicht nur das Essen, sondern auch das Interieur ein Genuss. ❸–❹
The Rafter's Retreat, ✆/✆ 036-2287598, ✉ channap@itmin.com. Das Richtige für Naturenthusiasten. Auf dem direkt am Fluss gelegenen Gelände einer 90 Jahre alten Gouverneursresidenz befinden sich 11 rustikale Chalets aus Holz und ein Baumhaus. Gutes srilankisches Essen in offener Halle. Der freundliche Eigner Channa Perera arrangiert Touren in das Schutzgebiet und natürlich auch Raftingtrips. Ein Wohnerlebnis der besonderen Art! ❹

Transport

Wer von COLOMBO (90 km) kommt, kann einen **Bus** nach HATTON (35 km) oder NUWARA ELIYA (80 km) nehmen. Der Busstopp liegt unweit des Kitulgala Rest House hinter dem Kilometerstein 37. Die nächst größere Stadt ist AVISSAWELLA (27 km). Dort hat man eine Direktverbindung ins 43 km entfernte RATNAPURA.

Ratnapura

Kurvige Straßen führen hinauf ins klimatisch angenehme Hochland oder – über das reizvolle Dschungelgebiet der Insel – hinunter an die Südküste Sri Lankas: Nur 30 km von Adam's Peak, 100 km von Colombo und rund 150 km von Matara gelegen, bietet sich Ratnapura bei Rundreisen stets als ideale Zwischenstation an. Von Bergen umschlossen und sich selbst an Hügel schmiegend, erfreut die Hauptstadt der **Provinz Sabaragamuwa** mit einer üppig grünenden Vegetation, die auf das – besonders in den Monaten Januar und Februar – heiße, aber auch besonders regenreiche Klima der Region zurückzuführen ist. Von hier lässt sich mit einer erlebnisreichen Tagestour nicht nur vortrefflich das Sinharaja-Waldreservat erkunden, sondern auch der Nationalpark Uda Walawe.

Stadt der Edelsteine

Einst kam der Reichtum des Ortes von seiner Funktion als **Pilger-Tor** zum Adam`s Peak, doch seit Jahrhunderten kommt er vor allem aus dem Schlamm. Wann Ratnapura als „Stadt der Edelsteine" (Übersetzung aus dem Sanskrit) gegründet wurde, ist ungewiss. Doch schon vor mehr als 2000 Jahren wussten Griechen, Chinesen und auch Araber den unterirdischen Reichtum der Region zu schätzen. Letztere gelten sogar als eigentliche Entdecker des hiesigen Bodenschatzes, und ihre Nachfahren – die **Moors** – haben den Handel lange kontrolliert. Heute liegt noch immer eine spürbare Goldgräber-Stimmung über dem Ort: Hier lassen

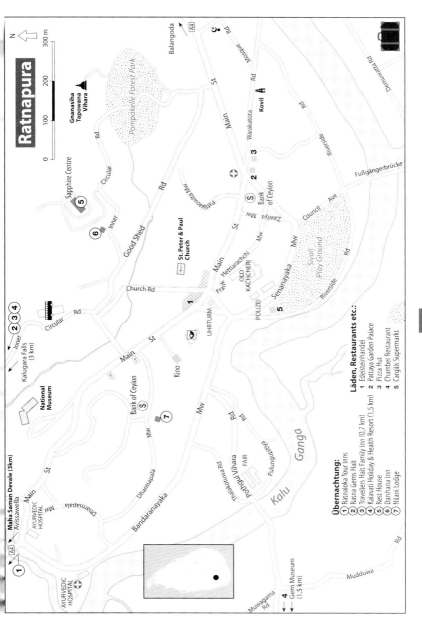

Schätze im Schlamm – wie die Juwelen ans Tageslicht kommen

Wer als Tourist eine der privaten Edelstein-Minen aufsucht, wird Mühe haben, sich ohne das Entrichten eines Obolus wieder zu entziehen. Denn die dort spärlich bekleidet im Erdschlamm wühlenden Männer arbeiten nicht nur mit archaischen Methoden, sondern werden auch so bezahlt – und sind nicht zuletzt deshalb an zusätzlichen Geschäften interessiert. Oft nutzen sie mehr oder weniger hartnäckig die Gelegenheit, vorbeischauenden Besuchern bunte Steinchen zu verkaufen, die sie angeblich gerade erst in ihren Wannen und Sieben aus dem Schlamm gewaschen haben. Doch dabei handelt es sich gewiss eher um bunte, originelle **Souvenir-Splitter** als um echte **Edelsteine**.

Denn sollten tatsächlich einmal echte Kostbarkeiten ans Tageslicht kommen, werden umgehend die Vorgesetzten verständigt: Das Schürfen der Erdschätze basiert auf einem althergebrachten, weitgehend funktionierenden **Vertrauensverhältnis**, das mit einem anachronistisch anmutenden, vielgliedrigen **Kooperationsgeflecht** verbunden ist. Daran sind die Landbesitzer, Minen-Finanziers, Lizenzhalter und Bergbau-Fachleute ebenso beteiligt wie die einfachen, **Digger** genannten Schürfer – wenn auch natürlich nicht zu gleichen Teilen. Jedoch erhalten Arbeiter bei einem besonders wertvollen Fund oft eine Art Erfolgsprovision, und wer in einem von den Aufsehern als ausgebeutet deklarierten Areal fündig wird, darf die Steine sogar behalten.

Unterlag die Edelsteingewinnung früher dem Monopol der Könige, ist es heute ausschließlich der Staat, der die Lizenzen vergeben darf. Rein gar nichts verändert hat sich indes an den seit Jahrhunderten bewährten **Schürf-Methoden** – was westliche Touristen stets in Erstaunen versetzt: Auch im High-Tech-Zeitalter werden die Edelsteine noch immer mühselig mit Spitzhacken, Schaufeln und Körben aus Gruben, Schächten und Tunneln an die Oberfläche befördert.

Am meisten verbreitet ist die Methode des **Pit Mining**, bei dem – meist zwischen Reisfeldern, aber mitunter sogar auch mitten im Stadtgebiet – unter dem Schutz eines Strohdachs 2 x 4 m große und bis zu 15 oder 20 m tiefe Schächte in den Boden getrieben werden. Während Holzgerüste die Grubenwände abstützen, schöpfen Arbeiter mit Eimern oder geflochtenen Körben den Schlamm des Schachtbodens oder kratzen das Erdreich aus Stollen, die sie im spärlichen Schein von Kerzen oder Petroleumlampen in die Horizontale getrieben haben. Am Seilzug nach oben gelangend, wird der Inhalt mit viel Wasser ausgespült und immer wieder sorgfältig durchsiebt.

Beim einfachen **Surface Mining** indes werden lediglich obere Erdschichten auf ihren Inhalt durchsucht, während es sich beim **River Dregging** um aus Flussbetten gepumpten Schlamm handelt.

Der Verkauf der Funde funktioniert wie in alten Zeiten, wovon im Stadtgebiet die zahlreichen **Aufkäufer** mit ihren Feinwaagen und den typisch vor das Auge geklemmten **Lupen** zeugen. Selbst die Bearbeitung der Edelsteine erfolgt noch in reiner Fuß- und Handarbeit an traditionellen **Schleifmaschinen**. Doch Sri Lanka bemüht sich zunehmend, die Verfeinerung von rohen Steinen zu modernisieren und die inseleigene **Schmuck-Herstellung** auszubauen. Dazu gehört zum Beispiel auch die einst verpönte **Mogel-Technik**, Saphire mit geringem Reinheitsgrad nach einem besonderen Verfahren zu erhitzen, um sie mit einem stärkeren Blaustich aufzupeppen.

Schließlich sind derartige Steine begehrt – auch wenn sie die künstlich eingehauchte Färbung nach einigen Jahren wieder verlieren....

Volker Klinkmüller

sich **Schürfer** und **Schleifer** über die Schulter sehen, während sich **Geschäftsleute** aus Thailand, Hongkong oder Singapur ein Stelldichein auf Ausstellungen und Auktionen geben, um die in Massen aus der Erde geborgenen Juwelen aufzukaufen. Insgesamt sollen es landesweit rund eine halbe Million Einheimische sein, die von der Suche des hiesigen Erdschatzes, der Verarbeitung und dem Verkauf leben.

In Flussbetten oder mitten zwischen Reisfeldern gelegen, finden sich die Edelsteinminen im Bereich des so genannten **Ratnapura-Grabens,** der von den Flüssen **Kalu Ganga** und **Amban Ganga** flankiert wird und eine Fläche von insgesamt rund 8000 Hektar umfasst. Die während der Nacheiszeit entstandene Kiesschicht mit den Schätzen der Natur wurde später von einer Lehmschicht bedeckt. Außer Diamanten findet sich hier so ziemlich alles an Edelsteinen, was das Herz höher schlagen lässt. Deshalb sind sie nicht nur ein beliebtes Urlaubssouvenir (wobei der Kauf prinzipiell nur in Geschäften mit staatlichen Zertifikaten erfolgen sollte), sondern auch das drittwichtigste **Exportgut** Sri Lankas. Der wohl bekannteste Stein aus Ratnapura dürfte ein blauer Saphir von 400 Karat sein, der heute als **Blue Bell of Asia** die Krone der englischen Königin schmückt. Sogar noch größer als ein Hühnerei war ein 478 Karat großer Saphir, der 2003 bei einer Auktion US$1,5 Millionen erzielte.

Sehenswürdigkeiten

Wer sich an den funkelnden Schätzen Ratnapuras satt gesehen hat und sich auf die Suche nach örtlichen Heiligtümern begeben will, sollte sich über die Main Road oder die Bandaranayaka Mawatha auf den Weg zum **Maha Saman Devale** machen. Es mag nicht weiter überraschen, dass sich mit diesem Heiligtum nur rund 4 km westlich der wohlhabenden Stadt der vermutlich reichste hinduistisch-buddhistische Tempel Sri Lankas finden lässt. Natürlich ist er dem Gott Saman gewidmet, der nicht nur als Schutzpatron der Region, sondern auch der Edelsteinhändler betrachtet wird. Einst von **Parakramabahu II.** im 13. Jahrhundert gegründet, wurde das Heiligtum Anfang des 17. Jahrhunderts von den Portugiesen zerstört, die hier eine Festung und eine Kirche errichteten, von der noch Überreste zu sehen sind. Später restaurierten die Holländer den einstigen Tempel,

Edelstein-Sammlungen

Herz des örtlichen Edelstein-Handels ist die **Saviya Street** (auch Zavier, Zaviya oder Zavia) östlich des Uhrturms, wo jeden Tag bis gegen 15 Uhr emsiger Betrieb herrscht. Interessanter als das örtliche und bereits 1946 gegründete **National Museum**, ✆ 045-2222451, ◎ 9–17 Uhr (außer Do/Fr), Eintritt 45 Rs, mit seinen ausgestopften Tieren, eingelegten Schlangen und allerlei Kunsthandwerk, kann der Besuch von privaten Stein-Sammlungen sein, die allerdings mehr oder weniger verkappte Verkaufsausstellungen sind. Sie haben täglich geöffnet und kosten keinerlei Eintritt.

Sehenswert ist das 1980 gegründete **Gem Bank and Gemmological Museum**, 6 Ehelepola Mawatha, Batugedara, ✆ 045-2222 398, ◎ 8.30–17.30 Uhr. Es präsentiert neben zahlreichen Arten von Edelsteinen, Fossilien und Muscheln auch interessante Infotafeln zur Schmuck-Verarbeitung sowie das aufschlussreiche Modell einer Schürfgrube inklusive der verschiedenen Erdschichten, die beim Schachtbau durchstoßen werden müssen.

Ein kleineres **Gem Museum** findet sich in der Pothgul Vihara Rd., Getangama, ◎ 9–17 Uhr. Auch das seit fast 30 Jahren im *Rest House* untergebrachte **Sapphire Centre**, ✆ 045-2222 299 oder 2222859 (privat), ✉ sapphirecen@hotmail.com, ◎ 8–18 Uhr, kann durch viele Glasvitrinen mit einer schönen, umfangreichen Sammlung an Erdschätzen aufwarten. Schließlich betreibt die Familie von J. H. Jayasena insgesamt sechs Edelstein-Minen.

bevor er von den Engländern als militärischer Unterschlupf genutzt wurde. Bei dem zum **Esala Poya** im Juli/August zeitgleich mit Kandy veranstalteten **Perahera** wird in einer prunkvollen Prozession eine Buddha-Reliquie auf einem Elefantenrücken durch die Gegend geführt. Die Wallfahrtsstätte fungiert auch als Ausgangspunkt der **Gilimalai Para** – eine der ältesten Pilger-Routen zum Adam's Peak.

Übernachtung und Essen

In Ratnapura und Umgebung finden sich einige Unterkünfte, die zumeist einen ganz eigenen Reiz entfalten und nicht selten (Verkaufs-) Ausstellungen von Edelsteinen bieten. Es ist weitgehend üblich, das Abendessen im eigenen Hotel einzunehmen.

Darshana Inn, 68/5 Inner Circular Rd. (unterhalb des Rest House), ℡ 045-2222674. Ruhige Lage auf einem Hügel mit 4 einfachen, aber angenehmen Zi. ❶

Travellers Halt Family Guest Inn, 30 Outer Circular Rd., ℡ 045-2223092, ℻ 2223092. Etwas abgelegen, ca. 10 Minuten Fußweg zur Innenstadt.

Ein Hauch von Pattaya

Wer jenseits von Schürfgruben und Edelstein-Museen noch etwas von der Atmosphäre längst vergangener Zeiten schnuppern möchte und sich nicht weiter am eher schmuddeligen Ambiente stört, sollte ruhig mal im Restaurant **Pattaya Garden Palace** einkehren. Mitunter fungiert es noch immer als Treffpunkt der Edelsteinhändler aus Südostasien. Einst hatte es sogar ein **Spiel-Casino**, wo in vergnüglicher Atmosphäre die reichlich nach Ratnapura strömenden Edelstein-Dollars umgeschichtet wurden – bis es 1991 wie alle anderen Glücksspiel-Stätten Sri Lankas schließen musste. Auch sonst scheint sich der Name des berühmt-berüchtigten, thailändischen – gern als „Sündenbabel" bezeichneten – Seebads in Ratnapura nicht rein zufällig zu befinden: Mit den geldschweren Geschäftsleuten und Glücksrittern zogen auch dubiosere Elemente – wie thailändische **Prostituierte** – ein. Zu den wichtigsten Drahtziehern gehörte ein gewisser „Josim", der wegen unlauterer Geschäfte bereits aus Singapur verbannt worden war und hier versuchte, sich ein neues Wirkungsfeld zu erschließen. Heutzutage sollten sich Touristen vor allem vor zwielichtigen Gestalten hüten, die stets auf der Suche nach leichtgläubigen Edelsteinkäufern umherschwirren.

12 einfache, aber saubere Zi, davon 3 mit AC. Es werden Tagestouren nach Sinharaja (fast 2 Std. Fahrt) angeboten, bei denen der Fahrer als Dschungelführer fungiert. Auch Adams Peak und der Flughafen sind im Angebot. ❶

Rest House, Inner Circular Rd., ℡ 045-2222299. Auf einem Hügel mit hübschem Blick auf die bewaldete Landschaft. Das Haus soll über 200 Jahre alt sein, erfreut durch viel Holz und sein nostalgisches Ambiente. Unten Arkadengang mit stilvollem Mobiliar und dem integrierten *Sapphire Centre*, oben gemütliche Veranda. 11 geräumige Zi, davon einige mit AC und TV, Balkons und Blick auf den angrenzenden Pompakelle Forest Park. ❶ – ❷

Kalavati Holiday & Health Resort, Polhengoda, ℡ 045-2222465, ℻ 2230020. Fast 2 km von der Busstation, aber schlecht ausgeschildert und nicht leicht zu finden. Seit 1979 mit 23 Zi in einem großzügig angelegten Garten. Die 5 schönsten Zi finden sich mit AC (Aufschlag), Warmwasser-Bad und allerlei Antiquitäten im geräumigen Hauptgebäude, die übrigen sind etwas einfacher und weniger schön möbliert. Es werden Ayurveda-Elemente wie Kräuterbäder, Massagen, Inhalationen oder Meditation angeboten. Üppige Speisekarte mit gutem Essen. ❷

Nilani Lodge, 21 Dharmapala Mawatha, ℡/℻ 045-2222170, (E) hashani@sltnet.lk. Auf einer Anhöhe am Nordrand der Stadt mit 10 empfehlenswerten, sauberen Zi inkl. Warmwasser-Bad, davon 6 mit AC (bei Benutzung Aufschlag). Einbauschränke und Textilböden, gute Balkons und Bäder. Das angegliederte Restaurant zählt zu den besten in Ratnapura. Frühstück ca. 200 Rs, Currys 100–300 Rs, Fishermans Net, Grilled Prawns oder Mixed Grill ca. 400 Rs. ❷

Ratnaloka Tours Inns, Kosgala/Kahangama (ca. 6 km außerhalb gelegen), ℡ 045-2222455, 2224565, ℻ 2230017, ✉ ratnaloka@eureka.lk, 🖳 www.ratnaloka.com. Bestes Hotel von Ratnapura. 53 Komfort-Zi inkl. AC und TV; Schwimmbad sowie angenehmes, großzügiges und stilvoll gestaltetes Foyer. Mit Messing beschlagene Stufen führen zum 1. Stock hinauf, dessen Zi über große Balkons mit hübschem Ausblick verfügen. Schönes Restaurant mit Blick auf Lotus-Teich und Tee-Plantage. Mahlzeiten 300–600 Rs. ❸

Leuchtende Augen, funkelnde Klunker

Kleine Edelstein-Kunde

Da Sri Lanka nicht nur als „Perle des Indischen Ozeans", sondern schon seit Jahrtausenden auch als „Insel der Juwelen" gilt, gehört die Begegnung mit den Preziosen zum Urlaubserlebnis. Der Wert von Edelsteinen richtet sich nach der Farbe und dem in **Karat** angegebenen Gewicht (1 Karat entspricht 0,2 Gramm), aber auch nach einer von dem deutschen Mineralogen Mohs entwickelten Skala der Härte (mit Einteilungen von eins bis zehn) sowie Transparenz und Glanz bzw. Schliff. Die auf Sri Lanka zu findenden Steine sind:

Alexandrit: erscheint unter natürlichem Licht grün, aber unter Kunstlicht rot
Amethyst: ein violetter, transparenter und relativ brüchiger Quarz
Aquamarin: hell bis dunkelblau gefärbt und je dunkler, desto wertvoller
Chrysoberyll: stark glänzend, farblos oder grau, gelblich, braun oder auch grün
Granat: meist leuchtend rot, aber gelegentlich auch in anderen Farben
Mondstein: milchig-weißer, leicht transparent wirkender Feldspat
Rubin: hell- bis tiefrot und besonders wertvoll mit einer Spur blau
Saphir: meist blau, aber auch rosa, orange, grün, lila oder sogar schwarz
Smaragd: grün und im Vergleich zu synthetischen Steinen oft etwas unrein
Spinell: viele Farben, aber auch meist transparent und intensiv leuchtend
Tigerauge: goldgelb, braun und schwarz, mit Katzenaugeneffekt
Topas: kommt farblos, weiß, gelb, rosa, bläulich oder sogar hellgrün vor
Turmalin: farblos, weiß oder bräunlich und am wertvollsten in rosa und grün
Türkis: grün- bis bläuliches Farbspektrum mit einem matten Glanz
Zirkon: kommt farblos, gelb bis rot oder grün vor, zumeist aber braun
Zitrin: gelber bis orange-gelber Quarz, der gern künstlich erzeugt wird

Chamber Restaurant, 6 Ehelepola Mawatha, ✆ 045-2230320, ◷ 8.30–17 Uhr. Gehört zum Gem Bank and Gemmological Museum und wartet mit dem Charme einer Mensa auf, wird aber für seine Mittags-Gerichte gelobt. Sauber und klimatisiert. Einzelne Gerichte 150–300 Rs, Menüs ca. 350 Rs.
Pattaya Garden Palace, 14 Senan Ayake Mawatha, ✆ 045-2223029, ◷ 11–23 Uhr. Wirkt schmuddelig und empfiehlt sich höchstens aus Gründen der Nostalgie. Trotz des Namens gibt es kein Thai-Food, sondern nur chinesische Küche. Hühnchen 250–300 Rs, Tintenfisch 250 Rs, Pattaya Special Chow Mein 290 Rs.

Transport

Der normale **Bus** nach COLOMBO kostet 60 Rs, in der gehobenen Kategorie 120 Rs. Die Fahrt führt über Avissawella (90 km) oder Panadura (96 km) und dauert rund 3 Std. Tickets nach KANDY kosten 80 Rs bzw. 140 Rs.
Nach GALLE gibt es keine direkte Verbindung, so dass in MATARA (4 1/2 Std., 80 Rs) umgestiegen werden muss. Busse nach Adam´s Peak verkehren nur in der touristischen Hochsaison.
Ein eigenes **Taxi** (meist als **Minibus**) nach Adam´s Peak liegt bei 1500 Rs, nach Colombo (2 Std.), Kandy oder Galle bei rund 3500 Rs und nach Nuwara Eliya bei 4000 Rs.

Sinharaja Forest Reserve

Bis zu 50 m hohe, majestätische **Baumriesen** stemmen ein dichtes Blätterdach in den Himmel, unter dem sich eine einzigartige Flora und Fauna tummelt: Mit einer Fläche von 18 899 ha gehört dieses Fleckchen Erde zu den größten Naturschätzen Sri Lankas. Hier sprießt dichter, stattlicher und scheinbar unberührter **Regenwald**, der in dieser faszinierenden, immergrünen Pracht zugleich auch der einzige auf der Insel ist. Das Sinharaja-Waldreservat gehörte wahrscheinlich auch zu den letzten Rückzugsgebieten des in diesen Breitengraden ausgestorbenen Löwen, wie nicht zuletzt die Übersetzung „Löwen-König" vermuten lassen könnte. Heute leben hier immerhin noch **Leoparden**, aber auch Affen und Civet-Katzen, 45 verschiedene **Reptilien** (davon 21 endemisch) und insgesamt

147 **Vogelarten** (darunter 18 der 33 auf Sri Lanka endemischen). Damit das auch so bleibt, hat die UNESCO das in west-östlicher Ausdehnung 21 km lange und rund 4 km tiefe Gebiet im Süden des Landes 1988 zum ersten Welt-Naturerbe des Landes erklärt.

Einst ein königliches Reservat, tauchte der Dschungel von Sinharaja, dessen höchste Erhebung sich im östlichen Teil mit dem 1171 m hohen Hinipitigala findet, in alten Berichten als „Rajasinghe Forest" auf. Seit 1840 unter der britischen Krone, gab es anfängliche Versuche, das einst noch sehr viel größere Gebiet zu retten. Doch noch 1971 rückten Holzfäller an, um mit **Selective Logging** die wertvollsten Harthölzer zu entfernen und ortsfremde Mahagoni-Bäume nachzupflanzen. Das jedoch rief den geharnischten Protest von Umweltschützern hervor, zumal sich in Sinharaja rund zwei Drittel der insgesamt 217 endemischen Baumarten Sri Lankas befinden. In zähem Ringen ließ sich die Regierung 1977 bewegen, jeglichen Holzeinschlag zu untersagen. Die Sägemühlen wurden abtransportiert, angelegte Straßen und Wege durften wieder zuwuchern.

Größere Eingriffe in die Natur hätten wohl auch fatale Auswirkungen gehabt, zumal das Naturschutzgebiet mit seinen häufigen Niederschlägen eine wichtige Rolle für den **Wasserhaushalt** in weiten Teilen der Insel spielt. Immerhin fallen hier – bei Durchschnittstemperaturen von 24 °C und einer Luftfeuchtigkeit von 87 % – 3500 bis 5000 mm **Regen** pro Jahr. Und selbst in den trockensten Monaten August und September sowie Januar bis März sind es zumeist noch 50 mm pro Monat. Eine gewisse Ausbeutung des Schutzgebiets lässt sich allerdings nicht vermeiden, zumal in der unmittelbaren Umgebung 22 Dörfer liegen. So ist es den rund 5000 Anwohnern in begrenztem Maß erlaubt, sich zwecks Gewinnung von Sirup an den Früchten der **Kitul-Palme** zu bedienen, Blätter und Holz oder zu bestimmten Jahreszeiten auch medizinisch nutzbare Pflanzen zu sammeln. Problematischer sind **illegale Jäger** oder auch **Edelstein-Sucher**, deren Aktivitäten Bodenerosion auslösen können.

Erkundungstouren

Der Zugang zum Reservat erfolgt zumeist von Ratnapura aus bei **Kudawa**, ist aber auch – von der Südküste kommend – bei **Mederapitiya** möglich.

Unterwegs mit Tracker Boys

Ein Besuch des Sinharaja-Regenwalds bietet sich am besten im Februar oder März an, wenn es meist nur am Nachmittag regnet. Wer sich in einer der umliegenden Unterkünfte einquartiert, wird dort meist auf umfassende Tourenangebote der Betreiber stoßen. Als Alternative kann am Eingang des Reservats in **Kudawa** ein versierter Tracker Boy angemietet werden, was aber – anders als bei den meisten anderen Reservaten der Insel – keine Pflicht ist.
Die auf diese Weise geführte Tour **Sinhagala** (Lion Rock, 28 km) ist mit einer Dauer von fast zehn Stunden die längste und kostet 750 Rs, die Tour **Mulawella** (14 km) dauert sieben bis acht Stunden und kostet wie auch die nur ca. dreistündige **Normal Journey** (ca. 5 km) 400 Rs (plus Trinkgelder). Dazu kommen noch die **Eintrittsgebühr** für Ausländer, die bei Erwachsenen 575 Rs und für Kinder 290 Rs beträgt, sowie eine eventuelle Video-Gebühr von 500 Rs. Zudem gibt es am Kassenhaus empfehlenswerte **Info-Broschüren**.
Für Wanderungen im Dschungelgebiet ist dringend festes Schuhwerk erforderlich. Wer das Gelände bei Regen durchstreift – und regnen tut es hier fast immer – muss mit vehementen Attacken hartnäckiger **Blutegel** rechnen, gegen die oft nicht einmal Spezialstrümpfe helfen. (Weitere Informationen beim Forest Department in Colombo).

Seine großen und kleinen Wunder lassen sich auf drei verschiedenen, zwischen 4 und 28 km langen Naturpfaden erkunden. Dass dabei eines der größeren Säugetiere wie Leoparden, Sambarhirsche oder Affen erspäht werden kann, ist eher unwahrscheinlich, doch lassen sich – oft verblüffend getarnt und nur mithilfe von versierten Führern – jede Menge Vögel, Reptilien und Insekten entdecken. Auf jeden Fall garantiert ist eine Begegnung mit **Blutegeln**, was aber niemanden wirklich schocken sollte und ganz einfach zum Dschungel-Abenteuer dazu gehört. Schließlich haben die „Leeches" hier ja einst auch schon die eindringenden Kolonial-Armeen bekämpft…

Übernachtung und Essen

Wer den Dschungel nicht nur mit einem Tagesausflug von Ratnapura erkunden will, kann in den zumeist einfachen Quartieren in **Kudawa** (direkt am Reservat) übernachten oder ein Hotel in den beiden an der Überlandroute A 17 liegenden Orten **Rakwana** (im Norden des Reservats) oder **Deniyaya** (im Süden des Reservats) wählen. In den Unterkünften werden zumeist auch geführte Touren vermittelt.

Sinharaja Forest Bungalow, Kudawa. Eine Anlage des Forest Departments. Aufgrund ihrer Nähe zum Parkeingang praktische, aber überaus schlichte und wenig anheimelnde Unterkunft mit Schlafsälen. ❶

Sinharaja Rest, Deniyaya, ☎ 041-2273368. Besitzer Palitha Ratnayake bietet – auch für nicht bei ihm wohnende Touristen – versierte, zwischen 4 Std. und 2 Tage dauernde Führungen durch das Schutzgebiet an. 6 einfache Zi, gute Hausmannskost. ❶–❷

Deniyaya Rest House, Deniyaya, ☎ 041-2273600. Schöne Lage mit Blick über die Stadt und die Landschaft. Recht gute und große Zi, Restaurant und Bar sowie die Möglichkeit, über das Personal Dschungel-Touren zu organisieren. ❶–❷

Rakwana Rest House, Rakwana, ☎ 045-2246299. 4 ansprechende Zi mit guten Bädern. Schöne Veranda und schmackhafte Gerichte. ❶–❷

Sathamala Ella Rest, Palegama/Deniyaya, ☎ 041-2273481. Rund 4 km vom Ort an der Straße nach Mederipitiya mit 10 ansprechenden Zi in netter, ländlicher Einbettung.
Zählt zu den etwas gehobeneren Unterkünften in der Umgebung des Naturschutzgebiets und wird inkl. Tourenangebot von einer freundlichen Familie geführt. ❶–❷

Singraj Rest, Koswatta/Kalawana, ☎ 045-225 5201. Anlage in einem seltsam anmutenden, architektonischen Mischstil. 6 saubere, nicht besonders behagliche, aber dafür relativ teure Fliesen-Zi. ❷

Martin Wijesinghe`s Forest View, Kudawa, ☎ 045-2225528 (Postbüro von Kudawa, wo Nachrichten hinterlassen werden können). Rund 4 km vom Kassenhaus am Parkeingang. Auf einem Hügel mit hübscher Aussicht. Besitzer Martin ist freundlich und kennt sich hier bestens aus, zumal er im Schutzgebiet früher als Ranger unterwegs gewesen ist. Gerühmt werden die Kochkünste seiner Familie. Die Gäste wohnen in 9 sehr einfachen Zi, davon 4 mit eigenem Bad. Trotz überhöht wirkender Preise oft ausgebucht. Mahlzeiten aus der Küche ohne Kühlschrank kosten 150–350 Rs. Die Gäste können sich eventuell frische Lebensmittel zur gewünschten Zubereitung mitbringen. ❷

The Blue Maqpie, Kudawa, ☎ 011-2431872, ✆ 2478457 (Lokuge Tours & Travels in Colombo). Seit Ende 2003 die mit Abstand komfortabelste Möglichkeit, in unmittelbarer Reservatsnähe unterzukommen. Nach einer blau gefiederten Vogelart benannte, recht ansprechende Bungalowanlage in grünlichen Farbtönen. 12 Zi mit Ventilatoren und (von Solarenergie gespeisten) schönen Warmwasser-Bädern. Romantisches Restaurant mit Blick über Reisfelder. Gehört dem ehemaligen Tourismusminister Gamini Lokuge. ❸

Boulder Garden, Koswatta/Kalawana, ☎ 045-2255812, ✆ 2255813, ✉ info@bouldergarden.com, 🖥 www.bouldergarden.com. Zählt mit seinem völlig in die felsige Berglandschaft integrierten, paradiesisch anmutenden Konzept zu den eindrucksvollsten Hotels des Landes. Der Zugang erfolgt über bewässerte Stufen, das atemberaubende Restaurant (für unvergessliche Kerzenlicht-Dinner) liegt unter einer 15 Meter hohen Felswand. Es gibt ein Schwimmbad und Meditationsplätze, aber auch Bücherei, Internet und TV-Geräte. Die 8 urgemütlichen Zi, davon 2 Deluxe mit Jacuzzis, sind völlig unterschiedlichen Charakters. Die Zimmerpreise beginnen bei rund US$220, bei Einzelbelegung rund US$190. Mahlzeiten ca. US$12–24. ❻

Transport

Zu den wichtigsten Unterkunftsorten für die Erkundung des Sinharaja-Waldreservats gehörend, wird das an der Überlandroute A 17 liegende **Deniyaya** – wie auch der mögliche Übernachtungs-Ort **Rakwana** – für rund 90 Rs von allen **Bussen** passiert, die die Strecke zwischen RATNAPURA (70 km), MATARA (65 km) und GALLE (80 km) bedienen. Sie verkehren von morgens bis nachmittags fast stündlich.

Kleiner Drache im Sinharaja Forest Reserve

Charter-Taxis für diese Strecken liegen bei US$20–25. Für kürzere Distanzen bieten sich **Three-Wheeler** an.

Der **Intercity Express Bus** nach COLOMBO kostet rund 200 Rs und benötigt fast 6 Std.

Uda Walawe-Nationalpark

Rund 170 km oder drei Auto-Stunden von Colombo entfernt liegt der 1972 gegründete, insgesamt 310 km² große Uda Walawe-Nationalpark. Zu rund zehn Prozent besteht er aus dem gleichnamigen Stausee, der von dem Fluss Walawe Ganga gespeist wird, während der Rest der Fläche von wenig Wald und viel hohem Gras geprägt wird. Dass dieses Schutzgebiet nicht so sehr von Besuchern frequentiert wird, dürfte vor allem daran liegen, dass sich der Focus der meisten Touristen auf den spektakulären Yala-Nationalpark richtet und hier nicht eine so üppige Fauna zu bestaunen ist, aber möglicherweise auch an den vergleichsweise hohen Eintrittspreisen.

Gerühmt wird dieser Nationalpark vor allem dafür, dass sich hier noch ganze Elefantenherden beim Massenbad im Stausee beobachten lassen. Schließlich leben hier ja auch noch schätzungsweise 500 bis 600 Dickhäuter. Als beste Tageszeiten, Elefanten zu sehen, gelten 6.30 bis 10 Uhr morgens sowie 16 bis 18.30 Uhr abends – und das stets in Wassernähe. Das Parkgelände ist sogar mit einem stabilen Zaun eingefriedet, um die Abwanderung der Rüsseltiere zu verhindern, aber auch die Zuwanderung von domestizierten Büffeln, so dass sich diese nicht mit ihren wilden Artgenossen vermischen können. Außerdem durchstreifen Leoparden, Füchse und Sambarhirsche das Schutzgebiet, das auch Krokodile sowie 30 Schlangen-Arten beheimatet und in dem zwischen November und April Scharen von Zugvögeln überwintern.

Ein Besuch des Uda Walawe-Nationalparks empfiehlt sich vor allem für Touristen, die mit einem Taxi oder Mietwagen zwischen Ratnapura und Yala-West, Kataragama, Tissamaharama und oder Hambantota unterwegs sind – und dafür die direkt über den Staudamm verlaufende Straßenverbindung zwischen der A 18 (Abzweigung in Timbolketiya) und der A 2 benutzen.

Am Eingang, wo man Geländewagen mit Fahrer und Führer mieten kann, hängen die Eintrittsgebühren und Öffnungszeiten nicht explizit aus, doch entsprechen sie denen des Nationalparks Yala-West. Der Park kann auch mit dem eigenen Wagen durchfahren werden, wenn vorher bei der Parkverwaltung in Timbolketiya die entsprechende Genehmigung eingeholt worden ist.

Rund 5 km westlich des Parkeingangs findet sich das 1995 gegründete Elephant Orphanage (oder Elephant Transit Home), das allerdings nicht so bekannt ist wie das von Pinnawala. Hier werden Dickhäuter aus dem Nationalpark aufgepäppelt, die ihre Eltern verloren haben. Die Waisenfütterung erfolgt ab 9 Uhr morgens rund alle drei Stunden, der Zutritt ist kostenlos.

Übernachtung

Für den Besuch des Uda Walawe-Nationalparks bietet sich außer den in unmittelbarer Nähe gelegenen Hotels auch eine Übernachtung in dem nur 21 km südlich liegenden, noch relativ jungen Ort **Embilipitiya** an, wo es sogar ein Hotel mit westlichem Standard gibt. Oft werden von den Unterkünften Halbtagestouren mit Geländewagen für 1500–2000 Rs angeboten.

Walawa Park View Hotel, ca. 8 km vom Parkeingang, Thanamalwila Rd., Udawalawa, ✆ 047-2233312. 6 nicht besonders behagliche Zi, davon 2 mit AC, die dann auch gleich fast doppelt so teuer sind wie die mit Ventilatoren. ❶–❷

Walawe Gedara Holiday Resort, ca. 12 km vom Parkeingang, ✆ 071-2223176, 0788-546886. Neue, romantisch angehauchte Anlage eines Rechtsanwalts; mit Korbmöbeln bestückte Terrasse in Baumwipfelhöhe. Die 4 Zi, davon 2 als Cabanas, sind angenehm und haben gute Bäder, sind aber spärlich möbliert. Im Garten überdachte Sitzecken mit Seeblick. ❶–❷

Safari Village Hotel, ca. 5 km vom Parkeingang, RB Canal Rd., Udawalawa, ✆ 047-2233201, ✉ kinjou@dialogsl.net. In üppiges Grün eingebettete Anlage mit 19 Zi, davon 12 mit (von Solarenergie betriebenem) Warmwasser-Bad und 3 mit AC (bei Benutzung Aufpreis). Jeweils eine Terrasse vorn und hinten. ❷

Sarathchandra Rest, Embilipitiya, ✆ 047-2230044. 20 gefliese, saubere und recht gut möblierte Zi, teilweise mit AC, Warmwasser-Bad und Balkons (Obergeschoss). Gutes Restaurant und kleine Bar. ❶–❷

Department of Wildlife Conservation, ✆ 011-2694241, 📠 2698556 (in Colombo). Unterhält direkt am Stausee 4 Bungalows, die aber mit rund US$30 pro Nacht reichlich überteuert sind – zumal Verpflegung, Lampen und Decken selbst mitgebracht werden müssen und zusätzlich sogar noch eine einmalige Service-Charge von US$30 zu entrichten ist. Die 3 in der Nähe gelegenen Camping-Plätze kosten jeweils US$6 pro Nacht plus einer einmal fälligen Service-Charge von US$5. ❸

Centauria Ayurveda Lake Resort, Embilipitiya, ✆ 047-2230514, 📠 2230104, ✉ Centauria@sltnet.lk, 🌐 www.centauriaayurveda.com. Empfehlenswertes, seit 1980 romantisch an einem See liegendes Hotel mit 51 Komfort-Zi und 4 Cabanas. Urige, freundliche Atmosphäre, gute Küche, schöner Pool und Ayurveda-Angebote für rund 4000 Rs pro Tag. ❸–❹

Transport

Von Embilipitiya gibt es für rund 50 Rs **Bus**-Verbindungen nach RATNAPURA, TANGALLA und MATARA. Alle 30 Min. starten für rund 200 Rs **Intercity-Busse** in das 170 km entfernte COLOMBO.

Wer von hier zum Sinharaja Forest Reserve möchte und über ein eigenes Fahrzeug verfügt, sollte trotz des Umwegs unbedingt die wenig befahrene, einsame Nebenstrecke von Embilipitiya über Panamure, Rakwana, Kolonna, Suriyakandha, Potupitiya und Weddagala nach Kudawa wählen, die durch herrliche, landschaftliche Reize sowie einen faszinierenden, bunt blühenden Bewuchs der Straßenränder erfreuen kann.

Die Ostküste

Trincomalee – einer der weltgrößten Naturhäfen S. 387
Nilaveli – schneeweiße Strände im Badeparadies des Ostens S. 394
Batticaloa – die „Singenden Fische", ein rätselhaftes Phänomen der Natur S. 396
Arugam Bay – exotische Surfer-Enklave in einer malerischen Bucht S. 406
Nationalparks – Sumpf- und Savannenlandschaften mit Elefantenherden und einer artenreichen Vogelwelt S. 396, 403, 404, 414

> **Sicherheitshinweis**
>
> Soldaten in Kampfmontur, Kontrollposten mit Sandsäcken oder Armee-Camps hinter Stacheldraht (teilweise sogar mitten auf der Straße angelegt und über Schotterwege zu umfahren) gehören zum Straßenbild der Ostküste. Die meisten der über Jahrzehnte gesperrten Touristenziele wie auch die Naturschutzgebiete sind derzeit für westliche Touristen problemlos bereisbar. Das bezieht sich auch auf die wieder eröffneten Eisenbahnlinien sowie die an der Küste entlang führenden Nationalrouten A 15 und A 4, deren Bereisbarkeit sich durch die Reparatur von Straßen und Brücken in den letzten Jahren erheblich verbessert hat. Dennoch sollte man sich rechtzeitig über die aktuelle Sicherheitslage informieren, denn nach wie vor kommt es zu gewalttätigen Auseinandersetzungen.

Ein Abstecher an die vom Tourismus kaum berührte Ostküste kann die schönsten und spannendsten Erlebnisse einer Sri Lanka-Reise bescheren. Die Exotik beginnt hier allein schon mit den Ortsnamen, die meist sehr viel harmonischer klingen als die Zungenbrecher im übrigen Teil der Insel. Auch sonst erscheint die Region als ein gewisses Spiegelbild zur Westküste: Wenn dort zwischen April und Oktober Regenzeit ist, herrscht hier zumeist Bilderbuch-Wetter. Während die Westküste ausschließlich von Singhalesen bewohnt wird, leben hier fast ausschließlich Tamilen und Muslime. Und erscheint so manches Reiseziel zwischen Negombo und Unawatuna schon fast überlaufen, so stößt man zwischen Nilaveli und der Arugam Bay – aufgrund der Bürgerkriegs-Nachwirkungen und großen Entfernung zum Flughafen – vergleichsweise selten auf andere ausländische Urlauber.

Das jedoch könnte sich schon bald ändern. Für den Fall, dass sich der Waffenstillstand endgültig stabilisieren sollte, sind von der Regierung große Hotelanlagen und Freizeiteinrichtungen im Stil der Westküste geplant. Bis es soweit ist, sollte die Ursprünglichkeit dieses Fleckchens Erde noch genossen, aber auch der entsprechende Pioniergeist und reichlich Zeit mitgebracht werden: Denn hier steckt die touristische Infrastruktur noch tief in den Kinderschuhen und hat durch den Tsunami, der diese Region Sri Lankas am schwersten getroffen hat, noch einmal einen Rückschlag erlitten. Mancherorts lässt sich kaum erahnen, ob Bürgerkrieg oder die gewaltigen Flutwellen der Naturkatastrophe für die unübersehbaren Ruinen verantwortlich sind.

Der Bürgerkrieg hat hier starke Spuren hinterlassen und ganze Dörfer entvölkert. Gerade als sich Anfang der 80er Jahre in den beliebtesten Urlaubs-Orten die ersten Gästehäuser und Hotelanlagen etabliert hatten, wurde den Betreibern ein gewaltiger Strich durch die Rechnung gemacht. Nach dem Ausbruch des Tamilen-Konflikts vergraulten die immer schlechtere Versorgungslage und Ausgangssperren die Urlauber. Viele Ferien-Domizile wurden niedergebrannt und geplündert oder von den Rebellen als Stützpunkte genutzt. Als die LTTE 1995 ihr Hauptquartier im nördlichen Jaffna aufgeben musste, tauchte sie verstärkt im Bereich Batticaloa auf. Zwar gab es in dieser Region nicht so viele militärische Aktionen, doch patrouillierten die „Sea Tigers" sogar vor den Traumstränden mit bewaffneten Booten.

Heute indes herrscht – besonders in Trincomalee und an der Arugam Bay – eine optimistische Aufbruchsstimmung, um an den einstigen Touristen-Boom anzuknüpfen. An entsprechenden Reizen jedenfalls mangelt es in diesem Landesteil gewiss nicht. Die Attraktionen reichen von der großartigen Freundlichkeit der Einheimischen bis zu einer Fahrt über die Küstenstraße, die vielerorts durch eine faszinierende, nur spärlich besiedelte Amphibienlandschaft führt. Unterwegs darf das Auge immer wieder über unendlich weite, bis zu 100 m breite und menschenleere Strände schweifen, die von vielen Landeskennern als schönste Sri Lankas bewertet und in Nilaveli oder Uppuveli bereits touristisch genutzt werden. Bereits zu Zeiten der alten europäischen Seefahrer und Eroberer im Mittelpunkt des Gerangels stehend, lockt Trincomalee mit dem fünftgrößten Naturhafen der Welt seit 1996 wieder Touristen an, während sich in Batticaloa als zweitgrößter Stadt der Insel in Vollmond-Nächten die „Singenden Fische" Gehör verschaffen.

Im Süden präsentiert sich die Arugam Bay mit ihrer hart gesottenen, internationalen Traveller-Gemeinde als eines der besten Surf-Reviere der Welt, während unter Wasser vielerorts bunt-belebte Ko-

rallenriffe und historische Schiffswracks auf Erkundung warten. Weiter im Landesinneren bieten sich die größten Bewässerungsprojekte des Landes und mehrere, bisher kaum besuchte Nationalparks mit Sumpf- und Savannenlandschaften für unvergessliche Eindrücke an, teilweise durchzogen von dem legendären Pilgerpfad zwischen Jaffna und Kataragama, an dessen Rändern sich so manche kulturhistorische Sehenswürdigkeit verbirgt.

Trincomalee

Azurblaue Strände, einer der weltgrößten Naturhäfen und eine selbstbewusste, vorwiegend tamilische Bevölkerung prägen die größte Stadt an der Ostküste. Ihre strategische Lage machte Trinco, wie sie meist genannt wird, immer wieder zum Zankapfel der Machtinteressen. Der Name leitet sich aus dem tamilischen *thiru kona malai*, der „Heilige Berg des Koneshvara", ab.

In der Vergangenheit waren es die Kolonialmächte, welche um die Kontrolle der Hafenstadt rangen. Kaum hatten die Portugiesen 1623 ein kleines Fort erbaut, eroberten es 16 Jahre später die Holländer. Die Mauern des Forts widerstanden 1672 erfolgreich einem Eroberungsversuch der Franzosen, nicht jedoch den Angriffen der Briten im Januar 1782 und noch einmal der Franzosen im Juli 1782. Bereits im folgenden Jahr hatten wieder die Holländer das Sagen, doch ab 1795 wehte nach einem vier Tage währenden Bombardement die Flagge des Empires von seinen Zinnen. Die britische Vorherrschaft blieb für über 150 Jahre unangefochten und wurde nur am 9. April 1942 von einem Angriff der japanischen Luftwaffe gestört. Doch im Gegensatz zu weiten Teilen Südostasiens, die den Armeen der Tenno in einem beispiellosen Feldzug in die Hände fielen, blieb Trincomalee unter britischer Kontrolle. Als Basis für die Rückeroberung der verloren gegangenen Kolonien wie Birma und die malaiische Halbinsel war in dieser Zeit der Hafen von enormer Bedeutung. Er blieb noch bis 1957 der britischen Marine als Stützpunkt erhalten und wurde dann der srilankischen Regierung übergeben.

Ab den 1980er Jahren geriet die Stadt in den Sog des ethnischen Konflikts. Die LTTE beanspruchte den Hafen für Tamil Eelam, ihren unabhängigen Tamilenstaat. Noch zu Beginn des dritten Millenniums war die Küstenregion Schauplatz heftiger Kämpfe. Die Folge sind zahlreiche Ruinen und vertriebene Menschen. Mit dem Waffenstillstandsabkommen von 2002 kehrte etwas Ruhe ein. Seitdem gewinnt auch der Tourismus wieder als Wirtschaftsfaktor an Bedeutung, und an den nördlich gelegenen Stränden Uppuveli und Nilaveli entstanden eine Reihe neuer Unterkünfte. Während sie vom Tsunami erheblich betroffen waren, blieb Trinco dank der geschützten Bucht verschont.

Orientierung und Besichtigung

Die Stadt liegt auf einer Landzunge am nördlichen Ende der Koddiyar Bay, deren hügeliges Ende vom Militär genutzt wird und daher nicht zugänglich ist. Das schmale Stadtzentrum wird von der riesigen Bucht im Westen und dem Golf von Bengalen eingerahmt. Viel gibt es allerdings nicht zu besichtigen.

Lohnenswert ist auf jeden Fall der Besuch des geschliffenen **Fort Frederick**, das auf einer Halbinsel im Osten der Stadt liegt. Es trägt diesen Namen seit 1803 zu Ehren des damaligen Herzogs von York. Vom Fort selbst ist außer einigen Resten der massiven Befestigungsmauer nur das mächtige Tor erhalten geblieben. Die Holländer ließen es 1676 erweitern, um den drohenden Angriffen der Franzosen standzuhalten. Vor dem Tor grüßt eine Ganesha-Figur die Passanten. Das anschließende Gelände wird vom Militär genutzt, kann jedoch betreten werden. Der Weg führt vorbei an schönen Niembäumen – erkennbar an den hellgrünen fedrigen Blättern – und einem **mächtigen** Banyanbaum.

Unter den Gebäuden ragt das koloniale **Wellington House** – auch Wellesley Lodge genannt – heraus. Benannt ist es nach dem englischen Feldmarschall Arthur Wellesley (1769–1852), der sich hier im Jahr 1799 von der erfolgreichen Schlacht gegen den Herrscher von Mysore erholt hatte. 1814 zum Herzog von Wellington ernannt, erlangte der „Iron Duke" ein Jahr später durch den Sieg gegen Napoleon in Waterloo Heldenstatus.

Ziel der meisten Besucher ist am Ende des Landzipfels der **Thiru Koneswaram Kovil**. Er zählt zu den fünf bedeutendsten Hindu-Tempeln Sri Lankas und ist vor allem zu den Puja-Zeiten um 7, 11.30 und 16 Uhr sehr stimmungsvoll. Der heutige moderne Bau wurde auf den Ruinen eines von den Portugiesen 1624 zerstörten Vorgängertempels errichtet. Reste, darunter der verehrte Lingam, konnten von Tauchern aus dem nahen Meer geborgen werden. **Swami Rock**, der Felskliff am Ende des Zipfels, wird im Volksmund auch „Lover's Leap" genannt, seitdem sich dort 1687 die holländische Beamtentochter Francina Van Rheede aus Liebeskummer in die Tiefe stürzte, als ihr Liebster davon segelte. Sie überlebte und heiratete später noch zwei Mal.

Sicherheitshinweis

So lange keine endgültige politische Lösung für den ethnischen Konflikt in Sicht ist, bleibt die Sicherheitslage äußerst labil. Vor dem Besuch Trincomalees und Umgebung sollte man unbedingt die aktuellsten Informationen einholen. Alle von der Flutwelle am 26. Dezember 2004 betroffenen Unterkünfte haben ihren Betrieb wieder aufgenommen.

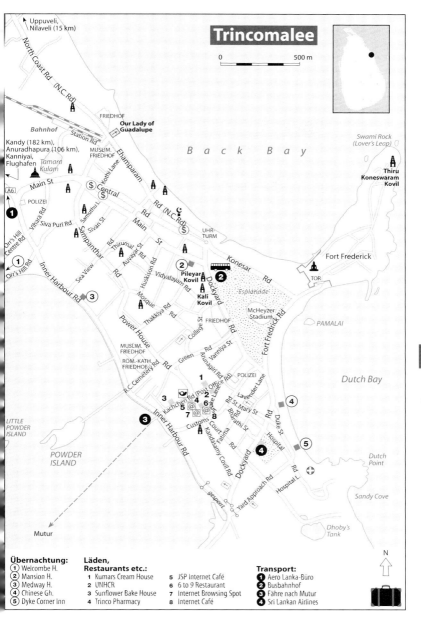

In der Nähe des Busbahnhofes, schräg gegenüber dem **McHeyzer-Stadion**, ist der **Kali Kovil** wegen seines hochstrebenden reichlich verzierten Torturmes (Gopuram) sehenswert. Der benachbarte, etwas zurück liegende **Pileyar Kovil** ist Ganesha geweiht und besonders zu den Puja-Zeiten um 10, 12, 16 und 18 Uhr gut besucht. Wegen der Unterströmung nicht zum Baden, wohl aber zum abendlichen Flanieren eignet sich der weiße Strand mit dem türkisen Wasser an der **Dutch Bay**.

Übernachtung und Essen

Die meisten Besucher zieht es verständlicherweise an die nördlich von Trinco gelegenen Strände. Wer in der Stadt übernachten möchte oder muss, hat eine eher klägliche Auswahl. Am besten, wenn auch am teuersten wohnt man im Medway Hotel und im Welcombe Hotel.
Dyke Corner Inn, 210/1 Dyke St., ✆ 026-2220318. Schuhschachtelgroße Zi mit Gemeinschaftsbad. Drei der 6 Zi bieten Blick aufs Meer. Das ist neben dem günstigen Preis der einzige Pluspunkt dieser bescheidenen Herberge. ❶
Chinese Guesthouse, 312 Dyke St., ✆ 026-2222 455. Die Farbauswahl dieses von Chinesen geführten Gästehauses ist gewöhnungsbedürftig: es dominieren braun und grau. Ansonsten sind die 10 Zi mit Bad für den Preis o. k. Vom Restaurant bietet sich ein schöner Blick auf die Bucht. ❶
Mansion Hotel, 23 Main St., ✆ 026-2222745. Die 6 bescheidenen Zi mit Bad, eines mit AC, sind besonders bei srilankischen Geschäftsreisenden beliebt. ❶–❷
Medway Hotel, 250 Inner Harbour Rd., ✆ 026-2227655. Einstöckiges Gebäude mit 8 sauberen geräumigen AC-Zi mit Warmwasser-Bad und Veranda. Kein Restaurant. ❸
Welcombe Hotel, 66 Lower Rd., Orr's Hill, ✆ 026-2222373, 📠 2223887, ✉ welcombehotel@sltnet.lk. Attraktive Lage am Berghang mit Blick auf die Bucht. Mit 18 stilvoll gestalteten AC-Zi mit Warmwasserbad und Balkon die erste Adresse von Trincomalee. Gutes Restaurant, Pool. ❸–❹
Kumars Cream House & Guesthouse, 102/2A Post Office Rd., ✆ 026-2227792. Während unten im Restaurant Gebäck, Eis und andere Genüsse auf Kundschaft warten, kann man oben in einem der 5 Zi mit Bad für wenig Geld komfortlos nächtigen. ❶
Sunflower Bake House, 154 Post Office Rd. Bäckerei und Restaurant bieten schmackhafte und günstige Gaumenfreuden. ⏲ tgl. 6.30–21 Uhr.
6 to 9 Restaurant, 360 B Court Rd., Ecke Post Office Rd., serviert gute preiswerte Reisgerichte. ⏲ tgl. 11–14, 17–21 Uhr.

Sonstiges

GELD – Die ***Hatton National Bank***, 59 North Coast Rd., die ***Commercial Bank*** und die ***Seylan Bank***, beide am Westende der Central Rd., verfügen über Geldautomaten (ATM). ⏲ Mo–Fr 9–15 Uhr.

INTERNET – Die meisten Internet-Cafés liegen entlang der Court Rd. unweit deren Kreuzung mit der Post Office Rd.
Das ***JSP Internet Café*** verlangt 20 Rs/15 Min. und der gegenüber liegende ***Internet Browsing Spot*** 60 Rs/Std.

MEDIZINISCHE VERSORGUNG – ***Hospital***, Dyke St., ✆ 026-2222260, 2222261.

POLIZEI – ✆ 026-2222222.

Transport

BUSSE – Vom Busbahnhof unweit des McHeyzer-Stadion aus werden zahlreiche Ziele auf der Insel angesteuert. Die CTB-Busse nach COLOMBO (257 km, 7 Std., 136 Rs) starten um 6.30, 7.30, 8.30, 9.30, 10.30, 14 und 16.30 Uhr, IC-Busse fahren vormittags etwa alle Stunde in die Hauptstadt ab (250 Rs). Wer nach KANDY will, kann einen dieser Busse nehmen und in Dambulla umsteigen. Zudem gibt es Direktverbindungen um 5, 5.30, 6, 7, 8 und 14.30 Uhr in die 182 km entfernte Stadt des heiligen Zahns (ca. 6 Std.).
Nach ANURADHAPURA (ca. 3 Std., 106 km) verlassen private Busse um 7 und 9 Uhr sowie bis 12.30 Uhr mehrere CTB-Busse den verstaubten Bahnhof.
Um 5, 5.30, 6, 7.15, 11.15, 15.15 und 18.30 Uhr fahren Busse via Polonnaruwa nach BATTICALOA (4 Std., 138 km, 150 Rs).

Weitere Direktverbindungen bestehen nach VAVUNIYA (3–4 Std.) und um 13.30 Uhr nach MANNAR (ca. 6 Std., 174 km). In Richtung Nilaveli/ Kuchchaveli starten die Busse alle 30 Min.

EISENBAHN – Die Fahrt nach COLOMBO kostet in der 1. Klasse (nur beim Nachtzug) 587 Rs, in der 2. Kl. 272 Rs (Nachtzug 347 Rs) und in der 3. Kl. 144 Rs bzw. 190 Rs. (Zugfahrplan s. Kasten)

FLÜGE – *Aero Lanka* fliegt derzeit Fr und So nach COLOMBO und JAFFNA. Das Rückflugticket nach Colombo kostet 10 000 Rs (einfach 5850 Rs), nach Jaffna 8000 Rs (einfach 4890 Rs) und kann im Airline-Büro, 47 Kandy Rd., ✆ 026-2221519, gekauft werden.

Sri Lankan Airlines fliegt im Rahmen ihres „Air Taxi"-Angebotes für US$225 auch TRINCOMALEE an. Buchungen unter ✆ 019733-3355 oder im Büro, 250 Dockyard Rd., ✆ 026-2221101.

Umgebung von Trincomalee
Trincomalee War Cemetery (1939–1945)

Vom Uppuveli-Strand nicht weit entfernt liegt an der Nilaveli Road knapp 5 km nördlich von Trincomalee ein Soldatenfriedhof. In der liebevoll gepflegten Anlage ruhen die sterblichen Überreste von 362 Gefallenen. Viele von ihnen starben während des japanischen Luftangriffs am 9. April 1942 an Bord der versenkten „H. M. S. Erebus". Bei ihrem Besuch 1995 pflanzte die britische Prinzessin Margaret zu ihrem Gedenken einen Baum und übergab neue Grabsteine, welche die alten, während des Bürgerkriegs beschädigten Gedenksteine ersetzte. Falls verschlossen, kann der Schlüssel für das Eingangstor bei der benachbarten Gärtnerfamilie besorgt werden. Sie führt auch gerne gegen ein kleines Trinkgeld durch das Gräberfeld.

Velgam Raja Maha Vihara

Ein schöner Ausflug führt zu einem der ältesten buddhistischen Klöster in der Umgebung. Die abgelegene Anlage liegt zwischen der Nilaveli Road und der 6 km weiter südlich vorbeiführenden A 12 (Trincomalee–Anuradhapura). König Devanampiya Tissa soll hier laut einer Inschrift im 3. Jh. v. Chr. einen Bodhi-Baum gepflanzt haben, doch die

Zugfahrplan

Zug Nr.	82	887	84
Trincomalee	7.00	14.25	19.40
Gal Oya	8.52	16.45	20.58
Colombo-Fort	15.50		04.15

Zug Nr.	77A	81A	79
Gal Oya	11.35	14.20	00.30
Polonnaruwa	12.34	15.10	01.18
Batticaloa	16.00	18.10	04.05

heutigen Ruinen stammen vorwiegend aus dem 11. Jh., als die Insel unter der Besatzung des südindischen Chola-Königs Rajendra I. litt. Der in Polonnaruwa residierende Parakramabahu I. (reg. 1153–86) hat neben vielen anderen Klosteranlagen des Landes auch den Velgam Vihara restaurieren lassen.

Vom Kloster sind nur die Reste eines Dagoba übrig geblieben – interessant sind hier die Tänzerinnen an der Basis – und des Statuenhauses mit einer stehenden Buddha-Figur. Die dortigen drei noch erhaltenen Inschriften lassen darauf schließen, dass der Vihara von überregionaler Bedeutung war. Im offenen Pavillon des benachbarten modernen Klosters erinnern Bilder an einen LTTE-Überfall im Oktober 2000, dem 23 Soldaten und 20 Zivilisten zum Opfer fielen. Auch heute noch sind die Spuren des langen Bürgerkriegs in dieser idyllischen Umgebung nicht zu übersehen.

In etwa 500 m Entfernung liegt der künstlich angelegte „Große See". Der **Periya Kulam**, wie die tamilische Bezeichnung lautet, wurde 1868 unter den Briten restauriert und ist seitdem für die Bewässerung der kargen Umgebung wieder von großer Bedeutung.

Die heißen Quellen von Kanniyai

Etwa 4 km südlich der A 12 nach Trincomalee befinden sich die heißen Quellen von Kanniyai. Sie sind besonders deshalb bei den Einheimischen beliebt, weil der Legende nach ihr Ursprung auf den Dämonenherrscher Ravana zurückgeht. Der im Ramayana auftretende Gegenspieler Ramas soll sieben Mal mit seinem Schwert in die Erde gestochen haben, um nach einem alten Ritual den Tod seiner Mutter zu betrauern. Dabei schoss heißes Wasser heraus, dem heilende Kräfte nachgesagt werden. Heute fließt es in ein gekacheltes offenes Becken. Es ist sinnvoll, anstelle knapper Bekleidung einen eigenen Wickelrock sowie Handtuch mitzubringen.

Transport

Kanniyai und Velgam Raja Maha Vihara können zusammen im Rahmen eines Halbtagsausflugs besucht werden. Die Rundfahrt mit dem Three-Wheeler kostet je nach Ausgangspunkt um die 1000 Rs.

Mutur

Am südlichen Ende der Koddiyar Bay liegt an der Mündung des Mahaweli Ganga das lebendige muslimische Fischerstädtchen Mutur. Bereits die dreiviertelstündige Anfahrt mit der öffentlichen Fähre macht diesen Halbtagsausflug reizvoll.

Der Ort erlebte in der Vergangenheit teilweise heftige Kämpfe zwischen Einheiten der LTTE und Regierungstruppen. Viele der vorwiegend schiitischen Bewohner leben als Gastarbeiter in Saudi-Arabien.

Tauchen vor Trincomalee

Durch die Vielfalt an vorgelagerten Korallenriffen und felsigen Unterwasserformationen eignet sich die Küste vor Trincomalee sowohl für Anfänger als auch erfahrene Taucher. Großfische wie Rochen und Barakudas gehören ebenso zum täglichen Unterwasserbild wie eine Fülle tropischer Riffbewohner, Netz- und Geistermuränen und vieles mehr. Vor dem Swami Rock sind Teile eines alten Hindu-Tempels im Meer versunken und können beim Tauchen bewundert werden.
Diving the Snake, info@divingthesnake.com, www.divingthesnake.com. Der erfahrene deutschsprachige Tauchveranstalter organisiert in der Hauptsaison zwischen Mai und Oktober von seiner Basis im *French Garden Pragash Guest House* am Uppuveli Beach aus Tauchfahrten. Er bildet nach PADI und CMAS aus, führt regelmäßig Nachttauchgänge durch und bietet als einzige Basis auf Sri Lanka Nitrox-Tauchen an.

Am besten mietet man sich einen Three-Wheeler (ca. 300 Rs) zum Besuch der interessantesten Stätten: der Fischmarkt, der Mündungsbereich des Mahaweli und der „White Man's Tree" unweit der Iqbal Street. Ein heute ummauerter Tamarindenbaum ersetzte einen 1893 verschwundenen Gedenkstein und wurde an jene Stelle gepflanzt, an welcher Robert Knox 1668 gefangen genommen wurde. Der Kapitän des britischen Segelschiffes „Ann" lebte 19 Jahre als Gefangener des Königs von Kandy, konnte sich aber auf der Insel relativ frei bewegen. Er nutzte diese Zeit für intensive Studien. Seine daraus entstandene Schrift *A Historical Relation of Ceylon* gibt wertvolle Einblicke in das Leben der damaligen Zeit. Um 8.30 und 15 Uhr legt die 100-Personen-Fähre *Seruwila II* in Trincomalee ab und fährt um 11 bzw. 17 Uhr von Mutur wieder zurück (50 Rs).

Uppuveli

Hauptgrund für den Besuch Trincomalees sind fraglos die Kilometer langen schneeweißen Strände entlang der nördlich anschließenden Küste. Erst infolge der Waffenruhe von 2002 können sie wieder gefahrlos besucht werden, entsprechend steigt die Zahl der Besucher besonders in der Hauptsaison zwischen Mai und Oktober. Doch noch sind die Investoren mit neuen Hotelprojekten zurückhaltend, weshalb viele Ruinen nach wie vor an die Zeit des Bürgerkriegs erinnern. Auch leben einige der Bewohner nicht freiwillig hier, sondern sind aus ihren Heimatdörfern vertrieben worden.

Der insgesamt etwa 5 km lange Uppuveli-Strand beginnt nördlich von Trincomalee und endet an der Salli-Lagune. Auf deren anderen Seite liegt das nach ihr benannte tamilische **Fischerdorf Salli**, dessen geschäftstüchtige und freundliche Bewohner mit ihren schnellen Booten nicht nur zum Fischfang aufs Meer hinausfahren, sondern auch Touristen befördern. Beliebtestes Ausflugsziel ist die unbewohnte **Pigeon Island** (Taubeninsel), die aufgrund der bunten Fischwelt trotz stark beschädigter Korallen zum Schnorcheln einlädt. Hin- und Rückfahrt plus Wartezeit kosten ca. 1500 Rs/Boot.

Zu einer Bootstour zum wenig besuchten **Lighthouse** sollte man wegen der morgens wunderbaren Lichtverhältnisse früh starten. Der im Bürgerkrieg beschädigte Leuchtturm liegt am Südende der Koddiyar Bay. Bei der 30–40-minütigen Fahrt dorthin

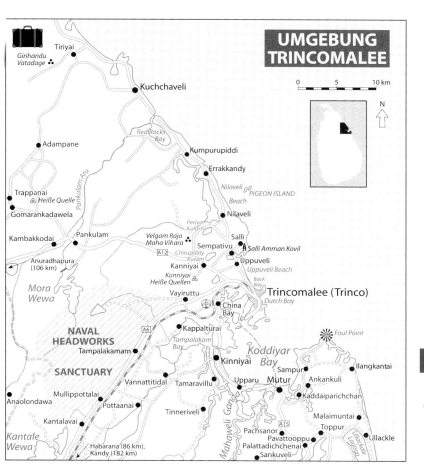

erhält man einen Eindruck von der Größe dieser Bucht und kann mit Glück Delphine sichten. An den unbebauten Strandabschnitten, darunter der schöne Surakoda Beach, lässt es sich weitgehend ungestört schwimmen und schnorcheln. Für 3–4 Personen kostet die Gesamttour etwa 5000 Rs.

Übernachtung und Essen

Die meisten Unterkünfte liegen im Ortsteil **Alles Garden**, der sich zwischen der nach Norden führenden Straße und dem Meer erstreckt. Eine Fahrt mit dem Three-Wheeler von und nach Trinco kostet 150–200 Rs.

UNTERE PREISKLASSE – *French Garden Pragash Guesthouse*, Alles Garden, 026-2224546, 0777-173778. Mit Abstand beliebteste Traveller-Unterkunft. Freundlicher Service und die Lage direkt am Strand sind sicherlich die Hauptgründe dafür. Da macht es offensichtlich auch nichts, dass die 18 Zi mit Bad recht lieblos eingerichtet sind. Teilweise fehlen sogar die Waschbecken. ❶

French Garden Anton Guesthouse, 170/4 Alles Garden, ℡ 078-8791024. Liegt etwas zurückversetzt an einem Weg zum Strand. Wird vom Bruder des Eigentümers des populäreren Pragash Guesthouse betrieben. Die 4 Zi mit Bad sind bescheiden, aber für den Preis in Ordnung. ❶

Lily Motel Tourist Inn, Nilaveli Rd., Alles Garden, ℡ 026-2227422. Bereits der schöne Hibiskusgarten wirkt hier einladend, was auch für die 10 einfachen Zi mit gefliesten Bädern gilt. In welchem anderen Gästehaus gibt es gar einen Welcome-Drink? Der welterfahrene Eigentümer möchte den Gästen das Gefühl geben, willkommen zu sein. Dieses wie auch das äußerst preisgünstige und sehr schmackhafte Essen machen die Entfernung zum Meer wieder wett. ❶

Beach Bangol Tourist Guesthouse, 27 Beach Bangol Lane, Alles Garden, ℡ 026-2227599. Bungalows mit 9 einfachen, aber netten Zi mit Bad. Von der Veranda hat man Meerblick; das Restaurant bietet internationale Gerichte. ❶

Hotel New Sea Lord, 3rd Mile Post, ℡ 026-2222 396. Große Anlage mit etwas dunklen 25 Zi mit Bad, davon 7 AC. Das Hotel wird bevorzugt von Einheimischen frequentiert. ❷

Palm Beach Resort, 12 Alles Garden, ℡ 026-2221250. Saubere 12 AC-Zi mit Bad. Kein Meerblick, dafür gutes Essen. Eine gute Wahl. ❷

Nema Beach House, Alles Garden, ℡ 026-2227613. Die 4 Zi mit Bad sind für ihre bescheidene Ausstattung überteuert. ❶–❷

Silver Beach Hotel, Alles Garden, ℡ 026-2226 305. Die 4 Zi mit Bad und Veranda sind groß und sauber. Auf Wunsch gibt es AC. Schöner Meerblick. ❷–❸

MITTLERE UND GEHOBENE PREISKLASSE –
Lotus Park Hotel, 33 Alles Garden, ℡ 026-2225 327, 2225328, 🖷 2224566, ✉ lotuspark@sltnet.lk. In dieser netten, direkt am Strand gelegenen Bungalowanlage mit zweigeschossigem Nebenhaus plus kleinem Swimmingpool stimmt das Preis-Leistungs-Verhältnis. Die 26 AC-Zi mit Bad sind sauber und freundlich, wenn auch teilweise etwas klein. Offenes Restaurant mit solidem Essen, Gartenbar, Sauna- und Massage-Angebote. ❸

Jaysh Beach Resort, 7 (42) Alles Garden, ℡ 026-2224043, ✉ jaymano@hotmail.co.uk. Hinter dem Lotus Park Hotel gelegene Anlage mit schönen Niembäumen. Die 9 Zi mit Bad sind groß und sauber. 1000 Rs Zuschlag für AC. Ein 100 m langer Pfad führt zum Strand. Weitere Zi und Pool sind in Planung. ❸

Hotel Club Oceanic, ℡ 026-2222307, 🖷 222 7532. Beste Unterkunft direkt am Uppuveli Beach. 56 saubere AC-Zi mit Bad, einige davon in Chalets. Wer TV will, zahlt etwas mehr. Netter stilvoller Pool und freundliches Restaurant. ❹–❻

Nilaveli

Trendiger als Uppuveli ist der etwa 15 km nördlich von Trincomalee beginnende Nilaveli Beach. Falls die politische Lage es erlaubt, werden hier in Zukunft die teuren Resorts entstehen. Bereits heute sind die besten Grundstücke am Strand in der Hand der großen Hotelketten. Wer nicht nur in der Sonne liegen möchte, kann von hier aus ebenfalls interessante Bootstouren unternehmen, z. B. zur **Pigeon Island** für 800–1000 Rs pro Boot (Hin- und Rückfahrt), zum für Tauchgänge geeigneten **Coral Garden** (ca. 1800 Rs) oder zum nördlich gelegenen **Red Rock** (ca. 3000 Rs), der Schnorchlern zusagen wird. Weitere schöne Strände liegen bei **Kuchchaveli** und sind am besten mit dem Boot zu erreichen.

Übernachtung und Essen

Die günstigeren Unterkünfte befinden sich auf der Höhe des Dorfes Nilaveli (10th Mile Post), das Nilaveli Beach Hotel und die anderen dort liegenden Herbergen befinden sich etwa 1,5 km weiter nördlich beim Dorf Errakkandy (11th Mile Post).

UNTERE PREISKLASSE – ***Shahira Hotel***, ℡ 026-2232224, 5670276. Nur 100 m vom Strand. Derzeit die beste Billigunterkunft. Die 22 sauberen Zi mit Bad sind einem großen Hof zugewandt. Durch die farblich unterschiedliche Abstimmung erhalten sie eine persönliche Note. Beliebt ist die Bar zum Sundowner. Netter Service. ❷

Sea View Hotel, 10th Mile Post, ℡ 026-2232200, 2221804. Etwas klobiger Kasten mit 15 sauberen, angenehmen Zi mit Bad. Liegt direkt am Strand südlich des Hindu-Tempels. Großes Restaurant mit solider Küche. Organisiert Fischfangtrips. ❶–❷

Hotel Coral Bay, 389 Fishermans Lane, ✆ 026-2232272. Liegt einige hundert Meter südlich des Nilaveli-Dorfes. Ingesamt eine freundliche Anlage direkt am Strand; 10 Zi mit Bad und Veranda, 6 davon mit AC. Ordentliche Küche. ❷

MITTLERE UND GEHOBENE PREISKLASSE –
Nilaveli Garden Inn, ✆/📠 026-2232228. Buchung in Deutschland: ✆ 06120-978545, 💻 www.hotel-garden-inn.de. Nähe Nilaveli Beach Hotel, etwa 200 m vom Strand zurückversetzt. Gemütliches Hotel in netter Gartenanlage, leider ohne Pool. Einige der 23 Zi mit Bad, davon 14 mit AC, sind in die Jahre gekommen, die neueren aber o. k. Ordentliches Essen wird in einer offenen Halle serviert. Internet- und Shuttle-Service (nach Trinco: 500 Rs, nach Colombo 8000 Rs). ❷–❸

Mauru Beach Hotel, ✆/📠 026-4595323. Nettes Mittelklasse-Resort direkt am Strand mit Pool und 32 sauberen, wenn auch etwas nüchternen Zi mit Bad. Am besten wohnt man in den 6 AC-Zi und 2 Suiten. ❷–❸

Nilaveli Beach Hotel, ✆ 026-2232295, 📠 2232 297, ✉ tangerinetours@eureka.lk, 💻 www.tangerinehotels.com. Familienfreundliches Resort direkt am Strand mit 80 guten AC-Zi mit Bad, davon 3 Suiten. Pool und Open-Air-Restaurant mit gutem Buffet runden das Angebot ab, und die Hausbar lässt sogar etwas Nightlife-Stimmung aufkommen. ❺

Mannal Kadu, Info: 💻 www.jetwing.net. Nach der Fertigstellung zum Winter 2006 ist dieses Resort die erste Adresse am Nilaveli-Beach. Die Gäste wohnen in 25 komfortablen Hauszelten. Auch ein Spa wird nicht fehlen. ❻

Transport

Zwischen Trincomalee/Uppuveli und Nilaveli verkehren zahlreiche private und öffentliche **Busse**. Manche fahren weiter bis nach Kuchchaveli.
Eine Three-Wheeler-Fahrt von Trinco aus kostet ca. 400 Rs, von Uppuveli ca. 300 Rs.

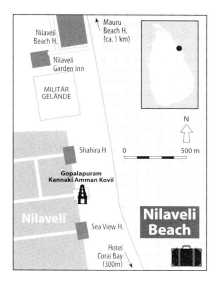

Tiriyai

Falls sich die Straßenverhältnisse bessern sollten, wird der Ausflug zur buddhistischen Ruinenstätte **Girihandu Vatadage** sicherlich zum Standardprogramm gehören. Derzeit ist die Fahrt von Nilaveli zum 35 km nordwestlich gelegenen Dorf **Tiriyai** ziemlich strapaziös und nur mit guten Fahrzeugen zu bewältigen. Zu sehen sind im Westen des Dorfes die auf einer Anhöhe gelegenen Reste eines Reliquienhauses (Vatadage): eine erhöhte runde Plattform mit zwei konzentrischen Säulenreihen, die einen Dagoba umgeben. Vom Dagoba ist jedoch nur noch die Basis erhalten. Umso eindrucksvoller sind die Wächtersteine seitlich der vier Treppenaufgänge mit feinen Darstellungen von Naga-Königen. Zu sehen sind zudem Mondsteine und Opferaltäre. Datiert wird die Anlage anhand einer Inschrift ins 8. Jh., doch Brahmi-Inschriften in einer nahe gelegenen Grotte lassen darauf schließen, dass es wohl bereits um die Zeitenwende hier ein buddhistisches Heiligtum gab.

Mit dem Girihandu Vatadage wird die Geschichte der beiden Kaufleute Tapussa und Bhallika in Verbindung gebracht. Sie stammt aus dem Mahavagga, einer zum Palikanon gehörenden Schrift, und ist auch in Birma bekannt. Dort ist sie

Bestandteil der Entstehungslegende der berühmten Shwedagon-Pagode in Yangon. Die beiden Händler hatten sich mit einem Schiff nach Indien aufgemacht. Aufgrund einer Weissagung kamen sie zu Buddha, der die vierte Woche nach seiner Erleuchtung unter einem Rájáyatana-Baum meditierte. Sie boten ihm Reisbrei und Honigkuchen an, lauschten seiner Lehrrede und wurden daraufhin zu seinen ersten Laienanhängern. Der Erleuchtete überreichte ihnen einige seiner Haare. Nach ihrer Rückkehr landeten sie unweit von Tiriyai. Als sie den Reliquienbehälter auf einer Anhöhe abstellten und nicht mehr fortbewegen konnten, sahen sie dies als besonderes Zeichen und erbauten dort einen Stupa.

> ### Ruinen am Strand
>
> Sie werden oft als schönste Strände Sri Lankas beschrieben, doch nach Urlauber-Unterkünften sucht man hier vergebens. Das jedoch ist an den legendären, sich rund 30 nördlich von Batticaloa an die Küste schmiegenden Badebuchten von **Kalkudah** und **Passekudah** nicht immer so gewesen. Es gab eine Zeit, in der der Tourismus hier schon einmal geboomt hatte und mehrere große Strand-Resorts sowie private Gästehäuser erholsame, unbeschwerte Badefreuden garantierten: In den letzten Jahren vor dem Bürgerkriegsausbruch von 1983 zog es scharenweise Besucher an die flachen, besonders für Kinder geeigneten Strände, deren vorgelagerte Korallenriffe stets für makellosen Sand, kristallklares Wasser und geschützte Badefreuden sorgen.
>
> Doch die politischen Unruhen bewirkten die Aufgabe und Zerstörung sämtlicher Urlauber-Einrichtungen, die vielversprechende Namen wie *Imperial Ocean*, *Sun´n Sea* oder *Sun´n Fun* trugen. 1987 verließ der letzte Gästehaus-Besitzer – es war ein Deutscher – dieses paradiesische Fleckchen Erde. Die aufgegebenen Gebäude wurden geplündert und verfielen. Heute finden sich hier – außer der markanten Wellington-Ruine – nur noch die von den Tsunami-Flutwellen weiter dezimierten Überreste in Form von Grundmauern, Fundamenten oder Ziegelschutt. Einen spontanen Versuch, den Tourismus wiederzubeleben, gab es während des kurzen Waffenstillstands von 1995. Doch daraus wurde nichts, und auch seit 2002 sind es lediglich einheimische Wochenend-Urlauber, die hier Strand- und Badefreuden genießen – und allenfalls in spartanisch-provisorischen Unterkünften nächtigen.

Maduru Oya-Nationalpark

Wie fast alle Naturschutzgebiete im Bereich der Ostküste war auch der entlegene, 1983 gegründete Maduru Oya-Nationalpark wegen des Bürgerkriegs lange geschlossen – und wird bis heute nur von wenigen Touristen besucht. Fast 20 % seiner Fläche besteht aus insgesamt fünf Wasserbecken, von denen das **Maduru Oya Reservoir** das mit Abstand größte ist. Im Südwesten gibt es einige felsige Berge, die bis zu einer Höhe von fast 700 m aufsteigen. Viele tiefer liegende Flächen des Nationalparks wurden früher für den Brandrodungs-Feldbau genutzt, doch inzwischen hat sich die Natur weitgehend erholt, indem diese Wunden der Zivilisation mit Grasflächen und Büschen zugewuchert sind. Es ist sogar geplant, einen Verbindungs-Korridor zum südlich gelegenen Gal Oya-Nationalpark zu schaffen. Bevölkert wird diese Region von einer üppigen Vogelwelt, aber auch von Elefanten, Affen oder eher selten zu beobachtenden Bären und Leoparden.

Der Zugang zum Park erfolgt zumeist über das 14 km östlich von **Polonnaruwa** (hier werden für US$50–60 Tagestouren angeboten) an der Nationalroute A 11 gelegene Dorf **Mannampitiya**, von wo es in Richtung Süden noch rund 25 km bis zum Parkeingang sind. Aus Süden erfolgt der Zugang über **Dambana**, ein Dorf der *Vedda*.

Batticaloa

Als zweitgrößte Stadt der Ostküste liegt Batticaloa an einer der landesweit größten Lagunen. Diese erstreckt sich mit 54 Kilometern parallel zur Meeresküste und ist mit Booten auf ihrer ganzen Länge zwischen **Chenkaladi** im Norden und **Kalmunai** im Süden befahrbar. Das Zentrum der Stadt liegt auf einer Insel, die über Brücken erreicht werden kann.

Die Entwicklung der rund 70 000 Einwohner zählenden Küstenstadt, die im Volksmund gern als „Batti" abgekürzt wird, blieb im Vergleich zum 145 km nördlich gelegenen Trincomalee stets weit zurück, da der dortige Naturhafen erheblich günstigere Bedingungen zu bieten hat. Doch lebt auch diese Stadt von ihrer zentralen Küstenlage und dem hier noch reichhaltigen Fischfang sowie dem Anbau von Reis und Kokosnüssen und von der Viehwirtschaft. Die Bevölkerung besteht aus einer Mischung von Hindus (meist Reisbauern), Christen (meist Fischer) und Muslimen. Die Tamilen hatten sich hier schon früh angesiedelt und den Ort Madakala Puwa („sumpfige Lagune") genannt. Batticaloa war der erste Ort, an dem die Holländer 1602 den Boden Sri Lankas betraten. Im Auftrag der Könige von Kandy versuchten sie, die Portugiesen zu vertreiben, was ihnen 1638 unter Admiral Coster schließlich auch gelang. Später aber übernahmen sie die Stadt selbst – unter dem Vorwand von nicht bezahlten Kriegsschulden – und bauten die in Koddamunai (tamilisch: „Landspitze mit Fort") gelegene Festung aus.

1795 ergaben sich die Holländer nach einer dreiwöchigen Schlacht den Briten, die später unter anderem die Straße nach Kandy bauen ließen. Nach 1983 fungierte Batticaloa neben Jaffna als zweite Hochburg der LTTE, bis die Regierungsarmee die Stadt 1991 in einem Handstreich eroberte: Die Rebellen wurden von dem Angriff völlig überrascht, zumal sie sich hier – schließlich befand sich ja auch die gesamte Umgebung in ihrer Hand – absolut sicher gefühlt und sogar schon damit begonnen hatten, ihre eigenen Denkmäler zu errichten. Eines davon findet sich noch heute – wohl kaum ein Besucher wird es erahnen – als Hauptbestandteil des heutigen Uhrturms.

Hauptattraktion von Batticaloa sind die wundervollen, langen und fast menschenleeren Strände, die sich in der näheren und ferneren Umgebung finden. Ein Besuch lohnt sich aber auch wegen des historischen, gut erhaltenen Forts, das 1628 von den Portugiesen erbaut und von den Holländer übernommen worden war – sowie natürlich auch wegen der „Singenden Fische".

Orientierung und Besichtigung

Die Stadt untergliedert sich in insgesamt drei Hauptteile. Wer aus Kalmunai kommt, gerät zuerst nach Kallady und bei einer östlich-westlichen Überquerung der Kallady-Brücke nach Koddamunai, wo auch der Bahnhof liegt. Die Koddamunai-Brücke indes führt weiter in den südlichsten Stadtteil, der mit seinen Banken und der Busstation als Geschäftszentrum gilt.

Insgesamt hat Batticaloa den Bürgerkrieg überraschend gut überstanden. Es gibt recht stattliche Kirchen, das graziöse St Michael's College und sogar noch einige Kolonial-Villen. Als besonders dominant erscheinen die hinduistischen Tempelanlagen: Anders als es ihre Aura oft vermuten lässt, stammen sie jedoch ausschließlich aus neuerer Zeit und sind daher ohne größeren, kunsthistorischen Wert.

Eindrucksvollstes Monument ist mit Abstand das gut erhaltene, malerisch wirkende Fort mit seinen mächtigen Außenmauern und trutzigen Eckbastionen, Wassergräben und Bunkerkuppeln. Am Tor zur Lagune lässt sich sogar noch die Jahreszahl 1682 entdecken und das „VOC" der einstigen holländischen „Vereenigde Oostindische Compagnie". Leider darf die historische Befestigungsanlage nur bedingt besichtigt und fotografiert werden, da sie als wichtiger Stützpunkt der Armee und Hauptquartier der 233. Brigade eine Hochsicherheitszone darstellt. In Begleitung eines bewaffneten Soldaten ist es mitunter möglich, Einlass zu erhalten. Fotos sind jedoch meist nur vom Eingangsbereich mit seinen zwei verrosteten Kanonenrohren erlaubt.

Die wichtigste Sehenswürdigkeit Batticaloas ist eine „Hörenswürdigkeit" und besteht in einem Konzert der legendären „**Singenden Fische**" (s. S. 400, Kasten).

Übernachtung und Essen

Die Unterkünfte sind über den ganzen Ort verteilt und verfügen meist über ein eigenes Restaurant, in dem das Abendessen rechtzeitig vorbestellt werden sollte.

Riviera Resort, Kallady, New Dutch Bar Rd., rund 1,5 km von der Stadt, ✆ 065-2222164-5, ✆ 2223447, ✉ riviera@sltnet.lk, 🖥 www.riviera-online.com. Seit den 1980er Jahren eines der ersten Hotels; 9 Zi, inkl. ein EZ auf dem Wasserturm. Die Zi mit Lagunenblick sind oft durch NGOs oder auch Diplomaten belegt. Große Gartenanlage mit einfachen Sitzbänken am Ufer, von wo sich ein Blick auf die große Brücke eröffnet. Es werden Ruderboote für 100 Rs pro Stunde vermietet. ❶

Bridge View, Kallady, 63/74 New Dutch Bar Rd., ✆/✆ 065-2223723. Rund 200 m vom Riviera Resort und seit 2002 bestes Hotel der Stadt. 10 Zi, davon die Hälfte mit AC für doppelten Preis. Empfehlenswertes, von einem kleinen Ziergraben umgebenes Rund-Restaurant, ⏰ 7–21 Uhr, mit der wohl besten Speisekarte am Ort, aber – auch bei nur wenigen Gästen – langen Wartezeiten. Pommes 60 Rs, Currys 70–100 Rs, gebratener Reis 80–200 Rs, Tintenfisch mit Zwiebeln 150 Rs, gemischte Seafood-Platten ca. 400–550 Rs. ❶–❷

Lake View Inn, 6B Lloyds Avenue, ✆ 065-2222339. Zweitbeste Unterkunft der Stadt mit 3 recht sauberen Zi, davon 4 mit AC. Guter Ausblick auf die Lagune, besonders zum Sonnenuntergang. Beliebtes Restaurant. ❶–❷

Subaraj Inn, 6/1 Lloyds Avenue, ✆ 065-2225983. Seit 2002 hinter dem Lake View Inn und empfehlenswert; 10 saubere, große Zi, davon 7 mit AC, 3 mit Gemeinschaftsbad bzw. 1 Einzel-Zi. Gutes

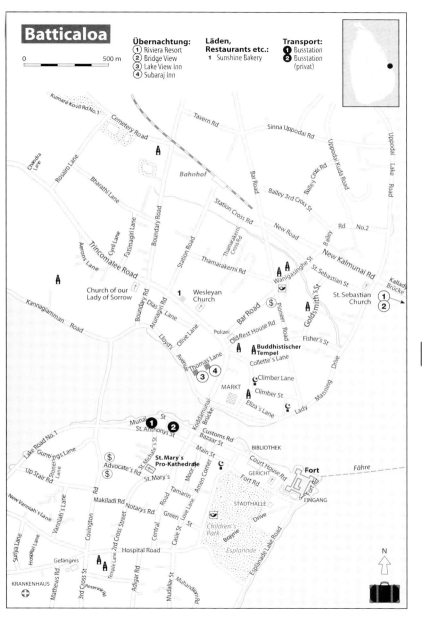

Restaurant, ◎ 6–23 Uhr, mit Currys, Sandwiches oder chinesischen Speisen für rund 60–160 Rs und leckerem Mixed Chopsuey für 250 Rs.
❶ – ❷
Sunshine Bakery, 136 Trinco Rd., ✆ 094-6525159, ✆ 6523283, ◎ 5.30–23 Uhr. Im Jahr 2000 eröffnet und als empfehlenswerter Imbiss mit sechs Tischen geführt von dem aufgeschlossenen Inhaber Nanthakumaran Viji. Viele Gerichte unter 20 Rs, Pommes und Salate 70 Rs, warme Mittags-Gerichte 60–120 Rs.

Musik aus dem Meer

Böse Zungen behaupten, dass die Bewohner von Batticaloa diese Sehenswürdigkeit erfunden hätten, da ihre Stadt sonst keine Touristen-Attraktionen zu bieten hat. Doch die weit verbreitete Legende von den „**Singenden Fischen**" entpuppt sich als reales Phänomen: Zwischen April und September sowie am besten in Vollmond-Nächten und besonders deutlich von der Mitte der Kallady-Brücke zu vernehmen, dringen sieben verschiedene, fein klingende Töne aus den Tiefen der Lagune – und erinnern an jenes Geräusch, das beim sanften Streichen einer Violinensaite oder beim Reiben eines feuchten Fingers am Rand eines Glases entsteht.
Es gibt einige Erklärungen, die das Mysterium aber bis heute noch nicht befriedigend enträtseln konnten: Unter anderem wird darüber spekuliert, dass die hier reichlich vorhandenen Katzenfische in irgendeiner Weise dafür verantwortlich sein könnten, in dem sie ihre Flossen aneinander reiben oder Ortungssignale aussenden. Etwas plausibler allerdings klingt die Theorie, dass die Töne von den leeren Schalen der Mollusken – sie zählen zur Gruppe der wirbellosen Tiere – erzeugt werden könnten. Denn diese liegen hier in Massen auf dem Lagunengrund und sind in Vollmondnächten einer besonders starken Meeresströmung ausgesetzt.
Die Einheimischen erzählen gern, dass man zum Hören der Singenden Fische lediglich das Ohr an ein Ruder legen muss, wenn dieses ins stille Wasser getaucht wird. Wahrscheinlich nicht zuletzt aus geschäftlichem Interesse, denn immerhin müssen dafür ja auch ihre Boote (ca. 200 Rs bei zwei Personen) angemietet werden…

Sonstiges

GELD – Die **Bank of Ceylon** liegt in der Covington Rd., im Süden der Busstation. Über einen ATM-Automaten verfügt die **Hatton National Bank** an der Central Rd. (Verlängerung der Koddamunai-Brücke).

INTERNET – Zugang zum Internet sowie Geldtransfers mit Western Union ermöglicht **Riviera Enterprises**, 19 Boundary Rd., ✆/✆ 065-222 3447, ✉ riviera@sltnet.lk, ◎ tgl. außer So 8.30–18 Uhr.

Transport

TAXIS – Charter-Taxis nach Colombo kosten rund US$100, nach Trincomalee US$70–80 und nach Pottuvil/Arugam Bay US$60–70.

THREE-WHEELER – Aufgrund der in dieser Stadt eher selten verfügbaren Three-Wheeler und den damit zusammenhängenden Preistreibereien sollte man sich die gewünschten Transfers am besten gleich von der Unterkunft organisieren lassen. Die Charter für einen halben Tag liegt bei 700 Rs, für einen ganzen Tag bei 1300 Rs und für einen Transfer nach Pottuvil/Arugam Bay bei US$30–40.

BUSSE – Die Busstation von Batticaloa liegt fast mitten im Zentrum. Meist gibt es täglich zwei bis drei Busse nach COLOMBO (8 Std.), BADULLA (5 1/2 Std.), POTTUVIL/ARUGAM BAY (4 1/2 Std.) und TRINCOMALEE (3 1/2 Std.).
Häufiger werden die wesentlich kürzeren Verbindungen nach POLONNARUWA (2 1/2 Std.), Kalmunai (1 1/2 Std.) und Valachchenai (1 1/2 Std.) bedient. Wer mit dem Bus nach KANDY gelangen will, muss bisher noch unterwegs umsteigen.

EISENBAHN – Nachdem der Schienenweg zwischen Batticaloa und Valachchenai Anfang 2003 wieder in Betrieb genommen werden konnte, gibt es für Ticket-Preise von 200–600 Rs täglich zwei Züge über POLONNARUWA nach COLOMBO. Sie starten morgens um 5.20 Uhr (Nr. 82A) und abends um 20.30 Uhr (Nr. 80) und erreichen Colombo etwa um 15.50 Uhr bzw. 5.31 Uhr. In Gegenrichtung verlassen die Züge Colombo-Fort um 5.45 Uhr bzw. 22.45 Uhr mit Ankunft gegen 16 Uhr bzw. 10.45 Uhr. Bei einer Bahnreise nach Trincomalee muss nach etwa 4 Std. Fahrtzeit in Gal Oya umgestiegen werden.

Ampara

Als größere Distriktstadt liegt Ampara nicht direkt an der Küste, zählt aber – rund 300 Straßen-Kilometer von Colombo entfernt – zu den wichtigsten **Verkehrsknotenpunkten** der Region und wird von Reisenden durchquert, die zum **Gal Oya-Nationalpark** oder zu den Stränden der Ostküste unterwegs sind. Die Stadt im Tal des Gal Oya wurde zwar schon im 10. Jahrhundert gegründet, doch ist aus den vergangenen Jahrhunderten kaum etwas erhalten – wie nicht zuletzt auch ein Besuch des kleinen, spärlich bestückten **Stadtmuseums** beweist.

Seine wichtigste historische Bedeutung gewann Ampara als Ausgangspunkt für das größte Entwicklungsprojekt in der Geschichte Sri Lankas. Wegen der Unzuverlässigkeit des Nordostmonsuns entstand zwischen 1949 und 1951 vor den Toren der Stadt der mit einer Fläche von 78 km² größte Stausee des Landes, der für die Bewässerung der umliegenden, ausgedehnten Reiskulturen sorgt. Benannt wurde der **Senanayake Samudra** (*samudra* = Meer) nach dem ersten Premierminister Sri Lankas. Der Stausee kann nur von Ampara aus über den rund 20 km westlich von Ampara liegenden Ort **Inginiyagala** angefahren werden, der am Ostende des Sees liegt.

Als kulturelle Sehenswürdigkeiten der Region finden sich die Tempelruinen von **Digayapi** (s. S. 405, Kasten) oder auch die rund 20 km nordwestlich liegenden **Hamangala-Höhlen** von **Bandaraduwa**, die einst von den *Vedda* bewohnt worden waren, wovon einige erhaltene Inschriften und Wandmalerein künden.

Übernachtung und Essen

An der Senanayake Veediya, der aus Richtung Westen kommenden Hauptstraße des Orts, befinden sich mehrere Banken. Die meisten Unterkünfte indes liegen eher dezentral.

Rest House, Dutugemunu Rd., am westlichen Stadtrand gelegen, ✆ 063-2223612. 8 sehr einfache, spärlich möblierte und teilweise recht muffige Zi als Familien-Unterkünfte mit jeweils 5 Betten. ❶

Reizvolle Küstenstrecke

Wer die Siedlungsgebiete an der Ostküste durchfährt, bekommt nicht nur allerlei Ruinen zu sehen, sondern wird sich auch über die abweisend wirkende Einfriedung der meisten Grundstücke wundern: Meistens sind sie – als Folge des Tamilen-Konflikts – durch Stacheldraht und schäbig wirkende Wellblech-Wände abgegrenzt, die bis zur Augenhöhe reichen und offenbar jede Sicht auf die Behausungen nehmen sollen.

In krassem Gegensatz dazu stehen die Impressionen außerhalb der Ortschaften: Die Küstenstrecke der Nationalroute A 4 von Batticaloa nach Kalmunai (und teilweise auch darüber hinaus in Richtung Ampara oder Pottuvil) ist vor allem in der Regenzeit von besonderem landschaftlichem Reiz. Die Straße besteht hier vorwiegend aus einem über aufgeschüttete Dämme führenden, einspurigen Asphaltband, dessen Ränder stark ausgefranst sind. Von Horizont zu Horizont geht es durch eine faszinierende **Amphibien-Landschaft** aus weitläufigen **Lagunen** mit kleinen Holzbooten, von Wasser-Hyazinthen, Seerosen oder Linsen bedeckten **Wasserflächen**, sumpfigen **Mangrovenwäldern** und grünen **Reisfeldern**. An zwei Stellen ergießen sich die weitläufigen Lagunen auf besonders eindrucksvolle Weise unter der Straßenbrücke hindurch mit starker Strömung in die tosenden Meeresfluten, während Fischer von der Fahrbahn aus ihr Glück mit feinmaschigen Wurfnetzen versuchen.

Da die Region relativ arm an Bäumen ist, empfiehlt sich stets ein Blick hoch zu den Strommasten und -leitungen, die von vielen Eisvögeln oder auch mal jungen Adlern als Ruheplatz genutzt werden.

Geheimnisvolle Armada aus Wracks

Die Schönheit Sri Lankas endet nicht an seinen Küsten, sondern setzt sich mit einem Wunderland unter der Wasseroberfläche fort. Mitten drin finden sich über 300 Schiffswracks – als geheimnisvolles Vermächtnis von mehr als 2000 Jahren Seefahrtsgeschichte. Noch heute werden immer neue Wracks entdeckt, zumal nicht zuletzt die der Insel vorgelagerten Korallengürtel so manchem Schiff zum Verhängnis geworden sind. Einst nur ein Abenteuer für Schatzsucher, ist **Wracktauchen** rund um Sri Lanka heute eher etwas für moderne Meeresarchäologen, die auch – ganz im Sinne von Tauch-Touristen – die Bewahrung der gesunkenen Schiffe und deren Schätze im Auge haben.

Zu den interessantesten Funden vor der Südküste gehört ein Kriegsschiff mit 20 Kanonen, das mehrere hundert Kilogramm Silbermünzen aus dem Jahr 1703 an Bord hatte. Diese konnten in einwandfreiem Zustand gehoben werden – und sind heute teilweise im Washingtoner *Smithsonian Institute* zu bewundern. Allein vor dem beliebten Badeort Hikkaduwa finden sich 20 Wracks, die sich mit kurzen Bootsfahrten erreichen lassen. Darunter die 1893 versunkene britische Stahlrumpf-Viermaster **Earl of Shaftsbury** und die **Conch**, die mit ihrem Dampfantrieb einer der weltweit ersten Öltanker gewesen ist, 1903 einen Felsen rammte und sich gut erhalten auf dem Meeresgrund findet – wie auch das moderne Frachtschiff **Lord Nelson**, das mit seiner Zementladung im Jahr 2000 bei einem Sturm sank.

Als einer der wenigen Schiffsriesen, die für Sporttaucher erreichbar sind, zählt die **H. M. S. Hermes** zu den wichtigsten und faszinierendsten Wrack-Tauchzielen der Welt: Am 9. April 1942 wurde der 10 850 Brutto-Register-Tonnen große Flugzeugträger in der Nähe von Batticaloa von 70 Flugzeugen der japanischen Luftwaffe gestellt und mitsamt seinem Begleitschiff **Vampire** versenkt. Insgesamt sollen es um die 30 Bomben- und Torpedo-Treffer gewesen sein, die das Schiff innerhalb von nur zehn Minuten zum Kentern brachten. 9 Offiziere und 283 Matrosen kamen dabei ums Leben sowie auch 9 Marine-Soldaten der Vampire. Lediglich zwei Besatzungs-Mitglieder hatten sich schwimmend an das Ufer retten können.

In einer für Taucher nicht ungefährlichen Tiefe von 40–50 m präsentiert sich die Hermes nicht nur von ihrer Größe her als ein außergewöhnlich attraktives Wrack. In ihrer Substanz gut erhalten und mit der Steuerbord-Seite auf dem flachen Sandboden ruhend, macht sie mit ihrer großen, noch immer bedrohlich wirkenden Kanone einen fast intakten Eindruck. Eine ideale Kulisse auch für die Nachtaufnahmen des Films *Blue Water, White Death* und eine spannende, im Jahr 2006 ausgestrahlte Reportage des australischen TV-Senders ABC. Der Rumpf des Flugzeugträgers ist überwiegend mit schneeweißen Weichkorallen bewachsen. Nicht zuletzt weil diese Meeresregion durch die Bürgerkriegs-Wirren nur wenig befischt worden war, ist sie außergewöhnlich fischreich. Rund um die Hermes tummeln sich riesige Fischschwärme, aber auch bunte Korallenbewohner, imposante Zackenbarsche oder auch selten gewordene Meeres-Schildkröten. Aus einem in der Nähe verlaufenden, rund 1000 m tiefen Meeresgraben steigen gelegentlich sogar Haie zum Wrack hinauf.

Wie überall an der Ostküste Sri Lankas müssen Tauch-Safaris, für die die Monate von März bis September als am günstigsten gelten, besonders gut durchdacht und ausgerüstet sein. Die Expeditionen zur Hermes werden bisher vorwiegend von der einheimischen Firma *Serendib Watersport Paradise* durchgeführt. Schwierige Verhandlungen mit den örtlichen Behörden bzw. der LTTE-Verwaltung, die das Hoheitsrecht für sich beansprucht, waren erforderlich, um eine Genehmigung für das Tauchen in Gruppen zu erhalten.

Übrigens: Nach dem Zweiten Weltkrieg bauten die Briten einen neuen Flugzeugträger mit dem Namen Hermes. Er stammt aus dem Jahr 1959 und wurde 1984 ausgemustert, um an die indische Marine übergeben zu werden. In 2001 aufwändig saniert, aber trotzdem noch ziemlich marode, durchpflügt er als „Viraat" und einziger Flugzeugträger dieses Landes noch heute die Meeresfluten. *Volker Klinkmüller*

Aririawan Rest, 1st Avenue (Nawagampura Rd.), ✆ 063-2223801. Seit 2002 beste Unterkunft der Stadt. 24 gefliestе, saubere Komfort-Zi mit guten Warmwasser-Bädern und meist AC. ❶–❷

Monty Guest House, 1st Avenue, ✆ 062-2222169. Seit 1989, größte, zweitbeste Unterkunft der Stadt. 40 akzeptable Zi, davon 8 mit AC, aber relativ kleine Bäder. ❶–❷

Ampara Restaurant, ✆ 063-2222215, ⏰ 10–22 Uhr. Seit 2001, geführt von einer Familie namens Berenger aus Galle, die sich deutscher Vorfahren rühmt. Chinesische und auch westliche Speisen für rund 100–200 Rs. Nasi Goreng 150 Rs, Fish & Ships 200 Rs.

Mit dem ***Min Sin Sha***, chinesische Küche, und dem ***Monty Rest*** gibt es an der Hauptstraße von Ampara noch zwei weitere, kleine Restaurants.

Transport

BUSSE – Der Busbahnhof liegt in Nähe des Uhrturms. Von 16 bis 20 Uhr starten täglich private **Busse** nach COLOMBO (Fahrtzeit 10 Std.), aber auch zwei staatliche.
Morgens gegen 7 Uhr gibt es eine Verbindung über Polonnaruwa und Harbarana nach TRINCOMALEE (9 Std.).
Zwischen 6.30 und 13.30 Uhr fahren alle 45 Minuten AC-Busse nach KANDY (4 1/2 Std.), aber auch nicht klimatisierte (6 Std.).
Auf der Strecke nach Pottuvil/Arugam Bay wird in Akkaraipattu umgestiegen, nach Batticaloa in Kalmunai.

FLÜGE – *Sri Lankan Airlines*, ✆ 0197-333355, oder im Colombo-Büro, 250 Dockyard Rd., ✆ 026-2221101, verbindet im Rahmen ihres „Air Taxi"-Angebots die Flüge zwischen Colombo und Trincomalee mit Ampara.
Die Gesellschaften *Lion Air* und *Expo Air* wollen die Strecke von Colombo nach Ampara in Zukunft für rund 3500 Rs anbieten.

Gal Oya-Nationalpark

Der riesige Stausee **Senanayake Samudra** und weite Gebiete des Umlands, das vorwiegend aus hohem Grasland und zu einem Drittel aus Regenwald besteht, bilden seit 1954 den Gal Oya-Nationalpark. Benannt wurde das 259 km² große Naturschutzgebiet nach dem 110 km langen Fluss **Gal Oya**. Durch den rund 50 km von der Küste gelegenen Nationalpark gibt es kaum Wege und keinerlei Straßen. Elefantenherden (vor allem von März bis Juli) und Vogelschwärme lassen sich am besten aus zwei kleinen Motorbooten (eines bietet 10, das andere 15 Plätze) beobachten, mit denen zumeist von **Inginiyagala** (rund 22 km westlich von Ampara) am Staudamm gestartet wird. Dort befindet sich auch das Parkbüro, der Eintritt ist bisher noch frei bzw. wird mit der Bootstour verrechnet. Für Tagestouren von der Arugam Bay wird rund 2500 Rs pro Person verlangt.

Zur Übernachtung stehen im Osten des bisher nur wenig besuchten Nationalparks einige staatliche Bungalows und ein Campingplatz zur Verfügung, doch empfiehlt sich das *Safari Inn Hotel* mit neuen, teilweise recht komfortablen Zimmern in der Nähe des Parkeingangs, ✆ 063-2242147 oder 011-2693189, ✉ chilton@sltnet.lk, ❷–❸.

Monaragala und Umgebung

Durch dünn besiedeltes, waldreiches und von weitläufigen Plantagen begrüntes Gebiet führt die Nationalroute A 4 nach Monaragala. Eindrucksvoll vom 1111 m hohen Hausberg **Peacock Rock** mit seiner Spitze aus runden Felsen überragt, bildet es den wichtigsten, verkehrstechnischen Schnittpunkt zwischen dem Hochland, der Ost- und der Südküste. Die kleine, sympathische Distrikt-Hauptstadt verfügt zwar selbst über keine Sehenswürdigkeiten, bietet sich jedoch als Ausgangspunkt zur Erkundung der näheren Umgebung an.

Bei dem nur wenige km östlich gelegenen Dorf **Obbegoda** finden sich die Ruinen des aus dem 12. Jh. stammenden Palastes von **Galebadda**. Er diente als befestigte Residenz für den Fürsten von Ruhuna und lohnt einen Besuch vor allem wegen eines restaurierten, als „Bad der Königin" bezeichneten Wasserbeckens.

Etwa 16 km in südlicher Richtung stößt man – über Okkampitiya kommend – bei **Maligawila** auf zwei große, stehende **Buddha-Statuen** aus Kalkstein-Kristall. Vermutlich aus dem 6. oder 7. Jh. stammend, lagen sie als Bruchstücke im Dschungel, bevor sie in den 1950er Jahren geborgen, von 1989 bis 1991 wieder zusammen gesetzt und dann aufgerichtet wurden. Die größere der beiden Figuren (10 Minuten vom Parkplatz) präsentiert sich in der Abhaya Mudra-Haltung und zählt mit ihren 11 m zu den höchsten, frei stehenden Buddhas der Welt. Die zweite, nur einen Meter kleinere, dafür aber mit mehr schmückendem Beiwerk versehene Skulptur (5 Minuten vom Parkplatz bzw. 500 m entfernt von der ersten) war einst in mehr als 100 Einzelteile zerstückelt und stellt den Bodhisattva Avalokiteshvara dar.

Rund 6 km westlich von Maligawila findet sich mit dem **Detamahal Vihara** eine Tempelanlage mit rotem Backstein-Stupa aus dem 2. oder 1. Jh. v. Chr. Der Besuch lohnt sich vor allem wegen des grandiosen Ausblicks auf die umliegenden Reisfelder.

Südlich der A 4 von Monaragala nach Wellawaya verbergen sich einige Höhlenlabyrinthe, von denen am ehesten das von **Budugalge** erkundet werden sollte. Im Inneren zeugen mehrere Statuen von einem buddhistischen Heiligtum, das allerdings nur über einen rund 1,5 km langen Fußweg und eine imposante Steintreppe zu erreichen ist.

Östlich von Monaragala fungiert der kleine Ort **Siyambalanduwa** als wichtige Kreuzung der Nationalroute A 4 zwischen Monaragala und Pottuvil mit der A 25, die in das 57 km entfernte Ampara bzw. das 130 km entfernte Batticaloa führt. 3 km nördlich der A 4 befindet sich zwischen Siyambalanduwa und Pottuvil (am ersten Checkpoint links ab) die älteste **Woodlands Hermitage**, die aus dem 3. Jh. v. Chr. stammen soll.

Übernachtung und Essen

Die meisten Hotels von Monaragala liegen an der Hauptstraße, doch finden sich in der weiteren Umgebung der Stadt auch reizvolle, naturnah konzipierte Unterkünfte.

Frashi Guest Inn, 1/83 Pottuvil Rd., ☎ 055-227 6340. Rund 300 m vom Uhrturm mit akzeptablen, relativ geräumigen Zi. Restaurant mit recht guter Küche. ❶–❷

Wellassa Inn Rest House, ☎ 055-2276815. Rund 500 m südlich von der Busstation. Ansprechendes Gebäude mit nettem Garten und relativ einfachen Zi, die aber teilweise über AC verfügen. Kleines Restaurant mit gutem Essen. ❶–❷

Victory Inn, ☎/✆ 055-2276100. Gegenüber vom *Rest House.* Die neuen Zimmer im Obergeschoss sind ansprechender als die alten, mit gefliesten Böden und Balkons zu einem begrünten Innenhof. Nützliche Infos für Ausflugstouren. ❶–❷

Tree Tops Eco Lodge, 🖥 www.ecoclub.com/treetopsfarm. Etwa 9 km von Buttala. Rustikal-romantische Bungalows aus Lehm und Holz. Weder Strom noch moderne Kommunikationsmittel. Der Check-in sollte zwischen 9 und 15 Uhr erfolgen, um unterwegs die Begegnung mit wilden Elefanten zu vermeiden. Nur mit Vollpension. ❺–❻

Galapita Eco Lodge, ☎ 011-2508755, 🖥 www.galapita.com. Ungefähr auf halber Strecke zwischen Buttala und Kataragama. Vier Bungalows in faszinierend naturnaher Lage mit Wasserfall und Natur-Schwimmbad. Nur mit Vollpension. ❺–❻

Transport

BUSSE – Die Busstation befindet sich im Zentrum von Monaragala. Intercity-Busse nach COLOMBO starten alle 45 Min. (7 Std.). Eine stündliche Anbindung erfolgt nach MATARA (4 1/2 Std.) sowie zwischen 6.30 und 15.30 Uhr nach AMPARA (3 Std.).
Von 9.30 bis 12.30 Uhr gibt es drei Bus-Verbindungen nach POTTUVIL/ARUGAM BAY (3 Std.). 2x tgl. geht es nach KATARAGAMA (1 1/2 Std.), alle 30 Min. nach WELLAWAYA (1 1/4 Std.) und BUTTALA (45 Min.).
Zu den Buddha-Statuen von MALIGAWILA starten die Busse alle 45 Min. (1 Std.).

TAXIS – Ein Taxi nach Pottuvil/Arugam Bay kostet um die 2500 Rs, die Strecke nach Maligawila wird für rund 1300 Rs bedient, mit Three-Wheelern schon für 1000 Rs.

Lahugala Kitulana-Nationalpark

Dieser rund 18 km westlich von Pottuvil beginnende Nationalpark – mit nur 15,5 km² der kleinste Sri Lankas – wurde erst 1980 geschaffen, um den Elefanten bei ihren Wanderungen zwischen den Naturschutzgebieten von Yala und Gal Oya einen sicheren **Korridor** bieten zu können. Deshalb bestehen (besonders im August und

Pilgerpfad durch die Nationalparks

Nach längerer Unterbrechung durch den Bürgerkrieg begeben sich die Gläubigen seit 2002 wieder alljährlich im Juli/August vom nördlichen Jaffna auf einen langen Weg, um 45 Tage später am Festival von Kataragama im Süden der Insel teilzunehmen. Im letzten Teil führt der über Trincomalee und Batticaloa verlaufende Pilgerpfad ab Pottuvil auf rund 75 km – entlang der Route Okanda, Madametota, Pothana, Yala, Warahan am Menik Gnag sowie Katagamuwa – durch mehrere Naturschutzgebiete. Hier wird die Landschaft unter anderem von bizarr aufragenden Felsgruppen geprägt, die schon vor über 2000 Jahren **Eremiten** angelockt haben und noch heute von einigen Mönchen in Einsiedeleien und historischen Höhlen bewohnt werden. Nur rund 1 km von der Nationalroute A 4 entfernt, lädt auf einem Felsrücken zum Beispiel das Waldkloster **Mha Tapowanaya** zur Mediation ein.

Ein Tagesausflug von Panama (ca. 17 km südlich von Arugam Bay) kann zu den markanten **Kudimbigala-Felsen** westlich des Sumpfs der **Helawa-Lagune** führen, wo einfache Behausungen und ein großer Brunnen an die Scharen von Wallfahrern erinnern, die hier Station zu machen pflegen. Allein in dieser Gegend soll es rund 225 Höhlen geben, die im Bürgerkrieg von der LTTE als Unterschlupf benutzt wurden, bevor sie buddhistische Mönche nach dem Waffenstillstand erneut besiedelten.

Mancherorts finden sich in Pilgerpfad-Nähe auch noch historische Ruinen: Eine restaurierte, große Dagoba und ein archäologisches Museum zum Beispiel lassen sich in **Digayapi** (von Ampara ca. 6 km nach Süden auf der A 25, dann 11 km nach Osten) bewundern, wo sich Buddha anlässlich seines dritten Besuchs auf Sri Lanka aufgehalten haben soll, nachdem er auf dem Adam's Peak seinen berühmten Fußabdruck hinterlassen hat.

Das in den 60er Jahren teilweise restaurierte Kloster **Magul Maha Vihara** (vom Dorf Lahugala über eine rund 1 km lange Straße zu erreichen) indes soll von König Dhatusena (459–477), Vater des skandalösen Sigririya-Erbauers Kassapa, errichtet worden sein. Einige Inschrifttafeln beweisen eine lange Geschichte, während die steinernen Überbleibsel von Dagoba, Statuenhaus, Versammlungshalle, Mönchsgebäude und einer gut erhaltenen Bodhighara von einer teilweise noch erkennbaren Umfassungsmauer umschlossen werden.

Rund 2 km südlich von Pottuvil werden die Überreste von **Mudu Maha Vihara** (Großes Kloster am Meer) immer mehr von den Dünen begraben, die der Nordostmonsun weiter landeinwärts treibt. Von der Dagoba zeugen inzwischen nur noch verstreute Ziegelbruchreste in den Dünen. Bei Ausgrabungen war ein Tivanka mit einer Buddha-Figur zum Vorschein gekommen. Die Ruinen des Statuenhauses mit seinen reich geschmückten Figuren aus der Epoche des Mahayana-Einflusses indes waren vor vielen Jahren restauriert worden. Der Ort wird von einer drei Meter hohen, stehenden Buddha-Statue mit zwei kleineren Bodhisattva-Figuren gekennzeichnet.

Oktober) gute Chancen, bei einer Fahrt über die A 4 zwischen Pottuvil und Siyambalanduwa einige Dickhäuter zu erspähen. Sie stehen mitten auf der Straße, äsen an den Ufern der fast völlig vom schilfähnlichen **Beru-Gras** überwucherten Wasser-Reservoirs **Lahugala** (gesprochen „lao gala"), **Kitulana und Sengamuwa** oder schwimmen darin. Der Nationalpark ist aber auch eine Fundgrube für Vogelfreunde, denn hier lassen sich über 100 verschiedene Arten beobachten. Es gibt ein Ranger-Büro in Lahugala, der Eintritt ist bisher noch frei. Von der Arugam Bay aus werden versiert geführte Halbtagestouren für rund 1800 Rs angeboten.

Pottuvil

Eigentlich ist dieser verschlafene, von den *Moors* geprägte Küstenort eher bedeutungslos, doch wird er oft – beispielsweise auf Busbahnhöfen – statt der sehr viel bekannteren, benachbarten Arugam Bay genannt. Ein mehrere Meter hoher Dünenwall, der mit dem Nordostmonsun jedes Jahr ein Stückchen landeinwärts wandert, schirmt Pottuvil vom Meer ab. Dieser hat nicht nur den Bau eines Hafens verhindert, sondern mit seinem Sand auch schon einen Teil der kulturhistorischen Ruinenstätte **Mudu Maha Vihara** (s. S. 405, Kasten) zugedeckt.

Am wichtigsten für Touristen ist Pottuvil als Busstation und Sitz der **Pottuvil Lagoon Ecotour**, deren Exkursionen sich in den Unterkünften der Arugam Bay buchen lassen. Dabei handelt es sich um eine Gründung der örtlichen Organisation Hidayapuram Fisheries Cooperative Society und der Sri Lankan NGO Sewa Lanka Foundation. Die Kooperative hat sich auf Erkundungstouren mit Kanus und örtlichen Führern spezialisiert, die in die Geheimnisse der Lagune von Pottuvil einweihen. Die Einnahmen fließen teilweise in die Wiederaufforstung der Mangrovenwälder, von denen in den 1990er Jahren rund die Hälfte als Sicherheitsmaßnahme und auch zur Gewinnung landwirtschaftlich nutzbarer Flächen vernichtet wurden.

Am südlichen Ortseingang führt eine Eisenbrücke über die fischreiche Lagune zur Arugam Bay. Wer in Pottuvil mit Hunger strandet, sollte die an der Hauptstraße gelegene *Rafeek's Techno Bakery*, ✆ 063-2248157, aufsuchen, die hier mit ihrem Angebot an Brot und Kuchen seit 1995 größte Bäckerei ist.

Arugam Bay

Rund 100 km südlich von Batticaloa und 2,5 km hinter dem kleinen Ort Pottuvil erstreckt sich in einem malerischen Bogen die legendäre Arugam Bay mit ihrem breiten Sandstrand, Fischer-Siedlungen und zahlreichen Urlauber-Unterkünften, die sich rechts und links einer parallel zur Küste verlaufenden, einfachen Durchgangsstraße aufreihen. Im Gegensatz zu allen anderen Urlauberzielen der Ostküste, die durch den Bürgerkrieg beeinträchtigt waren, haben sich hier die meisten Resorts behauptet. Selbst in den schwierigsten Zeiten durchgehend geöffnet und prägend für die Geschichte und Gestaltung des Orts blieben das **Siam View Beach Hotel** (Exkurs S. 412), aber auch das **Stardust Beach Hotel**, das 1982 von dem Dänen und Arugam Bay-Original Per Goodman (beim Tsunami ums Leben gekommen) gegründet wurde und lange als beste Unterkunft gegolten hat. Von besonderer Bedeutung erscheint auch das **Tsunami Hotel**: der Brite Lee Blackmore hatte es 1999 unter diesem Namen eröffnet – als noch kaum jemand wusste, was sich dahinter verbergen kann…

Nach dem Waffenstillstand wurden alle Anlagen mit atemberaubender Geschwindigkeit ausgebaut, so dass es bis zum Tsunami schon insgesamt rund 40 Hotels mit über 400 Zimmern gab. Auch die hier besonders schweren Flutwellen-Schäden scheinen die Entwicklung nur kurz unterbrochen zu haben. Die meisten Unterkünfte liegen auf der Meeresseite und bestehen in kleinen, von Familien oder auch westlichen Aussteigern betriebenen Resorts, die sich vielfach auf Low-Budget- und Langzeit-Touristen eingerichtet haben. Die neueste Generation von Bungalow-Anlagen – meist großzügig angelegt, mit einem gehobenen Zimmer-Standard und teilweise etwas überzogenen Preisvorstellungen – sprießt auf der gegenüberliegenden Seite aus dem Boden. Die Regierung ist bestrebt, hier sogar einen Flughafen zu bauen, um die Arugam Bay von der abenteuerlichen Insider- zu einer offiziellen Urlaubs-Destination für Surfing, Tauchen und Whale-Watching zu entwickeln – und schon jetzt kommen erste Mittelklasse-Touristen. Am 1. März 2006 wurde die Arugam Bay (mit Hambantota) von der Regierung offiziell als designated tourist zone anerkannt. Ihr werden die derzeit größten Zuwachsprognosen der Insel zugeschrieben.

Denn dieser Ort bezeichnet längst nicht mehr allein ein Surfer-Paradies, sondern bietet sich neuerdings auch als bester Ausgangspunkt für die nun wieder zugänglichen Nationalparks Lahugala und Yala East an. Zudem gilt die Arugam Bay als heißester Partyspot der Ostküste, wo mitunter sogar – jeweils in den beiden Nächten vor dem entsprechenden Stand der Planeten – stilechte Vollmond-Parties locken, während die Restaurants jeden Tag mit kulinarischen Gaumenfreuden in Form von frisch angelandeten Fischen und Meeresfrüchten aufwarten können.

Am Strand, wo das Schwimmen trotz des stark von der Saison abhängigen Besucherverkehrs fast das ganze Jahr über möglich ist, herrscht ein harmonisches Miteinander von einheimischen Fischern (sie siedeln hier vor allem zwischen September und März) und Wochenend-Urlaubern mit westlichen Aussteigern, Rucksack-Touristen und Surferfreaks, unter die sich – verstärkt nach dem Tsunami – auch NGO-Mitarbeiter mischen. Leider deutet vielerorts Unrat darauf hin, dass dieser Ort bisher noch über keinerlei geregelte Müllentsorgung verfügt. Als wesentlich sauberer und menschenleer präsentiert sich der südlich angrenzende, fast schon wüstenartige Sandstrand.

Übernachtung

Zur Zeit der Recherche war der Wiederaufbau der Arugam Bay in vollem Gang. Am Strand ist eine neue Generation von zweistöckigen Restaurants aus Naturmaterialien entstanden. Erwähnt und eingezeichnet sind aber nur die Betriebe, die es bereits gab oder deren Neu-Eröffnung absehbar war. Die meisten Unterkünfte sind einfacher Art und nur mit Moskito-Netzen und Kaltwasser- bzw. Gemeinschaftsbädern ausgestattet. Es muss mit Stromausfällen gerechnet werden, da nur einige Hotels über eigene Generatoren verfügen.

UNTERE PREISKLASSE – *Sooriya's Beach Hut*, ✆ 063-2248232. Langes Garten-Grundstück mit 20 Zi, davon 4 im Obergeschoss und 8 mit eigenem Bad. Der freundliche Eigentümer Ram gehört zu den Originalen am Ort, hat schon auf Hawaii gelebt und spricht etwas Deutsch. ❶
Rupa's Beach Hotel & Restaurant, ✆ 077-6660 934. Zählt zu den ältesten Anlagen. 23 äußerlich ansprechende, einfache Bungalows mit Gemeinschafts-Toilette. ❶
A-Bay Riptide Restaurant, ✆ 077-7070307. 3 einfache Zi mit Bad. Restaurant mit guten Hamburgern; angeschlossener Surfshop mit Jeep- und Taxi-Service. ❶
Lahiru Place, ✆ 077-9005322. 4 sehr einfache, günstige Bungalows, vermietet von dem freundlichen, jungen Ehepaar Ravi und Kanthi. ❶
Seven Seas Hotel, ✆ 077-6916284. 2 günstige, einfache Zi und 1 Bungalow. ❶
Thanaka Rest & Cab, 7 einfache, mit Ventilatoren ausgestattete Bungalows. ❶
Sun Rise Beach Hotel, ✆ 063-2248200. Inhaber Mr. Hanifa verfügt über 3 einfache Zi. ❶
East Beach Hotel, ✆ 077-6165793. 5 Zi mit Gemeinschaftsbad, 3 im Obergeschoss. ❶

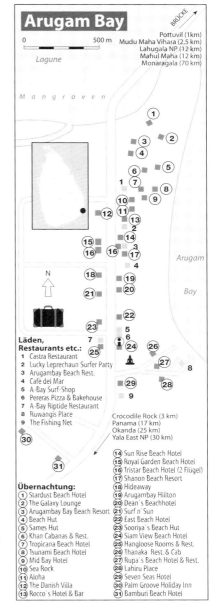

Arugam Bay

Sea Rock, ☎ 063-2248341. 5 Zi, davon 3 mit Innenbad und 2 im Obergeschoss. ❶
Tropicana Beach Hotel, ☎ 063-2248242. 5 Zi in Bungalows mit Gemeinschaftsbad. ❶
Khan Cabanas & Rest, ☎ 077-9186627. 5 einfache Zi, davon 3 mit Innen-Bad. ❶
Tsunami Beach Hotel, ☎ 063-2248038, 🖥 www.tsunamihotel.com. 5 einfache Zi, Mit-Inhaber ist ein britischer Aussteiger, der mit diesem Hotel-Namen seiner Zeit auf tragische Weise voraus gewesen ist. ❶ – ❷
Beach Hut, ☎ 063-2248202. Seit 1987 beliebte, einfache, von einer Familie betriebene Unterkunft. 12 Zi, davon 5 mit Innen-Bad. ❶ – ❷
Mid Bay Hotel, ☎ 063-2248390. 4 saubere Zi, aber etwas spärlich möbliert. ❶ – ❷
Sames Hut. Mit dem benachbarten Musik-Center „Waves of Love" von Manager Wayne. 4 Zi, davon 2 in Bungalows aus Naturmaterialien. Schönes Restaurant. ❶ – ❷
Dean's Beachhotel, ☎ 063-2248462. 2 Zi, luftiges, zweistöckiges Restaurant. ❷
Hangloose Rooms & Rest, ☎ 063-2248225. 12 einfache, etwas schmuddelig wirkende Zi, davon 7 mit Innen-Bad. ❶ – ❷
Aloha, ☎/📠 063-224379, ✉ johnsonratna@yahoo.co.uk, 🖥 www.aloha-arugambay.com. Emfehlenswerte Anlage mit 9 Bungalows aus Naturmaterialien (davon 4 aus Stein). Einfach, aber originell und stilvoll. Nette Leute als Betreiber. ❷
Surf n'Sun, ☎ 077-6065099, ✉ surfsaman@yahoo.co.in, 🖥 www.surfnsunarugambay.com. Seit 2001 emfehlenswerte Anlage mit 6 Zi mit bunten Bädern in geschmackvollen Stein- und Holz-Bungalows. Restaurant mit Reggae-Bar und angeschlossenem Surfshop. ❷
The Galaxy Lounge, ☎ 063-2248415. Die Anlage von Sri Gunasena zählt sicherlich zu den originellsten und ist schon durch ihre direkte Lage am Meer empfehlenswert. 5 reizvolle Bungalows aus Naturmaterialien, im vorderen Teil sogar zweistöckig. ❷
Arugambay Hillton, ☎/📠 063-2248189, ✉ raheemhillton@yahoo.com, 🖥 www.arugambay.lk. 9 Zi mit eigenem Bad; die im Obergeschoss haben außerdem Meeresblick und sind deshalb deutlich teurer. Freundlicher Besitzer. ❷

Arugambay Bay Beach Resort, ☎ 063-2248405. 12 Zi mit Innenbad, davon 5 mit AC. ❷

MITTLERE UND GEHOBENE PREISKLASSE –
Hideaway, ☎ 063-2248259, ✉ tissara@eureka.lk. Seit 1978 bzw. Oktober 2000. Nicht direkt am Strand, aber fast schon eine Art Boutique-Resort und nicht zuletzt deshalb empfehlenswert. 5 originell eingerichtete Zi in einem zweistöckigen, alten Haus und angenehme Bungalows in einer gepflegten Gartenanlage. Familiäre Atmosphäre durch Managerin Angela bzw. das Besitzer-Ehepaar Marlen und Vernon Tissara. ❷
Rocco's Hotel & Bar, ☎/📠 077-6642991, ✉ info@roccoshotel.com. Seit 2004 am Meer mit ansehnlicher, aber sehr eigenwilliger Architektur. 14 teure Zi, demnächst teilweise auch mit AC. Gemütliches, zweistöckiges Bar-Restaurant aus Naturmaterialien. ❷ – ❸
Siam View Beach Hotel, ☎ 063-2248195, 📠 2248196, ✉ arugam@weltweitweb.net, 🖥 www.arugam.com. Zählt als Institution zu den Sehenswürdigkeiten am Ort (s. S. 412, Kasten). Nach dem Tsunami nur 4 Zi, die aber noch durch rund 20 neue Zi mit unterschiedlichem Komfort bzw. Eigentums-Appartements ergänzt werden sollen. Nicht zuletzt geben Managerin Khun Somlak und Köchin Khun On der Anlage ein gewisses Thai-Flair. ❷ – ❸
Tristar Beach Hotel, ☎ 063-2248404, 2248455, 📠 2248011, ✉ tristar3@sltnet.lk, 🖥 www.tristarhotels.com. Empfehlenswerte, in Blautönen gehaltene und nicht zuletzt durch das einzige Schwimmbad die beste Unterkunft der Arugam Bay. In der gepflegten Gartenanlage verteilen sich Bungalows mit insgesamt 20 Komfort-Zi mit AC, Minibar, TV, nicht ganz zum übrigen Standard passenden Warmwasser-Bädern und lauschigen Terrassen. Zweistöckiges, ansprechendes Restaurant. 20 weitere Zi gibt es seit Ende 2005 in einem massiven Reihenbau auf der anderen Straßenseite direkt am Strand. ❸
Bamburi Beach Hotel, ☎ 067-2277282 (Vater), 0777-759233 (Sohn Dudley Ariadassa). Hinter dem südlichen Ortsausgang. Soll Mitte 2006 eröffnet werden, was sich aber durch Familien-Konflikte verzögern könnte. In knalligem gelborange gehaltene, große Bungalow-Anlage, 22 Komfort-Zi mit AC in Bungalows, die mit säu-

lengestützten Veranden in zwei Reihen parallel zueinander verlaufen. Erweiterung und Schwimmbad in Planung. ❸

Palm Groove Holiday Inn, ✆ 063-2248457, 0777-444969, ✉ holidayinn-arugambay@lcoolplace.com, 🖳 www.palmgroveholidayinn.com, www.itmin.com/holidayinnarugambay. Seit 2003 hinter dem südlichen Ortsausgang mit 15 deutlich überteuerten Zi mit kleinen Veranden, davon 9 mit AC (ca. 60 % teurer). Nur schlicht möbliert, aber recht passable Warmwasser-Bäder. Das gepflegte Restaurant der Anlage wirkt weitaus überzeugender. ❸

Royal Garden Beach Hotel, ✆ 063-2248435. Dürfte nach seiner für Ende 2006 geplanten Eröffnung zu den drei besten Urlauber-Anlagen zählen. Großes Grundstück, ansprechendes Design. Inhaber Murali will noch ein Schwimmbad ergänzen. 36 Komfort-Zi, davon 16 in 8 Bungalows und insgesamt 22 Zi mit AC. ❸–❹

Stardust Beach Hotel, am nördlichen Ortseingang, ✆/🖷 063-2248191, ✉ sstarcom@eureka.lk, 🖳 www.arugambay.com. Über viele Jahre als beste Bleibe gehandelt und heute geführt von der Dänin Merete Scheller (Ehefrau des Gründers). 6 hübsche Strand-Bungalows aus Naturmaterialien mit Garten-Bad. Im ersten Stock des 1999 errichteten Neubaus 6 komfortable Zimmer mit einem Hauch Kolonialstil, eigenem Balkon, Minibar und Meeresblick. Keine Warmwasser-Bäder oder AC; wie auch das gute Restaurant nicht gerade billig. ❷–❹

Essen

Die meisten Hotels und Gästehäuser verfügen über ein eigenes Restaurant, was natürlich nicht vom "Fremdgehen" abhalten sollte. Dafür besonders empfehlenswert sind:

Pereras Pizza & Bakehouse. Der freundliche, junge Anthony verfügt über besonders gute Verbindungen zu seinen Fischer-Nachbarn und bietet deshalb fangfrischen Fisch für Kilo-Preise von 250 Rs, aber auch Pancakes, Pizza, gute Curry-Gerichte für 175–300 Rs.

Ruwangis Place, einfaches, aber günstiges und sehr gutes Restaurant. Echte Hausmannskost. Die meisten Gerichte kosten 75–150 Rs, auf Vorbestellung auch Hummer.

Cafè del Mar, ✆ 077-6170264, ✉ xroshan3000@yahoo.co.uk. Einfaches, aber sehr stilvolles, romantisches und luftiges Restaurant mit Schilfdach, Schaukeln, Hängematten, Bodenkissen und Tonlampen. Die Espresso-Maschine sorgt für besten Kaffee für 150–200 Rs, während es zum Frühstück auch mal französische Chansons gibt. Große Seafood-Platte "Cafe del Mar" 600 Rs. Manager M. K. Roshan war auf einer schweizer Hotelfachschule.

Lucky Leprechaun Surfer Party, ✆ 077-6351965. Schönes, gemütliches Restaurant aus Naturmaterialien mit Hängematten im Obergeschoss. BBQ-Seafood 650 Rs.

Hideaway (s. o.). Oft gelobtes Essen mit recht stilvoll-romantischem Ambiente. ⌚ 6–22 Uhr.

Stardust (s. o.). Angenehme Atmosphäre mit kreativer Speisekarte. Exzellentes, aber leider nicht gerade preiswertes Essen. Mittagsgerichte 380–520 Rs. ⌚ 7.45–22 Uhr.

Siam View Beach Restaurant (s. o.). Urig-rustikales und durch viel Holz gemütliches Restaurant im Obergeschoss. Allein schon durch den Ausschank von bis zu zehn Sorten frisch gezapftem Fassbier der absolute Treffpunkt schlechthin. Frühstück 150–250 Rs, Pommes 150 Rs, gebratener Reis 150–300 Rs, Pizza 370 Rs, Seafood-Gerichte 300–350 Rs. Das üppige Angebot an Thai-Gerichten wird als Ehrensache betrachtet. Unten am Meer findet sich eine neue zweistöckige Strandbar mit "Lady Lounge" im Obergeschoss.

The Fishing Net (früher *Chutti's Place),* ✆ 0779-129246. Zweistöckiges Restaurant, zu erkennen an dem in luftiger Höhe herausragenden Schiffs-Rumpf. Vor allem abends beliebt. Fish & Chips 350 Rs, Reisgerichte 200–400 Rs, Curry-Lobster 500 Rs.

Sonstiges

GELD – Die ***Bank of Ceylon*** unterhält eine Wechselstube im Bereich des Siam View Beach Hotels, wo alsbald sogar ein ATM-Automat geplant ist. Eine weitere Niederlassung findet sich an der Hauptstraße von Pottuvil.

INTERNET – Das ***Siam View Beach Hotel*** verfügt in seinem Untergeschoss über das mit Abstand beste Internet-Cafe der Ostküste, ⌚ 9 –

Die Arugam Bay – ein Paradies für Surfer

Wer die alte Brücke überquert, merkt sofort, dass die Arugam Bay ein ganz besonderer Ort – und allein schon vom **Wetter** her – ein ideales Urlaubsziel ist: Denn dieser Winkel der Welt wird durch die natürliche Bergkette bei Monaragala vom Westmonsun und durch die große Pottuvil-Lagune vom Ostmonsun verschont. Deshalb verfügt diese Gegend sogar über rund 330 Sonnentage pro Jahr, was einmalig ist in Asien.

Gleich mit zwei Flussmündungen gesegnet, gerät die Region trotzdem nie in Gefahr, auszutrocknen. Die fantastischen geografischen Gegebenheiten mitsamt ihren Winden und Strömungen wussten als erste die Surfer zu schätzen, die die Arugam Bay schon in den 1960er Jahren zu den zehn besten Surf-Zielen der Welt zählten. Von Ende März bis Anfang Oktober und an einigen Tagen auch bis in den November hinein herrschen mit Wassertemperaturen zwischen 24 und 28 Grad (kein Schutzanzug erforderlich) sowie bis zu 5 Meter hohen Wellen ideale Bedingungen für diesen Wassersport. Dieser wurde noch nie von Haien beeinträchtigt, sondern höchstens von Elefanten beäugt, die aus den Tiefen der nahen Nationalparks bis hierher an das Meer kommen.

Nach dem idealen *Righthander Surfbreak* des beliebten Surf Points wurden nach und nach noch fast zehn weitere, besonders attraktive Surf-Reviere in der Umgebung entdeckt.

Die Arugam Bay scheint wie ein Magnet zu wirken, denn es gibt nicht viele Besucher, die nur einmal und nie wieder kommen. So ist es den hartgesottenen Surfern sogar gelungen, diesen Küstenort auch in den 20 Jahren des Bürgerkriegs offen zu halten. Die Hippies von einst tragen – inzwischen mutiert zu grauhaarigen Stammkunden – in besonderer Weise zur faszinierenden Atmosphäre bei. Und natürlich mischen sie sich sogar noch heute unter die bis zu 1000 ausgelassenen Menschen, die die 48-stündigen Vollmond-Parties der Arugam Bay schon als Alternative zu den institutionalisierten Happenings von Koh Phangan oder Goa schätzen.

Und wen mag es verwundern, dass hier trotz schlimmster Tsunami-Zerstörungen schon im Juli 2005 wieder eine **internationale Surf-Meisterschaft** mit insgesamt 300 Teilnehmern aus Australien, England, Südafrika und Israel ausgetragen wurde. Auch viele Resorts und Geschäfte haben sich schon auf den rasanten Wassersport eingestellt – und vermieten schon ab rund 500 Rs pro Tag entsprechende Ausrüstungen.

Es wird aber nicht nur auf dem Meer gesurft, sondern auch im Internet: Die spezielle Zusammensetzung der Besucher-Gemeinde bringt es mit sich, dass die Arugam Bay – mehr als jeder andere Ort Sri Lankas – in etlichen Informations- und Diskussions-Foren präsent ist, wie zum Beispiel unter 🖳 www.arugam.info, 🖳 www. arugam.isthier.de oder 🖳 www.sri-lanka-board.de.

Dr. Fred Miller

21 Uhr, bei Bedarf auch rund um die Uhr. WiFi Hotspot mit Breitband-Verbindung im gesamten Bereich für alle nutzbar, 100 Rs/10 Min. oder 300 Rs/Std; weltweite Telefonate mit Skype liegen bei 10 Rs/Min. In der Hochsaison haben oft weitere, aber sehr viel kleinere Kommunikations-Centren geöffnet.

TOUREN – Die 2004 gegründete Firma ***Arugam Travels & Tours***, ✆/✆ 063-2248474/5, ✉ arugambay@wow.lk, 🖳 www.arugambaytravels.com, verfügt unter anderem über ein Büro an der Hauptstraße von Pottuvil, ⏰ 9–18 Uhr, und gilt als erste Reiseagentur an der gesamten Ostküste. Das weit verzweigte Transportnetz wird mit über 20 Minibussen bedient, die sich auch in Colombo, Trincomalee und Batticaola buchen lassen.

Einige etablierte Urlauber-Unterkünfte der Arugam Bay verfügen über Jeeps und organisieren

Touren in die Umgebung und weiter entfernte Nationalparks.

Kooperative ***Ecoproject***, ☏ 0773-200203, 🖥 www.ecoproject.info, bietet geführte Kanu-Touren durch die Lagune von Pottuvil und diverse, mitunter von dem deutschen Aussteiger Wolfgang Heilmann geführte Exkursionen an: Yala West (2 Tage, 4500 Rs), Yala East (1 Tag, 2500 Rs), Gal Oya (2500 Rs), Elephant Tour (Lahugala, 1/2 Tag, 1800 Rs), Crocodile Tour (Panama, 1/2 Tag, 1500 Rs).

Transport

TAXIS – Es ist bequem, aber nicht gerade billig, den Transfer von/zum Flughafen mit einem eigenen Charter-Fahrzeug zu bewältigen. Ein Taxi nach Colombo kostet um die US$110, nach Trincomalee US$100 und nach Batticaloa US$80.

Für den Transport von Pottuvil nach Arugam Bay empfehlen sich Three-Wheeler für 200–

Das Siam View Beach Hotel

Die Fassade wirkt etwas zusammengewürfelt und nicht gerade ansehnlich. Doch steht sie als ältestes Holzbauwerk an der Ostküste Sri Lankas sogar unter Denkmalschutz – und hinter ihr verbergen sich nicht nur leckeres Essen oder überraschend viele, sogar nach deutschem Reinheitsgebot gebraute Sorten Fassbier, sondern auch ein ganz besonderer Menschenschlag, ein wichtiges Stück **Ortsgeschichte** und jede Menge überraschende Innovationen. Ohne das 1979 eröffnete Siam View Beach Hotel wäre die Arugam Bay heute wahrscheinlich kaum das, was sie ist. Eine Hand voll Freunde um den holländisch-britischen Ingenieur Dr. Fred Miller hat das unscheinbare **Wahrzeichen** an diesen entlegenen Strand gesetzt. Seitdem fungiert es – im Bürgerkrieg zur waffenfreien Zone erklärt und von allen Parteien auch als solche respektiert – nicht nur als Zufluchtsort fern- oder heimwehgeplagter Ausländer, Treffpunkt von Surfern und wichtigste **Informationsbörse** für NGO-Mitarbeiter, sondern auch als Ausgangspunkt von kreativer Hilfe für die Einheimischen. „Denn wir sind nicht hier, um das große Geld zu verdienen, sondern weil es uns Spaß macht", betont Fred, dessen Hotel bis heute über keinerlei Visitenkarten verfügt.

Der Name „Siam View" soll andeuten, dass man von hier – theoretisch jedenfalls – ungehindert bis nach Thailand schauen kann", erklärt der 56-jährige, der selbst lange dort drüben gelebt hat und sich ansonsten – als Spross einer Diplomaten-Familie unter anderem in Afrika aufgewachsen – auf der ganzen Welt zuhause fühlt. Insgeheim träumt er davon, diese 2000 km lange Strecke einmal mit einem Jetski zurückzulegen... Das muss nicht unbedingt großspurig klingen: Immerhin war er ja auch 1977 von der britischen Isle of Man aufgebrochen, um mit seinem Motorrad auf dem Landweg bis nach Indien zu gelangen – und von dort dann nach Sri Lanka überzusetzen. Es gibt wahrscheinlich niemanden, der diesen Winkel der Welt so gut kennt. Bis Hambantota hinunter hat Fred an der Küste insgesamt 63 Buchten gezählt. Und zweimal schon ist der ehemalige, einst in Potsdam stationierte Verbindungsoffizier der britischen Rhein-Armee mit einem Unimog – angetrieben von einem wassergeschützten Motor – mitten durch den Yala East-Nationalpark und seine Flüsse bis nach Colombo gefahren. „Ist ja schließlich auch die kürzeste Strecke", wie er meint.

So scheint es nicht verwunderlich, dass zum Angebot des Siam View Beach Hotels – zumindest bis zum Tsunami – auch sechs ATV (All Terrain Vehicles)-Quads gehört hatten, während 1800 Watt-Lautsprecher und 8000 CDs für einen stilechten Rahmen der vom Haus ins Leben gerufenen **Vollmond-Partys** garantierten. Nun sorgen immerhin wieder 4-Sat-Schüsseln für den Empfang zahlreicher TV-Programme und gute Telefon-Verbindungen in alle Welt. Seit Januar 2004 gibt es hier sogar eine für die Ostküste exklusive **High-Speed-Standleitung** für das Internet. Obwohl die Gebühren dafür US$1000 im Monat betragen, dürfen Einhei-

800 Rs. Von Arugam Bay zum Crocodile Rock kostet es 200–300 Rs, bis nach Panama 800–900 Rs.

Empfehlenswert ist das zuverlässige, recht günstige Taxi-Unternehmen **Safe Travels**, das über den freundlichen Betreiber K. M. Rifai, ✆ 077-2330996, ✉ safetravels2000@yahoo.co.uk, gesucht werden kann. Bruder Rasool arbeitet als Koch im Hangloose und bietet mitunter Three-Wheeler-Service an.

BUSSE – Die Arugam Bay ist von COLOMBO aus über Ratnapura (320 km, 6 Std.) oder über Galle, Matara und Hambanta (500 km, 10–12 Std.) zu erreichen.

Die meisten Busse starten vom Busbahnhof in Pottuvil, doch es gibt auch Abfahrten direkt von der Arugam Bay (bzw. Siam View Beach Hotel). Die tgl. 2–3 Express-Busse nach COLOMBO (ca. 250 Rs) fahren über Monaragala (60 km, 3 Std) oder Badulla, das neben Wellawaya als

mische umsonst surfen. Und in der unmittelbaren Nachbarschaft können sie sogar von der Kraft des 180 PS starken **Mitsubishi-Generators** profitieren, der einst schon die republikanischen Garden Saddam Husseins mit Strom beliefert haben soll und in diesen Breitengraden ab 1990 – bei einem Stundenverbrauch von 7–9 Litern Kraftstoff – die ersten Klima-Anlagen surren ließ. Besonders stolz ist das Hotel jedoch auf seine Umwelt-Tüfteleien: Neben einem eigenen Klärwerk für das Abwasser werden beispielsweise Plastikflaschen gesammelt und verblüffend erfolgreich zur Decken-Isolierung eingesetzt.

Der Tsunami hatte vom Siam View Beach Hotel nur das Haupthaus und vier von einst 26 Gästezimmern übrig gelassen, aber auch weiter an seiner Legende gestrickt: Am Morgen des 26. Dezembers hatte sich der Gärtner gegen 8.45 Uhr erdreistet, hartnäckig alle Hotelgäste zu wecken, was angesichts der vorangegangenen, feucht-fröhlichen und erst zum Sonnenaufgang endenden Weihnachts-Party kein besonders leichtes Unterfangen gewesen ist. Doch der alte Mann hatte das an jenem Tag irgendwie merkwürdige Meer beobachtet und war überzeugt, dass großes Unheil nahte.

Dieses ließ dann mit bis zu 15 m hohen Flutwellen auch nicht mehr lange auf sich warten. Dank der Vorwarnung überlebten alle 165 Gäste, doch ringsherum gab es massenhaft Tote, Verletzte und nur noch eine einzige Trümmerwüste. In dieser Apokalypse ist das Hotel zum **Symbol des Überlebens**, von Hoff-

nung und Wiederaufbau geworden. Von den geborgenen Essens-Vorräten wurden in den ersten Tagen bis zu 500 Gratis-Mahlzeiten an die Überlebenden verteilt. „Viel wichtiger sind damals aber erstaunlicher Weise Alkohol und Zigaretten gewesen", erinnert sich Fred und fügt nicht ganz ohne Genugtuung hinzu, dass in seinem Hotel schon am 31. Dezember 2005 – mitten im Chaos – wieder die erste kleine Party gestiegen ist.

Durch die verheerenden Flutwellen meint er, mehr Physik gelernt zu haben als beim ganzen Studium. Erkenntnisse, die auch beim Wiederaufbau einfließen: Die neu gesetzten Beton-Pfeiler zum Beispiel werden als Dreieck konstruiert, damit etwaige, mit Flutwellen als Geschosse heranrauschende Fischerboote nicht frontal aufprallen, sondern seitlich abgeleitet werden. Den Wasserturm hat er mit drei großen Sirenen bestückt, die eine Reichweite von 700 m haben. Weiterer Bestandteil des eigenen **Tsunami-Frühwarn-Systems** sind drei Computer, die rund um die Uhr laufen und selbstverständlich mit seismologischen Institutionen in Alaska, Hawaii und Bangkok verbunden sind. Und sogar in Sachen Emanzipation tut sich was im Siam View Beach Hotel: Der zweite Stock der neuen, aus Naturmaterialien romantisch am Meer erbauten Strandbar ist als **Ladys Lounge** ausgewiesen. Sie ist ausschließlich weiblichen Gästen vorbehalten und nur im Ausnahme-Fall – auf persönliche Einladung der Damenwelt – für Männer zugänglich….

Volker Klinkmüller

wichtigste Umsteigestation für die Anreise nach Pottuvil fungiert. Ein Minibus-Platz nach Colombo liegt bei 400 Rs.
Nach BATTICALOA fahren tgl. 1–2 Express-Busse (5 Std.). Die einfachen, örtlichen Busse brauchen erheblich länger. 3x tgl. bedienen sie auch die 3 km lange Strecke von Pottuvil zur Arugam Bay und weiter bis nach Panama.

FLÜGE – *Sri Lankan Airlines* verbindet im Rahmen ihres „Air Taxi"-Angebots die Flüge zwischen Colombo und Trincomalee mit Ampara, die inkl. Transfer zur Arugam Bay rund US$130 kosten (minimal 4, maximal 8 Passagiere). Buchungen unter ✆ 0197-333355 oder im Colombo-Büro, 250 Dockyard Rd., ✆ 026-2221101. Für die Zukunft ist eine direkte Anbindung über die Lagune von Pottuvil im Gespräch.
In Zusammenarbeit mit der indischen Firma *Air Deccan* gibt es einen **Hubschrauber-Service**, der pro Flugstunde US$1000 kostet.

Umgebung von Arugam Bay

Südlich der Arugam Bay, nach einer Landzunge beginnend und zu Fuß am Meer oder mit Fahrzeugen über das Nachbardorf Pasarichenai zu erreichen, dehnt sich ein wunderschöner, rund 3 km langer Sandstrand aus – bis hin zum **Crocodile Rock** und zum **Elephant Rock**, von wo gelegentlich sogar wilde Elefanten über die Wellen-Akrobatik der Ausländer rätseln. Überhaupt können Umgebung und Hinterland der Surfer-Destination atemberaubende Naturerlebnisse bieten – besonders während oder nach der von November bis Dezember dauernden Haupt-Regenzeit, die die Region in frischem Grün erwachen lässt. Allein schon an der landschaftlich reizvollen, rund 17 km langen Holperpiste zum Dorf **Panama** (gesprochen „Paanama") lassen sich meist eine paradiesisch bunte Vogelwelt, Affen, Füchse, Wildbüffel, Elefanten und mitunter sogar Krokodile beobachten, die auf den Sandbänken der Wasserläufe rasten. Die schönste Tageszeit für das Befahren der in der Regenzeit teilweise überfluteten Strecke ist der späte Nachmittag.

In Panama enden die asphaltierte Straße und der öffentliche Busverkehr, dahinter begann vor wenigen Jahren noch der Kriegsschauplatz. Die reizvolle, singhalesische Enklave hat sich noch viel von ihrer Ursprünglichkeit bewahrt. An seinem Süd-Ende schlängelt sich ein unbefestigter Fahrweg zum Meer, das sich hier mit einer einsamen, atemberaubenden Schönheit präsentiert und von einem reizvollen, hohen **Dünenwall** begrenzt wird. Am Fuß der Sandberge finden sich einige Soldaten-Gräber, aber es gibt auch Ruinen von einstigen Urlauber-Unterkünften, die noch an den Bürgerkrieg erinnern. 3 km westlich des Dorfs liegt ein romantischer See, der sich besonders zur Zeit des Vogelzugs im Oktober belebt. Von hier sind es nur noch wenige Kilometer zum **Nationalpark Yala East**, der sich über den Küstenort **Okanda** erreichen lässt.

Yala East-Nationalpark

Dieser 180 km² große Nationalpark im äußersten Südosten Sri Lankas beginnt nur rund 30 km südlich der Arugam Bay und wird im Vergleich zum benachbarten Naturschutzgebiet Yala West (Ruhuna) bisher kaum besucht – zumal es auch keine direkte Verkehrsverbindung gibt. Seine Hauptattraktion besteht in dem rund 20 km vom Eingang entfernten, 200 ha großen **Kumana-Stausee** mit seinen angrenzenden Mangroven-Wäldern. Hier tummeln sich zahlreiche Vogelarten wie Pelikane und Störche, aber auch der weiße Ibis oder der auf Sri Lanka seltene Schwarznacken-Storch. Zudem besteht die Möglichkeit, Elefanten oder mit etwas Glück sogar Leoparden und Bären zu sichten.

Seit der Wiedereröffnung dieses Nationalparks im Jahr 2003 erfolgt der Zugang – meist mit organisierten Tagestouren von Unterkünften oder kleiner Agenturen in Arugam Bay – über **Panama** und den Küstenort Okanda, der mit einem hinduistischen Tempel als bedeutende Zwischenstation des **Pilgerpfads** nach Kataragama (s. S. 405, Kasten), einer buddhistischen Einsiedelei, aber auch einem leuchtend weißen Surferstrand aufwarten kann. Der Eintritt kostet 1300 Rs pro Person und 1750 Rs für das Fahrzeug, der als Begleitung vorgeschriebene Trakker-Boy muss per Tipp bezahlt werden. Im Unterschied zum Nationalpark Yala West darf das Fahrzeug hier zwischendurch verlassen werden. Doch gibt es hier zur Zeit keine Übernachtungs-Möglichkeiten.

Der Norden

Madhu – auf Pilgerfahrt zum Marienheiligtum S. 416
Jaffna – Begegnung mit der Tamilen-Kultur S. 419
Nallur Kandaswamy Kovil – Hinduismus intensiv erleben S. 422
Nainativu-Insel – auf den Spuren Buddhas S. 430

Im Norden wird besonders deutlich, dass die Insel nicht nur ein Tropenparadies ist, sondern auch eine „Träne im Meer". Das Leben der Menschen ist bestimmt durch Krieg und Armut – eine Welt entfernt vom Leben anderswo in Sri Lanka. Und doch gehört der Norden genauso dazu wie das teegrüne Hochland und die goldfarbenen Buchten der Südküste. Wer dorthin fährt, kann keine bequeme Reise erwarten. Die Zerstörungen sind überall sichtbar, die Straßenverhältnisse teilweise katastrophal, und Warnschilder weisen auf vermintes Gebiet hin. Und doch ist es auch keine Reise ins Ungewisse. Mit dem Flugzeug ist man schnell in Jaffna, und die Unterkunftssituation verbessert sich stetig.

Der Aufwand lohnt sich: man lernt die facettenreiche Kultur der Tamilen kennen und das bunt schillernde Leben in den Hindu-Tempeln. **Jaffna** ist trotz Zerstörungen eine einladende Stadt, und das Umland der nördlichen Metropole wartet mit überraschend interessanten Sehenswürdigkeiten auf. Im Nordwesten liegt in **Madhu** der wichtigste Marienwallfahrtsort Sri Lankas, und auf der Insel **Mannar** wähnt man sich schon im nahen Indien. „Vanakkam", so heißen die tamilischen Bewohner die Gäste willkommen und sind froh, dass nicht mehr nur Soldaten das Straßenbild prägen, sondern auch neugierige Fremde, die diesen zwei Dekaden lang verschlossenen Landstrich erkunden wollen.

Der Norden kann fast ganzjährig besucht werden, mit 28 °C Durchschnittstemperatur gehört er zu den heißesten Regionen Sri Lankas. Die spärlichen Niederschläge – nur 1200 mm im Jahr – fallen während des Nordostmonsuns zwischen November und Januar/Februar. In den Folgewochen zeigt sich die Natur dann von ihrer schönsten Seite.

Madhu

Als es im Jahr 1544 zu einer Katholikenverfolgung durch den König von Jaffnapattam kam – er ließ 600 Gläubige aus Mannar hinrichten – flohen viele Christen in das Hinterland, einige auch nach Madhu, wo sie einen Schrein zur Verehrung Marias errichteten. Nachdem unter den Holländern in der zweiten Hälfte des 17. Jhs. die Katholiken wiederum verfolgt wurden, ließ sich eine Gruppe von 30 Familien in den Wäldern bei Madhu nieder und errichtete dort 1670 eine Kapelle zu Ehren **„Unserer lieben Frau von Madhu"**. Seitdem ist Madhu, 45 km westlich von Vavuniya, der bedeutendste Marienwallfahrtsort der Insel. 1870 bestimmte der Bischof den 2. Juli zum Hauptfest der Madonna. Zwei Jahre später legte er den Grundstein einer vergrößerten Wallfahrtskirche. 1924 setzte ein Abgesandter des Papstes der prächtig gekleideten Maria mit Kinde eine Krone auf. Die heutige Kirche wurde 1944 geweiht.

Während des Bürgerkrieges lag der Wallfahrtsort in heißumkämpftem Gebiet, und Tausende der umliegenden Bewohner flohen in das nahe gelegene „Open Relief Centre", ein Flüchtlingslager des UNHCR. Bis zum Waffenstillstandsabkommen 2002 lebten dort zeitweise bis zu 60 000 Menschen. Heute strömen die Gläubigen wieder zu den jährlichen Marienfesten, vor allem zum 2. Juli und zu Mariä Himmelfahrt am 15. August.

Transport

Von VAVUNIYA fahren stündlich **Busse** entlang der A 30 nach MANNAR mit Stopp an der **Madhu Road** (45 km, 2 Std.). Von dort sind es noch 14 km bis zum Wallfahrtsort.
Oft ist es jedoch schwierig, ein Fahrzeug dorthin aufzutreiben. Am besten arrangiert man daher von Vavuniya oder Mannar aus ein **Taxi**. Da Madhu in LTTE-Gebiet liegt, muss man mehrere Checkpoints passieren.

Insel Mannar

Bis Anfang der 1980er Jahre war die 30 km lange Insel Mannar ein geschäftiger Transitpunkt für den Verkehr mit dem Subkontinent. Von Talaimannar fuhren bis 1983 die Fähren ins indische Rameshwaram. Doch mit Beginn des Bürgerkriegs versank dieser schmale Zipfel in einen Dämmerschlaf. Über die Insel Mannar flohen viele Menschen nach Indien, darunter eine beträchtliche Zahl von Muslimen, welche unter den Einwohnern dieses Küstenabschnittes die Mehrheit bildeten. Viele Gebiete sind vermint. Die Region wirkt karg und ausgedörrt, als hätte der Krieg auch der Landschaft jede Lebenslust genommen. Das Gebiet zählt zu den regenärmsten Sri Lankas. Kein Wunder, dass sich auch heute kaum Touristen hierher

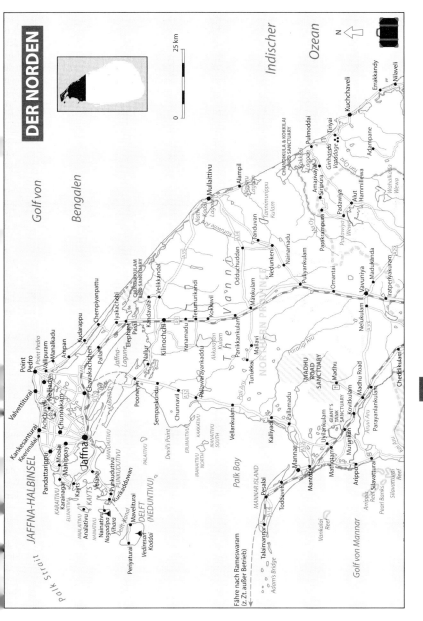

Sicherheitshinweis

Die Sicherheitslage ist äußerst labil. Übergriffe und Attentate gehören leider nach wie vor zum Alltag. Zwar waren Touristen bislang kein Ziel von Übergriffen, doch sollten in Zeiten der politischen Anspannung Menschenansammlungen gemieden werden. Auch sind die Hunderttausende von Landminen vielerorts nicht weggeräumt, daher sollte man nie abseits der Wege gehen. Jederzeit muss man mit Militärkontrollen rechnen. Vor dem Besuch der Jaffna-Halbinsel sind unbedingt die aktuellsten Informationen einzuholen.

---

verirren – zu sehen gibt es nämlich ziemlich wenig. Wo sonst würde die auffallend hohe Eselpopulation zu einer Touristenattraktion avancieren?

Das Städtchen **Mannar** liegt am Südostende der bananenförmigen Insel. Mit dem Festland ist es über einen 3 km langen Damm verbunden. An diesem strategisch wichtigen Ort errichteten die Portugiesen 1560 ein Fort. Nach ihrer Vertreibung durch die Holländer vergrößerten es diese 1686. Heute noch ist es mit seinen vier Bastionen in gutem Zustand, doch leider vom srilankischen Militär besetzt. Ansonsten ist in Mannar nicht viel zu sehen, außer dem riesigen **Affenbrotbaum** (Baobab) südlich der Stadt. Möglicherweise brachten ihn arabische Händler von seiner afrikanischen Heimat auf die Insel.

Am Westende der Insel liegt die Hafenstadt **Talaimannar**. Erst wenn der Fährbetrieb mit dem 32 km entfernten Indien wieder aufgenommen wird, kann sich der verlassen wirkende Ort, der in der Vergangenheit berühmt für die Perlenfischerei war, wirtschaftlich wieder entwickeln. Bis dahin muss er sich mit der Ehre begnügen, dem Ramayana zufolge als Eingangstor für den Affengeneral Hanuman gedient zu haben, als dieser über die **Adam's Bridge** nach Lanka eilte, um Ramas Gattin Sita aus den Fängen des Dämonenherrschers Ravana zu befreien. „Adams Brücke" besteht aus Sandbänken, Riffen und kleinen Inseln. Geologen vermuten, dass sie Reste einer Landverbindung mit dem Subkontinent sind, als vor vielleicht 45 Millionen Jahren Sri Lanka Teil der riesigen Indischen Platte war.

Übernachtung und Essen

Manjula Inn, 2nd Cross St., ☎ 023-2232037. Annehmbare Zi, teilweise mit Bad. Gute Küche. Oft ausgebucht, daher vorher anrufen. ❶
Sinnatamby's Restaurant, Thavulpadu Rd., ☎ 023-2232748. Von den 3 Zi ist nur eines mit Bad. Für eine Nacht akzeptabel. ❶
Star Guest House, Moor St., ☎ 023-2232177. Unweit der Bank of Ceylon. Bescheidene Räume, einige mit AC und Bad. ❶

Transport

Zwischen Mannar und COLOMBO verkehren tagsüber nahezu stündlich private Busse (312 km, 6–7 Std.). Regelmäßige Verbindungen gibt es auch nach TALAIMANNAR (27 km, 1 Std.), VAVUNIYA (77 km, 2 Std.) und TRINCOMALEE (174 km, 5 Std.).

Vavuniya

Der Ort ist Ausgangspunkt für Fahrten in den Norden. Hier endet derzeit die „Northern Line" der srilankischen Eisenbahn, vor dem Krieg führte sie bis nach Jaffna. Zudem ist Vavuniya auch eine Art unsichtbarer Grenze zwischen tamilisch und singhalesisch dominierter Kultur. Der Landstrich nördlich der Stadt ist als **Vanni** bekannt und führte über die Jahrhunderte ein politisches Schattendasein. Vanni stand weder unter totaler Kontrolle der Könige von Jaffna noch derer von Kandy. Vielmehr hatten hier so genannte Vanniyars – Provinzfürsten – das Sagen. Der Bürgerkrieg wütete in dieser Region besonders heftig, viele Gebiete sind nach wie vor vermint. Unter den Folgen des ethnischen Konflikts haben auch die knapp 65 000 Einwohner Vavuniyas zu leiden. Immerhin hat sich ihre Lage seit der Öffnung der A 9 für den Verkehr von und nach Jaffna wesentlich verbessert.

Auf der touristischen Landkarte ist die Stadt ein weißer Fleck. Sehenswert ist höchstens das **Archäologische Museum**, ⏰ Mi–Mo 9–17 Uhr, mit attraktiven Buddha-Statuen aus dem 5. bis 10. Jh. Es liegt nördlich der Busstation an der Jaffna Road.

Übernachtung

Vanni Inn, Ganana Vairavar Kovil Lane, Seitenstraße der 2nd Cross St., ✆ 024-2221406. Die beste Wahl der Stadt. Modernes Gebäude mit sauberen Zi mit Bad, davon einige mit AC.
❶–❷

SVS Lodge, 149 A Kandy Rd., ✆ 024-2221535. Bescheidene Zi mit Bad, aber für eine Nacht o. k. ❶

Vasanthan Lodge, 40 Kandy Rd., ✆ 024-2222581. Wenn keine andere Wahl bleibt… ❶

Transport

BUS – Die Verkehrsanbindung ist gut. Ganztägig starten im 30-Min.-Takt Busse von der Kandy Road in Richtung COLOMBO (254 km, 6 Std.), KANDY (179 km, 4 Std.) und ANURADHAPURA (53 km, 1 1/2–2 Std.).
Stündlich fahren CTB-Busse vom Busbahnhof nach MANNAR (77 km, 2 Std.).
Zudem gibt es mehrmals am Tag Direktverbindungen nach TRINCOMALEE (97 km, 2 1/2 Std.) und um 6 und 13.30 Uhr über POLONNARUWA (142 km, 5 Std.) nach BATTICALOA (237 km, 7 Std.).
Für die Weiterfahrt in Richtung Norden nimmt man einen der halbstündlich verkehrenden Busse bis OMANTAI (ca. 30 Min.).

EISENBAHN – Als Endstation der „Northern Line" ist VAVUNIYA an das Schienennetz angebunden. Nach COLOMBO starten die Züge täglich um 3.15 Uhr (an: 10 Uhr), ein IC um 6.05 Uhr (an: 10.55 Uhr), 13.15 Uhr (an: 19.30 Uhr) und 22 Uhr (an: 4.55 Uhr). Der Bahnhof von ANURADHAPURA wird nach gut einer Stunde erreicht. Abfahrtszeiten in Colombo-Fort sind: 5.45 Uhr (an: 12.15 Uhr), um 14.05 Uhr (an: 20.30 Uhr), ein IC um 16.30 Uhr (an: 21.40 Uhr) und um 21.30 Uhr (an: 4.30 Uhr).

Jaffna

Zerbombte Häuser, rote Warnschilder gegen Minengefahr, eine hohe Militärpräsenz – in Jaffna sind die Spuren des über zwanzig Jahre währenden Bürgerkriegs nicht zu übersehen. Doch seit die Waffen ruhen, findet die einst so quirlige **Handelsstadt** zumindest in Ansätzen wieder zu ihrer einstigen Dynamik zurück. Besonders gut zu beobachten ist dies rund um den Markt der 160 000-Einwohner-Stadt. Hier wähnt man sich eher in Südindien als in Sri Lanka. Dies verwundert nicht, liegt doch der Subkontinent jenseits der Palk Strait gerade mal 50 km entfernt. Nach Colombo sind es etwa 400 Kilometer.

Modische Saris a là Bollywood zieren die Schaufenster, aus den Boxen plärrt tamilische Popmusik, hinduistische Tempel dominieren das religiöse Leben. Irgendwie scheint auch die Zeit etwas hinter anderen srilankischen Orten her zu hinken. Da schaukelt noch mancher Oldtimer durch die Straßen, und von den Wänden der hübschen Bauten aus der Kolonialzeit blättert der Putz.

Noch wagen sich eher wenige Besucher in die zweitgrößte Stadt der Insel, doch sie werden belohnt mit freundlichen Menschen, morbidem Charme und einer bemerkenswerten Umgebung. Diese Mischung macht **Yalppanam**, die „Stadt der Laute", wie sie von den Tamilen poetisch genannt wird, trotz ihrer tragischen jüngeren Vergangenheit so sympathisch und besuchenswert.

Geschichte

Aufgrund der geringen Distanz zum Subkontinent wanderten vorwiegend südindische Tamilen auf die Jaffna-Halbinsel ein. Bereits im 3. Jh. v. Chr. entstanden die ersten Niederlassungen. Verstärkte Zuströme tamilischer Händler und Soldaten gab es ab dem 10. Jh. im Zuge der Chola-Invasion. Ein selbständiges Tamilen-Reich etablierte sich dann Mitte des 13. Jhs. nach dem Niedergang Polonnaruwas. Es profitierte auch vom Zusammenbruch des indischen Pandya-Reiches, als nach der Zerstörung von dessen Hauptstadt Madurai durch Truppen des muslimischen Sultans von Delhi (1323) viele Tamilen nach Sri Lanka flohen. Die Herrscher Jaffnas sind jedoch mangels Chroniken namentlich kaum bekannt, man weiß nur, dass sie sich den Titel **Arya Chakravati**, „Edle Weltenherrscher", gaben.

Abgesehen von einer kurzen Periode, als der König von Kotte, Parakramabahu VI. (reg. 1411–66), die Kontrolle über die gesamte Insel innehatte, blieb das unter Tamilen als Yalppanam (singh. *yapa patunam*) bekannte Jaffna-Reich unabhängig. Mit seinen gefragten Meeresprodukten – allen voran

Perlen und Muscheln – profitierte es vom zunehmenden regionalen Seehandel. So war es nur eine Frage der Zeit, bis die sich im Laufe des 16. Jhs. auf „Ceilão" immer weiter ausbreitenden **Portugiesen** auch ein Auge auf „Jaffnapatam" warfen, wie das Königreich auf Seekarten genannt wurde.

Nachdem der dortige König portugiesische Missionare hatte hinrichten lassen, um deren Einfluss auf die Bevölkerung zu stoppen, eroberten die Portugiesen 1591 Jaffna, entmachteten den Monarchen und setzten einen Vasallen ein. Unter dem kaltschnäuzigen Oberkommandeur General Constantino de Sa wurde dessen Nachfolger 1619 ebenfalls abgesetzt, und damit war der Untergang von Jaffnapatam besiegelt. Ohne Rücksicht auf die lokale Kultur zerstörten die Portugiesen die Hindu-Tempel und unternahmen aggressive Missionsversuche. Vor allem unter den Karaiya, den Mitgliedern der Fischerkaste, waren ihre eifrigen Padres erfolgreich.

Doch bereits 1658 wurden die Portugiesen von den **Holländern** verdrängt. Sie bauten Jaffna zu einem wichtigen Handelsstützpunkt für Stoffe, Perlen und Elefanten aus und errichteten das mächtige Fort. Allerdings konnten seine dicken Mauern nicht verhindern, dass dort ab 1796 der Union Jack im heißen Tropenwind wehte. Unter den Briten stieg Jaffna zu einem wichtigen Bildungs- und Verwaltungszentrum auf. Viele koloniale Bauten erinnern daran.

Nach der Unabhängigkeit geriet Jaffna immer mehr in den Sog der ethnischen Spannungen, die 1981 mit der Zerstörung der Jaffna-Bibliothek einen ersten traurigen Höhepunkt erreichten. Mit dem Ausbruch des **Bürgerkriegs** wurde die Stadt zum Schauplatz endloser Kämpfe. 1990 führte die LTTE ihr totalitäres Regime ein, doch gelang es Regierungssoldaten 1995 unter großen Verlusten auf beiden Seiten Jaffna zurückzuerobern. Damals lebte hier nur noch ein Viertel der einstigen Stadtbevölkerung, der Rest war geflohen. Erst seit 2002 kehren die Menschen zurück.

Orientierung und Besichtigung

Der Stadtkern von Jaffna zieht sich die gleichnamige Lagune entlang. Das Zentrum mit Markt und Busbahnhof liegt nordöstlich vom Fort an der quirligen Hospital Road. Zwischen ihr und der weiter nördlich liegenden Stanley Road spielt sich das Geschäftsleben ab. Vor dem Krieg schlug der Puls der Stadt rund um den Uhrturm, doch wurde dieser Bezirk nahezu vollständig dem Erdboden gleichgemacht. Der Wiederaufbau geht langsam voran, noch wirken Hauptpost und Jaffna-Bibliothek wie Fremdkörper. Der elegante **Uhrturm** geht auf das Jahr 1875 zurück, um an den Besuch des damaligen Prince of Wales zu erinnern. Ein zeitgenössischer Prince of Wales, nämlich Prinz Charles, stiftete 2002 die Restaurierung samt neuer Ziffernblätter.

Insgesamt bietet Jaffna wenige Sehenswürdigkeiten, es lohnt sich von daher mehr, die Stimmung der Stadt zu erleben – am besten mit dem Fahrrad. Besonders schönes koloniales Ambiente strahlen die alten Kirchen und Colleges im Stadtteil Chundukuli aus wie etwa der **Rosarian Convent** an der Convent Road, das **St. Martin's Seminary** und die große **St. Mary's Cathedral** an der Main Street sowie die 1928 eingeweihte neogotische **St. Mary's of Refuge Church** an der Hospital Road.

Immerhin blieb das Gebäude des **Archäologischen Museums** an der Navalar Road vom Krieg verschont, auch wenn die Exponate in seinem Inneren ziemlich vor sich hin gammeln. Zu sehen sind hinduistische Prozessionswagen, Buddha-Figuren aus Stein und Holzschnitzereien. ◉ Mo–Sa 9–17 Uhr, Spende erwünscht.

Das Holländische Fort

Wie ein riesiger Seestern liegt das Holländische Fort am Rand der Jaffna-Lagune unweit des Dammes zu den Kayts. 1680 begannen die Holländer mit dem Ausbau der früheren portugiesischen Festung nach den Prinzipien des großen französischen Festungsbaumeisters Sébastien le Prestre de Vauban (1633–1707), indem sie die mächtigen Außenmauern zum besseren Schutz vor Kanonenbeschuss spitz zulaufen ließen. Erst 1792 konnten sie den Außenring der 22 ha großen Anlage fertigstellen. Leider ist das Innere des Forts für Besucher nicht zugänglich, da sich dort die srilankische Armee verschanzt hat. Traurigerweise ist auch nicht mehr viel zu sehen, da das Fort in der ersten Hälfte der 1990er Jahre massiv bombardiert wurde. Die zerstörten Gebäude und verminten Flächen im Umkreis geben einen Eindruck davon. Zum Opfer fielen auch das **King's House** (auch „Queen's House"), in welchem der holländische

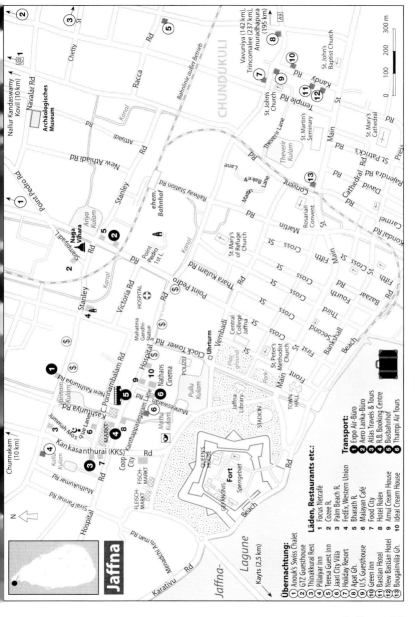

bzw. später britische Kommandeur residierte, und vor allem die 1706 eingeweihte calvinistische **Kruys Kerk** (Kreuzkirche) oder Groote Kerk (Große Kirche), deren Grundriss einem griechischen Kreuz glich.

Nallur Kandaswamy Kovil

Der bedeutende Nallur Kandaswamy Kovil liegt knapp 2 km nordöstlich des Stadtkerns und ist das religiöse Zentrum des Nordens. Sri Lankas größter **Hindu-Tempel** zählt zu den fünf wichtigsten hinduistischen Heiligtümern auf der Insel und ist fraglos das eindrucksvollste. Die Anfänge des Tempels liegen im Dunkeln. Bekannt ist nur, dass die Portugiesen 1620 einen Vorgängerbau zerstörten. Die ältesten Teile der heutigen Anlage gehen auf das Jahr 1749 zurück, doch wurde sie stetig erweitert. So kam die rot-weiß gestreifte Mauer 1909 hinzu. Der gewaltige Eingangsbereich mit dem geschwungenen Dach und dem fünfstöckigen Gopuram stammt aus dem Jahr 1964. Im Inneren befinden sich auf der Südseite ein überdachter Hof mit Wasserbecken und auf der Nordseite das Hauptsanktuarium, umgeben von mehreren Einzelschreinen. Besonders eindrucksvoll ist die Stimmung zu den Puja-Zeiten um 5.30, 10.30, 12.30, 16.30 und 17 Uhr. Über Mittag ist der Tempel geschlossen.

Die Jaffna Public Library – Symbol tamilischen Geistes

Sie ist der Stolz der Jaffna-Tamilen. Wie ein indischer Mogul-Palast sticht das gleißend weiße Gebäude aus der tristen Umgebung hervor. Aber erst seit 2004 ist die Bibliothek wieder geöffnet, nachdem sie jahrelang als trauriges Mahnmal eines ethnischen Fanatismus in Trümmern lag – seit der Nacht des 31. Mai 1981, als eine singhalesische Polizeieinheit sie in Brand gesteckt hatte. Damals musste die Bevölkerung hilflos mit ansehen, wie über 97 000 Bücher und Dokumente für immer verloren gingen. Darunter waren wertvolle Schriften wie die Jaffna-Chronik *Yalppanam Vaipavama* oder Manuskripte des Intellektuellen **Ananda Coomaraswamy** (1877–1954). Der Sohn einer Engländerin und eines Tamilen war seinerzeit mit seinen Publikationen zu Kunst, Philosophie und Religion wichtiger Impulsgeber für die nationalistische Bewegung und ein bedeutender Brückenbauer zwischen Ost und West.

Als die Bibliothek 1848 erstmals ihre Pforten öffnete, begann sich eine wachsende Zahl tamilischer Intellektueller auf die eigene Kultur zurück zu besinnen. Dies ist vor allem einer Person zu verdanken: dem aus Nallur (südlich der Jaffna-Lagune) stammenden **Arumuga Navalar** (1822–79). Mit ihm erlebte die tamilische Literatur einen neuen Höhepunkt, nachdem sie während der britischen Kolonialzeit immer bedeutungsloser geworden war. Der Absolvent und zeitweilige Lehrer am renommierten methodistischen Jaffna Central College suchte eine hinduistische Antwort auf die aggressiven Missionsversuche westlicher Christen und etablierte für die Hindus ein eigenes Schulsystem. Als „Mann enormer Belesenheit und gewaltiger Energien", wie ihn der Historiker K. M. de Silva charakterisiert, hat Navalar dem tamilischen Hinduismus bis heute seinen Stempel aufgedrückt – vor allem durch seine systematischen Studien zum Shivaismus. Dank eigener Druckerei verbreiteten sich seine Schriften weit über die Grenzen hinaus. Mit seinen eingängigen Gedichten avancierte er im Volk zum „Vater der tamilischen Prosa". Als er im 58. Lebensjahr starb, hatte der lebenslange Junggeselle 75 Bücher publiziert.

In seine Fußstapfen trat später der in Jaffna geborene Jurist **Thamotharam Pillai** (1832–1901). Er war der erste tamilische Graduierte der südindischen Madras University und wurde durch eine Grammatik bekannt. Zudem sammelte er alte Palmblattmanuskripte tamilischer Klassiker und gab sie neu heraus.

Leider droht das geistige Erbe dieser und anderer Persönlichkeiten im militärischen Gedröhne des ethnischen Konfliktes unterzugehen. Zu hoffen ist, dass die Bibliothek sich wieder mit Leben füllt und zu einem wichtigen Zentrum des intellektuellen Lebens wird.

Martin H. Petrich

Der Kovil ist **Murugan** geweiht. So nennen die Tamilen den hinduistischen Kriegsgott Skanda, bei den Singhalesen wiederum als Kataragama bekannt ist (s. S. 112). Seine sechs Köpfe symbolisieren Weisheit, Leidenschaftslosigkeit, Stärke, Ruhm, Reichtum und göttliche Macht. Als Reittier dient ihm der Pfau. In den zwölf Händen hält er Waffen, darunter einen Speer, den **Vel**. Damit vernichtet er alle Ungerechtigkeit und stellt die Weltordnung wieder her. Murugan beherrscht das letzte der vier Weltalter (Mahayuga), in welchem sich die Menschheit befindet. Es ist das *Kali Yuga,* das „finstere Weltalter" und dauert 432 000 Jahre.

Im Juli/August findet das berühmte **Nallur Festival** statt. Massen an Menschen nehmen daran Teil, die Tempelanlage versinkt in einem Meer von bunten Saris und dem nackten Oberkörpern der Männer. Das Fest beginnt am sechsten Tag nach dem Juli-Neumond und dauert 26 Tage. Jeden Tag findet eine Prozession statt, doch am feierlichsten wird es gegen Schluss. So wird am Morgen des 24. Tages zum „Car-Fest" ein riesiger Prozessionswagen mit der Statue Murugans herumgezogen. Ähnliches wiederholt sich am nächsten Tag zum „Theertham-Fest". Viele Gläubige stechen sich spitze Gegenstände durch die Haut oder hängen sich an Fleischerhaken auf. Damit ist ihr Wunsch verbunden, wie Murugan unangreifbar zu werden.

Übernachtung

Jaffna ist nicht der Ort des luxuriösen Wohnens. Doch findet sich im Low-Budget-Bereich mittlerweile eine recht ordentliche Auswahl an Unterkünften, wenn sie auch preislich etwas höher liegen als anderswo. Viele Gästehäuser sind im südöstlich gelegenen Stadtteil **Chundukuli** zu finden.

UNTERE PREISKLASSE – *Apat Guesthouse*, 43 Kandy Rd., ✆ 0777-738221. Alles ziemlich schlicht und nicht ganz sauber, aber dafür billig. 6 Zi, davon zwei mit Bad. Ums Frühstück muss man sich selber kümmern. ❶

GTZ Guesthouse, 114 A Temple Rd., ✆ 021-2222 203. Gästehaus der deutschen Gesellschaft für Technische Zusammenarbeit (GTZ). Nimmt in seinen 4 einfachen AC-Zi mit Gemeinschaftsbad auch Touristen auf. ❷

Ohne Schuhe und Hemd

Männer dürfen das Innere des Tempels nur mit nacktem Oberkörper betreten; und auch die Schuhe haben dort nichts zu suchen. Außerdem darf im Inneren nicht fotografiert werden.

Teresa Guest Inn, 72 A. Racca Rd., ✆ 021-222 2597, ✉ theresa-inn@sltnet.lk. Ein einfaches familiäres Gästehaus mit 3 AC-Zi, nur eines mit Bad. Sehr sympathisch. Arrangiert Mietwagen. ❶ – ❷

Holiday Resort, 859/15 Hospital Rd., ✆ 021-222 5643. Gegenüber der St. John's Church, mit 4 Zi, zwei davon mit AC und Bad. Freundliche Eignerfamilie. ❶ – ❷

Green Inn, 60 Kandy Rd., ✆ 021-2223898. Alles ziemlich bescheiden. 7 Zi mit Bad, teilweise mit AC. Nicht sehr sauber. ❶ – ❷

Bastian Hotel, 37 Kandy Rd., ✆ 021-2222605. 8 Zi unterschiedlichen Standards, einige mit AC. Freundlicher Service. ❶ – ❷

Thinakkural Rest, 45 Chetty St., ✆ 021-2226476. Sehr angenehmes Gästehaus mit 12 sauberen Zi, fast alle mit Bad. Sieben Zi sind mit AC ausgestattet. Große Veranda. ❷

U.S. Guesthouse, 874 Hospital Rd., ✆ 021-222 7029, ✉ usguesthouse@wow.lk. Neben der St. John's Church. 7 saubere AC-Zi mit Bad, teilweise mit TV und Kühlschrank. Gut geführt und empfehlenswert. ❷

Bougainvilla Guesthouse, 305 Main St., ✆ 021-2225969. Modernes Gebäude mit 4 sauberen AC-Zi, drei davon mit Bad. ❷

Jaarl City Villa, 42/7 Kandappusegaram Lane, Seitenstraße der K. K. S. Rd, ✆ 021-2225969. Die 12 Zi mit Warmwasser-Bad sind alle sauber, gut und wohnlich. Vier Räume haben AC. ❷

MITTLERE PREISKLASSE – *Pillaiyar Inn*, 31 Manipay Rd., ✆ 021-2225595. Im Hinterhof gelegenes sympathisches Gästehaus mit sauberen Zi mit Bad. Gutes Essen und freundlicher Service. Kann Touren ins Umland arrangieren. ❷ – ❸

New Bastian Hotel, 11 Kandy Rd., ✆ 021-222 7374. Derzeit Jaffnas beste Bleibe mit 11 AC-Zi

mit Bad. Verschiedene Größen, darunter ein Family Room und eine Suite. Arrangiert auch Mietwagen. Internet-Service. ❸–❹
Anouk's Swiss Chalet, Palali Rd., ✆ 0777-733 317. Liegt 9 km nördlich von Jaffna, auf halbem Wege zum Flughafen. Ohne eigenes Fahrzeug daher schlecht zu erreichen. Dafür wohnt man in den 4 großen AC-Zi mit Freiluft-Bad sehr schön. Sie sind um einen schönen Innenhof gruppiert. Die Eignerin, Anoula Radalage Meier, serviert gute tamilische Küche. Sehr beliebt bei Expats. ❹

Essen

Fraglos muss man auch im kulinarischen Bereich Abstriche machen, Jaffna ist hier noch kaum auf Touristen eingestellt. Doch wer wenig Wert auf Ambiente legt, kann hier leckere tamilische Speisen kennen lernen wie etwa **Tool**, eine mit zahlreichen Zutaten wie Tapioka, Tamarindensaft und Thymian angereicherte Fischsuppe. Himmlische Freuden erleben viele beim Genuss von **Mangos**, die zu den besten der Insel zählen.
Palm Beach Restaurant, 10/11 Stanley Rd. Einer der wenigen Plätze in Jaffna, wo man auch abends ganz gut Essen gehen kann. Es wird srilankische und chinesische Küche serviert. Pluspunkt: AC-Kühlung und Nichtraucher; Minuspunkt: Kein Alkoholausschank. ⏱ tgl. 11.30–22 Uhr.
Hotel Rolex, 340 Hospital Rd. Betriebsames Restaurant mit Curry-Buffet und vielen Snacks. Beliebt bei Kind und Kegel. Und viel billiger als eine Rolex… ⏱ tgl. 6.30–22 Uhr.
Cozee Restaurant, 15 Sirampiyadi Lane. Von außen nichts Aufregendes, doch innen werden schmackhafte indische und chinesische Gerichte geboten. Gute Nachricht für alle, die etwas „Reis-müde" sind: hier gibt es einen Tandoor-Ofen.
Malayan Café, 36-38 Grand Bazaar. Gegenüber dem Markt. Sehr beliebt und daher häufig voll. Vorzügliche vegetarische Reisgerichte und Snacks. Gelobt werden die Dosas *(thosai)* und Thairu Vadais, mit Joghurt gefüllte Teigtaschen.
Bharath Restaurant, 302 Stanley Rd. Ziemlich finster, doch serviert gute Curry-Gerichte zu günstigen Preisen.

Old Park Chinese Restaurant, 40 Kandy Rd., Ecke Old Park Rd., offeriert eine gute Auswahl chinesischer Menüs.

Sonstiges

GELD – *Bank of Ceylon* in der Hospital Rd., Ecke Point Pedro Rd., und die benachbarte *Seylan Bank*, 560/562 Hospital Rd., verfügen über Geldautomaten. In der gleichen Straße gibt es auch eine Filiale der *Hatton National Bank*, 212/214 Hospital Rd.

INTERNET – Leider etwas abgelegen liegt Jaffnas derzeit bestes Internet-Café, das *Focus Netcafé*, 120 Arasay Rd., gegenüber dem Hindu Ladies College, ⏱ tgl. 9–23 Uhr.
Im *Thirumurugam Com Net*, 259 K. K. S. Rd., steht nur ein PC zur Verfügung, 50 Rs/Std.
Im *Express Net Café*, 328 Stanley Rd., kann man für 40 Rs/Std. surfen, ⏱ tgl. 8.30–21 Uhr.

MEDIZINISCHE VERSORGUNG – Das staatliche Krankenhaus liegt zentral an der Hospital Road, ✆ 021-2222260.

Transport

BUSSE – Zwischen COLOMBO und JAFFNA verkehren komfortable AC-Busse privater Reiseunternehmen, die meist der LTTE nahe stehen. Die Fahrt über die 396 km lange Strecke kann wegen der Straßenkontrollen bis zu 14 Std. dauern und führt von Colombo über Kurunegala, Dambulla, Mihintale (bei Anuradhapura) und Vavuniya nach Jaffna.
In Jaffna starten die Busse für gewöhnlich zwischen 7.30 und 8.30 Uhr. Weiterreisende nach ANURADHAPURA oder HABARANA und POLONNARUWA können in Mihintale aussteigen. Wer nach KANDY möchte, steigt entweder in Dambulla oder in Kurunegala um. Allerdings muss in allen Fällen der komplette Ticketpreis bezahlt werden.
Die Tickets kosten derzeit 1200 Rs und können bei folgenden Agenturen besorgt werden. In Colombo:
Thampi Air Tours, 296/D4 Galle Rd., Wellawatta, Colombo 6, ✆ 011-2360959.

Jaffna Public Library

Atlas Travels & Tours, 227 Central Rd., Pettah, Colombo 12, ☎ 011-2431498; 362 Galle Rd, Wellawatta, Colombo 6, ☎ 011-2363030.
In Jaffna:
Thampi Air Tours, 90 Kanthappasegaram Lane, ☎ 021-2222504.
Atlas Travels & Tours, 77 K. K. S. Rd., ☎ 021-2222990.
R. B. Booking Centre, 15 Grand Bazaar, ☎ 021-2227016, 4590219.
Der **Busbahnhof** für Fahrten in die nähere Umgebung liegt an der Hospital Road. Von dort fahren Busse Nr. 950 und 750 alle 30 Min. über PUTTUR nach POINT PEDRO (33 km) und Busse Nr. 951 und 751 über VALVETTITURAI nach POINT PEDRO.
Zudem verkehren CTB-Busse Nr. 779 und 780 zur Fähranlegestelle KURIKADDUWAN (K. K. D.) auf der Insel PUNKUDUTIVU (etwa 45 Min.). Die Abfahrten sind um 6.15, 7.15, 8.15, 10, 11.30, 14 und 16 Uhr.

FLÜGE – *Aero Lanka*, 86 Point Pedro Rd., ☎ 021-2226242, fliegt täglich mindestens einmal zwischen COLOMBO-RATMALANA und Jaffna sowie freitags und sonntags auch von/nach TRINCOMALEE.

Checkpoints

Da die Fahrt entlang der A 9 von/nach Jaffna durch LTTE-Territorium führt, müssen sich Reisende unterwegs an den Checkpoints der srilankischen Armee (SLA) und der LTTE strengen Kontrollen unterziehen. Dies kann die Reisezeit erheblich verlängern. Die Kontrollstellen – jeweils eine der SLA und LTTE – befinden sich in **Omantai**, nördlich von Vavuniya, und **Pallai**, zwischen Jaffna und dem Elefantenpass. Den Reisepass sollte man bereit halten. Es kann sein, dass die LTTE eine „Durchreisegebühr" von 1000 Rs verlangt. In diesem Fall kann man die Zahlung mit entsprechendem Nachdruck verweigern. Ansonsten sollte man viel Geduld und Gelassenheit mitbringen. Wer aus dem Süden kommt, wird vor allem in Omantai scharf kontrolliert, wer aus dem Norden kommt in Pallai.

Expo Air, 1 E Stanley Rd., ☎ 021-2223891, hat ebenfalls eine tägliche Verbindung zwischen Jaffna und Colombo. Die Flugzeit dauert etwa 1 Std., ein Rückflugticket kostet derzeit 12 000 Rs, einfach 6900 Rs.

Jaffna-Halbinsel

Jaffna ist eine exzellente Basis für Ausflüge in die Umgebung, sei es zu den westlich vorgelagerten Inseln oder zu den Sehenswürdigkeiten in Richtung Nordküste. Für beides sollte man jeweils einen Tag einkalkulieren. Trotz durchaus reizvoller Strandabschnitte ist die Jaffna-Halbinsel derzeit nicht der richtige Ort, sich Badefreuden hinzugeben. Der Bürgerkrieg und auch die Schäden durch den Tsunami haben ihre Spuren hinterlassen. Touristisches Potential haben sicherlich **Casuarina Beach** auf der Insel Karaitivu und **Chaddy Beach** auf den Kayts.

Nördlich von Jaffna

Im Nordosten von Jaffna liegt bei **Kopai** ein riesiges Gräberfeld gefallener LTTE-Soldaten. Mit 2500 Grabstätten ist es der größte Soldatenfriedhof auf der Jaffna-Halbinsel. Viele starben noch sehr jung in der ersten Hälfte der 1990er Jahre und ruhen nun in den Augen der LTTE als „Martyrer" im „Schlafhaus", weshalb die Anlage auf Tamil **Tuyilum illam** heißt. Der Friedhof wirkt noch sehr neu, weil er nach heftigen Bombardements 1995 – damals eroberte die srilankische Armee Jaffna zurück – restauriert wurde. Unter den Gräbern ist auch jenes von Leutnant Malathi, die am 10. Oktober 1987 als erstes weibliches Mitglied des LTTE-Frauenkaders „Freiheitsvögel" (Suthanthirap Paravaikal) im Kampf gegen die indische Friedenstruppe (IPKF) fiel.

Der **Nilavarai-Brunnen** – nur etwa 2 km von Kopai entfernt – ist einer jener antiken tiefen Brunnen, in denen sich das Wasser aus den unteren Kalksteinschichten sammelt. Diese Brunnen sorgen für die Bewässerung des fruchtbaren Bodens und haben den Ruf der Region als Gemüsezentrum begründet. Vor allem Kartoffeln, Zwiebeln und Chili gedeihen hier vorzüglich. Nach einer Überlieferung soll Rama, der Held aus dem Ramayana, höchstpersönlich hier ein Loch gegraben haben, um seinen Durst zu stillen.

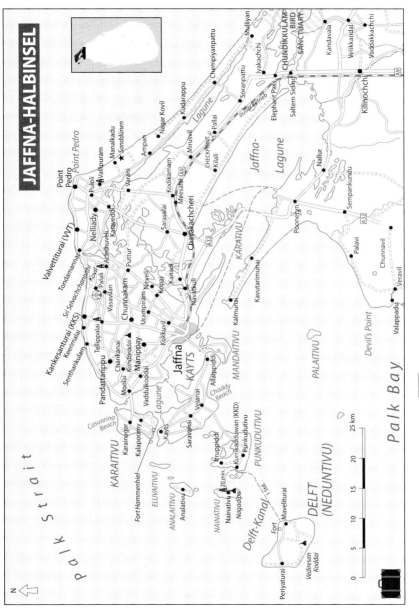

Etwa 12 km nördlich der Tamilenmetropole und 2 km westlich von Chunnakam liegt im Ort **Kantarodai** das buddhistische Heiligtum **Purana Maha Raja Vihara**. Dort wurden bislang 20 Miniatur-Stupas ausgegraben und restauriert, allerdings waren es mit Sicherheit viel mehr. Die größte hat einen Umfang von 7 m und ist 2 m hoch. Der Archäologe Paul E. Pieris fand bei Ausgrabungen im Jahr 1916 mehrere Buddha-Statuen und glasierte Ziegel, wie sie auch in Anuradhapura Verwendung fanden. Es wird vermutet, dass hier zwischen dem 2. Jh. v. Chr. und dem 13. Jh. ein bedeutsames Kloster lag. Möglicherweise handelt es sich um Grabstupas für die sterblichen Überreste der Mönche. Die halbkugelförmigen Dagobas liegen etwas versteckt inmitten von Palmyrapalmen an einer Nebenstraße von Chunnakam nach Chankanai.

Ein attraktives Hindu-Heiligtum ist im Osten des Palali-Flughafens direkt am Rand der High Security Zone zu finden: der **Sri Selvachchannithi Kovil**. Er ist dem Schutzgott der Insel Murugan (singh. Kataragama) geweiht. Hindus glauben, dass der Kriegsgott hier als Naga-Schlange erschien. Von hier startet alljährlich der 45-tägige „Pada Yatra", die hinduistische Wallfahrt nach Kataragama (s. S. 246).

Point Pedro und Vallipuram

An Sri Lankas nördlichstem Zipfel liegt **Point Pedro**. Wie im südlichen Gegenpart in Dondra bei Matara markiert auch hier ein Leuchtturm den nördlichsten Punkt der Insel. Ansonsten hat dieser Fischerflecken nicht viel zu bieten. Die Vielzahl der Kirchen, darunter die schöne St. Thomas-Kirche, macht deutlich, dass hier die Missionsversuche der Portugiesen Früchte trugen – sie waren ja besonders unter den Fischern erfolgreich. Im Osten des Leuchtturms liegt ein schöner Strand, doch ist er gelegentlich aus Sicherheitsgründen ebenso wenig zugänglich wie die weiter südlich gelegenen Sanddünen von **Manalkadu**. Das gleichnamige Fischerdorf war durch den Tsunami dermaßen zerstört worden, dass es weiter im Landesinnern mit Hilfe der Deutschen Gesellschaft für Zusammenarbeit (GTZ) neu aufgebaut wurde.

Interessant ist noch der Hindutempel in **Vallipuram**, einem Küstenort etwa 5 km südlich von Point Pedro. Der zweitgrößte Kovil der Jaffna-Halbinsel liegt inmitten einer großzügigen Anlage und ist der ersten Inkarnation Vishnus als Fisch Matsaya geweiht. Sehenswert sind die Darstellungen der zehn Erscheinungsformen (Avatar), in denen dieser Hindugott bislang erschienen ist oder noch erscheinen wird. Der Legende nach kam **Vishnu** in folgenden Formen zur Welt: 1. als Fisch Matsaya, 2. als Schildkröte Kurma, 3. als Eber Varaha, 4. als Menschenlöwe Narasimha, 5. als Zwerg Vamana, 6. als Axt schwingender Rama, Parasurama, 7. als Rama, 8. als Krishna, 9. als Buddha. Die zehnte Inkarnation als Pferd Kalki steht noch aus. Weitere interessante Darstellungen sind Vishnu auf der Schlange Ananta liegend, Krishna und Arjuna (aus der Bhagavad Gita), Vishnu und Lakshmi sowie Krishna, der mit einer Schlange kämpft.

Vallipuram ist eine der ältesten Siedlungen im Norden Sri Lankas. Bei Ausgrabungen kamen gelochte Münzen zum Vorschein, die in vorchristlicher Zeit in Indien verwendet wurden. Bekannt ist der Ort für den Fund eines Goldtabletts mit einer Inschrift aus dem 1./2. Jh., welche erwähnt, dass ein unter König Vasabhu eingesetzter Stadthalter in Vallipuram ein buddhistisches Kloster gestiftet habe. Zum prominentesten Fund zählt eine stehende Buddha-Statue aus dem 8. bis 10. Jh., die heute im Wat Benjamabophit in Bangkok zu finden ist.

Transport

Die Busse Nr. 950 und 750 fahren halbstündlich von Jaffna über Puttur nach Point Pedro, die Busse Nr. 951 bzw. 751 über Valvettiturai.

Valvettiturai (V. V. T.)

Dieses geschäftige Fischer- und Schmugglerstädtchen, gut 30 km nordöstlich von Jaffna, ist in erster Linie als Geburtsort des LTTE-Führers **Velupillai Prabhakaran** (s. S. 98) bekannt. Das durch den Krieg beschädigte, grün gestrichene Haus, in dem er am 26. November 1954 als jüngstes von vier Kindern geboren wurde, kann besucht werden. In seiner Kindheit galt Prabhakaran als schüchterner und mittelmäßiger Schüler. Doch er war eine Leseratte und verschlang mit Vorliebe Bücher über berühmte Heeresführer, insbesondere über Alexander den Großen und Napoleon. Nach der fünften Klasse brach er die Schule ab. Bereits mit 21 Jahren beging er seinen ersten Mord: an dem tamilischen Bürgermeister von Jaffna. Seitdem hat er sich zu der wohl am meisten gehassten, aber auch respektiertesten

Persönlichkeit auf der Insel entwickelt. Selbstbewusst hat ein Anhänger an die Hauswand gesprüht: ‚The President of Tamil Eelam". Einige hundert Meter vom Haus entfernt liegt der enorme **Amman Kovil**. Die Busse Nr. 951 und 751 fahren auf ihrem Weg nach Point Pedro über Valvettiturai.

Die Inseln

Im seichten Gewässer der Palk Strait, die Sri Lanka vom indischen Subkontinent trennt, liegen entlang der Küste einige flache, meist dünn besiedelte Inseln. Auf ihnen ist nichts Spektakuläres zu finden, doch allein die Anfahrt über Land oder Wasser hat ihren Reiz: die braun schimmernden Netze in den Lagunen, die im Wind schwankenden hohen Palmyrapalmen, die trockene heiße Luft, das gemächliche Leben in den Dörfern oder das fromme Murmeln der Gläubigen in den Tempeln. Am besten mietet man sich ein Fahrzeug für den Besuch, denn die von Jaffna kommenden Busse sind hoffnungslos überfüllt. In regelmäßigen Abständen gibt es Kontrollposten der srilankischen Armee. Drei der Inseln sind mit Dämmen verbunden: **Karaitivu**, **Kayts** und das anschließende **Punkudutivu**. Von letzterer Insel legen Fähren nach **Nainativu** und **Delft** ab.

Kayts und Punkudutivu

Kayts, die größte Insel, ist auch die von Jaffna aus gesehen am nächsten gelegene. Von den heimatverbundenen Holländern „Leyden" genannt, war sie in der Vergangenheit ein bedeutender Ort für den Schiffsbau. Die Portugiesen haben hier erfolgreich missioniert, wie an den zahlreichen Kirchen unschwer zu sehen ist. Von ihnen stammen auch noch die kläglichen Reste des **Fort Eyrie** (heute Urundi genannt) im Insel-Hauptort Kayts. Zusammen mit dem vor der Insel Karaitivu gelegenen Fort Hammenhiel sollte von hier aus die Zufahrt der Schiffe nach Jaffna kontrolliert werden. Ansonsten hat der Ort Kayts nichts an Sehenswürdigkeiten zu bieten. Von gewisser Attraktion ist die 1716 errichtete Fassade der **St. James-Kirche**.

An der Südseite der Insel liegt unweit des Dorfes Velanai der schöne Strandabschnitt **Chaddy Beach**. Sollte sich die politische Lage entspannen, wird der „White Sand Beach", so die Bedeutung, außer Einheimischen auch ausländische Touristen anziehen. Resorts sind schon in der Planung. In unmittelbarer Nähe des Strandes befinden sich die St. Mary-Kirche, ein Soldatenfriedhof mit 135 LTTE-Gräbern und eine Moschee für die Anhänger des 1986 verstorbenen srilankischen Sufimeisters Sheikh Muhammad Raheem Bawa Muhaiyadeen.

Über einen 4 km langen Damm ist das südwestlich gelegene **Punkudutivu** mit Kayts verbunden. Im ehemaligen holländischen „Middleburg" gibt es nicht viel zu sehen oder zu tun. Außer dass man über den Hafen in **Kurikadduwan (K. K. D.)** eine der Fähren nach Nainativu und Delft nimmt.

Transport

Von Jaffna starten die CTB-Busse Nr. 779 und 780 über die KAYTS zur Fähranlegestelle KURIKADDUWAN (K. K. D.) auf der Insel Punkudutivu (etwa 45 Min.) um 6.15, 7.15, 8.15, 10, 11.30, 14 und 16 Uhr.
Von K. K. D. aus fahren sie um 8, 10, 10.30, 12.30, 15 und 15.30 Uhr in die Tamilen-Metropole.

Karaitivu

Es bleibt ein Geheimnis der Niederländer, warum sie gerade die verschlafene Insel Karaitivu nach ihrer schillernden Metropole „Amsterdam" nannten. Das über einen Damm mit der Jaffna-Halbinsel verbundene Eiland ist vor allem wegen des **Casuarina Beach** an seiner Nordseite bekannt. Allerdings sollte man nicht zu viel erwarten. Der Sand ist grau und nicht sonderlich sauber. Zudem ist das Wasser ziemlich flach. Schön anzusehen sind die namensgebenden schattenspendenden Kasuarinen-Bäume.

Vor der Südseite Karaitivus liegt auf einer kleinen Insel das holländische **Fort Hammenhiel**. Etwa zur gleichen Zeit wie das Jaffna-Fort (Ende 17. Jh.) erbaut, diente es zum Schutz der schmalen Durchfahrt nach Jaffna. Es ist in einem relativ guten Zustand und wurde bis vor geraumer Zeit als Gefängnis benützt – und konnte daher nur von dessen Insassen besichtigt werden. Der Name zeugt von kulinarischer Fantasie: Er heißt übersetzt „Hammelkeule", denn diese Form erkannten die Seefahrer beim Betrachten der Jaffna-Halbinsel offensichtlich auf ihren Karten.

In regelmäßigen Abständen fahren Busse von Jaffna in die „Insel-Metropole" **Karainagar**. Wer mit dem Auto unterwegs ist, kann auf dem Festland im Ort **Vaddulkoodai** die portugiesische Kirche besuchen oder in **Ponnalai** den Vishnu geweihten Tempel Sri Vardaraja Perumal Kovil.

Nainativu (Nagadipa)

„Harlem" hieß die westlich von Punkudutivu gelegene Insel bei den Holländern. Sie ist ein wichtiges Pilgerziel für Buddhisten, denn der Tradition nach soll auf diesem Eiland Buddha selbst erschienen sein, um einen Streit zwischen dem Naga-König Mahodara und seinem Neffen Chulodara um den rechtmäßigen Besitz des Edelsteinthrons zu schlichten. Es war nach einem Aufenthalt in Mahiyangana östlich von Kandy sein zweiter Besuch auf der Insel. Der Erleuchtete ließ Finsternis über sie kommen, um so den Kampf zu verhindern. Als es wieder hell wurde, versammelten sich die verfeindeten Nagas vor ihm, um seine Predigt von der Eintracht und Friedfertigkeit zu hören. Zuletzt übergaben sie ihm den Thron.

Daher nennen die singhalesischen Buddhisten das Eiland auch Nagadipa, „Insel der Naga-Schlangen" (Tamil: Nainativu). An der legendären Stelle steht der schlichte Nagadipa Raja Maha Vihara mit einem wohl proportionierten Stupa und Buddha-Figuren aus Thailand und Birma. Hindus wiederum ist der Naga Pooshani Ambal Kovil heilig. Vor allem, weil hier die Göttin Ambal Devi über das Wohlergehen der Fischer wacht. Um ihren Segen zu erflehen bringen Eltern ihre neu geborenen Babys mit. Der Tempel liegt unweit der Bootsanlegestelle.

Transport

Fähren zur Insel NAINATIVU starten in Kurikadduwan (K. K. D.) um 8 Uhr sowie etwa stündlich zwischen 8.30 und 18.30 Uhr. In Nainativu legen sie ebenfalls stündlich zwischen 7.30 und 17.30 Uhr ab. Die Fahrt dauert etwa 20 Min.

Nach DELFT legt von Nainativu um 5.30 Uhr eine Fähre ab, um 17 Uhr fährt sie von dort wieder zurück (Fahrtzeit: 1 Std.).

Delft (Neduntivu)

Ist der Inselname ein Relikt aus der holländischen Vergangenheit, so sind die frei herumlaufenden „Delft-Ponys" ein Überbleibsel aus portugiesischer Zeit. Seit ihrer Einführung durch die Südeuropäer ziehen sie mit Vorliebe im südlichen Teil der 50 km^2 großen Insel über das karge Flachland. Eine weitere portugiesische Hinterlassenschaft ist das ehemalige Fort an der Nordostecke der Insel, unweit der Schiffsanlegestelle. Allerdings ist davon wenig übrig geblieben. Viele Steine aus abgestorbenen Korallen wurden für das Aufschichten von Schutzmauern verwendet, die sich entlang der Wege ziehen und zum Markenzeichen Delfts geworden sind.

Zum Landschaftsbild gehören auch die wie Nadeln in die Höhe ragenden Palmyrapalmen. Von den Holländern stammt das schicke Wohnhaus des Garnisonskommandeurs. Die Anlegestelle liegt bei der Siedlung Maveliturai. Auf der anderen Inselseite, im Westen, gibt es einen netten Strandabschnitt, auch wenn er den feinen weißen Sand missen lässt. Gelegentlich kurvt ein klappriger Bus über die Insel, ansonsten muss man auf Schusters Rappen die Insel erkunden. Da über die Mittagsstunden die Sonne erbarmungslos scheint, sollte man genügend Wasser und Sonnenschutz dabei haben.

Transport

Delft liegt von der Fähranlegestelle in KURIKADDUWAN (K. K. D.) etwa 10 km entfernt. Von dort legen die **Fähren** um 10.30 und 15.30 Uhr ab. Von der Delfter Anlegestelle bei Maveliturai fahren sie um 7 und 13.30 Uhr los. Die Fahrtzeit beträgt etwa 1 Std. Um 17 Uhr tuckert eine altersschwache Fähre nach NAINATIVU.

Anhang

Bücherliste **432**   Kleiner Sprachführer **434**   Glossar **438**
Index **440**   Bildnachweis **446**   Die Autoren **447**
Kartenverzeichnis **448**

Bücherliste

Es gibt zum Thema Sri Lanka eine erstaunliche Zahl von Reisebeschreibungen und ins Deutsche übersetzten Romanen. Wer sich intensiver mit dem Land auseinander setzen möchte, muss auf englischsprachige Werke zurückgreifen. Viele davon sind in Indien oder Sri Lanka erschienen und vor Ort in den einschlägigen Buchhandlungen erhältlich. Wie etwa bei Vijitha Yapa Bookshop, der Neuerscheinungen auch auf seiner Website 💻 www.srilankanbooks.com publiziert.

Reiseberichte

Hermann Hesse, *Aus Indien*, Frankfurt 1980. Der Sohn eines Indienmissionars und geistiger Vater vieler Oriententhusiasten startete am 4. September 1911 zu einer dreimonatigen Asienreise, die ihn außer nach Malaysia und Indonesien auch vom 11. bis 25. November nach Ceylon führte – aber nicht nach Indien, wie der Titel vermuten lässt. Dieser 1980 erstmals posthum erschienene Sammelband vereint Aufzeichnungen, Erzählungen, Gedichte und Betrachtungen. Hesses Beschreibungen und Notizen kommen ziemlich ungeschminkt daher, ganz ohne die klebrigsüßliche Ästhetik vieler anderer Reisebeschreibungen.
Gerd Püschel (Hg.), *Der schönste Ort auf Erden – Reisende erzählen von Sri Lanka*, Berlin 2005. In diesem handlichen Taschenbuch hat der Herausgeber Reiseberichte vorwiegend deutscher Sri Lanka-Besucher des 20. Jahrhunderts zusammengetragen. Ein schönes Lesebuch für den Strand.
Bernd Schiller, *Zum Tee am Teich der roten Lotusblüten – Impressionen aus Sri Lanka*, Wien 2005. Gewitzt und kenntnisreich unternimmt der Inselkenner in seinen Reportagen Streifzüge durch das Land, erklimmt den Adam's Peak, reist durch das Bergland und spaziert durch die Straßen Colombos.
Jacob Haafner, *Reise zu Fuß durch die Insel Ceylon*; Mainz 2004. Der Deutsch-Niederländer Jacob Haafner (1754–1809) schildert im dritten Band seiner Lebensbeschreibung seine abenteuerliche Expedition von 1783 ins Innere Sri Lankas, die er beinahe mit dem Leben bezahlt hätte. Hübsche Natur- und Landschaftsbeschreibungen mit einer Sympathie für Land und Leute. Ein spannendes historisches Dokument. Näheres über den Autor unter 💻 www.jacob-haafner.de.

Belletristik

Romesh Gunesekera, *Riff*, Zürich 1998. Der Roman schildert das Erwachsenwerden eines Jungen im Hause seines Dienstherrn Mr. Salgado, der sich als Meeresbiologe für die Erhaltung der Korallenriffe einsetzt. Angesiedelt in der Zeit der Unabhängigkeit, lernt er die gesellschaftlichen und amourösen Ränkespiele seiner Umgebung zu reflektieren. „Ein Entwicklungsroman von wunderbarer Leichtigkeit", meint Deutschlands Lesemutter Elke Heidenreich.
Romesh Gunesekera, *Am Rand des Himmels*, Berlin 2005. Dieser mitreißende Abenteuerroman lässt einen die Insel sehen und riechen: Marc verlässt seine Heimatstadt London und fliegt auf eine kleine Insel im Indischen Ozean, wo seine Vorfahren lebten. Dort trifft er auf die Öko-Aktivistin Uva. Beide verlieben sich, werden aber durch den Bürgerkrieg getrennt. Marc macht sich daraufhin auf die Suche nach seiner Geliebten und gerät dabei…
Michael Ondaatje, *Anils Geist*, München 2000. Ein wunderbarer Sri Lanka-Roman aus der Feder des Autors von *Der Englische Patient*. Dabei zeigt sich sein Gespür für die Schönheit und Tragik der Insel.
Michael Ondaatje, *Es liegt in der Familie*, München 2002. In diesem 200-Seiten-Roman taucht der Starautor ein in die Geschichte seiner Großfamilie Ondaatje und entdeckt dabei die eigene Vergangenheit.
Shyam Selvadurai, *Die Zimtgärten*, München 2002. Angesiedelt im Colombo der 1920er Jahre wird hier der Kampf einer jungen Frau zwischen Tradition und Unabhängigkeit beschrieben.

Geschichte

K. M. De Silva, *A History of Sri Lanka,* Colombo 2005. Sri Lankas Nestor der Geschichtswissenschaften hat auf 782 Seiten sein Lebenswerk verfasst: eine umfassende Darstellung der Geschichte Sri Lankas von den Anfängen bis heute.
Wilhelm Geiger, *Mahavamsa – The Great Chronicle of Ceylon*, Dehiwala 2003 (Reprint von 1912). Die Übersetzung der „Großen Chronik" aus dem 6. Jh. durch den Münchener Indologen Wilhelm Geiger (1943–1943) gehört heute noch zum Grundlagenwerk der Geschichtswissenschaft.
Walpola Rahula, *History of Buddhism in Ceylon*, Dehiwala 1993. Der große Mönchsgelehrte Walpola Rahula (1906–97) hat in diesem Buch die Entwicklungsgeschichte des srilankischen Buddhismus vom 3. Jh. v. Chr. bis ins 10 Jh. beschrieben.

Ethnischer Konflikt

K. M. De Silva, *Reaping the Whirlwind – Ethnic Conflict, Ethnic Politics in Sri Lanka*, New Delhi 1998. Leider schwer zu bekommen, gehört dieses Buch doch zu den Standardwerken für alle, die sich mit der ethnischen Frage befassen möchten.

Rohan Gunaratne, *Sri Lanka's Ethnic Crisis and National Security*, Colombo 1998. Trotz des akademisch ziemlich trockenen Titels liest sich diese Publikation des „South Asian Network on Conflict Research" streckenweise wie ein Spionagethriller. Der Autor beleuchtet detailliert die Aktivitäten und Verflechtungen der LTTE.

A. Jeyaratnam Wilson, *Sri Lanka Tamil Nationalism*, New Delhi 2000. Der Autor beschäftigt sich mit verschiedenen Aspekten des tamilischen Nationalismus, von der Rolle der Sprache bis zur LTTE. Trotz seines ethnischen Hintergrundes als Tamile ist ihm eine ausgewogene Darstellung gelungen.

Devanesan Nesiah, *Tamil Nationalism – A History of Ethnic Conflict in Sri Lanka*, Monograph Series Nr. 6, Colombo 2001. Der anerkannte Menschenrechtsexperte und Mitarbeiter am Marga Institute, www.margasrilanka.org, analysiert in dieser Monographie die Gründe des ethnischen Konflikts und liefert eine Perspektive für die Politik.

Natur

Mark Ashton, **Savithri Gunatilleke u. a.**, *Field Guide to the Common Trees and Shrubs of Sri Lanka*, Colombo 1997. Wer alles über die Bäume und Sträucher der Insel wissen will, wird an diesem gewichtigen 432-Seiten-Werk des „Wildlife Heritage Trust of Sri Lanka" nicht vorbei kommen.

De Silva, **Gehan Wijeyaratna u. a.**, *Birds of Sri Lanka*, London 2003. Ein handliches Werk mit Abbildungen und Texten zur Erkundung von Sri Lankas Vogelwelt. Passt in jede Jackentasche.

John Harrison, *A Field Guide to the Birds of Sri Lanka*, Oxford 1999. Gilt als Standardwerk für Ornithologen und ist daher unabkömmlich für jeden Vogelfreund.

Religion

Michael von Brück, *Buddhismus – Grundlagen Geschichte Praxis*, Gütersloh 1998. In kompakter Form gibt der Münchener Religionswissenschaftler eine kompetente Einführung in den Buddhismus und seine Entwicklungsgeschichte.

International Centre for Ethnic Studies

Wer sich mit dem Thema „Ethnischer Konflikt" auseinander setzen möchte, kann sich an das International Centre for Ethnic Studies in Kandy wenden. Dort gibt es eine gute Bibliothek mit Dokumentationszentrum, ⏲ Mo–Fr 9–16 Uhr. Das ICES bietet auch Sommerkurse zu konfliktrelevanten Themen an.
ICES, 554/6 A Peradeniya Rd., Kandy, ☎ 081-2234892, 2232381, 🖥 www.ices.lk.

Richard Gombrich, *Der Theravada-Buddhismus – Vom alten Indien bis zum modernen Sri Lanka*, Stuttgart 1996. Wegen der häufig verwendeten Fachausdrücke kein leichter Lesestoff, jedoch von dem Direktor des Oxford Centre for Buddhist Studies, 🖥 www.ocbs.org, fundiert geschrieben.

U Pandita Sayadaw, *Im Augenblick liegt alles Leben*, Bern, München, Wien 1999. Eine verständliche Anleitung zur buddhistischen Praxis durch einen der renommiertesten Meditationslehrer des Theravada-Buddhismus.

Perry Schmidt-Leukel (Hg.), *Wer ist Buddha? – Eine Gestalt und ihre Bedeutung für die Menschheit*, München 1998. Autoren verschiedener Religionen und buddhistischer Traditionen versuchen diese Frage zu beantworten.

Hans Wolfgang Schumann, *Der historische Buddha – Leben und Lehre des Gotama*, München 1999. Detailfreudig und fundiert gibt einer der großen deutschen Buddhismus-Kenner eine Einführung in das Leben Siddharta Gautamas.

Kunst und Kultur

Wer sich speziell für Sri Lankas Kunstgeschichte interessiert, kann auf die vielfältigen Publikationen des **Central Cultural Funds** (CCF) zurückgreifen, sei es zu Sigiriya, Anuradhapura oder Polonnaruwa. Die Schriften sind vor Ort bei den Sehenswürdigkeiten erhältlich.

David Robson, *Geoffrey Bawa – The Complete Works*, London 2002. Ein gehaltvoller – und schwerer! – Bildband mit vielen Informationen und Fotos zu den Projekten von Sri Lankas Stararchitekten. Detailliert und doch gut lesbar geschrieben von einem seiner engsten Mitarbeiter. Ein Genuss nicht nur für Architekturfreunde.

Kleiner Sprachführer

Lesehilfe für Ortsnamen

Bei genauerem Hinsehen zeigt sich hinter Sri Lankas zungenbrecherischen Ortsnamen meist ein System. So beziehen sich viele Namensendungen überwiegend auf örtliche Besonderheiten wie etwa **-gama** (Dorf) bei Weligama, Ahangama und Aluthgama oder **-gala** (Fels) bei Kurunegala und Monaragala. Im Folgenden einige Erklärungen:

Singhalesische Begriffe

kadu	Wald
ela	Strom
madu	Wasserreservoir
gala	Fels
mulai, mulla	Ecke
ganga	Fluss
tivu	Insel
kanda	Berg
turai	Gebiet
maha	groß
nuwara	(Königliche) Stadt
oya	Fluss
pitiya	Garten, Park
pura	Stadt
tara	Hafen
tota	Hafen
wela/wala	Feld
watte	Garten
wewa	Wasserreservoir

Tamilische Begriffe

(a)rama	Park, Kloster
aru	Fluss
duwa	Insel
kulam	Wasserreservoir
gaha	Baum
malai	Berg
gama	Dorf
nadu	Land
giri	Berg, Felserhebung
tiru	schön
ke(l)le	Dschungel
veli	Zaun, Abgrenzung

In der Verfassung sind Singhalesisch und Tamil als „Nationale Sprachen" (Kap. IV, Art. 19) festgeschrieben, Englisch wird von einer kleinen Elite als erste Sprache benutzt, ansonsten haben sich viele Anglizismen in die Alltagssprache eingeschlichen. Etwa bei der Begrüßung verwenden die Singhalesen eher „hello" als das förmliche „Ayubowan".

Sprachführer

Swarna Pragnaratne, *Sinhala phrasebook*, Melbourne 2002. Lonely Planets kompakter Sprachführer erläutert anhand der Alltagssituation der Reisenden die Grundlangen der Sprache.

Arjuna Hulugalle Dictionaries, *Sri Lanka Words & Phrases*, Colombo 1998. Mit Abstand die günstigste Variante, einige Brocken Singhalesisch zu lernen. Im gleichen Verlag erschein auch ein Wörterbuch speziell für Geschäftsleute, das *English Sinhala Dictionary of Business Terms*.

H. Schweia / K. Muruganandam, *Tamil – Wort für Wort*, Bielefeld 2004. Dank des kleinen Bandes aus der Kauderwelsch-Reihe des Reise-Know-How-Verlags können sich Zungenakrobaten an das Erlernen dieser Sprache machen. Die Begleitkassette taugt aber nicht viel, da die Reihenfolge der Lektionen nicht mit denen des Buches übereinstimmt Wortliste mit wichtigen Begriffen.

Singhalesisch

Die Sprache der Singhalesen gehört der **indo-arischen** Sprachgruppe an und nahm aufgrund der Nähe zum indischen Subkontinent sowie der Bedeutung des Buddhismus zahlreiche Pali- und Sanskritbegriffe auf. Beispiele dafür sind der Begriff *kam* von dem Sanskritwort „karma" (machen, tun); oder *tena* von dem Paliwort „thana" (Platz). Die Sprache besteht in ihrer Basisform (*Elu hodiya*) aus **12 Vokalen** und **25 Konsonanten**.

Da es keine einheitliche Transkription gibt und die Umschrift sich vorwiegend an die englische Aussprache anlehnt, lässt man sich am besten die Begriffe von Einheimischen langsam vorsprechen. Die Laute „d" und „t" werden im Allgemeinen weicher als im Deutschen gesprochen, das „r" wird auf der Zunge gerollt. Doppelt geschriebene Konsonanten, wie bei *digge* (Säulenhalle) oder *amma* (Mutter), werden wie im Deutschen entsprechend betont ausgesprochen.

Tamil

Tamil zählt zur **dravidischen** Sprachfamilie und wird weltweit von über 90 Millionen Menschen gesprochen. In Sri Lanka sind es zusammen mit den ebenfalls Tamil sprechenden Muslimen etwa ein Viertel der Gesamtbevölkerung, also ungefähr 5 Millionen Menschen. Allerdings gibt es zahlreiche regionale Dialekte. Die Sprache besteht aus **12 Vokalen** (einschließlich der beiden Diphthonge „ai" und „au") und **18 Konsonanten**. Jeweils 6 Konsonanten werden hart, nasal oder weich gesprochen. Die Aussprache der Vokale und Konsonanten ist dem Deutschen ziemlich ähnlich. Langgezogene Vokale werden durch Doppelung gekennzeichnet, also „aa" oder „uu". Die Aussprache der Konsonanten „dh" oder „th" ist wie beim englischen „Thomas" weich und stimmhaft.

Gruß- und Höflichkeitsformeln

Deutsch	Singhalesisch	Tamil
Hallo / Willkommen	hello / ayubowan	vanakkam
Auf Wiedersehen	ayubowan	vara vaanga
Ja	oh-ooh	aam, aamam
Nein	nai	illai
Bitte	karuna karala	thayavu seithu
Danke	es tuuthii	nandri
Entschuldigen Sie	sama venna	enga
Verzeihung	kana gartui	mannikkavum
Wie heißen Sie?	oyaage nama mokaddä?	unga peaaru ennanga?
Ich heiße…	maaghe nama…	eaen peaaru…
Wie geht es?	kohomadä?	epadi irukienga?
Mir geht es gut!	hondin innava	Nan nallaa irukeanga
(sehr) gut!	(bohome) hondai	(miitschi) nalla
Ich verstehe nicht!	Matah obahvah thehrum gahna baha	eanaku puriyavilinga

Zahlen

0	binduwä	seidhu
1	ekhä	ondru
2	dekkä	irandu
3	tunä	muundru
4	hatarä	nangu
5	pahä	aindhu
6	hayä	aaru
7	hatä	eilu
8	ahtä	ettu
9	navighyä	onpathu
10	dah highyä	pattu
11	ekhol highyä	pathi nonnu
20	wissäi	erpathu
21	wisi ekhä	irupathi onnu
30	tihä	mupathu
100	siiyä	nuru
200	day siiyä	irunuru
1000	dahä	aiyuram

Zeit und Wochentage

morgens	udai	kaalai
nachmittags	havasa	mathiyaam
abends	haendeh	sayang kaalam
nachts	reh	rathiri
gestern	iye	neaathu
heute	ada	innaiku
morgen	heta	naalaiku
Montag	sandu dä	thingal
Dienstag	angaharuwaa dä	seavaai
Mittwoch	badaa dä	buthein
Donnerstag	braha spetin dä	vyaalein
Freitag	sikuraa dä	vealli
Samstag	senasuraa dä	sanni
Sonntag	iri dä	njairu

Fragewörter

Wann?	kawathatä?	eppuu?
Wie viel?	kiyadä?	evalavu?
Wie viel (kostet es)	May kaw ganä kiyadä	Ihdan vilai enna?
Wo?	kohedh?	enge?
Was?	mokkadäh?	

Unterkunft

Hotel	hotel ekä	hotel
Gästehaus	gesthouse ekä	virun-dhinnar vidhudheh
Haben Sie Zimmer?	kamara tiyenavadä?	arekil kidehkkumah?
Gibt es AC-Zimmer?	AC kamaraya tiyenavadä?	kulir seithu araiä parka mudiyama?
Für eine Nacht	ek rayak pamanä	ondru iravukku
Für zwei Nächte	raya dekak pamanä	irandu iravukku
Wie viel kostet eine Nacht?	ek rayakata kiyadä?	oru iravukku evvalavur?
Bad	nahnah kamarayak	kulikkum aria
Gibt es Warmwasser?	unuvatura tiyenavadä?	sudu thani irukkuma?
schmutzig	apirisidui	azhukku

Unterwegs

Bus	bas ekka	bas
Busbahnhof	bas stand	baas nilayem
Ich möchte aussteigen	mama metina bahinawa	iranga po-orem
Zug	kohchiya	rayil
Bahnhof	dumriya pala	rayil nilayem
Erste Klasse	palamu veni paantiya	mudalahaam vahuppur
Zweite Klasse	deveni paantiya	irandaam vahuppur
Auto	car eka	
langsam	himing	meathuva
schnell	hayyen	veagama
rechts	dakuna	valathu
links	vama	idathu
geradeaus	kelin yanna	naera kapogavum

Notfall

Deutsch	Singhalesisch	Tamil
Hilfe!	aanih! aayoh! amboh!	udavi!
Ein Arzt!	dostara gennannä!	daktarä kupparavum!
Polizei!	polisiyata kiyannä	polisiä kupparavum!
Hau ab!	metanin yanna!	pohngoh!

Fahrrad	baysikalaya	saikal
Boot	bohutwa	padadur

Essen und Trinken

Bitte die Speisekarte	menu eka penvanna	thayavu seithu thinpandangall patti tharavum
Die Rechnung bitte!	karuna karala bila ganna	bill tharavum

Grundnahrung

Brot	pan	rotti
Gekochter Reis	bat	sapaadu
Butter	bahta	butter
Eier	bittaraya	muttai
Hoppers	appa	
Chili	miris wadi	karam

Meeresfrüchte und Fleisch

Garnelen	isso	erraa
Fisch	malu	mien
Krebs	kakuluvo	nandu
Lobster	pokirissa	periya iraal
Rind	harak mas	maattu mamism
Huhn	kukul mas	koli
Lamm	elu mas	aattu mamism
Schwein	uru mas	pantri

Gemüse

Gemüse	elavelu	kaikaari
Blumenkohl	malgova	puukos
Gurken	waetakolu	vellari
Kartoffel	aloo	urulai kelzngu
Tomaten	thakaali	thakaali
Pilze	haatu	naikudai
Okra (Lady's Fingers)	baandaka	vendaikai

Obst und Süßspeisen

Ananas	annasi	annasi
Bananen	keselkan	valzai pazlam
Joghurt mit Honig	kiri paeni	thair

ANHANG

Kleiner Sprachführer 437

Kokosnuss	**pol**	thengali
Mango	**amba**	maam pazlam
Papaya	**paepol**	pappaali

Getränke

Kaffee	**kopi**	kapi
Milch	**kiri**	paal
Tee	**tay**	tea
Wasser	**waturah**	thannir
Flasche Mineralwasser	**drink botalayak genna**	**oru pottal soda panam tharavum**
Zucker	**seeni**	chakkarai

Glossar

Viele der aufgeführten Begriffe stammen aus den altindischen Sprachen Sanskrit (skt.) oder Pali. Bei der phonetischen Umschrift wurde auf die üblichen diakritischen Zeichen verzichtet.

Ambalama – singh., Pavillon zur Erholung Reisender
Anda – skt., „Ei"; glocken- oder halbkugelförmiger Hauptkörper des Stupas
Bhikkhu (m), **Bhikkhuni** (w) – Pali, buddhistischer Mönch bzw. Nonne
Bodhigara – singh., quadratische Einfassung eines Bodhi-Baumes
Bodhisattva – skt., „Erleuchtungswesen", das aus Mitgefühl zu den leidenden Wesen auf das vollkommene Erlöschen verzichtet
Cadjan – singh., gewebte Matten aus Palmblättern zum Bedecken von Dächern und Mauern
Chaitya – skt., „Heiligtum"; Synonym eines Stupa
Culavamsa – Pali, eine „Kleine Chronik" aus dem 13. Jh.
Dagoba – singh., s. Stupa
Deva (m), **Devi** (w), **Devata** – skt., „strahlend"; allg. Bezeichnung für eine Gottheit, die jedoch noch dem Geburtenkreislauf unterliegt; *Devi* ist auch der Name der höchsten Göttin und Frau von Shiva
Devale – singh., Schrein / Tempel zur Verehrung einer Schutzgottheit, häufig hinduistischen Ursprungs
Dharma, Dhamma – skt./Pali, „Gerechtigkeit, Gesetz"; im Hinduismus auch Naturprinzip, im Buddhismus Bezeichnung für Lehre Buddhas
Dhoti – singh., Wickelrock der Männer
Digge – singh., offene Säulen- und Trommelhalle eines Tempels
Dipavamsa – Pali, „Insel-Chronik" aus dem 5. Jh.
Dvarapala – skt., „Wächterfigur"
Ganesha – skt., elefantenköpfiger Gott der Weisheit, Sohn von Shiva und Parvati
Garuda – skt., mythologischer Vogel und Reittier von Vishnu; Gegner der Nagas
Gedige – singh., Statuenhaus
Gopura(m) – skt., Eingangspavillon
Jataka – skt., „Geburtsgeschichte"; Bezeichnung der 547 Geschichten über die Vorexistenzen des Buddha
Kataragama – singh., von „Karttikeya", anderer Name für Skanda
Ketumala – skt., Flammenauswuchs auf Buddha-Kopf, Symbol der Erleuchtung
Kolam – singh., Maskentanz
Kovil – Tamil, Hindu-Tempel
Kubera – skt., hinduistischer Gott des Reichtums und Herr über die Dämonen
Lingam – skt., „Zeichen, Merkmal"; phallischer Stein, der die Schöpfungskraft Shivas repräsentiert
Mahavamsa – Pali, „Große Chronik" aus dem 6. Jh.
Maitreya, Metteya – skt./Pali, „Der All-Liebende" Bodhisattva, der im Tushita-Himmel darauf wartet im nächsten Zeitalter als Buddha geboren zu werden
Makara – skt., krokodilartiges Seeungeheuer, das die Lebenskraft des Wassers symbolisiert
Makara Torana – skt., verzierter Torbogen mit Makara-Motiv
Mandala – skt., konzentrisches Diagramm, in Form von Kreisen oder Quadraten
Mandapa – skt., zum Sanktuarium führende Vorhalle, manchmal separat stehend
Mariamman – skt., „Mutter der Pocken"; ursprünglich nur in Südindien verehrte Göttin
Mawatha – singh., Straße

Meru – skt., Berg und Sitz des Gottes Indra, Mittelpunkt der Welt und Weltachse
Mondstein – halbkreisförmiger Stein mit Verzierungen vor Eingängen
Moors – Sammelbegriff für Muslime
Mudra – skt./Pali, Handhaltung des Buddha
Murugan – Tamil, von „muruku" (wohlduftend, jung, schön); anderer Name für Skanda
Naga – skt., mythologisches Schlangenwesen, das in Flüssen, Seen und Meeren lebt, Hüter der Lebensenergie; wird oft mehrköpfig dargestellt
Nagaraja – skt.,„Schlangenkönig", Herrscher über die Nagas
Natha – skt.,„beschützen", Name für Maitreya
Nirvana, Nibbana – skt./Pali, „Erlöschen"; vollkommene Freiheit und Beendigung des Wiedergeburtenkreislaufs
Ola – singh., Palmblattmanuskript
Pasada – singh., Palast
Patana – singh., Grassteppe
Pattini – singh., Schutzgöttin, Symbol der weiblichen Treue
Perahera – singh., Prozession
Peraherage – singh., Prozessionsschrein
Pirivena – singh., Mönchsschule
Pirit – singh., Rezitation der Mönche zum spirituellen Schutz
Poya – singh., Mondtag
Puja – singh., Gebetszeit
Rahu – skt., körperloser Dämon, verantwortlich für Sonnen- und Mondfinsternis
Raja Maha Vihara – Pali, „königliches großes Kloster"; vom König gestiftetes Kloster
Samadhi – skt./Pali, wörtl. „fest-zusammengefügtsein", Sammlung, Konzentration
Samadhi-Buddha – Buddha in meditativer Haltung (Pali: Samadhi-Mudra)
Sangha – Pali, Mönchsorden

Shikhara – skt., verzierter pyramidenförmiger Tempelturm eines Hindu-Heiligtums
Sinha – singh., Löwe
Sinhasana – singh., Löwenthron
Skanda – skt., Gott des Krieges
Somasutra – skt., Abfluss für das im Sanktuarium verwendete heilige Wasser
Sri Pada – Pali, heiliger Fußabdruck
Stupa – skt., ursprünglich „Grabhügel"; Monument zur Aufbewahrung der Reliquien Buddhas
Surya – skt., Sonnengott
Swastika – skt., Hakenkreuz, altes Symbol für die Sonne
Sutra/Sutta – skt./Pali, buddhistischer Lehrtext
Tapovana – singh.,„Waldkloster"
Thupa – Pali, Stupa
Torana – skt., Zierbogen über Eingang
Upulvan – singh., anderer Name für Vishnu
Vahana – skt., Begleit- oder Reittier einer Hindugottheit
Varuna – skt., Gott des Ozeans und Wächter des Westens
Vatadage – singh., „rundes Reliquienhaus" zur Einschließung eines Stupas
Vihara/Vehera – skt/singh.,„Aufenthaltsort"; in Sri Lanka auch Bezeichnung des gesamten Klosters
Vishnu – skt., „der Eintretende"; Erhalter des Universums; manifestierte sich mehrmals in menschlicher Gestalt z. B. als Rama oder Krishna
Yaksha (m), **Yakshi** (w) – skt., Sammelbezeichnung für Dämonenwesen; ursprünglich Naturgottheiten
Yama – skt., Totenrichter und Wächter des Südens
Yantra – skt., magisches Diagramm
Yantragala – skt., Gitterstein zur Aufnahme von Hindu-Figuren mit magischer Funktion
Yoni – skt., Symbol für die Vulva und Basis des Lingam

Index

A

Abendessen 42
Adam's Bridge 418
Adam's Peak 342
Adisham Monestary 361
Adisham-Kloster 361
Adventure-Tourismus 57
Affen 79
Ahangama 217
Ahungalla 190
AIDS 22
Airlines 46
Alambantota 238
Alutgama 185
Aluvihara 304
Ambalangoda 191
Amban Ganga 377
Ampara 401
Amphibien 80
Anreise 18
Anschläge 72
Anuradhapura 89, 259
 – Abhayagiri Vihara 267
 – Archäologisches Museum 270
 – Jetavana Vihara 264
 – Maha Vihara 263
 – Mirisavati Dagoba 270
 – Südliche Ruinenstätten 271
 – Thuparama 265
 – Westliche Waldklöster 271
 – Zitadelle (Etul Nuwara) 267
Arankele 258
Archäologische Stätten 15
Architektur 114, 116
Armut 105
Arugam Bay 406, 411
Asanas 114
Ashoka, König 89
Aukana 280
Auslandskranken-
 versicherung 29
Ausreise 10
Ayurveda 59

B

Baden 72
Badulla 370
Badulla-Bogoda-Brücke 372
Badulla-Dunhinda Falls 372
Baker's Falls 357
Baker, Samuel W. 348
Balapitiya 190
Bandarawela 364
Banks, Sir Joseph 354
Bargeld 33
Batik 123
Batticaloa 396
Beach Boys 70
Begrüßung 68
Behinderungen 35
Bentota 186
Beruwela 184
Bevölkerung 84
Bewässerungssystem 90
Bier 45
Bildung 87
Bilharziose 23
Bisse 26
Bodenschätze 104
Bodhi-Baum 263
Bodhigara Nillakgama 280
Bodhinagala Forest Reserve 82
Botschaften 11
Brief Garden 186
Buddhaghosa 304
Buddhismus 106
Buddhist Publication Society 331
Buduruwagala 363
Bundula-Nationalpark 82, 239
Bürgerkrieg 99
Burghers 87
Bus 46

C

Canoeing 58
Ceylon-Bergschlanklori 356
Ceylon-Tee 354
Chenkaladi 396
Chilaw 172
Chola-Besatzung 91
Cholera 23
Christentum 113
Colombo 125
 – Dehiwala Zoo 139
 – Dutch Period Museum 132
 – Fort 127
 – Galle Face Green 134
 – Gangaramaya 135
 – Kelaniya 142
 – Kotahena 134
 – National Museum 138
 – Die Pettah 132
 – President's House 127
 – Seema Malaka 135
 – Slave Island 135
 – Sri Jayawardenepura Kotte 139

D

Dalhousie 343
Dambadeniya 256
Dambatenne-Teeplantage 358
Dambulla 299
Dambulla-Höhlentempel 300
Dämonen 113
Das Cultural Triangle Ticket 252
Degaldoruwa 337
Dengue-Fieber 23
Dickoya 343
Diebstahl 70
Dikwella 231
Dimbulagala 295
Diyaluma-Wasserfall 358, 362, 363
Dodanduwa 198
Dondra 225, 230
Dowa-Felsentempel 364
Dumbara 338
Durchfälle 23
Durga 112

E

EC-Karten 33
Edelsteine 66, 376, 380

Welcome to

a captivating sunset
an enticing sunrise
a soul awakening massage
a peaceful slumber
a delightful appetite
a snapshot in eternity
a time alone, a time with family,
… a vacation… a meeting… a time for romance, a moment for reflection, a touch of Paradise… and

A World Class Service

Jetwing Hotels
A haven for your senses

Jetwing House, 46/26 Navam Mawatha, Colombo 2, Sri Lanka. +94-11-2345700, www.jetwinghotels.com

Negombo: The Beach, Blue Oceanic Beach Hotel, Ayurveda Pavilions, Seashells Hotel, Sea Garden Hotel
Galle: Lighthouse Hotel & Spa *Wadduwa:* The Blue Water *Beruwela:* Tropic Villas
Kandy: Hunas Falls Hotel *Nuwara Eliya:* St. Andrew's Hotel *Yala:* Yala Safari Game Lodge (Eröffnung 2007)
Sigiriya: Vil Uyana *Nilaveli Beach:* Mannal Kadu

Einkaufen 65
Einreise 10
Eisenbahn 47
Elefanten 309
Elefanten-Safaris 16
Elektrizität 72
Elephant Rock 414
Ella 367
Ella Rock 370
Embekke Devale 336
Erkältungen 24
Esala Perahera 314
Essen 21, 40

F

Fahrrad 50
Fauna 79
Feiertage 51
Fernsehen 56
Feste 51
Flora 77
Flugbuchung 19
Flughafen-Transfer 20
Flutkatastrophe 102
Fotografieren 73
Frauen 34
Früchte 43
Frühgeschichte 88
Frühstück 40

G

Gadaladeniya Raja Maha Vihara 336
Gal Oya-Nationalpark 82, 403
Galle 198
Galmaduwa 338
Gampaha 308
Gangarama 337
Gästehäuser 38
Gefahren 69
Geister 113
Geld 32
Geldwechsel 32
Geografie 76
Gepäck 30
Gepäckliste 31
Geschenke 68
Geschichte 88, 296
Geschlechtskrankheiten 24

Gesundheit 21
Gesundheitsrisiken 22
Getränke 45
Gewichte 73
Gewürze 66
Giragala 223
Giritale 283
Golf 58
Golfsport, Victoria-Stausee 338
Gonorrhoe 24
Gorbett's Gap 338
Goyambokka 234

H

Habarana 282
Haeckel, Ernst 316
Hakgala, Botanischer Garten 354
Hamangala-Höhlen 401
Hambantota 237
Haputale 358
Haputale-Dambatenne-Teefabrik 359
Hauterkrankungen 24
Heiliger Zahn 314
Heilmittel 66
Henaratgoda, Botanischer Garten 308
Hepatitis 24
Hikkaduwa 193
Hindu-Architektur 118
Hinduismus 110
HIV 22
Holzschnitzerei 123
Horton Plains 356
Horton, Sir Robert W. 356
Hotels 40
Hunas Falls 339
Hunnasgiriya 338
Hunuwilagama 175

I

Idalgashinna 361
Induruwa 186
Inginiyagala 403
Internet 56
Islam 114

J

Jaffna 419
– Holländisches Fort 420
– Nallur Kandaswamy Kovil 422
– Public Library 422
Jaffna-Halbinsel 427
– Delft (Neduntivu) 430
– Kantarodai 428
– Karaitivu 429
– Kayts 429
– Kopai 427
– Nainativu (Nagadipa) 430
– Point Pedro 428
– Punkudutivu 429
– Vallipuram 428
– Valvettiturai 428
Japanische B Enzephalitis 24

K

Kaffee 45
Kali 112
Kalkudah 396
Kalmunai 396
Kalpitiya 172
Kalu Ganga 377
Kalutara 181
Kandy 307, 312
– British Garrison Cemetery 320
– Christliche Kirchen 321
– Kandy-See 313
– Nationalmuseum 316
– Royal Palace Park 321
– Sri Dalada Maligawa (Tempel des Heiligen Zahns) 313
– Tänze 120, 323
– Tee-Museum 322
– Udawattakele-Schutzgebiet 321
– vier Devales 319
Kastensystem 86
Kataluga 218
Kataragama 112, 246
Kaudulla-Nationalpark 283
Kautschuk 94, 95, 308
Kelani Ganga 373
Kinder 35

Die individuelle Art des Reisens – mit Geoplan durch das traditionelle Asien

Erleben Sie unendliche Kulturschätze, üppige Natur, pulsierende Städte und Traumstrände ohne Gruppenzwang und Termindruck. Wann Sie wollen und wie sie wollen – wir machen Ihre Reiseträume wahr! Unser flexibles Bausteinsystem macht auch die ungewöhnlichsten Kombinationen möglich – fordern Sie unseren Best of Asia Katalog an!

Geoplan Touristik GmbH, Amalienstraße 14, 12247 Berlin
Tel: 030/ 79 74 22 79, Fax: 030/79 74 22 80
Email: info@geoplan.net, www.geoplan-reisen.de

Kinderlähmung 25
Kino 66, 124
Kiri Vihara 291
Kirigalpota 356
Kitulgala 373
Kitulgala (Kelani Valley) Rainforest Reserve 82, 374
Kleidung 30, 65, 68
Klima 13, 21
Klimazonen 76
Knuckles Range 338
Koggala 217
Koggala-See 217
Kolam 120
Kolonialwirtschaft 93
Konsulate 11
Korbflechterei 123
Körpersprache 68
Kreditkarten 33
Kricket 58
Kuchchaveli 394
Kulturelles Dreieck 251

Kunst 114
Kunsthandwerk 66, 123
Kurandaka Lena 238
Kurunegala 254

L

Labookellie Tea Estate 346
Lackmalerei 123
Lahugala Kitulana-Nationalpark 404
Lakshmi 112
Landkarten 13
Lankatilake Raja Maha Vihara 336
Latrinensteine 270
Leoparden 79, 356, 380
Lipton's Seat 358
Lipton, Sir Thomas 354, 359
Literatur 118
Little Adam's Peak 370
Little Rawana Ella Falls 370
Looloowatta 338

M

Madhu 416
Maduru Oya-Nationalpark 396
Maha Saman Devale 377
Mahawewa 171
Mahinda Mahathera 274
Mahiyangana 339
Malaria 25
Maligawila 403
Mannampitiya 396
Mannar 416
Marawila 171
Mariamman 112
Masken 122
Maße 73
Matale 304
Matara 225
Mawella 232
Medaketiya Beach 234
Medien 56
Medilla Beach 234

Medirigiriya 284
Meditation 64
Medizinische Versorgung 21
Meeresschildkröten 80
Meerestiere 80
Metallarbeiten 123
Midigama 217
Mietwagen 49
Mihintale 274
Millennium Elephant Foundation 311
Minneriya-Nationalpark 283
Mirissa 223
Mittagessen 42
Mobiltelefone 55
Monaragala 403
Mondkalender 51
Mondstein 268
Monsun 13
Moors 86
Motorräder 50
Mount Lavinia 175
Mountainbiking 58
Mudras 114
Mulkirigala 234
Murugan, Kataragama 112
Musik 66
Muthurajawela 164
Mutur 392

N
Nadagama 120
Nahverkehrsmittel 51
Nalanda 303
Narigama 193
Nationalflagge 103
Nationalparks 16
Natur 16
Naturschutz 80
Negombo 164
Negombo-Colombo-Road 163
Nilaveli 394
Nonnen 108
Nuwara Eliya 347
Nyanaponika 322, 324

O
Obbegoda 403
Öffnungszeiten 74

Okanda 414
Ondaatje, Michael 119
Ostküste 385

P
Pada Yatra 248
Padeniya 257
Palikanon 304
Pallikaduwa 234
Palmen 77
Panama 414
Panduwasnuwara 257
Parteien 103
Parvati 112
Passekudah 396
Peak Wilderness Sanctuary (Samanala) 82
Pedro Tea Estate 353
Peradeniya 354
Peradeniya, Botanischer Garten 333
Pigeon Island 392
Pilzinfektionen 25
Pinnawala Elefanten-Waisenhaus 308
Politik 102
Polonnaruwa 284
– Königsstadt 290
– Museum 287
– Nordgruppe 290
– Palastbezirk des Nissanka Malla 287
– Terrasse der Zahnreliquie (Dalada Maluwa) 288
Polonnaruwa-Zitadelle 288
Portugiesen 92
Post 54
Pottuvil 405
Poya-Tage 51
Puttalam 172

Q
Quellen von Kanniyai 391

R
Radio 56
Rafting 58
Rajavesya Bhujanga 288
Ramboda Falls 346

Rasthäuser 38
Rasvehera 280
Ratkinda 340
Ratna Ella Falls 339
Ratnapura 374
Ratnapura-Graben 377
Rawana Ella Falls 370
Rawana Ella-Höhle 370
Regenwald 380
Regierung 102
Reisegepäckversicherung 28
Reisekosten 34
Reiserücktrittskostenversicherung 28
Reisezeit 13
Reiseziele 15
Rekawa 234
Religion 105
Resorts 40
Rest Houses 38
Ridi Vihara 258
Risiken 69
Ritigala 281
Roaming 55
Ruhr 24
Rumassala 212

S
Salli 392
Sambarhirsch 356
Sangha 109
Sasseruwa 280
Schlangen 80
Schlangenbisse 25
Schlepper 71
Schnorcheln 57, 215
Schutzgebiete 81
Schutzgottheiten 113
Schwimmen 72
Seenigama 193
Seetha Amman Kovil 356
Segeln 57
Senanayake Samudra 401
Sexuelle Belästigungen 72
Shantipura 348
Shiva 110
Siam View Beach Hotel 412
Sicherheit 69

Sigiriya 295
 – Königliche Gärten 296
 – Palast 298
 – Spiegelgalerie 297
 – Wolkenmädchen 297
Singende Fische 400
Singhalesen 84
Sinharaja Forest Res. 82, 380
Sokari 120
Spitze 123
Sri Pada 342
Staatenbildung 88
Stadtbusse 51
Stadtpläne 13
Stelzenfischer 219
Steuern 74
Stiche 26
Stupa 116
Surfen 57, 411
Syphilis 24

T

Talaimannar 418
Tamilen 84
Tangalle 234
Tangamalai 361
Tantirimale 278
Tanz 66, 119
Taprobane 219
Tauchen 57, 215, 392
Taxis 51
Taylor, James 354
Tee 66, 94
Teeplantagen 347, 358
Telefon 54
Tempelwanderung 337
Tennis 58
Tetanus 26
Textilien 65
Theater 119
Thiranagama 193
Thotupola Kande 356
Three-Wheeler 51
Thrombose 26
Tipitaka 106
Tiriyai 395
Tissamaharama 240
Tohabaum 308
Tollwut 27
Tourismus 105

Trampen 51
Trekking 58
Trincomalee 387
 – War Cemetery 391
Trinkgeld 74
Tsunami 102
Typhus 28

U

Übergriffe 72
Übernachtung 38
Uda Radella 348
Uda Walawe-Nationalpark 82, 383
Ulhitiya 340
Umwelt 80
Unabhängigkeit 96
Unawatuna 212
UNESCO-Welterbe 15
Unterhaltung 66
Uppuveli 392

V

Vavuniya 418
Veddas 87

Velgam Raja Maha Vihara 391
Verhaltenstipps 67
Verkehrsmittel 45
Versicherungen 28
Verstopfungen 23
Verwaltung 103
Vesak-Fest 342
Vier edle Wahrheiten 107
Visa-Gebühren 10
Vishnu 112
Visumsverlängerung 10
VOC 92
Vogelarten 80
Vogelbeobachtungen 78, 356
Vorwahlen 55, 56

W
Wadduwa 180
Währung 32
Waikkal 171
Wälder 79
Wandern 58
Wäsche waschen 74
Wasser 21, 90
Weerawila Tissa Bird Sanctuary 238
Wehwurukannala 231
Wein 45
Weißbartlangur 356
Weligama 219
Wella Devale 212
Wellawaya 362
Wellness 16
Wewala 193
Wildwasserfahrten 373
Wilpattu-Nationalpark 82, 173
Wirtschaft 104
Wolkenmädchen 297
Woodlands Network 364
World's End 356
Wracktauchen 402
Wundinfektionen 28
Wundstarrkrampf 26
Wurmerkrankungen 28

Y
Yala East-Nationalpark 414
Yala West (Ruhuna) 244
Yala-Nationalpark 84
Yalppanam 419
Yapahuwa 258

Z
Zeitunterschied 74
Zoll 10
Zweiräder 50

Bildnachweis

Umschlag:
vorn: Volker Klinkmüller
innen: Martin H. Petrich

Farbblock I
Volker Klinkmüller: Seiten 1–3 (5), Seite 5 unten; Seite 6 unten, Seite 7 oben
Martin H. Petrich: Seite 4, Seite 5 oben, Seite 6 oben (2), Seite 7 unten, Seite 8 (2)

Farbblock II
Volker Klinkmüller: Seite 4 unten, Seite 7 unten
Martin H. Petrich: Seite 4 oben, Seite 5, Seite 6 (2), Seite 7 oben, Seite 8

s/w-Fotos
Volker Klinkmüller: Seiten 3, 9, 37, 47, 75, 125, 161, 192, 209, 222, 341, 360, 379, 383, 385, 408, 431
Martin H. Petrich: Seiten 41, 111, 121, 251, 266, 279, 285, 293, 307, 311, 317 (2), 323, 328, 415, 425
Jetwing: 59, 60

Die Autoren

Obwohl **Volker Klinkmüller** schon seit vielen Jahren als freier Korrespondent und Fotograf in Südostasien lebt, hat er seine Begeisterung für Sri Lanka erst spät entdeckt. Doch umso nachhaltiger ist sie ausgefallen, was er vor allem auf den vorbildlichen, wohltuenden Respekt zurückführt, den die Einheimischen im Umgang mit der Natur und ihrem architektonischen Erbe walten lassen.

Der aus Hildesheim stammende Journalist hat an der Universität Hamburg Geschichte, Orientalistik und Journalistik studiert. Nach mehreren Jahren als verantwortlicher Redakteur in Schleswig-Holstein und ausgedehnten Reisen durch Europa, Amerika, den Vorderen Orient, Indien und die ehemalige Sowjetunion, arbeitet der 1961 geborene Autor für mehrere größere Tageszeitungen, Reisemagazine, Fremdenverkehrsämter und Internet-Projekte. Zudem zählt er zum Autorenteam des Stefan Loose Travel Handbuchs *Myanmar (Birma)*. Im Jahr 2000 wurde ihm in Bangkok der „Friends of Thailand Award" für internationale Medien verliehen – eine Auszeichnung für Menschen, die sich um das Image des Königreichs verdient gemacht haben und sich für kulturelle Verbindungen rund um den Globus engagieren.

Volker Klinkmüller

Seit einem Studienaufenthalt im indischen Pune hat sich **Martin H. Petrich** immer wieder für längere Zeit in Asien aufgehalten, zuletzt für sechs Jahre in Bangkok. Sri Lanka wurde zu seiner persönlichen „Perle im Ozean", seit er dort 1999 eine internationale Konferenz organisierte. Ein guter Grund, seine bunte Heimatstadt Berlin regelmäßig in Richtung Osten zu verlassen, um die noch buntere Insel zu bereisen. Denn vieles gibt es noch zu entdecken, was er als Reisejournalist und Studienreiseleiter vermitteln möchte. Er ist auch Autor des Dumont Kunstreiseführers *Vietnam, Kambodscha und Laos* sowie Co-Autor des Loose Travel Handbuchs *Myanmar (Birma)*.

Martin H. Petrich

Kartenverzeichnis

Allgemeiner Teil
Ayurveda 63
Eisenbahnlinien 48
Ethnien 85
Nationalparks 83

Reiseteil
Anuradhapura 261
Arugam Bay 407
Badulla 371
Bandarawela 365
Batticaloa 399
Botanischer Garten Peredeniya 334
Colombo 128/129
– Fort / Pettah / Kotahena 131
– Kollupitiya / Bambalapitiya 140/141
– Slave Island / Maradana 136/137
Dambulla 301
Ella 367
– Umgebung 369
Galle 201
Haputale 359
Hikkaduwa 195
Hochland 344/345
Horton Plains-Nationalpark 357
Jaffna 421
Jaffna-Halbinsel 427
Kandy Umgebung (s. Farbkarten)
– Stadt (s. Farbkarten)
Kataragama 247
Kulturelles Dreieck 253
Kurunegala 255
Matara 227
Mihintale 275
Mount Lavinia 179
Negombo 165
Negombo Beach Area 167
Nilaveli Beach 395
Norden 417
Nördlich von Colombo 163
Nuwara Eliya 349
Ostküste (Nördlicher Teil) 387
Ostküste (Südlicher Teil) 397
Peradeniya 334
Polannaruwa 286
Ratnapura 375
Sigiriya 297
Südlich von Colombo 177
Tangalle 235
Tiefer Süden 210/211
Tissamaharama 241
Trincomalee 389
– Umgebung 393
Unawatuna 213
Weligama / Mirissa 219
Wilpattu-Nationalpark 173
Yala West (Ruhuna)-Nationalpark 245

Farbkarten
in **Block II** zwischen S. 320 und 321
Kandy Umgebung ....S. 1
– Stadt ....S. 2/3